周生春学术论文集

经「史」致用

孔祥来　张燕飞　明旭　编

（上）

上海古籍出版社

图书在版编目（CIP）数据

经“史”致用：周生春学术论文集 / 周生春著；孔祥来编. — 上海：上海古籍出版社，2024.1
ISBN 978-7-5732-1001-2

Ⅰ. ①经… Ⅱ. ①周… ②孔… Ⅲ. ①文献学－文集 ②中国经济史－文集③思想史－中国－文集 Ⅳ. ① G256-53 ② F129-53 ③ B2-53

中国国家版本馆 CIP 数据核字（2024）第 002566 号

经“史”致用：周生春学术论文集
（全二册）
周生春　著
孔祥来　编
上海古籍出版社出版发行
（上海市闵行区号景路 159 弄 1－5 号 A 座 5F　邮政编码 201101）
（1）网址：www.guji.com.cn
（2）E-mail：guji1@guji.com.cn
（3）易文网网址：www.ewen.co
金坛市古籍印刷有限公司印刷
开本 890×1240　1/32　印张 28.75　插页 11　字数 694,000
2024 年 1 月第 1 版　2024 年 1 月第 1 次印刷
ISBN 978-7-5732-1001-2
K · 3531　定价：218.00 元
如有质量问题，请与承印公司联系

周生春

序

李伯重

翻开亡友周生春兄的这部学术论文集书稿，不禁心潮起伏，感慨万端。看到相识逾四十年的老友的大作，仿佛他仍然还在西子湖头，和朋友们一起品茗论学，为青年学子们精心授课。但事实是严酷的：他已经永远离开我们一年多了。

生春兄1947年8月出生于苏州，1966年高中毕业于江苏师院附中。在那不堪回首的十年中，他和我们这一辈人中的大多数一样，被作为“知识青年”送到农村插队，接受“再教育”，在辛苦劳作之余，他坚持自学中国历史。“文化大革命”结束后，他于1978年以同等学力的资格和优异的成绩，考上了1949年以后中国的首届研究生，在杭州大学历史系师从著名学者陈乐素、徐规先生攻读宋史。在获得硕士学位后，他曾短暂地回到苏州大学历史系任教。但因追求学问心切，他很快又考上了北京大学历史系的博士研究生，师从著名学者邓广铭先生继续攻读宋史。在获得博士学位后，他至浙江大学工作，直至辞世。在浙江大学，他历任讲师、副教授、教授、博士生导师，以及浙江大学行政管理与公共政策研究所所长、浙江大学区域社会经济史研究中心主任。他也是浙江大学儒商与东亚文明研究中心、浙江大学晨兴文化中国人才计划的主要创办者。此外，他还先后任杭州古都文化研究会副会长和名誉会长。

生春兄刻苦用功，研究领域广泛，著述颇丰。据不完全统计，他先后出版专著一部，发表学术论文数十篇，编、撰《吴越春秋辑校汇考》、《〈老子〉注评》、“经典会读”丛书等著作十余部。这些都从一个方面显示了他的学术成就。

生春兄与国际学界有着密切的联系。他曾于1999年、2003年两赴美国哈佛大学做访问学者，2007–2008年再赴美国普林斯顿大学做访问学者，并曾担任“日本学术振兴会”特聘专家。此外，更多次到欧美、日本和我国台湾省进行短期学术访问。这种经历使得他在研究中不仅具有国际视野，而且也使他获得广泛的国际学者人脉，为他邀请海外著名学者来杭州为“浙江大学晨兴文化中国人才计划”的学生授课提供了丰富的资源。

我和生春兄相识于1979年。那时中国高等教育在“文化大革命”浩劫后刚刚复兴，研究生培养制度也于1978年才重建，当时全国研究生数量屈指可数。我和生春兄都是1978年入学的首届研究生，不过我在厦门大学，而他在杭州大学。1979年，生春兄和他的两位杭大研究生同学一起来厦大访学，我们得以相识。因为我们都有类似的人生经历，而且当时都在做江南农业经济史研究，因此一见如故，开始了终生的友谊。我们于2001年共同发起和主办了“中国东南区域史第二次国际学术研讨会”，参会学者有吴承明、伊懋可（Mark Elvin）、包弼德（Peter K. Bol）、岸本美绪、万志英（Richard von Glahn）、周绍明（Joseph McDermott）等多位国际著名学者，会后我们又共同把会议论文选编成为《江南的城市工业与地方文化（960–1850）》一书，由清华大学出版社于2004年出版。

1952年全国的院系调整，浙江大学的文科被整个地划分到杭州大学，从那以后，浙大便成为一所偏重理工科（特别是工科）的大学。生春兄到浙大任教后，深感文科缺失对浙大学生培养带来的消极影响这一问题的严重，决心尽力去改变这种情况。2008年，他与杜维明先生共同创建了“浙江大学晨兴文化中国人才计划”（Zhejiang University Morningside Cultural China Scholars Program），担任责任教授。这个计划每年在浙大全校范围内选拔30名优秀在校生，在保持其各自主修专业的基础上独立成班，邀请国内外著名学者、社会各界杰出人士传道授业，担任导师。共设10门课程，其中必修课程8门，讲座2个系列，一至两年修完所有课程，完成学业。他遍请海内外著名人文社科学者为参加该计划的浙大本科生授课，并带领学生到欧美名校访学考察。这个计划自2008年9月正式启动以来，已经培养了数百名眼界开阔、具有人文情怀的青年才俊（其中大部分是理工生），一半以上在本科毕业后都到海内外名校继续深造。这个计划的成功，成了浙江大学的一张闪亮的名片。他在患病期间仍然坚持指导学生，指导“浙江大学晨兴文化中国人才计划”的发展，可谓鞠躬尽瘁，死而后已。这个计划培养出来的学生，都对他们敬爱的周老师怀有深深的感情，不仅把他当作良师益友，而且视为人生的引路人。

在创建这个计划之时，生春兄就与我进行商量。他说：一个人精力有限，能够在学术上做出成就固然重要，但是培养人才的意义更为重大，因为一个人能够做出的学术贡献是有限的，而培养出来的人才所能做出的贡献将会大得多。我感到他是从我们这一代的曲折经历，深刻体会了培养年轻人的重要性。因此我非常赞同他的想法，积极协助他开展这个工作。在开始几年，这个计划进行得很艰难，没有资金支持，他只好向过去的学生和朋友“化缘”，支付浙大的教室使用费和来授课的学者旅费、住宿费等。在他不懈的努力下，浙大开始认可他的工作，也感动了陈启宗先生等关心教育的各界人士。在各方面的支持下，计划得以走上顺利发展的坦途。

由于把大量精力投入教育工作，生春兄可以用于个人科研的时间不可避免地会受到挤压。不过，他仍然尽力使用一切可以利用的时间进行专业研究，并不断扩大研究范围，开辟新的领域。他门下的高足孔祥来博士，在他身后搜集其论文，选编成这部文集。这些论文内容丰富，涵盖了史事考证、经济史、思想史、出版史、政治史等多个方面。这些文章都是精心写就，新意迭出。还要指出的一点是，生春兄治学严谨，文章写好后，如果自觉不够满意，就不急于发表，而是不断修改，一定要做到满意为止。因此，他的专著《宋元江南农业经济史论稿：以浙西、江东水利田的开发为中心》，以其博士论文为基础，经过反复修改、增补、打磨而写成，于2022年由台湾花木兰文化事业出版公司刊出。从博士论文写就到出版，历时三十多年，这在当今的中国，可谓绝无仅有。由此亦可见他治学态度严谨之一端。

生春兄一生献给了学术，献给了教育，献给了浙大，在这三个方面都功不可没。如今虽已离开了这个他深爱的世界，但是他留下的一切，都会被大家长久地铭记，他的未尽之事业，也会被后辈们继续推进。这样，他的在天之灵也会感到无比的欣慰。

是为序。

2023年11月20日

于燕园

编撰说明

先师周生春教授出生于1947年8月29日，祖籍江苏淮安，因父母工作原因迁居苏州。淮安周氏诗书传家，周老师幼承庭训，酷爱读书，在动荡的十年，积累了深厚的学养。1978年国家恢复招收研究生后，周老师考入杭州大学历史系，师从陈乐素、徐规先生攻读宋史方向的硕士研究生。1981年硕士毕业后，到苏州大学工作。1983年又考入北京大学历史系攻读博士研究生，师从邓广铭先生继续研究宋史。1986年完成博士学业后到浙江大学任教，先后任职于浙江大学哲学系、哲学社会学系、经济学院等，是一位富有人文关怀的历史学者。周老师研究兴趣广泛，涉及文献与史料考据、经济史、思想史等多个领域。虽然著述不算丰富，但所发表及出版的著作，多属精品。作为一名历史学者，正当其将要从工作岗位上完全退下来，准备专心一意地继续其未竟的学术事业之际，却不幸罹患癌症，于2022年7月20日病逝于杭州，享年76岁。

周老师的著作分为学术论文和书籍两种，其中公开发表的学术论文存在两种情况：一是独立发表，二是与其他学者或硕士、博士研究生合作发表；出版的书籍亦分两种情况，一是独立撰写、整理的学术著作，二是与其他学者合编、合著的各类学术著作。周老师与其他学者合作发表的论文皆系分工合作撰写，与硕士、博士研究生合作发表的论文则又分为三种情况：一是周老师与学生分工合作撰写；二是周老师撰写，学生负责搜集资料、数据，修改格式等；三是学生撰写，周老师进行指导、润色等。不论哪一种情况，周老师与学生合作发表论文，皆是遵守浙江大学硕士、博士研究生的培养规定，以培养学生的学术能力为目的。以下，我们仅介绍周老师独立发表的论文、与学生合作发表但主要由周老师撰写的论文、与其他学者合作发表的论文，以及他独著或合著、合编的各类著作，以尽可能简明地展现周老师学术研究的全貌。

周老师的第一个研究领域是历史人物、地理、文献的考据。周老师的考据方法秉承陈垣先生，工夫深厚，在这一论域的著述也相对丰富，从1978年至2012年的三十多年间，先后在《历史研究》、《文献》、《文史》、《浙江大学学报》等期刊及专业论文集上发表论文23篇，尤其他精心辑校的《吴越春秋辑校汇考》一书，1997年由上海古籍出版社出版以来，得到学术界的持续好评。2019年，该书又由中华书局再版。2008年，周老师受邀担任《儒藏》（精华本）的编委，带学生整理《和靖尹先生文集》及其《论语解》、《孟子解》。《和靖尹先生文集》收进《儒藏·集部》精华编第221册，已由北京大学出版社于2018年出版，《论语解》、《孟子解》也即将由浙江大学出版社出版。2014年，周老师又受邀加入“浙江文献集成”项目，带学生整理《越绝书》、《吴越春秋》、《吴地记》、《古越书》等，已于2021年交稿结题。

周老师的第二个研究领域是宋代经济史，这是他攻读硕士、博士研究生时期就开始的研究方向。从1991年到2010年的二十余年间，他先后在《文史》、《中国史研究》、《浙江大学学报》、《中国农史》以及相关会议论文集、纪念文集发表学术论文17篇，与学生合作发表2篇（附录），为该领域的研究者多所引用。另外，周老师还与李伯重教授合作主编《江南的城市工业与地方文化（960—1850）》一书（清华大学出版社2004年），与何朝晖教授合作编有《“印刷与市场”国际会议论文集》一书（浙江大学出版社2012年），都在宋代经济史研究中产生了重要影响。目前，周老师的最后一部著作《宋元江南农业经济史论稿——以浙西、江东水利田的开发为中心》——由他的博士论文修改而成，已由花木兰出版社于2022年正式出版，相信亦必嘉惠学林。

周老师的第三个研究领域是中国古代思想史，内容涉及道、兵、儒、释以及中国古代的法律、商业思想，共10篇论文。另外，还有与王诗宗教授合作发表的论文2篇（附录）。周老师早年服膺道家，1990年代以来，独立或与其他学者、学生合作先后在《哲学研究》、《浙江大学学报》、《自然辩证法研究》等期刊上发表论文4篇，并撰成《白话老子（帛书）》（三秦出版社1990年）、《老子注译》（太白文艺出版社1997年）两书，后一书又修订为《老子注评》，由凤凰出版社于2007年再版。1990年代后期，周老师学术兴趣逐步转向儒家，先后独立或与学生合作在《哲学研究》、《中国学术》、《中国经济史研究》上发表论文4篇，尤其申贤及其《华海师全》的发现，对丰富韩国及东亚儒学史的研究都具有重要意义。2006年，周老师与杜维明先生一起创办浙江大学儒商与东亚文明研究中心，开展经典会读活动，陆续整理出版了“经典会读”系列丛书——《论语》、《大学·中庸》、《孟子》、《老子》（浙江大学出版社2012年、2018年）等。2023年，周老师关于澳门华人企业家价值观研究的项目成果《儒家价值观与现代经营管理：澳门华人企业家访谈录》，已由香港三联书店出版。另外，周老师还对银雀山汉墓简本《孙子兵法》、云梦秦简行政法文献进行了深入研究。

如前所述，周老师研究兴趣广泛，除了上述三个领域，其研究还涉及古代监察制度、宋金关系以及辽金宋三史编撰问题等，发表论文7篇。并涉猎中国审计文化、行政管理等课题，与陈正兴合编《中国审计文化研究》（中国时代经济出版社2004年），与陈倩倩、汪杰贵合著《韩国地方政府管理》（科学出版社2015年）。积极探索中国传统文化的现代转化与实践，发表有《“我们”是和而不同的具体体现》（《杭州（我们）》，2011年第11期）、《人物志与现代复合人格》（《杭州（我们）》，2013年第11期）等，与李烨合编《中华传统学术的现代转型：以中医为例》（浙江大学出版社2017年）一书。

此外，周老师还应邀参加了仓修良先生主编的《中国史学名著评介》第二卷（山东教育出版社1990年）的编撰工作，撰写《宋史》评介一篇（第183—205页），参加了中外名人研究中心编的《中国事典》（沈阳出版社1993年）的编撰工作，撰写“金遣高忠建等讨伐窝斡”等词条（第1613—1633页）。

为了更准确地呈现周老师的学术精华，论文集只收录周老师独立发表的论文和主要由周老师撰写的论文，周老师与合作学者或学生分工合作撰写的论文设为附录。而在周老师的指导下主要由硕、博生撰写的论文以及周老师作为第二作者发表的论文，一概不收录。根据这个原则，本书共收录周老师的学术论文60篇，其中第一编“考据”23篇论文，主要是有关地理、人物和文献的考证；第二编“经济”17篇论文，主要是有关宋代江南经济史的研究；第三编“思想”10篇论文，主要是有关道、兵、儒、释以及中国古代法律、商业思想的研究；第四编“杂论”6篇论文，既有史事考证，也有对史书编撰、古今制度演变的探讨，内容、题材不一；第五编“附录”4篇论文，系与其他学者或学生合作撰写，经过合作者的同意，附于最后。尊重编辑建议，《论台湾“监察院”的过去、现在和将来》(《浙江大学学报》第8卷第3期，1994年9月)一文暂不收录。另外，周老师还有一些文字，如《我心目中的仓修良先生》(钱茂伟、叶建华主编《执着的史学追求——仓修良教授八十华诞庆寿文集》，华东师范大学出版社2012年)、《“我们”是和而不同的具体体现》(《杭州(我们)》，2011年第11期)、《人物志与现代复合人格》(《杭州(我们)》，2013年第11期)等，因为非学术论文，此次亦皆不收录。

周老师是一位十分洒脱的人，生活简朴规律，但对工作充满激情，教育学生如春风化雨。在浙江大学任教的25年中，先后培养了21名硕士研究生(不含MPA)、22名博士研究生，还指导了2名博士后研究人员，甚至影响了一些本科生转而从事历史学的研究。2006年，周老师与杜维明先生一起创立浙江大学儒商与东亚文明研究中心并兼任中心执行主任。2008年，又与杜先生共同发起浙江大学“文化中国”人才计划并兼任责任教授。2010年，周老师正式退休，复被学校返聘，继续担任儒商中心执行主任和“文化中国”人才计划责任教授。自儒商中心成立，尤其是发起“文化中国”人才计划以来，周老师便风雨无阻，每日准时至浙江大学玉泉校区外经贸大楼302室中心办公室办公，处理中心和人才计划的事务。自从“文化中国”人才计划发起以来，周老师几乎将全部精力都用在了人才培养上面——安排课程，延请学者，寻找经费，安排并带领学生出国考察等，还与学生一一座谈，了解和指导他们的学习与发展。即使在生病住院的那段时间，仍然通过视频参加“文化中国”人才计划的活动。而今，周老师的硕、博士生与从浙江大学“文化中国”人才计划毕业的学子已在许多方面有所成就，也即将有学生学成归来，接任“文化中国”人才计划的工作。在他很快可以安享晚年，继续其未竟的学术事业之际，不意竟溘然与世长辞。噩耗传出，在世界各地学习、工作的学生皆不胜悲伤。

在周老师生病期间，浙江大学儒商与东亚文明研究中心助理吴灵燕女士经常于工作之暇陪同师母去医院看望周老师。在周老师病重的最后两个星期里，陆续有学生知道了其生病的消息，纷纷想办法去医院探望他，还有远在国外的学生通过视频向他汇报生活、学习与工作情况。周老师去世以后，他的硕士生、博士生及儒商中心的吴灵燕女士于百忙之中帮助料理后事，尤其韩厚军、李军两位博士冒着酷暑陪同周老师的女儿一起寻找墓地，为周老师选择了一处环境优美、富有文化气息的安息之所。在张燕飞、沈阳等同学的主持下，浙江大学“文化中国”人才计划的学生还自发成立了治丧委员会，组织缅怀周老师的活动。尽管周老师生前一再嘱咐丧事从简，周老师的家人遵从其遗嘱也没有举行追悼会和告别仪式。但是，周老师的硕、博研究生以及“文化中国”人才计划的同学们，仍然在周老师安葬那天自发地从全国各地赶来杭州，与周老师告别。那些因客观原因无法赶来杭州的学生，也发来唁电或通过互联网表达哀思。一些同学回忆与周老师相处的点点滴滴，写出了情真意切、感人泪下的纪念文章。

其实从2021年初，周老师已经知道了自己的病情，但他仍然保持乐观的心态，积极配合治疗。在住院期间，他并不愿意麻烦他人，所以很长一段时间亲友、学生鲜有人知其病情。在最后的两三个月时间里，周老师开始陆续安排后事。除了浙江大学“文化中国”人才计划的发展，他最关心的便是他的几部书稿及论文集的出版事宜。承蒙周老师信任，将相关出版事宜嘱托于我。经过多方努力，《儒家价值观与现代经营管理：澳门华人企业家访谈录》一书已由香港三联书店于2023年初出版发行；《论语解》、《孟子解》委托吴永明、明旭两位师兄校对，也已接近尾声，将由浙江大学出版社出版发行。而周老师的学术论文，经过我半年多的搜集，也已进入排版校对阶段，即将由上海古籍出版社出版发行。难度最大的周老师有关“中华治理之道”的讲稿，因为是“文化中国”的学生根据讲课录音整理的文字，还需要花费更多的精力去整理和润色文字。而我的工作又过于繁忙，所以目前还没有开始整理。

在师母与其女儿周晓梦女士的共同授权下，由我全权负责周老师论文集的统稿和出版工作。因为任务繁重、时间紧迫，我又邀请了张燕飞师妹与明旭师兄分别参与论文集第一编、第二编的稿件校对工作。首先要感谢李伯重教授，在百忙之中为周老师的论文集作序。另外，为了促成论文集的顺利出版，周老师的硕士、博士以及“文化中国”人才计划的学子皆提出过宝贵建议，论文集名称中的“经‘史’致用”一语即由“文化中国”人才计划第五期学员李烨博士提出。论文集出版费共 18 万元，其中“文化中国”人才计划的同学捐助 122000 元，周老师的历届硕士、博士捐助 58000 元，在此一并表示感谢。周老师一向推崇上海古籍出版社的学术声誉，他的《吴越春秋辑校汇考》一书就曾由上海古籍出版社出版，所以我们决定亦将论文集委托该社出版。在此诚挚感谢上海古籍出版社的刘海滨先生帮助，安排赵曈女史专门负责论文集的出版事宜，当然尤其感谢为论文集的出版付出无数辛苦的赵曈女史，在病中仍帮助校对书稿。正是很多师友共同的付出与帮助，周老师的论文集才得以顺利面世。

此次论文集所收录的，皆是周老师已经在各类学术期刊或会议文集上公开发表过的论文，所以我们在编辑过程中一仍其旧。个别修改或补充的文字，则出校记说明。时间仓促，更由于我们学识有限，在论文集的整理和校对过程中，难免有疏误之处，还请各位方家不吝斧正。

目录

第二编　经济

第三编　思想

第四编　杂论

第五编　附录

第一编　考证

李白与碎叶

李白的出生地碎叶在今吉尔吉斯共和国托克马克城附近，和李白的原籍陇西、第二故乡四川，相距数千里。一个汉人家庭，为什么要千里迢迢地从陇西移居异族聚居的碎叶？又为什么要在定居数代之后迁徙回蜀？这就是本文试图弄清的问题。

隋代汉人流寓异域，大抵有如下几种原因：一、躲避战乱，二、经商，三、从军，四、被掠卖，五、因罪被流放。因前四种原因移居异域的为数甚多。如隋末很多汉人避乱出奔突厥，连隋炀帝的皇后萧氏，孙子杨正道也跑到了突厥。为此，突厥可汗替杨正道组织了一个流亡政府，让他统领一部分流人。630 年，唐灭东突厥，这些人大部分回到内地，其余或投高昌（今新疆吐鲁番），或随薛延陀，不少人辗转迁徙到了西域。

李白一家属第五种，其先祖是作为罪徒徙居碎叶的。《新唐书·文艺传》说“其先隋末以罪徙西域”；出自李白口授的李阳冰《草堂集序》说“中叶非罪，谪居条支”；本之伯禽手疏的范传正《李公新墓碑》说“隋末多难，一房被窜于碎叶”。“谪”、“被窜”都是因罪遭流放的较体面的说法。究竟犯有什么罪过，则说得很含糊，只是说“多难”与“非罪”。“多难”、“非罪”被流放，都是具有偏向性的同情的说法。这是不足怪的，李白父子总不至在外人面前拆自己祖宗的台。《序》、《碑》叙述过程的模糊和闪烁其辞，原因也就在这里。由此看来，《新唐书》、《序》、《碑》并无相左之处。

李白先氏因罪徙西域的年代，《新唐书》与《碑》俱云隋末，《序》曰中叶。中叶即隋末，李白死于762年，其九世祖李暠死在417年，其间共九代，中叶第五代正当隋末。609年以前，隋的版图尚不包括西域，609年，隋灭吐谷浑。吐谷浑国土兼有西域的鄯善（古楼兰，今新疆罗布泊西）和且末（今新疆且末县）。隋在其故地设立了鄯善、且末等四郡，并“发天下轻罪徙居之”[1]。同年又在西域伊吾（今新疆哈密）设伊吾郡，并筑城戍守。只是从这年起，隋国土才扩展到西域，也才有可能将犯人流放到西域去。从609年至隋亡，仅隔数年。由此可以断言，李白的先人于609年或这以后的几年内，作为一个轻罪的犯人，被流放到西域的且末、鄯善或伊吾。李白称其先人“非罪”，即非所罪，也就是轻罪重罚。609年隋炀帝“发天下轻罪徙居”西域，就是将轻罪犯当作仅次于死刑的重刑——流刑犯来处置。难怪李白声称“非罪”，要为其先代叫屈了。

李氏徙居且末等地不久，天下大乱，吐谷浑王乘机复国。镇戍者非死即逃。面临内地不息的战乱，一部分且末、鄯善、伊吾的镇戍者就迁移到毗邻较稳定的突厥各属国。李白的先辈或是从且末经于阗、疏勒，或是自鄯善、伊吾经焉耆、龟兹，沿着十数年后玄奘走过的路程，辗转跋涉，最后终于在碎叶定居了下来。这就是李白一家移居碎叶的原因与经过。

自隋末至唐，李家在西域生活了近百年，可是为什么到了唐

1 《北史·吐谷浑传》。

中宗神龙元年（705）李白父亲又要举家从碎叶"遁还"、"逃归"呢？这要从唐代碎叶地区的政治形势谈起。

701年李白诞生之际，碎叶正在唐版图之内。658年唐灭西突厥，在其居地碎叶川（今楚河）东西设置了昆陵、濛池两个都护府，以后又在这里驻军建镇，直接予以控制。701年李白就生于著名的安西四镇中最西的一镇——碎叶镇。李白出生之际，正是碎叶地区政治形势发生剧变的重要关头。当时唐的政治势力虽已远达里海以东，但和西突厥余部却不能很好相处。662年之后，西突厥十姓部落已"久为唐编人"[1]，直接由唐管理。唐政府贪虐骄横的统治，经常激起诸部的反抗。为加强控制，消除反抗，唐于武则天久视元年（700），"以西突厥竭忠事主可汗斛瑟罗为平西军大总管，镇碎叶"[2]。斛瑟罗系西突厥贵族，派遣他去碎叶是想利用他"抚镇国人"，平服反叛。唐军至碎叶，会同斛瑟罗之众最后平定了反抗。叛乱虽被镇压，但由于斛瑟罗"用刑残酷，诸部不服"[3]，结果又引起新的反抗。原先隶属斛瑟罗麾下的乌质勒因"能抚其众，诸部归之。斛瑟罗不能制"[4]，703年"悉并其地"[5]，利用斛统治诸部的企图失败了。704年唐政府又拜斛瑟罗之子阿史那怀道为西突厥十姓可汗，意图控制各部，不仅未成功，而且给碎叶地区造成了更大的混乱，以致唐的据点碎叶城遭到了数年之久的围攻。706年唐安西大都护郭元振上疏说"顷年忠节（阿史那忠节）请斛瑟罗及怀道俱为可汗，亦不能招胁得十姓，却遣碎叶数年被围"[6]，《新唐

1 《新唐书·西域传》。
2 《资治通鉴》。
3 《资治通鉴》。
4 《资治通鉴》。
5 《资治通鉴》。
6 《旧唐书·郭元振传》。

书·郭元振传》则云“碎叶几危”。查怀道704年拜可汗，从这年起父子俱为可汗；顷年，指706年的前几年。由此可见碎叶被围大约在704年与705年左右。围攻者很可能就是乌质勒。乌质勒既与“西突厥诸部相攻”，又同唐势力斗争，搞得唐“安西路绝”[1]，最后建立了一个以碎叶川为中心的政权。这期间，乌质勒虽然占据了碎叶川，但碎叶城却一直在唐手中。所以710年有令“碎叶镇守使、安抚十姓使吕休璟”，“领瀚海、北庭、碎叶等汉兵及骁勇健儿五万骑”，以“讨默啜”之事[2]。又有708年“碎叶镇守使中郎周以悌率镇兵数万人大破”突骑施娑葛，“夺其所侵忠节及于阗部众数万口”一事[3]。714年碎叶失而复得。这年“西突厥十姓酋长都担叛”，唐将“阿史那献克碎叶等镇，擒斩都担”[4]。到了“开元七年（719）十姓可汗请居碎叶，安西节度使表以焉耆备四镇”。[5]从此碎叶镇被废，唐军撤走，焉耆代替碎叶成为四镇之一。

699年至706年，碎叶地区各种政治力量此消彼长，战乱频起。李白生后不久，碎叶被围。攻守既久，城中必然是饥寒交迫，弹尽粮绝。在严酷的现实威胁面前，城内居民便会想法逃出围城，奔往和平安定的内地，而守城士兵也会愿意他们离开，以便减少粮食的消耗。这就是李白一家偷偷逃回内地的原因所在。以往每见李氏“神龙初遁还”、“逃归于蜀”、“潜还广汉”一类文字，总觉得“遁”、“逃”、“潜”，用得蹊跷。联系碎叶地区政治形势来看，这个疑窦就豁然而解了。

隋唐之交的碎叶，是沟通东西方丝绸之路上的一座重要商业城

1 《资治通鉴》。

2 《文苑英华》。

3 《景龙文馆记》。

4 《资治通鉴》。

5 《新唐书·西域传》。

市。碎叶的居民，民族成分复杂；正如《大唐西域记》所说的“诸国商胡杂居也”。其中有突厥人，有伊朗语系的各族，也有汉人。市民民族性的复杂，更使碎叶成为各族文化交会的一个中心。处在这样的环境中，李白一家必然受到西域各种文化的影响，懂得通行于碎叶的各种语言。《李公新墓碑》云：“(李白)草答番书，辩若悬河，笔不停辍。”又据刘全白《唐故翰林学士李君墓碣》说：“(李白)因为和番书，上(指唐玄宗)重之。”番书来自外邦，用的当是少数族文字。李白识得多种文字，故能读懂来书并即刻作答。李白虽受到西方文化的影响，但从小主要接受的还是汉族文化，因为李白的家庭是一个文明的汉族家庭。从李白的命名就可看出李家有着汉族文化的深厚传统。“惊姜之夕，长庚入梦。故生而名白，以太白字之”[1]，又据李白回忆：“余小时，大人令诵《子虚赋》，私心慕之。”由此可见，李白的父亲曾受过汉族传统文化的熏陶，具有一定的文学修养，从小生长在这样的一个家庭中，李白当然接受的是以汉族传统文化为主的教育。他自己说“五岁诵六甲，十岁观百家”，五岁时李白很可能尚在碎叶，可见他从小即受到汉文化的启蒙。否则，入蜀以后，他决不能迅速而又深入地掌握汉族文化的精华，能诗会赋，成为一代大家。

综观前述，李白一家居住在唐帝国的边陲碎叶，李白父子所受到的教育和内地相差无几，这不仅是李白得以成就其不朽声名的一个原因，它还说明了处于唐的政治、军事和文化控制下的边城碎叶，与内地的联系是十分密切的。

本文原载于《历史研究》1978年第7期。

---

1 李阳冰：《草堂集序》。

姑苏考

“月落乌啼霜满天，江枫渔火对愁眠。姑苏城外寒山寺，夜半钟声到客船。”[1] 诗篇中的姑苏就是苏州。苏州一名，得自姑苏山。苏州原称吴，或称会稽。隋朝灭陈，因州城西南三十五里处有一座姑苏山，于589年改称吴州为苏州。从此，苏州这个地名便沿用至今。但姑苏山究竟在哪里？姑苏二字又作什么解释？多年来一直是件难解的公案。我认为：姑苏即姑胥。姑苏即苏山，姑胥即胥山。姑苏就是今天吴县胥口以南和香山相对的胥山。

从史料来看，姑苏就是姑胥。姑苏最早见于《国语》和《史记》，稍后又见于《吴越春秋》和《越绝书》。例证如下：

> “越王句践乃率中军溯江以袭吴。入其郭，焚其姑苏。”[2]
>
> “吴王帅其贤良重禄以上姑苏。……（范蠡）遂击鼓兴师，以随使者至于姑苏之宫。不伤越民，遂灭吴。”[3]

1 张继《枫桥夜泊》。

2 《国语·吴语》。

3 《国语·越语》。

"越遂复栖吴王于姑苏之山。"[1]

"越因伐吴，败之姑苏。"[2]

"遂栖吴王于姑胥之山。"[3]

"(句践)灭吴，徙治姑胥台。……(秦始皇)因奏上姑苏台。"[4]

"(夫差)起姑苏之台，三年聚材，五年乃成。"[5]

"(越军)入吴，焚姑胥台。"[6]

在后二书中，姑苏多作姑胥，两者相通。如句践灭吴，栖夫差于姑苏山。姑苏山在《国语》和《史记》中作"姑苏之山"或"姑苏"，在《吴越春秋》中则作"姑胥之山"。由此可见，姑苏山即姑胥山。同样，姑苏台也就是姑胥台。如句践乘吴晋黄池之会侵袭吴国，《国语》作"入其郭，焚其姑苏"；《吴越春秋》则作"入吴，焚姑胥台"。就是这同一座台，在《越绝书》中忽而叫"姑胥台"，忽而称"姑苏台"。显然，姑苏就是姑胥，苏即胥，二字相通。

姑苏、姑胥应作苏山、胥山解。姑含山义，苏、胥之前均冠以姑字，这在古代并非罕见。《山海经·中山经》说"又东二百里曰姑媱[7]，帝女死焉。其名女尸，化为䔄草，其叶胥成"。很清楚，姑媱即化为䔄草的帝女女媱之山，姑含山义，姑媱就是媱山。瑶、繇又通媱，所以姑媱又作姑繇[8]或姑瑶。这类冠以姑字的倒装式地名，

---

1 《史记·越王句践世家》。

2 《史记·吴太伯世家》。

3 《吴越春秋·句践伐吴外传》。

4 《越绝书·记地传》。

5 《吴越春秋·句践阴谋外传》。

6 《吴越春秋·句践伐吴外传》。

7 "姑媱"之后，有的本子有"之山"二字，有的没有。正如姑苏之山、姑胥之山，有时也作姑苏、姑胥一样。姑某后加"之山"二字是画蛇添足。这恐怕系后人所加。加者不知姑即岵，含山义。

8 《穆天子传》卷六。

《山海经》中尚有“姑灌之山”、“姑射之山”、“姑逢之山”、“姑兒之山”等。《左传》中的“姑蔑”，《春秋》中的“姑蔑”以及姑孰（今安徽当涂县南）等也都是现成的例子。姑作一般性地名的山字解释，又可从隋人单取姑苏之苏字，改吴州为苏州而不作姑苏州这一事例中得到印证。将一般性的地名，如山、城等放在整个地名的前面，这是现今中华民族的祖先之一，即几千年前某个部族记地法的特点。姑苏是这样，城濮、城棣、城固、城颍、城父、城阳等地名也是如此。以后，由于各族的融合和中原文化的南渐，北方的这类地名逐步消失，只在古籍中保留了一小部分；而南方具有上述特点的地名却不断地被记录下来。只是姑字被代之以古字。以古字开头的地名，据臧励和等编的《中国古今地名大辞典》，仅两广就有二十五个之多。虽然这二十五个古字并不全作山字解。即如上文的姑媱，到了晋人张华《博物志》中也变作“古畲”了（媱、畲也相通）。四部备要本《山海经》“姑媱”条下，郝懿行笺疏曰：“《博物志》作古畲。”时至今日，这个部族的直系后裔——壮族、泰族，还仍然将山冈通称为古[1]。这里的姑、古皆岵字之假借。岵，“山有草木也，从山，古声”[2]；“多草木，岵”[3]。姑，“从女，古声”[4]。姑、岵、古皆从古得声，例可通用。因此，前面的姑、古都有长满草木之山的意义。姑媱（古畲）即蓊草茂盛之山。姑苏（姑胥）即被以苏（胥）草之山，亦即苏山（胥山）。

从史料着眼，苏、胥两字相通。从音、义来看，也是如此。苏字，大徐本《说文》作“素孤切”，《广韵》作“素姑切”。胥字，

---

1 见徐松石《泰族僮族粤族考》第209、218页。

2 见《说文解字》。

3 《尔雅·释山》。

4 《说文解字》。

《说文》、《广韵》均作“相居切”。“素”、“相”皆属心母。“孤”，虞韵；“居”，鱼韵；“姑”，徂韵。虞、鱼、徂，古韵同部[1]。从音韵来看，两字相通。苏、胥乃一声之转。苏，《说文》作“桂荏也”，即紫苏。《诗·郑风·山有扶苏》传云：“扶苏、扶胥，小木也。”扬雄《方言》卷三：“苏，芥草也。江淮南楚之间曰苏。”胥作树名解，《汉书·司马相如列传》又有“流落胥邪”。由此看来，苏、胥系指某种小草木。上古时代，姑苏（姑胥）大约兴旺地生长着一种称做苏或胥的植物，山即因此而得名。按倒置命名法，当作姑苏或姑胥。苏、胥两字又互通，所以姑苏、姑胥实际上是同一座山。

综上所述，姑苏即姑胥。究姑之义，可知姑苏即苏山，姑胥即胥山。又因苏、胥两字通假，即知苏山就是胥山。这样，结论就是：姑苏即胥山。这在《越绝书·吴地记传》里还可以找到一个重要的佐证：“（阖闾）徙治胥山……秋冬治城中，春夏治姑胥之台。”《越绝书·记地传》又载句践灭吴后也曾“徙治姑胥台”。姑胥台在胥山，徙胥山是因为山上筑有宫室，可以作为治理中心。《越绝书》乃东汉人所撰。东汉人这样说，那么姑胥即胥山该是确实无疑的了。

从古代文献的记载和描绘来看，姑苏台应在今胥山上（今胥口太湖岸边），而决不会在今横山西北麓的紫石山上。姑苏台，《越绝书·记吴地传》写道：“胥门外有九曲路，阖闾造以游姑胥之台，以望太湖……去县三十里。”《吴越春秋·句践阴谋外传》载：“（夫差）起姑苏之台，三年聚材，五年乃成，高见三百里[2]……在县西南三十五里。”皆合于胥山而与紫石山不合。紫石山甚小。姑苏台

1　均在段玉裁《六书音韵表》第五部。

2 《越绝书·内经九术》作二百里。

为古代著名建筑，“周旋诘屈，横亘五里”[1]。这个“横亘五里”、“高见三百里”、“五年乃成”的伟大建筑群，小小的紫石山是容纳不下的。胥山东连皋峰，山高大，山顶平坦，姑苏台应在此山上。据《吴县志·舆地考·山》云：“皋峰山顶有石筑基址，或云即是姑苏台台址。”由此可见，姑苏台确在今之胥山。今之胥山确是古代的姑苏。

附记：

本文在写作中曾蒙吾师徐规教授和郭在贻老师、蔡次凯同志指教，谨向他们致以深切的谢忱。

本文原载于《杭州大学学报》1979 年第 1—2 期。

1　参见《说库》第三册，任昉《述异记》卷上。

“踏逐”释义商榷

“踏逐”一词，未详起于何时，然多见之宋人文书和俗语中。《武林旧事》卷八《宫中诞育仪例略》云：

宫中凡閤分有娠……仍令太医局差产科大小方脉医官宿直，供画产图方位、饮食禁忌、合用药材、催生物件；合本位踏逐老娘、伴人、乳妇、抱女、洗泽人等；申学士院撰述净胎发祝寿文。

《宋史·选举志六》载：

王岩叟言：“自罢辟举而用选格，可以见功过而不可以见人材，中外病之。于是不得已而别为之名，以用其平日之所信，故有‘踏逐申差’之目。‘踏逐’实荐举而不与同罪。且选才荐能而谓之‘踏逐’，非雅名也。况委人以权而不容举其所知，岂为通术？”遂复内外举官法。

《梦粱录》卷一九《顾觅人力》条曰：

如府宅官员、豪富人家，欲买宠妾、歌童、舞女、厨娘、针线供过、粗细婢妮，亦有官私牙嫂及引置等人，但指挥，便行踏逐下来。

根据上述三例，有人认为，“踏逐”，应训作“推荐、介绍”[1]。这一释义既不全面，又不确切。

首先，它无法圆满解释以上所引《梦粱录》中有关“踏逐”的那段文字。按《宋代俗语“踏逐”》一文的释义，宠妾、歌童等应该是自下而上地由牙嫂、引置“推荐、介绍”给府宅官员、豪富人家的。但原文却是“府宅官员、豪富人家”，“但指挥，便行踏逐下来”。明明是官员、豪富指挥牙嫂、引置，而牙嫂、引置则执行官员、豪富的“踏逐”。在这里，“踏逐”从上而下地下达，如果作“推荐、介绍”解释似乎不很确切。

其次，它无法解释以下数节含有“踏逐”的文字：

（一）（赵）璩奏：“乞……于侧近州军所管官田内给赐臣家五十顷，如即目未能及数，令日后摽拨，仍亦许本家自行踏逐，官司不许巧作名色执占。”从之。[2]

（二）昨于塞门踏逐安远寨地基，去旧寨南十里，四面皆无以控扼贼马来路，及所筑城寨多灭裂，恐久不可守。[3]

（三）知镇江府黄钧言：“准指挥踏逐本府及总领所近水次顺便空闲仓敖及无用官舍，委官置场，收籴米一十万石，就本处桩管。……籴米一十万石，约用敖屋五十余间。寻差官踏逐，

1 《宋代俗语“踏逐”》一文，见《中华文史论丛》1979年第二辑。

2 《宋会要辑稿·食货》六一之五一，参校《宋史》二四六《信王璩传》。

3 李焘《续资治通鉴长编》卷四九九“元符元年六月戊子”条。

既无空廪，亦无官舍寺观可以指准。乞别措置施行。”从之。[1]

（四）户部员外郎奉使两淮冯方言：“臣至楚州犒设山东忠义军，据本军将虽蒙按旬支给钱粮，缘各家老小累重，食用不前。今与众议，除军身教习武艺外，其余乞于三家或四家同共关借官钱，收买耕牛，关借子种，踏逐堪耕土地，趁时布种。”[2]

（五）合用钱米，踏逐到越州鉴湖封桩米，欲乞支拨一十万石……。[3]

（六）吴懋牒诸县云：“都统陈太尉所带军马四千余人前来驻札。今相度权于人户等第物力钱自三十贯以上借钱二十文省，实催到九万七千九百余贯，又踏逐崇宁寺屋，分酒务米曲寄造煮酒，收息钱三万七千余贯。”[4]

（七）吴玠除川陕宣抚副使，乃奏辞新命。且言：“臣自绍兴元年，收集散亡，踏逐和尚原，屯驻军马，控扼敌路……绍兴二年……又于川口仙人关侧近杀金平，选踏战地，修置山寨，以备奔冲……”[5]

（八）（吕惠卿曰）：“臣先准枢密院札子，奉圣旨，令臣体问相视米脂、细浮图、声塔平、石堡、寨门、黑水至大里河、长城岭以来，选择地利，从长进筑。……若不委自本路从长择利进筑，一一奏候指挥，往还旬日，必有至失机会……准枢密院直批，若踏逐到进筑处与新建城寨形势相接，自合乘伺

---

1 《宋会要辑稿·食货》四〇之五六。

2 《宋会要辑稿·食货》三之九。

3 《宋会要辑稿·食货》七之三五。

4 李心传《建炎以来系年要录》（国学基本丛书本）卷五一。

5 《建炎以来系年要录》卷八二。

机便进筑。”[1]

仅就以上数例来看，“踏逐”是不能释作“推荐、介绍”的。“推荐、介绍”毋须亲自出马或派员去现场向并未莅临的上司推荐与介绍，也不会向人推荐、介绍一个缺乏战略意义的地点去修建城堡，更不会自己将城寨地基、耕地、封桩米、房屋及本人所率军队之驻地推荐、介绍给自身，人们无法想象在推荐、介绍之后，竟然发觉并无适当的空廪官舍可供推荐或介绍，而最矛盾的莫过于：宋孝宗竟答应赵璩为自己推荐、介绍田地，枢密院会允许吕惠卿在推荐、介绍到合适地址之后，可以不推荐、介绍给枢密院听候进一步的指令，而由他去伺机进筑。由此可知，将这里的“踏逐”诠释为“推荐、介绍”，于情理不合，在意义上必定有其不完全之处。

再次，让我们来探讨一下“踏逐”的词义。从上文所举数例来看，“踏逐”的对象是土地、封桩米、寺屋及军队驻地，“踏逐”的目的是为了满足自身的需要。特别是根据例（七）来看，“踏逐”可作挑选、选取、选择解释。

为了证明这一点，请再看一例：

（九）章楶奏：“准枢密院二月二十七日札子节文，坐到圣旨，指挥臣勘会九羊谷，已兴工筑八百步寨，非久可毕，其后石门、创迪章即未曾择地兴工。自二月二十六日兵马入蕃界后踏逐得九羊谷去平夏城约三十里，经历后石门，侧近野韭川，正当西贼来路。若不筑堡子则过往军民、耕樵之人不免钞掠杀戮之患。……前曾奏欲于后石门、创迪章建寨筑堡。上件地

1 《续资治通鉴长编》卷四九八“元符元年五月庚午”条。

名并在生界，得之传闻，即未曾委官踏逐。今来始见的实利害。”[1]

此例在言及“其后石门、创迪章即未曾择地兴工”之同时，又提起“前曾奏欲于后石门、创迪章建寨筑堡。上件地名并在生界，得之传闻，即未曾委官踏逐”。同样一事，其一曰，欲“建寨筑堡”，而“未曾委官踏逐”；其二则曰，“未曾择地兴工”。显然，文内第二个“踏逐”即是选择。

试再举一例。南宋绍兴年间措置经界，主持官员李椿年对诸县具体执行官吏的人选，曾分别作过如下的要求：

（十）李椿年言：“今来措置经界，全藉县令丞用心干当。如无心力，虽无大过，许于本路踏逐有心力、强敏者对移。”[2]

（十一）李椿年言：“今来措置经界，全藉逐州守倅督责令佐究心协力，务要日近了办，无致搔扰。如令佐内有无心力不能了办之人，听守倅商议于管下选差强明官对移。”[3]

根据上引李椿年的言论，理应知道“踏逐”即是挑选。

于挑选的含义之外，“踏逐”有时又有勘察的意义。根据例（九）、（二）可知，“踏逐”应实地进行，不能得之传闻。“踏逐”的对象是某地的形势、寨堡的地基和房屋。“踏逐”的结果是认识到了某地应该修建城堡，了解到某城堡缺乏战略意义。由此看来，“踏逐”具有踏勘、视察或察看的意思。

---

1 《续资治通鉴长编》卷四九六“元符元年三月乙丑”条。

2 《宋会要辑稿·食货》六之三八。

3 《宋会要辑稿·食货》六之四七。

“踏逐”又作勘察训释，还可以从例（九）得到印证。上级授命章楶：“勘会”九羊谷，章楶忠实地执行命令，认真“踏逐”了九羊谷的形势，并建议就地修筑城寨。例中的第一个“踏逐”有踏勘的意义。此外，如再细心地阅读一遍前面列举的例子，自然便会发现在许多场合下“踏逐”除了挑选的意思外又兼备察看的意义。这在例（八）中可以得到最明显的证据。

由上可知，“踏逐”存在二种义训。其一是勘察、挑选，亦即察选，其二是推荐、介绍。试比较上面二种释义，自会得出如下的结论：后者涵义狭窄，无法包含前者，而前者却能囊括后者。察选具有推荐、介绍所没有的察看的意义，而推荐、介绍只是某种特定场合下的挑选。“踏逐”，应该释作察选，即勘察挑选。

“踏逐”一词本系民间俗语，原有在勘察的基础上加以选取的含义。北宋熙宁中，神宗因“旧举官往往缘求请得之，乃革去奏举，而概以定格”。但铨注之格“可以制平而不可以择才”[1]，所以王岩叟说实行之中依然拔擢那些经过考察与挑选，而为自己所信任的人。这种方法和先前的荐举相去不远，但旧的举官法业已废除，旧的荐举之名已经不能再用，而新的变通之法与“踏逐”在选材荐能和考察、挑选之选的意义上又有一致之处。所以便采用了“踏逐”一词来称呼此种变通方法。“选材荐能而谓之踏逐，非雅名也”，其原因恐怕也就在这里。

“踏逐”一词，收见于新近出版的《中文大字典》与《大汉和辞典》。依据《武林旧事·宫中诞育仪例略》之“合本位踏逐老娘、伴人、乳妇、抱女、洗泽人等”，上述二书将“踏逐”释作“助

1 《宋史·选举志六》。

产”[1]。其误释是显而易见的。“踏逐老娘”并非偏正结构的一个名词。“踏逐”者，察选也；“老娘”者，助产婆也；今日民间俗语仍有呼稳婆为老娘的。“老娘”以下以至“洗泽人等”，均系“踏逐”的宾语，而非“申学士院”的主语。封建社会里“老娘”、“洗泽人等”决没有资格“申学士院撰述净胎发祝寿文”。“助产”的训释是错误的。对“踏逐”，《辞源》及《王云五大辞典》解作“觅取”，倒是大致正确的。

综上所述，我认为，对宋代或宋以前的民间俗语“踏逐”，《中文大字典》与《大汉和辞典》的释义是错误的，《宋代俗语“踏逐”》一文的训释也不大精审，不很全面，而旧《辞源》及《王云五大辞典》的义训则是较为正确的。“踏逐”似作勘察、挑选亦即察选解释为妥。

本文原载于《杭州大学学报》1981 年第 4 期。

1 《中文大字典》第 14078 页；《大汉和辞典》第 11369 页。

沈括亲属考

沈括是北宋一代著名的社会活动家，杰出的学者，我国历史上最伟大的科学家之一。他博学善文，天文、方志、律历、音乐、医药、卜算无所不通，措诸政事，又极明敏，在社会科学和自然科学等众多领域里，沈括都取得了很深的造诣。前人对他的研究可谓不少，但谈及其亲属的似乎还不多见[1]。为加深对这样一位伟大科学家及其成就的认识，本文拟就其近亲，包括父系、母系和妻室三个方面，作一初步的探讨，并为今后的研究，提供某些线索和便利。因学力和材料的限制，错误疏漏在所难免，不足之处，尚祈同志们批评教正。

一、沈括的父系亲属

沈括，北宋钱塘人。曾祖沈承庆，仕吴越国为营田使[2]。入宋

1 胡道静先生《沈括军事思想探源——论沈括与其舅父许洞的师承关系》(《社会科学》1980年第6期)、任长正先生《宋明两沈周以及沈括沈遘行辈考》(《大陆杂志》11卷5期)曾部分涉及沈括的亲属关系问题。

2 《四部丛刊》本《沈氏三先生文集·云巢》卷一〇《伯少卿埋铭》。

后，任崇信军节度掌书记。太平兴国八年（983），改大理寺丞，分司西京[1]。祖父沈英，早卒，两子：同、周。

括伯父沈同，咸平三年（1000）进士[2]，天禧中知邛州，天禧四年（1018）七月知蜀州[3]，天圣年间（1023—1032）知明州[4]，景祐元年（1034）为宣州知州[5]，仕终太常少卿。同两子：振、扶。

沈振，字发之，始以父荫任上高、临淮两县主簿，后迁茶陵县令，天禧中以太子中舍知剡县，皇祐五年（1053）登进士第，熙宁初拜司农少卿，六年（1073）十二月卒于河东，享年七十三岁[6]。

振弟沈扶，历官国子博士[7]、金部员外郎和司勋员外郎[8]，嘉祐五年（1060）任江浙等路提点铸钱公事[9]，后被派往江西虔州审核漕盐政策的利弊[10]。嘉祐六年扶坐事免官，所坐何事则不详[11]。治平二年（1065），沈扶任河北提点刑狱[12]。次年改知明州[13]，但未赴任，留居京城为三司佐，不久又迁苏州[14]。熙宁初他在杭州闲居，经常向州里借役兵替自己兴造宅舍，因此而与知州祖无择发生过矛盾[15]。扶子遘、辽，是才学超群、出类拔萃的两个人物。

---

1 《宋会要辑稿·职官》四六之一。
2 咸淳《临安志》卷六一《国朝进士表》。
3 李焘《续资治通鉴长编》(下称《长编》）卷九六“天禧四年七月庚戌”条。
4 《梦溪笔谈校证·补笔谈》卷三第585条。
5 嘉庆《宁国府志》卷二《职官表》。
6 嘉泰《吴兴志·进士题名》。
7 《临川文集》卷五五《沈扶国子博士制》。
8 《苏魏公集》卷三〇《金部员外郎沈扶可司勋员外郎制》。
9 《宋会要辑稿·刑法》三之六五。
10 《长编》卷一九六“嘉祐七年二月辛巳”条。
11 《宋史》卷三三一《沈遘传》;《临川文集》卷九三《内翰沈公墓志铭》。
12 《宋会要辑稿·职官》四七之一三。
13 《宋会要辑稿·方域》一四之二〇。
14 《临川文集》卷一〇〇《翟氏墓志铭》。
15 《长编》卷四五三“元祐五年十二月戊申”条。

沈遘字文通，以文学起家，曾做过翰林学士。其行政才干，超群出众。英宗时，沈遘权知开封府事，京都的公务十分繁杂，其前任起早贪黑尚且来不及应付，但他只要一个上午，便能将全部公事处置完毕。时未过午，廷中即已无人。在他的治理下，京畿之内太平无事。一时上自皇帝大臣，下至黎民百姓，无不认为他将来必定大有作为。可惜就在将委以重任之际，他却溘然长逝了。

遘弟沈辽，字睿达，政治上虽不求进取，文学上却颇有才华。所作文章雄奇峭丽，尤擅长歌诗，常与王安石、曾巩、苏轼及黄庭坚诸人唱酬往来[1]。

扶婿蒋之奇，极富才干，一贯以奖掖后进为己任，曾任翰林学士，在当时具有一定的社会地位和影响。在政治斗争中，他反对过欧阳修，后人常因为这一点而否定他[2]。

沈扶的另一女婿王子韶，积极参加了王安石的变法活动[3]。他与沈括交往相当密切。沈括曾应其要求，为之作《县令厅壁记》[4]，并为其母撰写了《墓志》。在《墓志》中，括以“其子之友”自居[5]。两人的关系是亲戚兼朋友。

据《梦溪笔谈》云，沈遘去世前从杭州赶回苏州家中，遍别骨肉而终[6]。故其《西溪文集》中有“余家吴中”之语[7]。沈括也曾“借居苏州”[8]，所以能与舅母夏侯氏相熟，“少长见其装饰举动如一，深

---

1 《宋史》卷三三一《沈遘传》；《临川文集》卷九三《内翰沈公墓志铭》。

2 《宋史》卷三四三《蒋之奇传》。

3 《宋史》卷三二九《王子韶传》。

4 《长兴集》卷二一《邢州尧山县令厅壁记》。

5 《长兴集》卷二六《淳于氏墓志铭》。

6 《梦溪笔谈校证》卷二〇第351条。

7 《西溪文集》卷一〇《刘公墓志铭》。

8 《长兴集》卷二七《杜君墓志铭》。

沉寡言笑，事舅姑无所爱靳而仁其家，大小宜之”[1]。沈括年龄小于振、扶、遘，和沈辽、王、蒋诸人相仿，他与沈同一家，尤其是与沈遘、王子韶的关系，必定是相当密切的。

伯父沈同之外，沈括大约还有两位姑母或姨母。据《梦溪笔谈》和《长兴集》记载，括有一中表兄李善胜和一外昆弟方奇[2]。括母姓许，括父姓沈，李、方恐系括之姑表或姨表兄弟，李、方之母即括之姑妈或姨妈。

沈括生父沈周，字望之，娶妻许氏，生有两子两女[3]。周幼年丧父，大中祥符八年（1015）进士及第[4]，后以大理寺丞监苏州酒税，历仕苏州通判、江东转运使和知明州等职。沈周去世时，沈括年十九或二十岁。

在替杨构撰写的《墓志》中，沈括有“君之亲，某之姐也”一语。据此可知，杨构的母亲，就是沈括的姐姐。构父杨文友，为括之姐夫，则构乃括之外甥[5]。

沈括的长兄沈披，嘉祐六年（1061）做过宁国县令，后历任常州团练推官、卫尉寺丞[6]。熙宁初为国子博士。披善射，能自制良弓[7]。政治上富于进取心，有一定的行政才干，曾积极参加了王安石的变法活动。熙宁初，他任两浙提举常平，开常州五泻堰，计划筑江障湖为田，迁徙福建农民来耕垦。可惜事情没有成功，反倒淹没了八百顷农田。因此而遭殃的人很多，沈披本人即是其中之一。他

1 《长兴集》卷二六《故夏侯夫人墓志铭》。
2 《长兴集》卷二七《杜君墓志铭》。
3 《元丰类稿》卷四五《许氏墓志铭》。
4 咸淳《临安志》卷六一《国朝进士表》。
5 《长兴集》卷二八《职方郎中杨君墓志铭》；《欧阳文忠公集》卷六一《卢氏墓志铭》。
6 《公是集》卷三〇《常州团练推官沈披可卫尉寺丞制》。
7 《梦溪笔谈校证》卷一八第 303 条。

在熙宁五年十月为这件事受到了降官的处分[1]。熙宁五年五月，沈披从两浙徙为陕西提举常平。到任后，他积极主张兴利除弊，建议修复武功县六门堰[2]，提议将唐太宗和唐肃宗的陵地分给农民耕种。为此，他曾和持稳健态度的表侄谢景温闹过矛盾[3]。在陕西任内，当时有兴修永兴洪口的工程，引水自石门创口至三限口，合入白渠[4]。工程后来出了问题，沈披坐保明兴修不当，又受到展磨勘三年的处罚[5]。熙宁八年（1075）三月，沈披以虞部员外郎换右职礼宾使，任河北缘边安抚副使[6]。此时正是辽对北宋施加强大压力，要求改划边界，双方冲突一触即发的危险时刻。就在这危急关头，沈披一反常情，以文换武，毅然来到前方雄州。六月，沈括出使辽国抵达雄州。辽人"遮境不纳，责地不已，数火边候以示必举"[7]。可见沈披的出抚河北，和沈括的使辽一样，都冒着绝大的风险。到河北后，沈披在保州东南一带，组织起一个将旱地改成水田的工程[8]。工程具有促进生产和加强国防的双重意义。到了八月里，已然是安抚使的沈披，因"不职"而被罢免[9]，结束了他不到半年的短短任期。这时沈括已圆满完成出使任务，安然回朝，边境形势已重趋稳定。熙宁十年沈披任福建路都监，自陈"前任国子监博士，换礼宾使，未谙军政，恐误任使"[10]，于同年七月被撤换。

---

1 《长编》卷二三九"熙宁五年十月甲午"条，卷二四〇"熙宁五年十一月庚午"条；《宋史》卷九五，单锷《吴中水利书》。

2 《长编》卷二三三"熙宁五年五月丁未"条；《宋史》卷九五。

3 《长编》卷二三〇"熙宁五年二月辛亥"条。

4 《长编》卷二四〇"熙宁五年十一月壬戌"条。

5 《宋会要辑稿·食货》六一之一〇三。

6 《长编》卷二六一"熙宁八年三月丁酉"条。

7 《长编》卷二六五"熙宁八年六月壬子"条。

8 《长编》卷二六二"熙宁八年四月甲申"条；《宋会要辑稿·食货》四之三；《宋史》卷九五。

9 《长编》卷二六七"熙宁八年八月甲午"条。

10 《长编》卷二八三"熙宁十年七月辛酉"条。

沈披为人精干，勇于进取，敢冒风险，所至之处，积极兴修水利。其性格行为，与沈括相像之处甚多。考其原因，除了遗传因素之外，家庭尤其是沈母的早年教育大概起了相当大的作用。幼年时代的沈氏兄弟，“皆夫人所自教也”[1]。作为母亲而兼启蒙教师，其影响自非他人所能比拟。

二、沈括的母系亲属

沈括的母亲许氏，出生于苏州的一个封建士大夫家庭。祖父许延寿，官至刑部尚书。父亲许仲容，曾任太子洗马。她至少有两位兄长和一个姐姐。

许氏长兄许洸，曾寄居青州，大理寺丞临淄夏侯纲以其才可依，将自己的女儿嫁给了他[2]。洸子许寔，曾师事胡瑗，是许谦的六世祖[3]。

许氏仲兄许洞，幼年习弓矢击刺之技，成年后始折节励学，精通《左传》。淳化五年（994）、咸平二年（999），许洞先后任大理寺丞、殿直，被派往宋、亳、邓、蔡和邢、洺、祁、赵、雄、霸、贝、冀诸州，安抚因水灾、战乱而流离失所的人民[4]。许洞于咸平三年（1000）中进士，任雄武军推官，旋因得罪上司被除名。[5]景德元年（1004），他以秘书丞乘传诣澶州，安抚河北流民[6]。次年献《虎钤经》，应洞识韬略运筹决胜科，以负谴报罢，除均州参军。大

1 《元丰类稿》卷四五《许氏墓志铭》。
2 《长兴集》卷二六《故夏侯夫人墓志铭》。
3 《四明丛书・宋季忠义录》卷一二《许谦传》。
4 《宋会要辑稿・食货》一之二，《兵》七之一一。
5 《宋史》卷四四一《许洞传》。
6 《宋会要辑稿・职官》四之八二至八三。

中祥符四年（1011）祀汾阴，许洞又献《三盛礼赋》[1]，同年十一月召试中书，次年五月授乌江主簿[2]。洞之子女的情况现已无考。《梦溪笔谈》中提到的“高邮士人朱適”，是沈括的舅氏之婿，可能就是他的女婿。许洞由进士起家，以文章政事知名于时[3]，故《宋史》亦为之立传。然其仕途坎坷，命运不济，终年仅四十二岁。他的文材武略与进取精神，和沈括兄弟十分相似。曾巩为括母撰写的《许氏墓志铭》说：“夫人读书知大意，其兄所为文辄能成诵。”[4]由此可见，许洞对自己的幼妹是具有颇大影响的。

除前面讲过的李善胜、方奇之母外，许氏肯定还有一位姐妹。据谢景温说：

> 蒙改差同提举在京诸司库，与张刍对换。况张刍为避沈括亲嫌，缘括亦是臣父之表弟。乞各依旧局。从之。[5]

按：表兄弟素有姑表、舅表、姨表之分。景温父谢绛，绛母姓许，括母亦姓许，据此，绛、括必非姑表、舅表兄弟，而是姨表兄弟。又绛生于994年，其时括母年方九岁。由此推知，绛母为姐，括母为妹。

沈括姨妈一家，出过一些相当著名的人物。如姨父谢涛、表兄谢绛，以及年长于沈括的表侄谢景初和谢景温。此外尚有梅尧臣、王安礼和黄庭坚。

1 《宋史》卷四四一《许洞传》。

2 《长编》卷七六“大中祥符四年十一月庚辰”条；《宋会要辑稿·选举》三一之一四。

3 《四明丛书·宋季忠义录》卷一二《许谦传》。

4 《元丰类稿》卷四五《许氏墓志铭》。

5 《宋会要辑稿·职官》六三之五。

谢涛字济之，“及冠，居姑苏郡”[1]，娶吴人许仲容女。其子谢绛，大中祥符八年（1015）以苏贯登进士第[2]。谢绛是一个有能力、有抱负的人，其文词议论尤为儒林所宗。在邓州任上，他兴修过水利。所至之处，无不兴建学舍，努力发展教育事业。其子景初，博学能文，尤长于诗，常与梅尧臣诸人相酬唱。他的诗做得极好，据其婿黄庭坚自称，黄本从谢公得句法。景初弟景温，与王安石相友善，嘉祐中任江东转运判官，熙宁间积极参加了王安石的变法活动，弹劾过苏轼。

沈括的表姐夫梅尧臣，以诗名家，是宋代的杰出诗人。王安石之弟王安礼，官至尚书左丞，是沈括的表侄女婿。至于其表侄孙女婿黄庭坚，则是江西诗派的领袖和一代大书法家。

谢氏自涛即徙居苏州。涛与范仲淹有家世之旧，绛与范又是同年之交。括母家与谢氏互为姻家，两家都在苏州居住，往来必定很密切。沈括年少时在外祖家住过，又以苏贯登嘉祐八年（1063）进士第，他与谢家的交往，应当不会太少。

沈括、沈遘和沈辽合称沈氏三先生，《四部丛刊》本《沈氏三先生文集》所收沈辽《云巢》卷一〇所附《沈睿达墓志铭》(以下简称《墓志》)，作者不详。浙江书局本《沈氏三先生文集》卷六一、《梦溪笔谈校证》卷一七第294条注1、注2，以及《社会科学》1980年第6期《沈括军事思想探源》一文注10都认为《墓志》的撰写者是黄庭坚（字鲁直）。这一说法值得商榷。据《墓志》云，沈辽共有三女，“季实归余之子”，而“余娶君之妹”。但是，据沈辽母《翟氏墓志铭》记载，辽有三个姐妹，长嫁颜处恭，次适

---

1 《范文正公集》卷一一《太子宾客谢公（涛）神道碑》。

2 《吴郡志》卷二八《进士题名》。

王子韶，季归蒋之奇，没有一个嫁给黄庭坚的[1]。又据《黄文节公全集·外集》卷二二《黄氏二室墓志铭》，黄庭坚先娶孙觉女，孙氏物故，继娶谢景初女。孙、谢二夫人去世后，庭坚又生子曰相。按宋黄罃《山谷先生年谱》卷二十六所载，相小名小德，小字四十，绍圣三年（1096）与其生母来到黄的贬所。清杨希闵《黄文节公年谱》引黄庭坚《与宋子茂书》云："某老矣，虚中馈已十八年，小子相，今十四，并其生母在此。"由此可知相乃偏室所生。遘、辽之妹绝不会是黄庭坚之妾，因此也决不可能是黄相的生母。相娶石谅之女[2]，而非辽女，这又和《墓志》不合。辽卒于1085年，绍圣三年（1096）前黄止有一子，以后纵再得男，也不会娶辽女为妻。据此可知，《墓志》的作者绝对不会是黄庭坚。除《墓志》外，《云巢》卷十末附录中尚收有黄鲁直为辽所作序，以及黄的书信。粗心者因之易将《墓志》归诸黄的名下。误认黄庭坚为《墓志》作者的原因，恐怕就出在这里。沈辽之妹婿中，有蒋之奇者。蒋少辽一岁，其妻应为辽妹。之奇季子瑎，娶"妻沈氏"。瑎卒于绍兴八年（1138），其妻先瑎十五年去世[3]。辽逝世时诸女都已出嫁，从时间上看，这个沈氏应该就是沈辽的季女。《墓志》的撰者应是蒋之奇。有蒋这样的"北宋一魁儒"[4]为之作铭，也算不辱没沈辽了。

三、沈括继室张氏方面的亲属

张刍是沈括的岳父，即其继室张氏的父亲。刍幼年家贫，靠勤

---

1 《临川文集》卷一〇〇《翟氏墓志铭》。

2 《黄山谷书牍·寄苏子由》。

3 《浮溪集》卷二七《徽猷阁待制致仕蒋公墓志铭》。

4 《宋元学案》卷四《文穆蒋颖叔之奇》王梓材案语。

奋读书起家，仕至显位。其父张牧，卒于嘉祐八年（1063），享年六十有八。张牧去世后，张刍去官服丧，“终禫”，起为淮南转运使。这时沈括正在扬州，首次参拜了作为本路长官的张刍。两人一见如故，倾谈终日。赏识之余，沈括随即得到张的极力推荐[1]。按治平二年礼院奏“天圣中更定五服年月，敕断以二十七月，今士庶所同遵用”(《长编》卷二〇四治平二年三月壬午条)，则“终禫”须二十七个月。据此推知，张、沈第一次相见应在治平二年或三年（1065或1066）。嘉祐八年（1063）沈括中进士后，任扬州司理参军，治平二年入京编校昭文馆书籍（见《宋会要辑稿·选举》三三之一〇）。因此，第一次相见的时间可以进一步肯定为治平二年。所以沈括自云，参见系“治平中”事。

蒙张刍推荐入昭文馆后数载，沈括前妻不幸亡故。张又把自己的女儿嫁给了他[2]。据《永乐大典》卷一四〇四六《祭张谏议文》载，沈括在拜见张“后岁数四，婿公门下，从公之游，岁月一纪”。则张、沈结亲在熙宁二年（1069）[3]，张刍去世，在元丰三年（1080）。去世之年，正与《张公墓志铭》所载卒年相合[4]。

张刍的这个女儿，曾与沈括共同生活达二十多年。张氏素来凶悍，每逢发怒，总要打骂沈括，狠揪其胡须，以致胡须连血带肉纷纷落地。即便儿女们在旁边看得抱头痛哭，她也从不宽恕。沈括的长子博毅，系前妻所生。张氏眼里哪容得了他，干脆将其赶出了家门。沈括安置秀州时，张氏常步入公衙，控告自己的丈夫。由于她的长期虐待，沈括的身心健康遭到了极大的损害，晚年精神已濒临

1 《长兴集》卷二五《张中允墓志铭》，卷二九《张公墓志铭》。

2 《长兴集》卷二九《张公墓志铭》。

3 编者按：此处应为熙宁元年（1067），作者已于《沈括亲属考补正》(见本书第48页）中更正，故此处不改，保留原貌。

4 《长兴集》卷二九《张公墓志铭》。

崩溃的边缘。张氏去世时，括神志已恍惚不清，船过扬子江，沈竟欲投水，幸亏被人拦住，方才无事。但不久以后，他也就病卒了[1]。如无张氏的折磨，沈括留给我们的精神财富一定会更加丰富。

沈括妻党中值得一提的人物，有钱僧孺、王九龄和李稷。钱是张刍的侄女婿，沈括曾为其撰写过《苏州清流山钱氏奉祠馆记》一文[2]。王九龄是侍中王贻永之孙，沈括在《梦溪笔谈》中曾记载其言论[3]。李稷在神宗时任陕西转运使，行事以苛暴著称。灵州之役，李督运军饷，民伕有逃散的，他令骑兵追捕，抓到后即割断足筋，丢弃山谷之间，任其宛转号叫数日而死。这样惨死的竟有数千人之多。永乐城一役，稷为判官，死于城中[4]。

四、其他亲属

除以上诸亲属外，沈括在其《长兴集》中还谈到过舅父许试、许式，诸舅之子许正，舅氏之婿孙淮和姻家陈向。

许正，父试，祖仲庄，曾祖延祚[5]。许试既是许仲庄之子，因而也就不是沈括的亲舅父。许式，字叔矜，咸平三年进士，天禧二年为太常博士，天圣七年以祠部郎中知洪州，终转运使和兵部郎中。他大约也不是沈括的亲舅舅，孙淮则是他的女婿[6]。

括姻家陈向，睦州建德人，元祐二年知楚州，后丁父丧，以

1 《萍洲可谈》卷三。

2 《长兴集》卷二二。

3 《梦溪笔谈校证》卷二四第424条。

4 《宋史》卷三三四《李稷传》。

5 《长兴集》卷二七《虞部员外郎许君墓志铭》。

6 《宋诗纪事》卷七；《宋会要辑稿·职官》三之五一；《二十五史补编·北宋经抚年表》第94页；《长兴集》卷二七《许氏夫人墓志铭》。

哀毁卒，享年五十又三。元祐四年十月向归葬润州。其生卒年应为 1036—1088 年，或 1037—1089 年，与沈括约略相当。陈向妻叶氏，沈括继室张氏，向、括显然不是因张、叶而结成姻亲。又向二女，一嫁曾仔，一归徐处仁[1]；再从向《墓志》来看，向诸子没有一个是沈括的女婿。括、向儿女亲家的可能性可以排除。由此推测，陈、沈似因括之前妻而成姻家。沈括的前妻不是姓叶便是姓陈。

此外，《梦溪笔谈》中还有沈括“姻家朝士张子通妻”[2]事迹的一条记载。张子通是沈括的姻亲，但因材料的限制，目前尚无法确定张与沈括的具体关系。

本文原载于杭州大学历史系宋史研究室编：《沈括研究》，杭州：浙江人民出版社，1985 年。

1 《长兴集》卷三〇《陈君墓志铭》。
2 《梦溪笔谈校证》卷一八第 315 条。

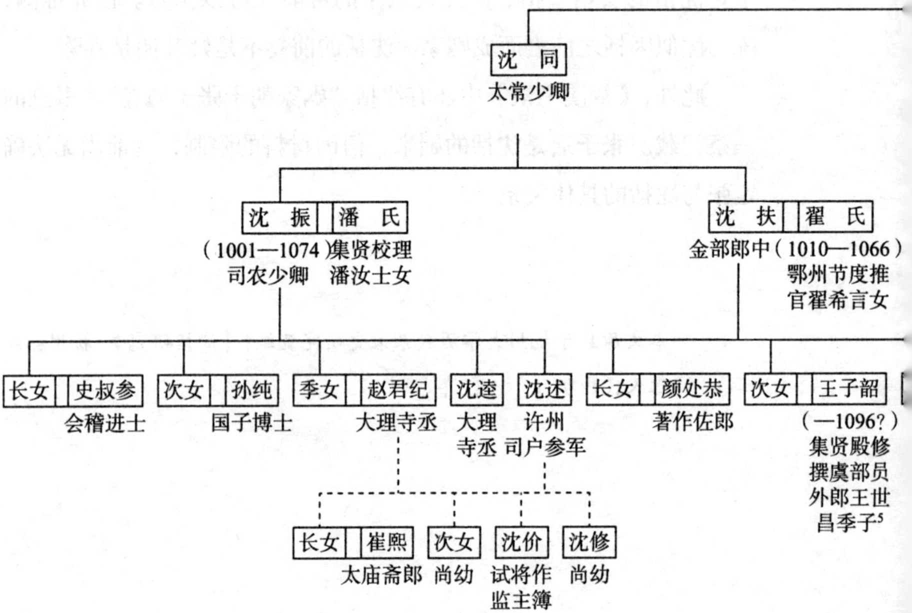

1 此表主要据《四部丛刊》本《沈氏三先生文集》卷六一《伯少卿理铭》、《沈睿达墓志铭》；《临川先生文集》卷九三《内翰沈公墓志铭》，卷九八《太常少卿分司南京沈公墓志铭》，卷一〇〇《翟氏墓志铭》；《元丰类稿》卷四五《许氏墓志铭》；《宋史》卷三三一《沈遘传》等制成。

2 《长兴集》卷二八《职方郎中杨君墓志铭》；《欧阳文忠公集》卷六一《卢氏墓志铭》。

3 《续资治通鉴长编》卷二六一"熙宁八年三月丁酉"条。

4 《长兴集》卷二五《张中允墓志铭》，卷二九《张公墓志铭》。

父系亲属表[1]

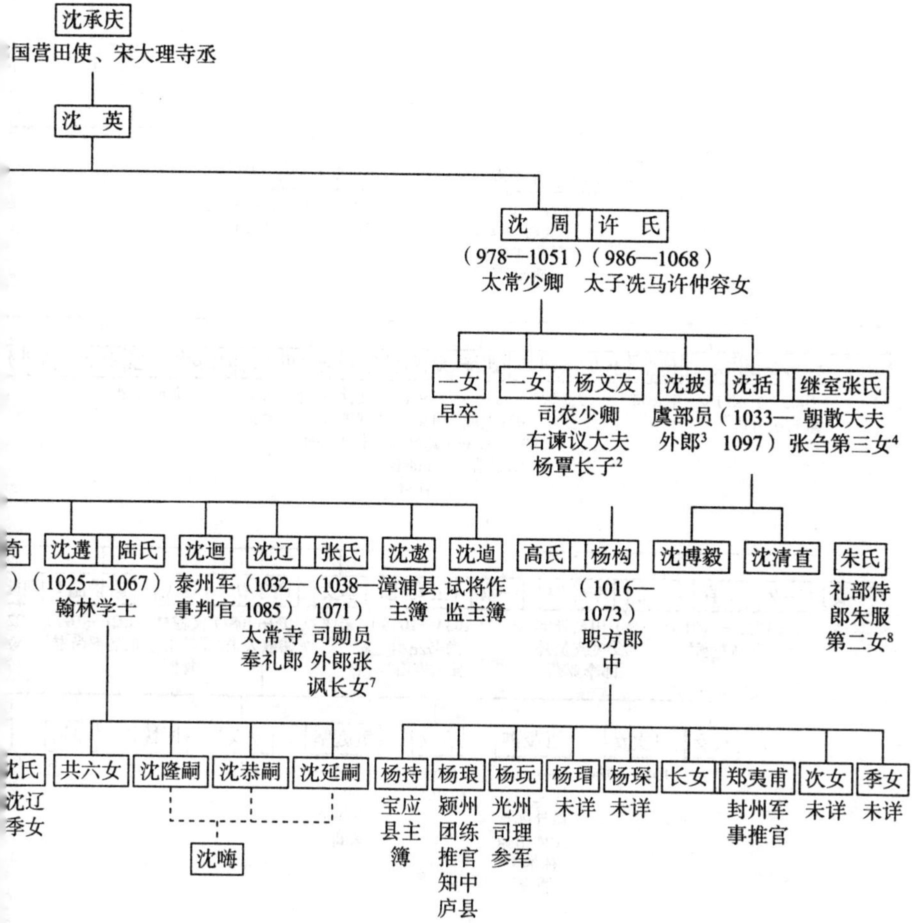

5 《长兴集》卷二六《淳于氏墓志铭》。据《宋史》卷三二九《王子韶传》，子韶卒于明州任上；按《宋会要辑稿·选举》三三之二〇，知明州系绍圣三年事。子韶应在1096年左右去世。

6 《宋史》卷三四三《蒋之奇传》。

7 《沈氏三先生文集》沈遘《西溪文集》卷一〇《魏氏墓志铭》。

8 《宋史》卷三四七《朱服传》，《萍洲可谈》卷三："余（朱彧）仲姐嫁其（沈括）子清直，张出也。存中长子博毅，前妻儿。"

9 《浮溪集》卷二七《徽猷阁待制致仕蒋公墓志铭》。

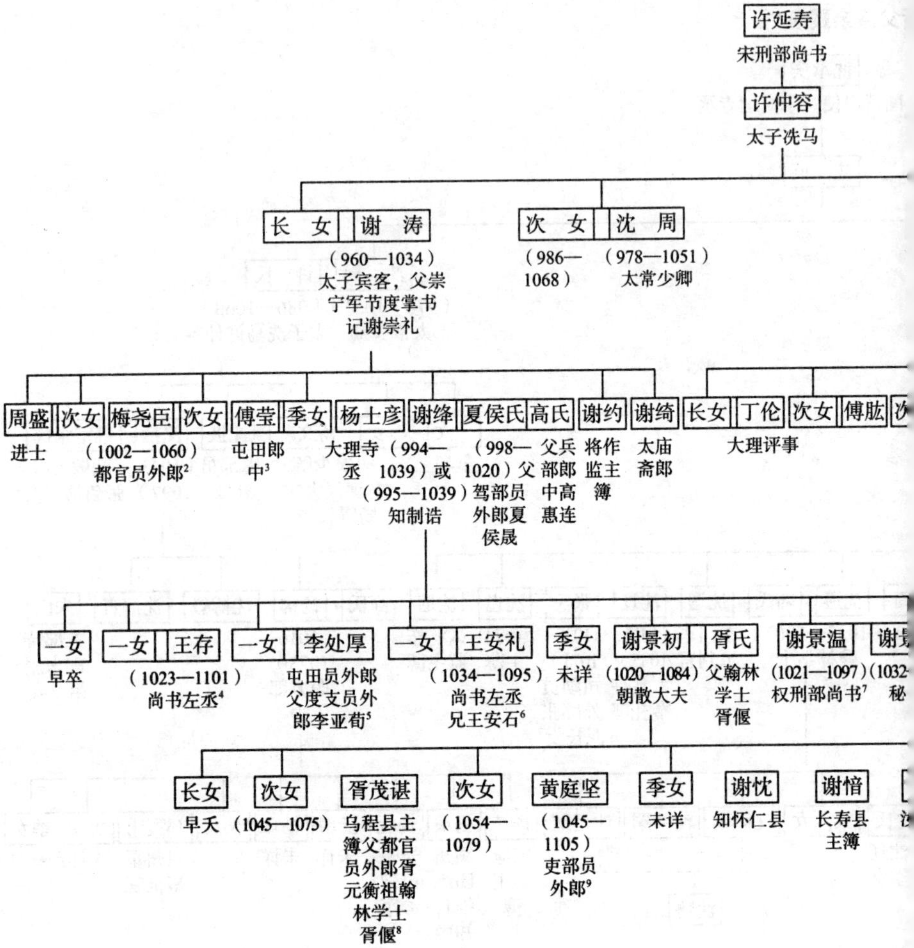

1 此表主要据《四明丛书·宋季忠义录》卷一二《许谦传》;《宋史》卷四四一《许洞传》;《吴郡志》卷二五《谢绛传》;《长兴集》卷二六《故夏侯夫人墓志铭》;《河南文集》卷一二《太子宾客谢公（涛）行状》;《欧阳文忠公文集》卷六二《太子宾客谢公（涛）墓志铭》，卷二六《知制诰谢公（绛）墓志铭》，卷三六《高氏墓碣》;《范文正公集》卷一一《太子宾客谢公（涛）神道碑》;《临川文集》卷九〇《知制诰谢公（绛）行状》，卷九九《夏侯氏墓碣》，卷九八《谢景回墓志铭》，卷九六《谢师宰（景平）墓志铭》;《范忠宣公文集》卷一三《谢公（景初）墓志铭》修成。

2 《宋史》卷四四三《梅尧臣传》;《欧阳文忠公文集》卷三三《梅圣俞墓志铭》，卷三六《谢氏墓志铭》。

母系亲属表[1]

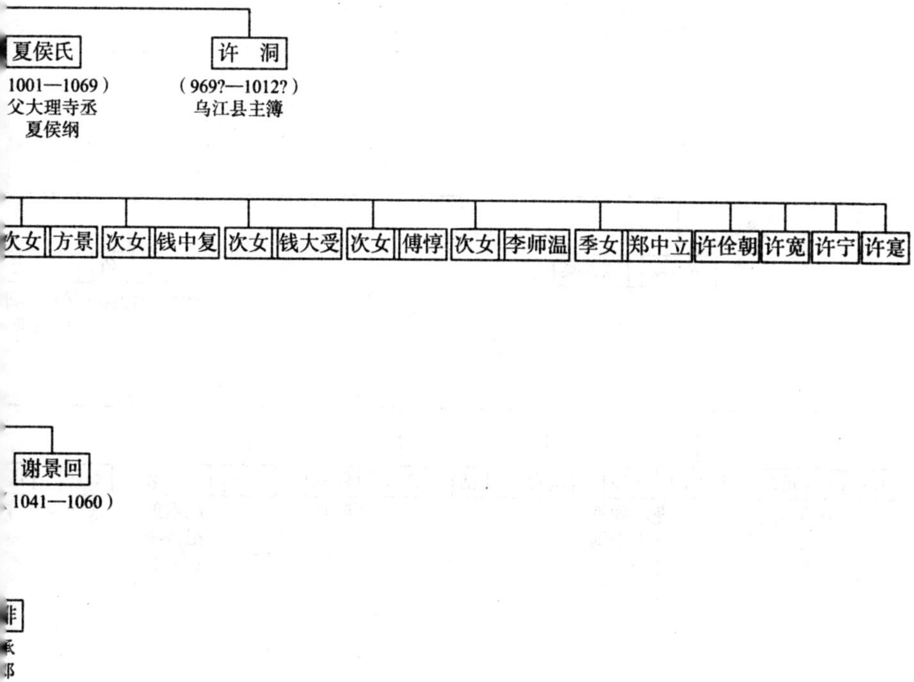

3 《陶山集》卷一六《盛氏夫人墓志铭》。

4 《宋史》卷三四一《王存传》；《名臣碑传琬琰集·中》卷三一《王学士存墓志铭》。

5 淳熙《三山志》卷二六《科名》。

6 《宋史》卷三二七《王安礼传》，卷二九五《谢景温传》有“景温妹嫁其弟（王）安礼”。

7 据《长编》卷四九〇，谢景温卒于绍圣四年八月丁酉。又据《宋史》卷二九五，谢去世时年七十七。由此推得其生卒年。

8 《黄文节公全集·外集》卷二二《谢氏墓志铭》；《宋史》卷二九四《胥偃传》；《元丰类稿》卷四二《都官员外郎胥君（元衡）墓志铭》。

9 《宋史》卷四四四《黄庭坚传》；黄罃《山谷先生年谱》卷一、卷八、卷三十。

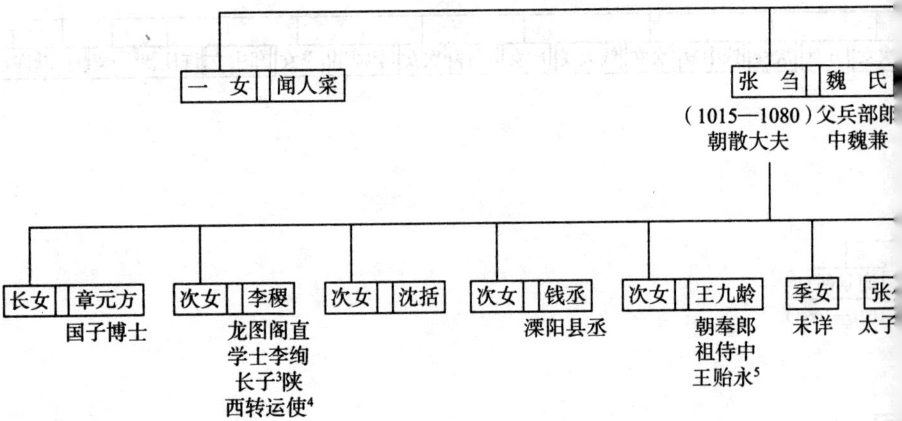

1 此表主要据《长兴集》卷二五《张中允墓志铭》、卷二九《张公墓志铭》制成。

2 《长兴集》卷二五《张中允墓志铭》、卷二九《张公墓志铭》。

3 《温国文正司马公文集》卷七八《龙图阁直学士李公墓志铭》。

继室张氏亲属表[1]

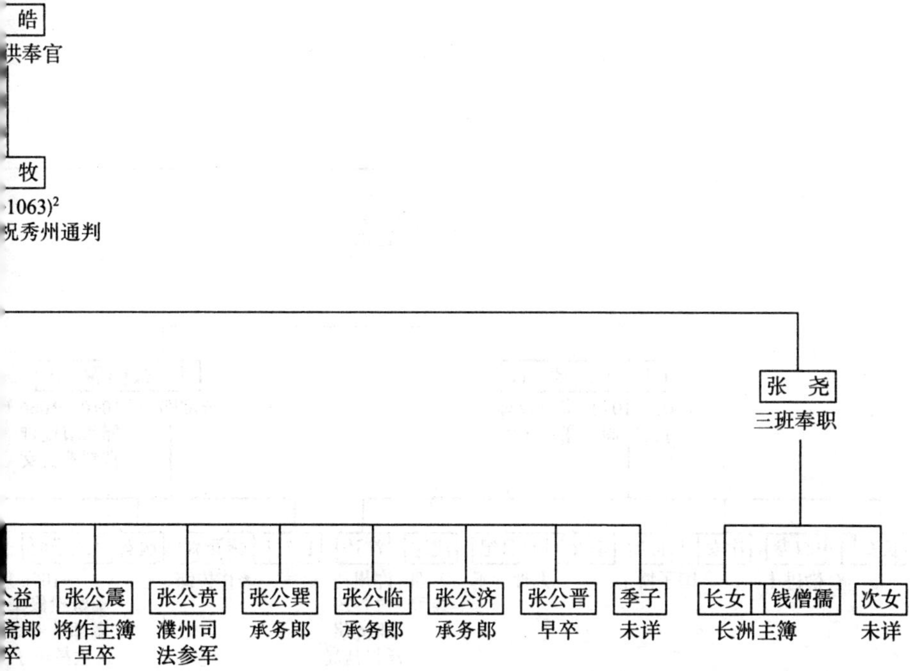

4 《宋史》卷三三四《李稷传》。

5 《梦溪笔谈校证》卷二四第 424 条。

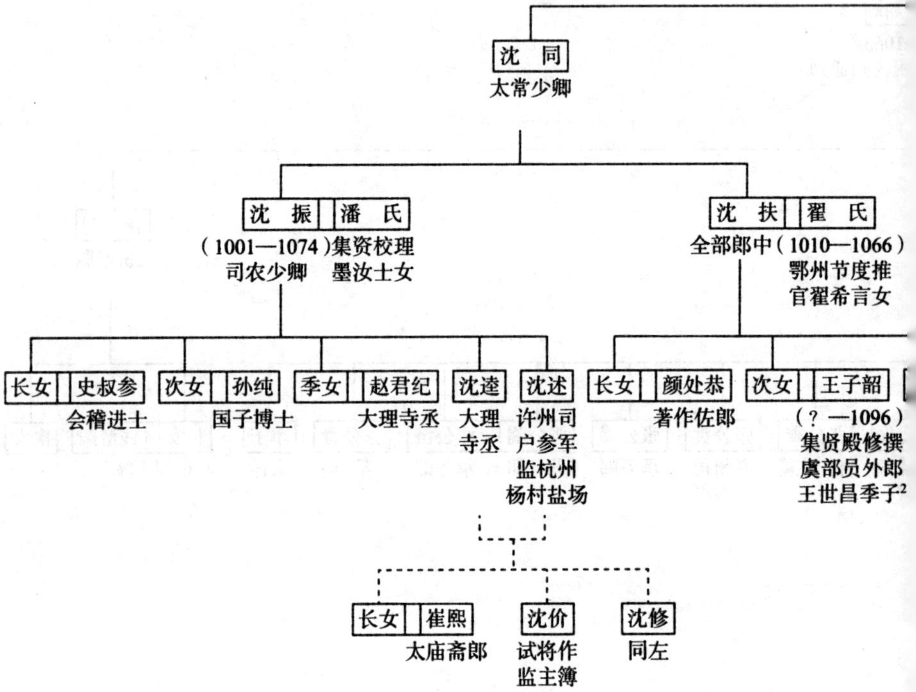

* 编者注：此表由张燕飞据周老师后来的手绘表制作，因修正的表格及注释部分均与原表有较大出入，故在保留原表的基础上绘制新表。新表改动有如下几处：1. 原表中杨文友一脉在新表中删除。2. 沈述官职变化。3. 沈逵、沈述一支去掉了次女信息，沈修官职职衔更改。4. 沈括继室张氏父官职更改。5. 原表蒋之奇一脉在新表中删除。6. 原表注 2 改为注 6，原表注 3 省略，原表注 5 改为注 1，原表注 6 改为注 2 并增加注 7，原表注 7 改为注 3，原表注 8 改为注 5。

1 《长兴集》卷二六《淳于氏墓志铭》，《宋史》卷三二九《王子韶传》。

2 《宋史》卷三四三《蒋之奇传》。

3 《西溪集》卷一〇《魏氏墓志铭》。

父系亲属考[1]

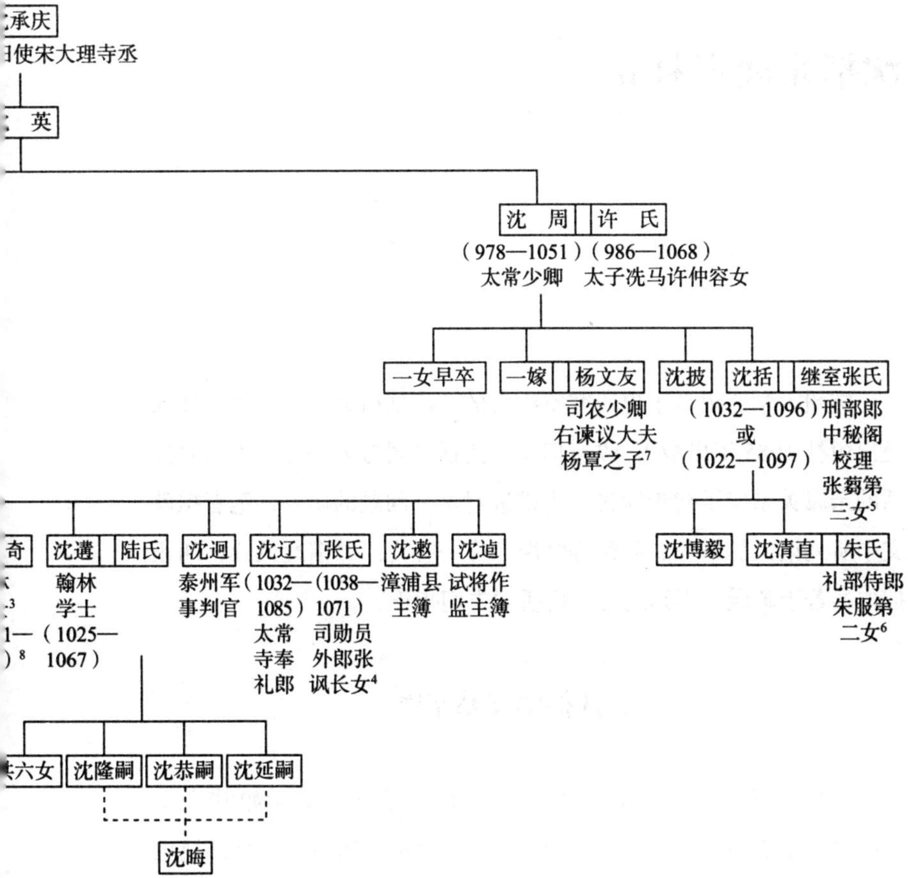

4 《长兴集》卷二五《张中允墓志铭》、卷二九《张公墓志铭》。

5 《宋史》卷三四七《朱服传》，《萍州可谈》卷三："余（朱彧）仲姐嫁其（沈括）子请直，张出也，存中长子博毅，前妻儿"。

6 《长兴集》卷二八《职方郎中杨君墓志铭》，沈括说："君（指杨构）之案，某之妇也"，据此可知括姐嫁杨构父杨文友。

7 《宋史》卷三四三《蒋之奇传》。

沈括亲属考补正

杭州大学历史系宋史研究室编订的《沈括研究》一书（浙江人民出版社 1985 年出版），收有拙作《沈括亲属考》一文。该文对沈括的亲属关系作了初步探讨。为推进对这一问题的研究，笔者拟就文中所列诸人的婚宦、后裔等情况，作一补充。并借此机会，纠正拙作的若干疏误。不到之处，仍祈同志们指正。

一、沈括的父系亲属

沈括堂兄沈振的次婿孙纯，系苏颂女婿李孝鼎堂姐妹之子（《道乡集》卷三九《苏颂行状》）。熙宁六年（1073）九月，纯以国子博士参与编修宗室臣僚敕葬条（《宋会要辑稿·刑法》一之九）。元丰初，纯罢知开封府祥符县，得梓州路提举常平官。为赴新任所，纯向相国寺僧行亲借钱。行亲旧为纯主治田产，擅以官给常住粥钱借纯。案法，贷贷之人各有罪。苏颂等人先密谕纯偿之，而不正其罪，后为人所告，纯受夺一官处分。元祐初，孙纯又受命知开封府咸平县（《长编》卷三七〇元祐元年闰二月）。

沈振长子沈逵，熙宁六年（1073）知温州永嘉县，被派往四川，同成都府路转运司相度在该地置市易务利害（《宋会要辑稿·食货》三七之一七）。熙宁九年（1076），大理寺丞沈逵因前任信州推官，兴置银坑有功劳，得改一官、与堂除的奖励（《长编》卷二七九熙宁九年十一月庚申条）。

沈逵、沈述的亲属旧表所列有疏误，兹据《云巢编》卷一〇《沈振埋铭》、《苏魏公文集》卷五二《钱彦远神道碑》补正如下：

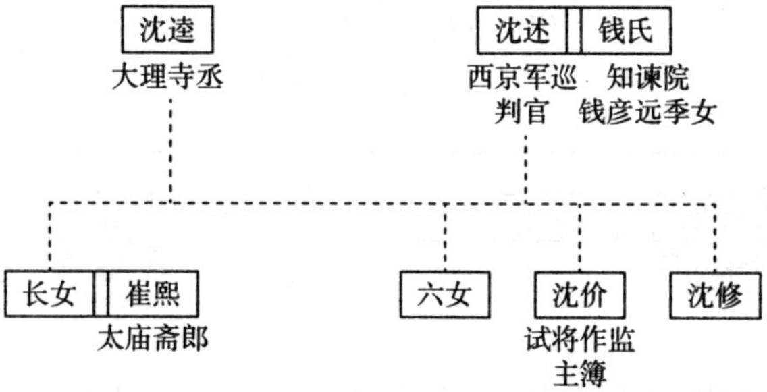

沈扶的长婿颜处恭，熙宁八年（1075）已为都官员外郎。该年六月十日，处恭因闭訾家口之罪，被降一官（《长编》卷二六五“熙宁八年六月丙午”条）。

沈扶第三婿蒋之奇的幼子蒋瑎，《浮溪集》卷二七《蒋瑎墓志铭》记其生平事迹甚详，其子孙姓名仕宦如下表：

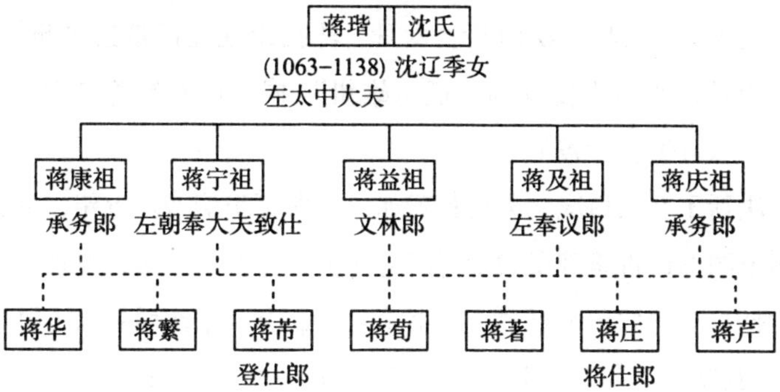

沈扶的第三子沈辽，有文集《云巢编》行世，《沈括亲属考》误作《云巢》或《云巢集》。该书第55页倒数第7行“《云巢》卷末附一《沈睿达墓志铭》”应作“《云巢编》卷一〇末所附《沈睿达墓志铭》”。沈辽的子女旧表未列，现据上述《沈睿达墓志铭》和《西溪文集》卷一〇《魏氏墓志铭》补列如下：

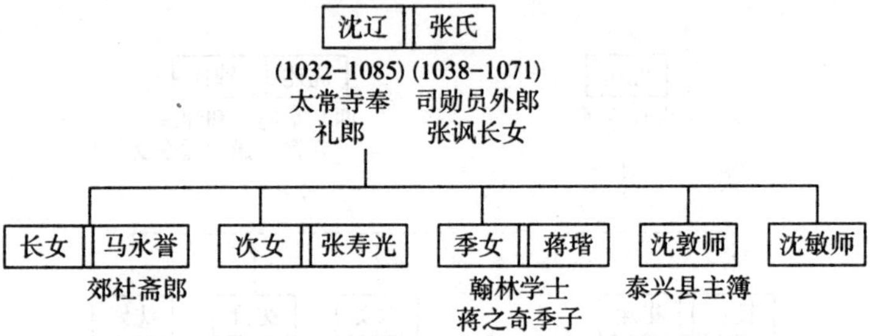

沈括之姐的孙女婿郑夷甫，《吴郡志》卷二五有传。夷甫吴人，少登科。嘉祐中，监高邮军税，后调封州判官，卒年三十五。

沈括之兄沈披，熙宁四年三月二十六日已为提举陕西常平，当时曾与谢景温议役钱事（见《长编》卷二三〇“熙宁五年二月辛亥”条李焘注）。本书《沈括亲属考》第24页第1行“熙宁五年五月，沈披从两浙徙为陕西提举常平”，应改为“熙宁四年三月，沈披已从两浙徙为陕西提举常平”。

又上文第24页第10行“六月，沈括出使辽国抵达雄州”，应作“四月，沈括出使辽国，抵达雄州”（据《长编》卷二六五“熙宁八年六月壬子”条）。

沈括子女的情况，因史料阙如，一向不很清楚。近年，笔者在苏州市图书馆古籍部所藏刘喜海之《金石苑》一书中，发现一条有关沈括长子沈博毅的材料。该书第三卷载有“宋沈博毅大书灵枣二字”。其字刻于一石碑上，石高五尺，广三尺。“灵枣”系大字，径一尺九寸，居中。左一行九字，为“崇宁四年九月十四日”。右一行六字，为“梦溪沈博毅书”。左、右两行字径三寸至六寸不等。字系正书。该碑位于今四川省荣县（即宋荣州州治所在）南武安公庙。庙祀汉靖侯庞统。据宋荣州刺史石缉记：

后蜀广政七年（944），有寇大掠荣昌。州守贾全胜率乡兵讨之，道由银山。众畏惧不敢前，相与谋曰，贼众我寡，势已不敌，非得阴助不可。遂祷祠下，卜之吉。众大喜，鼓行而前，声震山谷，贼登望骇异，望风而溃。众德神助，乃折庙址丹山枣一枝植之。默祝：枣活，建庙祀公。已而果活，即植枣之地立庙焉，时著异，祷祀响应，至今崖上郁葱盘偃者，乃当时约植之枣也，亦即沈博毅所说之灵枣。

按此碑可知，崇宁四年（1105）九月，沈括长子博毅曾到过梓州路荣州。

二、沈括的母系亲属

沈括的姨父谢涛，其生年应为960年（据《范文正公集》卷十一《谢涛神道碑》，或961年（据《欧阳文忠公集》卷六二《谢涛墓志铭》和《河南文集》卷十二《谢涛行状》）。其父谢崇礼系“泰宁军节度掌书记”。“泰宁军”，《沈括亲属考》作“崇宁军”，误。

谢涛的次婿梅尧臣，系北宋一代的大诗人。《沈括亲属考》未提及其后人，现据《欧阳文忠公集》卷三三《梅圣俞墓志铭》补列如下：

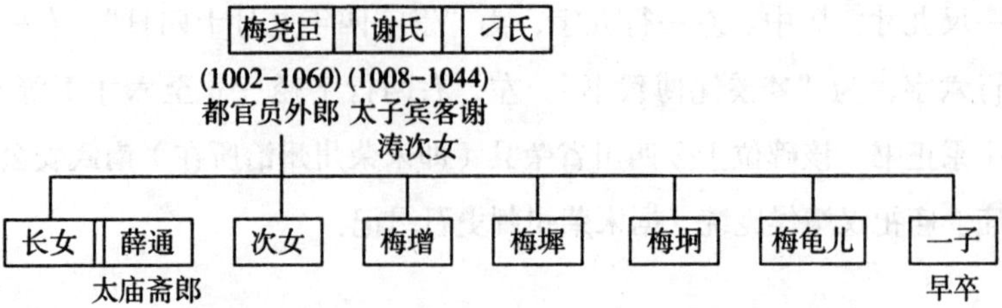

其中长女和梅增等二子系谢氏所生（据《欧阳文忠公集》卷三六《谢氏墓志铭》）。

谢涛的三婿傅莹之妾盛氏，有墓志传世（《陶山集》卷十六《盛氏夫人墓志铭》）。现据墓志，列表述其婚宦、后裔之概况：

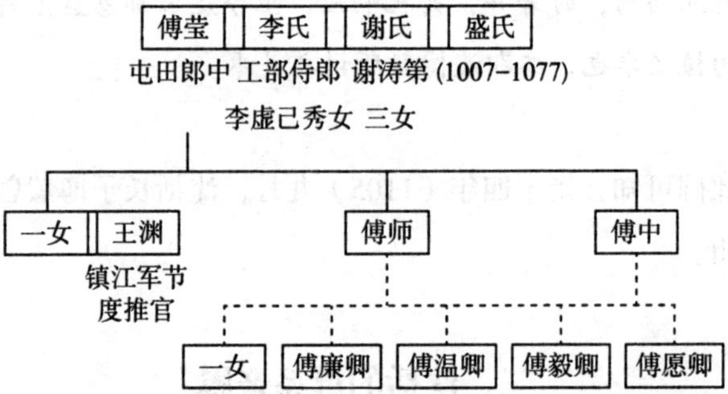

谢涛的小女婿杨士彦，庆历六年为大理寺丞，以参知政事宋绶遗恩，召试学士院入等，赐同进士出身（《宋会要辑稿·选举》九之一一）。治平四年三月，士彦以太常少卿知登州（《宋会要辑稿·职官》六一之三九）。

谢涛的长子谢绛，共有六女（见《欧阳文忠公集》卷二六《谢绛墓志铭》）。《沈括亲属考》作五女，误。

谢绛的次婿王存，现有墓志传世。兹据《名臣碑传琬琰集·中》卷三〇《王存墓志铭》，列其妻女子孙如下表（见次页）：

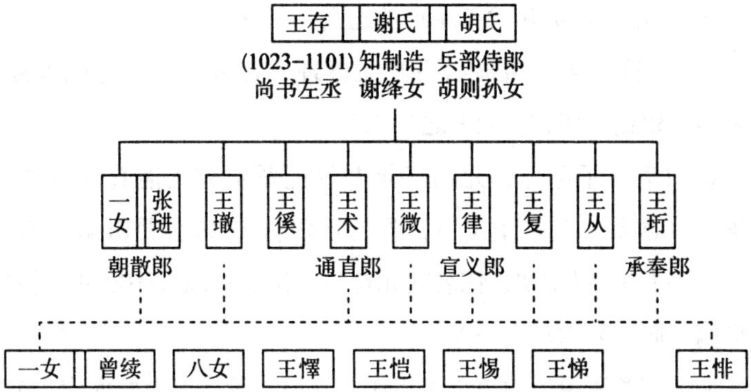

谢绛的三婿李处厚，字载之，福州连江人，庆历二年登进士第，历屯田员外郎，终朝散郎，提举淮南等六路茶税。其弟处道，系李亚荀之侄（淳熙《三山志》卷二六《科名》）。显然，处厚亦应是亚荀之侄。处厚、处道之父朝奉郎知常州李余庆，字昌宗，《临川文集》卷九四载其墓志。淳熙《三山志》卷二六《科名》谓处厚系亚荀之子，误。

绛子景初之婿胥茂谌曾生二子，均不育（四库文渊阁本《山谷集》卷八《谢氏墓志铭》）。

景初之婿黄庭坚，其婚宦子女情况如下表（据四库文渊阁本《山谷集》卷八《黄氏二室墓志铭》）：

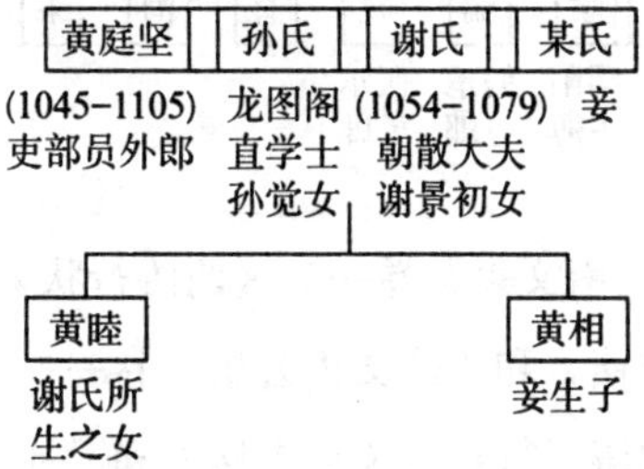

景初之子谢愔，妻孙氏，系资政殿学士兼侍读孙永第二女

(《苏魏公文集》卷五三《孙永神道碑》、《宋史》卷三四二《孙永传》)。元符元年，谢愔因为其父诉理，言涉不顺，遭勒停处分(《宋会要辑稿·职官》六七之二二)。

景初第三子谢悰，元祐三年九月应贤良方正能直言极谏科，对策考入次等，赐进士出身，除初等职官(《宋会要辑稿·选举》一一之一七)。崇宁初，悰名入元符三年臣僚章疏邪中之列(《宋会要辑稿·职官》六八之一)。

又按苏颂所说，谢涛之子将作监主簿谢纶，有女嫁太中大夫陈绎。兹据《苏魏公文集》卷六〇《陈绎墓志铭》，列其后裔姓名、婚宦情况如下：

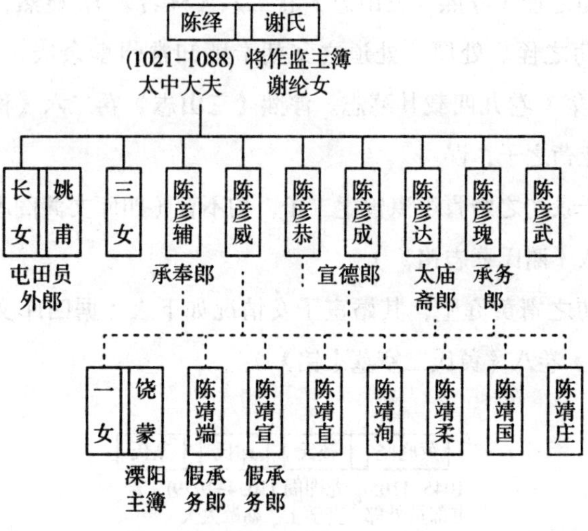

谢纶之名，《河南文集》卷一二《谢涛行状》、《欧阳文忠公集》卷六二《谢涛墓志铭》和《范文正公集》卷一一《谢涛神道碑》均不载，颇疑纶即谢涛《行状》、《墓志铭》和《神道碑》所说之将作监主簿谢约。

上述陈绎之子陈彦辅，元丰七年为承务郎。该年六月，彦辅因役禁军织木棉，非例受公使库馈送，而报上不实，遭冲替处分（《长编》卷三四六元丰七年六月己巳条）。

陈绎之子陈彦恭，元符二年为太平州司法参军，详定三司敕令所删定官。该年八月，彦恭授宣义郎（《长编》卷五一四“元符二年八月辛巳”条）。同年闰九月，因编敕成书，彦恭特减二年磨勘，并被奖予若干银绢（《长编》卷五一六“元符二年闰九月乙未”条）。宣和元年五月，刑部郎中陈彦恭因失职而降官（《宋会要辑稿·职官》六九之二）。翌年八月，户部郎中陈彦恭因“朋邪怀异”，被送吏部，与监当（《宋会要辑稿·职官》六九之六）。

陈绎幼子陈彦武，于政和六年提举荆湖南北路监茶矾事。该年正月，因言者论其酷虐，彦武受勒停处分（《宋会要辑稿·职官》六八之三五）。

许洸是沈括之舅。洸婿傅肱，是对太湖地区水利颇有研究的一位读书人。嘉祐、熙宁间，他曾建议决松江千墩、金城诸汇，涤去迂滞；开无锡五泻堰，以减太湖而入于大江；导海盐芦沥浦，以分吴松而入于浙江；并在昆山、常熟两地深辟浦港。这样，遇东南风则水北下长江，遇西北风则水南入吴松，可纾水患。他又主张令有田之家，据顷亩疏凿沟港（《吴郡图经续记》卷下《治水》）。

许洸的另一女婿郑中立，字从之，长汀县人，《临汀志》有传（见《永乐大典》卷七八九四）。他曾参与镇压方腊起义，又曾募民兵抗金，率兵收复光、蔡二州，最后在蔡州殉职，进秩朝散郎。其子郑穆，字应和，历官泰兴县令、定远县令、常熟县丞，终朝散郎、通判徽州。绍熙初，中立孙郑岫因其祖父关系，得补初品官。

许洸共有九女四男，孙十九人（《长兴集》卷二六《故夏侯夫人墓志铭》）。

三、沈括继室张氏方面的亲属

沈括的继室为张氏，《沈括亲属考》将其续弦系于熙宁二年。吾师徐规教授指出：括母卒于熙宁元年八月（《元丰类稿》卷四五《许氏墓志铭》），熙宁二年，即未满服时，括绝对不可能违礼迎娶张氏。又按沈括所撰《张牧墓志铭》，牧于熙宁元年归葬。张刍请沈括作墓志，记其祖张皓事迹，而纳诸圹。其墓志云，牧有孙女八人，其中第三人嫁“试校书郎沈某（即沈括）”（见《长兴集》卷二五）。可见沈张结亲当从吾师所说，应在从治平二年算起的第四年（包括治平二年），即熙宁元年。

沈括的妻弟张公济，历任中书门下省检正诸房公事（《北海集》卷四）、枢密院检详（《北山小集》卷二七）、右司员外郎（《大隐集》卷二）和仓部郎官（《浮溪集》卷八）。

沈括的岳父张刍共有孙男、孙女九人（《长兴集》卷二九《张刍墓志铭》）。

张刍之弟张荛，因卷入景思谊等人一案，曾于元丰五年六月由鄜州赴阙结案（《长编》卷三二七“元丰五年六月辛亥”条）。同年七月丙申，通直郎张荛上言论西夏之事，主张：立招降之信，城要害之地，明责师之律，一统制之权，讲馈饷之法。神宗阅后批送中书，乃擢张荛通判环州（《长编》卷三二八）。

张荛之婿钱僧孺，吴人，其亲葬于苏州清流山。僧孺好学，有才气，是一勇于有为之人（《长兴集》卷二二《苏州清流山钱氏奉祠馆记》）。

四、其他亲属

沈括诸舅之子许正，《长兴集》卷二七载其墓志，现据墓志列其夫人和子女如下：

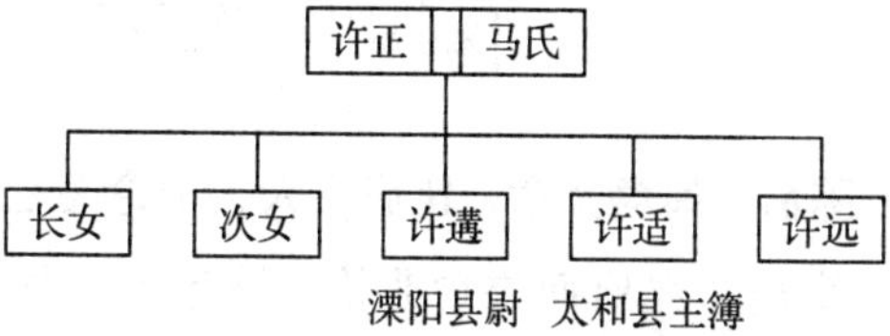

沈括之舅许式，其女嫁职方员外郎孙淮。孙淮的子孙情况如下（《长兴集》卷二七《许氏夫人墓志铭》）：

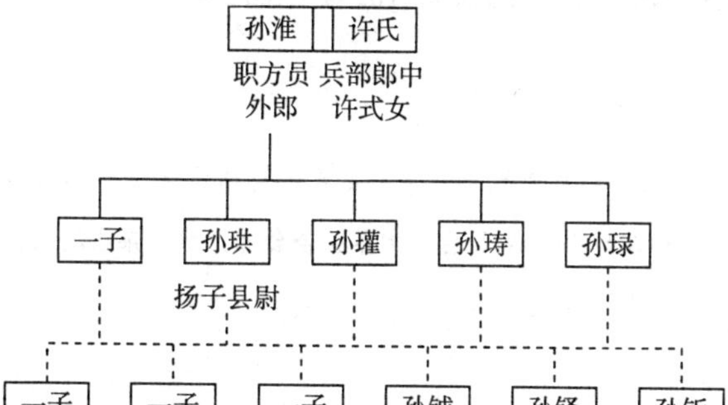

沈括曾为其姻家陈向作墓志，兹据《长兴集》卷三〇《陈向墓志铭》，列其后裔如下表：

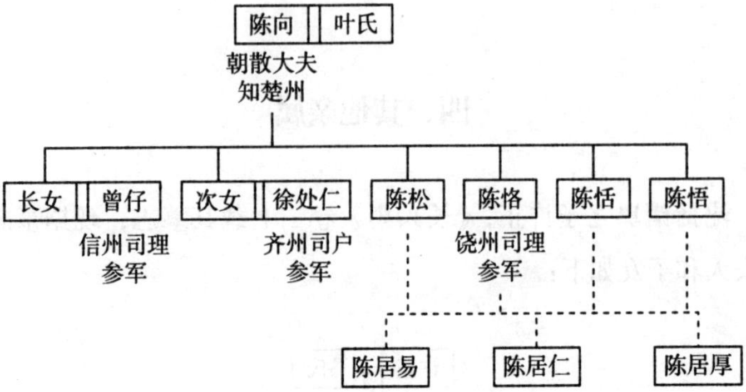

陈向之子陈恬，翰墨文章，比肩古人，士论高之。宣和六年，恬为奉议郎，寓居京兆府而衣食弗给。该年十一月，因王序言，恬得管勾清平军上清太平宫之职（《宋会要辑稿·职官》五四之三二）。

又按《苏沈良方》卷七《治诸目疾》所载，沈括有中表兄许复。因史料阙如，此人的情况目前尚不得而知。

本文原载于杭州大学历史系宋史研究室编：《宋史研究集刊》（二），浙江省社会科学界联合会《探索》杂志增刊，1988年。

苏州太仓起源考

在太仓（即东仓）的起源问题上，历来有春秋、战国、西汉、三国、五代吴越和元代诸说。本文在对以上诸说逐一加以剖析后指出，除战国说外，其余各说均不能成立。按《越绝书》所载，东仓（即太仓）创建于战国时。如从太仓的前身东仓算起，太仓的历史可以追溯到两千多年以前。

数百年来，在苏州太仓的起源问题上，一直众说纷纭，存在着种种不同的观点。例如元朝至正年间（1328—1341），杨譓指出说："今州迁治所，地名太仓，或曰春秋吴王之仓，或曰汉吴王濞之仓，或曰五代吴越王之仓。"他认为，太仓应系"春秋吴王之仓，今又曰东仓"[1]。明代弘治年间（1488—1505），桑悦在一一列举以上诸说外，又引用陈伸《太仓事迹》说"吴孙权结好于辽，而置此仓"[2]，提出了三国说。清朝嘉庆年间编就的《一统志》指出，春秋、西汉和五代吴越诸说"皆属臆说"。"三国吴于其地置东仓，太仓之名或

1 至正《昆山郡志》卷六《考辨》。

2 弘治《太仓州志》卷一《沿革》。

始此”。不过，嘉庆《一统志》认为这一说法“亦无确据”[1]。1931年出版的《中国古今地名大辞典》“太仓县”条，除逐一罗列上述诸说外，并无新的见地。这说明太仓起源的问题迄今尚未解决。

诸说中最具权威的一说，出自顾祖禹的《读史方舆纪要》。其书曰：“太仓城，今州治，相传孙权都吴，尝置仓于此。……亦谓之东仓。”但这只是“相传”而已。他认为：“元至元十七年，宣慰朱瑄等议海漕，置仓于此，谓之太仓，因徙居之。”[2]

顾祖禹（1631—1692）是明末清初人。他是一位杰出的历史地理学家。《读史方舆纪要》是顾氏毕生之精力和心血的结晶。此书规模宏大，取材丰富，体例完备，记载翔实，考订严密，具有很高的学术价值，堪称不朽之作。然而智者千虑，必有一失，白璧微瑕，在所难免。顾氏太仓创自元初一说，便是一个很好的例子。

顾氏所说的朱瑄，元初并无其人。弘治《太仓州志》卷一《沿革》载：“元至元十九年，宣慰朱清、张瑄自崇明徙居太仓，创开海道漕运。”“弘治十年，巡抚右副都御史朱公瑄，以抚安地方事奏闻，割昆山、常熟、嘉定三县地之切近太仓者立为州。”顾氏所说的朱瑄，恐即朱清、张瑄或明巡抚朱瑄之误。

另外，据《元史·食货志》“海运”和《经世大典·序录》“海运”记载，元代议行海运漕粮，实始于至元十九年（1282）。这一年，伯颜认为海运可行，请于朝廷，“命上海总管罗璧、朱清、张清等造平底海船六十艘，运粮四万六千余石，从海道至京师”。途中因风信失时，粮船次年才到直沽[3]。至元二十年，朝廷置海道运粮

---

1 嘉庆《一统志》卷一〇三《古迹》。

2 《读史方舆纪要》卷二四。

3 《元史》卷九三。

万户府[1]，以海道运粮招讨使张瑄、总管朱清为之[2]。至正《昆山郡志》《朱清传》云："壬午（至元十九年）创开海运，（清）实预其谋。丁亥（至元二十四年），累迁至昭武大将军，授江东道宣慰使，行海道运粮万户府事，迁居太仓。"[3]太仓"旧本墟落，居民鲜少"。自从"海道朱氏翦荆榛，立第宅，招徕蕃舶，屯聚粮艘，不数年间，凑集成市"[4]。由此可见，海漕之议始于至元十九年，授宣慰、徙居太仓更在议行海运之后，三者均非至元十七年时事。

太仓之名至迟在宋代已见诸史籍。北宋熙宁中，郏亶上书言苏州水利，书内有"今昆山之东，地名太仓"之句，并屡屡提及太仓冈身、太仓塘和太仓横沥等地名[5]。郏亶系宋代"昆山太仓农家子，其墓在明代太仓城大北门内"[6]。作为太仓土著，郏亶的话应是可信的。此外，据南宋淳祐年间成书的《玉峰志》所载，昆山有太仓塘，"邑自太仓以东，有所谓冈身"。冈身共有五条，其一曰"太仓冈身"[7]。又按咸淳时修成的《玉峰读志》说，平江府有节制司酒库四，"太仓、巴城、许墓、高墟各有一库"。显然，太仓不可能起源于元初。又按前所述，可知春秋、西汉、三国和五代吴越诸说也都难以成立。

太仓"旧曰东仓"[8]，"又曰东仓"[9]，其名源出东仓。对此，历来均无异议。东仓既非孙权时所创，亦非春秋、西汉、五代吴越所置。

嘉庆《一统志》认为，孙权置仓之说，并无"确据"。弘治

---

1 《元史》卷九一。
2 《元史》卷一二。
3 至正《昆山郡志》卷五。
4 至正《昆山郡志》卷一。
5 《吴郡志》卷一九《水利上》。
6 《吴郡志》卷二六《郏亶传》；弘治《太仓州志》卷四。
7 《玉峰志》卷上《水・山墩墟冈》。
8 嘉庆《一统志》卷一〇三《古迹》。
9 弘治《太仓州志》卷一《沿革》。

《太仓州志》则指出：此说“不知何据”。这说明三国说不足为据，实“不可信”[1]。

杨谌《昆山郡志》说：“按濞都广陵，不应太仓远在七百里之外。枚乘说濞所指太仓乃在海陵，今泰州也。若曰钱氏之仓，不唯去其国都太远，且屡为淮南所陷，殆其边境，不可储蓄，亦不宜曰太仓。”嘉庆《一统志》认为：“旧说或谓春秋时吴王所置，或谓汉王濞及吴越钱王所置，皆属臆说。”[2]显然，春秋、西汉和五代吴越之说皆不足信。

史籍的记载表明，以上众说不只是不可信，而且是绝对无法成立的。

《晋书》卷七六《顾众传》说，东晋咸和年中，苏峻反，遣其党张健据吴。顾众“自海虞由娄县东仓与贼别率交战，破之”。这说明东仓的创置应在东晋咸和以前，而决不会在五代吴越或元代。

又按成书于东汉的《越绝书·记吴地传》所载：“吴两仓，春申君所造。西仓名曰均输，东仓周一里八步，后烧。更始五年，太守李君治东仓为属县，屋不成。”这一记载明白无误地告诉我们，东仓是战国末春申君黄歇所造，而不是春秋、西汉或三国时创置。

应该指出的是，早在清代，程穆衡已根据《越绝书》指出“其名东仓，由春申君”。这是完全正确的，只是此说向来影响甚微，知之者寥寥无几。

综上所述，可知东仓的历史始于战国末年。如从东仓或太仓的创置算起，太仓的起源可以追溯到战国末，迄今已有两千多年的历史了。

本文原载于《浙江大学学报》1988年第1期第2卷。

1 弘治《太仓州志》卷一《沿革》。

2 嘉庆《一统志》卷一〇三《古迹》。

有关苏颂生平、家世若干问题的考证

——纪念陈垣先生诞辰 110 周年

本文从前人的研究成果出发，针对苏颂的籍贯、移知江宁县的时间、葬父和徙居润州丹阳的说法，以及两次结婚的年代提出了新的看法，并对有关苏颂亲属问题的史料作了一番钩沉考订工作，纠正了现有研究中的一些错误。本文原附有苏颂亲属表 3 张，因篇幅关系，兹从略。

苏颂（1020—1101）是和张衡、祖冲之、沈括等人齐名的大科学家，又是北宋中叶重要的政治活动家。他一生在中央和地方历任多职，官至宰相，主持过元丰年间的官制改革。他参加、组织了《开宝本草》、《备急千金要方》和《本草图经》的增补、校订、编撰工作，主持制成了在天文学史和机械工程学史上都具有很重要地位的水运仪象台，在药物学和天文学等方面都作出了不朽的贡献。对他的生平事迹、交游和亲属，已有人专门撰文论述[1]。为加深对苏颂的了解和研究，笔者不揣浅陋，拟就其籍贯、何时移知江宁县、

1 详见邓广铭、王振铎所撰《苏颂》(《中国古代科学家》1963 年科学出版社)、翁福清所撰《苏颂生平事迹研究》(《宋史研究集刊》，1986 年浙江古籍出版社)和《苏颂交游、亲属考》(《宋史研究集刊》二，1988 年《探索》增刊)。

葬父后举家徙居之地、婚姻和亲属关系等问题，试加钩沉考证，以求正于史学界的同志。

一、苏颂的籍贯

《宋史》卷三四〇《苏颂传》曰：“苏颂字子容，泉州南安人。”同书卷二九四颂父《苏绅传》云：“苏绅字仪甫，泉州晋江人。”邹浩《道乡集》卷三九《苏颂行状》和曾肇《曲阜集》卷三《苏颂墓志》又说颂系泉州同安人。真可谓众说纷纭，莫衷一是。有人认为，前两种说法是错误的，同安说是正确的。这种看法值得进一步探讨。

在古籍中，经常出现某人系某地人的句式。按现代标准来说，这类句式的含义是很不明确的。某地既可指某人的籍贯，即著籍之地，亦可指其祖籍，甚至出生、成长、长期居住和卒、葬之地。对经常举家迁徙的家庭来说，其成员的祖籍、籍贯、出生、成长、长期寓居和卒、葬之地往往是不一致的。由于这种不一致，又由于对某人系某地人句式含义的理解和衡量标准的不同，人们往往会对某人系何处人得出种种不同的结论。这些说法虽然各异，但并非互相排斥，因而不能简单地认为正确的答案只有一个，而将其余的说法一概斥之为谬误。苏颂的情况即是如此。

苏颂在其叔父《苏绎墓志》中说“谨案家谱，苏氏自唐许文正公瑰至叔父，凡三徙籍。……许公之曾孙曰奕。元和中，终光州刺史，子孙因家于固始。光州之四世孙，……讳益，自固始从王潮入闽，又为泉州同安人。……（叔父）因侍官景陵，在郡服先府君丧，遂占数焉”，“今为安州景陵人”（《苏魏公文集》卷六二）。又民国《同安县志》卷八《名胜·第宅·冢墓》载“唐武安侯苏益墓在苏坑，称苏公墓”，“宋丞相苏颂宅在县西北葫芦山下”。颂祖仲昌、父绅、伯父纮、堂叔缄、结、苏颂本人、弟衮、子駉、侄遇、孙象先均以同安籍登第。其姓名均收见于民国《同安县志》卷一五《选举》，而不载于民国《晋江县志》卷八《选举》和《南安县志》卷一一《进士题名》。以上记载为苏颂是同安人的说法提供了有力的证据，但并不足以表明苏氏家族自苏益至苏颂的籍贯和定居地始终就是同安。

王潮于唐末率众入闽。光启二年（886），他已占据泉州。苏益定居泉州应该就在此时。当时，同安尚未成县。按乐史《太平寰宇记》卷一〇二所载，己亥岁，即939年，闽国才析南安县地设同安县。据此可知，从苏益入闽至同安设县的六十多年中，苏益家族定居和入籍之地应为南安，而不是同安。

又按苏象先《魏公谭训》卷二所说，五代末，益子光诲为漳州刺史。留从效曾设计召光诲，使之举族移居晋江。民国《晋江县志》卷9《苏颂传》云颂自同安徙居晋江。这说明苏光诲家族又曾徙居晋江。

由上所述，苏颂的祖籍939年以前为南安，939年以后才是同安。苏颂及其先辈既曾定居于同安，又曾移居于晋江。正是由于上述情况，才出现了苏颂为南安人或同安人，苏绅为晋江人的不同说法。当然，如按苏颂本人入籍时的籍贯来说，他应是同安人。

二、苏颂移知江宁县的确切时间

庆历三年（1043），颂祖仲昌卒于知复州任上。苏绅得讯后，随即赴复州奔丧，护柩南下，跋涉千里，归葬泉州。尔后又北上，持服寓居金陵。北宋朝廷因此而特许苏颂移知江宁。有人说苏颂于庆历三年移知江宁，这种说法值得商榷。

庆历三年七月三日，苏绅受命出知扬州（《宋会要辑稿·职官》六四之四三）。五年十月二十五日，绅服除，复旧职（《宋会要辑稿·仪制》三之二一）。据治平二年（1065）礼院奏："天圣中，更定五服年月，敕断以二十七日。今士庶所同遵用。"（李焘《长编》卷二〇四治平二年三月壬午）按此推算，再考虑到闰月的因素，仲昌似应卒于庆历三年九月，即苏绅受命出知扬州之后。从讯息的传递和人员的往返奔波来说，噩耗从复州传至扬州，苏绅父子奔丧、归葬、北上、申请移知和调令下达，前后所经约近万里，所需时间当不下百余日（《魏公谭训》卷三）。显然，苏颂移知江宁不可能在庆历三年，而应在庆历四年。

最具有说服力的证据是苏颂自己说过："予庆历四年领邑江宁。六月，驰漕牒之贵池。"（《魏公题跋·题青溪图》）这直截了当地证明苏颂移知江宁是庆历四年（1044）之事。

三、苏颂并未徙居润州丹阳

《宋史》卷三四〇《苏颂传》曰，颂"父绅，葬润州丹阳，因徙居之"。这一记载显然与事实相悖。

颂孙象先云："曾祖河阳下世，祖父扶护南来，谋葬，……得吉卜于南徐京岘山之原。……（术者）谓祖父曰：'葬后三十年，西南有楼阁，闻鼓角声，运河水入明堂，公家其兴乎！'如期，陈旸叔丞相以镇江节度帅扬，卜第于青阳门，依山建亭榭。州亦修青阳城楼。每过家上冢，郡设鼓角于楼上。又宅前开沟，通城外。自此运河水涨则出城外，正与坟相望。……（祖父）遂得执政。"（《魏公谭训》卷三）按其所说，可知苏绅葬于京岘山之原，其地在青阳门外。“京岘山：山在府治东五里”，地属镇江府丹徒县（卢宪《嘉定镇江志》卷六《山川》）。镇江“旧有一十门。东二门北曰新开，南曰青阳。……今仅存八门，东曰青阳”（同上书卷二《城池》）。苏绅之墓应在镇江府城东，距城不远的丹徒县京岘山之原，而不在郡城东南 64 里的丹阳县（王存《元丰九域志》卷三）。

南宋人刘宰所撰《京口耆旧传》卷四指出：“苏颂，字子容，泉人，居丹徒。”《嘉定镇江志》卷一一《古迹》云：“南唐林仁肇宅在今之朱方门外一里，后为故相苏颂居第。”“故相魏国公苏颂宅在化龙，今曰化隆。”又同书卷二《坊巷》载：“城内有七坊，曰崇德，曰践教，曰静宁，曰化隆，曰还仁，曰临聿，曰太平。”朱方门乃东夹城南门，原名建德（俞希鲁《至顺镇江志》卷二《城池》）。其门位于府城之内。上述材料明白无误地告诉我们：苏颂徙居镇江后，定居于府城化龙坊林仁肇之故宅，其地隶属丹徒县而不是丹阳县。

应该指出的是：苏颂常自称“丹阳苏子容”，或“丹阳苏某”。这类称呼在《魏公题跋》中俯拾皆是，为数不少。颂所撰《感事述怀百韵诗》小注云：既葬绅，颂即“谋居郡中，占丹阳为乡里”（《苏魏公文集》卷五）。小注又曰：元祐中，颂既罢相，得蒙准其“还丹阳”。这里所说的丹阳并非丹阳县，而是丹阳郡，即镇江府的别称（见《宋史》卷八八《地理四》）。《宋史·苏颂传》之所以说绅葬润州丹阳，颂因徙居之，就是因为误将郡名当成了县名。

四、苏颂的两次婚姻

苏颂一生先后娶过两位夫人。其元配夫人凌氏系凌景阳之女。《魏公谭训》卷一〇说：“安厚卿父为三司吏，曾祖为判官……每令祖父礼待之。祖母兖国夫人来归，使干礼席之事，安甚尽心。”根据苏绅任三司判官的时间，可以确定苏颂初次结婚的年月。

景祐三年（1036），绅至京师，先后为直史馆、开封府推官、三司盐铁判官、史馆修撰和知制诰（《宋史》卷二九四《苏绅传》）。宝元元年（1038）正月，绅为直史馆（《长编》卷一二一宝元元年正月丁卯）。次年五月，绅已任开封府推官（《长编》卷一二三宝元二年五月己酉）。同年闰十二月下旬，绅除史馆修撰（《长编》卷一二五宝元二年闰十二月）。康定元年（1040）八月，绅已擢升知制诰（《长编》卷一二八康定元年八月乙未）。苏绅任三司盐铁判官的时间应在宝元二年五月至闰十二月之间。

又《魏公谭训》卷四云“曾祖为三司判官，晏元献（殊）为使”；卷八曰：“曾祖……为三司判官，与李少师（柬之）同僚。”晏殊于宝元元年十二月拜三司使（《长编》卷一二三宝元元年十二月甲戌），康定元年三月知枢密院（《宋史》卷二一一《宰辅表二》）。李柬之宝元三年（即康定元年）正月已为三司判官（《宋会要辑稿·食货》六二之九）。这都证实苏绅在宝元二年五月至闰十二月之间确实担任三司判官。苏颂与凌氏的婚姻应缔结于该年或稍后。

苏颂的继室系辛有则之女。《魏公谭训》卷七云，凌氏去世后，颂未续弦，“向传范为南都留守，祖父在幕中，请妻尤迫。及纳币辛氏，辛外祖为驾部员外郎，略无声援，士论甚美”。在向任南京留守之前，欧阳修于皇祐二年（1050）七月至四年三月任此职（四部丛刊欧阳修《欧阳文忠公文集》卷首《年谱》）。向任留守应在四年三月以后。由此推断，苏颂续弦应是皇祐四年三月以后之事。

五、苏颂父亲方面的亲属

苏颂出身于一个源远流长、支派众多的世家大族。据《苏颂墓志》、《苏颂行状》所说，苏氏乃高阳之后。汉之苏武，隋之苏绰、苏威，唐之苏瑰，均系彪炳史册的名人。唐末，苏颂五代祖苏益自固始随王潮入闽，遂为闽人。

就现有史料而论，苏益以下苏颂父亲方面的亲属已多收入表1："苏颂父系亲属表"（从略）。兹以该表为基础，按其长辈、平辈和晚辈等几个层次，就其亲属问题，作些补充和说明。

苏颂的祖父苏仲昌，系天圣二年（1024）特奏名进士。苏颂的生父苏绅，原名苏庆民。苏绅之兄苏纮，宝元元年（1038）登进士第，与其从弟苏缄是一榜及第的进士（民国《同安县志》卷一五《选举・进士》）。苏象先《魏公谭训》卷五云，庆历四年（1040），朝廷委派苏颂知江宁县，苏颂在未赴任前，曾"遍访老于为吏者，如曾伯祖判官"。此处的"曾伯祖"，疑即苏纮，时任判官之职。绅弟绎，其岳父刘半千，亦同安人，天圣五年（1027）特奏名进士（民国《同安县志》卷一五《选举・进士》）。苏缄，《宋史》卷四四六有传。熙宁八年（1075），苏缄组织邕州军民抵抗交趾入侵者。城破后，除长子子元外，其全家上下，包括次子子明、子正，孙广渊、直温全部遇难。子元后以殿中丞通判邕州。苏缄之弟苏结，亦为绅之从弟，系朝散大夫赵温瑜之婿，官至殿中丞（《苏魏公文集》卷五八《赵温瑜墓志》）。

苏颂有弟苏衮（排行第二）、苏棁（排行第三）和苏究。《苏颂生平事迹研究》云"三人生平皆不甚详"，苏衮"不知他曾为何官”。兹补充交代其生平事迹如下。苏衮系庆历六年（1042）贾黯榜进士，官至集贤院学士（民国《同安县志》卷一五《选举·进士》）。苏棁为苏颂仲弟，系刑部郎中许韩“许氏姻也”（《苏魏公文集》卷五七《王田墓志》）。熙宁三年（1070）四月癸未，虞部员外郎苏棁，应学士院试，其策、论优，诏充秘阁校理（《长编》卷二〇八治平三年十月甲午、卷二一〇熙宁三年四月癸未，《宋会要辑稿·选举》三一之三七）。熙宁五年（1072），棁为同知太常礼院，上言请以僖祖（赵朓）附景灵官（《宋会要辑稿·礼》一五之四五、四九）。元丰五年（1082），秘阁校理苏棁，请改正由吏人比较崇文院补写之四库书的旧例，而改由在馆诸官亲自点检校定，使其各任其责，讨论百氏之书，以开广闻见（《宋会要辑稿·职官》一八之四、五）。苏究，熙宁二年为国子监博士，该年十二月由审官院磨勘、差注（《宋会要辑稿·职官》一一之一九）。

此外，苏颂尚有“安上弟”，以荫入仕的“大夫七弟”，以及改知汝海，景祐、庆历时同场屋的“五弟”（分别见《苏魏公文集》卷一〇、卷一一、卷一二和《魏公谭训》卷二）。

苏颂长妹“始稚而孩，已能言，渐诵章句。少长而承礼义之训，又能秉笔为词语”。苏氏先嫁吕昌绪，继适张挺卿，后守寡归母家，卒于熙宁五年（《苏魏公文集》卷六二《苏氏墓志》）。颂仲妹则先嫁宋拯，后归李况（《苏魏公文集》卷六一《李况墓志》）。

张邦基《墨庄漫录》卷一说：“延安夫人苏氏，丞相子容妹，曾子宣内也，有词行于世。”此处的曾布之妻苏氏当系苏颂之幼妹或从妹。

《魏公谭训》卷六云，象先“第十一祖姑”善能文。其夫林次中，即林概之子、林希之弟林旦，《宋史》卷三四三有传。旦于熙宁中任监察御史，以论李定事罢守本官，终朝议郎、直秘阁、河东转运使（见梁克家《淳熙三山志》卷二六《人物·科名》）。其子肤，坐元符上书，陷党籍（《宋史》卷三四三）。上述“第十一祖姑”应系颂之幼妹或从妹。

又庆历中，苏颂移知江宁，曾向象先“祖姑之夫杨殿臣”请教为吏之道（《魏公谭训》卷五）。这里的“祖姑”恐系颂之姐或从姐。

此外，苏颂又有“敖侄”（《苏魏公文集》卷一一）、“从子婿”沈笺（同上书卷五五《沈衡墓表》）和侄苏遇。遇为绅之孙，《苏颂生平事迹研究》中《苏颂世系》表1作颂之玄孙，误。遇于熙宁六年登进士第，仕至太子中允、太常丞（民国《同安县志》卷一五《选举·进士》）。

六、苏颂的儿孙及其配偶

苏颂子女成行，人数颇多。通常认为颂有六子。其实按《京口耆旧传》卷四所说，包括夭折者在内，苏颂有“子十人”。其中姓名可考者七人，即除熹、嘉、驷、诒、京、携外，尚有颍士。嘉祐六年（1061）至八年，苏颂出知颍州，而生颍士。颍士因生于颍州而得名。熙宁五年，苏颂出知婺州，颍士随行，在桐庐因舟败没于江（《魏公谭训》卷九）。按《魏公谭训》言，其时，颍士年十一。但据苏颂《漏港滩祭男颍士》文云“三十一郎，颍士之灵，汝生十年，而警慧超特”（《苏魏公文集》卷七一），则其年颍士仅十岁。在一般情况下，颍士的年龄应以苏颂所说为准。但考虑到祭文多为四字一句的句式，“汝生十年”可能只是一种大致的而非精确的说法，所以十一岁之说未必一定错。颍士的生卒年应为1062—1072，或1063—1072。他应为苏携（1065—1140）之兄。据《魏公谭训》卷一〇云，苏驷排行为二十二，颍士称三十一郎，当系苏驷之弟。

与颍士排行相近，同为苏驷之弟、苏携之兄的尚有苏诒和苏京。苏携生于1065年，颍士生于1062年或1063年。按一年通常生一胎的常理推测，颍士很可能是苏诒之弟。至于他和苏京的关系，目前尚难确定。

颂诸子中，以熹为长。熹排行十六。元丰二年（1079），其弟苏驷登进士第，苏颂曾为此寄书苏熹（《魏公谭训》卷一〇）。元祐中，苏熹“以通判射布库”，差注太府寺布库监官（《魏公谭训》卷一）。苏熹字道宗，先后娶辛氏、郭氏。辛氏姓辛名媛，系辛若冲之曾孙女，辛有则之孙女，并州军事推官辛显仁之女。辛氏归苏氏若干岁而卒，生两女（四库文渊阁本黄庭坚《山谷外集》卷八《辛夫人墓志》）。

苏嘉、苏京、苏携，刘宰《京口耆旧传》卷四皆有传。汪藻《浮溪集》卷二五又有《苏携墓志》，记三人事迹甚详，兹不赘述。现补入以下数条史料。元祐五年（1090）十二月，嘉为太学博士（《长编》卷四五三元祐五年十二月戊申条）。元符二年（1099）三月，苏嘉因任元祐时所置诉理所之“管勾文字”，受勒停处分（《宋会要辑稿·职官》六七之二三、二四）。元符三年九月，苏嘉为朝奉郎（《宋会要辑稿·职官》三之七七）。崇宁元年（1102）八月，苏嘉管勾华州灵台观（《宋会要辑稿·职官》六七之四〇）。崇宁二年九月，苏嘉名登“元祐奸党”之列（《宋会要辑稿·职官》六八之九）。大观二年（1108）三月，诏苏嘉等人出罪籍（《宋会要辑稿·职官》七六之二六、二七）。

《苏颂生平事迹研究》云苏携卒于绍兴十二年（1142）。按《苏携墓志》所载，携于致仕后数日，“以不起闻，上嗟悼之，得年七十六，时绍兴十年正月九日也”。显然，携卒于绍兴十年而非十二年。

苏驷登进士第后，于元丰四年（1081）知越州剡县（《宋会要辑稿·职官》六六之一六）。元符元年（1098）三月，驷为朝奉郎，已因苏诒岳父林希的关系，被荐于章惇，用为国子监丞（《长编》卷四九六“元符元年三月戊辰”条）。

苏颂的长婿李鼎系李迪孙，李徽之子，出自世家大族。其子李伸，字季常（邵伯温《邵氏闻见后录》卷一五）。

次婿刘琯是王安石变法的积极参加者。熙宁二年（1069）九月，他以太子中舍的身份出任陕西路提举常平（《宋会要辑稿·职官》四三之二）。次年十月，因韩绛荐其才，刘以西京左藏库副使出任环庆路兵马都监（《宋会要辑稿·职官》六一之一二）。熙宁七年十一月，因工作失误，岢岚军使、西京左藏库副使刘琯受到降一官的处分（《宋会要辑稿·职官》六五之三八）。元丰二年（1079）三月，琯任河北沿边安抚副使（《宋会要辑稿·兵》二八之二一）。同年十月，西京左藏库副使兼閤门通事舍人、河北沿边安抚副使刘琯代曹评为国信副使，出使辽朝（《宋会要辑稿·职官》五一之二）。元丰六年三月至十二月，刘琯为同提举开封府界教阅保甲。因所教保甲武艺应格，除西上閤门副使（《宋会要辑稿·兵》二之二六、二八）。后又以客省副使知恩州（苏轼《东坡外制集》卷上）。大观三年（1109）正月，琯权司门员外郎，因言者论其素行贪浊，被送吏部，与监当官（《宋会要辑稿·职官》六八之一七）。

苏颂的小女婿贾收，字耘老，居湖州，有诗名，与李常、苏轼等人交游，唱酬颇多。杭州有美堂，士大夫留题甚众。苏轼令笔吏尽录之而掩其名。贾收“吴越不藏千里色，斗牛常占一天寒”之诗被评为第一（陆心源《宋史翼》卷三六《贾收传》）。

苏颂的孙辈人数很多，其《墓志》、《行状》皆云颂孙男 19 人，孙女 12 人。但细考《行状》所列孙男人名，实为 20 人。

又颂孙师德，乃苏京之子，元符元年（1098）生。苏颂甚爱之，饮食必置左右，未始令去膝下。颂卒时，师德已4岁（韩元吉《南涧甲乙稿》卷二〇《苏师德墓志》）。颂《行状》中虽不见师德之名，但其人必在所列20名孙男之中。颇疑《行状》所录，乃其小名。

颂孙象先所撰《魏公谭训》卷一〇，曾言及“伯父房弟植”。象先系苏嘉之子，植应为嘉兄苏熹之子。苏植和苏携之子孟容，恐亦在《行状》所列的20人之中。

苏颂长孙象先，元祐六年（1091）登进士第，名在第三甲（《长编》卷四五六元祐六年三月壬午条）。元符三年（1100），调任庐签（《魏公谭训》卷七）。崇宁元年（1102），为签书保信军节度判官。六月，调任签书杭州观察判官（《宋会要辑稿·职官》六三之七）。同年九月，徽宗下诏开具元符三年上章疏臣僚姓名。象先被归入“邪下”类，颂孙处厚则属“邪中”类（《宋会要辑稿·职官》六八之一、三）。

苏颂的孙女婿中，以曾忢较为知名。忢乃曾巩之孙。建炎三年（1129），金人陷越州，忢不屈而死。《宋史》将其列入《忠义传》内。

苏颂孙辈以下的后裔，除表1所列之外，还有苏汉和苏天民。苏汉乃象先侄孙，庆元二年（1196）登进士第（俞希鲁《至顺镇江志》卷一九《科目》、民国《同安县志》卷一五《选举·进士》）。《苏颂生平事迹研究》作庆元五年登第，误。苏天民亦系苏颂后裔，淳祐七年（1247）登进士第（民国《同安县志》卷一五《选举·进士》）。

七、苏颂母亲、妻室方面的亲属

苏颂的生母为陈从易长女。从易,《宋史》、王称《东都事略》和曾巩《隆平集》均有传。《东都事略》卷六十载：从易，知杭州，卒，年六十六。《隆平集》卷十四则云：从易，知杭州，卒，年六十。按周淙《乾道临安志》所载，从易卒于天圣九年（1031）。据此，可知其生卒年应为966—1031年或972—1031年。陈系“端拱二年（989）进士”（厉鹗《宋诗纪事》卷五）。如《宋诗纪事》所载无误，则18岁登进士第的可能性较小，而24岁登第，即966年出生的可能性较大。

陈从易的祖母为詹氏。大中祥符二年（1009），因东封恩例，从易当封其母、妻。陈即回其妻封，封其祖母詹氏为河间郡太君（《长编》卷七一大中祥符二年二月甲寅）。

陈从易的长子绍孙，天圣七年（1029）六月为三班奉职（《宋会要辑稿·职官》六一之九），后为大理寺丞（宋祁《景文集》卷三一）和太子中舍（《苏魏公文集》卷六二《高氏墓志》）。

此外，据《魏公谭训》所载，苏颂又有从舅陈孟阳，此人当系陈从易之从弟。

苏颂妻室方面的亲属：

苏颂的元配夫人凌氏系屯田员外郎凌景阳之女。景阳早年曾任兴化军仙游县尉（《魏公谭训》卷六）。天圣八年（1030）贡举，景阳以大理寺丞充点检试卷（《宋会要辑稿·选举》一九之九）。后又任三司勾当公事（《魏公谭训》卷六）。庆历三年（1043）五月，凌景阳以屯田员外郎召试学士院，“赋、诗四下”。因谏官王素、欧阳修言其“给婚非类”，授知和州（《宋会要辑稿·选举》三一之一六、《长编》卷一四一庆历三年五月己巳）。

按《魏公谭训》卷六记载，凌景阳识蔡襄于微贱之中。凌亲任蔡之启蒙授业师，并以妻弟之女葛氏妻襄（又见欧阳修《欧阳文忠公文集》卷三五《蔡襄墓志》）。庆历中，襄为谏官，“或言凌公与富人孙固结姻，罢省判，知漳州。众论以蔡不为凌辩为不直”。据此，可知所谓“给婚非类”系指与富人孙固结姻。孙固以外，与景阳缔姻者尚有苏颂和蔡襄。固“后致位枢长”，颂官至宰相，襄为翰林学士，均系名垂青史的一代名臣。景阳择婚，可谓知人。

又按《魏公谭训》卷六所言，苏颂既娶凌景阳之女为妻，其岳母应为葛氏。

苏颂继室辛氏系驾部员外郎辛有则之女。有则兄弟5人，其中二季早夭。苏颂曾作文祭其岳父辛有则，又为有终以及有孚之子辛靡撰写过墓志，此不赘述。以下补入与有孚父子有关的二条材料：

天圣七年（1029）九月，太子中舍辛有孚因黄河决口而受处分，降为大理寺丞（《宋会要辑稿·职官》六四之三一）。

嘉祐六年（1061）五月，辛靡试于舍人院，策、论第三等下，赐进士出身（《宋会要辑稿·选举》三四之四八）。

除表3（从略）所列诸人外，辛有则还有从兄弟辛有邻。有邻、有孚俱系进士出身（《宋史》卷二六六《辛仲甫传》）。

八、苏颂的姻亲

元祐时任刑部侍郎的韩宗道，以及崇宁初任淮南运判的韩宗武，均为苏颂姻亲（《宋会要辑稿·职官》六三之七，《长编》卷四四九“元祐五年十月己未”条）。宗道之姐妹嫁常州司理参军苏

注（张方平《乐全集》卷三九《韩综墓志》），宗武伯父韩维之妻乃苏氏（苏轼《东坡外制集》卷中）。颇疑苏注、苏氏乃颂之本家。韩维和韩宗道、韩宗武生平事迹详见《宋史》卷三一五，此不赘述。

元丰初，苏颂权知开封府。同年因牵涉孙纯一案而罢职。纯与颂“连姻”(《苏颂墓志》)。颂女嫁李徽之子孝鼎，纯系孝鼎堂姊妹之子(《苏颂行状》,《长编》卷二九三“元丰元年十月壬子”条)。

又元祐时，御史中丞李之纯亦与苏颂为姻家(《长编》卷四八二“元祐八年三月癸未”条)。他和苏颂的具体关系，因史料阙如，目前尚不得而知。

又按《苏魏公文集》卷五六《掌禹锡墓志》所载，禹锡子大理评事掌世衡与苏颂为姻娅。但不知世衡所娶究竟是辛氏抑或凌氏。

本文原载于《暨南学报（哲学社会科学）》1991年第3期。
又见《陈垣教授诞辰百一十周年纪念文集》。

《越绝书》成书年代及作者新探

《越绝书》是一部充满许多未解之谜的奇书。在其成书年代和作者问题上，历来就存在种种歧异之说。如《隋书·经籍志》、《旧唐书·经籍志》和《新唐书·艺文志》皆云此书系子贡所作。《史记正义》则引梁阮孝绪《七录》说："《越绝》，十六卷，或云伍子胥撰。"[1]至迟在唐代，而不是人们通常所认为的宋代，已有人对上述说法产生怀疑。如唐司马贞《史记索隐》即指出："按：《越绝书》云是子贡所著，恐非也。其书多记吴越亡后土地，或后人所录。"[2]宋人陈振孙则认为此书"无撰人名氏，……盖战国后人所为，而汉人又附益之耳"。[3]至明代，又有人提出此书作者为东汉人袁康和吴平的观点[4]。不过，从明人田汝成、郭钰至近人如余嘉锡多倾向于"是书成非一手"，"非一时一人所作"[5]。笔者认为子贡、子胥、袁康、吴平撰作诸说固属片面之论，战国时人所作，汉人附益之说

1 见《史记》卷六五《孙子吴起列传》所附张守节《史记正义》。

2 见中华书局标点本《史记》卷六五《孙子吴起列传》所附司马贞《史记索隐》。

3 《直斋书录解题》卷五《杂史类》。

4 杨慎《丹铅杂录》卷九；胡侍《真珠船》卷三；田艺蘅《留青日札》卷一七；焦竑《焦氏笔乘续集》卷四。

5 嘉靖二十四年孔天允刊本《越绝书》卷首田汝成《序》、郭钰《古越书·凡例》；《四库提要辨证》卷七《载记类》。

亦非全然正确无误，而“是书成非一手”的说法则过于笼统，不够具体。为此，笔者拟就该书的成书年代及作者作进一步的探讨，以求正于各位方家。

后序、前言成文年代考

每部著作序言的成文年代，往往就是该书编订、撰修的年代，因此，探讨《越绝书》的成书年代可从其序言入手。

古人编书或著书立说，通常将发凡起例，阐述全书大旨、篇目和编撰体例，介绍著者和书名的序言附于书末。如《史记》和《汉书》卷末的《太史公自序》及《叙传》即是如此。今本《越绝书》书末的《德序外传》、《篇叙外传》和卷首的《外传本事》，即是文风迥然有别的三篇序言，显然是在不同时期先后附入此书的。

先看《篇叙外传》。按常理推断，成文、附入在先的后序，它在书中的位次一般应在前。反之，则应在后。据此推知，《篇叙外传》的成文年代应晚于《德序外传》。

根据现有资料，可以确定《篇叙外传》的成文年代。

从用字避讳来说，《篇叙外传》不避吴王阖庐、夫差，越王句践，楚威王熊商、考烈王熊元、哀王熊犹的名讳，又受秦代影响，称楚国为“荆”，但同时又称之为“楚”，用秦始皇之名“政”字，且不避汉高祖刘邦、文帝刘恒、哀帝刘欣、平帝父刘兴、灵帝刘宏和吴大帝孙权、晋世宗司马师、太祖司马昭、愍帝司马邺名讳。此外，篇内还提到“秦”代。其文字只能成于既受秦代用字、避讳习惯影响，但已不必按秦制避讳的秦汉之间，或出自不必按汉制避讳的两汉间人之手。

但是，《篇叙外传》卷首有“先古九头之世”之句。司马贞

《补史记·三皇本纪》云：“《图纬》……人皇九头，……《春秋纬》称，自开辟至于获麟，……分为十纪。……一曰九头纪。”纬与经相对而得名，它是假托神意解经之书。谶讳之学出现于儒学盛行的西汉末。据此，可知《篇叙外传》不可能作于秦汉之间。

又《篇叙外传》曰：“句践以来，至乎更始之元，五百余年，吴越相攻复见于今。”这明白无误地告诉我们，《篇叙外传》成文于作叙者所说的“今”，即更始之初。

再看《德序外传》。《德序外传》用字不避夫差、句践、熊元、熊犹之名，并受秦代影响，称楚为“荆”，但同时又用“楚”字、“政”字，不避刘邦之名。如篇内云句践将吴所侵占之地归付宋、楚、鲁诸国，“中邦侵伐，因斯衰止”。《外传本事》中有一段与此相同的记载，只是称“中邦”为“中国”。另外，其行文又不避刘恒、刘兴、汉桓帝刘志、吴景帝孙休、晋简文帝母郑阿春之名。由其用字受秦代影响，但又违反秦、汉和汉以后人习惯，可知它很可能写成于上距秦代不远的秦汉之间，以及两汉间或东汉以后。

如前所述《德序外传》成文应早于《篇叙外传》，故后一种可能可以排除。

又《德序外传》和《篇叙外传》所列八篇正文篇名中，有一篇前者作《吴越》，而后者却作《吴人》。这表明二序不会出自同一地区（越地）同一时代人之手。既然二序成文年代不会相距很近，既然成文较晚的《篇叙外传》作于更始初，而介于西汉与更始间的新朝又仅有短短 15 年的历史，那末，《德序外传》就不会写成于两汉之际。

显然，《德序外传》应出自秦汉间人之手。而篇内称中国为“中邦”，即是支持此说的一条佐证。

最后看《外传本事》。《外传本事》既避刘邦名讳，称“中邦”

为“中国”，同时又一再使用“邦”字，且不避刘兴之名。这说明它既受汉代避讳制度的影响，但又不会出自汉人之手。其成文年代应在两汉之间或东汉以后。

就时代风气而论。先秦古书多无作者姓名，著书不署名的风气在西汉时仍盛行不衰。其流风所及，至于东汉末叶。《外传本事》载：“问曰：‘《越绝》谁所作？’‘吴越贤者所作也。’……问曰：‘作事欲以自著，今但言贤者，不言姓字，何？’”其言与汉人作文不署名，不欲自著的风气大相径庭。按此推断，《外传本事》的作者应是东汉以后人。

进一步而言。《外传本事》是最后附入《越绝书》的一篇序言，其成文年代应和书中后人增益及记事的下限相一致。通常认为《越绝书》记事止于东汉光武帝建武二十八年（52），不过事实却并非如此。如《外传记地传》云“山阴故水道，出东郭，从郡阳春亭，去县五十里”；又云秦始皇“东游之会稽，道度牛渚，奏东安（东安，今富春）”。东汉顺帝永建四年（129），山阴始为会稽郡郡治[1]。“山阴故水道”条应撰于永建四年之后。吴黄武五年（226），始置东安郡，治富春。七年，罢郡[2]。有关秦始皇行迹的记载，当写成于黄武五年至七年。又富春于东晋孝武帝时（373—396）改名富阳[3]。末条注文应系黄武七年至晋孝武帝改富春为富阳前补入。《外传本事》似写成于三国至东晋孝武帝之间。

---

1 《宋书》卷三五《州郡一》。

2 《三国志》卷四七《孙权传》。

3 《宋书》卷三五《州郡一》。

内经、内传的史料来源和写作年代

既然《越绝书》“非一时一人所作”，而古书又多系后人裒集、编订前人所作的单篇或章节而成，不全出自作序者之手，那末，要深入探求《越绝书》的成书年代及作者，就必须对全书各篇内容的材料来源和文字写定的年代，作一番细致的考订。

《德序外传》说：“夫子作经，揽史记，愤懑不泄，兼道事后，览承传说。”《篇叙外传》云子贡“发愤记吴越，章句其篇”。又云：“维子胥之述吴越也，因事类，以晓后世。……百岁一贤，犹为比肩。记陈厥说，略其有人。以去为姓，得衣乃成；厥名有米，覆之以庚。……不直自斥，托类自明；写精露愚，略以事类，俟告后人。文属辞定，自于邦贤。邦贤以口为姓，丞之以天；楚相屈原，与之同名。”按上所述，可知《越绝书》的主要内容取诸子贡、子胥等人的记述和史记、传说。以后，才有不同时代之人“记陈厥说”，“文属辞定”，将其编定成书。全书的原始材料和正文文字写定的年代并不相同，兹分篇考察如下。

今本《越绝书》计有内经、内传六篇，其内容与《德序外传》、《篇叙外传》所载一致[1]。其篇名除《内传陈成恒》二序均简称《陈恒》，《吴内传》二序分别作《吴越》、《吴人》，略有不同外，其余各篇皆与二序所载相同。由其主要内容和篇名均载见《德序外传》，可断定内经、内传所据以编成的材料的年代和内经、内传文字写定

1 《德序外传》、《篇叙外传》均著录《太伯》等八篇的篇名及内容，后佚失两篇，今存六篇。又孙诒让《籀庼述林》卷六《题卢校〈越绝书〉》云：“古实无所谓内传。”此说与事实相悖。如《汉书》卷三〇《艺文志》即著录了《韩内传》一书。

的年代，均应在《德序外传》成文之前，或与其同时。

具体而言。《荆平王内传》的内容和《史记》卷六六《伍子胥列传》所记大体相同，当据先秦时吴、楚等国的史记和《汉书》卷三〇《艺文志》“杂家”《伍子胥》八篇写成。其用字不避阖庐、楚惠王熊章、简王熊中、顷襄王熊横和熊犹之名，不避秦讳“正”字，汉讳“邦”字。又按秦人习惯，称楚为“荆邦”，称楚平王为“荆平王”。这和《伍子胥列传》称楚为“楚国”，称平王为“楚平王”绝然不同。其文字当出自秦汉间人之手。

《吴内传》所引范蠡之言与《国语·越语》所载大同小异。《汉书》卷三〇《艺文志》有《兵权谋》书《范蠡》二篇。《吴内传》的内容似取之于范蠡之说和越国等史官的记载。其用字不避阖庐、句践、熊中、楚声王熊当和刘邦之名。如篇中引《公羊传》云：“吴何以称人乎？夷狄之也。忧中邦奈何乎？”“中邦”一词，今本《公羊传》已改作“中国”。从“中邦”未为汉人所改，全篇屡称楚国为“楚”，不避“政”字的事实来看，其文字应系战国末或秦汉之间写成。

《计倪内经》所载与《史记》卷一二九《货殖列传》所记计然（即计倪）之言大体相同。其内容应取诸计倪之说或越国史官的记载。篇中用字犯句践、越君亲、熊中、熊当、熊犹和刘邦名讳。如其文曰：“故籴高不过八十，下不过三十，农末俱利矣。故古之治邦者本之。”《货殖列传》所载与此基本相同，但称此为“治国之道也。”由其称楚国为“楚”，“治邦”未为汉人改成“治国”，可知该篇文字写成于战国末或秦汉之间。

《请籴内传》的部分内容与《国语·越语》、《史记》卷三一《吴太伯世家》、卷四一《越王句践世家》和卷六六《伍子胥列传》所载大致相同，似来源于吴、越二国的史记和《汉书·艺文志》

“杂家”类《伍子胥》八篇。其用字不避夫差、句践、亲、熊章、熊中、熊犹和刘邦之名，且用“正”字、“胡”字。如其文云吴越为“仇雠敌战之邦”，《国语·越语》作“仇雠敌战之国”。又如“养寇而贫邦家”的“邦家”，“以观吴邦之大败”的“吴邦”，《吴越春秋·句践阴谋外传》和《夫差内传》即分别作“国家”和“吴国”。据此，可知其文字应系战国末或秦汉之间写定。

《内传陈成恒》所述与《史记》卷六七《仲尼弟子列传》所记基本相同。其云吴王称霸之举为“王业”，又称句践入臣于吴为“抵罪于县”。《仲尼弟子列传》则分别作“霸业”和“抵罪于吴”。此处的“县”并非郡县之县，而是指天子所居之地。用词的不同表明《内传陈成恒》所反映的是诸侯称王、自拟天子，即春秋末和战国时人的思想。其内容当据先秦时有关子贡的记载，如《汉书·艺文志》“论语”类《孔子家语》等写成。篇中用字不避夫差、句践、越君尊、亲和楚悼王熊疑之名，并屡用“政”字、“正”字和“邦”字。如“父母之邦”、“难伐之邦”等“邦”字，《仲尼弟子列传》皆改作“国”字。篇内二次出现“黔首”一词。按秦统一六国后，“更名民曰黔首”[1]。由此可见，《内传陈成恒》的文字应写成于秦汉之间。

又《内传陈成恒》中二度出现“邦为空棘”一语。此句《仲尼弟子列传》作“国为虚莽”。《吴越春秋·夫差内传》一作“国为墟莽”，另一作“国为墟棘”。显然，此句原本作“邦为虚莽”。司马迁始因避讳，改“邦”作“国”。王莽时又因避讳，改“莽”为“棘”。所以在东汉时成书的《吴越春秋》中，犹有回改未尽的痕迹[2]。据此，可知王莽时曾有人对《内传陈成恒》作过一次文字上的修改。

1 《史记》卷六《秦始皇本纪》。

2 按《史记·仲尼弟子列传》所附司马贞《史记索隐》，“莽”字，《史记》亦“有本作棘”。

《内经九术》记载了大夫种的言行。《汉书》卷三〇《艺文志》载有“兵权谋”书《大夫种》二篇。《内经九术》的内容似来源于大夫种之说，也可能取材于越国史官的记载。其用字不避夫差、句践、尊、熊当和刘邦之名。篇中“以空其邦”、“邦家富”、“越邦洿下”、“邦之宝”和“邦之咎”之“邦”，《吴越春秋·句践阴谋外传》皆改作“国”。据此推知，其文字应系战国末至秦汉之际写就。

外传的材料来源和成文年代

《外传记吴地传》详细记录了吴地的山川、湖塘、形势、城邑、道里、宫室、冢墓、农田、水利、矿山、物产和有关的历史。其内容当取诸吴国的史记、吴地的官文书和作者的耳闻目睹及其见解。

其文曰：“曲阿，故为云阳县。”云阳改称曲阿乃秦始皇时事[1]。这说明它撰就于秦代或秦以后。又由其称楚国为“楚”而非荆，用“国”字不用邦字，推知其主要成文于汉代而非秦代。

它以绝大部分篇幅记述春秋、战国至西汉前期吴地之事。篇内多次使用“故吴……”、“故越……”等句式，又屡屡言及“春申君时”如何如何。按记事的偏重、详尽和追述往事的口吻，推知该篇的大部分文字当出自上距春秋、战国和秦代不远的西汉前期人之手。

其记吴王濞被诛事云：“越王弟夷乌将军杀濞。……夷乌将军今为平都王。”刘濞于汉景帝三年（前154）谋反，随即兵败被诛。上述出自“今”人之手的记载，应撰于景帝三年以后不久。

其文又曰：“无锡西龙尾陵道者，……属于无锡县。”按元封元

1 《宋书》卷三五《州郡一》。

年（前110），汉武帝封多军为无锡侯，无锡县遂为无锡侯国[1]。据此可以断定，《外传记吴地传》的大部分篇幅成文于景帝三年至元封元年之间。

此外，篇内又载元封元年、二年，天汉五年（前96）、七年，永光四年（前40），阳朔三年（前22），更始元年（23）、五年和六年之事，并提及东汉光武帝的年号建武二十八年（52）。以上记事数量少，时间间隔久，且多附于篇末，当出自元封以后人的增益。其记更始时事颇详，且在更始三年刘玄败亡后，仍沿用更始年号。如云更始“六年十二月乙卯，凿官池，东西十五丈七尺，南北三十丈”。又曰：“汉并秦，到今二百四十二年。”这些记载应系“今”人，即更始至光武帝时人所增益。

《外传记地传》以绝大部分篇幅详细记述了春秋、战国和秦代越地的山川、城邑、道里、冢墓、农田、水利、工场、矿山和有关的历史。其记秦始皇东巡会稽，备载其来去途径、抵达的具体日期及其种种行事。篇中所述越世系、秦世系和秦灭六国之事，与战国时之《竹书纪年》和汉武帝时成书的《史记》的记载相左之处颇多。古今逸史本《越绝书·外传记地传》有“吴伐越，道逢大风，车败马失，骑士堕死，……事见吴史”之语。其内容应取材于“吴史”，以及与《竹书纪年》、《史记》同时，汉以前或汉初越国的史记、官文书、作者本人的耳闻目睹和感受。据此写成的《外传记地传》主要应成文于秦至汉初。又篇中所述秦世系有“元王”、“平王”之名称，这是秦人追崇秦献公和孝公所加的尊号，从中可以窥见秦代的影响。篇内记历代越君之名，不避夫差、熊中、熊疑、熊元、熊犹、秦始皇、胡亥和刘邦名讳。其大部分篇幅应写成于秦汉之交。

---

1 《史记》卷二〇《建元以来侯者年表》;《后汉书》卷三二《郡国四》。

越世系表

《史记》卷四一《越王句践世家》	句践、鼫与、不寿、翁、翳、之侯、无疆
《竹书纪年》卷一一、一二	句践、鹿郢、不寿、朱句、翳、孚错枝、初无余、无颛、无疆
《外传记地传》	句践、与夷、子翁、不扬、无疆、之侯、尊、亲

秦世系表

《史记》卷五《秦本纪》	献公	孝公	惠王	武王	昭襄王	孝文王	庄襄王	秦始皇
《外传记地传》	元王	平王	惠文王	武王	昭襄王	孝文王	庄襄王	秦始皇

秦灭六国表

《史记》卷一五《六国年表》	内史腾击得韩王安	王翦拔赵虏王迁	王贲击魏得其王假	王翦破楚得其王负刍	王贲击燕虏王喜	王贲击齐虏王建
《外传记地传》	内史教攻韩得韩王安	王涉攻赵得赵王尚	王贲攻魏得魏王歇	王贲攻楚得楚王成	史敖攻燕得燕王喜	王涉攻齐得齐王建

此外，《外传记地传》亦有部分文字出自后人的增益。这些内容包括："写干，今属豫章"；"始建国时（9—13），蠡城尽"；"山阴故水道，出东郭，从郡阳春亭"；以及"奏东安（东安，今富春）"。豫章郡始置于汉高祖六年（前201）[1]，"写干"条必成文于该年以后。"蠡城"条撰成于始建国以后。又按前所述，末二条则系永建四年之后，黄武五年至七年，黄武七年至东晋孝武帝时补入。

《外传计倪》似取材于计倪之说和吴、越二国的史记。其临文不避阖庐、夫差、句践、尊、亲、熊中、熊当之名，且用"正"字、"国"字，不用邦字，应成文于战国末、汉代，或汉以后。篇内有"乃此祸晋之骊姬、亡周之褒姒，尽妊妍于图画，极凶悖于人

1 《晋书》卷一五《地理下》。

理，倾城倾国，思昭示于后王；丽质冶容，宜求监于前史”之语。风格颇似六朝时形成的骈文。篇中美女“倾城倾国”一词出自《汉书》卷九七上《外戚传》。全篇文字写定的年代不会早于《汉书》。再据其用字不避汉桓帝父刘翼、孙权和司马师、司马昭之名判断，《外传记倪》的文字当写成于汉章帝至质帝时，或灵帝至献帝时。

《外传记军气》前半篇记军气。其文云：“右伍子胥相气取敌大数，其法如是。”这些内容应出自伍子胥之说，诸如《汉书·艺文志》所载“兵技巧”《伍子胥》十篇，或“杂家”《伍子胥》八篇之类。后半篇则记先秦时诸国的分野。由篇内“秦故治雍，今内史也”之句，又由其行文避刘恒名讳，称恒山为常山，推知后半篇的内容和全篇文字大致出于汉文帝以后人之手。

又篇中有“周故治雒，今河南郡”一语。河南郡乃西汉行政区名，东汉建武十五年（39）改曰河南尹[1]。这说明它成文于西汉而非东汉。

在汉代，《外传记军气》所提到的不少郡国曾出现过一些名称上的变化。其中济北于汉文帝二年（前178）立国，次年废为郡。十六年复国[2]。武帝后元二年（前87），国除，为北安县，属泰山郡[3]。东汉和帝永元二年（90），复分泰山郡置济北国[4]。

菑川于汉文帝十六年立国[5]，建武十三年（37）省并[6]。

济阴于汉景帝中元六年（前144）立国。宣帝甘露二年（前52），改名定陶[7]。按《后汉书》卷八〇《济阴悼王长传》所载，东

---

1 见《后汉书》卷二九《郡国一》梁刘昭注。

2 《史记》卷一七《汉兴以来诸侯王年表》。

3 《汉书》卷七《昭帝纪》、卷四四《济北王传》。

4 《后汉书》卷四《和殇帝纪》。

5 《史记》卷一七《汉兴以来诸侯王年表》。

6 《后汉书》卷一《光武帝纪》。

7 《汉书》卷二八上《地理志》颜师古注。

汉永平十五年（72），复置济阴国；建初九年（84），国除。

城阳、河间均于汉文帝二年立国[1]，又均于建武十三年省并。[2]和帝永元二年，复置城阳国、河间国；六年，废城阳国[3]。

广阳本燕国。昭帝元凤元年（前80），国除为郡[4]。宣帝本始元年（前73），置广阳国[5]。建武十三年，省入上谷[6]。

广平于武帝征和二年（前91）置为平干国。宣帝五凤二年（前56），复故[7]。建武十三年，省入钜鹿[8]。

内史本秦行政区名。汉高祖九年（前198），复为内史。武帝太初元年（前104），更名京兆尹[9]。

南郡始置于秦。汉高祖元年（前206），更名临江郡。五年，复故。景帝前元二年（前155），复名临江。中元二年（前148），复故[10]。章帝建初四年（79），改为江陵国。元和二年（85），复为南郡[11]。

淮阳国始置于汉高祖十一年（前196）。章和二年（88），改为陈国[12]。

六安先后属楚、衡山和淮南。元狩元年（前122），衡山国除。

1 《史记》卷一七《汉兴以来诸侯王年表》。
2 《后汉书》卷一《光武帝纪》。
3 《后汉书》卷四《和殇帝纪》。
4 《汉书》卷二八下《地理志》颜师古注。
5 《汉书》卷二八下《地理志》颜师古注。
6 《后汉书》卷一《光武帝纪》。
7 《汉书》卷二八下《地理志》颜师古注。
8 《后汉书》卷一《光武帝纪》。
9 《汉书》卷二八上《地理志》颜师古注。
10 《汉书》卷二八上《地理志》颜师古注。
11 《后汉书》卷三《章帝纪》。
12 《汉书》卷二八下《地理志》颜师古注；《后汉书》卷四《和殇帝纪》。

次年，置六安国[1]。建武十三年，省入庐江[2]。章帝元和二年，改庐江为六安国。章和二年，复为庐江郡[3]。

九江郡始置于秦。汉高祖四年（前203），更名淮南国。元狩元年，复故[4]。

只要对以上现象加以综合，便可发现上述诸郡国唯有在元狩元年至六年之间，其名称才能与《外传记军气》所载完全一致。这些记载如出于一人之手，那末，它们就只能成文于元狩年间。

其文又云："韩故治，今京兆郡。"韩故地西汉时称河南郡。东汉为畿辅之地，称河南尹，相当于西汉时的京兆尹。该条应系东汉人所增。

《外传纪策考》所载乃作者览史有感，就子胥、范蠡诸人事迹所发之议论。文中所载吴伐越，道逢大风，车败马失之事取材于“吴史”[5]。其文曰“蠡审凶吉，……内视若盲，反听若聋”；并录子胥之言云：“吾前获功，后遇戮，非吾智衰，先遇阖庐，后遭夫差也。”这和《德序外传》所载基本相同。其内容似取材于《德序外传》成文前即已传世的吴、越等国的史记和子胥、子贡、范蠡等人的著述。通篇用字不避阖庐、夫差、句践、熊中、熊疑、熊犹、刘邦、汉桓帝刘志、孙权、孙休和司马师之名，且用“正”字，称楚国为“楚”，但有一处又作“楚荆”，犹带秦代影响的痕迹。它应定稿于秦汉之间，或两汉之间，或东晋时，而以秦汉间写定的可能性为最大。

---

1 《史记》卷一七《汉兴以来诸侯王年表》；《汉书》卷二八下《地理志》颜师古注。

2 《后汉书》卷一《光武帝纪》。

3 《后汉书》卷三《章帝纪》、卷四《和殇帝纪》。

4 《汉书》卷二八上《地理志》颜师古注。

5 明万历古今逸史本《越绝书·外传记地传》所载与此相同，其文云：“吴伐越，道逢大风，车败马失，骑士堕死，匹马啼嘷。事见吴史。”可见此事取材于“吴史”。

《外传记范伯》记范蠡、大夫种入越辅佐句践之事。篇末又载子贡之言。其文云蠡、种见霸王之气在于吴、越，欲入吴，因子胥在，而去吴之越，所言与《外传纪策考》所载相同。又其文云范蠡知子胥见霸王之气在于吴，“以是挟弓干吴王”。《德序外传》则载子胥“挟弓去楚，唯夫子独知其道”。其内容应取自汉以前即已成书的吴、越等国的史记，和子贡、蠡、种诸人的著述。篇中用字不避句践、熊元、熊犹、刘邦、汉宣帝父刘进、光武帝叔父刘良、孙权和司马师之名，称楚国为“楚”。其文字应写成于秦汉之间，或两汉之间，或东晋时。

《外传记吴王占梦》备载太宰嚭、公孙圣为吴王占梦，及吴王夫差败亡之事。其记越军围吴王于秦余杭山，范蠡论夫差之过，句践命蠡杀吴王，和夫差自杀诸事，与《请籴内传》所述大同小异。其内容当取自吴、越二国的史记和传闻。篇内直呼夫差、句践之名，用“正”字，不避熊章、熊中、熊当、熊横、刘邦、刘恒、司马师和司马昭之名。如篇中“越人入吴邦”一句，《吴越春秋·夫差内传》即作“入吴国”。其文字应写定于秦汉之间，或两汉之间，或三国时。

《外传记宝剑》记吴王、越王和楚王之宝剑。其内容似采自传说。通篇用字不避阖庐、句践、熊中、熊当、楚肃王熊臧和熊犹、刘邦、孙和之名，又称楚国为“楚”，用“胡”字。全篇文字应完成于秦汉之间，或两汉之间，或吴赤乌五年（242）以前，或赤乌十三年至永安六年（263）之间，或晋代，而以第一种可能性为最大。

《外传枕中》详尽阐述了范蠡的思想。其说以道生气，气生阴，阴生阳，阳生天地，圣人左道右术，去末取实，明于阴阳进退，豫知未形，执其中和，原其终始为旨。这和《吴内传》所载范蠡“人道不逆四时……，皆当和阴阳四时之变”之言相合。其内容应采自汉以前范蠡之说，如《汉书·艺文志》所载言及阴阳形势的《范蠡》二篇之类。篇中用“正”字，不避句践、尊、亲、熊中、熊当、熊疑、熊犹、刘邦、汉顺帝刘保和刘志、孙和、晋惠帝皇后贾南风、简文帝母郑阿春之名。它应定稿于秦汉之间，或两汉之间，或三国与晋代的某一时期。

《外传春申君》记战国末李园兄妹暨春申君之事。篇中所述楚王世系为：考烈王、幽王、怀王、顷襄王，与《史记》卷四〇《楚世家》所载怀王、顷襄王、考烈王、幽王次序不同。其云楚幽王封春申君于吴。《史记》卷七八《春申君列传》和《楚世家》则将此事系于考烈王时。篇中所记王翦灭楚之事亦与《外传记地传》所载不同。这都说明其内容应另有所本，似取诸秦至汉初人的记载，或采自作者的耳闻目睹。其用字不避熊中、嬴政、刘邦之名，并称楚国为“楚”。全篇文字应写成于秦汉之间，或两汉之间，或三国至东晋，而以秦汉间成文的可能为最大。

《越绝书》的成书过程

对《越绝书》各篇正文材料来源的探讨表明，在该书第一篇序言《德序外传》成文以前，《越绝书》的许多篇正文，尤其是内经、内传所据以编订写定的原始材料即已形成，并以单篇或部分篇章的形式别行于世。这是《越绝书》初步编定成书以前之事。

对《越绝书》各篇文字写定年代的考证表明，该书各篇文字写定的年代是很不相同的，不少篇章写成于《德序外传》成文之后。显然，《越绝书》是一部历经多年才最终形成，以今天的面貌出现在世人面前的著作。其成书过程前后长达数百年之久。

首先，战国末至秦汉之际，即《德序外传》成文时是《越绝书》裒集、编订和撰写，初步编修成书的重要阶段。

就文字而言，内经、内传诸篇均系这一时期内裒辑、编定，《德序外传》和《外传记地传》的大部分系此时写成。《外传纪策考》、《外传记范伯》、《外传记吴王占梦》、《外传记宝剑》、《外传枕中》和《外传春申君》等篇也很可能定稿于这一时期。到秦汉之交，《越绝书》的大部分篇章，至少是核心部分业已编定撰写成书。

从其结构来看。《德序外传》著录了《太伯》、《荆平》、《吴越》、《计倪》、《请籴》、《九术》、《兵法》、《陈恒》和《德叙》诸篇的篇名和内容，且云："文辞不既，经传外章，辅发其类。"可知在《德序外传》成文时，已形成包括"经百八章"、"外章"若干篇和后序在内的一部完整的著作。

值得注意的是，这部著作当时已被称作"越绝"。《德序外传》在阐述它被称作"越绝"的原因及其含义时说："是时越行伯道，……中邦侵伐，因斯衰止。以其诚行于内，威发于外，越专其功，故曰越绝是也。"《篇叙外传》亦云，子贡记吴越之事，其说从春秋传至秦，继承《春秋》二百余年。在秦统一六国，即《春秋》绝笔二百多年后，"圣文绝于彼，辩士绝于此。故题其文，谓之越绝"。这说明至迟在秦汉之际，这部著作已以"越绝"之名面世。

其次，在西汉前期，景帝、武帝时，有人曾对《越绝书》作过一次增补修订。如按前所述，《外传记吴地传》和《外传记军气》的大部分篇幅即出自此人之手，并在此时被编入《越绝书》中。

复次，在新莽至东汉初建武年间，即《篇叙外传》成文前后，《越绝书》又出现过一次篇幅和文字上的增补与改动。如《内传陈成恒》中"墟莽"之作"空棘"，当出自王莽时人的更改。《篇叙外传》即是在"吴越相攻复见于今"的"更始之元"撰成，并附入

《越绝书》末。《外传记吴地传》篇末“汉并秦，到今二百四十二年，句践徙琅邪到建武二十八年，凡五百六十七年”之条，则系建武时人补入。此外，《外传纪策考》、《外传记范伯》、《外传记吴王占梦》、《外传记宝剑》、《外传枕中》和《外传春申君》各篇也可能写成于这一时期。

再次，东汉中后期，《越绝书》又有过一次篇幅上的变动。《外传计倪》篇即系此时收录写定，编入《越绝书》。《外传记地传》“山阴故水道”条则系永建四年（129）之后补入。上述二处增益如出自一人之手，那末其成文时间当在永建四年至本初元年（146），或建宁元年（168）至建安二十五年（220）之间。

最后，三国至东晋孝武帝时，即《外传本事》成文时，还有人对《越绝书》作过一些修补增益。如《越绝书》卷首的《外传本事》，即系此时成文并附入书前。《外传记地传》“东安”条，亦系此时补入。另外，《外传纪策考》、《外传记范伯》、《外传记吴王占梦》、《外传记宝剑》、《外传枕中》和《外传春申君》诸篇编修成文于这一时期的可能也不能排除。至此，《越绝书》才最终定稿，成书过程始告完成。

《越绝书》作者考

《越绝书》是一部代代相传，历经多人之手，才编撰写定的著作。在讨论其作者之前，首先应对作者这一概念作一界定。本文采用广义作者的定义。从这一定义来说，《越绝书》的作者大致可分为两类。一类是《越绝书》所据以成书的原始资料的撰述者，他们可以说是《越绝书》的原始作者或间接作者。另一类则是根据这些材料或自己的见闻、见解，编订、写成内经、内传和外传之人，他们应被视为《越绝书》的直接作者。

属于第一类的作者，有《越绝书》所据以成书的“杂家”《伍子胥》八篇，“兵技巧”《伍子胥》十篇，“兵权谋”《范蠡》两篇、《大夫种》两篇，计倪之说，吴、越等国的史记、地方官文书和传闻的口述者、笔录者和编修者。

范蠡是《越绝书》的一位原始作者。《德序外传》云：“夫子作经，揽史记，……兼道事后，览承传说。厥意以为周道不敞，《春秋》不作。盖夫子作《春秋》，记元于鲁，大义立，微言属，五经六艺，为之检式。（夫子）垂意于越，以观枉直。陈其本末，抽其统纪，章决句断，各有终始。吴越之际，夫差弊矣，是之谓也。”又云：“吴越之事烦而文不喻，圣人略焉。贤者垂意，深省厥辞，观斯智愚。”可见《德序外传》认为《越绝书》出自一位“夫子”之手。不过这位“夫子”并非指作《春秋》，略去吴越之事的“圣人”，即孔子。而是指“垂意于越”，“观斯智愚”，“陈其本末”，“章决句断”的一位“贤者”。《德序外传》云，灭吴后，“范蠡恐惧，逃于五湖”。又云：“夫子见利与害，去于五湖。”篇中复有“子胥挟弓去楚，唯夫子独知其道”一语。《外传记范伯》则载，范蠡谓大夫种曰：“霸王之气，见于地户。子胥以是挟弓干吴王。”据此，可知上述孔子以外的另一位“夫子”或“贤者”即是范蠡，《德序外传》认为他就是《越绝书》“经”的作者。但从《德序外传》所著录的八篇“经”文字写定的年代来看，范蠡不可能是它们的直接作者。再按“经”文的内容及其材料来源分析，范蠡只能是《吴内传》、《外传枕中》、《外传纪策考》和《外传记范伯》部分篇章的原始作者或间接作者。

子胥和子贡也是《越绝书》的原始作者。《篇叙外传》云子贡“发愤记吴越，章句其篇，以喻后贤”，又云“维子胥之述吴越也，因事类，以晓后世”，即是支持此说的二条证据。再按前所述，子胥似是《荆平王内传》、《请籴内传》、《外传记军气》、《外传纪策考》，以及《伍子胥水战兵法内经》部分篇章的原始作者。子贡则是《内传陈成恒》、《外传纪策考》和《外传记范伯》等篇章的原始作者。

此外，计倪和大夫种亦应是《越绝书》的原始作者。按前所述，计倪是《计倪内经》和《外传计倪》诸篇的原始作者，大夫种似为《内经九术》和《外传记范伯》部分篇章的原始作者。

属于第二类的作者包括《越绝书》的裒辑、编订者、著述者、增补者和正文夹注的撰写者。

袁康是对《越绝书》的成书作出颇大贡献的一位直接作者。如《篇叙外传》即认为在《越绝书》的成书过程中，有两位越地的“贤人”、“邦贤”袁康、吴平曾起过重要作用。

以往人们多认为袁康、吴平是同时代人，即东汉人，这种看法是错误的。《篇叙外传》指出，子胥、子贡记述吴越，以晓谕后世。“赐（即子贡）之说也，……世《春秋》二百余年，……赐传吴越，□指于秦。”以后始由袁、吴二人“记陈厥说”，“文属辞定”。其文又云：“句践以来，至乎更始之元，五百余年，吴越相攻复见于今。”这说明袁、吴生活的年代应在秦至更始这二百余年间。就五百余年而言，“百岁一贤，犹为比肩。”二“贤”生活年代相距百年，并不算远。其中吴平“屈原同名，意相应也。百岁一贤，贤复生也”。其生活的时代晚于袁康约一百年。从秦至更始，《越绝书》只发生过三次大的内容上的变化。第一次发生于秦汉之际。第二次是在西汉前期。《外传记吴地传》和《外传记军气》的大部分篇幅即分别成文于景帝三年（前154）至武帝元封元年（前110），武帝元狩元年（前122）至六年（前117）。第三次则是在新莽至东汉初之间。按《篇叙外传》所说，吴平在更始初即已“怀道而终”。显然，他不可能是新莽至东汉初《越绝书》的修订增益者，和《篇叙外传》的撰写者，而只能是西汉前期《越绝书》的增订者。按“百岁一贤”说上推，袁康生活的时代大致应在秦代前后。

袁康生活的时代恰恰正是《越绝书》大部分篇章裒集、编订、撰写，初步编修成书的重要时期。作为对《越绝书》有颇大贡献的一位作者，袁康应是该书内经、内传，也可能是《外传枕中》等外传的裒辑、编订者，《德序外传》、《外传记地传》等篇章的撰写者。

吴平是西汉前期《越绝书》的增补修订者，即“文属辞定”之人。《外传记吴地传》和《外传记军气》的大部分文字即是由此人写定。按《篇叙外传》所说，他“明于古今，德配颜渊。时莫能与，伏窜自容。年加申酉，怀道而终。友臣不施，犹夫子得麟。览睹厥意，嗟叹其文，於乎哀哉”!《外传记地传》云禹晚年暮岁，“年加申、酉”。上述用于表示年齿的“申”、“酉”应是两个数字。相传禹终年百岁[1]。申、酉在地支中位居第九、第十。“年加申酉”系指年逾九十。“友臣不施”，指其门生、后学不遗弃其所作。吴平此人应是《篇叙外传》作者的前辈。他一生怀才不遇，郁郁而终，享年九十余岁。

《四库全书总目提要》卷六六《史部·载记类》《越绝书》条据王充（27—97）《论衡》卷二九《案书篇》、明杨慎《丹铅杂录》卷九、胡侍《真珠船》卷三和田艺蘅《留青日札》卷一七说：“所谓吴君高，殆即（吴）平字。”这种说法显然不符合事实。

王充所说的“会稽吴君高”，是与“东番邹伯奇，临淮袁太伯、袁文术，会稽……周长生”诸人同时代之人。他们和王充都是与

---

1 《史记》卷二《夏本纪》所附裴骃《史记集解》引晋皇甫谧《帝王世纪》云，禹“年百岁”。

“古人”刘向（前77—前6）、扬雄（前53—18）相对而言的“今人”，亦即东汉人[1]。而吴平在更始以前就已下世。显而易见，吴平和吴君高绝不可能是同一人。

新莽至东汉初《越绝书》增益修订者的姓名现已无考，但其人仍可设法确定。秦汉时，古籍中序的作者通常就是该书的编撰增订者。因此，更始初《篇叙外传》的撰写人应该就是这一时期《越绝书》的增订者。

《越绝书》的直接作者还包括东汉永建四年（129）至本初元年（146），建宁元年（168）至建安二十五年（220），吴黄武五年（226）至七年《越绝书》的增补者。《外传计倪》即是由其编定补入《越绝书》。因史料阙如，这些作者的情况现已无法一一考知。

《外传本事》的撰写者是三国至东晋时《越绝书》的增订注释者。从时间上说，此人应是《越绝书》最后一位直接作者和完成者。遗憾的是，我们对他几乎是一无所知。

本文原载于《中华文史论丛》第49辑，上海古籍出版社，1992年。

1 见《论衡》卷二九《案书篇》。

苏颂父系亲属考 *

苏颂出身于一个源远流长，支派众多的世家大族。据《苏颂墓志》、《苏颂行状》所说，苏氏乃高阳之后。周之苏忿生，汉之苏建，隋之苏绰、苏威，唐之苏瓌，均系彪炳史册的名人。唐末，苏颂五代祖苏益"自固始从王潮入闽，又为泉州同安人"。

就现有史料而论，苏益以下苏颂的父党多收入表1"父系亲属表"内。兹以该表为基础，按其长辈、平辈、子侄辈和孙辈等几个层次，就其亲属问题，作些补充和说明。

苏颂的祖父苏仲昌，系天圣二年（1024）特奏名进士。苏颂的生父苏绅，初名苏庆民，苏绅之兄苏纮，宝元元年（1038）登进士第，与其从弟苏缄是一榜及第的进士。《魏公谭训》卷五记载：庆历四年，苏颂知江宁县，苏颂在赴任之前，曾"遍访老于为吏者，如曾伯祖判官"。此处的"曾伯祖"，疑即苏纮，时任判官之职。绅弟绎，其岳父刘半千，亦同安人，天圣五年（1027），特奏名进士。熙宁八年，苏缄组织邕州军民抵抗交趾入侵者，城破后，除长子子元外，其全家上下，包括次子子明、子正、孙广渊、直温全部遇

* 编者注：本文中表1系周老师《有关苏颂生平、家世若干问题的考证——纪念陈垣先生诞辰110周年》中所附之表，因篇幅关系，兹从略。参见本书第55页。

难。子元后以殿中丞通判邕州。苏缄之弟苏结，亦为绅之从弟，系朝散大夫赵温瑜之婿，官至殿中丞。

苏颂有弟苏衮（排行第二）、苏棁（排行第三）和苏兖。苏衮系庆历六年（1046）贾黯榜进士，官至集贤院学士。苏棁为苏颂仲弟，系刑部郎中许韩“许氏姻也”。熙宁三年（1070）四月癸未，虞部员外郎苏棁，应学士院试，其策论优，诏充秘阁校理。熙宁五年（1072），棁为同知太常礼院，上言请以僖祖（赵朓）附景灵宫。元丰五年（1082），秘阁校理苏棁，请改正由吏人比较崇文院补写之四库书的旧例，而由在馆诸官亲自点检校定，使其各任其责，讨论百氏之书，以开广闻见。苏兖，熙宁二年（1069）为国子监博士，该年十二月由审官院磨勘、差注。

此外，苏颂尚有“安上弟”，以荫入仕的“大夫七弟”，景祐、庆历时同场屋的“五弟”（分别见《苏魏公文集》卷一〇、卷一一、卷一二和《魏公谭训》卷二）。

苏颂共有三妹。长妹“始稚而孩，已能言，渐诵章句。少长而承礼义之训，又能秉笔为词语”。《全宋词》录其《临江仙》、《更漏子》、《鹊桥仙》、《踏莎行》词四首。前三首词牌下分别注明“寄季顺妹”和“寄季玉妹”。季顺、季玉疑即苏颂仲妹、季妹的名字。

据《魏公谭训》卷六记载，苏象先有“第十一祖姑”，善能文。其夫林次中，熙宁中曾为御史。此“第十一祖姑”应系苏颂之幼妹或从妹。又庆历中，苏颂移知江宁县，曾向象先称“祖姑之夫杨殿臣”请教为吏之道。此处的祖姑，恐系颂之从姐妹。

苏颂子女成行，人数颇多。通常认为颂有六子，其实他共有七子。除熹、嘉、駉、诒、京、携外，尚有颍士。嘉祐六年至八年（1061—1063），苏颂出知颍州，而生颍士。颍士因生于颍而得名。熙宁五年（1072），苏颂出知婺州，颍士随行，在桐庐因舟败没于江。按《魏公谭训》言，其时，颍士年十一。但据苏颂《漏港滩祭男颍士》文云“三十一郎，颍士之灵，汝生十年，而警慧超特”则或指逝时周龄。颍士（1062—1072）应为苏携（1065—1140）之兄。据《魏公谭训》卷十记载，苏驷排行为二十二，颍士称三十一郎，当系苏驷之弟。苏携生于1065年，按不得与颍士的生年矛盾，颍士极可能是苏诒之弟。至于颍士与苏京的关系，目前尚难确定。表1暂且将颍士列于诒、京之间。

颂诸子中，以熹为长。熹排行十六。元祐中，苏熹“以通判射布库”，差德太府寺布库监官。

苏嘉、苏京、苏携，《京口耆旧传》卷四皆有传，《浮溪集》卷二十五又有《苏携墓志》，记三人事迹甚详，兹不赘述。现补入以下数条史料。元祐五年（1090）十二月，嘉为太学博士。元符二年（1099）三月，苏嘉因任元祐时所置诉理所之“管勾文字”，受勒停处分。元符三年（1100）九月，苏嘉为朝奉郎。崇宁元年（1102）八月，苏嘉管勾华州灵台观崇宁二年（1103）九月，苏嘉被列“元祐奸党”。大观二年（1108）三月，诏苏嘉等人出罪籍。

《苏颂生平事迹研究》认为，苏携卒于绍兴十二年。按《苏携墓志》所载，携于致仕后数日，“以不起闻，上嗟悼之，得年七十六，时绍兴十年正月九日也”。显然，携卒于绍兴十年（1140）而非十二年（1142）。

苏驷登进士第后，于元丰四年（1081）知越州剡县。元符元年（1098），驷为朝奉郎，因苏诒岳父林希的关系，被荐于章惇，用为国子监丞。

苏颂的长婿李孝鼎系李迪之孙，李徽之之子，出自世家大族。

次婿刘琯是王安石变法的积极参加者。熙宁二年（1069）九月，他以太子中舍的身份出任陕西路提举常平。次年（1070）十月，因韩绛荐其才，刘以西京左藏库副使出任环庆路兵马都监。熙宁七年（1074）十一月，因工作失误，已为岢岚军使、左藏库副使的刘琯，受到降一官的处分。元丰二年（1079）三月，琯任河北沿边安抚副使。同年十月，西京左藏库副使兼閤门通事舍人、河北沿边安抚副使刘琯代曹评为国信副使，出使辽朝。元丰六年（1083）三月至十二月，刘琯为同提举开封府界教阅保甲。因所教保甲武艺应格，除西上閤门副使，后又以客省副使知恩州。大观三年（1109）正月，琯权司门员外郎，因言者论其素行贪浊，被送吏部，与监当官。

苏颂的小女婿贾收，字耘老，居湖州，有诗名，与李常、苏轼等人交游，唱酬极多。杭州有美堂，士大夫留题甚众。苏轼令笔吏尽录之而掩其名。贾收“吴越不藏千里色，斗牛常占一天寒”之诗被评为第一。

此外，苏颂又有“敖侄”曾为颂“从子婿”的沈笺以及侄苏遇。遇为绅之孙，《苏颂生平事迹研究》作颂之玄孙，误。遇于熙宁六年（1073）登进士第，仕至太子中允、太常丞。

苏颂的孙辈人数很多，其《墓志》、《行状》皆云颂孙男19人，孙女12人。但细考《行状》所列孙男人名，实为20人。

颂孙师德，乃苏京之子，元符元年（1098）生。苏颂甚爱之，饮食必置左右，未始令去膝下。颂卒时，师德已4岁。颂《行状》中虽不见师德之名，但其人必在所列20个人名之中。颇疑《行状》所录，乃其小名。

颂孙象先所撰《魏公谭训》卷十，曾言及“伯父房弟植”象先系苏嘉之子，植应为嘉兄苏熹之子。苏植和苏携之子孟容，恐亦在《行状》所列的20人之中。

苏颂长孙象先，元祐六年（1091）登进士第，名在第三甲。元符三年（1100），调任庐签。崇宁元年（1102），仍任签书保信军节度判官，六月，调任签书杭州观察判官。同年九月，徽宗下诏开具元符三年上章疏臣僚的姓名，象先被归入“邪下”类，颂孙处厚则属“邪中”类。

苏颂的孙女婿中，以曾惪较为有名。惪乃曾巩之孙。建炎三年（1129）金人陷越州，惪不屈而死。《宋史》将其列入《忠义传》内。

苏颂孙辈以下的后裔，除表1所列的外，尚有苏汉和苏天民。苏汉乃象先侄孙，庆元二年（1196）登进士第。《苏颂生平事迹研究》作庆元五年（1199）登第，误。苏天民亦系苏颂后裔，淳祐七年（1247）登进士第。

本文原载于庄添全、洪辉星、娄曾泉主编《苏颂研究文集——纪念苏颂首创水运仪象台九百周年》，鹭江出版社，1993年。

参考书目

[1]《苏魏公文集》。
[2]《同安县志》。
[3]《宋会要辑稿》。
[4]《魏公谭训》。
[5]《读资治通鉴长编》。
[6]《东坡外制集》。
[7]《宋史翼》。
[8]《南涧甲乙稿》。
[9]《镇江志》。

编者按：本文为苏颂父系亲属提供了一篇较系统较全面的资料。然其内容记事与谱牒、史志所载抵牾者尚多，作为一家之言提出，敢请读者共同考证。

王之涣作《登鹳雀楼》诗辨正

本文从“白日依山尽，黄河入海流；欲穷千里目，更上一层楼”一诗的风格、出处和作者为王之涣一说的来源出发，对此诗是王之涣所作的观点提出了质疑；并根据《国秀集》、《吴郡志》和《大明一统志·平阳府》的有关记载，得出此诗的作者是朱斌即朱佐日的结论。

白日依山尽，黄河入海流；
欲穷千里目，更上一层楼。

这首小诗，虽只有短短二十个字，但气象万千，意境高远，堪称千古绝唱。千余年来，脍炙人口，人所共传是王之涣所作。此诗始载于宋雍熙三年（986）编就的《文苑英华》。兹据1966年中华书局本《文苑英华》卷三一二，谨录全诗如下：

同前（前诗题目为《登观雀楼》张当）王之涣

白日依山尽，黄河入（一作彻）海流；
欲穷千里目，更上一层楼。

自宋以降，特别是清代以来，诸家选诗，皆将此诗系于王之涣名下。如清《全唐诗》，孙洙《唐诗三百诗》，王士祯《唐人万首绝句选》，近年中国社会科学院文学研究所的《唐诗选》，和王易鹏的《古代诗歌选》等，莫不如此。王作一说，因之盛极一时，似乎已成文学史上确凿不二的定论。然详考其根据，便知事实并非如此。

首先，就风格而论，王诗悲壮，擅长抒发离别之情。据《王之涣墓志》(以下简称《墓志》)，王“尝或歌从军，吟出塞，白敫兮极关山明月之思，萧兮得易水寒风之声，传乎乐章，布在人口”(引自《历史语言研究所集刊》第15本《续贞石证史》)。开元中，他和王昌龄、高适齐名(唐薛用弱《集异记》卷二)，并与王昌龄、崔国辅等“联唱迭和，名动一时”(白居易《白氏长庆集》卷四二《郑公墓志铭》)，而以边塞诗著称。《登鹳雀楼》诗的风格、内容截然不同于边塞诗，王作与否，已属可疑。且此诗乃千古名作，只此一篇，便足以与其《凉州词》等边塞诗相颉颃。如此诗果为王作，那为何《墓志》和他的同代人绝口不提这一佳作，仅称誉其“从军”、“出塞”、“关山明月”和“易水寒风”之作呢?

其次，从此诗出处来说。此诗首见于《文苑英华》。《文苑英华》的纂修者是宋白、扈蒙等词章之士。他们本来就不擅长这种复杂而细密的工作，加以草率和分工不合作，编纂中又有人员的调动，造成书中“字画鱼鲁，编次混淆”，错误数以千计，“比他书尤甚”(彭叔夏《文苑英华辨证原序》)。南宋孝宗时，曾作过一次校订，但校勘者都是一班粗通文墨的书生，“往往妄加涂注”，结果反“转失其真”(周必大《平园续稿》卷一五《文苑英华序》)。此书宋代已无善本，世间流行的都是抄本，辗转传抄，错误愈多。明人重刊《文苑英华》，以抄本作底本，成书又极仓卒，讹谬更甚。近年通行的中华书局本第三一二卷，系照明本影印而成，讹误之多，不言自明。例如前引之"《登观雀楼》张当"，"观"即鹳之误，"张当"即畅诸之讹。根据这样的本子，光凭这一孤证，而欲断定此诗是王之涣作，岂能令人信服。

最后，就王作一说的渊源来看。后人多认为此说出自司马光、彭乘和沈括。

司马光《续诗话》云："唐之中叶，文章特盛，其姓名湮没，不传于世者甚众。如河中府鹳雀楼，有王之美、畅诸二诗。畅诗曰：'迥临飞鸟上，高谢世人间。天势围平野，河流入断山。'王诗曰：'白日依山尽，黄河彻海流；欲穷千里目，更上一层楼。'二人者，皆当时贤士所不数，如后人擅诗名者岂能及之哉"（景刊咸淳本《百川学海》戊集《司马温公诗话》）。

彭乘《墨客挥犀》卷二、沈括《梦溪笔谈》卷一五关于此事的记载，几乎逐字相同，故并在一处叙述。其文曰："河中府鹳雀楼五层（《梦溪笔谈》作三层），前瞻中条，下瞰大河，唐人留诗者甚多，惟李益、王文奂、畅诸三篇能状其景。……王文奂诗曰：'白日依山尽，黄河入海流；欲穷千里目，更上一层楼。'"

今人富寿荪据此而断言："宋司马光《续诗话》、沈括《梦溪笔谈》卷一五、彭乘《墨客挥犀》卷二，均载河中府鹳雀楼有王之涣诗云云，则此诗当是之涣所作。"（上海古籍出版社1979年版《唐诗别裁集》卷一九校记⑩）

又据北宋末阮阅《诗话总龟》所引《古今诗话》云："河中〔府〕鹳鹊楼，唐人〔留诗者〕极多，唯王之涣、李益、畅〔诸〕诗最佳（括号〔　〕内字系笔者所加）。"之涣原作文奥，郭绍虞先生认为应作之涣。《古今诗话》所据，郭云当出自司马、彭、沈三书（参见郭绍虞《宋诗话辑佚·古今诗话·鹳鹊楼诗》及《诗话总龟》前集卷一五《留题》上）。

由上可知，司马光将此诗归之于王之美，彭、沈则归于王文奂，阮阅和《古今诗话》又归之王文奥，足见其作者伊谁，北宋时人说法不一，而未曾归诸王之涣。云王作一说本自三人者，只是后人的看法；三人之言，难以引为王作的根据。

退一步讲，即使之美、文奂、文奥乃之涣之误，王作一说确是出自上述三人，鹳雀楼有王之涣所留诗的说法，也依然疑窦丛生。

举例来说，唐李翰《河中鹳鹊楼集序》云“前辈畅诸，题诗上层，名播前后，山川景象，备于一言”（《全唐文》卷四三〇）。畅诸与王之涣同时，都是开元年间的著名诗人（见傅璇琮《唐代诗人丛考·靳能所作王之涣墓志铭跋》）。李翰，天宝至大历间人（《旧唐书》卷一九〇下《文苑》下、《新唐书》卷二〇三《文艺》下），晚于畅诸而早于李益（748–829）（见《中华文史论丛》第8辑卞孝萱《李益年谱稿》）。若鹳雀楼确有“名动一时”的王之涣题诗，那为什么李翰单举畅诗而只字不及王诗？留诗鹳雀楼之说，显属可疑。

鹳雀楼，在蒲州西南“黄河中高阜，时有鹳雀栖其上，故名”（《古今图书集成》《职方典》卷三二四《鹳雀楼》条）。该楼系北周宇文护所建，宇文“镇河外之地，筑为层楼，遐标碧空，影倒洪流，二百余载，独立乎中州”（《全唐文》卷四三〇）。兹楼到唐末，已历时三百多年，岁久势必圮坏（据赵明诚《金石录》卷九第一千六百十五）。贞元九年（793）《唐新鹳鹊楼记》所载，楼在贞元时就已圮坏而需重修）。唐代后期登斯楼题诗者，有马戴、殷尧藩、司马扎、吴融和张乔等人（诗载乾隆《蒲州府志》卷二二，《古今图书集成》《职方典》卷三二八、《考工典》卷九六，《文苑英华》卷三一三）。吴融，昭宗时任翰林学士（尤袤《全唐诗话》卷五）张乔与郑谷、张蠙同时。郑谷，光启三年（887）擢高第；张蟆，乾宁二年（895）进士，前蜀王建开国，拜膳部员外郎（《直斋书录解题》卷一九《诗集类》上，《郡斋读书志》卷四中《别集类》中）。据此推知，张乔当是唐末五代初人。唐人登此楼题诗者甚多，但自吴融、张乔之后，五代、北宋间已不再见有人登临留题。大中祥符年间，宋真宗祀汾阴，驻跸河中府，曾登逍遥、薰风诸楼，而一言未及鹳雀楼。直至金末元初，方有段克己（1196—1254）登鹳雀楼遗址，填《满江红》词以抒怀（词见《古今图书集成》《考工典》卷九七，《彊村丛书》本《遯庵乐府》）；继有王恽登临故基，作《登鹳雀楼记》，时在元至元九年（1172）（《秋涧先生大全集》卷三六）。此楼五代以后恐已废圮，王之涣即便题诗，其迹在北宋时亦当泯灭无存。三人之说，必非出自亲眼目睹，而是本自他人的记载。

三人之说很可能即本于北宋初年编就的《文苑英华》。司马、彭、沈所引王、畅、李三诗均收录于《文苑英华》卷三一二。三诗在此书中页码相近，其中王、畅二诗同页，且首尾衔接。《续诗话》所录王、畅二诗，与《文苑英华》所载几逐字相同。按前所述，《文苑英华》一书错讹数以千计。根据这样的本子，而欲断言王之涣曾作《登鹳雀楼》，实难令人确信无疑。

再进一步来说，司马、彭、沈三人认为《登鹳雀楼》诗的作者分别为王之美、王文奂和王文奥。按三人所言彼此相左，且与王之涣并不一致。据此分析，三人之说无论出自何书，他们所依据的底本也必定是谬误百出，难以令人信赖的。

除王之涣外，《登鹳雀楼》一诗的作者历来尚别有一说。早在宋代以前，唐人即已明确指出，此诗系朱斌所作。

请先看一条证据。唐人芮挺章，“自开元以来，维天宝三载，谴谪芜移，登纳菁英可被管弦者，都为一集”（《直斋书录解题》卷五《史部·典故类》)，名曰《国秀集》。其书卷下收有朱斌《登楼》诗一首，诗曰：

白日依山尽，黄河入海流；
欲穷千里目，更上一重楼。

同书卷下收有王之涣名下之诗《凉州词》二首，《宴词》一首，而此诗不与。芮与王之涣同时，所收诗止于王谢世后的两年。他将《登鹳雀楼》诗系于朱斌而不是王之涣名下，单凭这一条，已足证此诗非王所作。

试再举一例。南宋范成大《吴郡志》卷二二《人物》曾引张著《翰林盛事》说，“朱佐日，郡人，两登制科，三为御史。……武后尝吟诗曰：‘白日依山尽，黄河入海流；欲穷千里目，更上一层楼。’问：‘是谁作?’李峤对曰：‘御史朱佐日诗也。’赐綵百匹，转侍御史”。南宋王象之《舆地纪胜》卷五《平江府·人物》中也具载其事。《翰林盛事》一卷，见诸《郡斋读书志》卷二下《史部·职官类》、《直斋书录解题》卷五《史部·典故类》、《遂初堂书目·职官类》、《文献通考》卷二〇一《经籍二十八·故事》和《宋史》卷二〇三《艺文二·故事类》，“唐剡尉常山张著处晦撰，纪儒臣盛事，自武德中迄于天宝。首载张文成七登科者，即著之祖也”(《直斋书录解题》卷五《史部·典故类》)。张文成，即张鷟，开元中卒。鷟的另一孙张荐，系天宝至贞元间人(《旧唐书》卷一四九《张荐传》、《新唐书》卷一六一《张荐传》)。按此推算，张著生活的年代，大致应在开元至贞元之间。除《翰林盛事》外，张著还撰有《春秋檃栝》(据钱大昕《补元史艺文志》)和《建康宫殿簿》等书(《宛委山堂》本《说郛》卷五九)。据略晚于王之涣的张著云，上述《登鹳雀楼》诗的作者应是朱佐日。

志书的记载也是这样。成书于明天顺五年（1461）的《大明一统志》，是以元至元二十七年（1291）和大德七年（1303）所修的《大元一统志》为蓝本的，其材料大多采自宋金旧志。其卷二十《平阳府·宫室·鹳雀楼》条，即明确指出此诗是唐朱佐日作。

“白日依山尽”一诗，芮云朱斌作，张说朱佐日作。斌、佐日应是一人。

大徐本《说文解字》云“彬，古文份”，“份，文质备也”。段玉裁注曰“备当作葡，许训葡曰具”；“俗份作斌，取文武相半意”（大徐本段注《说文解字》卷三上）。《论语·雍也》篇曰：“文质彬彬，然后君子。”又古人以日比喻帝王。《尚书·汤誓》有“时日曷丧？予及汝皆亡”之句，即将夏桀比作太阳。帝王驻跸之京师，则称日下。因此，斌者，即文武双全，文质兼备的君子；佐日者，即辅佐帝王，助其创建大业者。两者之间有着意义上的联系。古人有名有字，名、字意义关联，先秦以后人大多取单字为名，双字为字，据此推测，斌、佐日实是一人，其名曰斌，其字曰佐日。

综上所述，可知诗篇“白日依山尽”朱作一说，证据确凿，理由充足。而王作一说，破绽甚多，无法令人首肯。两说相权，当以前者较为妥当可信。

本文原载于《浙江大学学报》1993年第7卷第1期。

《越绝书》刍议

《越绝书》是一部不可多得的奇书。它辑录、保存了吴越地区先秦及秦汉时期丰富的政治、经济、军事、外交、思想和山川、地理、城邑、民族、语言等方面的资料，具有很高的史料价值，是研究这一地区早期历史必须参考的一部重要典籍。多年来，人们对这一著作进行了多方面的研究和探讨，也取得了有目共睹的显著成果。但迄今为止，该书仍存在若干亟待澄清和解决的问题，以致使人们难以充分利用这部珍贵的古代文献。有鉴于此，笔者拟就其著录、版本、《越绝书》的书名和佚篇诸问题作进一步的探讨，以求正于方家。

著录与版本

人们历来多认为最早著录《越绝书》的是《隋书·经籍志》，不过事实却并非如此。张守节《史记正义》说"《七录》云，《越绝书》十六卷，或云伍子胥撰"（中华书局标点本《史记》卷六五《孙子吴起列传》注）。《七录》是阮孝绪（479—536）于梁普通（520—527）中编定的一部目录学著作。《隋书·经籍志》则是唐高宗时据隋观文殿藏书目录编撰而成（《隋书》卷三二《经籍一》）。《七录》成书早于《隋书·经籍志》一百余年，早于观文殿书目数十年。这说明在《隋书·经籍志》成文前，《越绝书》即已见诸图籍书目的记载。

《七录》成书虽早于《隋书·经籍志》，但这并不意味着最早著录《越绝书》的一定就是《七录》。因为按《隋书》卷三三《经籍二》和《旧唐书》卷四六《经籍上》所载，在《七录》以前，尚有汉刘向《七略·别录》、刘歆《七略》、晋荀勖《中经簿》、丘深之《义熙以来新集目录》、王俭《元徽元年四部目录》、《今书七志》、丘宾卿《天监四年书目》、殷钧《天监六年四部书录》等书目。不过，这些书目在宋代均已荡然无存。而时至今日，除《七录》外，又未发现上述诸书曾著录《越绝书》。所以据目前所知，可以说最早著录《越绝书》的就是《七录》。

又，上述的隋唐《经籍志》系编摘唐开元时四部诸书目录而成。这说明在开元年间，以上所引诸书目尚未散佚。开元二十七年（736），张守节在其《史记正义序》中云“守节涉学三十余年，六籍九流地理苍雅锐心观采”，所见之书不可谓不广。《七录》之外，他必定见过当时尚存的《七略·别录》等书目。例如在标点本《史记》卷六二《管晏列传》注中，《史记正义》即曾三度引用《七略》。但他在介绍《越绝书》时，却只摘引《七录》著录之文，而未引其他书目，这表明最早著录《越绝书》的实际上很可能就是《七录》。

应该指出的是，《七录》最先著录《越绝书》并不意味着最先提到《越绝书》的就是《七录》。早在阮孝绪以前，宋人裴骃即已在其《史记集解》中引《越绝书》曰：“吴县巫门外大冢，孙武冢也，去县十里。”标点本《史记》卷六五《孙子吴起列传》注）。这堪称最早提及《越绝书》的记载之一。

《越绝书》成书后至隋唐之际，始终分为16卷。《七录》、《隋书·经籍志》和《旧唐书·经籍志》关于《越绝书》的记载都说明了这一点。

北宋庆历年间，《越绝书》因“文题阙舛”，佚失6篇，只剩下20篇15卷（《崇文总目》卷三》）。

南宋时，十五卷本《越绝书》又缺佚一篇，仅存19篇（《郡斋读书附志·拾遗》）。

当时，还流传着一种十六卷本的《越绝书》。如南宋目录学家陈振孙即明白指出“《越绝书》，十六卷”（《直斋书录解题》卷五）。不过，人们对此多持否定态度，认为陈氏并未亲见此书，或云一六系十五之误。这些说法都是不能成立的。

《直斋书目解题》曰，《越绝书》“无撰人名氏”，“系战国后人所为，而汉人附益之”。隋、唐二志和《崇文总目》云此书系子贡或子胥所作。《郡斋读书附志》则认为此书系“吴越贤者”所作。陈氏所说显然不同于诸书。陈氏又引《越绝书》原文以抒己见，且谓“其书杂记吴越事”，并在篇末指出其说之根据和所引文字“并见本书”。这都说明他曾仔细读过原文。十六卷之数当出陈氏目睹手记，而非抄自隋、唐诸志。

与陈振孙同时的高似孙，曾网罗散佚，稽辑见闻，作《史略》。其书卷五亦云《越绝书》有十六卷。

南宋人周密则云：陈氏《直斋书录解题》系传录其亲见之书而成（《齐东野语》卷一二《书籍之厄》）。这一再证明十六卷绝非传抄之误，当时确实存在一种十六卷本的《越绝书》。

此外，南宋人尤袤所撰《遂初堂书目》还著录了《越绝书外传》一书。此书恐系由《越绝书》各篇外传组成。按古书多由单篇汇集而成。成书后，各单篇或数篇多与此书一齐流行。如《汉书·艺文志》所载“孝经”类《弟子职》一篇，即又收在《管子》书中。古代论述本事、证发经意或采杂说、非本义、引类以托其意的传和外传往往别行。《越绝书》亦是由内经、内传和外传汇集而成，所以其外传的单独刊行是并不奇怪的。这部分可以看作是《越绝书》的一种节本。

《越绝书》书名辨证

《越绝书》自成书以来，即以《越绝》一名行世。但多年来，人们对“越绝”一词的含义，始终存在种种不同的说法。这种解释上的不同，肇始于《越绝书》的三篇序言。

《德序外传》云句践灭吴后称霸中原，将吴所侵之地归付宋、鲁等国。“中邦侵伐，因斯衰止。……越专其功，故曰越绝是也”。它所说的“越绝”指越国止绝中原各国的侵伐，独擅其功。序文又说：“吴越之事烦而文不喻，……贤者垂意，……观斯智愚”，“深述阙兆，征为其戒，……以观枉直”。“蠡善虑患，句践能行焉。臣主若斯，其不伯，得乎”？可见全书以“越绝”作为书名，这意味着它是记述越国何以能止绝侵伐的一部书。

《篇叙外传》云孔子因“道获麟，周尽证也，故作《春秋》以继周”。“圣人没而微言绝”。“辩士”子贡上继《春秋》，记吴越之事，传至秦代，“圣人发一隅，辩士宣其辞；圣文绝于彼，辩士绝于此”。辩士因之绝迹，其辞随之而绝。而《越绝书》的编订者袁康亦“兵绝之也。”“故题其文，谓之越绝”。它所说的“越绝”指记述越事，绝笔于秦的辩士之文。

《外传本事》则云：“越者，国之氏也，……绝者，绝也。‘何不称越经书记，而言绝乎’？……句践抑疆扶弱，绝恶反之于善。……中国侵伐，因斯衰止。……越专其功，故曰将绝。故作此者，贵其内能自约，外能绝人也。贤者所述，不可断绝，故不为记明矣。”它所说的“越绝”的含义不仅与《德序外传》所说相同，而且还兼有贤者虽没，其文不可绝之义。

由上所述，可知三序均认为“绝”字作断绝、中断解释。分歧主要产生于谁断绝这一点上。《德序外传》认为是中国彼此侵伐的现象中断了。《篇叙外传》认为辩士及其文辞断绝了。《外传本事》则对以上二说兼收并蓄，未置可否。笔者认为，我们应按《德序外传》的解释来理解“越绝”的含义。

对每一部书的书名的含义，人们尽可仁者见仁，智者见智，提出自己的见解。但所有各种解释中最具有权威，最易于为人所接受的，应该是最初的题名者所作的解说。

由《越绝书》的三篇序言，可知此书是在子贡、伍子胥等人记述的基础上，由人“记陈阙说”、“文属辞定”、“删定复重”，汇集、编订许多单篇文字而成的一部古籍。在成书之初，它即以《越绝书》一名行世。题名者应该就是《越绝书》最初的编订者。古籍的编订者通常又是该书序言的作者。因此，只要能确定《越绝书》三篇序言成文年代的先后，便可得知那一篇序的作者是《越绝书》最初的编订者和题名者，从而弄清那一篇序言中对“越绝”的诠释出自最初的题名者之手。

古人编订书籍，著书立说，通常将序言附于书末。以后，才习惯于将其置于卷首。按此发展规律推断，《越绝书》书末所附之《德序外传》和《篇叙外传》的成文年代应早于位于卷首的《外传本事》。

再按成文、附入在先的书末的序言，在书中的位次应在前，反之，则应在后的常理推断，《德序外传》的成文年代应早于《篇叙外传》。

这后一结论可用以下事实来加以验证。《德序外传》著录了《太伯》、《荆平》、《吴越》、《计倪》、《请籴》、《九术》、《兵法》、《陈恒》等八篇正文和《德叙》篇的篇名及其大意。《篇叙外传》则只载录了以上八篇正文的篇名及其大意，而只字未及《德序外传》及其本身。在《德序外传》先成文的情况下，这并不反常。反之，即假若《篇叙外传》成文在先，那末，后成文的《德序外传》只著录了八篇正文和它本身，而丝毫未提及已附入正文之后的《篇叙外传》，那就不免有悖常理，令人奇怪了。

《德序外传》说越灭吴后，度兵徐州，推行伯道，将吴所侵占之地归付宋、楚、鲁诸国，“中邦侵伐，因斯衰止”。《外传本事》所载与此基本相同，只是因避汉高祖刘邦名讳，改“邦”为“国”，称“中国侵伐，因斯衰止”。由《德序外传》称中国为“中邦”，可知其成文时代早于《外传本事》，约在西汉之前。

又《篇叙外传》有“句践以来，至乎更始之元，五百余年，吴越相攻复见于今”之语，这说明《篇叙外传》成文于更始之初（23），亦晚于《德序外传》。

由上所述，可知成文最早的《德序外传》的作者就是《越绝书》最初的编订者和题名者。按照他的解释，“越绝”是指越国断绝、中止了中国彼此侵伐的现象，《越绝书》则是一部记述越何以能绝恶止战之书。这是“越绝”的原始含义。至于其他种种说法，虽各有所据，但毕竟都是后起之义，都是偏离最初的编者和题名者的本意的。

有人认为，《越绝书》即东汉会稽人吴君高所撰之《越纽录》。如《四库全书总目提要》卷六六《史部·载记类》《越绝书》条据王充（27—97）《论衡》卷二九《案书篇》、明杨慎《丹铅杂录》卷九、胡侍《真珠船》卷三和田艺蘅的《留青日札》卷一七说：“所谓吴君高，殆即（吴）平字，所谓《越纽录》，殆即此书（指《越绝书》）欤！”这种说法显然不符合事实。

王充在《案书篇》中所举的“东番邹伯奇，临淮袁太伯。袁文术，会稽吴君高、周长生”诸人，是与“古人”刘向（前77—前6）、杨雄（前53—18）相对而言的“今人”。他们和王充是同时代的人，即都是东汉人。按《越绝书》《篇叙外传》所说，吴平“年加申、酉，怀道而终”。卒于《篇叙外传》成文之前。《篇叙外传》成文于“句践以来，至乎更始之元，五百余年，吴越相攻复见于今”的更始之初（23）。显然，吴平在更始以前即以下世，他不可能是东汉人。因此，吴君高和吴平绝不可能是同一人。

吴平和吴君高既不是一人，《越绝书》和吴君高的《越纽录》也就没有理由可以说是同一部著作。按《越绝书》三篇序言所说，从《越绝书》初步编成至最后一次修订完成之间，《越绝书》一直被称作《越绝》。又按宋裴骃《史记集解》和《七录》所说，宋、梁时，此书以《越绝书》和《越绝》之名流传于世。自隋至今，此书或称《越绝记》，或作《越绝书》，但从未被称作《越纽录》。我们不能在毫无证据的情况下，武断地认为《越纽录》就是《越绝书》。

《越绝书》佚篇钩沉

自南宋以来，《越绝书》即一直由内经2篇，内传4篇，外传13篇构成。全书共计19篇。但按庆历元年（1040）编定的《崇文总目》卷三所说，《越绝书》“旧有内纪八，外传十七。今文题阙舛，载二十篇”。可知庆历时，《越绝书》有20篇。庆历以前则有25篇，比今本《越绝书》多出6篇。因史料缺如，这散佚的6篇文字目前已无法一一考知。不过，据现有材料，仍可大致窥见其面貌。

按《越绝书》序言所说。《越绝书》初步编订成书后，共有《太伯》等8篇，“经百八章”，以及《德叙》篇和“外章”若干篇。新莽至东汉初，《越绝书》仍包括《太伯》等8篇正文。以及若干篇“外篇”。在最后一次修订完成后，《越绝书》分为“中、外篇”。“中”者指内经、内传，“外”者指外传。《崇文总目》所说的8篇“内经”，即上述之“经”和内经、内传；17篇“外传”即上述之“外章”、“外篇”和“外传”。由此可见，今本《越绝书》佚失的6篇应为内经、内传2篇，外传4篇。

佚篇之一应系《德序外传》和《篇叙外传》所著录的《太伯篇》。该篇记述了太伯知圣贤之分，能审于始，知去上贤和谦让的事迹。篇名似为《吴太伯内传》，其内容应与《史记》卷三一《吴太伯世家》和《吴越春秋》卷一《吴太伯传》等篇所载大致相同。

佚篇之二应系《德序外传》和《篇叙外传》所载录的《兵法》篇。该篇记述了如何“却敌”，如何“策于廊庙，以知疆弱。时至，伐必可克”。《文选》卷三五《匕命》李善注云：“《越绝书》《伍子胥水战兵法内经》曰：‘大翼一艘，长十丈；中翼一艘，长九丈六尺；小翼一艘，长九丈。’”《太平御览》卷三一五引《越绝书》说：“《伍子胥水战法》，大翼一艘，广丈六尺，长十二丈，容战士二十六人，櫂五十人，舳舻三人，操长钩、矛、斧者四吏仆射长各一个，凡九十一人，当用长钩、矛、斧各四，弩各三十二，矢三千三百，甲兜鍪各三十二。”同书770又引《越绝书》云：“阖闾见子胥，敢问船运之备何如？对曰：‘船名大翼、小翼、突冒、楼船、桥船。令船军之教，比陵军之法，乃可用之。大翼者，当陵军之车。小翼者，当陵军之轻车。突冒者，当陵军之冲车。楼船者，当陵军之行楼车也。桥船者，当陵军之轻足剽定骑也。’”《玉海》卷一四七《水战·越回流》。亦引《越绝书》说：“越为大翼、小翼、中翼，为船军战。”这些佚文均出自《德序外传》和《篇叙外传》所著录的《兵法》篇。该篇篇名的全称应为《伍子胥水战兵法内经》。

《越绝书》与《吴越春秋》有许多相同处。《吴越春秋》成书于东汉，作者为山阴人。它记载了先秦时吴、越二国兴盛衰亡，攻战争霸的历史。其所记多与《越绝书》重复。如《王僚使公子光传》、《阖闾内传》、《夫差内传》和《句践阴谋外传》所载即多与《越绝书》相同。《越绝书》亦编成于“禹来东征，死葬其疆”的越之“邦贤”之手。其据以成书的材料与《吴越春秋》大致相同。此外，《史记·越王句践世家》所记吴、越之事及其史料来源，亦与《越绝书》大同小异。若以《越绝书》序言中语焉未详，正文失载的记述为线索，根据《吴越春秋》、《史记·越王句践世家》中有关的篇章和内容，可以探知其余几篇外传的大概。

《篇叙外传》和《外传本事》均提及句践曾为夫差“属莝养马”。此事今本《越绝书》正文未作介绍，仅《外传记吴王占梦》记范蠡曾责备夫差使句践“刍茎秩马，比于奴虏”。《吴越春秋·句践入臣外传》则详细载录了句践被迫入吴臣事夫差，行前交待、安排国事，入吴后忍辱负重，辛勤执役，为夫差“驾车养马”，“斫剉养马，妻给水除粪洒扫”，最后设法取得吴王信任，返回故国之事。看来《越绝书》原有记载句践入臣吴国的篇章。从必须交待的情节和内容来看，这些篇章为数颇多，既与《德序外传》、《篇叙外传》所录《吴越》、《请籴》诸篇内容不符，又无法归入今本《越绝书》

各外传名下，而只能单独成篇。其篇名虽未必就是《外传记句践入臣》，但大致应与其相去不远。

又《德序外传》有"句践至贤，种曷为诛?"之语。它和《外传本事》均提到灭吴后，句践抑强扶弱，致贡周室，以吴所侵之地交付宋、鲁诸国，中国侵伐，因此衰止。以上诸事，今本《越绝书》正文均未记载。《吴越春秋·句践伐吴外传》和《史记·越王句践世家》则记载颇详。看来《越绝书》本有记载上述事迹的篇章。这些篇章记事颇多，又无法归入今本《越绝书》各篇名下，亦应单独成篇。其篇名虽不得而知，但其大意当不致越出上述范围。

此外，《德序外传》有"范蠡恐惧，逃于五湖"之说。《篇叙外传》云蠡"三迁避位，名闻海内。去越入齐，老身西陶。仲子由楚，伤中而死"。今本《越绝书》未载灭吴后范蠡的事迹，《史记·越王句践世家》却记之甚详。看来《越绝书》原本又有述及范蠡后半生的记载。其所载与吴、越之事无关，当属《德序外传》所说的"兼道事后"，或《外传本事》所说之"或非其事，引类以托意"之列。这些记载篇幅较长，又不能归入今本《越绝书》各篇之中，理应单独成篇，构成《越绝书》的外传之一。

本文原载于中国历史文献研究会编《历史文献研究（北京新四辑）》，燕山出版社，1993年。

四库宋代方志提要补正

清代乾隆年间成书的《四库全书总目提要》，著录图书1万余种，是一部洋洋三百余万言的皇皇巨著。它历来享有很高的学术声誉，具有很大的影响，堪称中国古典目录学的集大成之作。然而值得注意的是，就在这样一部优秀著作中，秕谬疏漏之处亦比比皆是，为数不少。故前贤余嘉锡撰《四库提要辨证》，胡玉缙辑《四库全书总目提要补正》，今人李裕民作《四库提要订误》，崔富章著《四库提要补正》，其意均在纠谬补阙。但是，由于该书内容十分丰富，涉猎面又极其宽泛，阙误之处尚多，订误补正之事任重而道远，还有待各位同志的共同努力。为此，笔者特从史部地理类之宋代方志入手，草成论文一篇，以抛砖引玉，供诸位同好驳正赐教。

一、《吴郡图经续记》 三卷

宋朱长文撰。长文，字伯原。苏州人。……后以苏轼荐，充本州教授，召为太常博士。……书成于元丰七年。上卷分……《海道》、《亭馆》、……末有后序四篇，……一为元符二年祝安上作。……州郡志书，五代以前无闻。北宋以来，未有古于《长安志》及是

《记》者矣。

1. 作者

朱长文《乐圃余稿》所附张景修《朱长文墓志》曰“其先为越州剡人，自其祖居苏者三世”，始为苏州人。其曾祖朱琼，仕钱氏。祖朱亿，入宋迁内殿崇班、閤门祗侯、知邕州。父朱公绰，光禄卿、知舒州。朱长文于嘉祐四年擢进士第。元祐元年六月，因苏轼、邓温伯、胡宗愈、孙觉、范百禄等人荐，任苏州州学教授（见《乐圃余稿》附录《札子》及卷七《〈春秋通志〉序》）。尔后，“历五考，召为太学博士”（《朱长文墓志》）。《吴郡志》卷二六、《宋史》卷四四四《朱长文传》所载略同。其所撰《乐圃余稿》卷七《〈春秋通志〉序》、卷九《朱氏世谱》亦云“绍圣初，被召为太学博士”；绍圣二年，为宣德郎、太学博士。按宋制，太常博士掌讲定五礼仪式，太学博士掌分经讲授。元祐元年，诏置《春秋》博士（《宋史》卷一六四《职官四》、卷一六五《职官五》）。朱长文博学多识，“尤深于《春秋》”（《朱长文墓志》），“好治三传”。元祐初，复立《春秋》学于学官，朱长文即在苏学“首讲大经以授学者，兼取三传而折衷其是”。绍圣初，入为太学博士，“复讲此经”（《乐圃余稿》卷七《〈春秋通志〉序》）。显而易见，朱长文所任乃太学博士，而非“太常博士”。提要误。

2. 成书年代

此书卷首所载朱长文《〈吴郡图经续记〉序》作于元丰七年，故提要及书后所附翁同龢跋均曰书成于是年。然按朱氏自序，元丰初，晏知止出守苏州，因练定推荐，而请朱长文缀辑“吴中遗事及古今文章”。朱因其“屡见趣勉”，而作《图经续记》三卷。“会晏公罢郡，乃藏于家。”其后刘淑、章岵相继出知苏州。按《吴郡图经续记》卷上《牧守》、卷下《事志》所载，章岵元丰四年即已守苏。又按元祐元年三月孙升所言，刘淑任江西漕臣“首尾五年，……今乃除祠部郎中”(《续资治通鉴长编》卷三七二元祐元年三月乙亥条)，其罢郡去苏应在元丰四年。章岵“治郡三年，以政最，被命再任。比因临长文所居”，欲观《吴郡图经续记》，朱长文乃“稍加润饰，缮写以献”。据此可知，书始修于晏知止在任期间，而成书于其罢郡之际。又由该书卷上《户口》、卷下《事志》言及元丰三年，卷上《牧守》有“至今元丰四年”之语，可知此书在晏知止离任后曾经朱长文略事补缀。显然，至迟在元丰四年，此书即已修成。元丰七年只是朱长文稍加润饰和缮写，作序并献之郡守之时。

3. 祝序撰作及始刊年代

《吴郡图经续记》成书后，多年一直未能刊行。按祝安上《〈图经续记〉后序》所言，元符间，其通判苏州日，始“镂版于公库，以示久远。……姑志其刊镂之岁月云”。其时乃“元符改元”之“越明年，岁在庚辰，八月望日”。诚如祝氏和绍兴四年复刊者孙佑之序所言（文渊阁本卷前提要误“佑”为“祐”），此书最早刊行于元符元年后的第二年，亦即元符三年庚辰，而非咸丰二年胡珽之跋所说的元符二年，以及1985年金菊林《吴郡图经续记》之《点校说明》所认为的元符元年。祝安上作序的时间亦在元符三年，而非提要所断言的元符二年。

4. 此书及《长安志》并非最早的州郡志书

五代以前的州郡志书，为数颇多。存留至今的尚有唐《沙州都督府图经》和《吴地记》等。又北宋一代所修州郡志书亦数量十分可观。按陈振孙《直斋书录解题》卷八及马端临《文献通考》卷二〇四所载，其中成书早于熙宁、元丰的，仅苏湖等地即有采摘县录，依据《图经》，所记建置年号止于大中祥符元年的《〈吴地记〉

后集》，以及大中祥符间修成的《苏州图经》，和景德元年左文质的《吴兴统记》等。提要之说，不足为凭。

二、《乾道临安志》三卷

宋周淙撰。……乾道五年，以右文殿修撰知临安府，创为此志。……其后淳祐间施锷，咸淳间潜说友，历事编纂，皆有成书。今惟潜志尚存钞帙，周、施二志，世已无传。……第一卷纪《宫阙》、《官署》。……二卷分《沿革》、《星野》、《风俗》、《州境》、《城社》、《户口》、《廨舍》、《学校》、《科举》、《军营》、《坊市》、《界分》、《桥梁》、《物产》、《土贡》、《税赋》、《仓场》、《馆驿》等诸子目，而以《亭》、《台》、《楼》、《观》、《阁》、《轩》附其后。……今其书虽残阙不完，而于南宋地志中为最古之本。

1. 成书年代

此书卷3《牧守》云："乾道三年五月二十六日，以右朝请大夫、直龙图阁、两浙转运副使周淙知临安府。"咸淳《临安志》卷四七《秩官五》所载同。以上二书又云，乾道五年七月初四，周淙"除右文殿修撰，再任"。《宋会要辑稿·职官》六〇之三四、《选举》三四之二二所载略同。该年十二月八日，周淙尚在知临安府之职位上（《宋会要辑稿·兵》三之七）。六年三月十二日，姚宪以两浙运判知临安（咸淳《临安志》卷四七《秩官五》），周淙应于此时去位。该年闰五月二日，诏尚书工部侍郎周淙除集英殿修撰，提举江州太平兴国宫（《宋会要辑稿·选举》三四之二三）。其去位后所任之职应为工部侍郎。据此可知，周淙于乾道三年而非五年知临安。五年，以右文殿修撰连任，再知府事。六年三月，去位。文渊阁本卷前提要云淙于乾道五年再任杭帅，不误。按其任期，以及此书卷二《厢军》所载“乾道五年八月，分军籍，见管八百二十四人”，和全书未载乾道六年三月其离任和复置发运司之举，可知此书修成于乾道五年八月至六年三月之间。

2. 淳祐、咸淳二志的流传

淳祐《临安志》乃赵与𥲅修，陈仁玉纂。志之序见《永乐大典》卷七六〇三，洪焕椿《浙江方志考》辩之甚详，此不赘述。乾隆年间修四库全书时，除钞本外，另有宋刻本咸淳《临安志》传世。如康熙时人朱彝尊，曾从海盐胡氏、常熟毛氏先后购得宋刻本八十卷，又借钞宋本十三卷（见淳祐《临安志》书后陈鳣跋）。其书后辗转流传，出入多人之手。今藏南京图书馆。此外，北京图书馆亦藏有宋刻残本。四库开馆前，孙仰曾家藏有宋刊残本乾道《临安志》。按《浙江方志考》所言，日本东北大学附属图书馆藏有明钞本乾道《临安志》，故宫有影宋钞本淳祐《临安志》，而明钞本淳祐志嘉庆间尚流传于世。罗镜泉曾据明钞本重钞。又嘉庆十四年，陈鳣曾从乍浦韩氏购得淳祐志残本六卷（见陈鳣跋）。凡此种种，都说明以上二志当时并非“世已无传”。

3. 子目

提要所载子目不全，且有错讹。其所举卷一《宫阙》乃一子目，《官署》则非是。此书卷一共有《宫阙》、《皇子府》、《宗庙》、《郊社》、《三省》、《台阁》、《学校》、《经筵》、《宫观》、《庙宇》、《苑囿》、《院》、《所》、《三衙》、《寺监》、《司》、《内诸司》、《仓》、《场》、《库》、《局》、《府第》、《馆驿》、《军营》共24子目，而以《门》、《欑宫》附其后。内《仓》、《场》二目，《浙江方志考》卷二误作一目。卷二共列《历代沿革》、《星度分野》、《风俗》、《州境》、《四至八到》、《去两京地理》、《陆路》、《水路》、《县》、《镇》、《在城八厢》、《城南北两厢》、《城东西都巡检使》、《城社》、《户口》、《廨舍》、《学校》、《科举》、《军营》、《坊市》、《界分》、《桥梁》、《物产》、《今产》、《土贡》、《今贡》、《税赋》、《仓场库务》、《馆驿》等29子目，而以《门》、《兵籍》、《茶租》、《免役》、《和预买》、《钱监》、《作院》、《亭》、《堂》、《楼》、《观》、《阁》、《轩》附其后。提要脱《四至八到》至《城东西都巡检使》9目和《今产》、《今贡》二目，并误《堂》为《台》（文渊阁本卷前提要不误）。《浙江方志考》则脱《今贡》一目。

4. 此书并非南宋地志最古之本

就成书时间而言，乾道《临安志》并非南宋地志中最古之本。在其之前修成的南宋地志尚有不少。其中仅两浙州郡志即有绍兴《东阳志》、绍兴《新定志》和乾道《四明图经》等（见《直斋书录解题》卷八、《文献通考》卷二〇四、《遂初堂书目》、《宋史》卷二〇四）。其中《四明图经》一直保存完好，流传至今。按黄鼎《〈四明图经〉序》所言，此书在乾道五年四月一日以前即已修成。其成书时间略早于乾道《临安志》。

三、《淳熙三山志》四十二卷

宋梁克家撰。……乾道中，累官右丞相，封仪国公。……今所作已罕流传，惟此书尚有写本。凡分九门。……九曰《土俗》。……朱彝尊《曝书亭集》有是书跋，议其附山川于《寺观》，未免失伦。

1. 作者

梁克家于乾道八年二月拜右丞相，由清源郡开国侯进封清源郡开国公（周必大《文忠集》卷一〇二《梁克家转官除右丞相制》）。九年十月，梁罢相，出知建宁府（《宋史》卷三四《孝宗二》、卷二一三《宰辅四》，钱大昕沿袭《宋史》卷三八四《梁克家传》之讹，作“建康府”）。淳熙九年九月，梁再拜右丞相，始进封仪国公（《宋宰辅编年录》卷一八、《宋史》卷三八四《梁克家传》）。十三年十一月，梁罢相，时已为郑国公（《宋史》卷二一三《宰辅四》）。按《建炎以来朝野杂记》甲集卷九《中兴宰相封国数》所载，梁先后封仪国公、郑国公。仪为小国，郑为次国（《玉海》卷一八《宋朝郡国名》），封仪国应在封郑国前。二次进封均在淳熙年间，而非乾道初次拜相之时。

2. 版本流传

《三山志》成书后，曾多次付诸梓刊。如万历四十一年、崇祯十一年曾二度刊行，流传颇广。崇祯本今尚存。足见修四库全书时，此书并非只有写本流传。

3. 子目、分类

今本淳熙《三山志》共分九大门类。末曰《土俗》，提要偶误作《上俗》，文渊阁本卷前提要则不误。书中山川未特立类目，但亦未如朱彝尊所言附山川于《寺观类》，而是分别附于《地理类》、《版籍类》《水利》目和《寺观类》。其中附于《寺观类》者仅为山，而无川。

四、《吴郡志》五十卷

郡人龚颐、滕茂、周南相与赞成之。……绍定初，广德李寿朋始为镂版。……是书止绍兴三年。……（汪）泰亨所续，当时不别署为续志，遂与本书淆乱，体例殊乖。

1. 作者

龚颐，《文献通考》卷二〇四作“龚颐正”。颐正字养正，本名敦颐。后因避宋光宗赵惇嫌名，改颐正。其先本和州历阳人，后家吴中。颐正乃原曾孙，淳熙间任上州文学，历官国史检讨官、秘书丞、宗正丞（《吴中人物志》卷四，《南宋馆阁续录》卷七、卷九，《宋会要辑稿·崇儒》五之四，《桐江集》卷二《读〈续释常谈〉跋》，《建炎以来朝野杂记》乙集卷一二《龚颐正〈续稽古录〉》）。庆元、嘉泰间，兼资善堂小学教授（《宋会要辑稿·方域》三之二七、二八）。著有《续释常谈》、《元祐党人列传谱述》、《芥隐笔记》（《宫教集》卷一二《龚养正芥隐铭》），以及《续稽古录》、《元辅表》、《中兴忠义录》等（《直斋书录解题》卷四、卷六、卷七）。《吴郡志》卷三一天庆观《上梁文》、同卷绍熙三年寿宁万岁院《给常平田记》、卷三七淳熙五年《蟠翠亭记》的作者，卷三七黄由《企贤亭跋》之书者，和卷三八淳熙元年常熟县令陈映《续题名记》（又见《琴川志》卷一一《叙文》）的代作者，诸本均作"龚颐正"。显然，协助范成大纂修《吴郡志》，"荐所闻于公尤多"（见赵汝谈《〈吴郡志〉序》）的应是龚颐正而非龚颐。

提要所说之滕茂，《直斋书录解题》卷八作"滕宬"，四库文渊阁本、守山阁本《〈吴郡志〉序》，《择是居丛书》景宋刻本《吴郡志》书后张钧衡跋作"滕茂"，《文献通考》卷二〇四及《择是居丛书》本《〈吴郡志〉序》作"滕宬"。按《吴郡志》卷三九"吴孙王墓"条所载，及所引绍熙三年滕本人所作《孙王墓记》，又据《水心文集》卷二四《滕季度墓志铭》、《吴中人物志》卷九、《宋会要辑稿·选举》一一之三八及《宋史翼》卷三六据卢熊《苏州府志》所作《滕宬传》，"茂"、"宬"当为"宬"之讹。

绍定二年"增所缺遗，订其脱讹"的除汪泰亨外，还有一些"文学士"（赵汝谈《〈吴郡志〉序》）。在毛晋据宋本重刊的汲古阁本和吴兴张氏《择是居丛书》景宋本《吴郡志》目录后，均附录绍定二年校勘者之名衔。其人为：进士何漳、府学学谕刘九思、迪功郎新广德军军学教授李起、从事郎充平江府府学教授汪泰亨、国学免解进士李宏。上述何、刘、李诸人即参与增订的“文学士”。汪泰亨曾代吴潜作《修学记》，自称与“潜同里”，可知汪为建康人（《吴郡志》卷四《学校》）。李起则为平江府人氏，嘉定十五年以上舍释褐（《吴郡志》卷二八《进士题名》）。

2. 记事止迄

按赵汝谈《〈吴郡志〉序》，范成大卒于绍熙四年，其所修“书止绍熙三年”。提要作“绍兴三年”，当系手记偶误。此书又多记绍定二年以后之事。如卷二《风俗》记事止于“淳祐己酉（九年）”。文渊阁本卷一一《题名》止于淳祐七年吴渊，景宋本、守山阁本所记则止于宝祐四年赵与悥。上述“淳祐己酉”条和《题名》绍定朱在至淳祐吴渊，以及吴渊至赵与悥部分应系绍定二年始刊后，由淳祐和宝祐时人分别补入。胡玉缙云：“此当是汪泰亨所补”，误（《四库全书总目提要补正》卷二一）。

3. 补注体例

通观《吴郡志》一书，便可发现绍定二年汪泰亨等人所补篇幅有限，不足以另为一书。其补入文字均以“补注”二字标出，以与原文相区别。从景宋本来看，“补注”系黑底白字，颇为醒目，补入内容当不致与原文相混淆。易引致淆乱，使该书“体例殊乖”的并非绍定二年汪氏等人的“补注”，而是绍定二年以后重刊者补入的内容。这些内容系淳祐和宝祐时人增补，且未以“补注”等类文字明确标出，很难与原文区别开来。

五、《新安志》十卷

大中祥符中，李宗谔撰次州郡图经，颁之天下，于是旧志皆佚。洎经方腊之乱，新图经亦随散失。愿尝杂采诸书，创为稿本而未就。淳熙二年，赵不悔为州守，乃俾愿续成之。……第八卷为《进士题名》，凡《贤良》、《明经》、《赐策》、《献策》……《义民》……皆附之。……赵不悔序称其……序事简括不繁，又自得立言之法。愿自序亦自以为儒者之书，不同钞取记簿。程敏政《新安文献志》记愿所作《胡舜陟墓志》后曰：鄂州《新安志》于王黼之害王俞，秦桧之杀舜陟，皆略而不书。非杏庭、虚谷一白之，则其迹泯矣。……其义类取舍之间，疑有大可议者。

1. 淳熙前之徽州方志

北宋以降，州郡志书的编修已步入一繁荣发达的时期。在南宋淳熙《新安志》成书前，北宋人已编就歙州志书多种。这些志书并非如提要所说在淳熙时已散佚净尽。如赵不悔《〈新安志〉序》即指出："不悔昔将承乏此州，而州吏以《图经》先至，见其疏略，即有意于补次。"罗愿《〈新安志〉序》亦云："后得《祥符图经》于民间，则纲目粗设。益访故老，求遗事，思辑为一书，然未果就。"其所作《新安志》则多次反复引述这类志书。由卷一《州郡沿革》、卷七《吴御史》、卷三《山阜》、卷四《僧寺》、卷五《古迹》及《僧寺》之引文，可知其书分别被称作《歙州祥符经》(或《祥符图经》、《祥符州图经》)、《黄山图经》和《新经》(或《州新经》)等。孝宗、光宗时大臣尤袤所作《遂初堂书目》，在著录《新安志》的同时，又记载了《徽州黄山图经》一书。可见在淳熙修志时，不少旧志不仅仍然存在，而且为罗愿所参考引用，构成了其纂辑新志的重要基础。

2. 撰修始末

王炎《双溪类稿》卷二五《〈二堂先生文集〉序》云“近年郑升卿师古为守，属罗愿端良修《新安志》”，罗愿即向王愈族子问愈出处本末。按其所说，可知罗愿修志乃出自郑升卿之嘱。王炎乃徽州人，与罗愿、郑升卿等同时，其言应可信。郑升卿，乾道三年十月至五年十二月知徽州（《新安志》卷九《牧守》）。按此，可见《新安志》的编修实始于乾道三年至五年，后因郑去任而未能成书。乾道九年三月，赵不悔知徽州（《新安志》卷九《牧守》），按例应于第三年三月任满。故淳熙二年三月罗愿《〈新安志〉序》云其“且去”。赵上任后，鼓励罗愿继续编修，以“卒业”。又“约敕诸曹遇咨辄报，且谕属县网罗金石之文，使得辅成其说”。尔后，《新安志》方告成，罗愿始得于淳熙二年三月初二（癸未）为是书作序。按常理推断，要在短短二个月时间内，从诸曹和各属县取得所需资料，不是仅仅“钞取计簿”，而是将其与原先占有的材料和已成部分糅为一体，撰写并誊录成一部十余万字的《新安志》，这是常人所难以办到的。因此，赵不悔请罗愿“卒业”、“续成”应在乾道末和淳熙元年。淳熙二年既非赵不悔出守徽州，令愿“续成”其书之年，亦非《新安志》开始纂修之年，只是罗愿最终完成其书，为之作序，以志记念的一年。

3. 子目及引文之误

按《新安志》目录第八卷及卷八内容，提要所说之《赐策》当为《赐第》之误。文渊阁本卷前提要倒《赐策》、《献策》为《献策》、《赐策》，亦误，且讹《义民》为《义名》。由赵不悔《〈新安志〉序》，可知其无“简括不繁”一语。文渊阁本卷前提要不误。

提要所引上述四字并非出自赵序。又按罗愿自序，“记簿”当作“计簿”。

4. 义类取舍

程敏政《新安文献志》卷七八载有罗愿所作《胡舜陟传》提要误作《胡舜陟墓志》。按传后程敏政所记，提要所说之“王俞”应作“王愈”。文渊阁本卷前提要所引又脱“杏庭”二字。王愈，字原道，初名悰，婺源人。绍圣元年，登进士第，调建昌令。后守信州，官至朝请大夫，职至秘阁修撰。其生平事迹见王炎《双溪类稿》卷二五《〈二堂先生文集〉序》、《浮溪集》卷二〇《信州二堂碑》和《新安文献志》卷七七《王愈传》。

秦桧陷害胡舜陟事，《宋史》卷三七八《胡舜陟传》、《夷坚乙志》卷九《王敦仁》条及《后村先生大全集》卷一七五《诗话续集》记之甚详，不致因虚谷不言，而致泯灭。虚谷乃方回之号，其生活时代在宋末元初，晚于洪迈和刘克庄。

王黼害王愈事，《双溪集》卷二五《〈二堂先生文集〉序》记载颇详。约百年后，始有洪焱祖复言其事。焱祖字潜夫，号杏庭，歙县人。至元二十九年授平江路学录，历绍兴路学正、衢州路教授、遂昌县主簿。著有《杏庭摘稿》(弘治《徽州府志》卷七、《杏庭摘稿》卷首《〈洪杏庭集〉序》、《〈杏庭摘稿〉序》、《宋元学案补遗》卷三九、《新安志补》卷六、《云峰集》卷四《跋新安后续志》)。其影响地位远不及王炎。王愈受害事亦不致因杏庭不言而致泯灭。

罗愿略而不书秦桧杀胡舜陟事，提要及余嘉锡《四库提要辨证》卷七均有论述，此不赘言。其不书王愈受害事，则是因愈之子孙及族人未能为其“辨诬”，“不以告端良”(《双溪类稿》卷二五《〈二堂先生文集〉序》)。至于程敏政，明知《宋史》《胡舜陟传》及胡氏《家传》已载秦害胡之事（见《新安文献志》卷七八《胡舜陟传》后附记），明知王炎已详载王黼害王愈本末，和罗愿因愈子孙不以告而失载（见《新安文献志》卷七七《王愈传》后附记），却声称“非杏庭、虚谷两公一白之，则其迹泯矣”，并指责“其义类取舍之间，疑有大可议者”，反倒是令人费解，不知是何缘故？

本文原载于《文献》1995年第2期。

今本《吴越春秋》版本渊源考

今日尚流传于世的《吴越春秋》，是一部充满诸多未解之谜的古代文献。长期以来，学者们在历史上究竟有多少种以《吴越春秋》为名的古籍？它们和今本《吴越春秋》有何关系？皇甫遵所撰是怎样一部著作？今本是足本还是残本等问题上，始终存在种种不同的看法，未能作出令人信服的圆满解释。本文在努力发掘各种史料，充分吸取前人研究成果的基础上，试图解开个中之谜。所论如有不当，尚祈各位方家不吝赐正。

东汉——唐宋间的《吴越春秋》

今之学者多认为唐宋以前，以《吴越春秋》为名的典籍只有东汉赵晔的《吴越春秋》，晋杨方的《吴越春秋削繁（烦）》，和皇甫遵的《吴越春秋（传）》三种。其实，以《吴越春秋》为名的著作远不止上述三种。例如陈桥驿先生即指出，这类著述尚有东汉张遐的《吴越春秋外纪》，撰人不详的七卷本《吴越春秋》，和一卷本

《吴越春秋次录》等[1]。此外，据笔者所知，至少还有二种著作亦以《吴越春秋》为名。

其一为东汉赵岐的《吴越春秋》。《册府元龟》云：“赵岐为太尝（常），著《吴越春秋》”[2]。岐为东汉后期安帝至献帝时人，平生“多所述作”，著有《三辅决录》、《要（孟）子章句》等书[3]。《吴越春秋》应是其所撰多种著作中的一部。此书卷帙不详。《隋书》和《旧唐书·经籍志》，以及《新唐书·艺文志》等均未著录，隋唐时当已散逸。

其二为西晋郭颁的《吴越春秋记》七卷。《日本国见在书目录》云：“《吴越春秋记》七卷，晋襄阳令郭颁撰。”颁还著有《魏晋世语》、《群英论》等书[4]。《三国志》裴松之注屡引《魏晋世语》，且云“干宝、孙盛等多采其言，以为《晋书》”[5]。干、孙二人与王导同时，俱为西晋末，东晋初人[6]。颁之活动年代当早于干、孙。《世说新语》卷中《方正》篇刘孝标注所言“郭颁，西晋人”应属可信。此书《隋书》、《旧唐书》、《新唐书》等均未著录，隋唐时在中国已属罕见，唐以后即不复可见。由上所述，可知自东汉至唐宋，世间流传的以《吴越春秋》为名的著作并非只有晔、方、遵三书，而是至少有七八种之多。因此，成书于东汉以后至宋初的诸书所引《吴越春秋》之文，既可能录自晔、方、遵三书，也可能取自其他几种《吴越春秋》。我们不能仅凭这些引文来确定晔、方、遵三书与今本的关系，更不能因今本来自遵书，而将今本所无的引文一概断为遵

---

1 《杭州大学学报》1984年1期《〈吴越春秋〉及其记载的吴越史料》。

2 《册府元龟》卷五五五《国史部·采撰一》。

3 《后汉书》卷九四《赵岐传》。

4 《隋书·经籍志》。

5 《三国志》卷四《魏三少帝纪》所附裴注。

6 《晋书》卷二八《干宝传》、《孙盛传》。

书原有，今文脱漏的佚文，并据此来判定遵本是怎样一部著作，和今本是否残缺不全。

今本《吴越春秋》源自皇甫遵之书

东汉至唐宋间流传于世的《吴越春秋》既然至少有七八种之多，那末，它们和今本有何关系？究竟何者是今本的祖本呢？徐天祜《〈吴越春秋〉序》、钱福《重刊〈吴越春秋〉序》和《四库全书总目》皆认为今本即赵晔之书。明杨慎始对此说提出疑问[1]。王岂孙、黄云眉继而提出今本为杨方所作的看法[2]。余嘉锡、曹林娣均主张皇甫本是合晔、方二书而成，今本系用皇甫本而去其注[3]。梁宗华强调指出，今本是遵据晔书改定[4]。陈中凡则断言今本并非赵晔所作，而是出自汉晋间人之手[5]。以上诸说虽均有其依据和一定的道理，但又不完全符合事实。

先就赵岐、张遐、郭颁所作和撰人不详的二种《吴越春秋》而言。今本是元大德十年（1306）徐天祜据当时"行于世"的十卷本赵晔《吴越春秋》考订、音注而成[6]。赵岐等人所作，与今本及徐注底本所题作者不符。内遐所撰《吴越春秋外纪》与今本及徐注底本书名不合[7]。颁和无名氏所作《吴越春秋记》七卷，《吴越春秋次录》一卷与今本及徐注底本不仅书名有别，卷数亦不一致。撰人不详的

---

1 《丹铅杂录》卷四。

2 《惕甫未定稿》,《古今伪书考补证》。

3 《四库提要辨证》卷七《载记类》,《西北大学学报》1982 年 4 期《关于〈吴越春秋〉的作者及成书年代》。

4 《东岳论丛》1988 年 1 期《现行十卷本〈吴越春秋〉考识》。

5 《文学遗产》增刊第 7 辑《论〈吴越春秋〉为汉晋间说部及其在艺术上的成就》。

6 徐天祜《〈吴越春秋〉序》。

7 朱彝尊《经义考》卷二七五《拟经》。

《吴越春秋》七卷则与今本及徐注底本卷数不合[1]。以上五书不见于宋元时公私书目的著录，在徐天祜音注时即已散佚，均不可能为今本之祖本。

再就赵晔所撰而言。晔书十二卷[2]，与今本及徐注底本卷数不合。此十二卷本自绍兴二十一年（1151）成书的《郡斋读书志》卷二上著录后，即不复见诸公私书目的记载。嘉定末（1224），汪纲重刻《吴越春秋》时，已“无从可以是正”[3]。大德间，徐天祜亦云《吴越春秋》“今存者十卷”，仅此一种“行于世”[4]。可见十二卷本晔书南宋后期已佚失。晔乃汉人，徐所据以音注之底本文字“乃不类汉文”[5]。今本用字不避与晔同时之光武帝刘秀和明帝刘庄之名。如今本《句践入臣外传》、《王僚使公子光传》、《句践伐吴外传》即有“望见大越山川重秀”，“前庄王为抱居之台”，和“称霸穆桓齐楚庄”之句。又今本所载子胥乞食、干将造剑、阖闾葬女、薛烛相剑、欧冶子作剑、夫差开沟、禹发金简之书、禹娶涂山之女、句践入臣于吴、范蠡卜吴王之疾、句践欲登明堂、范蠡起灵台和句践尝胆欲复仇诸条[6]，与《初学记》卷五、卷六、卷一三、卷一四、卷一八、卷二二、卷二九，《吴地记》，《太平御览》卷四四〇、卷四八二、卷五三三、卷七三八、卷九〇九所引16条赵晔《吴越春秋》之文显然有别，或相去甚远。《初学记》卷七、卷二四和《太平御览》卷四五六所引赵晔《吴越春秋》海盐县沦陷、鲧筑城造郭和夫差祠子胥三条，今本又全部不载。所有这一切均无可辨驳地说明，大德间徐天祜所

1 《日本国见在书目录·杂史家》。
2 《隋书·经籍志》；《旧唐书·经籍志》；《新唐书·艺文志》。
3 张金吾《爱日精庐藏书志》卷一四《载记类》。
4 徐天祜《〈吴越春秋〉序》。
5 徐天祜《〈吴越春秋〉序》。
6 《阖闾内传》、《夫差内传》、《越王无余外传》、《句践入臣外传》、《句践归国外传》。

据以考订、音注的《吴越春秋》绝非赵晔原著。

此外，按《崇文总目》卷三《杂史类》、《玉海》卷四一《吴越春秋》所引《中兴馆阁书目》著录，宋时尚有晔书十卷本行世。《中兴馆阁书目》称此书所记吴事“止阖闾”，较记吴事“尽夫差”的十二卷本晔书少两卷叙述夫差时吴国之事的内容[1]。《崇文总目》则著录了：“《吴越春秋》十卷”，和皇甫遵注“《吴越春秋传》十卷”二书。由其不列“伪谬重复”之书[2]，可知其所录前一书亦是有别于后一书的晔书残本。此书卷数与今本及徐注底本相同，内容却少记载夫差时吴国之事的所有篇帙，显然亦不可能是今本的祖本。

复就杨方所作而言。其《吴越春秋削繁（烦）》五卷之书名、作者、卷数均与今本及徐注底本不同[3]，又不见于宋代公私书目的著录，宋时当已失传，亦不会是徐天祐所据以音注之底本。

最后就皇甫遵所撰而言。遵书初名《吴越春秋》，后称《吴越春秋传》，又二名并行[4]。其书名、卷数均与今本及徐注底本相合。遵书是“合（晔、方）二家之书，考定而注之”[5]。晔书叙事“吴起太伯，尽夫差；越起无余，尽句践”[6]。遵书所载应如此。今本所载亦是如此。足见今本应渊源于晔、方和遵书。又今本虽非晔、方原著，但书中涉及辰日生克之占、相面、占梦、预言吉凶和灾异的记载比比皆是，随处可见盛行于两汉，魏晋时已式微的阴阳五行占验之术和谶纬之说的影响。其行文在保持古朴、自然的同时，又骈俪

---

1 晁公武《郡斋读书志》卷二上《杂史类》。

2 王应麟《玉海》卷五二《庆历〈崇文总目〉》。

3 《隋书·经籍志》,《旧唐书·经籍志》,《新唐书·艺文志》。

4 《隋书·经籍志》,《旧唐书·经籍志》,《新唐书·艺文志》，又见《玉海》卷四一《吴越春秋》，高似孙《史略》卷三《列代春秋》,《宋史》卷二〇三《别史类》。

5 《崇文总目》卷三《杂史类》。

6 晁公武《郡斋读书志》卷二上《杂史类》。

迭见，韵散相间，颇具魏晋之风。对上述事实的合理解释只能是：遵书是合晔、方二书而成，今本又是据遵书音注而成。

又按瞿镛、陆心源所见及其著录，南宋嘉定末汪纲所刊十卷本《吴越春秋》“每半页九行，行十八字”，“行数、字数与元刻同”[1]。另据顾广圻及蒋光煦所言，其所见、所校之影宋十卷本与元明刊本卷帙、文字、内容基本相同[2]。汪纲刊行其书时，已无他本“可以是正”[3]。大德时，亦唯有徐天祜所据以音注之十卷本尚“行于世”[4]。可见嘉定、大德时此十卷本已成为唯一流传于世的《吴越春秋》，汪纲所刊宋本即今本之祖本。复由其书共十卷，内有《夫差内传》一卷，而其余各种《吴越春秋》仅晔书残本为十卷，然缺记夫差时吴国之事的内容，可知此宋本即遵书而非晔书残本，遵书确为今本之祖本。

今本及徐天祜所据以音注之底本之所以题作赵晔所著[5]，是因为遵书系据晔书编成，理应题有原著者之名。加以当时人们普遍认为遵书是晔书的传注，在晔书已佚，遵书又未兼录晔书本文的情况下，人们自然会因其无正文、注文之别，而将其误认作书名、卷数与遵书相同的十卷本晔书本文的一种残本，从而删去皇甫遵之名。

皇甫遵《吴越春秋传》及其流传

近数十年来，学者们多认为遵书是由晔书本文和遵注二部分组成。如余嘉锡先生即指出：“皇甫遵之书名之为传，即是书之注”。

---

1 瞿镛《铁琴铜剑楼藏书目录》卷十，陆心源《仪顾堂题跋》卷四。

2 《黄顾遗书》顾广圻《思适斋书跋》卷二，蒋光煦《涉闻梓旧》《斠补隅录·〈吴越春秋〉校》。

3 张金吾《爱日精庐藏书志》卷十四《载记类》。

4 徐天祜《〈吴越春秋〉序》。

5 徐天祜《〈吴越春秋〉序》。

宋本“即用皇甫之本而去其注（即仅存晔书本文）”。故曰遵书“即晔书”[1]。梁宗华亦认为遵书中晔书本文和遵注是混合在一起的[2]。这种说法值得商榷。

就亲睹宋本、影宋本者所言而论。徐天祐曾指出，其所据以音注之宋本“无所谓传注”[3]。江标《宋元本书目行格表》卷上著录云：“宋本《吴越春秋》，行十八字，无注，十卷”。其每行字数、卷数均与汪纲刊本相同，两者应属同一刻本系统。又按顾广圻、张金吾、蒋光煦诸人所言，其所见之影宋本除极少数小注外，亦无足以被指证为遵注的注文。可见宋本并无正文、传注之分，并非晔书本文和遵注的合刻本。

就习惯和时尚而言。古代经典本文、传注均各自成书，南宋初年以后，两者合刻之风始逐渐流行。南宋嘉定末汪纲刊本尚非合刊本，隋唐时皇甫遵之书亦应如此。

又就文字、内容而言。按前所述，今本与晔书本文卷数不同，文字、内容出入颇大，与宋本即遵书则基本一致。因此，遵书和此宋本亦应与晔书本文存在较大差异，绝不会就是晔书本文。

不过，遵书并非由晔书本文和遵注组成，宋本、今本和遵书并非晔书本文，并不意味着遵书并非晔书之传注。古人所说的传注大致可分作二类。一类是依本文逐字逐句解释字句及大义，属于此类的有《周礼注》、《春秋公羊传》、《春秋穀梁传》等。另一类则是不依本文而别自为说，并非直接阐释正文字句及大义，而是论述、证发本意，或采杂说、非本义、引类以托其意。《左传》、《尚书大

---

1 《四库提要辨证》卷七《载记类》。

2 《东岳论丛》1988 年 1 期《现行十卷本〈吴越春秋〉考识》。

3 徐天祐《〈吴越春秋〉序》。

传》、《韩诗外传》等即属此类。遵书是合晔、方二书考定而注之[1]。晔书十二卷，方书五卷，遵书十卷。晔书文繁，方书文省。欲合二书为一，势必要兼顾两者，删繁增简，重新编定其篇帙。而文字和事实的考定，也必将导致文字和内容的修改。事实也是如此。按前所述，只须将诸书所引晔书本文与今本所载一一加以对比，即可知遵书与晔书相去颇远，前者是据后者改编而成。又今本是以正面叙事的方式记载吴越二国的历史。全书结构完整，所载首尾衔接，本末俱备。由此可见，遵书是据晔、方二书改编，自成一书的另一种《吴越春秋》，而非依附晔书，按晔书本文直接解释字句及大义的前一类传注。《旧唐书》《经籍志》、《新唐书》《艺文志》和《崇文总目》所云皇甫遵撰《吴越春秋传》，注《吴越春秋》，是指遵书属后一类而非前一类传注。

此外，遵书在作为后一类传注的同时，本身又兼有前一类传注。如今本《越王无余外传》云，禹“家于西羌，地曰石纽。石纽在蜀西川也。帝尧之时，……”。只须稍稍推敲上下文意，便可知“石纽在蜀西川也”是“石纽”一词之注。至德二年（757），唐分剑南节度使西部地为剑南西川，简称西川。“西川”一名始于此，“石纽在蜀西川也”一句显然不可能是《隋书·经籍志》所著录的遵书原文，而应是至德二年以后人所增入之注。又按蒋光煦《〈吴越春秋〉校》所载，宋本正文下有若干小注。如《王僚使公子光传》“胥乃贯弓执矢”之“贯”字下，即有“乌还切”三字小注[2]。以上之注即属依附正文，按本文直接解释其字句及大义的前一类传注。

1 《崇文总目》卷三《杂史类》。

2 《涉闻梓旧·斠补隅录》。

隋唐时，皇甫遵《吴越春秋》是以抄本的形式流传于世。至德二年以后，有人曾为此书作注。其注本应与正文有别，后因展转传抄及刊刻，至南宋嘉定末汪纲刊板时，已有部分注文增入正文，全书仅存少量小注。所以徐天祜、江标等人皆云宋本无注。大德十年，即徐天祜据遵书考订、音注并付诸刊梓后，即不再有人刊刻无徐注之遵书。此后直至清代，遵书主要以各种徐注本和宋刊本、影宋抄本的形式传存于世。如《中国古籍善本书目》《史部·杂史类》所著录的各种《吴越春秋》，即均为徐注本。又如顾广圻所见的即是宋“嘉定甲申《吴越春秋》景抄本”[1]。张金吾收藏的是嘉定甲申“影写宋刊本”[2]。蒋光煦所据以校勘的亦为“影宋本”[3]。此书19世纪尚流传于世。今日传世的则均是出自徐天祜音注本系统的各种版本。

今本《吴越春秋》是足本而非残本

今本《吴越春秋》自徐天祜据旧刊本考订、音注、刊行以来，即一直存在是否完全无缺的问题。如徐天祜即认为，其所据以注刻之底本乃赵晔之书，“今存者十卷，殆非全书”。所以《文选注》诸书所引《吴越春秋》数事，“今晔本咸无其文”[4]。钱福认为今本较晔书少“西施之至吴，范蠡之去越”二卷[5]。余嘉锡认为宋本是用皇甫之本，而去其注。《文选注》诸书所引《吴越春秋》数事应在宋末

---

1 《黄顾遗书》之《思适斋书跋》卷二。

2 张金吾《爱日精庐藏书志》卷一四《载记类》。

3 《涉闻梓旧·斠补隅录》。

4 徐天祜《〈吴越春秋〉序》。

5 钱福《重刊〈吴越春秋〉序》。

所亡二卷晔书内[1]。梁宗华则主张今本缺皇甫遵所删晔书中有关地理名物的二卷，并认为遵注已失传[2]。以上诸说可大致归纳为二点：一、今本较晔书少两卷内容，二、今本缺遵书之注，均认为今本已非足本。

先分析今本缺三卷的观点。此说的立足点，建立在今本即晔书这一错误认识的基础上。按前所述，遵书是皇甫遵以晔、方二书为基础，大量增删、改编而成。全书结构完整，自成体系。其较晔书少两卷并非是由于日久散逸所致，而是由于皇甫遵的增删和改编造成的。遵书与晔书是原著与改编本的关系。今本又是据遵书而非晔书考订、音注而成。在今本、遵书和晔书这二种不同的版本系统间，只应有篇帙、文字和内容多少的不同，而不应有足本和残本的分别。

具体来说。按前所述，徐天祜所见之十卷本《吴越春秋》乃皇甫遵之书而非晔书。今本是据遵书全本而非晔书残本考订、音注而成，并非卷帙不全之晔书或遵书残本。《文选注》诸书所引数事既有可能是晔、方二书原有其文，后为皇甫遵删落；也有可能是引自别种《吴越春秋》，晔、方二书原本即不载其文。所以今本俱无其文。

范蠡、西施二人是吴越争霸历史中的重要人物，其事迹富于故事情节和传奇色彩，天生就是民间传说和文人墨客构作小说一类文学作品的好素材。但多年来，各种古书所引二人之事迹，始终不出《吴越春秋》和《越绝书》、《史记》等书所载的范围，并无多少新内容。各书所引《吴越春秋》之文亦仅较今本多出“吴亡后，越浮西施于江，令随鸱夷以终”一条[3]。人们关注和争论的也只限于吴亡

1 《四库提要辨证》卷七《载记类》。

2 《东岳论丛》1988年1期《现行十卷本〈吴越春秋〉考识》。

3 马骕《绎史》卷九六下引《修文御览》所录《吴越春秋》。

以后西施的命运[1]。这都说明晔书绝不可能有两卷专门叙述范蠡、西施之事迹，今本及他书所不载的大量内容。今本更不可能因删削和散佚，而脱落此二卷。钱说全出臆断，纯系无根之言。

又诸书所引季札见遗金事、阖闾时夷亭事和越事数条，无一为夫差时吴国之事。而按前所述，宋时晔书十卷残本所佚两卷记载的正是夫差时吴国之事。因此，诸书所引数事显然不可能在宋时所佚两卷晔书内。又今本系据晔书改编而成，内有《夫差内传》一卷，专记夫差时吴国之事，并未脱落这一部分内容。上述今本不载数事，既有可能原在晔书内，后如《初学记》卷七、卷二四和《太平御览》卷四五六所引晔书海盐县沦陷、鲧筑城造郭和夫差祠子胥三条一般，为皇甫遵一一删去；但也有可能本来即不在晔书内，而是录自别种《吴越春秋》。我们不能因今本并无已为皇甫遵删去或晔书原本即不载之内容，而断定今本为残本。

从晔书的结构和内容来看。晔书叙事“吴起太伯，尽夫差；越起无余，尽句践；内吴外越，本末咸备”[2]。按其所言，又一一参考诸书所引晔书原文，可知其按吴、越二条线索分别叙述吴越争霸的历史。全书结构完整，叙事本末俱备。书中不应有独立于吴越二国争霸历史以外，专门和大量记述地理名物的二卷内容，也不应载有句践以后之事[3]。在诸书所引《吴越春秋》各条中，确有不少是今本所无，专记地理名物的内容。但其中《太平御览》卷五五六、卷九九八和《太平寰宇记》卷九〇、卷九三所引麋湖西城、太官舍和平都王都固城、秦置暨四条，即系句践以后之事，均不可能出自晔

1 可参见朱长文《吴郡图经续记》卷下《事志》。

2 晁公武《郡斋读书志》卷二上《杂史类》。

3 唯一例外的是，《初学记》卷七所引赵晔《吴越春秋》云：“海盐县沦为招湖，徙居武原乡，故越地也。”从其内容和语气来看，以上引文应系晔书之注文，亦可能本为别种《吴越春秋》之文，后为人误系于赵晔名下。

书，而是引自别种《吴越春秋》。今本不载以上数事，是因为晔书本来即无此内容。至于《太平御览》卷九一八、卷一八七、卷四七和《初学记》卷二四所引鸡陂墟、夏禹庙、独女山和贺台数条，既可能是晔书本有此内容，后因无法穿插于叙事之中，而被皇甫遵删去，也可能是晔书所不载，引自别种《吴越春秋》，或后人之注。因此，我们不能因今本不载上述诸事，就在缺乏确凿证据的情况下，断言晔书原有专门记载地理名物的两卷文字，更不能因之而断定今本即残本。

再分析今本缺遵注一说。此说的立足点，建立在遵书由晔书本文和遵注二部分构成，今本仅用其本文而去其注这一错误认识的基础上。按前所述，今本与宋本基本相同。宋本即遵书，亦即遵之传注，并无晔书本文与遵注之别。因此，今本即皇甫遵之传注，是沿袭、照录皇甫遵所作而成，而非用皇甫本而去其注。从今本即遵注的角度来看，可以说遵注从未失传，至今仍存留于世。我们不能仅从遵注已佚这一不能成立的前提出发，而得出今本乃残本的结论。

必须指出的是，今本正文和宋本遵书原著也存在一些文字上的差异。其中一部分是因徐天祜考订和“刊正疑讹”所致[1]。如宋本目录第一卷“《吴王太伯传》”，徐注本即改作“《吴太伯传》”。宋本《王僚使公子光传》所云楚庄王“即位二年”，今本便改为“即位三年”。宋本《句践伐吴外传》在“格霸二百二十四年”下有“所伐还，游江东”6字，即为今本删去。宋本《夫差内传》有“遂缘泝淮”之语，今本在“缘”字下增一“江”字。另有少数文字上的差异则是因刊刻时脱漏所造成的。其中最主要的莫如宋本《越王阴谋外传》“女即捷末”下有“袁公操其本而刺处女，女应，即入之，

1　徐天祜《〈吴越春秋〉序》。

三人，处女因举杖击之”等 23 字，今本则脱落不载。但统观全书，今本这一类脱漏总共不过数十字。因此，从所脱文字的数量来说，也还不能将今本视为遵书的一种残本。

由上所述，可知今本乃晔书的改编本，而非卷帙、内容不全，历久散逸和删余之残本。今本即皇甫遵书和遵注之全帙，而非缺佚遵注之残本。无论从今本是晔书的改编本，还是从今本是遵书的音注本来说，今本都是足本，而非残本。

本文原载于《文献》1996 年第 2 期。《新华文摘》1996 年第 11 期转载。

《四库全书总目》补正

《四库全书总目》是中国古典目录学的集大成之作，也是众多学者经常使用的一部重要工具书。然而，就在这样一部重要的著作中，又存在一些纰谬疏漏之处。为进一步提高此书的学术价值和使用价值，考证补订工作是不可或缺的。为此，笔者特从其《史部·地理类》入手，草成短文一篇，以抛砖引玉，请诸位同志批评赐正。

一、《武林旧事》十卷

宋周密撰。密……淳祐中尝官义乌令。……是书记宋南渡都城杂事。盖密虽居弁山，实流寓杭州之癸辛街，故目睹耳闻，最为真确。……明人所刻往往随意刊除，或仅六卷，或不足六卷，……殊失著书之本旨。此十卷之本，乃从毛氏汲古阁元版传抄，……第十卷末“棋待诏”以下，以是书体例推之，当在六卷之末，疑传写或乱其旧第。

1. 作者

周密乃宋末元初人。密于宝祐间为义乌令（《图绘宝鉴》卷五）；并于景定二年（余嘉锡云在景定初）为浙西帅司幕官（《癸辛杂识》，咸淳《临安志》卷四九《秩官七》，《四库提要辨证》卷八）。

2. 史料来源

按密自序及其书所言，此书所记除取诸亲耳所闻及目睹之事外，又多依据《德寿宫起居注》、《逢辰》等宋人旧录。周密在辑录此类内容时，本着“词贵乎纪实，且使世俗易知”的原则，既未“有所次第，亦不暇文其言”。如卷七《乾淳奉亲》系录自《德寿宫起居注》，卷九《高宗幸张府节次略》即取诸“和州防御使干办府事兼提点排办一行事务张贵”所作，卷十《张约斋赏心乐事》、《约斋桂隐百课》则系引自张镃嘉泰间所著。正因为其所记并非全出自周密个人的耳闻目睹，而是大量辑录当事人的见闻与记载，其书才更为真确，才具有更高的史料价值。

3. 成书及版本流传

此书是密追忆“先朝旧事”，“承平乐事”，“追想昔游”而作，其时“余亦老矣”（周密《〈武林旧事〉序》）。其书应成于元代和密之晚年，而非宋代。直接的证据则为此书亦间记元代之事。如卷五《湖山胜概》“马三宝墓”条即载元“至元十五年六月”事。提要所云“宋周密撰”易使人误以为此书作于宋代。

有证据表明，今日传世之《武林旧事》并非一次即纂成，而是由成书年代不同的二部分合编而成。先就书序而言。此书《知不足斋丛书》本卷首载周密自序一篇，卷七前又有不著名氏者所作一序。后一序云：“此书丛脞无足言，然间有典章一、二可观，故好事者或取之，然遗阙故不少也。近见陈源家所藏《德寿宫起居注》，及吴居父廿升所编《逢辰》等录。……因辑为一卷，以为此书之重。……因益所未备，通为十卷，杂然书之。即不能有所次第，亦不暇文其言”。上述陈源，淳熙中曾提举德寿宫，《宋史》有传（《宋史》卷四六九《宦者四》）。“此书”是指辑益前之原书，即卷七前的卷一至卷六。此序亦当出自周密之手。密因原书“遗阙”，遂辑故家所藏，“益所未备”，加以增补，合原书共作十卷。从此序内容及一书共载二序，后序在卷7前来看，密书原本仅六卷，编成行世后，密又续补四卷，遂成十卷之本。

再就元人之跋而言。“至元后戊寅正月忻德用”跋云：“《武林旧事》乃弁阳老人草窗周密公谨所集也。刊本止第六卷，山中仇先生所藏本终十卷。后归西河莫氏家。余就假于莫氏，因手抄成全书，以识岁月。”时为后至元四年（1338）。按其所述，可知密书确由二部分组成，卷一至卷六刊行后，密始续成后四卷。其所作《武林旧事》全书应为十卷。

《武林旧事》的这一成书过程使其在流传中衍生为卷帙不同的若干种版本。一种是元刊和明正德十三年（1518）、嘉靖三十九年（1560）所刻六卷本。一种是元忻德用据山中仇先生、西河莫氏所藏抄录而成之十卷本，和后人据此展转传抄而成的各种抄本，以及清鲍廷博据以刊刻之《知不足斋丛书》本。一种是明陈继儒据正德本前六卷，和弘治八年（1495）黄廷用所录忻德用本抄本（将第六卷以后分为五卷）刻成的《宝颜堂秘笈》《武林旧事》六卷、《后集》五卷本。另有明万历澹生堂《武林旧事》六卷、《武林旧事逸》四卷本，乾隆四十二年（1777）汪日荛所刻《武林旧事》六卷、《后集》四卷本。此外尚有明崇祯十年（1637）朱廷焕据六卷本增补之八卷本，和合十卷本、八卷本为一编之清管庭芬十八卷抄本。按上所述，明刊六卷本系据密原书或元刻刊行，而非因明人“随意刊除”而成。此书卷六以下部分则系后来增入，其内容“琐碎散漫”，且“不能有所次第”（周密后序）。其中“棋待诏”以下诸色伎艺人部分，《宝颜堂秘笈》本置于《后集》卷一，据毛晋汲古阁本抄录的文渊阁本则置之于卷十下。可见此内容本在原书六卷以外，其所载虽与卷六衔接，但因系前六卷成书后增补，故未能按次第编入，而呈散漫之状。其文并非明人刊落，不载此者亦不得谓“不足六卷”。至于钱大昕《补元史艺文志》卷二《地理类》所云“周密《武林旧事》十二卷”，嘉庆前后人高铨所言此书“旧传十二卷”（《中国善本书提要》《史部·地理类·杂志》），当系以十卷本、十一卷本为不全而致误。

二、《延祐四明志》十七卷

元袁桷撰。桷……少为丽泽书院山长，以荐改翰林国史院检阅官，……所著《易说》、《春秋说》诸书见于苏天爵《墓志铭》者，世久无传，惟《清容居士集》及此志尚存。书成于延祐七年，……条例简明，最有体要。……志中考核精审，不支不滥，颇有良史之风，视至元嘉禾、至正无锡诸志，更为赅治。惟自第九卷至第十一卷为传写者所脱佚，已非全帙。

1. 书名

元至正二年（1342）王元恭所撰《〈四明续志〉序》云：“袁公桷作为《新志》”，并称此书为“《新书》”。《四明续志》卷一《沿革》曰桷所作“是谓《新志》”，卷七《书板》名之曰“《四明郡志》”。元郑真所著《遂初老人传》称其为“《四明志》”（《荥阳外史集》卷四六）。陆心源著录之“影写元刊本”则题作“《四明志》二十卷”，“元袁桷撰”（《皕宋楼藏书志》卷三二《史部·地理类四》)。可见此书元时通称《四明志》、《四明郡志》或《新志》、《新书》，元以后，《延祐志》、《延祐四明志》之名始渐通行。

2. 卷帙

按《四明续志》卷七《书板》所载，至正中，庆元路儒学藏有袁桷所修“《四明郡志》二十卷”。陆心源在著录“影写元刊本”时亦云此书“原本二十卷，阙卷九至十一三卷”。可见此书原有二十卷，后脱佚三卷，仅存十七卷。《浙江方志考》卷五不审于此，而断言此书元刻本仅有十七卷，误。提要之著录易使人误以为此书原有十七卷，后脱落三卷，仅有十四卷。文渊阁本卷前提要作“二十卷”，则不致造成此种误解。

3. 作者

此书卷首所载袁桷《〈四明志〉序》云，延祐中，庆元路总管马泽见郡志缺落，“谓桷久为史官，宜有述”。桷不敢辞，在郡博士吴廷献“询索州县之所宜闻者良备”后，乃撰成十二考。据此，可知马泽是此志的倡修者，袁桷为此书的主编，吴廷献则是搜集、征求有关资料，协助编撰之人。

马泽字润之，至元二十五年（1288）任秘书郎，元贞元年（1295）由户部司计除秘书监著作郎（《元秘书监志》卷十），延祐六年（1319）十一月任庆元路总管，至治二年（1322）十一月去任（至正《四明续志》卷一《本路总管府》)。此书即刊行于至治元年马泽任内（至正《四明续志》卷七《书板》)。

吴廷献，鄱阳人，延祐六年二月任庆元路儒学教授，至治二年三月去任（至正《四明续志》卷二《学官》)。

袁桷的生平仕履详见《元史》卷一七二《袁桷传》、《滋溪文稿》卷九《袁桷墓志》和至正《四明续志》卷二《袁桷传》等。提要云桷少为丽泽书院山长，以荐改检阅官。《袁桷墓志》云，桷

“年二十余，宪府荐茂异于行省，授丽泽书院山长”。按“元贞乙未（元年）春”戴表元所作《送袁伯长赴丽泽序》所云，其时桷“怀丽泽之牒当行已久，而不肯决”(《剡源文集》卷一二)。《袁桷墓志》云，“行省授丽泽书院山长，不就。大德初，……擢翰林国史院检阅官。”可见桷授丽泽书院山长是元贞乙未以前之事。其入为翰林检阅则系元贞三年以后大德间事。始授与改荐显然不在同一年。桷卒于泰定四年（1327），享年62。据此推算，大德元年（1297），桷已32岁，已非“少”者。又提要所云桷著《易说》、《春秋说》二书系据《袁桷墓志》及《元史》。按桷世交王厚孙《四明续志》卷二《袁桷传》所载，桷所作《易》、《春秋》二解未脱稿，并未完成。其所著之书除《清容居士集》、延祐《四明志》外，今又有《说郛》所辑《澄怀录》尚存。

又参与此书编修的还有王厚孙。郑真《遂初老人传》言，袁桷修《四明志》，命厚孙“分撰二考”。厚孙《四明续志》卷一〇《释道》则云，“袁文清公修郡志时，厚孙分领诸寺”，其所分撰二考之一即为《释道考》。厚孙鄞县人，字叔载，晚号遂初老人。其父昌世，祖应麟。厚孙历任庆元路儒学直学、训导，及象山、浦江教谕，明洪武九年卒，享年77。其生平事迹详见《荥阳外史集》卷四六《遂初老人传》、《清江贝先生文集》卷三〇《王厚孙墓志》，及《宋元四明六志校勘记》卷八《作者下》。

4. 编撰、刊行始末

此书为马泽属桷编修。泽于延祐六年十一月到任，桷着手编撰应系七年之事。又此书卷首袁桷自序云，该书因吴廷献“勤恪承令”，而“得以成书”。桷序作于“延祐七年十月庚寅”。复按《袁桷墓志》所言，桷于延祐中“移疾而还，复遣使召入集贤”，“明年，迁拜侍讲。”《元史·袁桷传》则云：“至治元年，迁侍讲学士”。据此可见，桷再次入朝和此志的成书均应在延祐七年。

按至正《四明续志》卷七《书板》所载，此书刊行于至治元年。在其脱稿以后，刊行之前，曾有人增入部分内容。如此书卷三《职官考下》所载诸州县职官题名年代止于延祐六年，并载录鄞县达鲁花赤“亦思马因”和奉化州同知“李恭”之名。然据《四明续志》卷二《职官》所记，前者系于延祐七年十二月到任，后者则是至治元年三月之官。二人之名，显系刊梓时补入。

又有证据表明，在此书刊行后，又有人作过相当规模的增补工作。如卷二《职官考上》所列都元帅教化、不八沙、拜住、哈喇朵尔只、马铸、李允中，同知副帅暗都剌哈蛮，副使崔敬、姜元佐、不老，经历丁从礼、白湛，都事崔克宏、曹愚、李德秀，庆元路达鲁花赤三不都，总管蔡衍、郭郁，同知忽都鲁脱因，治中许寿山，府判王瑞，推官何肃、张瑞，经历吴敬，知事皇甫仪，提控案牍张维良等人均系至治二年至泰定四年四月到任；教授俞希鲁、陆晋之、花桂发等则系至治二年至致和元年，即泰定五年、天历元年（1328）四月到任；其姓名、职官等皆系至治元年刊行后增入（至正《四明续志》卷一、卷二《职官》）。又如卷八袁桷《重修定海县治记》、《慈溪县兴造记》、《庆元转运盐使分司记》分别作于泰定二年二月、二年十二月和四年二月，卷一三袁桷《重修先圣庙记》、鄞县《重建学记》、昌国州《重修学记》分别作于泰定二年之后，泰定三年和二年二月，卷一四袁桷昌国州《重建医学记》则撰于泰定元年十月以后。以上续补部分主要由官员题名及袁桷所作记文组成。所补诸官到任期以学官为最晚。此书书板又收藏于学校。桷于泰定初辞官归里，四年八月卒（《元史》卷一七二《袁桷传》，《滋溪文稿》卷九《袁桷墓志》）。据此推知，续补者应为庆元路官吏，尤其是学官，以及袁桷。增入时间最迟应在天历元年四月至至顺二年（1331）四月花桂发任庆元路儒学教授时。至此，延祐《四明志》的成书过程方告结束。

5. 贬褒毁誉

提要对此书评价颇高，然批评此书者亦不乏其人。如全祖望《延祐〈四明志〉跋》即因桷为降元之谢昌元、赵孟传立佳传，遗落宋之忠臣袁镛，并对吴潜有贬词而指责其书“非直笔也”。徐时栋则指出，全说虽有不实和出于误解之处，“容有疾之已甚者”，但又认为桷作志不立袁镛传“颇可骇怪”，并指出此书“疏略亦或有之，……要不可吹索之耳”（以上载见《宋元四明六志校勘记》卷六《杂录》下）。又如桷卒后，有人谗于佥宪苫思丁，将毁书板。王厚孙白之总管王元恭，始得不毁（《荥阳外史集》卷四六《遂初老人传》）。

就作者所言而论。袁桷曾指出，以往“作郡志者于任有缺”，仅载任光、任奕二人，不录任远、任贞干、任行规等，以致“先贤皆遗轶，比予补群乘，亦缺然有愧矣”（《清容居士集》卷三〇《任天祺墓志》）。王厚孙亦云，其参与修撰，分领诸寺，“书至昌国，而公以丧女辍局，既而入朝，故昌国惟载宝陀一寺，余皆未备”（至正《四明续志》卷一〇《释道》）。可见此书的编修因桷丧女而于延祐七年十一月仓卒结局，书稿又因桷旋即入朝而未及一一补全，从容审定和修改完善，即于次年刻成印行。所以其作者亦自承此书有遗轶、未备之处。

事实还不仅仅限于此。除疏略外，此书又有叙事体例前后不一的问题。如此书《职官考》、《山川考》、《城邑考》、《河渠考》、《学校考》、《祠祀考》均按庆元路、录事司、鄞县、奉化、昌国、慈溪、定海、象山这一次序叙事。《赋役考》中的部分内容和《释道考》之《道》亦按此顺序排列，另一部分则否。例如《释道考》中

《释》之部分即将昌国州寺院提至在城寺院前。提要云此书“考核精审”，“赅洽”，“最有体要”，似有溢美、不实之嫌。

三、《长安志图》三卷

元李好文撰。好文……至正元年，除国子祭酒，改陕西行台治书侍御史，……至正四年，仍除陕西行台治书侍御史，……此书盖再任陕西时作也。自序称图旧有碑刻，元丰三年吕大防为之跋，谓之《长安故图》，盖即陈振孙所称《长安图记》，大防知永兴军时所订者。好文因其旧本，……又以汉之三辅及元奉元所属者附入，……总为图二十有二。其中《渠泾图说》详备明晰，尤有裨于民事。……《千顷堂书目》载此编作《长安图记》，于本书为合。此本题曰《长安志图》，疑李经与《长安志》合刊，改题此名。

1. 书名

此书文渊阁本卷首所载李好文自序云，其书“名之曰《长安志图》，明所以图为志设也”。好文同年吴师道《礼部集》卷一八《〈长安志图〉后题》称此书为“《长安志图》”。《皕宋楼藏书志》卷三三《地理类五》著录之“影写元刊本”题作“《长安志图》”。今北京图书馆等所藏明成化四年（1468）、嘉靖十一年（1532）李经刊本和清乾隆四十九年（1784）刻本亦均题曰《长安志图》(《中国古籍善本书目》《史部·地理类一》、《中国善本书提要》《史部·地理类·方志》、《荛圃藏书题识》卷三）。可见此书原名《长安志图》，且一直通用此名。《千顷堂书目》卷八《史部·舆地类下补》、《文渊阁书目》卷四《旧志》分别作《长安图记》和《长安图志》，当系传写致误，不足为据。又成化刊本为《长安志》与《长安志图》之合刻本，两者合刊并非始于李经。李经所刊书名《长安志图》，并未改题新名。

2. 作者

按好文自序所言，此书是其据旧长安图“与同志较其讹驳，更为补订，厘为七图”，并附入其他内容而编成。书名下题曰“河滨渔者编类图说，前进士频阳张敏同校正”，可见除河滨渔者（即李好文）外，参与编校的尚有张敏。

李好文，字惟中，号河滨渔者，大名东明人，《元史》有传。其传云，好文于至正“三年郊祀，召为同知太常礼仪院事。……四年，除江南行台治书侍御史，未行，改礼部尚书，与修辽、金、宋史。除治书侍御史，仍与史事。俄除参议中书省事，视事十日，以史故，仍为治书。已而复除陕西治书侍御史”（《元史》卷一八三《李好文传》）。按至正四年十一月阿鲁图等所上《进〈金史〉表》及《修史官员》，至正五年十月阿鲁图等所上《进〈宋史〉表》及《修史官员》，均具载治书侍御史李好文之名，可知至正五年十月以前好文正与修《金史》、《宋史》，十月以后才有可能出任西台治书。提要将此事系于至正四年，误。

张敏，元之富平（即汉之频阳人），泰定四年进士，授解州判官，调闻喜县尹，历官陕西行省郎中（嘉靖《陕西通志》卷二六，嘉靖《耀州志》卷九，成化《山西通志》卷八，万历《富平县志》卷六、卷七）。

3. 成书年代

此书记事止于至正二年。如卷下《设立屯田》即载有至正二年屯田实办粮数。又卷首李好文自序云此书名《长安志图》，其序作于“及来陕右”之后，“至正二年秋九月朔”，落款为“中顺大夫、陕西诸道行御史台治书侍御史东明李好文”。按上所述，此书应成于至正二年。好文曾二任西台治书。第一次在至正元年至二年，好文时为正四品中顺大夫。第二次在参与编修《金史》、《宋史》之后，与修诸史时好文为正三品嘉议大夫（见《金史》、《宋史》卷末所附《修史官员》）。显而易见，此书乃其初任而非再任陕西时所作。

4. 舆图总数及诸图来源考

好文自序云，其据旧图、志书“较其讹驳，更为补订，厘为七图。又以汉之三辅，及今奉元所治，古今沿革废置不同，名胜、古迹不止乎是，泾渠之利泽被千世，是皆不可遗者，悉附入之，总为图二十有二”。其友吴师道在览此书后所作《〈长安志图〉后题》中亦曰好文“取志所书以考其迹，更以旧图，较讹舛而补订之，厘为七图。又以自汉及今治所废置，名胜之迹，泾渠之利，悉附入之，总为图二十有二。”按其所言，此书有图22幅，其中7幅系取自旧图，另外15幅则系好文附入。然细检此书文渊阁本，卷内仅有图19幅，乾隆刊本则实有图20幅，均与李、吴及提要所言不合。兹逐卷分析、考证如下。

此书卷上文渊阁本卷前目录及卷内均载12图，其排列次序为：《汉三辅图》、《奉元城图》、《太华图》、《汉故长安城图》、《唐禁苑图》、《唐大明宫图》、《唐宫城图》、《城市制度》、《城南名胜古迹图》、《唐骊山宫图》上、《唐骊山宫图》中、《唐骊山宫图》下。乾隆本目录共录图14幅，较文渊阁本多出《唐宫城坊市总图》、《唐宫图》、《唐京城坊市图》、《奉元州县图》四图，仅列《唐骊山宫图》一，并以《城市制度》为《唐城市制度图》，以《唐宫城图》为《唐皇城图》。其排次除将《奉元州县图》置于《汉三辅图》后，将《奉元城图》置于《唐城市制度图》后，将《唐宫城坊市总图》

插入《唐禁苑图》前，将《唐宫图》插入《唐大明宫图》后，将《唐京城坊市图》插入《唐皇城图》后外，余与文渊阁本相同。乾隆本卷内实有图13幅，仅较文渊阁本多一《奉元州县之图》。其《唐骊山宫图》亦析为三图。各图排次则与目录同。

卷上诸图在结构上可分作三部分。其一为《汉三辅图》至《汉故长安城图》诸图，末为李好文附言。其二为《唐宫城坊市总图》至《唐城市制度图》诸图，末为李好文附言、吕大防题记和“邳邦用跋”。其三则为《奉元城图》，及其后数图。

就内容、排列次序和结构分析，卷上第二部分诸图系来源于吕大防所说的“长安故图”。大防览“隋氏”、“唐人”“长安故图”，“爱其制度之密，而勇于敢为”(《长安志图》卷上)，遂“检案长安都邑、城市、宫殿故基”，对“唐世邑屋宫苑”加以考证，而成“吕图”(《雍录》卷一《吕图、阁图》)。又由卷上第二部分所载均为唐代长安都城、坊市、宫殿、禁苑之图，且共7幅，可知此即好文据“旧图”(即“吕图”)较讹舛而补订之，“厘为七图”者。内《唐宫城坊市总图》、《唐宫图》、《唐京城坊市图》文渊阁本、乾隆本佚，仅存四图。卷上第一、第三部分所载则系好文附入之“汉之三辅，及今奉元所治，古今沿革废置不同，名胜、古迹”等图。其中《唐骊山宫图》系据宋元祐二年游师雄等所题石刻附入。

卷中文渊阁本、乾隆本卷前目录载录《咸阳古迹图》、《唐昭陵图》、《唐建陵图》、《唐乾陵图》四图。卷内将《唐昭陵图》分作上、下二幅，实有图5幅。其图系好文补入，内昭陵、建陵、乾陵诸图系据赵师雄所刻之图绘制。

卷下文渊阁本、乾隆本目录及卷内均载录《泾渠总图》、《富平石川溉田图》二图，均系好文补入。

由上所述，可知好文附入之图除提要所云“汉之三辅及元奉元所属者”外，尚有绘录汉代长安、名胜、古迹、唐代帝陵和水利之图。此书原有图22幅。文渊阁本目录因脱《奉元州县图》、《唐宫城坊市总图》、《唐宫图》和《唐京城坊市图》，仅存18图。其卷内因析《唐昭陵图》为二，实有图19幅。乾隆本目录因将《唐骊山宫图》三幅合而为一，仅载列20图。其卷内则因脱《唐宫城坊市总图》、《唐宫图》、《唐京城坊市图》，且析《唐昭陵图》为二，实有图20幅。

5. 引述之误

按此书卷上所引吕大防题记，“长安故图”是其所据以考证之资料，而非其著述之名。提要将“长安故图”等同于吕氏所撰《长安图记》，误。

又按此书卷下所载，提要所云“《渠泾图说》”应为《泾渠图说》之误。

本文原载于《浙江大学学报》第10卷第2期，1996年。

四库全书史部地理类提要辨证

一、《吴中水利书》一卷

宋单锷撰。锷字季隐，宜兴人。嘉祐四年进士，欧阳修知举时所取士也。得第以后，不就官，独留心于吴中水利，……因以所阅历，著为此书。元祐六年，苏轼知杭州日，尝为状进于朝。会轼为李定、舒亶所劾，逮赴御史台鞫治，其议遂寝。……载于其上加贴黄云：其图画得草略，未敢进上，乞下有司计会单锷别画。此本删此贴黄，惟存"别画"二字，自为一行。

1. 作者

锷子子发之友慕容彦逢所撰《单锷墓志》云，锷"其先金陵人，曾祖谊初有籍于常之宜兴"(《摛文堂集》卷一五)，始为宜兴人。

又自唐宋以来，世人即将科举登第视为应记入墓志铭和州县志书的重要内容。《单锷墓志》、咸淳《毗陵志》卷一一《科目》载锷兄锡登嘉祐二年（1057）进士第，而不言锷登第。欧阳修为嘉祐二年权知贡举，王珪、梅挚、韩绛、范镇为权同知贡举；嘉祐四年，胡宿为权知贡举，吕溱、刘敞为权同知贡举（《宋会要辑稿·选举》一之一一，《续资治通鉴长编》卷一八五嘉祐二年正月癸未条、卷一八九嘉祐四年正月甲辰条）。据此，可知单锷绝不可能是嘉祐四年欧阳修知举时所取之士。慕容彦逢所作《单锷墓志》则明确指出，锷与其弟镇“皆老于场屋”，从未登第。唐宋时，凡应进士科考试之举人皆称进士。进士与登进士第者有天渊之别。提要所云似指锷曾于嘉祐四年作为举人应进士科考试，并将苏轼的同年好友单锡误为其弟单锷。

2. 成书、状进时间

锷书是在其多年阅历的基础上写成的。由其所云“自熙宁八年（1075）迄今十四载”，可知《吴中水利书》应成文于元祐三年（1088）(从熙宁八年算起)。

苏轼于元祐四年五月至六年二月知杭州，六年二月应召赴都(咸淳《临安志》卷四六《秩官四》)。按《东坡七集·奏议》卷九和归有光《三吴水利录》卷二所引苏轼奏疏，轼状进锷书是在元祐六年七月二日，即任翰林学士承旨时，而非“知杭州日”。所以范成大《吴郡志》卷一九《水利》下云：“时苏文忠公在翰苑，奏其书，请行之”。

3. 其议不行之原因

提要将锷议遂寝的原因归诸轼为李定等所劾而入狱。按元丰二年（1079），轼徙知湖州。四月二十日，轼到任，上表以谢，“又以事不便民者不敢言，以诗托讽”，遂为李定等所劾，于七月十八日罢，逮赴御史台狱(《(宋史》卷三三八《苏轼传》，嘉泰《吴兴志》卷一四《郡守题名》)，轼被劾入狱系元丰二年而非元祐六年时事，此事与锷议不果行并无直接关系，提要所云误。

进一步的探讨表明，锷议不行的原因有二：一是轼奏请“乞下臣言与锷书，委本路监司躬亲按行，或差强干知水官吏考实其言，图上利害”(《吴中水利书》)。但“事下部使者”后，“使者诿君按行，君察其属忌之，弗往也”(《单锷墓志》)。这是锷议不行的主要原因。另一原因则是轼于七月二日奏进锷说后，即于八月五日出颍州（《续资治通鉴长编》卷四六三元祐六年八月壬辰条)。此事因无人催请推动而不了了之。

4. 讹误

提要所言“载于其上加贴黄云”应系“轼于其上加贴黄云”之误。文渊阁本卷前提要不误。又文渊阁本有“贴黄：其图画得草略，不敢进上，乞下有司计会单锷别画”之句。此本舛漏颇多，如“贴黄”以下所列图目，即脱“一次开宜兴东、西蠡河”一目（《东坡集》卷五九《录进单锷〈吴中水利书〉》，文渊阁本《三吴水利录》卷二《单锷书》均载此目)，但并无提要所言此本删此贴黄，唯存“别画”二字之事。

二、《长安志》二十卷

> 是编皆考订长安古迹，……程大昌《雍录》称其引类相从，最为明晰。然细细校之，亦不免时有驳复。如曲台既入《未央》，而又入之《三雍》，是分一为二矣。长门宫在都城之外长门亭畔，而列诸《长信宫》内，则失其位置矣。……敏求尚有《河南志》，……今已不存……晁公武《读书志》载有赵彦若序，今本无之，则当属传写佚脱耳。

1. 是书并非皆考订长安古迹

此书除详述宋以前长安古迹外，又记载宋代之事。如卷1《四至》和《管县》目“本朝”条，所载即宋事而非古迹。又如分记各县诸卷中，亦多记宋代之事。因此，言其主要追溯长安古迹则可，云其皆考订古迹则不免失之偏颇。

2. 程大昌批评之误

提要所引程大昌对《长安志》的批评见于《雍录》卷一《长安志》。其《雍录》卷二《曲台》又云曲台“凡三出，其一则在《未央》，其一则列乎《三雍》之次，又其一则杂叙在《宫馆》之数”，与卷一所言不同。其实，“曲台”一名至少四见于《长安志》。除以上三处外，此书卷三《总叙宫殿苑囿》又载“曲台宫”一名。“曲台宫”为秦代宫名。卷三《未央宫》所载之“曲台殿”是汉代长安城内未央宫中一殿名。卷四《宫馆》和卷五《郊丘》中列于“三雍宫”之次的汉代“曲台”，应如程大昌所言，“其地必当行要，不在宫中深邃之地”（《雍录》卷二《曲台》），和步寿宫、灵台、辟雍、明堂等均位于汉代长安城外。《长安志》所载四“曲台”分别为不同时代、地点的数处地名，而非分一为二，或误分为三。

又按《长安志》卷四《长信等五宫》，“长门宫”和“钩弋宫”均在汉长安城外，二宫与位于汉长安城内的长信宫是彼此并列而非互相包容的三座宫殿。宋敏求将长门宫列诸《长信等五宫》而非《长信宫》内，并无任何不当之处。

3.《河南志》的存佚

今北京图书馆藏有清徐松修《全唐文》时从《永乐大典》中辑出的宋敏求《河南志》抄本（《中国古籍善本书目·史部·地理类》）。徐松所录之本“无卷数”，书名《河南志》，而不称“元《河南志》”。光绪中，缪荃孙始将此书付诸刊梓，分作四卷，并认为此书“仍是宋志原文”(见书末所附缪荃孙跋)。可见宋氏《河南志》今日尚有部分存留于世，并未全部佚失。

进一步的分析足以证实这一点。先从凡例来看，《长安志》先述《总叙》、《分野》、《土产》、《管县》、《雍州》、《京都》、《府县官》等，次言周至唐历代《宫室》，复载《唐京城》，最后分记《万年》至《美原》诸县。今本《河南志》则先述《京城》，次言成周至宋之《城阙(宫殿)古迹》。又由其卷二《后汉城阙宫殿古迹》“都亭二十四”条云：“按亭在故嵩阳县西北，已载《登封》事中”，可知原书亦有分记各县的卷帙。就凡例而言，两书大同而小异，这和陈振孙《直斋书录解题》卷八所云《长安志》与《河南志》“二书凡例微不同”正相吻合，可见缪刻元《河南志》即宋氏之书。

再就记事而论。今本《河南志》卷一《京城门坊街隅古迹》，卷三《隋城阙古迹》均云其所记“自隋通叙至宋”。除卷一“河南府路罗城”、“八思巴帝师殿”和卷四“金初”、“元朝”等极少数条文系元人增入外，全书载宋初避庙讳改“弘道”为“修文”，改“弘福”为“洪福”事(见卷一“修文坊”、“时邕坊”条)，记事下止于宋仁宗嘉祐四年(1059)，和宋氏之书完成于皇祐以后仁宗末叶亦相符。

复就引书而言。今本《河南志》屡屡称引“韦述《记》”，与晁公武所言宋氏以韦述所撰未备而演之为《长安志》、《河南志》相合(《郡斋读书志》卷二下)。除韦述《记》外，其又引据《河南图经》、《明皇杂录》、《洛阳宫殿名》等书，但从未引用记载洛阳之事较韦述《记》“其详不啻十余倍”的宋氏《河南志》。对理应称引但从不提及这一事实的合理解释只能是：此书就是宋氏《河南志》。

又按光绪中缪跋所言，“宋次道《河南志》二十卷，李氏《得月楼书目》尚有其书”，还有“一旦复出世间”的可能。提要所云，未免有武断之嫌。

三、《雍录》十卷

宋程大昌撰。大昌有《古周易占法》，已著录。是编……谓《三辅黄图》由唐人增续，初非亲生汉时，目睹汉事。……今考其书，……体例稍为丛杂，……但凭图籍而未考金石之文，故未免于疏漏。然其搜罗既富，辨证亦详，在舆记之中固为最善之本也。……考大昌之时，关中已为金土，……为邻国著书，殊为无谓。盖孝宗锐意恢复，有志中原。大昌所作《北边备对》一书，即隐寓经略西北之意。此书犹此志焉耳。第五卷中特创《汉唐用兵攻取守备要地》一图。其图说多举由蜀入秦之迹，与郭允蹈《蜀鉴》所谓由汉中取关陕者大旨相合。其微意固可见矣。

1. 引述之误

程大昌平生著述颇丰，除《雍录》外，《四库全书总目提要》又著录有其所撰《易原》，《禹贡论》、《后论》、《山川地理图》，《诗论》，《北边备对》，《考古编》和《演繁露》等书。大昌从未撰《古周易占法》，《四库全书总目提要》亦未著录此书。其《禹贡论》、《诗论》、《北边备对》、《考古编》诸书提要皆云“大昌有《易原》，已著录”，而不言其有《古周易占法》。《四库全书总目提要》于程大昌《易原》下著录有宋程迥所撰《周易古占法》一书（卷三《经部·易类三》）。提要所云，当系误以迥著为大昌之作，且误将“古”字提至“周”字前。

又此书卷一《三辅黄图》云：“今世所传《三辅黄图》”，“非古书矣”，“今图盖唐人增续成之，初非亲生汉时，目击汉事者也。”提要所引脱“今”字，失大昌本意。

文渊阁本、吴琯《古今逸史》本卷五载《汉唐用兵攻取守避要地图》，其“避”字，提要误作“备”。

2. 赞誉失当

此书体例略显杂乱，提要亦以为其所记名物，“骤然寻之，不得端绪，体例稍为丛杂”，“未免于疏漏”，且“时有驳复”。如卷一《长安志》云，《长安志》中“曲台既入《未央》，而又入诸《三雍》，是分一为二矣”。卷二《曲台》则云：“《长安志》于曲台凡三出，其一则在《未央》，其一则列乎《三雍》之次，又其一则杂叙在《宫馆》之数。”两卷所记重复，且自相抵牾。又按前所述，大昌对《长安志》所记“曲台”、“长门宫”的批评是错误的。因此《雍录》堪称善本，谓之“最善之本”则恐言过其实。

3. 著书寓意

此书卷九《岐阳石鼓文七》载“绍熙辛亥（二年）”时事，其成书应在绍熙二年（1191）以后奉祠家居期间。当时，孝宗早已放弃其恢复中原之计划，并因“病倦”、“倦勤”而禅位于光宗（《建炎以来朝野杂记》乙集卷二《己酉传位录》）。足见此书并非为孝宗锐意恢复，有志于中原而作。

按《北边备对》书前大昌自序所言，淳熙二年（1175），其进讲《禹贡》，孝宗问以北敌地里，大昌对以彼无定居，无文史，不敢强言，未能详对。绍熙奉祠家居后，乃追采自古中华北边枢纽相关者，条例其地而推言之，补撰此书，名曰《北边备对》。其所记系塞外北边而非中原、关陕或西北山川，作于光宗时，亦非为孝宗恢复中原、攻取关陕而作。

《雍录》卷五之图说共载9事，内《唐高祖入关》、《中宗反正》、《玄宗平内难》、《肃宗往返灵武》、《代守幸陕还京》皆与蜀、汉中无关，《明皇幸蜀》、《僖宗幸蜀》所记乃由秦入蜀而非由蜀入秦事。图说所云系以雍地为中心，而并未如提要所言，“多举由蜀入秦之迹”。

又按《蜀鉴》所附李文子序跋所言，此书系其俾郭允蹈编成，作于端平三年（1236）。嘉熙元年（1237）文子自跋云其著书宗旨是“使凡仕蜀者知古今成败兴衰治乱之迹，以为龟鉴”。当时宋蒙间已于端平二年爆发全面战争。三年十月，蒙古军已攻占成都等蜀地数十州府。所以李文子又云，其著书的直接目的是为了“护蜀”、“保蜀”。《四库全书总目提要》卷四九《蜀鉴》之提要亦称其“著书之志主于捍拒秦陇之师，振控巴渝之险”。而非“由汉中攻取关陕”。复就内容而言，《蜀鉴》所记乃蜀地之事，唯卷三《汉诸葛忠武侯北伐》等极少数篇幅言及由汉中北伐关陇事。提要所言，可谓无据。

四、《梦粱录》二十卷

> 是书全仿《东京梦华录》之体，……自牧自序云，“缅怀往事，殆犹梦也”，故“名《梦粱录》”。末署“甲戌岁中秋日”。考甲戌为宋度宗咸淳十年，其时宋尚未亡，不应先作是语。意“甲戌”字传写误欤！

1. 体裁

此书卷一至卷六先按时序从正月至十二月分叙杭城节日、风俗、礼仪，次言杭城、桥道、九厢坊巷，次述大内、太庙、宫观、朝省、官府、府邸、兵防等，次记山、洞、水、堰、渡、舟船和市镇、商业、祠祭、学校、贡院、寺观、冢墓、饮食、店铺，次载人物、民俗、户口、物产、蠲免、救济，最后列记园囿、瓦舍、妓乐、百戏、角抵、说话等娱乐场所和娱乐活动，以及社会、帮闲、雇人、代办筵度和嫁娶、育子等习俗。《东京梦华录》则先记京城、河道、宫禁、官宇、街巷、店铺、买卖、雇人、防火等，次述诸军、太子纳妃、公主下嫁、皇后出乘舆、租赁、设斋、饮食店行、民俗、京瓦伎艺、娶妇、育子等，最后则从正月至十二月分叙节日、风俗、礼仪。两书一将全年十二月之节日、风俗、礼仪置于卷首，一则置于卷末。《梦粱录》卷六以下内容、体裁与咸淳《临安志》相近，且多引据《临安志》。如卷八《户口》和卷一一《溪潭涧浦》即明言其部分内容系引自咸淳《临安志》。其卷一一、卷一二山川湖海等，卷一四、卷一五之祠祭、学校、贡院、冢墓，卷一七、卷一八之人物、户口、物产、蠲免、救济诸内容，均系《东京梦华录》所不载。显然，两书存在相当大的差异，此书的撰作并未“全仿《东京梦华录》之体”。

2. 成书年代

此书是作者据其耳闻目睹、素所熟悉者叙述成文。如作者曾亲见“车驾幸禁中观潮”，“但见军仪于江中整肃队伍，望阙奏喏，声如雷震。余扣及内侍，方晓其尊君之礼也”（卷四《观潮》）。其内容即取诸作者亲身经历所得之见闻。又其卷一八《户口》云：“杭城今为都会之地，人烟稠密，户口浩繁，与他州外郡不同”，并在一一列举隋、唐至宋乾道、淳祐和咸淳时户口后指出“自今而往，则岁润月长，殆未易以算数也”。按此，可知吴自牧应为南宋咸淳间人。

又此书多称引咸淳《临安志》及潜说友知临安时事（卷一二《西湖》），所载年号下止咸淳七年（1271）（咸淳《临安志》卷一七《状元表》，卷一八《免本州岁纳及苗税》），记咸淳七年五月状元张镇孙，而不载咸淳十年九月状元王龙泽名（《宋史》卷四六《度宗纪》、卷四七《瀛国公纪》），当成于七年五月至十年九月之间。书中有“寿和圣福皇太后（即谢太后）圣节”、“谢太后（理宗皇后）宅”、“全皇后（度宗皇后）宅”、“周、汉国瑞孝长公主（理宗女）府”之语（卷三《皇太后圣节》，卷十《后戚府》、《诸王宫》），并屡称赵禥为“度宗”、“度庙”，但不载度宗上庙号以后之事（卷五《郊祀年驾宿青城端诚殿行郊祀礼》，卷八《德寿宫》、《景灵宫》）。按谢太后于咸淳五年九月加“寿和圣福”尊号；咸淳十年七月，赵禥卒，赵㬎即位，尊谢太后为太皇太后，全皇后为皇太后；八月己酉（初六），上赵禥庙号曰度宗（《宋史》卷四六《度宗纪》，卷四七《瀛国公纪》）。据此，可知《梦粱录》应作于咸淳七年五月以后，度宗尚未去世之时，定稿于咸淳十年八月初六上度宗庙号之后。又此书卷前吴自牧自序作于“甲戌岁中秋日”。咸淳十年岁在甲戌，中秋即八月十五日。可见其定稿于咸淳十年八月，其时应在八月十五。

此书是因吴自牧“缅怀往事，殆犹梦也”而得名。自牧此语包含二意。一是于暮年缅怀其风华正茂之岁月所经历的繁华，将其视为南柯一梦。另一则是有感于“矧时异事殊，城池苑囿之富，风俗人物之盛，焉保其常如畴昔哉！”担心并预感上述一切将如梦境一般不复可见。当时，元军已攻占襄阳，元帝已下诏南征。南宋外则大兵压境，岌岌可危；内则度宗新逝，幼帝冲龄即位。这种危在旦夕、临近灭亡的局势，应是产生上述好景不常之担忧和预感的客观基础及原因。在这种情形下，吴自牧追忆往昔，感慨目前，忧虑来日乃是十分自然的。提要不顾种种有力证据，忽视个人背景和具体时势环境，仅因此时宋尚未亡，即断言“甲戌”乃传写之误，共结论显然是不能成立的。

本文原载于《浙江学刊》1996年第3期。后由大泽正昭译为日文，于1996年11月在《上智史学》第41期全文刊出。国际会议论文并列为宣讲论文。

《四库全书总目》元代方志提要补正

《四库全书总目》是中国古典目录学的集大成之作，也是众多学者经常使用的一部重要工具书。然而，就在这样一部经典之作中，又存在若干纰缪疏漏之处。为进一步提高此书的学术价值和利用价值，考证补订工作是不可或缺的。为此，笔者特从其《史部·地理类》入手，草成短文一篇，以抛砖引玉，供诸位同志批评赐正。

一、《至元嘉禾志》三十卷

> 元徐硕撰。硕里贯未详，始末亦无可考。……秀州自宋初未有《图经》。淳熙中，知州事张元成始延闻人伯纪创为之。……至元中，嘉兴路经历单庆属硕纂辑。因踵栻旧本续成之。……志中兼及松江府、华亭县，盖元时本隶嘉兴路，明初始析置也。……《碑碣》……自三国六朝以迄南宋，凡石刻之文，悉全载无遗。如吴征北将军陆祎碑，梁秦驻山碑，唐黄州司马陆元感……宗城令顾谦墓志，皆欧、赵所未著录。

1. 书名

此书卷首有郭晦、唐天麟二序，序云嘉定甲戌（1214），岳珂命关栻修志，后珂改调，事遂中辍。至元中，徐硕续修书成，郭晦感叹道："今《嘉禾志》阙而全，绝而续，郡侯其有功矣哉！"又明《文渊阁书目》卷四《旧志》著录有"《嘉禾志》十五册"。《千顷堂书目》卷八《史部·舆地类下补》云："徐硕《嘉禾志》三十二卷"。《皕宋楼藏书志》卷三一著录曰："《嘉禾志》三十二卷"。足见此书通称《嘉禾志》，后始名《至元嘉禾志》。

2. 作者

按郭、唐二序所言，此书是单庆"创议，檄委郡博士徐君硕"修纂。硕"网罗散失，抉剔幽眇，考古订今，裒集会粹"，在关栻所修五卷的基础上重修成书。尔后又由路推翟汝弼"启其议"，总管刘杰与诸路官"又相其成"，而"命工刻诸梓"。此书虽由徐硕主笔，但岳、关、单、翟、刘诸人亦对此书的编修做出过贡献。

徐硕之里贯、始末，余嘉锡《四库提要辩证》卷二七已载录，此不赘述。徐于咸淳四年（1268）登进士第，至元二十九年（1292）为镇江路学教授，应系宋末元初人，而非仅仅为元人。岳珂生平、事迹史籍记载颇详，此处不再重复。关栻，字表卿，嘉定间嘉兴府人（见唐序）。单庆字吉甫，号克斋，济宁人。至元二十一年为承务郎庆元县尹，二十一年任嘉兴路经历，大德间为诸暨知州（郭、唐二序，至元《嘉禾志》卷二一《胜果寺妙悟禅师碑铭》附识，万历《绍兴府志》卷二八《职官四》、卷三七《人物三》）。刘杰字汉卿，号莱山，文登人，其先益都乐安人。中统二年（1261），授中书掾，累迁知潞州，至元二十五年为嘉兴路总管，仕至昭永将军、杭州路总管兼府尹（《秋涧先生大全集》卷八〇《中堂事记》，《大明一统志》卷二五，弘治《潞州志》卷三，郭、唐二序）。翟汝弼字良佐，至元二十五年任嘉兴路推官，后为婺源州知州（郭、唐二序，弘治《徽州府志》卷四《元郡邑官属》）。

3. 郡志并非淳熙间创修

秀州自北宋大中祥符（1008—1016）间即编有《图经》。绍熙（1190—1194）《云间志》、至元《嘉禾志》和《舆地纪胜》等均多次引用此《图经》。《云间志》卷上《封域》、《城社》称其为《祥符图经》，《道里》名之曰《祥符旧经》。至元《嘉禾志》卷一《沿革》、卷二《城社》亦称之为《祥符图经》，卷一（道里）则名之曰《旧经》。其卷二九题《题咏》云，景祐（1034—1038）间，知华亭县唐询因“邑人有讼古泖湖者，持旧《图经》诣庭以自直，因得而究之。凡《经》所记土地、人物、神祠、坟垅所书甚详”。按此可知，郡志并非创自淳熙（1174—1189）年间。

又淳熙二年二月，知秀州张元成因亏欠经总制钱而受降一官处分；次年七月，知秀州周极因秀州积欠经总制钱25.7万贯而降二官（《宋会要辑稿·食货》六四之一〇二、一〇三）。据此推知，张元成去官应在淳熙二年二月以后不久。又按郭序所言“淳熙甲午（元年），郡守张元成始延闻人伯纪为郡志”，足见此志修于淳熙初元（1174），而非淳熙中。

4. 撰修、刊行年代

按郭、唐二序所云，此书是至元二十一年甲申单庆创议纂修，至元二十五年戊子方刊行。

5. 松江府、华亭县元时已不隶嘉兴路

华亭于至元十四年升为府，次年改名松江府，领华亭一县，仍隶嘉兴路。此书修成于至元二十一年以后，刊于二十五年。故志中兼及松江府、华亭县。至元二十八年七月，元政府“分华亭之上海为县，松江府隶行省”（《元史》卷一六《世祖纪》）。

从此，松江即不再隶属嘉兴。其始脱离嘉兴的时间是在元至元二十八年，而非明初。

6. 碑刻

此书载录碑碣颇多，其时代最早者当推《吴郡征北将军海盐侯陆府君碑》(卷二一《碑碣》)。考碑文及至元《嘉禾志》卷一三，绍熙《云间志》卷上《陆祎传》，碑主陆祎为凯子，仕吴为征北将军、海盐侯。晋平吴，祎委戈入宾。其碑乃其子衔、喑等所立，时在东晋泰宁三年（325）乙酉十二月初一。因此，准确地说，此书所录碑碣当始于东晋而非三国。提要误。

提要所云《陆祎碑》，文渊阁本脱。“祎”字，文渊阁本卷13《陆祎伟》作“祎”。提要误。

又提要所云“《秦驻山碑》”之“秦驻山”，文渊阁本、至元《嘉禾志》卷四《山阜》、卷二四《秦住山碑》均作“秦住山”。内卷四“秦住山”条且考证曰“考旧《图经》，则为秦住”。文渊阁本卷前提要亦作“秦住山”。

此外，文渊阁本又脱陆元感及顾谦二人墓志。

二、《大德昌国州图志》七卷

元冯复京、郭荐等同撰。复京潼川人，官昌国州判官。荐里贯未详，……此书成于大德二年七月……前有《州官请耆儒修志牒》一篇，末有《郭荐等缴申文牒》一篇，冠以复京序。……而复京为之审定者也。……此本有录无书，盖传写者佚之矣。

1. 书名

此书陆心源《皕宋楼藏书志》卷三二著录之影抄元刊本，《浙江采集遗书总录》戊集著录之四库底本天一阁抄本，文渊阁本及其卷前提要均题作《昌国州图志》。陆氏著录所引之冯福京跋及刊板附记则称此书为《昌国州图志》和《昌国州志》。可见此书原名《昌国州图志》和《昌国州志》，历来通用前一名，后始改作《大德昌国州图志》。

2. 作者

文渊阁本卷首有冯福京所作《〈昌国州图志〉前序》。按冯序及卷二《学校》，延祐（1314—1320）《四明志》卷三《昌国州》，陆氏之著录所载，元贞（1295—1297）、大德（1297—1307）间昌国州判官应为潼川“冯福京”，而非“冯复京”。陆氏著录之影抄元抄本、提要所据以著录之四库底本天一阁本及文渊阁本均云此书系冯福京撰修。提要所云是将元人冯福京误认为《明右史略》等书的作者明人冯复京（《明史》卷九六《艺文二》）。文渊阁本卷前提要作“冯福京”，不误。

冯福京，潼川人，历庆元路学副教授，迁昌州判官（延祐《四明志》卷二《学官》、卷三《昌国州·判官》）。冯序言其任昌国州判官后，从里民购得旧志，嫌其浮夸，“议欲刊削，且书混一以来之沿革。既以授州之文学士，属余往吴中，此事中辍。今瓜戍已踰，……乃趣学官，捃摭旧载，芟其芜，黜其不实，定为传信之书。……故序作史之大略与异时文胜其质之流弊，俾二三子知所决择，而复有以告之”。陆氏之著录引冯福京等疏云：“照验所在路州县府皆有《图经》，独本州未曾有作，兼旧县志板亦无存，……若不敦请本州耆儒因此重行编撰，遂成阙典。除指挥吏房，将合照用文卷应副，及官吏名衰请俸召募工匠刊造外，须至疏请，即望诸儒早行撰述。谨疏。”又陆氏著录所引冯跋云：“《昌国州志》成于是乡儒，……视旧志寓详于约，有是事则有是辞。凡异时荒唐缪悠之载悉皆删去，而其良法美意则谨书之。”按上所述，可知此书是冯氏倡议，确定编撰原则，发凡起例，申报上司批准，敦请、授付、督促本地耆儒及学官撰述，并提供文卷，裒俸召工刊刻而成。显而易见，冯福京是此书的倡修者、主编和刊行者，而非撰写者和提要所说的“审定者”。

此书乃出自昌国州之“乡儒”、“耆儒”、“学官”之手。陆氏著录所引《郭荐等缴申文牒》载列郭荐等作者衔名，其人为：“前岱山书院山长俞、州学宾正许、前乡贡进士州学举事陶椿卿、前免解进士州学应天定、前从事郎州学训导官孙唐卿、前太学进士州学教授应季挺、前童科进士翁洲书院山长应翔孙、前乡贡进士鄞县教谕郭荐。”此书系由“州学前直学许佺、平江路嘉定州儒学小学教谕应秀方等书写，州学直学黄介然、前恩免进士州学应天定、前从事郎州学训导官孙唐卿等点（《皕宋楼藏书志》卷三二《昌国州图志》）。上述衔名是按各人资历排列，郭荐虽位居众作者之首，但未必就是此书的主笔。

郭荐为昌国州人，乡贡进士，曾任鄞县教谕。元贞元年，冯福京重修小学，“请乡之耆宿郭荐、应季挺任教导”（卷二《学校》）。应翔孙亦系昌国人，字子翱，号全轩，徭系从子，嘉熙（1237—1240）间中童子科，著有《经传蒙求》、《类书蒙求》等（卷一《坊巷》、卷二《翁洲书院》、卷六《进士题名》，《宋元学案》卷七三，《桐江续集》卷三一、《剡源集》卷七）。应季挺，昌国人，至元中任州学摄教，元贞间为小学教导，大德间任州学教授（卷二《学校》）。

3. 编撰始末

冯序云：“余来首访《图经》，徒起文献不足之叹，越岁余”，始“议欲”修志，并以此事授州之文学士。可见此书的编修始于冯氏到任后的第三年。按《昌国州图志》所载，“元贞乙未（元年），州判官冯福京始至，首勉学之士协助力修理”大成殿（卷二《学校》）。元贞二年（1296），冯氏为反对涂田增税事，面具状请于省（卷三《田粮》）。大德元年（1297），冯州判治郡，又曾呈请上司，免增盐价（卷三《食盐》）。据此，可知冯氏于元贞元年始任昌国州判官，到任后第3年，即大德元年尚在昌国。此书的编修应始于大德元年。

冯序又云，他在授州之文学士修志后，一度曾往吴中，修事遂中辍。后因“今瓜戍已踰，滞留卧疾”，遂得乘机催促学官继续编撰，并“序作史之大略”，及以往之流弊，使编撰者“知所决择”。同时又警告说：“二、三子不亟图之，余幸而受代，则是籍之存于有司者几矣！”冯序作于“大德戊戌七月朔”。当时，冯福京正在努力推动此书的编纂，以尽早修成此志。又大德二年七月冯福京等人之疏云，昌国州未曾编撰图经，因此，特“疏请”上司准其修纂，并报告了应副文卷和裒俸召工刊刻等准备工作的情况，最后则表达了“即望诸儒早行撰述”的愿望。据此，可知大德二年七月，冯福京尚在呈请上司准其修志。不过，按大德二年七月《郭荐等缴申文牒》和该年“八月告朔”冯跋所云“《昌国州志》成于是乡儒，及“志之成，实达鲁花赤阿鲁之力”等语，可知此书大德二年八月初一即已修成，其刊板则于“大德二年十一月长至日毕工”，即完工于该年冬至。

4. 讹误

此书原有图3幅，天一阁本及文渊阁本佚之。提要所云“此本有录无书”之“书”字，应系繁体字“画”之形讹。

又文渊阁本载冯序，然脱《州官请耆儒修志牒》，及《郭荐等缴申文牒》二文。提要所云与文渊阁本所录不符。

三、《齐乘》六卷

元于钦撰。钦，……。是书……凡分八类，曰《沿革》，曰《分野》，曰《山川》，曰《郡邑》，曰《古迹》，曰《亭馆》，曰《风土》，曰《人物》。……其中间有舛误者，如宋建隆三年，改潍州置北海军，以昌邑县隶之；乾德三年，复升潍州，又增昌乐隶之；均见《宋地理志》，而是书独遗。又寿光为古纪国，亦不详及。……卷首有至元五年苏天爵序。

1. 作者

按柳贯《待制集》卷一一《于思容墓志》所言，钦之先始为东海人，后“自东海徙文登，谱足征也”。金末，其祖父祥自文登西迁，“家临朐，生君之父，讳世杰”。世杰“闻宋平”，又自临朐南游，“将观善于是，而且以淑吾之子孙焉，因侨家吴中三十年，年七十四无疾卒，是生思容。思容讳钦，少学于吴”。宋亡于至元十三年（1276）。按钦卒于至顺四年（1333），年50推计，钦应生于至元二十一年（1284），即其父南下以后。然据此书卷首钦子潜之《识》所言，钦又“生长于齐”。若两说皆有所本，则钦当生长于吴、齐二地。可见就祖籍而言，钦可谓东海人，或文登人，或临朐人。临朐隶益都，亦可云益都人。就生长地而言，钦可称元之平江路人，或临朐人。

2. 成书年代

《齐乘》卷首所载苏天爵序云，此书目系钦“考订古今，质以见闻，岁久始克成编”，而非在短期内撰成。又钦子潜之《识》云：

“昔我先人为国子助教，每谓潜曰：‘吾日与诸生讲习所业，……吾生长于齐，齐之山川、分野、城邑、地土之宜、人物之秀、此疆彼界，不可不纂而纪之也。迨任中书兵部侍郎，奉命山东，于是周览原隰，询诸乡老，考之《水经》、地记、历代沿革，门分类别，为书凡六卷，名之曰《齐乘》，藏于家。”《于思容墓志》云，钦以兵部侍郎“出试田赋府，到官未踰月，卒官下”，时在至顺四年七月十八日。可见此书的撰作始自钦任国子助教时，而编成于至顺四年七月。

钦任国子助教前受知于郭贯和高昉，“以才辟为淮西廉访使者书吏。未数月，而国子助教之命下矣。洊擢山东廉访司照磨，在官三年”(《于思容墓志》)。赵孟頫《松雪斋文集》卷五收录《送山东廉访照磨于思容》一诗。赵于至大三年（1310）召至大都，历翰林侍读学士、集贤侍讲、翰林学士承旨，延祐六年（1319）请老归(《元史》卷一七二《赵孟頫传》)。此诗当作于至大三年至于延祐六年间。郭贯于皇庆二年（1313）至延祐二年十月为淮西廉访使，十月庚辰，入为中书参知政事(《元史》卷一七四《郭贯传》、卷二五《仁宗二》)。高昉于至大二年至延祐元年正月为江浙行省参政及左丞，正月入为中书参知政事，二月，为集贤学士(《元史》卷二五《仁宗二》,《滋溪文稿》卷一一《高昉神道碑》)，十月，丁母忧归(《清容居士集》卷三〇《高夫人葬记》)。集贤学士掌提调国子学等学校，征求隐逸，召集贤良(《元史》卷八七《百官三》)。钦被保举、征辟为淮西廉访使者书吏和国子助教，应在皇庆二年至延祐元年，其书的编撰当始于延祐元年或元年以后。

又此书记事止于延祐三年。如卷六《人物》“杨宏（弘）道”条，即载“延祐三年”，杨追谥“文节”事。据此，可知此书始撰于延祐元年或元年以后，大致成于延祐三年，或三年以后任山东廉访司照磨期间，最终编定于至顺四年七月。

3. 篇目分类

此书乾隆四十六年（1781）刻本卷前目录（文渊阁本无）将全书分为《沿革》、《分野》、《山川》、《郡邑》、《古迹》、《风土》和《人物》七类或七目。其中《山川》又分作《山》、《水》两子类或两子目，《古迹》则有《城郭》、《亭馆》、《丘垅》三子目。卷内亦分作七类。其中《山川》实有《益都山》、《宁海山》、《般阳山》、《济南山》和《益都水》、《般阳水》、《济南水》七个子目，而非《山》、《水》两个子目。《古迹》则实有《城郭》、《亭馆上》、《亭馆下》和《丘垅》四子目。每一目第一字均顶格，子目第一字则均按低3格处理。文渊阁本与此相同。无论就目录还是就卷内实际情况而言，此书均分七类而非提要所说的八类。提要所说的《亭馆》类，实为《古迹》类之子目。此书卷四《古迹》叙云，其“类例有四，各以类书，近而相证者则联书，不拘以类。一曰《城郭》，……二曰《亭馆》，……三曰《丘垅》，……四曰《志闻碑》铭诗说终焉（末一类已联书入以上三类中），……凡此皆古人之迹也”。可见作者曾明言《亭馆》仅为《古迹》之子目。提要所云，误。

4. 批评之误

提要对此书的批评存在一些明显的错误。一，《宋史》卷八五《地理一》云：“建隆三年（962），以青州北海县建为北海军，置昌邑县隶之。乾德三年（965），升为州，又增昌乐县”。《续资治通鉴长编》所载略同（卷三建隆三年五月丙子，卷六乾德三年十二月戊戌）。按其所言，建隆三年系以北海县建北海军，并置昌邑县，而非改潍州置北海军，以昌邑县隶之。提要所云，误。其二，《宋地理志》应作《宋史》《地理志》。其三，此书卷三《郡邑》“潍州”条云，北海县属青州，“宋建隆三年，置北海军；乾德三年，升为潍州”。其所记与《宋史·地理志》所载相同，并无错误，亦未出现提要所说的遗漏失载之事。其四，此书卷三《郡邑》“寿光县”条引文应劭所云，言寿光为古斟灌国，而未提及古纪国。但卷四《古迹》“纪城”条则详载位于寿光南30里的纪城及古纪国事。此书因纪本在东海赣榆，后迁寿光南，而认为寿光非古纪国，从而将有关古纪国的内容置于“纪城”条下。提要所言不免有疏忽、武断之嫌。

5. 至元年号有二

此书卷首有至元五年苏天爵序。按元代以至元为年号的皇帝共有两人。一为元世祖，一为元惠宗（顺帝）。为避免混淆，苏序已明确指出其文作于“至元五年己卯（1339）”，即惠宗至元五年或后至元五年。提要未指明这一点，易使人产生误解。

四、《至大金陵新志》十五卷

> 元张铉撰。铉字用鼎，陕西人。……至正初，江南诸道行御史台诸臣将重刊宋周应合所撰《建康志》，而其书终于景定中，……复议增辑，……因聘铉主其事，凡六阅月而书成。……令本路儒学雕本印行。

1. 书名

此书卷前张铉所撰《修志本末》称至正以前所修旧志为“乾道志”、“庆元志”、“景定志”和“续志”，并三次称此书为“今志”。此书卷前又有索元岱所作书序及《修志文移》二文。索序云：“铉以其所撰《金陵新志》首稿见示。”《修志文移》则在言及礼请张铉主持修事，发付学官校正、刊雕时，三次称此书为“金陵新志”，二次称其为“新志”。《文渊阁书目》卷四《旧志》作“金陵志”，《皕宋楼藏书志》卷三二《地理四》著录之“元刊元印本”作“金陵新志”。今北京图书馆所藏至正四年（1344）刻本，正德十五年（1520）重修本和明初抄本，均题作“金陵新志”（《中国古籍善本书目》《史部·地理类一》）。可见此书当时被称作《金陵新志》和《金陵志》，简称《新志》和《今志》。又清《四库采进书目》著录此书凡五，二次题作“金陵新志”，一次题曰“元至正《金陵志》十五卷”，另二次则径题《金陵志》（《两淮盐政李呈进书目》）。以上诸书名本已足以与旧志相区别，后因《续志》散失，《景定志》又以成书时之年号命名，四库馆臣遂援例于书名前冠以成书时之年号，然误“至正”为“至大”，而称此书为“至大金陵新志”。

2. 编撰始末

此书卷前《修志文移》言，至正中，江南诸道行御史台监察御史索元岱建议集庆路令儒学重刊《景定建康志》，儒学周教授因之主张“莫若因旧志之已成，增本朝之新创，重新绣梓印行”。其倡议得到集庆路判官周尧的支持。又由于周教授和明道书院房山长的建议，周尧遂与周、房二人一起敦请张铉到局修纂。铉所作“自丙子（1276）前杂稽史传，归附后用戚氏《续志》及路州司县报至事迹，附以见闻可征者”（《修志本末》）。书成后，经路学教授王元孙、学正方自谦、训导陈显曾等校正，并委路判官师珍、知事刘伯贞、司吏朱谦监督刊行。按上所述，可知编修创议系出自周教授，其缘起则在于索元岱之建议。索于至正二年始迁南台监察御史（至正《金陵新志》卷六下《题名》），南台诸臣将重刊《景定建康志》，复议增辑新志应系至正中事，而非提要所说的“至正初”。

3. 作者

此书主要出自张铉之手。按《修志文移》所云，“陕西儒官张用鼎，名铉”，曾任“奉元路学古书院山长”。铉所作《修志本末》言其“曩因授徒，来往是邦十五余年”。索序则称铉乃“浮光士”。浮光为光州郡名（《玉海》卷一九《宋朝节镇·帅藩》，《方舆胜览》卷五〇《光州》）。据此，可知铉字用鼎，光州人，长期侨寓金陵，曾任陕西奉元路学古书院山长。提要云其为陕西人，是误以任所为乡里。

除张铉外，还有不少人为此书的编修作出贡献。如戚光，《修志文移》、《修志本末》称其为“郡士”，即集庆路人，言其《集庆续志》作于“至顺初元（1330）”，《国朝文类》卷三三《〈南唐书〉序》则云“天历改元（1328）”前，赵世延在“南台”，“尝命郡士戚光纂辑《金陵志》，……越明年，余得告还，金陵书适就，光来请序”。赵于泰定三年（1326）为南台御史中丞，四年入朝（至正《金陵新志》卷六下《题名》，《元史》卷一八一《赵世延传》）。其在南台使光修志应系泰定三年、四年时事，戚书当成于至顺元年。光应为元中叶人。周教授、房山长名字、籍贯未详。按元制，集庆路儒学仅设教授一人（《金陵新志》卷六上《本朝统属官制》、卷九《路学》）。周于至正三年五月受命敦请张铉，同年十二月十二日集庆路儒学教授已为王元孙（《修志文移》）。周应于该年五至十二月离任。索元岱字士岩，大名人，泰定四年（1327）进士，历翰林编修、御史台掾兼经筵检讨，出为燕南宪司经历。至正二年，以奉议大夫迁南台监察御史。次年，任南台都事。后调浙东佥宪（《萨天锡诗集·前集》《寄士岩台郎》、《题进士索士岩诗卷》，《雁门集》卷三《留别同年索士岩经历》，《蒲室集》卷一《索士岩都事赴浙东佥宪》，《桧亭集》卷二《送索都事调浙东佥宪》，《金陵新志》卷六下《题名》)。周尧，字君荣，庐陵人，至正元年至三年任集庆路总管府判官(《蒲室集》卷八《周君荣判官序》,《金陵新志》《修志文移》、卷六下《题名》)。王元孙、方自谦、陈显曾、师珍、刘伯贞、朱谦和其他参与修撰、刊刻之事者的姓名、官职则载见《修志文移》和卷末之附录。

4. 成书年代

按提要所云，此书似成于至正初或至正二年。然据《修志文移》云，铉“于至正三年五月初十日到局修纂，十月望，成书，计壹拾伍卷”，并“重行点校缮写”，于“当年十二月十二日”呈稿。其《修志文移》则云“始自夏五入局，……凡二阅月，以仲冬朔旦缮写成编”，并有“今至正癸未(三年)”之语。可知此书的编修始于至正三年五月十日，十月十六日初稿成，十一月初一誊写成编，十二月十二日重新点校誊毕呈稿，并交儒学校正。除成文于至正甲申(四年)夏四月初一的索序，和言及至正四年五月刊雕事的《修志文移》系刊梓时所附入外，全书其余部分当脱稿于至正三年十二月。

5. 雕板刊行

按《修志文移》所云，至正四年三月，儒学诸教官已完成校正任务，并拟刊板印行。索序亦云：“是年夏，集庆路将以是编锓诸梓。”据同年五月计算，刊板共用钱中统钞143锭多(《修志文移》)。可见此书始刊于至正四年夏。又刊雕并非由集庆路儒学独力承担，而是“分派溧阳州学刊雕五卷，溧水州学、明道书院各刊三卷，本路儒学刊造二卷及序文、图本”(《修志文移》)。今北京图书馆所藏至正四年刊本和至正四年刻、明重修本，均标明系“集庆路儒学、溧阳州学、溧水州学刻”(《中国古籍善本书目·史部·地理类一》)。

五、《无锡县志》四卷

不著撰人名氏。考《千顷堂书目》有元王仁辅《无锡县志》二十八卷，与此本卷数不符，盖别一书与。……洪武二年四月，始改无锡州为县。是志《古今郡县表》末虽止于升无锡县为州，然标题实称无锡县，已为明初之制。……所纪已下逮元末，是洪武中书矣。……《元史·地理志》称，成宗元贞元年，升无锡为州，此志乃云二年。作志者纪录时事，岁月必确。以是推之，知《元史》疏漏多矣。

1. 书名

此书卷一《州境》、《城关》、《公署》、《乡坊》，卷三下《州署》、《学校》所载均云无锡为州而非县。书中记元贞（1295—1297）间无锡县升州之事，而不载明洪武二年（1369）改州为县事。其书名似不应作《无锡县志》。明《文渊阁书目》卷四《旧志》著录有“《无锡志》四册”。北京大学图书馆藏有此书明初刻本，题曰《无锡志》(《中国古籍善本书目·史部·地理类一》)。上述明初刊本即四库底本。可见此书本名《无锡志》，四库馆臣误作《无锡县志》。

2. 作者

此书明初刻本、文渊阁本等均未题作者姓名。《千顷堂书目》卷八、钱大昕《补元史艺文志》卷二和倪灿《补辽金元艺文志》《史部·地理类》均著录有王仁辅《无锡志》二十八卷。张国淦《中国古方志考》云此志小类与二十八卷数相合。然考此书实分《邑里》、《山川》、《事物》、《辞章》四大类。内《邑里》有《古今郡县表》、《风俗》、《户口》、《贡赋》、《州境》、《城关》、《公署》、《乡坊》八小类，《山川》分《总山》、《总水》两小类，《事物》载《吴太伯世家》、《人物》、《州署》、《学校》、《第二泉》、《古迹》、《古墓》、《祠宇》、《灾祥》九小类，《辞章》列记《咏歌》、《记述上》、《记述下》两或三小类。全书共二十一或二十二小类，与二十八卷数不合。但张说不能成立，并不意味着王著一说亦不成立。元郑元祐（1292—1364）《遂昌杂录》云，王仁辅字文友，梁溪人。里人倪昭奎（1279—1328）延以教其弟瓒（1301—1374）。昭奎卒，瓒"刓无所作，有以济朋友！会文友卒"，瓒葬之芙蓉峰旁。葬后，瓒"窘于诛求，顾未有能振之者"（又见《慧山记》卷二，万历《无锡县志》卷一九）。《明史》卷二九八《隐逸传》云，瓒于至正初散家财给亲故，扁舟箬笠，往来震泽、三泖间。按上所述，可知王仁辅生活时代的下限应在至正初。这和此书记事止于至正元年正相合。王为无锡士人，生活于至正以前，完全有可能编撰此书。我们不能仅因卷数不合，即轻易否定王作一说。

3. 成书年代

此书记元贞间无锡升州一事，屡称无锡州，而不言洪武二年改州为县事，并不载明代之事。其卷一《州境》、《乡坊》所云"平江路"、"常熟州"、"江阴州"、"晋陵县"均系元代地名。内平江路"吴元年（1367）九月曰苏州府"，"常熟州洪武二年降为县"，江阴州"吴元年四月降为县"，晋陵县明太祖丁酉年（1357）三月，改"曰京临"，寻省（《明史》卷四〇《地理一》）。是书又原名《无锡志》而非《无锡县志》，当成书于元至正十七年（1357）以前，而非明代。书中所记元事止于至元六年（1340）知州高库克楚和"至正辛巳（1341）"乡举"尤良"和"陆以衜"（卷三下《州署》、

《学校》），应成书于至正初。

4. 无锡升州之年代

此书卷一《古今郡县表》云：“元贞二年丙申，升无锡县为中州。”同书卷四下大德庚子（1300）州人李晦所作《无锡升州记》则云：“元贞元年夏五，被诏升为中州。”两处所记升州事年代不同，不得云“此志乃云二年”，更不能因此而推断《元史》《地理志》疏漏。按《元史》卷六二《地理五》所载，元贞元年，海盐、平阳等县“以户口繁多”，升为州。“凡为中州者二十八，下州者十五。”《元史》卷一八《成宗纪》所载略同，且云此举系出自元贞元年五月庚辰之诏。其言与李晦《无锡升州记》所云正相一致，《元史·地理志》所载不误。

《无锡志》两处所记升州年代不一的原因，就在于元贞元年是下诏升县为州之年，二年是无锡县正式称无锡州之时。如《无锡升州记》在记载元贞元年被诏升州后云：“明年正月之吉开藩，于今（指大德四年）五年”，即将元贞二年正月初一视为开藩升州之始，并认为从元贞二年（1296）至大德四年（1300），无锡为州已历五载。无独有偶，在有关庆元路奉化县升州一事上也有类似的两种不同记载。如延祐（1314—1320）《四明志》卷一《沿革考》云：“元贞元年，奉化县以户口及格，升为下州。”同书卷三《职官考》下则曰：“奉化州，元贞二年正月升县为州”，亦将二年正月视为正式升县为州之时。

5. 讹误

提要所云《元史·地理志》之“里”字，应为“理”之误。

本文原载于《中国地方志》1996年第6期。

四库全书史部地理类提要考辨

一、《四明它山水利备览》二卷

宋魏岘撰。岘……官朝奉郎，提举福建路市舶。鄞故有它山一水……唐大和七年，邑令王元晫始筑堰以捍江湖，……岁久废坏。宋嘉定间，岘言于府，请重修，且董兴作之役，因为是书记之。……案《新唐书·地理志》载明州鄮县“南二里有小江湖，溉田八百顷，开元中令王元纬置”，“东二十五里有西湖，溉田五百顷，天宝二年令陆南金开广之”。今此编称它山水入于南门，潴为日、月二湖。其日湖即小江湖，月湖即西湖。谓二湖皆王元纬所浚，而不言有天宝之陆南金，似有阙略。……首有岘及朝辅二序，而末以《四明志·序》附焉。

1. 作者

岘之仕履并非终于提举福建路市舶。在嘉定十四年（1221）任此职前，岘曾知广德军。因与江东转运副使真德秀不协，而于嘉定九年“与宫观”(《宋会要辑稿·职官》七五之一二)。绍定间，岘为都大坑冶。五年（1232），罢职（《宋史》卷四一《理宗一》）。淳祐二年（1242），起为直秘阁，以中大夫知吉州（徐时栋《宋元四明六志校勘记》卷八《作者下》）。

2. 编撰本末

此书卷首所载魏岘序作于“淳祐二年上元节”。卷上《回沙闸外淘沙》、《洪水湾筑堤》述及淳祐三年九月之事。可见此书初编成于淳祐二年，完成于淳祐三年，按岘序所言，其编纂此书是为了“庶几讲明水政者，观此或易为力云”，而非因嘉定间重修乌金堨（《四明它山水利备览》卷下《四明重建乌金堨记》），遂“为是书记之”。提要所云，误。

3. 它山堰的创筑与重修

它山堰创筑的年代历来有两说。一云堰系“唐开元（713—741）间邑宰王元暐”所建，一云“以（它山堰善政侯）庙碑考之，盖唐太和（827—835）中邑宰琅琊王侯讳元暐”所筑（乾道《四明图经》卷二《渠堰》、《祠庙》）。

上述庙碑指北宋咸平四年（1001）明州通判苏为所撰《重修善政侯祠堂记》碑，这是太和中兴筑说的重要依据。主张此说的尚有建中靖国年间（1101）舒亶的《西湖引水记》，唐僧元亮《它山歌诗》（《四明它山水利备览》卷下）。苏为云善政侯“册封之典，图志载之备矣”，其说当源诸咸平以前明州之图志。舒亶云王元暐“唐大和中实令是邑，得之父老”，即取自传闻。元亮即作诗歌颂它山堰的“唐亮阇黎”（绍定《四明志》卷一二《渠堰碶闸》）。亮号月山。大中（847—859）年间，郡守李敬方复建开元寺。寺之三门，系亮阇黎建（绍定《四明志》卷一一《寺院》、卷一《郡守》）。亮应为上距太和不远的大中间人。元亮之诗本刻之于石，后“石刻不存”，但仍长期传诸民口，且有“墨刻”传世（《四明它山水利备览》卷下《〈它山歌诗〉跋》)。按上所述，太和中创建说应属可信。

又绍定《四明志》云，当时“府学有《请立文宣王册文牒碑》，具载（请立）岁月（及请立者王元暐等人）、姓名”（卷一二《县令》）。按唐玄宗开元二十七年（739），始册封孔子为文宣王（《唐会要》卷三五《褒崇先圣》）。太和七年，明州“以开元褒封文宣王册文刻之石”，“始立石纪所封遗制”（绍定《四明志》卷二《学校》，乾道《四明图经》卷九《重修州学记》）。上述《请立文宣王册文牒碑》所载应系明州地方官请求在本州刊立开元二十七年褒封文宣王册文而给上司的牒文。乾道时，明州州学仅存唐贞元四年（788）重建孔子庙碑、太和六年（832）所刊四年修庙碑、太和七年所立记开元封文宣王遗制碑等唐代“断碣三”（乾道《四明图经》卷九《重修州学记》）。此即绍定间仍“具在”府学的《文宣王庙记》、《文宣王册》、《请立文宣王册牒》等唐碑（绍定《四明志》卷二《学校》、卷一一《存古》）。上述《文宣王庙记》指贞元四年、太和六年二碑，《文宣王册》及《请立文宣王册牒》应在同一碑上，亦即《请立文宣王册文牒碑》。后者撰作、刊刻于太和七年，应载列请立者即地方官之职名，碑文所载之“岁月、姓名”，即指绍定《四明志》所云之“唐太和七年朝议郎行鄮县令上柱国“王元暐等（卷一二《县令》）。太和七年是立碑之年，未必就是筑堰之时。不过，有唐碑证明王元暐乃太和时人，太和中创筑之说可谓征而有信了。

与此相反，开元间创筑说则依据不足，难以成立。《新唐书·地理志》所云县“南二里，有小江湖，溉田八百顷，开元中令王元纬置”，是指修置小江湖而非它山堰，修筑者乃王元纬而非王元暐。又按当地志书所载，小江湖系唐贞观十年（636）县令王君照修建（《乾道四明图经》卷二《水》，绍定《四明志》卷一二《县令》）。舒亶则云：“按《州图经》，鄞县南二里有小湖，唐贞观中令王君炤修也。”（《四明它山水利备览》卷下《西湖引水记》）按上所述，小江湖亦并不一定即是开元中王元纬所建。《新唐书·地理志》所载显然不能引为它山堰创筑于开元中的证据。

除了误将小江湖等同于它山堰外，对《请立文宣王册文牒碑》的误解也可能是造成开元筑堰说的一个原因。明州于贞元四年“始建夫子庙”（绍定《四明志》卷二《学校》），并于太和七年“始立石纪（开元封文宣王）所封遗制”（乾道《四明图经》卷九《重修州学记》）。《请立文宣王册文牒碑》决不可能刊于开元年间。然而，由于该碑载有唐玄宗开元二十七年册文，碑石宋时已断裂，遂易使人将王元玮误认为开元时人。

又按提要所言，自太和中它山堰筑成后，直至宋嘉定间，似乎才有重修之举。事实上仅宋代即先后有建隆间钱亿、建中靖国间唐意、崇宁二年（1103）张必强和龚行修、绍兴十六年（1146）秦棣，以及周四耆等人数次组织人力重修此堰（《四明它山水利备览》卷上《前后修堰》，卷下《西湖引水记》、《重修它山堰引水记》、《重修增它山堰记》）。而嘉定间魏岘请求重修并为撰记的则并非它山堰。按岘所言，它山堰之东15里有乌金堨，岁久摧圮。嘉定十四年（1221），岘及耆老合词请于朝。朝廷降度牒十，助其重建，且下其事于郡，“俾岘效规划之愚，乃计工赋材，选州县官主之，觞里士为人信服其计智者”，即“委里人曰朱、曰王”，以“督其役。出给调度，皆不以属吏”（《四明它山水利备览》卷上《三堨》，卷下《四明重建乌金堨记》，绍定《四明志》卷四《水》）。此役乃“重建乌金堨”，而非“重修”它山堰。兴工建议是岘及耆老“请于朝”，而非“岘言于府”。工程由“州县官主之”，朱姓、王姓里士

“督其役”，魏岘仅起“规划”的作用。所以他亦自谓“幸赞是役”，自承只是“佐助”，而非“董兴作之役”。提要所言，与事实相去颇远。

4. 西湖、小江湖之辨

《新唐书·地理志》所说县南二里的小江湖和县东25里的西湖，是相隔颇远的两所陂湖。舒亶云，县南二里之小湖“湖废久矣，独其西隅尚存，今所谓西湖是也”。魏岘则认为，亶所言之“西湖即月湖”，在城西南隅，“小江湖即日湖”，在城南。二湖均在城中，皆为唐代小江湖的残余（《四明它山水利备览》卷下《西湖引水记》，卷上《日、月二湖》）。绍定《四明志》卷一二《县令》云，《新唐书·地理志》所载县东25里天宝二年（743）陆南金开广的西湖，“即今之东钱湖也”。明州“旧治鄮县，今阿育王山之西，鄮山之东。”宋时“城郭遗址犹存”。此“鄮郭在（宋鄞）县东三十里”（乾道《四明图经》卷一《总叙》，卷二《古迹》）。就方位、里程而言，位于“今”县东25里的“西湖”应在位于“今”县东30里的鄮县旧城西。《新唐书·地理志》所说的西湖，当因其在开广之际及县迁治前位于鄮县城西而得名。如绍定《四明志》即云，其取名西湖，是因为“鄮县未徙时，湖在县治之西”的缘故（卷一二《水》）。迁治“今”县后，因湖在县东，始名钱湖为东钱湖。按上所述，可知唐之西湖并非宋之西湖，提要将此二西湖误认作一湖，所以才指责魏岘不言陆南金而云二湖皆王元玮所浚，并怀疑其中“似有阙略”。

5. 讹误

文渊阁本《四明它山水利备览》卷首载陈朝辅、魏岘二序，卷末则并无《〈四明志〉序》。文渊阁本卷前提要在“末以《〈四明志〉序》附焉”一句下较《四库全书总目提要》多出：“今宝庆（应作绍定）《四明志》尚有传本，已别著录，毋庸复缀，故删去，不复录入云”等字。按此，可知四库馆臣在据陈朝辅本誊录时，已将陈本卷末所附《〈四明志〉序》删去。其始末文渊阁本卷前提要已一一著于录，《四库全书总目提要》则删之，但删削未尽，以铸成此错。

二、《吴地记》一卷　附《后集》一卷

旧本题唐陆广微撰。……书中称周敬王六年丁亥，至今唐乾符三年庚申，凡一千八百九十五年，则广微当为僖宗时人。然书中虎疁一条，称唐讳虎，钱氏讳镠，改为浒墅。考《五代史·吴越世家》，乾符二年，董昌始表钱镠为偏将，……至朱温篡立，始封镠为吴越王。安得于乾符三年以董昌一偏将能使人讳其嫌名？……当其有国之时，苏州正其所隶，岂敢斥之曰钱氏，尤显为宋人之辞。则此书不出广微，更无疑义。……又案乾符三年岁在丙申，实非庚申。……又《吴地记后集》一卷……所记建置年号，止于祥符元年，疑北宋人作。

1.《吴地记》作者及成书年代

提要据书中虎疁一条所云，断言此书不出广微，应为宋人所作。然逐一分析《吴地记》全文，便可发现除虎疁及“续添”二条外，其余各条所记均系唐及唐以前之事，而不载五代及宋事。例如罗城条系唐乾符三年（876）年作，各条记事下限止于唐会昌四年（844）。又唐天宝（742—756）以后，苏州领吴、长洲、昆山、常熟、海盐、华亭、嘉兴七县。后梁开平三年（909），始置吴江县。后晋天福（936—944）中，以嘉兴、海盐。华亭置秀州。隶苏者

仅吴、长洲、昆山、常熟、吴江五县（《吴郡图经续记》卷上《封域》，《新唐书》卷四一《地理志》，《旧五代史》卷一五〇《郡县志》）。《吴地记》载列吴、长洲等七县，而不载五代时分置吴江及秀州事。再如古之流水寺，北宋雍熙（984—987）中改为雍熙寺（《吴郡图经续记》卷中《寺院》）。古之重玄寺，“入国朝（宋）为承天寺”（《吴郡志》卷三一《府郭寺》）。《吴地记》亦仅录重玄寺、流水寺之名，而不言改名之事及新名。这都说明除虎疁、“续添”二条外，此书应出自唐人而非宋人之手。

又虎疁条前后文字，系引自古书。其文云：“秦始皇东巡，至虎丘，求吴王宝剑。其虎当坟而踞。始皇以剑击之，不及，误中于石，遗迹尚存。其虎西走二十五里，忽失于今虎疁。唐讳虎，钱氏讳疁，改为浒墅。剑无复获，乃陷成池。”只须细读上述引文一过，便可知“唐讳虎”至“改为浒墅”一句和“遗迹尚存”四小字均为后人所加之夹注。前者后因辗转传抄，遂误入正文。据此后人之注，显然无法否定此书为唐人所撰之成说。

《吴地记》的主要内容虽成文于唐代，但却出自不同时期人之手。如唐于天宝十年（751）置华亭县（绍熙《云间志》卷上《封域》），又于大历十三年（778）二月升苏州为雄州（《唐分要》卷七〇《州县分望道》）。《吴地记》记华亭建县和苏州升为望州，却不载苏州由望升雄州事。其部分内容应出自天宝十载至大历十三年间人之手。又如《吴地记》载会昌四年（844）昆山升为望县，海盐升为紧县事（《唐会要》卷七〇《州县分望道》，《吴地记》所载脱“望”、“紧”二字）。其文应系会昌四年或四年以后人所作。再如罗城条，则成文于乾符三年（876）。苏州刺史张搏于该年重修罗城（《吴郡图经续记》卷下《往迹》，《吴地记后集》），“删修《吴地记》，并画郡图”（《永乐大典》卷二三六九所引卢熊《苏州府志》

卷二一《牧守题名》)。罗城条是介绍罗城“图画”的说明文字，末有“以俟后来者添修”之语，应出自乾符三年删修者之手。

由上所述，可知《吴地记》的基本内容是天宝十年至大历十三年，会昌四年至乾符三年间郡人陆广微等人所作(《直斋书录解题》卷八《地理类》)。乾符三年，曾经张搏删修。“续添”条系后梁开平三年或三年以后人所续添。虎疁条乃宋人所作之注。他本《吴地记》罗城条下“又至大宋淳熙十三年丙午总二千二百十五年”之句，则为淳熙十三年(1186)南宋人所增入。这是一部历经多人之手，经长期不断添修而成的古代志书。

2. 讹误

按提要所云，文渊阁本系录自吴《古今逸史》本。以上二本罗城条均曰“乾符三年丙申”，而非“庚申”。虎疁条皆云，“钱氏讳疁”而非“讳鏐”。提要误。

3.《后集》成文年代

和《吴地记》相似，《后集》亦出自不同时代人之手。《后集》首载分置吴江县和秀州，以及太平兴国二年(977)钱氏改号，“本朝”大中祥符元年(1008)昆山昆福禅院改名慧岩禅院事(又见《玉峰志》卷下《寺观》)。全篇除元代元贞元年(1295)二条外，所记建置年号止于大中祥符三年，所言多雍熙、至道、景德、大中祥符中事。其文系“采摘《县录》，据《图经》(成书于大中祥符年间)”而成。如常熟县“郡《图经》旧十有二乡，……《元丰九域志》并为九乡”(《琴川志》卷二《乡都》)，《后集》即据《图经》作十二乡。其基本部分应成文于祥符三年或三年以后。复由其不载天禧五年(1021)“诏重修”神景宫，改名灵佑观事(《吴郡图经续记》卷中《宫观》)，可知其主干部分系祥符三年至天禧五年间人选摘《县录》和苏州《图经》而成。

《后集》未引元丰间成书的《元丰九域志》和《吴郡图经续纪》，收录了《元丰九域志》所不载，元丰时已废的吴县社下、洞庭二镇名。其文载天圣（1023—1032）初孙冕所建“孙老桥”之名（《吴郡图经续记》卷中《桥梁》，《吴郡志》卷一七《桥梁》），但不载常熟乾元观政和（1111—1118）间改名致道观事（《琴川志》卷十《宫观》），其部分内容当成于天圣至元丰间。又其所记厢军崇节，得名于熙宁二年（1069）；所记宣毅，始置于庆历元年（1041），并于熙宁三年十二月改名威果（《玉海》卷一三九《兵制》，咸淳《毗陵志》卷一二《厢军》，《续资治通鉴长编》卷一三一庆历元年二月辛丑条，《宋史》卷一八八《禁军下》）。据此，可知以上各条系熙宁二至三年所增入。

又吴县、长洲“续添桥梁”二条载列“卢提刑”、“朱勔宅前”、“承天寺后、寺前”、“天庆观”、“吴王”、“天宫寺”等桥名。卢提刑桥因广南提刑卢革宅而得名。革德清人，元丰中告老，退居于吴（《吴郡志》卷一七《桥梁》、卷二五《卢秉传》），桥得名应在其告老寓吴之后。其名南宋时仍沿而未改。朱勔宅前桥因勔宅而得名。勔于崇宁（1102—1106）、大观（1107—1110）间得官，政和中得势，靖康元年（1126）被抄家并伏诛，其家被窜于海岛，宅地后为张俊家所占（《吴郡志》卷五〇《杂志》，《中吴纪闻》卷六《朱氏盛衰》，《宋史》卷四七〇《朱勔传》）。可见该桥应得名于崇观至政和间。桥名不见于《吴郡志》记载，南宋时已废。又政和八年（1118），宋政府因赵野所言，下令禁用“天”、“君”、“王”、“圣”等字（《宋会要辑稿·刑法》二之七二），寺观、桥梁之名亦在禁止之列。从明州承天院“宣和时改能仁院”（绍定《四明志》卷一《寺院》），以及平江府承天寺因此而改名能仁寺来看（《吴郡志》卷三一《府郭寺》，《中吴纪闻》卷三《易承天为能仁寺》），当时该地曾贯彻、执行这一禁令。所以《后集》“续添桥梁”所载“承天寺后、寺前”、“天庆观”等桥，《吴郡志》分别作“能仁寺后桥”、“能仁寺东桥”和“宫桥”(卷一七《桥梁》,《宋平江城坊考》卷四《东北隅》)。其所载“吴王”、“天宫寺”诸桥，《吴郡志》或不载其名，或因后人回改，有“天宫寺前桥”、“天宫寺西桥”之名。以上禁令曾得到落实这一事实表明，上述“承天寺后、寺前”诸桥之名只通用于政和八年及八年以前。复综合“卢提刑”、“朱勔宅前”二桥的沿革来看，“续添桥梁”二条应系徽宗崇观政和间人所续增。

此外，“大元元贞元年”长洲、吴县移治及玄妙观二条，当为元贞元年或元年以后人所增补。

4. 讹误

按文渊阁本及四库底本吴《古今逸史》本，《后集》所记建置年号止于祥符三年，提要误。

三、《中吴纪闻》六卷

宋龚明之撰。明之……绍兴间，以乡贡廷试，授高州文学。淳熙初，举经明行修，授宣教郎致仕。是书采吴中故老嘉言懿行，及其风土人文，为新、旧《图经》，范成大《吴郡志》所不载者，仿范纯仁《东斋纪事》、苏轼《志林》之体……宋末书已罕传。……明末常熟毛晋始授诸梓。

1. 作者

郑兴裔《荐举龚明之状》云，明之“纯孝素孚乡里”，“近邀特恩试，授高州文学。年逾八十，法不应出官。窃见明之立德立言，多士矜式。年齿虽迈，才力未衰。恭奉庆寿敕文内一款：‘孝行节谊著于乡间，仰长吏保明，当议旌录’。臣昔任监司，闻见最稔，用敢应诏奏请，伏乞格外优录”(《郑忠肃奏议遗集》)。郑于淳熙元年四月至八月任浙西提刑（《吴郡志》卷七《官宇》）其推荐明之应为淳熙时事。按明之《〈中吴纪闻〉序》所言，淳熙九年（1182），其“年九十有二”。据此上推，明之乾道六年（1170）年80，其应试及授高州文学当在乾道六年以后。又按《吴郡志》卷二七《龚明之传》、《夷坚志补》卷一《龚明之孝感》所载，明之“以特恩廷试”，“策名前列”时，年已82，法不应出官。吴士在朝者列其行义荐之，得监南岳庙。按此推算，特恩殿试应在乾道八年。至正《昆山郡志》卷三《进士》、卢熊《苏州府志》卷二〇《贡举题名》则明确指出其为乾道八年“特科”进士。可见廷试及授高州文学绝非绍兴间事。提要是将给绍兴二十年（1150）乡贡，明之不愿隐瞒其年六十一事系于特恩廷试之年而致误。

明之监南岳庙后，于淳熙五年乞致仕。知平江府单夔以庆寿赦文“保奏明之，乡里推其年德，宜被褒宠”(《宋会要辑稿、职官》七七之八四)。乡人赵再思、左史等20人为请于朝，觊增秩(《夷坚志补》卷一《龚明之孝感》)。林振等“举明之乡曲儒宗，经明行修”，请议旌录（标点本《中吴纪闻》卷末《龚明之传》）。明之遂于该年十二月以迪功郎监南岳庙超授宣教郎致仕，仍赐服绯、银鱼。提要将此事系于淳熙初，误。

明正德本《中吴纪闻》卷后龚弘跋云，明之卒于淳熙九年之“后四年”。按孝宗、光宗时人范成大《吴郡志》卷二七《龚明之传》所载，明之卒于淳熙九年，“年九十二”。与范同时之人洪迈所作《夷坚志补》卷一《龚明之孝感》，亦云明之于淳熙五年迁宣教郎后“又四年，乃卒。”明之卒年当以范、洪所说为是。

又淳祐《玉峰志》卷中《人物》，至正《昆山郡志》卷四《人物》均云宗元子程，程子况，况子明之。按明之口授，其子昱所录之《中吴纪闻》，宗元为其曾祖（卷二《曾大父》），程乃其“叔祖”（卷三《有脚书厨》），况是其“季父”（卷五《起隐子》）。其祖父浩，为程之兄（卷六《四幡之助》）。

2. 讹误

《吴郡志》编于《中吴纪闻》成书之后，故不得谓后者所记为《吴郡志》所不载者，此事余嘉锡《四库提要辩证》卷八论之颇详，兹不赘述。

《东斋纪事》作者为范镇。镇“谥曰忠文”，范纯仁“谥曰忠宣”（《宋史》卷三三七《范镇传》，卷三一四《范纯仁传》）。明之自序云其书“盖效范忠文《东斋纪事》体”。提要误忠文为忠宣，故以《东斋纪事》归诸范纯仁。

3. 版本流传

按至正本卢熊《后记》所云，卢熊外祖、祖父和周正道均藏有此书抄本。又至正前昆山人杨譓所著《昆山郡志》曾多次引述《中吴纪闻》。如卷四《杨则之传》、《郭章传》、《周焕卿传》三传传末附注，即分别指明其文系引据《中吴纪闻》。其内容系取自《中吴纪闻》卷六《之彝老》、《郭仲达》，及卷五《张子韶与周焕卿简》。就文句分析，《杨则之传》前之《王葆传》，《周焕卿传》前之《王传》、《李衡传》，与《中吴纪闻》卷六《王彦光》，卷五《王学正》，卷六《王唐公》和《乐庵》大同小异，亦当取材、摘引自《中吴纪闻》。据此推知，介于《李衡传》和《周焕卿传》之间的《范成大传》，也应取材于今本《中吴纪闻》中仅有存目已佚之《石湖》条。又如卷六《异事》亦有明言系引自《中吴纪闻》的条文，其内容几乎是逐字逐句抄自《中吴纪闻》卷五《〈图经〉刊误》。由上所述，可知元时仅平江路一地即有数家收藏和见过此书，宋末此书当亦非罕传稀见之物。

又明弘治七年（1494）昆山人严春曾刊行此书。正德九年（1514）龚弘"复以严本重寿诸梓"。今北京图书馆、上海图书馆、中共中央党校图书馆和复旦大学图书馆分别藏有5部弘治七年刊本，上海图书馆和北京大学图书馆收藏有两部正德九年刊本。上述诸书均可证明毛晋绝非此书的始刊者。

本文原载于《浙江大学学报》1997年第1期。

《四库全书总目》子部释家类、道家类提要补正

本文以翔实的史料为依据，指出《宋高僧传》并非出自赞宁一人之手，该书最终定稿于咸平三年至五年，所录始于刘宋、元魏，凡正传531人，附见125人，门目并未一仍前人之旧。《僧宝传》原为三十卷，三十二卷本的作者并不仅限于惠洪一人，全书传主84人，庆老应为两宋间人。《五灯会元》亦非普济一人所撰，《联灯会要》的著者应是悟明。张君房乃安州而非岳州人，陈尧臣系陈尧佐之误，《云笈七签》成书于天圣六年（1028）前后，其书原本一百二十卷，《文献通考》著录不误。

一、《宋高僧传》三十卷

宋释赞宁撰。赞宁有《笋谱》，已著录。……端拱元年十月，书成。……至唐释道宣《续高僧传》，搜辑弥博，於是分《译经》、《义解》、《习禅》、《明律》、《护法》、《感通》、《遗身》、《诵读》、《兴福》、《杂科》十门，所载迄唐贞观而止。赞宁此书盖又以续道宣之后，故所录始于唐高宗时，门目亦一仍其

旧。凡正传五百三十三人，附见一百三十人，传后附以论断。

1. 书名

按此书碛砂藏本卷前、书后所附《进〈高僧传〉表》、《〈大宋高僧传〉序》和《后序》，赞宁自称其所撰“厥号《大宋高僧传》”和“《有宋高僧传》”，表进后《批答》称其为“《大宋高僧传》”，简称“《高僧传》”。王禹偁《小畜集》卷二〇《左街僧录通惠大师文集序》、《咸淳临安志》卷七〇《赞宁传》则云赞宁奉诏修“《大宋高僧传》”。可见此书本名《大宋高僧传》，又名《有宋高僧传》，简称《高僧传》，后始通用《宋高僧传》一名。

2. 作者

此书虽系赞宁所撰，但并非纯出赞宁一人之手。此书卷前载以“臣僧赞宁等”、“臣等”口吻和名义所作之《进〈高僧传〉表》和《〈大宋高僧传〉序》二文。前者云自奉旨修书以来，“臣等遐求事迹，博采碑文，今已撰集成三十卷，谨诣阙庭进上”；后者则云“臣等分面征搜，各涂构集”，“或案诔铭，或征志记，或问辅轩之使者，或询耆旧之先民，研磨将经论略同，雠校与史书悬合”，“循十科之旧例，辑万行之新名”，“勒成三帙”。根据书成后赞宁遣其弟子显忠同原奉敕修撰的智轮同进推知，参与修撰之事的尚有显忠、智轮等人。

此书文渊阁本卷前提要、《四库全书总目》卷一一五《笋谱》提要和南宋释元敬、元复《西湖高僧事略》，元释念常《佛祖历代通载》卷二六皆曰赞宁至道二年（996）卒。元释觉岸《释氏稽古略》卷四云赞宁咸平二年（999）卒。南宋释志磐《佛祖统记》卷四四、释宗鉴《释门正统》卷八言其咸平四年卒。吾师徐规先生则据王禹偁《小畜集》卷二〇《左街僧录通惠大师文集序》、释文莹《湘山野录》下所载赞宁生于唐天祐十六年（919）己卯，“寿八十四”之文，断定赞宁咸平三年82岁，应卒于咸平五年[1]。王禹偁与赞宁同时，且交往甚密。文莹乃北宋中叶人，时代略晚于赞宁，是赞宁长期居留之钱塘人氏。按《郡斋读书志》卷三下《玉壶清话》条所引文莹自序云，文莹尝收国初至熙宁中人之文集（包括神道碑、墓志、行状、实录、奏议等）数千卷，以供撰述之用。相比之下，上述诸家当以王、文二人所说较为可信。赞宁当卒于咸平五年。四库馆臣所云误。

3. 成书年代

此书系赞宁于端拱元年（988）十月表进，该年十月当已成书。但按书末所附赞宁后序，书成后，赞宁自觉尚有不足之处，遂萌“复治之”念。至道二年（996），赞宁“掌洛京教门事”，因“事简心旷”，“遂得法照等行状撰已，易前来之阙如，寻因治定其本，虽大义无相乖，有不可者以修之。先者所谓加我数年，于《僧传》则可矣已。斯幸复治之，岂敢以桑榆之年为辞耶！时方彻简，咸平初，承诏入职东京右街僧录，寻迁左街，乃一日顾其本，未及缮写，命弟子辈缄诸箧笥，俾将来君子知我者以《僧传》，罪我者亦以《僧传》，故于卷后而书之云耳”。《释氏稽古略》卷四云赞宁于任右街僧录之“次年，进左街”。《咸淳临安志》卷七〇《赞宁传》则云咸平“三年，迁左街”。按上所述，可知此书初成于端拱元年，自至道二年起复加修治，最终定稿于咸平三年至五年。

4. 门目

按碛砂藏本释道宣之自序和《郡斋读书后志》卷一之著录，《续高僧传》第二、第八门分别为“解义”、“读诵”，卷内第二、第

1 参见徐规《王禹偁事迹著作编年》，中国社会科学出版社，1982年。

八、第十门作“义解”、“读诵”、“杂科声德”。提要所引有误。四库文渊阁本卷前提要所引作“义解”、“读诵”和“杂科”。又文渊阁本和碛砂藏本《宋高僧传》第八、第十门分别作“读诵”和“杂科声德”，与提要所引《续高僧传》之门目异。提要所云第二门“义解”，亦与《续高僧传》道宣自序及《郡斋读书后志》之著录所言不同。故《〈大宋高僧传〉序》谓其“循十科之旧例”则可，提要谓其“门目亦一仍其旧”则误。

5. 所录起止年代

释道宣《〈续高僧传〉序》云其书所载始于“梁之初运，终唐贞观十有九年（645）”，可见书初成于贞观中。但书成后至乾封二年（667）作者去世前，道宣又有增补，全书所载遂上起北魏、萧齐，下迄唐高宗麟德（664—665）年间。如碛砂藏本卷二六《僧朗传》、卷一《昙曜传》所录系北魏太武帝、文成帝时事，卷一六《佛陀传》、卷六《道辩传》传主乃北魏孝文帝时人，卷二九《法凝传》传主为南齐时人。陈垣先生《中国佛教史籍概论》卷二又云此书卷二三《昙光传》有“今麟德二年”之语。提要所云，显然有误。

又《宋高僧传》所录亦非始于唐。对提要所云，《中国佛教史籍概论》卷二已作批驳，此不赘述。赞宁《〈大宋高僧传〉序》所云“爰自贞观命章之后，西明绝笔已还，此作蔑闻，斯文将缺”，并非言其所录始于唐高宗时，而是说道宣之书无人续补。该书收载元魏三人、陈一人、隋四人，所录最早之传主则为卷二九之宋灵隐寺僧智一。

6. 传主人数

赞宁《〈大宋高僧传〉序》云其书共列“正传五百三十三人，附见一百三十人”。提要所言系出自此序。然至道以后，赞宁又

“复治”此书，“有不可者以修之”，所录传主人数已有所增减。所以碛砂藏本和文渊阁本卷前及卷内所列篇传目录中传主共计正传531人[1]，附见125人。提要有误。崔富章《四库提要补正》子部五五作正传532人，上海古籍出版社《高僧传合集》卷首《出版说明》作附见126人，亦误。

7. 体例

赞宁自序云其书于“逐科尽处，象史论以摅辞，因事言时，为传家之系断”。书中每一科或门之末均有一段“论曰”，全书十科共有十段“论曰”。书中又“因事言时”，在某些传而不是每一传后有一段“系曰”。提要云“传后附以论断”系误“科”为“传”，或误“系”为“论”，且以偏赅全。

二、《僧宝传》三十二卷

宋释惠洪撰。……禅宗自六祖以后，分而为二。一曰青原，……一曰南岳，……惠洪因缀辑旧闻，各为之传，而系以赞，凡八十一人。……《补禅林僧宝传》题舟峰庵僧庆老，盖亦北宋人也。

1. 卷帙

惠洪《石门文字禅》卷二三《〈僧宝传〉序》云此书共载“八十有一人，分为三十卷”。《僧宝传》宣和六年（1124）侯延庆序亦云此书“分为三十卷”。袁本《郡斋读书志》或《前志》卷三

1 碛砂藏本卷四篇目后所附“正传二十人”之“二十”应作“二十一”，文渊阁本不误。按卷四共21人计，全书正传共531人。

下、《直斋书录解题》卷一二均著录“《僧宝传》三十卷”，袁本《郡斋读书后志》卷二、衢本《郡斋读书志》卷九则作“《僧宝传》三十二卷”。按《郡斋读书志》所附晁公武、杜鹏举、黎安朝、赵希弁诸人之序、识等所云，前志四卷初成于绍兴二十一年（1151），所录乃“井氏书”及晁氏“旧藏”。后志衢本卷九所录乃晁公武退隐峨嵋，杜鹏举刊布四卷本以后“所增入者”。按孙猛考证，其时约在乾道七年（1171）至淳熙十四年（1187）之间[1]。据此可知，该书原为三十卷，后因有人附以《临济宗旨》一卷，《补禅林僧宝传》一卷，乾道七年至淳熙十四年间已有三十二卷本传世。

2. 作者

提要著录的三十二卷本并非出自惠洪一人之手。如《补禅林僧宝传》一卷即系僧庆老所作。又按惠洪自序所言，其三十卷《僧宝传》系据达观昙颖的“五家传略”，“博采别传遗编，参以耆年宿衲之论增补之。又自嘉祐至政和之初，云门、临济两宗之裔卓然冠映诸方者特为之传”，于宣和五年“缮写呈献”。《临济宗旨》则系惠洪所撰。可知此书作者除惠洪外，还包括僧庆老。从广义的作者来说，尚应包括《僧宝传》所据以“增补”的“五家传略”之撰人达观昙颖。

3. 禅宗门派

中国禅宗自五祖弘忍以后，即已分为若干宗派，向多元化的方向发展。各派均以得五祖正传自居。如北宗神秀门下普寂以神秀为六祖，立“七祖堂”[2]，自称“七祖”[3]。时人谓达摩、慧可、僧璨、道

1　参见孙猛《〈郡斋读书志〉衢袁二本的比较研究——兼论〈郡斋读书志〉的成书过程》，载《文史》第20辑，中华书局，1983年。

2　《神会和尚遗集》（胡适校敦煌唐写本），《菩提达摩南宗定是非论》下卷。

3　宗密：《圆觉经大疏释义钞》卷三之一。

信、弘忍、神秀为“六代禅祖”，谓达摩至神秀、普寂为“七代”或“禅门七叶（世）”[1]。南宗慧能门下神会和王维则均以慧能为六祖[2]。唐贞元十二年（796），皇太子集诸禅师，楷定禅门宗旨，立神会禅师为第七祖[3]。元和十年（815）或十一年，慧能又得宪宗所赐谥号[4]。此后，慧能的六祖地位方稳固下来，南宗才逐渐被认为是禅门正统。因此，禅宗六祖又可指神秀。

值得注意的是，慧能没后，南宗亦分为若干支派。其初，菏泽神会、南岳怀让二支影响较大。如贾悚于宝历元年（825）云，曹溪既没，其嗣法者神会，怀让又析为二宗[5]。韦处厚（773—829）、白居易（772—846）和宗密（780—841）在列举禅宗主要支派四至七家时，均提到菏泽，南岳二宗，而未述及青原一支[6]。宗密只有在其另一部著作中罗列了禅宗十家时，才提及青原、石头一系[7]。直至会昌（841—846）灭佛后，菏泽宗衰落，青原、石头一支才取代菏泽，与南岳共同成为曹溪及禅宗的主流和正统。

这一历史在禅僧的著作中亦多少有所反映。在慧能和青原、南岳成为禅门的主流与正统后，北宋人所作《景德传灯录》即已将慧能奉为继第三十二祖弘忍以后的第三十三祖，但尚将神秀、慧安、智侁等列为弘忍的旁出法嗣，仍将神会、玄觉等和行思、怀让共同尊为慧能的“法嗣”而非旁出法嗣。至南宋时，禅僧所编《五灯会

---

1 李邕：《大照禅师塔铭》、《嵩岳寺碑》，严挺之：《大智禅师碑铭并序》，载《全唐文》卷二六二、二六三、二八〇。

2 参见《宋高僧传》卷八《慧能传》。王维：《六祖能禅师碑铭》，载《全唐文》卷三二七。

3 参见宗密《圆觉经大疏释义钞》卷三之下。

4 参见柳宗元：《曹溪第六祖赐谥大鉴禅师碑并序》、刘禹锡《曹溪六祖大鉴禅师第二碑并序》，载《全唐文》卷五八七、六一〇。

5 参见《扬州华林寺大悲禅师碑铭并序》，载《全唐文》卷七三一。

6 参见白居易《西京兴善寺传法堂碑并序》、韦处厚《兴福寺内道场供奉大德大义禅师碑铭》，载《全唐文》卷六七八、七一五。

7 参见《禅源诸诠集都序》卷上。

元》除了将慧能尊为六祖，将怀让、行思尊为慧能法嗣，将北宗神秀等列为五祖弘忍的"旁出法嗣"外，业已将神会、玄觉等十余人列为六祖慧能的"旁出法嗣"。提要所言，显然与事实不符。

4. 传赞

《僧宝传》三十卷载录传主81人，加上《补禅林僧宝传》所录传主3人，此书共收载传主84人，而非提要所说的81人。

又《僧宝传》卷一、二、七、九、一二、一三、一四、一六、一八、二〇、二一、二二、二三、二四、二五、二六、二七、三〇和《补禅林僧宝传》每一传后附一赞，《僧宝传》卷六、一五、一九是二传后共附一赞，卷三、四、一七乃三人合一赞，卷一一、二八是三人二赞，卷二九是四人三赞，卷五、八是四人一赞，卷十则是六人一赞，并非每传后各附一赞。

5. 僧庆老

按《云卧纪谭》上、《五灯会元》卷一九《宗杲禅师》和《大明高僧传》卷五《宗杲传》所载，庆老字龟年，号舟峰庵主，以道德文章闻名泉南。李邴南渡后寓泉州，尝访之。时宗杲栖小溪云门庵，庆老从之。绍兴七年（1137），庆老随宗杲适径山，为掌记室。绍兴十三年卒。其人虽生于北宋，其主要活动则在南宋，盖为两宋间人，而非仅为北宋时人。

三、《五灯会元》二十卷

宋释普济撰。……其书取……释道明《联灯会要》……。以七佛为首，次四祖、五祖、六祖。……义元号临济宗。

1. 作者

据元至正甲辰（1364）释廷俊的序，此书为“宋季灵隐大川禅师济公”，“集学徒作”，“板毁”，故重刊。但据中华书局点校之南宋宝祐本所载淳祐十二年壬子（1252）冬普济《题词》、宝祐元年（1253）正月元旦沈净明《跋》，以及元年清明王槦的序，安吉州武康县崇仁乡禺山里人沈净明才是“命诸禅人，集成一书”，并“爰竭已资，及慕同志，选工刻梓”，“捐财鸠工，锓梓于灵隐山”和“就文挑剔”之人。“首座慧明”乃“萃五灯为一集，名曰《五灯会元》”者。大川老都卢寺仅起“赞成之”的作用。可见此书是由沈净明发起，聘请灵隐寺禅师编撰，并出资、选工刊梓，由慧明具体负责编萃，经普济大力赞成，始得以面世。从广义的作者概念来说，沈净明、慧明、普济均为此书的作者。历来之所以仅知此书出自普济之手，是因为元至正间重刊时，旧板已毁，重刊者未见且不载王槦等人所言，而以后诸本又皆出自至正本的缘故。

2. 疏误及避讳改字

按《联灯会要》卷首《〈联灯会要〉序》，其作者为悟明而非道明，提要及文渊阁本卷前提要均误。悟明事迹附见喻谦《新续高僧传》卷一三《慧晖传》。

此书以七佛为首，次述西天祖师和东土祖师，尔后方言及四祖、五祖、六祖。提要所云，颇有疏漏。

“义元”宋宝祐本卷一一作“义玄”。“元”字本作“玄”，四库馆臣为避清圣祖玄烨之名而改作“元”。

四、《云笈七签》一百二十二卷

宋张君房撰。君房，岳州安陆人，……官尚书度支员外郎，充集贤校理。祥符中，……真宗崇尚道教，尽以秘阁道书付杭州，俾戚纶、陈尧臣校正。纶等同王钦若荐君房主其事，君房乃编次得四千五百六十五卷，进之。复撮其精要，总万余条，以成是书，……《洞元》……《太元》……。《文献通考》作一百二十卷。此本为明中书舍人张萱所刊，中多二卷，盖《通考》脱误也。

1. 作者

宋王铚《默记》卷下云张君房字允方，安陆人。按《宋史》卷八八《地理四》所载，宋之安陆系荆湖北路安州和德安府（安州于宣和六年升为德安府）之郡名，同时又是该郡辖下的一县名。该县元明清三代均隶德安。而自宋及清，岳州辖下又从不见有安陆县的踪影。宋祝穆《方舆胜览》卷三一《德安府·人物》则云张君房为真宗时安陆人。可见君房乃安州而非岳州安陆人，提要所云误。

除提要所言之官职外，张君房曾于大中祥符三年（1010）任开封府功曹参军[1]，大中祥符九年为著作佐郎[2]，后又为著作郎[3]，曾以秘阁校理任杭州钱塘县令[4]。按《默记》所云，君房著作颇丰，除《云笈七签》外，尚有《乘异记》、《丽情集》、《科名定分录》、《潮说》、《脞说》等多种。其“年八十余卒”，仕至尚书祠部郎中、集贤校理[5]，而非度支员外郎，充集贤校理。

1　参见《宋会要辑稿·运历》一之一。李焘：《续资治通鉴长编》卷七四“大中祥符三年九月戊戌”条云：“君房，开封人。”

2　参见李焘《续资治通鉴长编》卷八六“大中祥符九年三月戊申”条。

3　参见祝穆《方舆胜览》卷三一《德安府·人物》。

4　参见潜说友《咸淳临安志》卷五一，县令。

5　参见王铚《默记》卷下。

2. 道藏的修校及卷数

宋廷于大中祥符二年八月选道士十人“校定”道藏经，又于次年命王钦若“总领”其事[1]。张君房《〈云笈七签〉序》则云，真宗以道书付杭州，“俾知郡故枢密直学士戚纶、漕运使今翰林学士陈尧佐选道士冲素大师朱益谦、冯德之等专其修校，俾成藏而进之”。纶等上言荐张君房，“总统其事”的王钦若以君房为“可使”，除君房著作佐郎，“俾专其事”。大中祥符九年，王钦若“上新校道藏经”四千三百五十九卷，赐名《宝文统录》，同时“仍令著作佐郎张君房就杭州监写本”[2]。天禧三年（1019），君房等“写录成七藏以进之”，“题曰《大宋天宫宝藏》”，共四千五百六十五卷[3]。可见真宗时道藏的修校是由王钦若“总领”或“总统”，而非如提要所言是由“君房主其事”。“专其（校正）事”，实际参加修校的乃张君房、朱益谦、冯德之诸人，但不包括戚纶和陈尧佐。陈尧佐于大中祥符四年四月至七月间任两浙转运使，七年五月离任[4]。在大中祥符三年九月至七年三月戚纶知杭州期间任浙漕[5]，与道士冯德之交往的是陈尧佐而非陈尧臣[6]。提要、袁本《郡斋读书后志》卷二、衢本《郡斋读书志》卷一六和《直斋书录解题》卷一二所云均误。

3.《云笈七签》的成书年代

提要未明言《云笈七签》成于何时，但按其和《直斋书录解题》所云，此书似成于“祥符中”。《郡斋读书后志》云君房掇《大

---

1 参见李焘《续资治通鉴长编》卷八六“大中祥符九年三月戊申”条。

2 参见李焘《续资治通鉴长编》卷八六“大中祥符九年三月戊申”条。

3 参见《〈云笈七签〉序》。

4 参见李焘《续资治通鉴长编》卷七五，大中祥符四年四月己巳条；卷七六“大中祥符四年七月庚辰”条；卷八二“大中祥符七年五月癸巳”条。

5 参见周淙《乾道临安志》卷三《牧守》；《咸淳临安志》卷四六《秩官四》。

6 参见《咸淳临安志》卷七五《寺观一·洞霄宫》。

宋天宫宝藏》蕴奥“成是书，仁宗时上之”。《玉海》卷六三《天禧〈云笈七签〉》所引《中兴馆阁书目》则云：“天禧中，张君房以道藏经书浩博，乃为类例，载其旨要”，而成此书。可谓众说纷纭，莫衷一是。

《云笈七签》的成书时代主要应依据书成后张君房所撰之序来确定。君房自序云，天禧三年《大宋天宫宝藏》成书后，其“虽年栖暮景，而宝重分阴，……因兹探讨，遂就编联掇云笈七部之英”，撰成此书，“上以酬真宗皇帝委遇之恩，次以备皇帝陛下乙夜之览，下以裨文馆校雠之职”。赵恒卒于乾兴元年（1022），庙号真宗。上述“皇帝陛下”当指继位的仁宗。按此可知，张序和此书应成文于仁宗时。

进一步的探讨可大致确定《云笈七签》的成书年代。君房自序有“故枢密直学士戚纶”、“今翰林学士陈尧佐”、“故相司徒王钦若”之语。据此，可知序、书撰成时，戚、王二人已卒，陈尧佐尚在，时任翰林学士。戚卒于天禧五年（1021）[1]，王卒于天圣三年（1025）十一月[2]。陈于天圣五年八月以枢密直学士权知开封府[3]，六年十一月已任翰林学士[4]，七年二月自翰林学士兼龙图阁学士、右谏议大夫、权知开封府迁枢密副使[5]，同年八月又自枢密副使改参知政事[6]。其任翰林学士应系天圣五年八月至七年二月间事。按北宋前期制度，枢密直学士、龙图阁学士、右谏议大夫班位在翰林学士之

1　参见《宋史》卷三〇六《戚纶传》。
2　参见《宋史》卷九《仁宗一》。
3　参见李焘《续资治通鉴长编》卷一〇五“天圣五年八月丙戌”条。
4　参见《宋会要辑稿·仪制》三之一四。
5　参见李焘《续资治通鉴长编》卷一〇七“天圣七年二月丁卯”条。
6　参见李焘《续资治通鉴长编》卷一〇八“天圣七年八月辛卯”条。

下，枢密副使、参知政事则在翰林学士之上[1]。君房“今翰林学士陈尧佐”之语所列乃陈尧佐当时的最高职衔，所云之“今”应上起天圣五年八月，下迄七年二月。其序和《云笈七签》应成于天圣六年前后。

4. 避讳改字

自南北朝以下，人们即多将道书分为洞真、洞玄、洞神和太玄、太平、太清、正一七部。张君房《云笈七签》亦采用此分类和部类名称。提要所云“洞元”、“太元”本作“洞玄”、“太玄”，四库馆臣因避清圣祖玄烨之名而改“玄”为“元”。

5. 卷帙

按君房自序，此书“总为百二十卷”，原本一百二十卷。后逐渐衍为卷数不同的几种传本。如明以前即有袁本《郡斋读书后志》卷二、衢本《郡斋读书志》卷一六、《玉海》卷六三《天禧〈云笈七签〉》所引《中兴馆阁书目》、《宋史》卷二〇五《艺文四》、近人罗振常《善本书所见录》卷三所著录的一百二十卷本，北京图书馆编《中国版刻图录》图版二六四、目录五〇所载蒙古乃马真后三年（1244）刊道藏一百二十卷本；以及王文进《文禄堂访书记》卷三著录的金平水刊本一百二十二卷本，《直斋书录解题》卷一二著录的平江天庆观道藏一百二十四卷本等三种。明清迄今，传世者多为一百二十二卷本。《文献通考》卷二二五作一百二十卷系据《郡斋读书志》之著录，并无“脱误”之处。提要所云误。

本文原载于《世界宗教研究》2000年第1期。

1 参见《宋史》卷一六八《职官八》。

四库总目宋代方志提要补正

清代乾隆年间成书的《四库全书总目提要》，是一部洋洋三百余万言的煌煌巨著，堪称中国古典目录学的集大成之作。然而，此书之纰谬疏漏亦比比皆是，为数颇多。为纠谬补阙，以便后学，笔者特从史部地理类所录部分宋代方志入手，草成论文一篇，以供诸位读者参考和批评指正。

一、《剡录》十卷

宋高似孙撰。……陈振孙《书录解题》称似孙……(作文)以怪涩为奇，至有甚可笑者。就中诗犹可观。……嵊县令史之安……。次为《官治志》，附以令、丞、簿、尉题名。次为《社志》、《学志》，附以进士题名。次为《寮》、《驿》、《楼》、《亭》……。全书……殊不见其怪涩可笑。陈振孙云云，殆不可解。

1. 卷帙

此书分卷历来并不一致。按委记高似孙撰作和刊行此书的县令史安之所言，高似孙“为《剡录》十卷”[1]。清汪远孙《振绮堂书录》亦著录有影钞宋本《剡录》十卷。又按清乾嘉时人黄丕烈所言，当时有明钞本传世，佚去卷七，仅存十一卷。今北京大学图书馆所藏清周锡瓒所跋明钞本《剡录》十二卷，即缺卷七，存十一卷。北京图书馆所藏黄丕烈家影写本《剡录》十一卷。其前六卷系据明嘉靖间苏州沈与文野竹齐影宋钞本影写，校以嘉靖间苏州吴岫所藏影写元刊本。其后五卷（即卷八至卷一二）系从钱大昕所藏清初影宋钞本补录（《中国古籍善本书目》《史部》卷一〇《方志》、《荛圃藏书题识》卷三）。清修四库全书，将十二卷本（缺卷七）《剡录》之卷八、卷九和卷一〇改用卷七、卷八、卷九，又将十二卷本之卷一一《草木禽鱼诂》中与卷一二《草木禽鱼诂》下合为一卷，即卷一〇，遂成十卷本《剡录》。按上所述，可知高似孙所撰和嘉定八年（1215）始刊之《剡录》，原本十卷。其后，县令蒋志行、蒋岘等人又将目录所不载的卷一《新学记》，和令、丞、簿、尉题名、进士题名中嘉定八年以后的内容及所附诗等增入此书。内容的增补，后人的传钞刊刻，使此书在宋明间一度分作十二卷。至清代，方又合为十卷。因此，此书原本为十卷，而非《浙江分志考》卷六《绍兴府县志》所说的十二卷。

2. 作者

《剡录》的作者是高似孙，但倡议推动编修和负责刊行此书的却是史安之。安之，字子田，浩孙，鄞县人。提要误作“之安”，文渊阁本卷前提要不误。安之嘉定本年至八年为嵊县县令，《浙江方志考》作鄞县令，误。十六年（1223），安之通判宁国府，因迴避亲兄江东提举史定之，改任绍兴府通判（《宋会要辑稿·职官》

1 见道光八年刊本《剡录》卷首所附嘉定八县令史安之《〈剡录〉序》。

六一之五七、《宝庆会稽续志》卷三《通判厅》、《宋诗纪事》卷六二）。史安之任嵊县县令后，因剡古无志，恐“后之视今，亦犹今之视昔”，遂“访似孙，录剡事”，“为《剡录》十卷”（高似孙、史安之《〈剡录〉序》）。《剡录》的编修及刊梓，史安之之功实不可没。

3. 子目

《剡录》卷一《官治志》后为《古令长》，其次方为令、丞、簿、尉题名。提要脱《古令长》一目。其《学志》附以《修学碑》、《新学》、《新学记》、《渊源堂孔门像》四目。提要脱此四目。又严格地说，《进士登科题名》应与《学志》并列，而不得仅为其附目。此外，提要所说之“寮”，应为“廪”之误。文渊阁本卷前提要不误。

4. 诗文详价

陈振孙对高似孙诗文的详价详见《直斋书录解题》卷二〇《诗集类》下。其言系因著录《疎寮集》而发，但并非如崔富章《四库提要补正》所言，仅仅指或只限于此集。高似孙著述甚丰，除《疎寮集》外，仅《直斋书录解题》卷一〇《农家类》和卷一四《杂艺类》，即著录有《蟹略》四卷和《砚笺》一卷。以上二书系高似孙所撰之文。《诗集类》所收乃诗，《疎寮集》为其诗集。可见陈振孙不仅念过其诗，亦读过其文。陈对其诗还颇为欣赏，对其文则评价不高。陈对高的批评乃是针对其文，而不是指《疎寮集》而言。陈批评其文的原因，当如文渊阁本卷前提要所言：“盖南宋末年，道学一派，唯以语录相传习。江湖一派，唯以近体相倡和。而似孙所述，多魏、晋以来诗文事迹，与当时风尚相左，故骇而走欤。”陈振孙所云，并无不可解之处。

二、《嘉泰会稽志》二十卷

宋施宿等撰。……宋自南渡以后，升越州为绍兴府，……而图志未备。直龙图阁沈作宾为守，始谋纂辑。华文阁待制赵不迹、宝文阁学士袁说友等相继编订，而宿一人实始终其事。书成于嘉泰元年。……其不称《绍兴府志》而称《会稽志》者，用长安、河南、成都、相台诸志例也。……志为目一百十七，……不漏不支，叙次有法。

1. 书名

此书卷首有嘉泰元年（1201）陆游所撰《〈会稽志〉序》。书尾嘉泰间校刊者附记云：“今刊《会稽志》一部二十卷。”张淏《〈会稽续志〉序》称此书为《会稽志》。《直斋书录解题》卷八、《文献通考》卷二〇四、《宋史》卷二〇四、《文渊阁书目》卷一九亦均称其为《会稽志》。可见此书原称《会稽志》，故四库文渊阁本及其卷前提要亦题作《会稽志》。后人重刊，始改作《嘉泰会稽志》。

2. 作者

此书并非成于施宿一人之手。按陆游《〈会稽志〉序》所言，此书的编修是由施宿“发其端”，郡守沈作宾“慨然以为己任”，主持其事，罢任后“犹经营此书不已”。赵不迹、袁说友相继为守，“亦力成之”。其中施宿“始终其事”，出力为多。助其撰修者有李兼、韩茂卿、冯景中、陆子虡、王度、朱鼐、邵持正等人。最终由陆游“参订其概，且为之序”。内沈作宾，字宾王，湖州归安人，以父任入仕。历知台州、绍兴府、潭州、平江府，除权工部尚书，复知建宁府、隆兴府。《宋史》卷三九〇有传。赵不迹，太宗六世孙。绍熙五年（1194），代钱之望知扬州。庆元六年（1200），知绍兴府。历知庆元府、潭州（《南宋制抚年表》卷上、绍定《四明志》卷一《郡守》）。袁说友，字起岩，号东塘居士。建安人，寓居湖州，登隆兴元年（1163）进士第。嘉泰三年（1203），拜参知政事。四年，卒，年65。《宋史翼》卷一四有传。著有《东塘集》。李兼，字孟达，号雪岩，宣城人。开禧三年（1207）知台州，次年卒（《嘉定赤城志》卷九《郡守》、《宣城右集》卷一二《宣城总集序》、《宋诗纪事补遗》卷六二）。陆子虡，游子，绍熙末为六安令（《水心文集》卷九《六安县新学记》）。王度，字君玉，会稽人，学于叶适，以上舍赐同出身，授舒州教授，迁太学博士（《水心文集》卷二〇《王度墓志铭》）。朱鼐，字子大，吉州安福人，预嘉定十五年（1222）解试（《宋诗纪事》卷六〇、《宋诗纪事小传补正》卷四）。邵持正，字子文，平阳人，学于叶适，以父致仕恩为监，官至成忠郎而卒（《水心文集》卷二〇《邵子文墓志铭》）。由于此书成于众人之手，故《宋史》卷二〇四将其误认为二书，分别著录作“陆游《会稽志》二十卷”，和“沈作宾、赵不迹《会稽志》二十卷”。

3. 嘉泰前之绍兴志书

《会稽志》编纂成书前，绍兴一地既已修成祥符《越州图经》九卷（《直斋书录解题》卷八），《会稽图》（《会稽掇英总集》卷二〇）、《会稽录》三十卷（《宋史》卷二〇四）、新修《绍兴图经》（《遂初堂书目》）和《越州新志》（《嘉靖浙江通志》卷五四）等书，不可谓“图志未备”。《嘉泰会稽志》只是集上述诸书之大成而已。

4. 撰修及刊行始末

《会稽志》成书于嘉泰元年（1201），其撰修则始于沈作宾任郡守的庆元五年（1199）十一月至次年三月（《会稽志》卷二《太守》），刊行于嘉泰二年（1202）五月（见《会稽志》卷末），前后其计三四年。

5. 命名用例

宋人之于地名，往往古今通用，府、州郡名并用。其所撰志书亦不例外。如《监安志》、祥符《越州图经》是用府名、州名《长乐志》、《吴郡志》、《新安志》、《吴兴志》是用郡名，《赤城志》是用古地名。提要所说之《长安志》、《相台志》乃沿用古地名，《成都古今集记》是用府名。河南府，《元丰九城志》卷一作西京河南府河南郡，《玉海》卷一八《郡名》作河南郡，《宋史》卷八五作河南府洛阳郡。在宋代，河南既是府名，又是郡名，而非余嘉锡先生所说的仅仅是府名。会稽则是郡名。提要和陆游《〈会稽志〉序》以《长安志》、《河南志》、《成都古今集记》和《相台志》为例称此书为《会稽志》，显属举例、类比不当。

6. 子目

《会稽志》卷前列有各卷细目共117目，这不包括目录中已标出和未标出的附目。若将目录所载细目与书内各卷所列诸目一一封比，便可发现倒讹衍脱之处颇多。如目录卷一之《古城》、《教场》，卷四之《馆驿》、《衢巷》，卷五之《贡赋》、《课利》、《户口》，书内各卷分别作《教场》、《古城》，《衢巷》、《馆驿》、《户口》、《赋税》、《课利》。目录卷三之《都总督》，卷四之《仓库》、《场务》，卷一〇之《海潮》，书内各卷分别作《都总管》、《仓》、《库务场局等》和《海堤》。目录卷五之《和买》，书内卷五并无此目，其内容则载见于《赋税》目下。又如书内卷八《戒坛》后有《接待》、《施水》二目，书前目录则无。按上所计，如不包括附目，《会稽志》一书实有118目。提要“不漏不支，叙次有法”之语，显然与事实不符。

三、《宝庆续志》八卷

宋张淏撰。……淏字清源，本开封人，侨居婺州。……《续志》为目五十。不漏不支，叙次有法。

1. 书名

此书《直斋书录解题》卷八、《文献通考》卷二〇四均作《会稽续志》。宝庆元年（1225）张淏自序亦名之曰《会稽续志》。足见其原名《会稽续志》。所以文渊阁本及其卷首提要亦题曰《会稽续志》。后始称《宝庆续志》和《宝庆会稽续志》。

2. 卷帙及增补

提要及《直斋书录解题》卷八、《文献通考》卷二〇四均云此书共八卷。但按1926年影印之嘉庆十三年刻本，书首目录仅载七卷，四库文渊阁本卷首则无目录。而全书实分八卷。书内卷七有《杂记》、《拾遗》、《潮赜》三目，其中《潮赜》一目目录不载。卷八收《越问》一篇共十五章，篇名下题："越民孙因撰。"其《〈越问〉序》云："凡三千九十五字"，以"附郡志之末"。卷八之篇名、章目书首目录亦不载。颇疑此书本分七卷，卷七《潮赜》和卷八《越问》系目录刊毕、甚至全书（即郡志）刻成后附入。故卷首目录无《潮赜》、《越问》二目。后因增入内容较多，以致卷七篇幅过长，刊者遂将《越问》一篇折出，分作第八卷。此举可能出自宝庆元年刊者之手，亦可能是《直斋书录解题》成书前，《会稽续志》的补刻者所为此书卷二《安抚题名》、《提刑题名》、《提举题名》宝庆二年至景定五年（1226—1261）部分，卷六《进士》宝庆二年至景定三年部分，即系《会稽志》成书后陆续增入。最后一次增补之主事者应为景定末之师臣、宪臣朱应元和漕臣李献可。

3. 作者

此书编者张淏号云谷。其《云谷杂记》卷末所附嘉定五年（1212）张淏后序自称“单父张淏”。其宝庆元年（1225）所作《〈会稽续志〉序》则自称“梁国张淏”。据此，可知其原籍所在之乡里，西汉时似属梁国（其国都即宋之南京应天府），宋代则隶单父。提要云其“本开封人”，是误以汉之梁国为宋之汴梁。绍熙五年（1194），张淏自酉阳寓居婺州武义。庆元二年（1196），预乡试选。寻用荫补官。累官主管吏部架阁文字。庆元六年（1200），为迪功郎、监安庆府枞阳镇监辖仓库兼烟火公事。庆元十年，监潭州永丰仓。后又侨寓绍兴。著有《艮岳记》、《云谷杂记》等（见《云谷杂记》、《金华贤达传》卷六）。《潮赜》作者朱中有，福建同安人，寓居钱塘。其文作于嘉定十七年（1224）。《越问》作者孙因系梦观堂兄，明之慈溪人，后迁居越之余姚。宝庆二年（1226），登进士第，仕至朝请大夫（《宋元学案补遗》卷六四、《绍定四明志》卷一〇《科目人才》）。

4. 子目

按嘉庆十三年（1808）刊本卷首目录，此书前七卷共计五十目（不包括附目）。但就嘉庆本、文渊阁本二书内容而言，书内均较目录多出《潮赜》、《越问》二目。其卷四《堤塘》一目后均为目录失载之《鸟兽草木》目。目录中《花果》一目，书中均分作《花》、《果》二目。目录所载《花果》、《蔬》、《草木》、《茶》、《竹》、《药石》、《纸》、《禽兽虫鱼》诸目，书中亦均作低《鸟兽草木》目一格处理，显为后者之附目。此外，文渊阁本卷四《草木》目后又较嘉庆本和目录所载多一《木》目。如《花》至《禽兽虫鱼》诸目按附目处理，则全书实有四十五目。如按独立子目计算，则文渊阁本共有五十五目，嘉庆本合计五十四目，提要作者似未通检全书，仅据目录粗略统计，故言此书“为目五十”。

四、《嘉定赤城志》四十卷

> 宋陈耆卿撰。耆卿，字寿老，……惟谢铎《赤城新志》稍著其仕履，而亦不详。……案《宋史》，孝宗孙吴兴郡王柄追封沂王，其嗣子希瞿，宁宗尝立为皇子，即济王竑。……《文选》孙绰《天台山赋》……李善注引支遁《天台山铭序》曰：“往天台尝由赤城山为道径。”……梁始置赤城郡，盖因山为名。……陈振孙《书录解题》载，此志之前，有图十三。此本乃无一图。殆传写者艰于绘画，久而佚之矣。

1. 书名

《直斋书录解题》卷八、《文献通考》卷二〇四、《宋史》卷二〇四、《文渊阁书目》卷一九著录此书，均题为“赤城志”。可知此书原名“赤城志”，后始称“嘉定赤城志”。

2. 撰修本末

此书卷首载陈耆卿自序一篇（文渊阁本卷首无）。其文曰：郡守黄萤“命余偕陈维等纂辑”。书未成而黄罃去任，“束其稿十年”。嘉定中，齐硕守台，逾年，“复以命余。于是郡博士姜君容总権之，邑大夫蔡君范以下分订之，又再嘱陈维及林表民等采益之。既具，余为谂沿革，诘异同，剂巨纤，权雅俗，……如是者半载而书成”，于嘉定十六年（1223）十一月修成。卷末嘉定十六年齐硕后序则云：“硕承乏之初，固窃有志，而事力有所未暇。越明年，……于是命郡博姜君延集人士，相与讨论，而属笔于筼窗陈君。阅数月，而后成书。”按上所述，可知此书自嘉定四年至五年黄畲知台州期间始着手编修（《嘉定赤城志》卷九《国朝郡守》），十六年告成。

3. 作者

《赤城志》并非出自陈耆卿一人之独撰。按上所述，倡导、主持纂修的是黄畲和齐硕。第一次编修期间的具体组织者是陈耆卿和陈维。嘉定十六年（1223）编修时的具体组织者是姜容，主笔是陈耆卿。全书由陈维、林表民和蔡范等采益、分订，由陈耆卿总其成。因此书出自众人之手，所以《宋史》卷二〇四仅云“《赤城志》四十卷陈耆卿序”。嘉庆二十三年（1818）临海宋氏重刊本则云：“黄畲、齐硕修，陈耆卿纂。”

陈耆卿之仕履，钱大昕、余嘉锡已言之颇详（《十驾斋养新录》卷一四《赤城志》、《四库提要辨证》卷七），但其沂言与文渊阁本《南宋馆阁续录》卷八、卷九所载颇多出入。余氏云陈于绍定六年（1233）十二月除著作郎，钱氏及《南宋馆阁续录》卷八《著作郎》、《著作佐郎》则将此事系于六年十月。钱氏、余氏云陈于端平元年（1234）二月兼国史院编修官、实录院检讨官，《南宋馆阁续录》卷九《国史院编修官》、《实录院检讨官》则将此事击于端平元年正月。《南宋馆阁续录》卷八《著作郎》又云陈于端平元年二月除将作少监。此外，陈耆卿又曾以从事郎任舒州教授（《水心文集》卷二五《陈处士姚夫人墓志铭》）。

其余诸人的生平事迹大略如下：黄畲，字子耕，号复斋，隆兴分宁人，庭坚从孙。历知卢阳县、通判处州、知台州、知袁州。嘉定五年（1212）卒，年63。其事迹载见《宋史》卷四二三本传、《水心文集》卷一七《黄子耕墓志铭》。齐硕，青社（即青州）人。嘉定十四年（1221）十二月至十六年九月知台州（《嘉定赤城志》

卷九《国朝郡守》），十六年十月至十七年七月为浙东提举，十七年八月至宝庆二年（1226）二月兼权庆元府，宝庆元年十一月除金部郎官（《宝庆会稽续志》卷二《提举题名》、《绍定四明志》卷一《郡守》）。姜容，嘉定十五年十月以文林郎任台州教授（《嘉定赤城志》卷一〇《教授》）。蔡范，字遵甫，温州瑞安人，幼学第四子。嘉定十五年、十六年任黄岩县令（《嘉定赤城志》卷一一《诸县令》）。在任期间，竣修河道，兴修水利（《南宋文范》卷四四《黄岩竣河记》）。十七年，撰成《黄岩志》十卷（《直斋书录解题》卷八）。累官知衢州（《宋元学案》卷五三）、户部郎中、淮西总领（《平齐文集》卷一七《除户部郎中、淮西总领制》）。嘉熙四年（1240）四月至淳祐（1242）二年二月知绍兴府。二年六月。除司农卿（《会稽续志》卷二《安抚题名》）。淳祐四年至六年知静江府（《南宋制抚年表》卷下）。晚任刑部侍郎（《后村先生大全集》卷五五《辞免除刑部侍郎不允诏》），仕终吏部侍郎。著有《宋通志》五百卷。林表民，字逢吉，号玉溪，台州临海人，师蒧子。著有《赤城续志》、《赤城三志》、《赤城集》、《玉溪吟草》等（《宋元学案补遗》卷五五、《全宋词》卷四、《宋诗纪事补遗》卷七一）。

4. 沂王及其嗣子

按《建炎以来朝野杂记》甲集卷一《孝宗诸孙》所言，宋孝宗五孙，曰：梃、摅、柄、挺、扩。又据上书同卷《吴兴郡王柄》、《宋史》卷三七、卷三八和《两朝纲目》卷三、卷四、卷九所载，“柄”当为“抦”之误。开禧二年五月，抦卒，追封沂王。抦子垓，早夭。宁宗诏立宗室希瞿子为其后，赐名均。后更名贵和，立为皇子，即济王竑。宁宗又另选宗室希瓐子昀为沂王后（《宋史》卷三八、卷二四六）。提要所云“其嗣子希瞿”，系“其嗣希瞿子”之误。

5. 引文之误

《文选》卷一一载孙绰《游天台山赋》，提要脱“游”字。其李善注引支遁《天台山铭序》曰：“往天台当由赤城山为道径。”提要误“当”为“尝”。文渊阁本卷前提要不误。

6. 赤城郡之由来

三国时，吴置临海郡。梁改为赤城郡。《四库提要补正·史部》二十四曰：“梁置赤城郡之说出《太平寰宇记》。然洪颐煊检《梁书》及《元和郡县志》，皆不言梁有此郡。是《寰宇记》之言不足据。”按梁置赤城郡说，除《太平寰宇记》卷九八云：“梁又为赤城郡”外，《嘉定赤城志》卷一《叙州》亦载录此说。其文云：“梁武帝改为赤城郡，寻复为临海县。至德元年，复为郡。……隋开皇九年，平陈，郡废，复为临海县。……大业四年，沈法兴擅立为海州。唐武德四年，……以临海县置台州。”在《嘉定赤城志》成书前，台州即有旧志多种。如刘宋人所撰之《临海记》，和《太平寰宇记》卷九八台州临海县条所引用的旧《图经》。由《赤城志》多引旧《图经》，其所载梁改名赤城郡之内容较《太平寰宇记》所言详细而又具体，可知其有关梁改为赤城郡之言并非出自《太平寰宇记》，而是别有所据。梁改名赤城郡之说历来流传颇广。如《方舆胜览》卷八亦云“梁改为赤城郡”。此说言之有据，证据确凿，我们切不可因部分史籍失载，即认为此事纯属子虚乌有，而轻易否定此说。

7. 卷首地图

此书卷前地图明代已缺佚。瞿镛《铁琴铜剑楼藏书目录》著录明刊本云：“此本仅存图十。佚其三矣。”又嘉庆二十三年（1818）重刊之《赤城志》卷末，附有道光元年临海郭协寅所作之跋。其文曰：此书卷首本有“图十三”，但已“佚其四”。明人补刻二张，坊里阛阓迥与宋殊。因删去，从其溯也”。按今本存《州境图》、《罗城图》、《临海县治图》、《黄岩县境图》、《黄岩县治图》、《天台县境图》、《仙居县治图》、《宁海县境图》和《宁海县治图》，共9幅。所佚4幅应为《州治图》、《临海县境图》、《天台县治图》和《仙居县境图》。四库文渊阁本《赤城志》卷首固然无一图，但不得因此而云其图“久而佚之矣”。

五、《宝庆四明志》二十一卷

宋罗濬撰。……乾道中，知明州张津始纂辑《四明图经》，而搜采未备。宝庆三年，……胡榘复命校官方万里因《图经》旧本，重加增订。……其事未竟，会万里赴调中辍。……第十二卷以下则为鄞、奉化、慈谿、定海、昌国、象山各县志。每县俱自为门目，不与郡志相混。盖当时明州虽建府号，而不置倚郭之县。州故与县各领疆土，如今直隶州之体，特与他郡不同也。

1. 书名

此书卷前有罗濬所撰《〈四明志〉序》一篇（文渊阁本卷前无），其文云：“图少而志繁，故独揭志名。”《直斋书录解题》卷八和《文献通考》卷二〇四著录此书，均称之为《四明志》。至正重刊本又曰《四明郡志》(《至正四明续志》卷七《儒学》)。可见此书本名《四明志》，又称《四明郡志》，后始名《宝庆四明志》。

2. 作者

按罗濬自序所言，可知此书成于众人之手。其四发起和主持编修，始命方万里“取旧《图经》，与在泮之士重订之，”继命罗濬“专任斯责”，且与罗朝夕相质的是知庆元府胡榘。胡榘，字仲方，庐陵人，铨孙。历监庆元府比较务、枢密院编修、将作监、工部尚书、知福州、兵部尚书和知庆元府。其生平事迹见徐时栋《宋元四明六志校勘记》卷七《作者》上。方万里是此书的经始者和第一阶段编修的具体负责人。方万里，字子万，严州人。幼失怙，随母兄寓居吴门。嘉定四年，登进士第，以从政郎充庆元府学教授，后知江阴军（《吴中人物志》卷一〇）。参与“重订”、“讲论”和“校雠”、“编类文字”的具体编纂者尚有府学学正袁藻，学录刘叔温，直学汪烨，学谕王垧、缪暹和蒋渊明，教论伍子献和楼槃，斋长余柟，斋谕夏嚞和李采共11人。内袁藻，鄞县人。父文，祖垧。刘叔温，慈豁人，兄偰。汪烨，鄞县人，廷衡曾孙。绍定二年（1229），登进士第（《宋元四明六志校勘记》卷七《作者》上）。楼槃，字考甫，号曲涧，鄞县人，婿于袁氏（《全宋词》卷四、《宋元四明六志校勘记》卷七《作者》上）。余柟，鄞县人。端平二年（1235），登进士第。夏嚞，亦鄞县人。端平二年，登进士第。淳祐七年（1247），任仙居令（《宋元四明六志校勘记》卷七《作者》上）。

此外，按全祖望所言，咸淳间（1265—1274），刘黻编有《四明续志》，后散入《宝庆四明志》中（《鲒埼亭集》外编卷三五《跋四明宝庆、开庆二志》）。徐时栋则认为，此书曾经陈垲、颜颐仲、吴潜、刘黻四人补刻。因此，上述四人亦与此书的编修有关。吴的生平事迹见后。其余三人的仕履载见《宋元四明六志校勘记》卷七《作者》上。内颜颐仲曾知温州（《梅野集》卷七《授秘阁修撰知温州制》）、严州（《景定新定续志》卷二《知州题名》），其家世、仕履又见《后村先生大全集》卷一四三《颜颐仲神道碑》。刘黻，《宋史》卷四〇五有传，有《蒙川集》行世。

3. 绍定前之明州志书

早在北宋时，明州即有大观间“书成”的图经，以及大观前即已成书的州图志、图经等。此见黄鼎《〈四明图经〉序》、罗濬《〈四明志〉序》和徐时栋《宋元四明六志校勘记》卷九《郡志类》。可知明州郡志的纂修并非始自乾道中。又按黄鼎所言，《四明图经》共十二卷，成书并“鸠工刊木”于乾道五年。罗濬则明白指出“四明旧有图经，成于乾道五年”。又云胡榘复命方万里及自己“取旧图经”，重加增订。可见《四明图经》并非“搜采未备”，没有修成，而是成书、刊刻于乾道五年（1169），并构成了罗濬续修《四明志》的重要依据。

4. 成书年代

《四明志》成书于绍定而非宝庆年间。对此，徐时栋《宋元四明六志校勘记》卷五《杂录》上、洪焕椿《浙江方志考》卷五《宁波府县志》等均已论及，并云《四明志》成书于绍定元年（1228），应称绍定志而不得称宝庆志。徐时栋等所言结论虽正确，论据却是难以成立的。详考罗濬《〈四明志〉序》，胡榘于宝庆二年知庆元府，“越明年”，始命方万里修志。“又明年”，复命罗濬修成此书。徐时栋诸人以为宝庆二年之“越明年”即宝庆三年（1227），其实却是大谬而不然。按祝安上吴郡《〈图经续记〉后序》所言，“元符改元”之“越明年”，乃“岁在庚辰”，即元符三年（1100）。又陈耆卿《嘉定赤城志》序云，齐硕到任后，无暇顾及修志之事。“逾年”，复命陈等续修。齐硕后序则云，其始至之“越明年”，复命陈等续修。陈序作于嘉定十六年（1223）十一月，齐序作于嘉定十六年。从续修至成书，历时“数月”至“半载”，均系嘉定十六年一年中事。齐硕于嘉定十四年到任，“越明年”，即嘉定十六年编修成书。可见“越明年”即“逾年”，亦即后年。因此，胡榘命方万里修志应系绍定元年间事，而不是徐时栋诸人所认为的宝庆三年，更非文渊阁本卷前提要所说的宝庆二年。《四明志》的成书系绍定二年之事，而非徐时栋等人所说的绍定元年。钱大昕云此书系宝庆五年所修（《潜研堂文集》卷二九《跋〈宝庆四明志〉》）。其说虽误，但其错仅在于宝庆只有三年。至于他将此事系于宝庆以后的第三年，那还是不错的。

5. 宋代的倚郭县

有宋一代，不仅府有倚郭之县，州亦有倚郭县。《建炎以来朝野杂记》乙集卷一一《诸路倚郭县数》，即指出宋诸路共有十二府、州拥有倚郭二县。又按建炎四年（1130）知常州周杞所言，高宗巡幸至常，周杞让出州衙，“权就倚郭武进县治事”（《宋会要辑稿·方域》二之六）。唐代，府、州城区例由倚郭县治理。宋初，沿五代之制，以镇兵之制用于京师，设厢以统坊，掌城郭烟火盗贼之事。以后，随着商业、手工业和城市的繁荣发展，厢及宋代所设之左、右厢公事所等机构又兼掌狱讼、救济诸事，逐渐由准军事性质的治安机构变为行政机构，倚郭县也就一步步失去了封城区的管理权。这一过程，最早发生于北宋首都开封。南宋时，各府、州大致均设厢、隅以统坊，倚郭县对城区的管理逐步削弱，后者则逐渐成为独立于县的行政区。至元一统，设录事司以统坊、隅，城区遂成与县同级，完全独立于县的行政区。以镇江府为例，古时“城内亦隶丹徒县。宋分左、右厢官以任郡事”，后分为七隅。嘉定末，全府户口已按“城厢”、“江口镇”和“三县”分别统计。咸淳间，则按“在城五隅”和“三县”分开统计。入元后，以录事司统隅领坊，兼掌征收赋税之事（《至顺镇江志》卷二《坊巷》、卷三《户口》）。又如建康府，乾道时城内已设四厢二十坊。“厢有厢官，掌民讼。”入元后，设录事司“管治城内（《至正金陵新志》卷四下《坊里》、卷六上《在城录事司》)。明州和庆元府城区发展的历史也不例外。按《乾道四明图经》所言，鄞县有二乡在州城下，城内分西南、东南、西北、东北四厢(《乾道四明图经》卷二《鄞县》、《宋元四明六志校勘记》卷一《乾道四明图经》《桥梁》)。按《绍定四明志》所载，明州于庆元元年建府后，城内仍分四厢以统坊，其户口系由鄞县统计(《绍定四明志》卷三《坊巷》、卷一三《鄞县·户口》)。入元后，厢改为隅，录事司统西南、东南、西北、东北四隅以领坊。录事司的地位与鄞县、奉化州等相等，并兼掌系官地租、房屋租钱、酒醋课岁办钞和岁办食盐课等赋税的征收(《延祐四明志》卷八《社》、卷九《坊巷》、卷一二《赋役考》)。由此可知，宋代府、州均有倚郭县，而不是只有府才建倚郭之县。如明州和庆元府的倚郭县即为鄞县。宋代府、州与倚郭县并不完全各领疆土。当时，倚郭县封府、州城内已无完全的管理权府、州封城内的坊亦无直接完全的管辖权。这和清代一般不建倚郭县，州与属县各领疆上的直隶州是完全不同的。又从每县县志俱自为门目来说，建府号前所修《乾道四明图经》，以及《淳熙严州图经》、《景定新定续志》、《淳熙新安志》等亦郡志、县志分列，互不相混。显然，就以上各点而言，庆元府和宋代其他府、州并无多大的不同。

六、《开庆续志》十二卷

> 《续志》十二卷，……庆元府学教授梅应发、添差通判镇江府刘锡所撰。共分子目三十有七。……积钱百十七万三千八百有奇。……此志载潜《吟稿》三卷，……《诗余》二卷，共词一百三十首。皆世所未睹，……名臣著作，借以获存。

1. 书名

此书卷首有梅应发、刘锡所作《〈四明续志〉序》一篇。《绍定四明志》卷二《书板》云：“《四明续志》三百三十板，大使吴丞相置。”可见此书原名《四明续志》。故四库文渊阁本及其卷前提要均题作《四明续志》。后始称《开庆四明续志》和《开庆续志》。

2. 作者

《开庆四明续志》之书板是吴潜所置，其作者梅应发、刘锡又是吴的门生，凡此种种，都表明开庆时之知府事吴潜在此书的纂修和刊梓中起着相当重要的作用。吴潜，《宋史》卷四一八有传，其生平事迹又见《宋元四明六志校勘记》卷八《作者》下。梅应发，字定夫，号艮翁。宝祐元年，登进士第。宋亡，不仕。其仕履见《宋元四明六志校勘记》卷八《作者》下。著有《艮岩余稿》、(《艮岩余稿》、《宋诗纪事补遗》卷七一)。刘锡的生平亦载见《宋元四明六志校勘记》卷八《作者》下。

3. 子目

四库文渊阁本《四明续志》卷首无目录。按宋元四明六志本卷首和卷内所载目录，如不包括附目，此书共分三十八目，而非提要所说的三十七目。

4. 引文之误

《宋史》卷四一八《吴潜传》云，潜“积钱百四十七万三千八百有奇，代民输帛”。四库文渊阁本和宋元四明六志本《四明续志》卷七《蠲放官赋》亦均作“一百四十七万三千八百五十五贯文。”提要脱一“四”字。

5. 所收词总数

此书收录吴潜《诗余》二卷。按四库文渊阁本统计，实收词一百一十二首，宋元四明六志本载录一百四十首，均与提要所说一百三十首之数不符。

6.《吟稿》的流传

《雨宋名贤小集》收载吴潜《四明吟稿》一卷。其书系宋人陈思所辑，元人陈世隆补，今藏北京图书馆和南京大学、四川大学图书馆。由此可见，吴潜在四明所作《吟稿》并非祐赖《四明续志》才得以“获存”，和为人所睹。

七、《澉水志》八卷

> 宋常棠撰。棠字召仲，号竹窗，海盐人，仕履未详。澉水在海盐县东三十六里。……绍定三年，……罗叔韶使棠为志，凡分十五门。……而冠以舆图。

1. 作者

按卷首罗叔韶、常棠二序所言，此书系罗属常所撰，后由权镇孙君、水军袁统制出资刊行。孙、袁二人名字、仕履失考。由“日边孙君来此”，仅可推知孙为临安府人。罗叔韶，字仪甫，四明人。嘉定十年（1217），入胄子学。十三年，登进士第。绍定三年（1230），以修职郎监澉浦镇税兼烟火公事。五年，转文林郎。六年，以袁韶、吴渊、袁肃、黄壮猷等荐调适（《澉水志》卷七《德政碑》、《澉浦镇题名记》，《绍定四明志》卷一〇《进士》）。常棠，曾祖同，原籍临邛，自同始寓居海盐。宋末，闭门不求闻达。棠博学善属文，绕庭植竹以厉操，自号竹窗（《宋史翼》卷三六《常裳传》）。此书卷七常棠所撰《澉浦镇题名记》云：“余先君考叙《题名》，余叔祖实肇厥《记》。”此书卷七又有嘉定九年（1216）常褚所作《澉浦镇题名记》和嘉定十七年（1224）常令孙所书《鲍郎场题名记》。按汪应辰《文定集》卷二〇《常同墓志铭》所载，同子均取“衣”旁单名，其孙则皆取双名，末一字俱为“孙”。由此可知，常褚应为棠之叔祖，令孙乃棠之父。

2. 地理方位

《澉水志》卷一《水陆路》云澉浦“陆路东去海盐县三十六里”，即在县西36里。提要误为县东。但其准确方位，诚如《至元嘉禾志》卷3《镇市》所说“澉浦镇，在县西南三十六里”，即南偏西36里。

3. 始刊年代

此书初成于绍定三年（1230），后经常棠不断增补，最后在宝祐中付梓。其始刻年代历来众说不一。《浙江方志考》卷一三《浙江乡镇志》云始刊于宝祐四年（1256），《四库提要补正·史部》二十四曰宝祐五年。按此书卷七常棠《澉浦镇题名记》，宝祐前后镇尹的任期均为三年左右，且先后基本衔接，只有张焯于宝祐三年十月十五日任满，至周之纲于宝祐四年十一月到任之间，存在一年左右的空白。因此，宝祐间孙君“权镇”的时间，应在宝祐三年十月至次年十一月间。其镂板刊行此书应以宝祐四年的可能性为最大。又按卷首常序所言，此书在绍定三年编成之“后二十七祀”，始付诸刊梓。据此推算，始刊年代应为宝祐四年。

4. 分门、舆图

此书共分十五门，提要所载不误，文渊阁本卷前提要误作“十四门”。又明天启间，樊氏刊《盐邑志林》，收录此书，并删去卷首舆图。四库文渊阁本和道光十九年（1839）刊本卷首亦无舆图。提要所云误。故文渊阁本卷前所附提要无“而冠以舆图”五字。

八、《景定建康志》五十卷

宋周应合撰。……建炎二年，建行宫于金陵，改为建康府，设江南东路安抚司以治之。……景定中，宝章阁学士、江东安抚使、知建康府马光祖始属应合，……别编成书。……其后流传几绝。朱彝尊……后从曹寅处借归录之，始复传于世云。

1. 书名

此书卷首所载景定二年（1261）马光祖所作《〈景定建康志〉序》、《进〈建康志〉表》和《献皇太子笺》，皆称此书为“景定建康志”和“建康志”。此书卷三三《文籍志·书版》、《至正金陵新志》卷首《新旧志引用古今书目》及《修志文移》，在著录、称引此书时，均称之为“景定建康志”。可见此书历来即以“景定建康志”和“建康志”为名。

2. 分卷

此书卷首马老祖所撰《〈景定建康志〉序》、《进〈建康志〉表》和周应合所作《景定修志本末》，均云全书共五十卷。清嘉庆间所刻《景定建康志》，亦分五十卷。两者卷数虽同，分卷却并不一致。其差异在于：周应合云《年表》十卷，文渊阁本、嘉庆本却仅九卷；周云《疆城三志》三卷，文渊阁本、嘉庆本只有二卷；周云《城阙志》三卷，文渊阁本、嘉庆本均为四卷：按周所两言推算，《风土志》应为一卷，文渊阁本、嘉庆本实有两卷。此书始刊于景定二年（1261），但书中又载二年以后及咸淳间事。可知此书曾经后人补刻。嘉庆本系据宋本重刊[1]。因此，周应合和嘉庆本分卷的不同，只能是宋末始刊者和补刻者割裂原书卷次造成的。

3. 舆图

此书卷一《序录》和嘉庆本目录均云卷五有图 15 幅。与原书相比，文渊阁本卷五缺《龙盘虎踞形势图》，多出《重建社坛之图》、《重建贡院之图》和《制司四幕官厅图》，共有图十七幅。嘉庆本卷五则比文渊阁本多《龙盘虎踞图》和《宋建康行宫之图》，较原书多出图 4 幅，共有图 19 幅。嘉庆本卷末有孙星衍所撰《重刊〈景定建康志〉后序》。其文曰，此书“宋印本止存七图，余皆补画本”。按黄丕烈所藏影宋钞本共有图 19 幅，孙星衍等重刊《景定建康志》时即据之补入。因此，嘉庆本（文渊阁本亦同）之图系出自宋本，而非宋以后人所妄增。又按此书卷二五《制置司》所载，景定五年（1264），马光祖“创制司四幕官厅”（文渊阁本无此记载）。卷三二《贡士》云，咸淳三年（丁卯，1267），马光祖“重建建康府贡院”。卷四四《社坛》则引杨相如咸淳四年（戊辰）所作《社坛记》，记马光祖重建社坛本末。据此可知，《制司四幕官厅图》、《重建贡院之图》和《重建社坛之图》应系景定末至咸淳、德祐间补刻者所增入。复按嘉庆本卷首目录，卷一应有《宫城图》一幅，检文渊阁本、嘉庆本卷一，俱无此图。颇疑此即《宋建康行宫之图》。此图原附于卷一《序录》后，后为景定末至咸淳、德祐间补刻者移至卷五，以到今本卷五有图 19 幅。

4. 作者

严格地说，此书并非成于周应合一人之手。按马光祖《〈景定建康志〉序》所载，此书系马氏属庆合“开书局于郡圃之钟山阁

---

1 见嘉庆本卷首《重刻〈景定建康志〉序》。

下，相与研古订今，定凡例而裒篇帙”，于景定二年（1261）修成付梓。按周应合《景定修志本末》所言，则是马光祖为其开书局，命其补阙正讹，会前志为一，补续庆元后事，并与之“定凡例”，助其“广搜访”、“详参订”，且限其“及吾未去以前成书”。“凡纂一事，必禀命于公。每成一稿，必取正于公。”其初稿、二稿皆支幕府参佐宾僚是正，定本则呈马光祖笔削。“公夜考古书，朝订今事，右分编稿，左付刻梓”，笔削后即付诸锓梓。两者可以说是主笔和总裁的关系。参与其事的尚有诸位幕僚参佐，负责检阅校雠的是周应合的长子周天骥，总幕事者则为周应合之婿吴畴。书局内还有“关借文籍，传呈书稿”的“客司虞候”，和“誊类草稿，书写板样”的书吏，以及“分管书局事务”的局吏。

周应合之仕履，余嘉锡先生已据《后村先生大全集》卷六八周应合《除史馆检阅制》和《清容居士集》卷二七《周应合神道碑铭》引述颇详，此不赘言。其生平事迹又载见《宋元学案补遗》卷一二和《宋诗纪事补遗》卷七〇。其长子周天骥，字子德，号颖齐。淳祐间，登进士第，授校书郎。景定二年，任淮西总所催运官。后知吉州。尝从真德秀学（《真文忠公集》卷二七《送周天骥序》、卷三五《跋周子德〈颖齐记〉》、《书〈颖齐记〉》）。次子天虎、天凤、天龙。长婿吴畴，江州德安人，景定二年（1261）任六安县主簿。后为朝奉郎、经略参议官。咸淳间，为太平州通判[1]。马光祖，金华人，之纯孙，正己子。宝庆二年（1226），登进士第。累迁户部尚书，历知临安府、建康府。咸淳中，知枢密院事，兼参知政事。《宋史》卷四一六、《金华贤达传》卷五、《金华先民传》卷三均有传。

1　见《清容居士集》卷二七《周应合神道碑铭》，周应合《景定修志本末》以及江西省德安县博物馆所藏《有宋安人周氏圹志》。

5. 建行宫、改府名、设帅司之年代

此书卷一《行宫记载》云：“绍兴二年，上命江南东路安抚大使臣李光即府旧治，修为行宫。”《宋史》卷二七《高宗四》、《建炎以来系年要录》卷五四将此事系于绍兴二年（1132）五月庚午。提要误以绍兴为建炎。按此书卷三《建炎以来诏令》所载，高宗于建炎三年（1129）五月八日下诏改江宁府为建康府。《宋史·高宗四》、《建炎以来系年要录》卷二三建炎三年五月乙酉条和《宋会要辑·稿方域》五之六所载皆同。提要及此书卷一《行宫记载》均误以“三年”为“二年”。又按此书卷二五《诸司寓治》、《安抚司》和卷一四《建康表十》所载，江东安抚始设于大中祥符三年（1010），此后省复不常。建炎元年（1127），宋以江宁府为帅府，知府事带本路安抚使（又见《建炎以来系年要录》卷六建炎元年六月己卯条）。足见江东安抚司亦非始设于建炎二年。

6. 马光祖为宝章阁学士之年代

此书编修、成书于景定年二年（1261）。按卷一四《建康表十》所载，宝祐三年（1255）八月，宝章阁直学士马光祖知建康府事。五年一月，光祖除宝章阁学士。六年二月，除端明殿学士。开庆元年（1259）三月，除资政殿学士。景定元年（1260）四月，升资政殿大学士。二年五月，升观文殿学士。十月，赴行在。四年（1263）六月，依旧观文殿学士，提举临安府洞霄宫（《宋史》卷二一四《宰辅五》）。五年三月，马光祖“依旧职”，“再知府事”（《景定建康志》卷一四《建康表十》）。据此，可知马光祖为宝章阁学士乃宝祐中而非景定中事。

7. 刊本流传

孙星衍《重刊〈景定建康志〉后序》指出，此书自南宋末刊行后，元至元中曾“重刊于庆元路，即明所存南雍版本”。明代则有嘉靖和万历刊本[1]。清嘉庆间，两江总督署中尚有康熙敕赐宋本（费淳《重刻〈景定建康志〉序》）。乾嘉时人钱士昕藏有钞宋本，黄丕烈有影宋钞本，上海图书馆则有作为《四库全书》底本的明影宋钞本。钱氏和上图所藏钞本今尚存（见《中国地方志联合目录》）。《四库全书》系据明影宋钞本誊录。目前常见的又是孙星衍等主要据康熙敕赐宋本和黄丕烈所藏影宋钞本翻刻的嘉庆六年（1801）刊本。因此，提要谓此书元明时“流传几绝”，清初朱彝尊从曹寅处钞录，“始复传于世云”，文渊阁本卷前提要说此书“其后流传遂绝”，均与事实不符。

九、《景定严州续志》十卷

> 宋郑瑶、方仁荣同撰。瑶时官严州教授，仁荣时官严州学录。其始末则均未详也。所记始于淳熙，讫于咸淳。……《物产》之外，别增《瑞产》一门，但记景定“麦秀四歧”一条。……其《户口》门中载宁宗杨皇后为严人，……而《宋史》乃云后会稽人，当必有误。此可订史传之讹矣。

1. 书名

此书卷四《书籍》云，郡有《新定续志》一书，“知郡华文钱寺丞任内刊”。其卷首方逢辰《序》曰：“钱君可则以太府丞来守严”，修成此书。钱可则于景定元年（1260）到任，次年十二月升直华文阁（《新定续志》卷二《知州题名》）。据此可知，“知郡华文钱寺丞”即钱可则。此书原名“新定续志”，故钱大昕《十驾斋

1　见《四库简明目录标注》。

养新录》卷一四《新定续志》、诵芬堂董氏所刊影宋咸淳增补景定本均称其为“新定续志”，提要亦云此书“标题惟曰‘新定续志’”。后因四库馆臣和光绪桐庐袁氏刊梓《渐西村舍汇刊》时改题“景定严州续志”和“景定严州新定续志”，始通用今名。

2. 作者

此卷首方逢辰《序》云：“郡志自淳熙后缺而不修者，距今七十余年矣。吴越钱君可则以太府丞来守严。政事之暇，为之访搜，以补其缺。编削讫事，走书属予为序。”按其所说，知州钱可则应是编志中“访搜”、“编削”、“走书”属人作序和刊梓的主持者，亦即《新定续志》的主编。郑瑶、方仁荣则应是此书的具体编撰者，即主笔。

钱可则，字正己，天台人，象祖孙。景定元年，以直宝章阁知严州。翌年，升直华文阁。三年四月，升直敷文阁，知嘉兴府（钱大昕《十驾斋养新录》卷一四《新定续志》云：“三年升直宝文阁”，误）[1]。五月，除尚书左郎官，升直徽猷阁，除浙东提举（《新定续志》卷二《荒政》、《知州题名》）。郑瑶，字君玉，台州宁海人。宝祐四年（1256），登进士第，时年40（《宝祐四年登科录》）。景定元年至四年（1260—1263），任严州州学教授（《新定续志》卷三《州学教授题名》）。

3. 记事起讫

此书所记大多始于淳熙，但例外者亦为数不少。如卷二《知州

1 此书卷二《知州题名》云钱以直宝章阁于景定元年六月十八日到任，二年十二月准省札升直华文阁，三年四月初八日，升直敷文阁。卷四《书籍》云“《新定续志》，知郡华文钱寺丞任内刊”。按三年四月方逢辰《序》，此书成于景定三年。因此，景定三年四月初八以前，钱应为直华文阁，四月初八以后，钱应为直敷文阁。《后村先生大全集》卷六六载钱可则《除直华文阁制》。各书均无钱《除直宝文阁制》。又按宋制直华文阁，介于直宝章阁和直敷文阁之间，直宝文阁则远在直敷文阁之上（《宋史》卷一六二《职官二》）。钱三年所擢升之职应为直敷文阁而不可能是直宝文阁。

题名》即始于宝庆元年（1225）。卷三《州学教授题名》则始自绍兴二年（1132）。又卷二《知州题名》止于咸淳六年（1270），《通判题名》止于景定元年（1260），《添差通判题名》和卷三《登科题名》止于景定三年，卷三《州学教授题名》则止于咸淳八年。可见其记事下限止于咸淳八年。

4. 始刊年月

钱大昕曰："《新定续志》十卷，前有景定壬戌方逢辰序。"（《十驾斋养新录》卷一四《新定续志》）文渊阁本卷首方逢辰《序》末题为"景定壬戌四月"。可见方序作于景定三年（壬戌，1262）。此书卷四《书籍》又言该书系"知郡华文钱寺丞任内刊"。钱于景定二年十二月升直华文阁。次年四月升直敷文阁，随即离任。据此推知，此书刊行于景定三年四月，钱可则去任前，咸淳间曾经州学教授赵希峑等增补。

5.《瑞产》门之误

今本有《瑞产》门，而无《物产》门，提要误。《瑞产》云"麦秀两歧"，提要误"两"为"四"。

6. 杨皇后之籍贯

《宋史》卷二四三《后妃传》云：宁宗杨皇后，少入宫，"忘其姓氏，或云会稽人"。"有杨次山者，亦会稽人。后自谓其兄也，遂姓杨氏。"可见杨皇后姓氏已失考，杨次山只是其自认之兄长，《宋史·后妃传》仅指出有人说杨皇后为会稽人。按孝宗至理宗时人李心传《建炎以来朝野杂记》乙集卷二《今上杨皇后》所载，"今上杨皇后，遂安人也"，即严州遂安人。杨皇后亦自认为严人，曾为之尽免两浙身丁钱，并派杨谷、杨石至严州主集乡会[1]。由此可见，

1 见《新定续志》卷一《户口》、卷三《乡会》。

当时之人封宁宗杨皇后的乡贯早有定论，史传所载十分明白，并无错误，也不必待《新定续志》方可订正会稽说之讹。

十、《咸淳临安志》九十三卷

> 元潜说友撰。……咸淳庚午以中奉大夫、权户部尚书知临安军府事。……越四年，以误捕似道私秫罢。……及宋亡，在福州降元，受其宣抚使之命。

1. 书名

此书卷一《序录》和《凡例》均自称其名“临安志”。宋末吴自牧所撰《梦粱录》卷一七《历代方志》、卷一八《户口》称之为“咸淳志”，卷一七《历代人物》称其为“临安志”，卷一七《历代方外僧》又有临安新、旧志的区分。可见此书原名“临安志”，又称“临安新志”和“咸淳志”，后始称“咸淳临安志”。

2. 卷帙

此书原有一百卷，后散佚残缺。清初，朱彝尊从海盐胡氏、常熟毛氏得宋本八十卷，又借钞十三卷，共有九十三卷[1]。四库馆臣即据寿松堂传写朱彝尊家所藏九十三卷本誊钞著录。后鲍廷博又得宋刻本两卷。道光年间，汪远孙等据黄丕烈所藏宋本八十三卷、影宋本十二卷刊梓。内卷六五、卷六六系据卢文弨从鲍氏所得宋本补钞，为朱氏藏本所无。此外，黄士昭又据《梦粱录》卷一七《历代人物》所引《临安志》人物传目，以成化《杭州府志》传文增

---

1 见朱彝尊《曝书亭集》卷四四《〈咸淳临安志〉跋》。

补成一卷，即卷六四[1]。故今通行本为九十六卷，共缺四卷。其中卷九〇为《纪事》，卷九八、卷九九为《纪文》，卷一〇〇为《历代碑刻目》。

3. 成书及增补年代

朱彝尊《曝书亭集》卷四四《〈咸淳临安志〉跋》和《浙江方志考》卷二《杭州府县志》均误以为此书修于咸淳四年（1268）。按此书卷首《〈咸淳临安志〉序》和卷一《序录》，潜说友作《序》及《序录》时的职衔为"中奉大夫、权户部尚书兼详定敕令官兼知临安军府事"。潜于咸淳七年"六月一日，以磨勘转中奉大夫。八月四日，除权户部尚书。当日，升兼详定敕令官……十月十三日，说友罢"（《咸淳临安志》卷四九《古今郡守表》）。由其题名之职衔与官秩的升迁，可知上述《序》及《序录》只能作于咸淳七年八月至十月间。按常理推断，书《序》及卷一《序录》成文之日，即为全书修成之时。据此，可知此书应完成于咸淳七年，而非咸淳四年。

又此书卷四一《国朝诏令》下所载止于咸淳七年正月。卷一〇《官宇》、卷一二《礼部贡院》、卷五九《田税》记事下讫咸淳七年（1271）。卷六一《国朝进士表》末只记咸淳"七年辛未张镇孙"榜首姓名，而未载该年临安府登科人名。《中兴右科进士表》末只记"七年辛未"，不载人名。卷五六《府学》所记止于咸淳八年。卷五〇《两浙转运》题名终于咸淳八年十月。卷四九《古今郡守表》所载截止于咸淳九年五月。按此，可知此书的确成于咸淳七年，咸淳八年、九年曾经人增补。增补者应为转运判官朱浚和知府事黄万石等。

1 见道光十年刊本《咸淳临安志》书末所附汪远孙《跋》。

由上所述，此书编成于宋代而非元代。潜说友卒于景炎二年（1277）或至元十四年（《宋季三朝政要》卷六《广王本末》），主要活动于宋代。提要云“元潜说友撰”，是因其晚年降元而称之为元人。我们切不可因此而误认为此书撰修于元代。

4. 作者

潜说友，处州缙云人，其生平仕履载见周密《癸辛杂识》别集上《潜说友》。周密云其淳祐“甲辰（四年）得第”。《南宋馆阁续录》卷七《秘书丞》则云潜为淳祐“辛丑（元年）进士，（咸淳）二年三月，以枢密院编修官兼权刑部郎官兼右司郎官，除秘书丞，兼职依旧。十一月，除军器少监”。咸淳四年（1268）闰正月十七日，潜以朝散郎、直华文阁、两浙运副，除司农少卿兼知临安府事，并于七年而非六年（庚午）转中奉大夫、除权户部尚书。咸淳庚午，潜仅为朝请大夫、户部侍郎。其罢任亦在始知临安府事后的第三年，即转中奉大夫、除权户部尚书的同一年，亦即咸淳七年，而非提要所说的咸淳庚午（六年）之“越四年”。《癸辛杂识》别集上云，潜说友“咸淳庚午尹京，凡四年。后因误捕贾公私秫事去”。提要所云，当系踵袭《癸辛杂识》之讹。

提要云潜降元任宣抚使事，与史籍所载颇相左。《宋季三朝政要》卷六《广王本末》云，丁丑（1277）二月，元政府在福州“置宣抚司，以潜越（说）友、王（积）绩翁为副使”。《金华黄先生文集》卷八《王公祠堂碑》云，元以王积翁“充福建道宣抚副使。部将李雄挟淮兵为辞，杀同知宣抚司事潜说友”。《元史续编》卷一、《通鉴续编》卷二四、《资治通鉴后编》卷一五二、《续资治通鉴》卷一八三则均云元以潜说友为宣慰使，以王积翁副之。提要所云，未知何据。就上述记载的史料价值而言，应以《广王本末》和《王公祠堂碑》所言较为可信。按《元史》卷一二九《唆都传》所言，至元十四年，唆都在攻取福州前，即已升任“福建道宣慰使”。元军至福州，是王积翁向非潜说友以城降。又按元制宣慰使，为从二品，同知从三品。副使正四品。宣抚司“每司达鲁花赤一员，宣抚一员，同知、副使各二员”(《元史》卷九一《百官七》)。因此，元军下福州后，委潜说友以宣慰使之重任，使其高居于王积翁之上的可能性，应远小于委任潜为宣抚副使或同知宣抚司事的可能。但潜无论担任何职，均绝非提要所说的“宣抚使”。

本文原载于《文史》2000年第一辑，中华书局。

先秦吴、越国王墓址试探

本文首先探讨了春秋时寿梦至夫差七代吴王的墓址，指出吴之蛇门外大丘、筑山北塘、胥女大冢和蒲姑大冢分别为寿梦、诸樊、余祭、余昧之墓，王僚、阖闾、夫差之墓分别位于吴之狮子山、虎丘和徐枕山。文章又在梳理考订越王世系的基础上指出，句践至朱句四代越王之墓应在琅邪，翳之墓在句容大横山下，翳以下诸王之墓均应在吴地，蒸山（真山）南面夏驾大冢应为无余之或无彊之墓。

吴国和越国是春秋时崛起于东南，先后称霸于中原的两个重要国家。本文拟对寿梦以后历代吴王和句践以后历代越王的墓址，作一系统的梳理。所论如有不当，尚祈诸位方家不吝指正。

从文献记载来看，春秋后期寿梦至夫差七代吴王的墓地皆一一可考。

先秦时国君之墓，大多位于其国都附近。吴自迁都今苏州后，历代吴王即葬于苏州一带。吴迁都于今苏州的时代，通常有二说。其一引《世本·居篇》云："吴孰哉居蕃离，吴孰姑徙句吴。"宋忠曰："孰哉，仲雍字"；"孰姑，寿梦也"。《吴地记》亦云吴"至寿梦始别筑城，为宫室于平门西北二里”，唐时仍“基址见存”。此说以为迁吴是寿梦在位时事。另一说亦引《世本》曰“诸樊徙吴”，且云“寿梦卒，诸樊南徙吴”(《史记》卷三一《吴太伯世家》所引宋裴骃《集解》及唐张守节《正义》)。

无论采何种说法，吴国在寿梦、诸樊之交既已徙都于吴，吴王的墓地即应在今苏州附近。史籍的记载完全可以证实这一点。

吴自寿梦至夫差计七世，共有寿梦、诸樊、余祭、余昧、王僚、阖闾(或阖庐)、夫差七王。其末后三王之墓址均确凿可考。按《越绝书》卷二《越绝外传记吴地传》所载：“阖庐冢，在阊门外，名虎丘。”“夫差冢在犹亭西卑犹位。……近太湖，去县五十七里。”(此据《史记》卷三一《吴太伯世家》《集解》所引《赵绝书》)《吴越春秋》卷五《夫差内传》则云，夫差葬于“秦余杭山卑犹”。按“秦余杭山，即阳山也”(《吴郡志》卷一五《山》)。《吴地记》又曰“徐枕山，一名卑犹山”(见《史记》卷三一《吴太伯世家》所引《索隐》)。《姑苏志》卷八《山》则云：“徐侯山在阳山西北十里，一名卑犹，一名徐枕。”可见阖闾墓在今虎丘，夫差墓在今阳山西北十里之徐侯山或徐枕山。

此外，《吴地记》又指出，“岝崿山在吴县西十二里，吴王僚葬此山中”。《吴郡图经续记》云：“岝崿山在吴县西南一十五里。《图经》云：‘形如师子。’今以此名山也。”“俗说此本在太湖中，禹治水，移进近吴。又东及西南有两小山。”《吴郡志》卷一五《山》曰：“鹤阜山，亦名岝崿山。”《姑苏志》卷九《山》下则云：“岝崿山，……俗称狮子山，……一名鹤阜山。……山南有大石，相传为坠星。山右有土阜，曰铃山。左曰索山，皆以狮子名。”按上所述，岝崿山即今狮子山，亦即《越绝书》卷二所说“禹游天下，引湖中柯山置之鹤阜”，“山南有大石，古者名为坠星，去县二十里”的茬碓山，或茬碓山中的一山。按《越绝书》卷二所载：“吴古故陆道：出胥明［门］，奏［走］出土山，度灌邑，奏［走］高颈，过犹山。”高颈即今高景山，在狮子山西北。“高颈山东桓石人，古者名‘石公’，去县二十里。”“土山者，春申君时治以为贵人冢次，去县十六里。”从吴古故陆道路线、方位、里程来看，土山即狮子山山右土阜铃山，狮子山应在县西16里左右。如按唐时岝㟧山在县西12里，宋时为15里，1里等于300步，1步为6尺，1唐尺＝0.31米，1宋浙尺＝0.27米，战国秦汉时1尺＝0.23米计（见梁方仲《中国历代户口、田地、田赋统计》附录二《中国历代度量衡变迁表》），则战国秦汉时的岝㟧山，亦即《越绝书》中所载录的茬碓山，大致应在县西16或18里处。据此可知，吴王僚之墓应在今苏州城西之岝㟧山，其地在战国秦汉时去县约17里左右。

其余四位吴王之墓则无法一一确定。按《越绝书》卷二所载：“蛇门外大丘，吴王不审名冢也，去县十五里。筑塘北山者，吴王不审名冢也，去县二十里。”“胥女大冢，吴王不审名冢也，去县四十五里。蒲姑大冢，吴王不审名冢也，去县三十里。”以上四座无名冢中，有二座的方位是可以确定的。其中第一座位于蛇门外。伍子胥所筑的吴大城共有陆门八，南方为盘、蛇二门，东方为娄、匠二门。《吴越春秋》卷四《阖闾内传》指出，筑城时因“越在东南，故立蛇门以制敌国。……越在巳地，其位蛇也，故南大门上有木蛇，北向首内，示越属于吴也”。按其所言，蛇门应在盘门东，为大城东南隅之门。蛇门外大丘应在今苏州东南方（按民国《吴县志》卷一尹山、郭巷二区图所载，在距苏州城十余华里的独墅湖西岸，有“王墓湖”、“王墓塘”等地名。此大丘可能就在王墓湖、王墓塘一带）。其第二座胥女大冢则在胥女山附近。《越绝书》卷二指出，“白石山，故为胥女山，春申君初封吴，过，更名为白石，去县四十里”。嘉靖《浒墅关志》卷三《形胜》云，白石山“在浒墅北去二里，《越绝书》云故为胥女山”。道光《浒墅关志》卷一《山》又云：“白豸山，即白石山，在浒墅北二里。”同书卷一三《冢墓》则称“胥女即白豸山”，“吴王冢在白豸山”。可见胥女大冢在今苏州西北方的白石山或白豸山附近。另两座冢墓的地点、方位目前尚难以确定。

由上所述，可知王僚墓在城西17里左右处的茌碓山。从去县里程来看，其墓不可能位于去县20里的筑塘北山，也不可能就是去县30里的蒲姑大冢。又就方位和里程而言，其墓亦非在城东南15里处的蛇门外大丘，更不会是在城西北45里处的胥女大冢。王僚墓既不在此四“吴王不审名冢”之列，另外二位吴王阖闾和夫差之墓又史有明文记载，分别位于去县约10里的虎丘和去县57里的卑犹，那末，上述四座“吴王不审名冢”应分别为寿梦、诸樊、余祭和余昧之墓。

从文献记载和考古发掘的情况来看，历代越君之墓地亦大致可知。

文献的记载表明，在越灭吴以前的春秋晚期，越王多葬于会稽附近。如按《越绝书》卷八《越绝外传记地传》所载，“若耶大冢者（在今绍兴平水镇附近），句践所徙葬先君夫镡冢也，去县二十五里”。“木客大冢者（在今绍兴城南木栅附近），句践父允常冢也，……去县十五里”。句践祖、父二代越王之墓即均在会稽附近。句践生前亦曾自营陵墓，拟葬会稽。如会稽“独山大冢者，句践自治以为冢，……去县九里”。后因“徙瑯琊，冢不成”。句践最终也就未葬于会稽。

句践以下越君的世次、人名各书所载颇不一致。因此，欲探讨战国时历代越君的冢墓所在，势必先解决上述记载不一的问题。

现将《越绝书》卷八《越绝外传记地传》、《吴越春秋》卷一〇《句践伐吴外传》、《史记》卷四一《越王句践世家》和《竹书纪年》所载战国时越王世系列表如下：

史料出处	人名						
《越绝书》	句践	（子）与夷	（子）子翁	（子）不扬	（子）无彊、（子）之侯	（子）尊	（子）亲
《吴越春秋》	句践	（子）兴夷	不寿、（子）翁	（子）不扬	（子）无彊、（子）玉或王侯	（子）尊	（子）亲
《史记》	句践	（子）鼫与	（子）不寿、（子）翁	（子）翳	（子）之侯、（子）无彊		
《竹书纪年》	句践	（次）鹿郢	（子）不寿、（次）朱句	（子）翳	（太子）诸咎、孚错枝、初无余、（次）无颛、（次）无彊。		

如承认诸书所言均各有所据，且基本可信，那么，从这一原则出发，将上述四书所载一一详加比较，便可发现：

1. 按《史记》所说，《吴越春秋》所载之翁、不寿乃二人。不寿应在翁之前。

2.《史记》所附《索隐》引乐资《春秋后传》云“越语谓鹿郢为鼫与”，可知介于句践与不寿间的鹿郢即鼫与，亦即兴夷，也就是与夷。与、兴因形近而讹。

3. 按《史记》所载，位于不寿和翳之间的朱句应即翁之别称。

4. 疆应为彊之讹，之侯即玉，亦即王侯。

5. 翁之后，无彊、之侯前的不扬、翳应为同一人。翳、不扬义亦相通。

6. 按《史记索隐》所引《竹书纪年》，“孚错枝”作“子错枝”，“初无余”作“无余之”。又按《庄子》卷九《让王》、《吕氏春秋》

卷二《贵生》所载，越人三世杀其君，越国无君，越人遂立王子搜为王。搜即挖。《说文》曰挖，“众意也，一曰求也”，“从手，叜（叟）声”。《玉篇》，色流切。《广韵》、《唐韵》，所鸠切。《集韵》，疏鸠切。又先奏切，先侯切。《吕氏春秋》卷九《审己》又载有越王授之名。授，《说文》曰：“予也，从手受，受亦声。”《玉篇》，时霤切。《广韵》，承咒切。《唐韵》，殖酉切。《集韵》，是酉切。搜与授，声、音相通。又就越人索求王子搜，授其王位而言，搜、授义亦相联。显然，上述王子搜应即《吕氏春秋》所说的听任其弟滥杀其子，后因国人围困王宫。罹难而亡的越王授。战国时，越君被杀之事可谓史不绝书。按《竹书纪年》所载，周贞定王二十年（前449），不寿见杀。周安王二十六年（前376）七月，太子诸咎弑其君翳，自立。十月，越人杀诸咎，吴人立子错枝为君。次年，寺区定越乱，立无余之。周显王四年（前365），寺区弟思弑其君，无颛立。如越人三世杀其君指不寿、翳和诸咎三君，上述越王搜应为子错枝。如指短期内接连被杀的翳、诸咎和子错枝三君，越王搜应为无余之。如指不寿、翳和翳之诸子三代，则越王搜应为子错枝或无余之，或无颛。由于子错枝系吴人而非越人所立，无颛系寿终正寝而非罹难而亡，越王搜为子错枝和无颛的可能性可以排除。因此，越王搜应是越人所立，罹难而亡的无余之。又蒋光煦所见宋本《吴越春秋》云“鲁穆柳有幽公为名，王侯自称为名”，将王之侯比作鲁幽公。幽公为其弟所弑（《史记》卷三三《鲁周公世家》），《史记》卷末所附《谥法解》曰“动祭乱常曰幽”，“壅遏不通曰幽”。王之侯的所作所为与命运应与此相仿。这和越王搜的所作所为，与遭人围困、罹难而亡的结局正相同。之，《唐韵》，止而切。《集韵》、《韵会》，真而切。侯，《广韵》，户钩切。《玉篇》、《集韵》，胡沟切。二字与搜、授声音相通。之侯急读又与搜、授声音相若。因此，搜（授）应该就是之侯。《吕氏春秋》卷九《审己》篇高诱注云：“越王授，句践五世之孙。”按越王世系表，王之侯正是句践五世孙。可见王之侯就是越王搜，亦即无余之。故《史记》卷四一《越王句践世家》《索隐》亦云：“王之侯即无余之也。”之侯的位次应在无彊前，《越绝书》、《吴越春秋》误倒。

7.《史记》和《竹书纪年》失载尊、亲二位越王。其原因在于无彊兵后败被杀后，越国削弱瓦解，内乱不已，最终为楚所并。由于越人无暇外顾，与中原各国几乎断绝往来，所以中原诸国的史书也就未能载录尊、亲这二位越君。《越绝书》和《吴越春秋》则因多取材于越国史记，所以能一一载录尊、亲之名，而不致遗落。

8.《竹书纪年》所载越君人数较《越绝书》、《吴越春秋》为多。如不寿、诸咎、子错枝、无余之与无颛五人即系《越绝书》所不载。这种不同并非出自记载上的错讹，而是与两者记载越君世次的原则与方法的差异有关。如《越绝书》、《吴越春秋》不载者多不得善终，多系政争和争夺君位斗争的失败者。其所载之君主中，每相邻二位又均为父子关系。据此分析，《越绝书》和《吴越春秋》是在排除政争中的失败者后，按强调正统、父死子继的世袭原则及方法，记载为越国官方所认可的君位传递世次的。这一现象的产生，应与以上二书多采自越史，而越史又是政争胜利者所写，势必排斥失败者有着内在的逻辑关系。《竹书纪年》所载之越君，既有指明父子相继的，也有不知是否父子相继，以“次……立”的句式表示的。又按其一一具载越国政争的情况分析，该书的作者应是按秉笔直书，全面、真实的原则及方法记载这段史实的。这和该书系别国人记他国事，毋须忌讳，尽可直书其事有关。故所载虽多据传闻，但仍较翔实。按上所述，鹿郢应为句践之子。不寿虽为鹿郢之子，颇具正统性、合法性，但他却因非正常原因（很可能是政争）

而死，因其被杀而继立的朱句（翁）亦为鹿郢子，称王37年。其子翳（不扬）在位长达36年。以下诸王，如之侯（王子搜顾名思义应为越王翳之子）、无彊按《越绝书》、《史记》等所载，皆为翳（不扬）之子。无颛为无彊之兄（见《史记》《索隐》），也是翳之子。尊、亲又是之侯之子孙。所以不寿之被除名，朱句、翳之被认作正统乃是理所当然的。从这一正统出发，弑父之诸咎理应遭到摒斥。基于同样的原因，吴人所拥立，在争位斗争中迅即为其兄弟和越人所推翻的失败者子错枝，为弑君者所立，又为其弟所取代的无颛，也都缺乏足够的合法性和正统性。就父死子继的正统而言，在无颛、无余之、无彊兄弟中按理只能由一个人上承越王翳。这一正统地位由于无颛合法性不够，无余之系因政变而横死，最终接掌君位的是无彊而落到无彊身上。《越绝书》云之侯“窃自立为君长”，《吴越春秋》曰“王侯自称为名”，便是上述事实的一种反映。然而，在无彊死后出现了越族破散，诸族子争立的局面，权威大大削弱的王位落入之侯子孙尊、亲的手中（据《越绝书》、《吴越春秋》）。在无彊的正统地位早已确立，尊、亲已无力彻底压平和消灭其反对者（包括无彊的子孙及其支持者），否定无彊地位的情况下，之侯方因尊、亲而取得正统的地位。但同时也就产生了按强调正统的原则，之侯应置于无彊后，而按父死子继，君位传递的实际情况，之侯应在无彊前的尴尬局面，并因之出现了《越绝书》、《吴越春秋》将之侯置于无彊后，《史记》将其列于无彊前的矛盾现象。

文献的记载又表明，越灭吴后，一度曾“徙居姑胥台”(《越绝书》卷八《越绝外传记地传》)。但时隔不久，句践即于周贞定王元年徙都琅邪（《竹书纪年》卷一一）。越建都琅邪的时间历来有二说。一说以《竹书纪年》为代表，认为在周安王二十三年越王翳迁都吴以前，共有句践、鹿郢、不寿、朱句及翳五位君主建都于琅邪。另一说则以《越绝书》和《吴越春秋》为代表，认为“亲以上至句践，凡八君，都琅邪二百二十四岁”(《越绝书》卷八《越绝外传记地传》)，“尊、亲失琅邪”，“亲众皆失，而去琅邪，徙于吴矣”(《吴越春秋》卷一〇《句践伐吴外传》)。今人因《竹书纪年》史料价值较高，较为可信，多取越王翳迁都吴之说，而以亲徙都说为不可信。其实二说各有所据，未必彼此抵牾，不可二存之。如兼采二说，则翳迁都后仍以琅邪为陪都，直至亲方最终放弃琅邪。

无论按翳迁都于吴之说，还是按第三说，以琅邪为首都的只有句践至翳五位越王。句践迁都会稽后，曾徙葬其祖父夫镡于若耶(《越绝书》卷八)。迁都琅邪后，他又曾派人至木客山取允常之丧，欲徙葬琅邪而未成(《吴越春秋》卷一〇)，并放弃了在会稽附近为自己营造的冢墓(《越绝书》卷八)。据此分析，句践、鹿郢、不寿、朱句四代越王之墓均应在琅邪。翳迁都于吴以后，除朱句徙葬的可能性稍大外，其余三君迁葬的可能性不大。

如若说句践、鹿郢、不寿、朱句之墓应在琅邪，那么翳以下历代越王之墓则应在吴。周安王二十三年以后，翳以下历代越君均以吴为国都。其中除亲因“失众，楚伐之，走南山”外(《越绝书》卷八)，其余诸君均应葬于吴地。按景定《建康志》卷六《建康表一》、卷一七《山阜》和卷四三《古陵》所载，翳葬句容县小茅峰东北之大横山下。又按《越绝书》卷二所载，越摇王葬于去县百里的宿甲东大冢，周宋君葬于吴小城附近的武里南城，而去县35里的“蒸山南面夏驾大冢”，则是一座“越王不审名冢”。凡此种种，皆说明战国中后期越君之墓多在吴地。

上述“蒸山”即今真山。真山在今苏州西北的浒关附近。此山属阳山北支余脉，距苏州约三十华里，去浒关仅数里之遥。真山80年代初属吴县保安公社真山大队(驻山姑庙)管辖，明清时人称甑山。如《姑苏志》卷八《山》上云，阳山“又北曰甑山，山巅有七窍，如瓦甑，故名”。嘉靖《浒墅关志》卷三《形胜》云，阳山“在浒墅西七里”，甑山“在浒墅西北三里，山巅有七窍，如瓦甑，故名”。《吴门表隐》卷九则引《浒墅关志》曰“三姑土地庙在甑山”。由其方位相同，真、甑同音，和二山均有三（山）姑庙，可以断言真山即明清时的甑山。

真山在先秦及秦汉时名蒸山和蒸丘。《吴越春秋》卷五《夫差内传》云，公孙圣死后，“吴王乃使门人提之蒸丘”，暴尸此山。《越绝书》卷一〇《越绝外传记吴王占梦》记公孙圣死事与《吴越春秋》所载几完全相同，不同之处仅在于“吴王使人提于秦余杭之山”而非蒸丘。显然，蒸丘和秦余杭山应指同一地点。《吴郡图经读记》卷中《山》云：“阳山，在吴县西北三十里，一名秦余杭山。”徐天祜注《吴越春秋》曰，蒸丘，“一名蒸山，又名阳山，在吴县西北三十里”。可见蒸山即蒸丘，秦余杭山即今阳山。又按《越绝书》卷一〇所说，公孙圣暴尸于秦余杭山，其地距“秦余杭山西坂”，“尚有十数里”，可知此山和今之阳山一样，应为一山脉之总称。蒸山或蒸丘只是此山脉中的一座山丘。所以嘉靖《浒墅关志》卷三《形胜》、康熙《浒墅关志》卷二《山水》和道光《浒墅关志》卷一《山》皆曰阳山逶迤周二十余里，一名秦余杭，一名万安，又名四飞，又以云气如炊，名蒸丘，亦名蒸山。道光志又云阳山“北四飞，又一名蒸丘”，可见蒸山系阳山北支。《越绝书》卷二云：“蒸山南面夏驾大冢者，……去县三十五里。”清代浒关运河以西，真山附近通安桥一带有“夏家庄”之地名（道光《浒墅关志》卷八《坊巷乡村》）。今日浒关西真山附近通安有“夏家圩”村（《江苏省吴县地名录》）。在吴语中，夏家即夏驾。由蒸山属阳山北支，位于今苏州城西北，先秦、秦汉时去县三十五里，宋元时去县三十里，真、蒸同音，二山附近又都有夏驾（家）的地名，可以断定先秦、秦汉时的蒸山和蒸丘也就是今天的真山。

考古发现表明，真山地区存在战国时期的王侯之墓。按小真山一号战国墓 D1M1 有三级台，墓长 11.4 米，宽 9.4 米，深 6.2 米，墓道长 11 米，为一带隧道的竖穴墓室。其规模、形制与河南固始县侯古堆句吴夫人墓大致相当。后者为一“甲”字型竖穴墓，位于一山岗上。墓口长 12 米，宽 10.5 米，墓底长 10.8 米，宽 9 米，深 16 米，墓道长 11 米，宽 4 米（《文物》1981 年第 1 期《河南固始侯古堆一号墓发掘简报》）。D1M1 因村民炸山采石而毁，墓内随葬品已残缺不全，但仍有 4 只青铜鼎，3 只以上足以显示墓主高贵地位的提梁壶。其中“猴纽提梁壶”为一十分罕见的珍品。另外，“青铜人物擎灯”、青铜印和玉板指等也都是极珍贵的文物。该墓位于小真山之巅，陵墓建造工程浩大，出土随葬品品级颇高，墓之规模制度与句吴夫人墓相仿，无疑应为一侯王之墓。值得注意的是，地势高于 D1M1，位于大真山山顶的 D9，土墩封土高 15 米，直径达 50 米，规模又高于 D1M1，其墓主似应具有更显赫的地位和更高贵的身份。

从文献的记载来看，今天苏州真山地区肯定存在战国时之越王墓，按前所述，古之蒸山即今之真山。所以《越绝书》云蒸山南面夏驾大冢为越王不审名冢，也就是说今日真山南面有一越王墓。

欲知墓中所葬越王为谁，即须先解决无彊以后有无越王的问题。因为历来有人认为，越自“无彊以上，霸，称王。之侯以下微弱，称君长”(《越绝书》卷八)。但《越绝书》卷二却载录了“越宋王”、“摇城王”、“越王余复君”、“越荆王”、“越干王”和“越摇王”等名号。蒋光煦所见宋本《吴越春秋》卷一〇则云，句践至无彊、尊、亲共“历八王”，并称亲为“王亲”。足见诚如司马迁所说，越自无彊后，其君或为王，或为君，并不乏称王者。因此，夏驾大冢的墓主有可能是翳迁都于吴以后，包括无彊、尊、亲以下仍称王者中的一位。

但是，从真山夏驾大冢号称大冢，特别是从很可能就是夏驾大冢的D9的规模、形制来看，其墓主应是越国国势强盛时期的越王，其本人或其子在位较久，具有较高的地位和正统性。翳以后历代越君中，弑父自立的诸咎和吴人拥立的子错枝，缺乏正统性和合法性，在位期间极短，均不可能是夏驾大冢的墓主。无彊在位8年，但缺乏正统性。尊、亲以后诸王在位期间，越国已衰弱分裂，他们葬于夏驾大冢的可能性不大。完全符合上述诸条件的有翳、无余之和无彊。其中翳葬于句容大横山下，可以排除在外。无余之在位11年，为越王尊之父。无彊则在位24年。二人虽均死于非命，但都具有较高的地位和正统性，又均为越国称霸时的君主。因此，大冢墓主很可能就是无余之或无彊。当然也有可能是无彊、尊和亲以后诸王。此外，翳迁都后，将句践至朱句等先王徙葬于夏驾大冢的可能性也不能排除。

综上可知，吴王寿梦、诸樊、余祭和余昧之墓分别在吴都附近，人称蛇门外大丘、筑塘北山、胥女大冢和蒲姑大冢。吴王僚、阖闾和夫差之墓则在今苏州城西的狮子山、虎丘和阳山西北十里之徐侯山或徐枕山。越王句践、鹿郢、不寿和朱句之墓应在琅邪。越王翳以下诸王之墓均应在吴地。其中越王翳之墓在今句容县小茅峰东北大横山下。越王无余之或无彊之墓应即夏驾大冢，位于今苏州城西真山。

本文原载于《浙江学刊》2003年第1期。
为周先春先生与明旭合著。

休休庵本《坛经》版本考

蒙山德异于在吴中休休庵刊梓《坛经》。初次刊行后10年，“花山禅源”万恒复在高丽翻刻此本。又16年后，报国寺秋谷再度在吴中刊刻，并经高丽传入日本。其题跋者系郑思肖和景瞻。日本国会图书馆所藏版式、纸料应系高丽之翻刻本，时间未必在延祐三年。至元本、至元二十八年南海宗宝所刊《坛经》文字内容与休休庵本一致，卷前也载德异之序，该刊本据休休庵本刊梓。这表明休休庵本在刊梓一年后即已传至岭南。

《坛经》流传较广的有敦煌本、惠昕本、契嵩本、德异本（即休休庵本系统）和宗宝本等。以往的研究对前三种版本和宗宝本较为注意，对德异本则不太重视[1]。休休庵本是“幼年尝见古本”全帙的“古筠比丘德异”，因“《坛经》为后人节略太多，不见六祖大全之旨”，遂“遍求三十余载”，终“得通上人寻到全文”，于元初至

1 见胡适:《胡适论学近著》，平装本第一集上册，《坛经考之一》(《跋曹溪大师别传》)、《坛经考之二》(《记北宋本的六祖坛经》)；印顺:《中国禅宗史》第六章《坛经之成立及其演变》，上海书店，1992年；宇井伯寿:《禅宗史研究》第一章《坛经考》，岩波书店，1935年；柳田圣山:《初期之禅史》二,《禅的语录》三，筑摩书房，1976年；郭朋:《坛经校释》，中华书局，1983年；《坛经导读》，巴蜀书社，1987年；《坛经对勘》，齐鲁书社，1981年；周绍良:《敦煌写本坛经原本》，文物出版社，1997年等。

元二十七年（1290）“刊于吴中休休禅庵”[1]。此后，该刊本即由国内传至海外，并在韩国、日本一再翻刻，广为传布。多年来，在休休庵本《坛经》的刊梓和流行中一直存在不少误解和有待澄清之处。

休休庵本的刊梓者系蒙山德异，上海图书馆现藏有其于元至元二十七年吴中休休庵所刊刻本[2]。德异号蒙山，出家师从临济宗大师皖山正凝（1191—1274），与雪岩祖钦（1217—1287）、高峰原妙（1238—1295）、绝学世诚（1260—1332）等同时，为宋末元初人[3]。其所度弟子以“志行愿清普贤妙道智慧圆明真宗河绍”等16字为宗派[4]。休休庵一名圆觉寺，又名普光王禅院，系德异于南宋咸淳十年（1274）创建，位于苏州申庄前北口，小莲河桥西[5]。德异著有《蒙山和尚普说》四卷，系元释吾靖等辑集，北京图书馆藏有该书的明抄本[6]。哈佛燕京图书馆则藏有明成化二年（1466）韩国翻刻的《蒙山和尚六道普说》。又藏有明隆庆三年（1569）朝鲜平安道祥原地大青山解脱寺据休休庵本韩国翻刻本重刊的一部《坛经》。其卷末附记曰：

> 先是行於东国者有数本焉，率皆举略而遗全，循讹而失正。……中吴休休蒙山异老……寻得大全之古本，既板而寿其

1 哈佛燕京图书馆藏隆庆三年（1569）平安道祥原地大青山解脱寺所刊《六祖大师法宝坛经》卷前德异：《六祖法宝坛经序》。

2 《中国古籍善本书目》子部《释家类》，第959页，上海古籍出版社，1996年。

3 宋濂：《宋景濂未刻集》卷下《妙果禅师塔铭》，第31-35页；释大訢：《蒲室集》卷一二《豫章般若寺绝学诚禅师塔铭》，第11-14页，文渊阁四库全书本。明河：《补续高僧传》卷十二〈铁山琼禅师传〉，《高僧传合集》，第692-693页，上海古籍出版社，1995年。生卒年据陈垣：《释氏疑年录》卷九，《励耘书屋丛刻》，第2144、2153、2161页，北京师范大学出版社，1982年。

4 危素：《说学斋稿》卷二《扬州普门禅庵记》，第35-36页，文渊阁四库全书本。

5 王鏊：《姑苏志》卷二九《寺观》，第12页，文渊阁四库全书本。

6 《中国古籍善本书目》子部《释家类》，第967页。

传，……又欲广其法施也。越大德二年春，附商寄来，嘱以流通。法施之愿，予之不浅，得之庆幸。遂乃重镂，庶流布於无穷也。所期参玄之士，但向未开卷前著得活眼，续佛慧命。慎莫泥句沉言，灭胡种族，其有兹乎！四年。

此跋无作者落款，四年是否为大德四年亦无法确定。笔者通过韩国学者的帮助，最终获得了原本藏于汉城大学，明嘉靖三十七年（1558）韩国黄海道遂安土阿达山青奄寺据休休庵本韩国重刊本翻刻的《坛经》复印本。其卷末附记在“四年”下较解脱寺本多出“庚子七夕住花山禅源万恒谨题”一行共13字。据此可知，蒙山德异在休休庵本《坛经》刊行八年后，曾托商人将其送交万恒（1249—1319），并于两年后即大德庚子，亦即大德四年（1300）在韩国刊行。按李齐贤《益斋集》卷七《慧鉴国师碑铭》所载，“万恒，俗姓朴氏。考进士，讳景升。……师以儒家子为僧。……中吴异蒙山见其文偈，叹赏不已，赓和十数，仍贻书致古潭之号。延祐已未……化，……寿七十一”。万恒住花山禅源，以“海东曹溪山修禅社万恒”享誉中韩[1]，又与德异向有交往。

休休庵本《坛经》刊行后，除了曾在大德四年重新镂板外，还曾在延祐三年（1316）再次刊板。一般认为，日本国会图书馆所藏《六祖大师法宝坛经》系延祐三年高丽刻本，自高丽传入日本[2]。此说值得商榷。从韩国国立图书馆等收藏的玉泉寺本等《坛经》来看，延祐本也曾于明代在韩国重刊。延祐本《坛经》卷首亦载“古筠比丘德异”所撰《六祖法宝坛经序》，显然是据休休庵本重刊。

1 陈垣：《释氏疑年录》卷九，《励耘书屋丛刻》，第2167页。

2 见昭和十年复刻元延祐高丽刻本《六祖大师法宝坛经》卷前大屋德城《解说》。

卷末则附录所南翁、景瞻所作二跋。前者云：

> 《坛经》乃述六祖禅师本末与夫接门弟子问答之语。其辞直截，豁露分明，示人更无隐语，……可谓直指人心，见性成佛之捷径。但其间别有一句，虽不出于文字语言之外，却不在于语言文字之中。试问诸人还读得么。若读得出，立地化凡成圣。其或未然，且只循行数墨，亦福不唐损。秋谷长老损财入梓流通，……不知谁解体悉此意耶？所南翁跋。

后者则曰：

> 《法宝坛经》乃是佛祖骨髓，……报国秋谷老师刊板印施，以广其传，欲令学般若菩萨顿悟心宗，令趣觉地。虽然，“叶落归根，来时无口”。若谓老卢末后句，此卷向甚处得来？延祐丙辰三月日瑞光景瞻拜书。

按此可知，延祐三年刻本是报国寺秋谷长老出资刊行，题跋者系所南翁和景瞻。

据目前所知，宋末元初以所南为别名字号者仅郑思肖（1241—1318）一人。此处的所南翁应系郑思肖无疑。郑思肖，福建连江人，初名某，宋亡，乃改名思肖（即思赵）。其字忆翁，号所南，皆寓意也。祖咸，卒于枝江县主簿。父震，后名起，字叔起，号菊山，为和靖书院山长，景定壬戌（1262）卒于吴。母楼氏，妹为比丘尼，名普西。思肖宋末以太学上舍应博学宏词科，侍父来吴。宋亡，隐居吴中，遇岁时伏腊则野哭南向拜，坐卧不向北，闻北语必掩耳亟走。终身不娶，多寓僧寺，田也多舍诸刹。撰有《所南文集》、《一百二十图诗集自序》、《谬余集》、《释氏施食心法》、《心史》、《太极祭炼》等[1]。元王冕言郑思肖“晚年学佛”[2]。思肖亦自云“我自幼岁世其儒，近中年闯于仙，入晚境游于禅”，“吴之名山、禅室、道宫无不遍历”[3]。据此分析，延祐中为释秋谷所刊禅宗经典《坛经》题跋，推崇《坛经》，阐发其旨，赞扬刊行者，题跋落款不用延祐年号的所南翁，与毕生忠于赵宋，晚年入禅，寓于僧寺的郑思肖应是同一人。

报国寺系宋咸淳间僧持正所建[4]。按祝允明追述，此寺在杨家巷，至元二十二年有施者捐钱购地为供佛道场，“延普照智明师主之，一时禅风甚盛。再传觉无象，三传某子通”。明“洪武中并隶开元”。其后僧人“乃具始末及泰定丁卯通师所立寺基图簿示余求记。……又传亡宋遗老郑君所南久居其中。所南狷独少合，寺多佳僧亦可知矣”[5]。按寺僧所述，郑思肖与报国寺僧关系颇佳，且在该寺寓居甚久，他为该寺长老捐资所刊《坛经》题跋一事应是可信的。秋谷生平事迹不详。郑思肖入元后“誓不与朔客交往，或于朋友坐上见有语音异者，便引去”[6]。因赵子昂“受元聘，遂绝之”[7]。其《所南翁一百二十图诗集自序》自言，凡“有求皆不作，绝交游，绝著作，绝倡和”，长期“不与世接”[8]。秋谷如为北人和高丽人，若

1 郑思肖：《所南文集·附录·郑所南小传》，《四部丛刊续编》；卢熊：洪武《苏州府志》卷四〇《人物·高行·郑思肖传》，《中国方志丛书》，台湾成文出版社，1983年；陶宗仪：《南村辍耕录》卷二〇《狷洁》，文化艺术出版社，1998年；《心史》，《四库全书存目丛书》集部第21册，齐鲁书社，1997年；郑所编集的《太极祭炼内法议略》则收于正统《道藏·洞玄部·方法类》。

2 《所南文集·附录》，第9页。

3 《所南文集·三教记序》，第49页；《附录》，第3页。

4 《姑苏志》卷二九《寺观》上，第5页。

5 祝允明：《怀星堂集》卷三〇《勅赐苏州府报国禅寺记》，第15、16页，文渊阁四库全书本。

6 陶宗仪：《南村辍耕录》卷二〇《狷洁》，第283页。

7 《所南文集·附录·郑所南小传》，第2页。

8 《所南文集·答吴山人问远游观地理书》，第11页。

与北人及元世祖外孙忠宣王王璋治下的高丽有关，郑是不会与其交往并题跋的。这从反面证明：秋谷应为南僧，其书应刊于吴中。

上述泰定丁卯（1327）前后报国寺主持通师，应系元初人。此人与至元二十七年为蒙山德异寻得《坛经》全文的“通上人”似为同一人。若此说成立，则德异本《坛经》在休休庵刊行后26年，复由报国寺刊板印施，完全是由于通上人与两者皆有关缘故。

郑跋所云：“其间别有一句，虽不出于文字语言之外，却不在于语言文字之中”，当指“其辞直截，豁露分明，示人更无隐语”的《坛经》虽曾谈及，却语焉不详。据“若读得出，立地化凡成圣”一句分析，此应指慧能“说法不离自性”，即其十分重视并反复强调的“若识自性，一悟即至佛地”的佛性或自性[1]。“另有一句”是指“师告众曰：‘吾有一物，无头无尾，无名无字，无背无面，诸人还识否’？”这表明题跋者已牢牢把握《坛经》的精髓，此人应系“入晚境游于禅”的郑思肖无疑。

又景瞻跋文所说之瑞光应指瑞光禅寺，景瞻应为瑞光寺僧人。该寺在开元寺南[2]。二寺比邻，关系密切，明代并为一寺。因此之故，他才会继郑之后为报国寺长老秋谷所刊《坛经》题跋。也正因为如此，他才会对德异本所用底本，即通上人所寻到的古本全文有较一般人为多的了解，并就“叶落归根，来时无口”一句提出“若谓老卢末后句，此卷向甚处得来”的问题。

景瞻跋文所引“叶落归根”之句，敦煌写本和惠昕本《坛经》俱不载，契嵩本、德异本和宗宝本则均有之，且字字相同，应是后人增入。德异本此句系从通上人寻到的古本得来。但据目前所知，

1　德异本《坛经》之《南顿北渐》、《悟法传衣》。

2　《姑苏志》卷二九《寺观》上，第7页。

此句尚另有来处。德异本此句前为：“大师七月八日忽谓门人曰：‘吾欲归新州，汝等速理舟楫。’大众哀留甚坚。师曰：‘诸佛出现，犹示涅槃。有来必去，理亦常然。吾此形骸，归必有所。’众曰：‘师从此去，早晚可回？’师曰：‘叶落归根，来时无口’。”[1]唐人所撰《曹溪大师别传》云：“大师归新州，诸弟子问：‘大师何时得归？’答曰：‘我归无日也。’”可见此句是后人据《曹溪大师别传》增入，而改“日”为“口”。改后文句具多层含义：“叶落归根”既可指回其故乡新州，又可指归于涅槃和诸佛之本源；“来时无口”既指慧能身死后又从新州迁回曹溪，来时已不能言说，又指身虽涅槃，佛之本源尚在，信徒只要懂得修行求佛，“此须心行，不在口念”，“但信佛无言”，即可“见性成佛”[2]。据此分析，景瞻不但知道德异本此句的来历，而且还深知此句的含义。其人应是与通上人、秋谷长老交往密切的瑞光寺禅僧。

本文原载于《世界宗教研究》2004年第4期。为周生春先生与韦光燕合撰。

1 德异本《坛经》之《付嘱流通》。
2 德异本《坛经》之《悟法传衣》、《参请机缘》。

《章学诚遗书》佚文补录

章学诚（1738—1801）是18世纪中国伟大的历史学家。他一生著述丰富，但因仕途坎坷，生活潦倒，所言不合时好，身后著述大多散失不传。

1920年，吴兴嘉业堂主人刘承幹据沈曾植所藏王宗炎编次的章学诚遗稿重加修补，增入《和州志》三卷，《永清县志》十卷，《乙卯劄记》、《丙辰劄记》、《知非日札》、《阅书随劄》、《信摭》、《历代纪年经纬考》、《历代纪元韵览》、《补遗》、《附录》各一卷，以《章氏遗书》为名刊刻行世。

1973年，台北高志彬将1922年《四川省立图书馆图书集刊》所载之《章氏遗书逸篇》五篇列为《补遗续》，增入刘承幹所刻《章氏遗书》，交汉声出版社刊行，是为《章氏遗书》增补本。

1985年，北京史城据刘承幹所刻《章氏遗书》本断句影印，附以王秉恩所著《校记》一卷，并从北京大学图书馆所藏章华绂抄本、北京图书馆所藏翁同龢旧藏朱氏椒花唫舫抄本选录十九篇文字作为《佚篇》，书名改为《章学诚遗书》，由文物出版社刊行。其《佚篇》较高志彬《补遗续》多出十四篇。此书堪称收录章氏佚文最多，最为完备的一部章学诚遗书。

史城本《章学诚遗书》虽是迄今为止最完备的一部章学诚遗书，但由于种种原因，在辑佚上未能做到搜罗净尽仍有一些佚文尚未收入此书。兹补录并略加说明如下。

乾隆三十八年（1773），章学诚应和州知州刘长城之聘，编纂《和州志》。书成未刊，章学诚将其所撰删作二十篇，名曰《志隅》。此即《章氏遗书》所收录的《和州志》三卷。按《章氏遗书外编目录》“和州志”条所云，“此志非全书，有缺失，亦无卷数，今分三卷”，可知《章氏遗书》所录不全，编者所见已有缺失。值得庆幸的是，章学诚《和州志》原书全貌今虽不可得见，但有不少内容又因他书转载而得以保存了下来。例如除上述《章氏遗书》已收录的《和州志》三卷外，《历阳典录·补编》即转录了章学诚《和州志》的若干残篇。《历阳典录》初修于乾隆五十六（1791）年，刻于嘉庆二十三年（1818）。道光九年（1829），陈廷桂又取十年来续录者刻为《补编》六卷，附诸前录之末，并于同治六年（1867）重刊行世。北京图书馆、中国科学院图书馆和哈佛燕京图书馆等图书馆均藏有同治六年刊本。按同治六年所刊《历阳典录·补编》，其所引录的章学诚《和州志》佚文可分为两类：一类系收录他人的著述，另一类则系章学诚本人的撰作。

前者包括：“明汪四论”所著《焦（竑）先生祠记》(见《历阳典录补》卷二《古迹二》)，“明太祖”所撰《封和州城隍灵护王制》(《历阳典录补》卷二《古迹三》)，和“本朝徐来”所作《湖村遣兴》诗（《历阳典录补》卷六《艺文十》）。

后者包括：章学诚所撰和州沿革，从“《夏书》曰”至“成祖永乐元年以京师为南京，和州直隶如故”止（《历阳典录补》卷一《沿革》）；以及章学诚所撰《罗春玉传》(《历阳典录补》卷三《人物三》)、《马如蛟传》、《成性传》、《吴渠传》、《陈万谟传》、《叶肇梓传》、《陈鋕传》、《林谦传》、《叶长川传》、《孟恩谊传》、《巫慧传》、《张基尌传》、《王錀传》、《沈恒传》(《历阳典录补》卷三《人物四》)，以及《马如蛟妻传》、《徐贞女传》、《张氏传》、《倪贞女传》、《贞女汤世璞传》、《张贞女传》、《庆氏张世玉传》、《戴氏张经妻传》、《黄氏严敬妻传》、《王氏罗易简妻传》、《安氏汤嗣孟妻传》、《水氏张弧妻传》、《罗氏鞠廷薰妻传》、《吴氏张进妻传》、《张氏（农家女）传》(《历阳典录补》卷四《人物五》)。

上述同治六年刊《历阳典录·补编》所引章学诚《和州志》残篇共计三十三篇，一万余字。每篇篇末均注明引自"章学诚《和州志》"。除《成性传》外，其所引均为刘承幹本《章氏遗书》、高志彬本《章氏遗书》和史城本《章学诚遗书》所未收。既然《和州志》已收入《遗书》，那末上述《和州志》残篇，至少是章学诚本人撰作的后一类文字就应在重印《章学诚遗书》时补入。其《成性传》与现行《章氏遗书》、《章学诚遗书》本中的《和州志·成性传》文字不同，亦应全文收入。

此外，乾隆二十九年（1764）冬，章学诚之父章镳应天门知县之聘，主持编纂《天门县志》。章学诚参与了编修，所撰有《修志十议呈天门胡明府》、《天门县志艺文考序》、《天门县志五行考序》、《天门县志学校考序》等传世。此书并未失传，而是于乾隆二十九年刊行，收藏于中国科学院图书馆、故宫博物院图书馆等处。在重印《章学诚遗书》时，亦应考虑是否收入以及如何收入的问题。

本文原载于《浙江社会科学》2005年第1期。
为周生春先生与胡倩合撰。

南宋临安宫城考

余自1978年有幸得入挚民师门下，迄今已有25年。就本人闻见所及，先生一直将学术作为其生命之价值所在。吾师为人处世，强调道德、文章并重，严以律己，宽以待人。其治学也严谨，造诣精深，且乐于奖掖后进。这样的学者，今天已很难见到了。也只有这样的学者，才称得上学界楷模，一代宗师。多年来，弟子时时得先生耳提面命，获益良多。吾师传道、授业之恩，没世难忘。今特撰作《南宋临安宫城考》一文，谨以此纪念先师。

中国古代防御完备的城市，往往筑有子城、内城和外廓，拥有三重城墙。如唐都长安即有京城、皇城和宫城（亦名子城）三重（《雍录》卷三，《唐六典》卷七）。宋东京外城或国城周四十八里，里城或阙城周二十里，宫城或大内周五里（《宋会要辑稿》“方域”一之一、二）。西京京城周五十二里，皇城周十八里，宫城周九里。其他城市一般有二重城墙。如南京京城周十五里，宫城周二里。北京京城周四十八里，宫城周三里（《宋史》卷八五）。

南宋绍兴八年，宋高宗驻跸临安，以临安为行在即都城。从历史文献的记载可知，临安有外城和皇城（《宋会要辑稿》“方域”一之一八),《咸淳临安志》卷首又载有《京城图》和《皇城图》二图，所以学者一般认为临安有京城(外城)和皇城，但对宫城则知之者几希。在人们高度关注南宋皇城遗址的今天，临安的宫城已成一亟待澄清的问题。

首先，南宋宫城的存在是毋庸置疑的。如绍兴十五年(1145),"时方缮治行阙，增葺宫城，公(钱端礼)与临安守分任其役，率先告办，除直徽猷阁进宝文阁"(《攻愧集》卷九二)。乾道七年(1171),宋孝宗云"学士院湫隘"。周必大奏:"宫城不容增广，陛下欲卑宫室，臣等居此亦过矣。若遴选名儒而信任之，不在栋宇之丽也。"(《攻愧集》卷九三)绍兴初，叶梦得曾上奏阐述建康"宫城外门制度",言及"宫城内地步东西南北相去各一百九十余丈"(《石林奏议》卷一〇)。又《咸淳临安志》和《景定建康志》卷首目录均载《宫城图》,后书序且言前四卷将述及"宫城建置之详"。

这都说明南宋时临安和建康的确存在宫城。

其次，如若南宋临安的确存在宫城，那么宫城与皇城及大内又是什么关系呢?

而要说明上述关系，必须先厘清宫城与行宫的关系。一般来说，南宋的行宫是指皇城而非宫城。建炎三年(1129)二月壬戌，宋高宗驻跸杭州，以州治为行宫(《宋史》卷二七,《建炎以来系年要录》卷二〇),绍兴元年(1131)八月遂诏徐康国、杨公弼措置擗截行宫(《宋会要辑稿》"方域"二之九)。次年，新作行宫南门成，诏名行宫之门(《宋史》卷二七,《宋会要辑稿》"方域"二之一一)。绍兴十八年三月,《咸淳临安志》卷一云名行宫南门曰丽正,《宋会要辑稿》"方域"二之一八、《建炎以来朝野杂记》甲集卷二则云学士院撰到皇城南门名曰丽正，北门曰和宁。足见当时人们将行宫南门称作皇城南门，即将行宫视为皇城。

无独有偶，建康的情况亦是如此。绍兴二年（1132）五月、四年二月和五年正月，高宗屡屡下诏修作建康行宫（《宋史》卷二七）。《景定建康志》卷一云，绍兴二年，上命李光“即府旧治修为行宫”。复言“皇城周四里”，“绍兴二年即旧子城基增筑”。又按同书卷一所载，建康“皇城南门”正对天津桥、御街此门在卷五《宋建康行宫之图》中标作“行宫门”。可见在当时人眼中，建康的行宫门即皇城门，行宫即皇城。

值得注意的是，行宫虽往往被南宋时人视为皇城，但偶尔又被看作宫或宫城。试举例来说，绍兴二年十二月，宋高宗决定移跸临安之后，“诏行宫、皇城周回各径直空留三丈，皇城门外各空留五丈，外许见存人居住，并须防谨火禁。如有违漏之家，依开封府城法断罪”（《宋会要辑稿》“职官”三四之三四）。此诏《建炎以来系年要录》卷六一作“临安民居皆改造席屋，毋得以茅覆盖。行宫、皇城周回各径直留空三丈，毋得居”。《舆地纪胜》卷一则作“诏行宫、皇城周回各径直空留三丈、毋得居”。所载与《宋会要辑稿》几乎完全相同，均将行宫、皇城视为各自独立，且完整的实体。此处的行宫应指位于皇城内的宫或宫城。

再就宫城与皇城的关系而言。宋高宗自驻跸临安后，曾一再申明出入禁中之制。如绍兴二年规定，出入禁中须照验“三色牌子”，其中“入殿门，黄绢方号”；“入宫门，黄绢圆号”；“入皇城门，黄绢长号”。次年规定，“入殿门，黄绢圆号”；“入宫门，绯红绢方号”；“入皇城门，绯红绢圆号”。上述“敕号以方圆长八角方胜为样制，每岁递互更易，三年周而复始”。“出入宫禁人”须“缀带在胸前衫上”（《宋会要辑稿》《职官》三四之三四、三五，四十、四十一）。据此推断，宫门似在殿门与皇城门之间。

孝宗绍兴三十二年（1162）八月八日因“上太上皇帝太上皇后

尊号故”，下诏“丽正门、和宁门并南、北宫门及合经由门户并比常日早二刻开”。十一月二十九日“诏张焘朝谒，许来轿出入皇城门至宫门内上下马处”。隆兴二年闰十二月三日“诏尚书左仆射陈康伯权令乘肩舆入出皇城门至殿门外”(《宋会要辑稿》“职官”三四之三六、三七)。上述丽正门、和宁门乃皇城门，可知宫门的确位于在殿门与皇城门之间。

又按宋代制度，京城、皇城、宫、殿皆有垣墙，严禁逾越。如移跸临安后，高宗于绍兴三年（1133）十二月九日诏曰：“宫墙底小却薄，不足以限制内外，令修司使相度帮贴砌垒，其合用工料砖灰具申尚书省。”出于同样的原因，绍兴四年二月十八日“权知临安府梁汝嘉言：本府系车驾驻跸，其越城门禁止有海行条法，窃恕合依在京法禁，乞下所属检会颁降以凭遵守。刑部状：检准律，诸越殿垣者绞，宫垣流三千里，皇城减宫垣一等，京城又减一等”(《宋会要辑稿》“方域”二之一一、一二)。上引绍兴二年“行宫、皇城周回各径直空留三丈，毋得居”之诏，即说明南宋临安的行宫系按宋制计划建置，宫城、皇城周回均环绕有城墙。

由上所述，可知上述南、北宫门应为宫城门，连接宫城门的为宫墙或宫垣，南宋的宫城有宫墙环绕，位于临安皇城城墙之内。

南宋建康行宫的规制亦是如此。

从《景定建康志》的行宫图和文字记载来看。建康“皇城周四里”，系绍兴二年“即旧子城基增筑”。宫门在宫之南，皇城南门之北。寝殿、朝殿、复古殿、罗木堂、御膳所、进食殿、直笔阁等在宫中。内东宫在宫之左。学士院在皇城门之内，宫门外西南隅。天章阁在皇城门内，宫门外东南隅。宫门乃宫城之门，宫门在皇城门北，位于殿门和皇城门之，宫城则位于皇城内（《景定建康志》卷一）。

又从绍兴初叶梦得的实地勘察来看。叶梦得指出，“今行宫止朝殿前有行宫门两重外，其余并无别门”。两重门分别为宫门（即宫城门）和“宫城外门”。“朝殿至宫门虽有九十余丈”，“自宫城门止有行宫一门”，即“宫城外门”或皇城门。“皇城门旧止系建康府门。”宫城有宫墙、禁中墙，且多筑墙（《石林奏议》卷一〇）。按其所说，宫城门在朝殿与皇城门之间，宫城在皇城之内。亦是宫城、皇城并存，宫城在内，皇城在外。

复就宫城与大内的关系而言。北宋大内一般指宫城。如《宋会要辑稿》“方域”三之三一云：“东京大内南中三门，中曰宣德。大内东一门曰东华，大内西一门曰西华门，大内北一门曰拱宸。”“三之三六云：西京大内东面一门曰苍龙门，西京大内西面一门曰金虎。”《宋史》卷八五则云：“东京宫城周回五里，南三门，中曰乾元，明道二年改宣德。东西面门曰东华、西华。西京宫城周回九里三百步，东一门曰苍龙，西一门曰金虎。”其所言大内即宫城。

南宋大内多指行宫和皇城。如《宋史》卷一五四即云：“中兴，皇帝所居曰殿，总曰大内，又曰南内，本杭州治也。”《（乾道）临安志》卷一曰：“大内在凤凰山之东，以临安府旧治子城增筑，南曰丽正门，北曰和宁门，东曰东华门。”《（淳佑）临安志》卷五云：“大内丽正、和宁门。”《咸淳临安志》卷一云：“大内在凤凰山，即杭州州治。”吴自牧《梦粱录》卷八则云：“大内正门曰丽正，后门名和宁。其所谓大内即指行宫和皇城。故时人将湻熙二年十一月癸亥丽正门内东庑灾，又称作皇城内火。”（《宋会要辑稿》“瑞异”二之三七，《宋史》卷六三，《文献通考》卷二九八）

当时，大内多指行宫和皇城。宫城则称宫禁或禁中以示区别。如皇城司下辖院子指挥，“黄院子入宫禁，皂院子入大内”，即职责分明（《咸淳临安志》卷一四）。宫内寝殿前嘉明殿，其所对东廊门楼乃殿中省。黄院子、内诸司司属人员等上番者俱聚于廊庑，祗候服役。如宫禁买卖进贡，皆由此入。每遇进膳，省门上有一人呼唱，谓之拨食。次有紫衣裹卷脚幞头者，谓之院子家，托一合用黄绣龙合衣笼罩，左手携一条红罗绣手巾进入。和宁门外红杈子，早市买卖，市井最盛。盖禁中诸阁分等位宫娥，早晚令黄院子收买食品下饭于此（吴自牧《梦粱录》卷八）。由此可知，上述宫禁或禁中与大内是两个完全不同的对立的概念，两者有省门、门楼等门禁的阻隔，后者指皇城，前者则指内宫和宫城。

不过，南宋时有时又沿袭北宋习惯将大内视为宫城。如绍兴十五年（1145）十二月，御史台言，皇帝亲耕藉田，"耕藉日，皇帝乘平辇，自内殿至祠所"(《宋会要辑稿》"礼" 六之一七)。次年正月，宗正少卿上劄子云：按亲耕精田制度，"所有护卫仪仗欲乞自制造耕根车处护卫，经由大内至皇城南门外排立"(《宋会要辑稿》"礼" 六之二四、徐松《中兴礼书》卷一三七)。亲耕精田日，"皇帝自常御殿乘辇，出行宫南门"(《中兴礼书》卷一三八)。以上文字即将大内视为有别于皇城和行宫的宫城内殿。又如宋高宗于绍兴五年（1135）二月八日至临安府，"乘辇还行宫大内"(《宋会要辑稿》"礼" 五二之一五)。孝宗绍兴三十二年六月十一日诏："德寿宫诸门令依皇城门及宫门法，仍依行宫大内置巡警守卫。"(《宋会要辑稿》"职官" 三四之三六）以上文字即将大内视为有别于皇城和行宫的宫城。

再次，依靠现有的一些文献记载，如陈随应《南渡行宫记》，仍可大致了解南宋临安的皇城内、宫城外，以及宫城内的建筑概貌。

陈随应当系陈随隐之误。陈世崇（1245—1308）字伯仁，号随隐，理宗时缉熙殿应制、东宫讲堂说书陈郁子（余嘉锡《四库提要辨证》卷一八）。世崇曾随父入宫禁，任东宫掌书、皇城司检法、阁门寄班（《随隐漫录》卷三、《四库提要辨证》卷一八，厉鹗《宋诗纪事》卷六八）。入元不仕，著有《随隐漫录》十二卷（今存五卷），于南宋故事，言之甚详（《四库提要辨证》卷一八）。随隐曾任职宫禁，其《南渡行宫记》既为顾炎武《历代帝王宅京记》载录，又为梁思成《中国建筑史》所引，可信度甚高，我们切不可因其为笔记小说而摈弃不顾。

按陈世崇所言，“皇城九里，入和宁门，左进奏院、玉堂，右中殿外库，至北宫门”。可知皇城和宁门内、宫城北宫门外有学士院、玉堂、摛文堂，进奏院和中殿外库等（顾炎武《历代帝王宅京记》卷一八陈随应《南渡行宫记》）。

宫城周围不到9里。其南北宫门内有垂拱、崇政、延和、福宁、选德诸殿。其中垂拱殿乃正衙，“视朝之前殿”。崇政殿即祥曦殿，位“宫后”，为“阅事之所”。“垂拱及后殿之后有延和殿”，为北向“便坐殿”，位“崇政殿后之西”。福宁殿乃寝殿。射殿曰选德，处“禁林间”，位“禁垣之东”。缉熙殿是理宗“辟旧讲殿为之”。勤政殿系“即进食殿改建”。缉熙、崇政殿之东为钦先孝思、复古等殿。钦先孝思殿系“绍兴十五年建”，“以奉祖宗神御”。又有凌虚楼、瑞庆殿、坤宁殿。资善堂亦“在宫门内”。（《宋史》卷八五、卷一五四，《建炎以来朝野杂记》甲集卷二、乙集卷三，《咸淳临安志》卷一，《历代帝王宅京记》卷一八所引陈随应《南渡行宫记》）。

宫内苑中，则有复古殿、损斋、观堂、芙蓉阁、翠寒堂、清华阁、椤木堂、隐岫、澄碧、倚桂、隐秀、碧琳堂等。其中复古殿系“燕闲之所御殿”。损斋亦在“宫中”（《宋史》卷八五、卷一五四，《建炎以来朝野杂记》乙集卷三，《咸淳临安志》卷一）。

东宫在丽正门内（《宋史》卷一五四）。太子宫门位于“丽正门内之东”(《咸淳临安志》卷二)。按顾炎武《历代帝王宅京记》卷一八所引陈随应《南渡行宫记》，东宫在丽正门内，南宫门外。东宫有外宫门、内宫门。入内宫门，廊右为赞读春坊直舍。左讲堂七楹，扁新益，度宗改建为熙明殿(《咸淳临安志》卷一)。外为讲官直舍。正殿向明，左圣堂，右祠堂，后凝华殿、瞻箓堂，环以竹。左寝室，右齐安位内人直舍百二十楹。左彝斋，接绣香亭便门，通绎已堂。昔杨太后垂帘于此，曰慈明殿，度宗改建为嘉明殿(《咸淳临安志》卷一)。嘉明殿在勤政殿之前，与东廊门楼相对(《梦粱录》卷八《大内》)。东宫内射堂为游艺之所，圃中有荣观、玉渊、清赏等堂、凤山楼，皆宴息之地(《宋史》卷一五四,《建炎以来朝野杂记》乙集卷三)。由绎已堂过锦胭廊一百八十间，直通御前。廊外即后苑。

由嘉明殿对殿中省，宫禁买卖进贡和进膳经省门出入，禁中诸阁分等位宫娥早晚令黄院子收买食品下饭于和宁门外市井，可知东宫除南门外宫门、内宫门外，尚可经省门北出和宁门。

又由东宫与御前、后苑相通，嘉明殿与勤政殿相接，淳熙三年(1176)九月大内射殿灾，延及东宫门(《宋史》卷六三,《文献通考》卷二九八),《梦粱录》卷八又将嘉明殿列入延和、崇政、福宁、复古、缉熙、勤政、射殿、选德、钦先孝思等十大“禁廷诸殿”之一，可见东宫与宫城应视为一体。此两者一体的宫城除包括前朝、后宫与后苑外，还应包括东宫。

本文原载于浙江大学历史系等编《徽音永著：徐规教授纪念文集》，华东师范大学出版社，2012年。

第二编　经济

宋元时期嘉定社会经济的发展

宋元两代是嘉定社会经济迅速发展的时期，在嘉定历史上占有十分重要的地位。

宋元时期，嘉定人口的增长是颇为可观的。宋初雍熙（984—987）前后，嘉定所在的苏州有主客三万五千二百四十九户（《太平寰宇记》卷九一）；宣和年间（1119—1125），至四十三万户（《鸿庆居士集》卷二二《平江府枫桥普明禅院兴造记》，《吴郡志》卷一《户口税租》、卷三三《郭外寺》）；元初至元二十七年（1290），增至四十六万六千一百五十八户（《元史》卷六二《地理五》）；明初洪武二十六年（1393），为四十九万一千五百一十四户（《明史》卷四〇《地理一》）。四百年中，苏州户口增加了十多倍。苏州管下的嘉定亦是如此。按唐陆广微《吴地记》所载，嘉定所在的昆山县领户一万三千九百八十一。宋大中祥符间（1008—1016），昆山主客户为一万六千三百五十户（淳祐《玉峰志》卷上《户口》）。由此推断，唐末宋初，嘉定地区即昆山十四乡中的五乡应只有数千户人家。但经过有宋一代的繁衍生息，到元初至元二十七年（1290），嘉定人口已增至九万五千七百九十五户。明初洪武二十四年（1391）嘉定人口为九万八千九百九十九户（嘉庆《太仓州志》

卷二一《户口》)。四百余年间，嘉定的人口至少增加了十倍。

有人说，嘉定建县之际，名列上县，全县人口在两千户以上，这种说法的根据，在于宋代诸县的等级之制。宋初建隆年间(960—963)，政府以版图之数升降天下县，规定畿外县四千户以上为望，三千户以上为紧，两千户以上为上，千户以上为中，不满千户为中下(《宋史》卷一五八《选举四》、《文献通考》卷三一五《舆地》)。按此制度，嘉定名列上县，人口应在二千户至三千户之间。但这一规定仅实行了一百余年就被废除了。政和五年(1115)，因诸县户口倍增，旧制难再维持，宋政府遂改变旧法，令一万户以上为望，七千户以上为紧，五千户以上为上，三千户以上为中，三千户以下者分为中下和下二等(《宋会要辑稿·方域》七之二八、二九)。按此新制，五千户以上方为上县。政和以后，宋政府很可能对这一条令又作了新的更动。所以到嘉定创县之际，全县“编审户三万”，仅名列上县(嘉庆《太仓州志》卷二一《户口》)。这一记载无可争辩地说明，建县时，嘉定有人口三万户，而不是两千户以上。

宋元两代，嘉定的农田水利事业获得了长足的进展。在宋代，嘉定等地的劳动人民在张纶、范仲淹、叶清臣、王纯臣、郏亶、沈括和赵霖等人的领导下，大举兴修水利，筑圩裹田(《吴郡图经续记》卷下《治水》、《吴郡志》卷一九《水利》)。元大德二年(1298)，元政府在平江设浙西都水庸田司，专主水利(《元史》卷一九《成宗二》)。顺帝时，置都水庸田使司于平江(《元史》卷九二《百官八》)，专一修治田围，疏浚河道。大德八年(1304)、九年(1305)和泰定元年(1324)，任仁发领导组织了开浚吴淞江(包括嘉定段河床)的工程(《姑苏志》卷一二《水利下》)。至大年间(1308—1311)，元政府又领导督促嘉定等地的农民修治陂塘、沟洫和围岸（《续文献通考》卷三《水利田》）。

农田水利的兴修使嘉定地区的农田结构发生了很大的变化。北宋熙宁年间（1068—1077），昆山太仓人郏亶指出，昆山之地，从太仓冈身至海，其地高亢，田地患旱，均系旱田。太仓冈身西至昆山，其地低下，田地患水，均为水田（《吴郡志》卷一九《水利》）。嘉定旱田多而水田少。但至明初，情况便已完全不同了。明万历二十一年（1593），嘉定人徐行等上疏说："本县三面缘海，田土高亢瘠薄，与他县悬殊。虽自昔已然，但国初承宋元之后，考之旧志，境内塘浦泾港大小三千余条，水道通流，犹可车戽，民间种稻者十分而九。"（嘉庆《太仓州志》卷二二《田赋》）这说明熙宁以后，随着农田水利事业的发展，嘉定沿海一带的旱田基本上已被改造成水田。南宋时人吴泳说："吴中之民，开荒垦洼，种粳稻，又种菜麦麻豆。"（《鹤林集》卷三九《隆兴府劝农文》）在苏州一带，粳稻多种于水田，菜麦麻豆多种于旱田。因此，农田水利的不断兴修实际上使嘉定从以旱作为主的地区，一变而成为主要种植水稻的地区。

宋元时期，嘉定耕地的扩大堪称空前绝后。唐末宋初，嘉定地区只有数千户人家，人口稀少，耕垦不广。按郏亶所说"国朝之法，一夫之田为四十亩"（《吴郡志》卷一九《水利上》）计，当时嘉定垦田不会超过四十万亩。又按郏氏所说，熙宁时，包括嘉定在内的苏州地区、应有十八万夫即七百二十万亩农田，可出税米七十二万石。而当时苏州苗米仅三十四至三十五万石，已开垦的农田还不到可耕地的一半（《吴郡志》卷一九《水利上》）。但经过有宋一代的开发，到元延祐四年（1317），嘉定垦田为一千一百围，按"千亩为一围"计，耕地已增至一百一十万亩（嘉庆《太仓州志》卷二二《田赋》）。又经过元代的开发，到明吴元年（1367），嘉定耕地已达一百四十一万八千六百七十二亩（光绪《嘉定县志》卷四《田亩》），远远超过了唐末宋初之际。由此可以断言，明清和近现代嘉定的耕地大多开辟于宋元二代。

宋元时期，嘉定地区的商业和城镇均有较大的发展。南宋时，“浙西稻米所聚”（《宋史》卷四〇七《杜范传》）。“苏湖秀三州号为产米去处，丰年大抵舟车四出。”（《双溪类稿》卷二一《上赵丞相书》）浙西的太湖地区是全国最重要的商品粮产地。该地出产的稻米除经常销往福建、浙东和杭州、严州外，还大量贩入金国境内，甚至远销海外“诸番”。这些商业活动常常是经由华亭、海盐、青龙、江阴、顾迳、镇江等处，通过海道进行的（《宋会要辑稿·刑法》二之一四一、一四二，《文山集》卷三《御试策》，《宋史全文》卷二五下乾道九年十月甲子，《历代名臣奏议》卷二四七《赵汝愚奏》）。其中的顾迳即是嘉定境内的一座重要的港口市镇。光绪《嘉定县志》卷二九《金石》中即载有宋代顾迳市的地名。

除粮食贸易外，南宋时，嘉定一带的海洋渔业和石首鱼的贸易也获得了引人注目的发展。范成大《吴郡志》卷二九《土物》引《吴录》云：“娄县有石首鱼。”《吴郡志》又云：“（其鱼）今惟海中，其味绝珍，大略如巨蟹之螯，为江海鱼中之冠。夏初则至，……海上八月间，又有一种石首，……谓之回潮石首。”《吴录》系五代宋初人徐铉等所撰。娄县，秦代所置，治所在今昆山东北。娄县沿海之地包括宋之昆山和嘉定。可见在宋和宋代以前，嘉定沿海即产石首鱼。此鱼肉味鲜美，颇为吴人所珍。但夏初捕获之鱼，因天热，多肉败气臭，难以远销。从《吴郡志》成书前20年，即乾道时（1165—1173）开始，“沿海大家始藏冰，悉以冰养，鱼遂不败。……以有冰故，遂贩至江东金陵以西，此亦古之所未闻也”。冷藏法的发明，大大促进了石首鱼贸易的发展。

嘉定之地，濒江滨海，对外贸易主要是依靠舟船，通过水道祐进行的。北宋嘉祐中（1056—1063），昆山县（当时嘉定尚属昆山）海上有一来自高丽屯罗岛的海船。该船因桅杆折断，风飘泊岸。其桅旧植船木上，不可动，昆山县令韩正彦派人为其修治桅杆，工人即为之造转轴，教其起倒之法（《吴郡志》卷四六《异闻》）。由此事例，可知北宋时昆山沿海，即嘉定一带的造船和航运技术已达到相当先进的水平，这无疑在技术上为嘉定地区商业和贸易的发展，创造了有利的条件。

随着商业的发展，嘉定地区在宋元时期兴起了一系列新的市镇。江湾即是其中之一。南宋绍兴年间（1131—1162），昆山知县张汉之指出，“海道客旅兴贩物货”，其舟船系经吴淞江，取道江湾浦，入秀州青龙镇。由于江湾“系商贾兴贩舶货经由去处，人烟繁盛”，所以行商往往不去青龙镇而在此出卖货物，偷瞒商税。绍兴六年（1136），南宋政府为此在江湾创置税务，在江湾浦口置场量收过往商税，并差京朝官一员，监收税课，兼领烟火公事（《宋会要辑稿·食货》一七之三六），这是嘉定东部人烟繁盛的一座商业市镇。

练祁市是嘉定中部的一重要商品集散中心。该市于嘉定十年以后成为县治所在地。此外，在嘉定西部还有“建县即成市”的钱门塘市。“南宋尝置税务于此。”（《嘉定县续志》卷一《市镇》）

除上述顾泾、江湾、练祁和钱门塘外，嘉定北部的黄姚也是一处繁荣的商业集镇。嘉定中，有人指出：“黄姚税场系二广、福建、温、台、明、越等郡大商海船辐辏之地，南擅澉浦、华亭、青龙、江湾牙客之利，比兼顾泾、双浜、王家桥南、大场、三槎浦、沙泾、沙头、掘浦、萧泾、新塘、薛港、淘港沿海之税。每月南货商税动以万计。”（《宋会要辑稿·食货》一八之二九）按其所说，当时嘉定不仅形成了大商海舶辐辏，商税数以万计的贸易重镇黄姚，而且还以此为中心，形成了顾泾、大场等一系列较小的贸易集市。上述黄姚是宋元时期嘉定沿海的一商业中心，其地在嘉定东北40里黄姚港边（乾隆《江南通志》卷六一《水利》），即今宝山盛家桥北，现已没入海中（光绪《宝山县志》卷一《市镇》）。顾泾地处今宝山盛桥附近，顾泾沿岸（《盛桥里志》卷三《风俗》）。顾泾在嘉定东40里入海（乾隆《江南通志》卷六一《水利》）。王家桥在宝山、嘉定界泾之上，位于曹王庙北3里（《嘉定疁东志》卷一《市集》）。三槎浦在今南翔（《嘉定乡土志》下《南翔》）。沙泾则在今江湾附近（《宝山县续志》卷一《市镇》）。以上集市在宋嘉定以前隶昆山，建县后大多属嘉定。南宋时，黄姚、顾泾二地均设有税场。嘉定建县后，宋政府即“令平江府则立税额”，由吏部选差文臣监税，而不许嘉定地方政府干预此事（《宋会要辑稿·食货》一八之二九）。

有宋一代，实行酒类官府专卖制度。当时，嘉定县治西设有酒务。县治南二十四里，有新江酒库。县治西二十四里，有徐公坊酒库。县市西，有侍卫马军司酒库（光绪《嘉定县志》卷二《公廨》）。出于盈利的目的，酒务、酒库一般均设于市面繁华之处。上述多所酒务、酒库的设置，反映出嘉定中部、西部和南部镇市及商业的兴盛。

由上所述可知，嘉定在宋元时期户口剧增，水利发达，田地日辟，商业繁荣，集市兴盛，出现了经济迅速发展的局面。在经济勃兴的基础上，嘉定形成了以水稻种植和稻米贸易为主，以石首鱼和过境贸易为辅的经济格局。

值得注意的是，由于嘉定“濒江枕海，田多租薄”（《江苏金石志》卷一七《嘉定县学田租记》），即田地高阜亢瘠，下注流沙，贮水既难，车戽尤梗，不宜种植水稻（嘉庆《太仓州志》卷二二《田赋》），宋元时期形成的农田结构和经济格局并不能反映嘉定的特点，也不足以体现和发挥其自然的、地理的和人文的优势。所以随着嘉定经济的进一步发展，到明万历年间（1573—1620），嘉定之田已“专种木棉”，“种稻之田十不及二”（嘉庆《太仓州志》卷二二《田赋》），该地又一变而成为以棉花种植、织布和棉布贸易为主的地区，旧的农田结构和经济格局也就很自然地被打破了。

随着经济的发展和繁荣，行政区划也发生了相应的变化。嘉定十年，嘉定从昆山县析出，自成一县。创县出自平江府和浙西监司的奏陈，其直接原因是人民的反抗。按统治阶级的说法，就在于昆山东七乡人民“顽犷难治”，“敢与官司为敌，不奉命令，不受追呼，殴击承差，毁弃文引，甚而巡尉会合，亦敢结集千百，挟持器仗以相抗拒”。而县治又偏在西北，难以有效地维持其统治。出于加强控制，以重镇摄的目的，按照分而治之的原则，南宋统治者才决定割昆山西乡之安亭，并东乡之春申、临江、平乐和醋塘，共五乡，创立嘉定县（《吴郡志》卷三八《县记》）。虽然政治上的考虑是创县的直接原因，但经济因素的影响也不能忽略。假若没有宋代嘉定地区人口的增长，农业的发展和商业、城镇的繁荣，如果嘉定仍然地旷人稀，一如汉唐之际，那就不仅没有必要，而且缺乏足够的财力来创建和维持一个新县。

与南宋中叶创县时不同，户口因素是元代嘉定由县升为州的直接原因。元贞元年，元政府将江南平阳等县升为州，并以户为差，规定：户至四万五万者为下州，五万至十万者为中州。当时杭州路盐官县“以户口繁多，升为盐官州”（《元史》卷六二《地理五》），属中州。嘉定县亦在这一年因同样的原因升为中州。如嘉定教授贡松即指出，“皇元混一区宇，户口日增，元贞诏下，剧邑升州，嘉定户口应中州之制，遂升焉”（光绪《嘉定县志》卷二《官署》）。上述行政区划的变更是嘉定经济繁荣和经济地位提高的一种反映和体现。

随着经济的高涨和行政区划的变化，嘉定地区的文化教育也呈现出一派欣欣向荣的气象。在建县之初，首任知县高衍孙即创建了县学（今嘉定孔庙建于嘉定十二年，即1219年），并从昆山县庠分到学田三百二十三亩。此后，知府邹应博发俸资置田一百零四亩，添助学产。提举郑霖和知府徐鹿卿拨给县学数百亩学田。学正东祁王君拨出己产以充学田，史县令又拨给部分田产，两项共计田七百七十三亩。再加上县学自身陆续添置的田地，到咸淳二年（1266），嘉定县学已有学田两千一百三十五亩之多。士人“有与荐名者，皆给之食。凡有志者，会食而宿于学”。又“增其小学三十人，迎师以教之，县给之帖粮”（《江苏金石志》卷一七《嘉定县学田租记》、《嘉定重修县学碑并铭》）。入元后，东祁王先生子昭捐田两千七百余亩，瞿懋、瞿元辅父子和林畴又余田约二百亩，归田兴学（《江苏金石志》卷二一《故宋东祁王先生归田兴学记》、《嘉定州重建庙学记》，卷二二《梅岩瞿先生作兴乡校记》）。建县后，县学的兴修也是史不绝书。如淳祐（1241—1252）、咸淳（1265—1274）、天历（1328—1330）、至顺（1330—1333）和至正（1341—1368）年间，嘉定地方政府即曾多次修建学校和孔庙（《江苏金石志》卷一七《嘉定县修学记》、《嘉定县学重修大成殿记》，卷二一《嘉定州重建庙学记》，卷二三《嘉定州重建儒学记》）。南宋和元代官府、乡绅的倡导与努力，开创了嘉定重视教育的良好风气，推动了该地教育事业的发展。据不完全统计，从嘉定建县至德祐年间（1275—1276），嘉定进士登科者两人。元代，科举不行，嘉定无登第者。明代，嘉定文教之风大盛，士人中式和登进士科者为数颇多。如从洪武三年（1370）至嘉靖十九年（1540），嘉定乡贡之士有八十七人；从洪武十八年（1385）至嘉靖二十年（1541），则有进士三十七人（以上据《姑苏志》卷五《科第表上》、卷六《科第表中》）。明清和近现代嘉定之所以能成为教育发达，人才辈出之地，应该说与宋元时期该地文教事业的发展有着密不可分的关系。

宋元时期，嘉定地区出现了创建寺庙的高潮。如至正九年（1349），有人指出，“近五十年间，四方人民，推崇佛氏，大建佛刹，十倍于昔，捐田施财，远近响应”(《江苏金石志》卷二二《梅岩瞿先生作兴乡校记》)。按明代中叶王鏊的《姑苏志》卷三〇《寺观下》所载，嘉定县共有丛林二十四所，宫观一所，其中创建年代可考者二十四所。现按时代先后，列表如下：

创建年代	梁天监	后晋天福	北宋天圣	南宋建炎	绍兴	乾道	淳熙	嘉定	淳祐
寺观数	5	1	1	1	1	2	1	3	1

创建年代	咸淳	元至元	元贞	大德	至大	延祐	泰定
寺观数	1	1	1	1	1	1	2

按上表可知，嘉定的丛林宫观始建于宋代的有十一所，元代的有七所，大部分即四分之三创修于宋元二代。其中嘉定及嘉定以后兴建的即占一半。这些事实表明，在经济生活日趋繁荣的同时，嘉定的宗教事业也取得了很可观的进展，人们的宗教生活也在日趋丰富。宗教只构成嘉定文化的一个方面，而且是很次要的一个方面。但窥一斑而知全豹，从宗教文化的迅速发展中，我们可想见宋元时期嘉定文化的繁荣与发达。

综上所达，嘉定社会经济的迅速发展主要始于宋代。到南宋和元代，嘉定地区已走向全面的繁荣。这种发展和繁荣又为明清和近现代嘉定的进步奠定了基础。就历史发展的角度而言，近年嘉定地区社会经济的空前繁荣实际上只是一千年来嘉定社会经济迅速发展的延续和必然结果。因此，要想从嘉定社会经济的发展中找出某些带有规律性的东西，并据此规划和决定嘉定今后的发展方向，那就应从宋元时期开始，来探讨、研究这一过程。

本文原载于《嘉定文化研究》，三秦出版社，1990 年。

宋代浙西、江东地区水利田的开发

一、开发的基本手段及其作用

按地势的高下，宋代浙西、江东地区的田地可分为高地和低地二类。两宋之交，江浙两淮一带的著名农学家陈旉指出，“夫山川原隰，江湖薮泽，其高下之势既异，则寒燠肥瘠各不同。大率高地多寒……且易以旱干。下地多肥饶，易以渰浸”[1]。以苏州为例，该地常熟以北，昆山以东之田，在宋代“皆谓之高田”；常熟以南，昆山冈身以西，“其地低下，皆谓之水田。高田者，常欲水，……故常患旱也。……水田者，常患水”[2]，可谓大相径庭。

高田患旱，低田患水，欲将其开发成旱涝有收之水利田，必须解决高田的灌溉问题和低田的防水、排水问题。而要做到这两点，就应因地制宜，采取不同的手段。诚如陈旉所说：“故治之各有宜也。若高田，视其地势高水所会归之处，量其所用，而凿为陂

1 《农书》卷上《地势之宜篇》。

2 《吴郡志》卷一九《水利》。

塘，……以潴畜水，……旱得决水以灌溉，潦即不致于弥漫而害稼。……其下地易以渰浸，必视其水势冲突趋向之处，高大圩岸环绕之。”[1]两者的主要区别在于高田应着重修凿陂塘，低田应着重筑岸绕田。

除陂塘的修凿外，地势较高的水利田的开发还经常采用开浚河渠、设置堰闸等手段。陂塘的功能在于蓄水，旱得决水灌溉，涝则潴水以防泛滥。河渠、闸门的作用在于排水和蓄水、引水以溉田。堰则被用于潴水。如按郏亶所说，在苏州高田区，“古者堰水于冈身之东，灌溉高田”。其地港浦沟洫纵横，足以“畎引江海之水，周流于冈阜之地。……车畎以溉田。而大水之岁，积水或从此而流泄耳。……至于地势西流之处，又设冈门、斗门以潴蓄之”，“恐水之或壅则决之”[2]。

高田主要需解决灌溉问题。河渠、堰、闸的潴水功能有限。就以上诸手段的作用而言，解决这一问题的主要途径或手段是修塘蓄水和浚河引水。

除圩岸或田岸的修筑外，地势低下的水利田的开发通常还借助于开浚河渠和设置斗门等手段。以江东芜湖县万春圩的兴修为例。嘉祐六年（1061），张颙、沈披等人组织民力，“发原决薮，焚其菑翳，五日而野开，表堤行水，称材赋工，凡四十日而毕”。圩堤高1.2丈。“圩中为田千二百七十顷。……方顷而沟之，四沟浍之为一区，……为水门五，又四十日而成。”[3]

众所周知，圩岸的功用主要在于防水护田。河渠的功能则比较复杂，它可用来排水。开河有助于泄去积水，使水底之地获得开

1 《农书》卷上《地势之宜篇》。
2 《吴郡志》卷一九《水利》。
3 《长兴集》卷二一《万春圩图记》。

发。如绍熙四年（1193），知太平州叶翥建议，圩田内应开浚通水沟港，使之深阔，可以纳水，“遇水可以潴蓄，遇旱可以灌溉”[1]。这一建议当时曾付诸实行。按其所说，可知河渠的开修又具有蓄水防涝和引水溉田的作用。

斗门可控制、调节水的出入。当“圩内积水深长，外河水低于斗门”时，可“开斗门出入”[2]，排放内水。“旱则开闸引江水之利”[3]，或闭闸“以防溪水走泻”[4]。其作用在于涝时排决积水，旱时蓄水或引水溉田。

在地势低下的水利田的开发过程中，车水也是一颇为重要的手段。熙宁六年（1073），郏亶受命赴苏州修治塘浦、田岸，神宗担心“圩大，不可成，车水难”。王安石即解释说：“今江南大圩至七八十里，不患难车水。”[5]在这里，车水具有显而易见的重要地位。

地势低下的水利田的开发，主要需解决防水排水问题。河渠的蓄水能力有限，斗门只能在特定的时间和范围内排水，车水仅在局部范围内起作用。就上述各种手段作用的大小而言，解决防水、排水问题的主要方法或手段，当推筑岸防水和浚河排水。

二、开发水利田的组织

在宋代的浙西和江东，水利田的开发通常需筑堤、开河、设堰、置闸和修凿陂塘。这些工程一般都具有相当规模，需投入较多的人力、物力，牵涉到不少农户的利益。这种水利田的开发显然不

1 《宋会要辑稿·食货》六一之一三六。
2 《宋会要辑稿·食货》八之五二。
3 《范文正公集·政府奏议·答手诏条陈十事》。
4 嘉泰《吴兴志》卷五《河渎》。
5 《续资治通鉴长编》卷二四五“熙宁六年五月乙丑”条。

是一家一户之事，它大都是有组织地进行的。

在浙西和江东水利田开发的组织问题上，地主和政府始终存在着比较明确的分工。分工的原则是：大规模的水利田的开发一般由政府组织，小规模的则多由地主组织。

综观宋代浙西水利田开发的历史，这一地区政府有组织举行的大规模的水利田的开发主要有三起：从熙宁三年（1070）至九年（1076），两浙共修水利田 1980 处，计田 1048 万多亩[1]，平均每处约 5000 余亩。在此期间，神宗先后委派郏亶、沈括在浙西苏州等地比户调夫，或募民兴役，开浚塘浦泾浜，修筑田岸[2]，熙宁中所修 1048 万多亩水利田，大多位于浙西，其中相当大一部分应是沈括等人组织修成。政和六年（1116），徽宗委任赵霖为两浙提举常平。霖于平江置局辟官，主持开河、置闸、筑圩裹田，共开修江港塘浦渎 65 条，修筑塘岸 1 条，围裹常湖、华亭泖为田，役工计 270 余万。同时，又由官司纠集植利之众，筑圩围裹积水之地[3]。绍兴二十八年（1158）至二十九年（1159），宋政府命两浙转运副使赵子潚等人差官起工，雇募人夫，投入数百万人工，监督开浚苏州诸浦和修筑田岸[4]。

宋代江东规模最大的一起水利田的兴修，与卢宗原有关。政和四年（1114），宋政府采纳卢宗原的建议，专遣官总核兴修，开发积水之地。其中仅 3 万亩以上者即有 9 所，计田 420 万亩[5]。马端临

1 《宋会要辑稿·食货》六一之七〇。
2 《宋会要辑稿·食货》六一之一〇〇、一〇一；《吴郡志》卷一九《水利上》；《续资治通鉴长编》卷二六七“熙宁八年八月戊午”条。
3 《吴郡志》卷一九《水利下》；《宋会要辑稿·食货》六一之一〇五、一〇六。
4 《宋会要辑稿·食货》六一之一一三至一一五。
5 《宋会要辑稿·食货》六一之一〇四。

说："圩田、湖田多起于政和以来。"[1]这说明在政府的组织下，当时确曾兴修起大量圩田。

宋代江东所修规模最大之圩，当推万春圩或永丰圩。万春圩系嘉祐六年（1061）转运使张颙等人募工1.4万，分隶8县主簿，由沈披等人总统，授以方略，张颙等人亲临工地，历时80日而修成。全部工程耗费人工112万，粟3万斛，钱4万[2]。永丰圩系政和五年（1115）徽宗下诏，"集建康上元江宁句容溧水五邑民夫，命将军张抗督筑"，围而成田。其圩岸总长84里，与万春圩相等，内有田10万亩[3]。二圩均由政府组织修成。

又乾道九年（1173），有诏令"诸路州县将所隶公私陂塘川泽之数，开具申报本路常平司籍定，专一督责县丞，以有田民户等第高下分布工力，结甲置籍，于农隙日浚治疏导。务要广行潴蓄水利，可以公共灌溉田亩"[4]。至次年，即淳熙元年，江东计投入人工133.815万，修治陂塘沟堰22451所，可灌溉田442万多亩。浙西计修治陂塘沟堰2100余所。这次大规模的兴修也是由政府组织的[5]。

相对政府而言，地主仅拥有有限的人力和物力。政和中，赵霖说："目今积水之中，有力人户间能作小塍岸，围裹己田，禾稼无虞。盖积水本不深，而圩岸皆可筑。但民频年重困，无力为之，必官司借贷钱谷，集植利之众，并工戮力，督以必成。"[6]这说明单凭地主之力，只能组织一些小规模的水利田的开发。

---

1 《文献通考》卷六《田赋考六》、民国《高淳县志》卷三《水利》。

2 《长兴集》卷二一《万春圩图记》。

3 《文献通考》卷六《田赋考六》、民国《高淳县志》卷三《水利》。

4 《宋会要辑稿·食货》六一之一二二。

5 《宋会要辑稿·食货》六一之一二三至一二五。

6 《吴郡志》卷一九《水利》。

宋代浙西私人组织开发的水利田，以万延之的苕霅陂泽之田和张子盖家围田为大。但前者岁入租万斛，仅有田万亩上下；后者二围合计也只有9000余亩[1]。其余之田，更等而下之。如南宋乾道初（1165），平江府开决民户所修围田13所，其最大之围仅2300余亩，平均每围只有100多亩[2]。江东也不例外。南宋时，张荣所修之童湖圩，仅有2500亩。当时太平州圩田，“每遇水灾决坏，除大圩官为兴修外，其它圩并系食利之户保借官米，自行修治”[3]。地主组织的只是小圩的修复工程。

黄震所说的“水利之事在官”，“田岸之事在民”，是由上述分工原则派生的一条准则。南宋景定年间（1260—1264），上司令黄震监督修复被水围田。黄震说，围田“各有田主，（修岸）自系己事，何待官司监督”。“田岸之事小，水利之事大。田岸之事在民，在民者在官不必虑。水利之事在官，在官者在民不得为。必欲利民，使之蒙福，则莫若讲求水利之大者，……今若准旧开浚，则百姓自然利赖，其为修田岸也大矣。”[4]黄震阐述的这一准则便是对当时实际情况的概括。

还应指出，政府和地主既有分工，又有合作。合作的形式是：在政府的领导、组织下，由地主具体负责工程。如在赵霖置局辟官组织的兴修中，他即主张“将逐浦合用工料召有力人户出备钱米，官为募夫，监部开修，或一户、数户管一浦，候毕工日，计实用钱米，纽直给空名”。对其建议，徽宗“诏并依所奏施行”[5]。可见当时曾实行一户或数户地主分管一浦开修的主张。又绍兴八年（1138），

---

1 《宋会要辑稿·食货》六一之一一七。

2 《宋会要辑稿·食货》六一之一一七。

3 《宋会要辑稿·食货》六一之一二〇。

4 《黄氏日抄》卷七一《权华亭县申嘉兴府辞修田塍状》。

5 《宋会要辑稿·食货》六一之一〇五、七之三五。

宋政府规定，诸路（包括浙西和江东）修治陂塘堰埭，应由“县官董其大概”，并“随其土著，分委土豪，使均敷民田近水之家，出财谷工料”[1]，具体负责兴修。

在宋代的浙西和江东，地主组织的水利田的开发自然由地主主持。政府组织的开发，一般由漕、宪、仓诸监司，州县或朝廷特派的官员主持。这些官员或是利用固有的行政组织，或是临时成立某些机构来组织兴修。嘉祐六年（1061），万春圩的兴修系由转运使、判官，以及太平州、宣州、广德军属下诸县的县令和主簿主持。百丈圩的兴修则是由“郡邑”组织的[2]。二圩的兴修应属前一类。又政和六年（1116），赵霖在平江置局辟官，兴修水利。其局以“提举措置兴修水利”为名[3]，其官有“准备差遣检踏官”，“监辖造堰闸官，俵散钱粮、巡视催促、检覆工料官，点检医药、饮食官”[4]等。诸官分工严密，各有所司。这属于后一类。在上述官员、机构和地主之下，一些稍具规模的水利田的开发大多还有专人具体负责，和更细密的组织存在。

至和初（1054），田渊鉴于民间不肯协力乘闲修作陂塘，建议：“诸路凡有陂塘湖港可以溉田之处，……逐一拘收，每年预先检计工料，各具析合系使水人户各有田段亩数，据实户远近，各备工料，候至初春，本县定日，如差夫例，点集入役，仍逐处立团头、陂长监催，本州差逐县官点检部辖。……后虽完固，亦须每岁计度合添工料，补叠堤防高厚。……其久来堙塞遗迹，及地势合有可以创置陂塘之处，……依例兴修。……所差团头、陂长

1 《宋会要辑稿·食货》六一之一〇九。
2 《长兴集》卷二一《万春圩图记》。
3 《宋会要辑稿·食货》六一之一〇五。
4 《吴郡志》卷一九《水利》。

于上等户内如差夫队头例选差，仍给文帖，令董其役。”该建议后由朝廷“下三司施行”[1]，推行至包括浙西和江东在内的诸路。按上所述，可知当时所修陂塘，其夫役系由出身地主的“团头”或“陂长”具体负责的。

按前所述，淳熙初，浙西和江东陂塘沟堰的修治系由县丞等官吏组织人户，“结甲置籍”以兴工[2]。嘉定二年（1209），有人鉴于当时浙西多旱，主张委监司下之郡县，相视开浚陂塘沟渎，命官主持其事，“募民之无食者役而食之，分团申结，如雇庸夫役体例，日役若干，用钱米若干，皆可稽考”。宋政府采纳了这一建议[3]。从以上两例来看，在地势较高的水利田的开发中，民工是以“结甲置籍”和“分团申结”的方式组织起来的。

又南宋时，毛翊作《吴门田家十咏》，其一云：“主家文榜又围田，田甲科丁各备船。下得桩深笆土稳，更迁垂柳护围边。”[4]据此可知，在平江府一带，“主家”之下尚有“田甲”具体负责兴修事宜。在江东水乡，每圩均有“圩长”，系由“有心力，田亩最高之人”担任。每逢政府组织兴修，即由其具体负责工程[5]。

绍兴二十三年（1153），宋朝廷命钟世明往江东主持圩田修复事宜。钟氏到江东后即上奏曰：“取会到逐县被水修治官私圩埠体例，系是人户结甲保借常平米自修。今来损坏尤甚，人户工力不胜，不能修治。今措置，欲乞依见今人户结甲乞保借米粮自修圩埠体例，不以官私圩人户等第纳苗租钱米，充雇工之费。官为代支过钱，年限带纳。自余合用钱米，并乞下提举常平司，照会日下取拨

---

1 《宋会要辑稿·食货》七之一三至一五。

2 《宋会要辑稿·食货》六一之一二二。

3 《宋会要辑稿·食货》六一之一四六。

4 《吾竹小稿》。

5 杨万里《诚斋集》卷三二《圩丁词十解》；《宋会要辑稿·食货》六一之一二〇。

津发，应副本州雇工修治施行。”奏上，朝廷即“从之”[1]。显然，当时及在此之前，这一地区圩田的兴修是以“结甲”借米的形式进行的。再参照以上平江府一带围田的兴修，可知在围田和圩田的开发中，民工往往是按甲编制或组织的。

此外，在某些州县，还设有专业的水利队伍。如浙西的苏州，即有厢军开江四指挥，其名额计2000人。崇宁四年（1105），苏秀湖三州实有开江兵士1400人。其士兵皆由使臣统率，在平时和大举兴修水利之际，均在政府官员的组织下从事塘浦的开浚[2]。

三、开发工费的筹集

在私家组织的水利田开发工程中，调集夫力的方式主要有二：其一，人力由一家负责纠集（独家组织的工程多如此）。南宋时，平江府一带兴修围田，即是“主家文榜又围田，田甲科丁各备船”，由“主家”通过“田甲”科派人丁。其二，有田众户分摊。嘉祐五年（1060），宋政府应两浙转运司之请，规定不许人户占据水利：“并仰有田分之家各据顷亩多少均摊，出备工力”[3]，开修陂塘等。当时这类工程所需工力，系有田人按田亩均摊。

在政府组织的工程中，征召夫力的方式主要有三：

其一，差调。庆历三年（1043），宋政府令江浙诸路州军，选官计工料，组织人户兴修圩田、陂塘、河渠。“每岁于二月间未农作时兴役半月，……内有系灾伤人户，即不得一例差夫搔扰。”这一诏令是应范仲淹之请，针对江东、浙西农田水利失修的情况制定

1 《宋会要辑稿·食货》六一之一一二。

2 《宋会要辑稿·食货》六一之一一四；《宋会要辑稿·方域》一七之一二、一三。

3 《宋会要辑稿·食货》六一之九五。

的。新政失败后，这一诏令亦随之失效。故庆历五年（1045），宋朝廷又采纳两浙提刑宋纯的建议，重申兴修水利“仍依元敕，于未农作时兴役半月，不得非时差扰”[1]。按前所述，至和初（1054），宋政府又有令诸路“如差夫例，点集人役”，组织人户修治陂塘之诏。这些诏令均规定了差夫兴役的办法。其实在此之前，浙西一带即已采用了这一办法。如庆历二年（1042），华亭县政府即“籍新江、海隅、北亭、集贤四乡之民，得役夫三千五百五人”，开浚顾会浦。“又谕垦田者乘农之隙，户出丁壮”，疏导其余诸浦[2]。以上敕令应是现实的一种反映，和对当时实际情况的承认和肯定。

在宋代，夫役主要按田产家业多少、户等高下差调[3]，这也是浙西、江东地区水利田开发工程中差夫的原则。如按前所述，乾道、淳熙之交，两地陂塘的修治，即是“以有田民户等第高下分布工力”。

其二，雇募。嘉祐六年（1061），江东岁饥，百姓流冗。宋政府方议发粟赈济，张颙等人即重其庸直，出官钱米“募穷民”，“募民之愿田者”，兴工修复万春圩。熙宁六年，沈括建议：“今后灾伤年份，如大段饥歉，更合赈救者，并须预具合修农田水利二役人夫数目，及召募每夫工直申奏，当议特赐常平仓斛钱，召募阙食人户从下项约束兴修。如是灾伤本处不依敕条赈济，并委司农寺点检察举。”奏上，朝廷即“从之”[4]。这类以工代赈的条令，即范成大所谓“荒岁得杀工直以募役”的“农田令甲”[5]，在宋代曾被推行至浙西、江东等地。

---

1 《宋会要辑稿·食货》六一之九三。

2 《云间志》卷下《重开顾会浦记》。

3 见《宋史研究集刊》，梁太济《两宋的夫役征发》。

4 《宋会要辑稿·食货》五七之七、八。

5 《浙西水利书》卷一《昆山县新开塘浦记》。

其三，调用士兵。如前所述，太湖地区有“开江指挥”一类厢军，专事修治塘浦。有时，正规军也被用于兴修农田水利。如淳熙七年（1180），常熟许浦堙塞，宋政府即批准出动水军浚治开通[1]。

由于厢军人数有限，正规军很少参与工役，政府负担口食、雇直之事无几，开发所需夫力多由民间出具，它主要由有田之家按田产家业和户等分摊。

有宋一代，在政府组织的水利田的开发工程中，民工的纠集经历了一个从以差调为主到以雇募为主的发展过程。熙宁以前，民工主要按差调的方式征发。上引庆历三年、五年和至和元年的条令可以证明这一点。但是雇募的方式在这一时期已经出现。如景祐元年（1034），苏州水灾，大水不退，“灾困之氓，其室十万”。知州范仲淹按其“荒歉之岁，日以五升，召民为役，因而赈济”的主张，“募游手疏五河，导积水入海”[2]。嘉祐中，万春圩的兴修亦是如此。两者均可归入以工代赈之列。

熙宁中，郏亶建议在浙西苏州兴修农田水利。他主张“以佚道使民”，“每夫一年，借雇半月”，每年兴役六个月，“分为五年”，或“要以三年，而苏之田治矣”[3]。这和“农田水利法”中，兴修须“立定期限，令逐年官为提举人户，量力修筑开浚”的规定相符[4]。但当宋政府令其主持兴修时，他却一反其原先的主张，沿袭差夫旧法，在“六郡三十四县”内，“比户调夫，同日举役”，企图毕其功于一役。由于“措置乖方”，“所为仓卒，又妄违条约”，下户负

1 《宋会要辑稿·食货》六一之一二四。

2 《范文正公集·尺牍下·与晏尚书书》。

3 《续资治通鉴长编》卷二四〇“熙宁五年十一月癸丑”，卷二四五“熙宁六年五月乙丑”；《吴郡志》卷一九《水利上》。

4 《宋会要辑稿·食货》一之二八。

担过重，民大以为扰，“愁苦无诉，逃移已多”。故罢役之诏既下，“人民皆欢叫，如脱重辟”[1]。郏亶的失败对其后继者无疑会产生很大的影响。熙宁六年（1073）六月，就在郏亶免官20多天后，沈括受命赴两浙相度水利[2]，他到浙西后即上言：“苏、秀等州湖水耗减，泾浜多浅涸者，岁比有年，民力饶裕，易于兴工。乞至本路先计度今年一料夫役，若一料先毕，则处置规画皆有成法，又民间晓然知其为利，次年乐于趋役。”又言：“浙西诸州水患久不疏障，堤防川渎多皆堙废。今若一出民力，必难成功，乞下司农贷官钱，募民兴役。”奏上，朝廷即“从之”[3]。他一面主张稳妥行事，一面又建议由政府贷钱，不再差调而是募民兴役，终于比较顺利地组织起兴修工程。从此，雇募这一方式被广泛地推广到水利田开发的工程中。熙宁以后，雇募逐渐成为水利田开发工程中纠集民工的主要方式。如按《吴郡志》卷一九《水利下》所载郏侨“官司以邻郡上户熟田例敷钱粮，于农事之隙和雇工役，以渐辟之”之言，雇募在元符元年（1098）以后已成浙西一带的惯例。

应该指出，雇募并不意味着人户有拒绝受雇的自由或权利，而是带有浓厚的科派性质。如乾道三年（1167）、四年，宋政府在“常州、江阴军两郡均募”民夫，开浚申、利二港[4]，其夫役系据人户田产物力钱出具，每6.69贯科夫一工，这和差调颇为相似[5]。

雇募和差调的主要区别在于：差调仅支给口粮，而雇募除支

1 《续资治通鉴长编》卷二四〇“熙宁五年十一月癸丑”，卷二四五“熙宁六年五月乙丑”；《吴郡志》卷一九《水利上》。

2 《宋会要辑稿·食货》六一之一〇〇、一〇一；《吴郡志》卷一九《水利上》，《续资治通鉴长编》卷二六七“熙宁八年八月戊午”。

3 《续资治通鉴长编》卷二四八“熙宁六年八月丁丑”。

4 《宋会要辑稿·食货》八之二一、二二。

5 正德《江阴县志》卷三《河渠》。

付口粮外，还需支付雇直，其经济待遇一般高于差调。如庆历二年，华亭县差夫开浚顾会浦，役工10.295万，用钱136万[1]，平均每工得钱约13文。按庆历三年范仲淹所说，江浙米每石六七百文至一贯计[2]，每工支米仅1.3—2.2升。嘉祐中募民兴修万春圩，役工112万，费米3万斛，钱4万。每工平均支米2.7升，钱若干。绍兴二十九年雇工开治平江府诸浦，役工约337.4664万，费米101539.89石，钱337466.3贯。每工计支钱100文，米3.1升[3]。乾道初（1165），昆山募民开浚诸浦，役工13.46万，费粮7700石，钱11200贯。每工支钱83文，粮5.7升[4]。乾道时，募民开申、利二港。每工支钱50文，米3升[5]。

在水利田的开发过程中，工役从差调向雇募的转变，在一定程度上改善了民工的经济待遇，使夫役负担变得比较容易接受。在较少遇到强烈反对的情况下，政府也就能比较顺利地组织和完成一系列水利田的开发工程。当然，由于它将夫役的雇直分摊给有田之家，这就在一定程度上增加了有田者（主要是地主）的负担，势必会引起他们的不满。熙宁中，沈括在苏州按田率钱，募民兴役筑堤。在苏州拥有大片田地的吕惠卿说："一亩田率二百钱，有千亩即出钱二百千，如何拼得此钱！"[6]即反映了这种情绪。不过，这种反对并未能阻止历史前进的步伐。

在私家组织的水利田开发的工程中，经费或由一户承担（独家组织的工程都如此），或由有田之家均摊。乾道六年（1170），宋政

1 《云间志》卷下《重开顾会浦记》。
2 《范文正公集·政府奏议·答手诏条陈十事》。
3 《宋会要辑稿·食货》六一之一一四。
4 《浙西水利书》卷一《昆山县新开塘浦记》。
5 正德《江阴县志》卷三《河渠》。
6 《续资治通鉴长编》卷二六七"熙宁八年八月戊午"。

府在浙西低田地区，“镂板晓示民间有田之家，各自依乡原体例，出备钱米与租佃之人，更相劝谕、监督，修筑田岸”[1]。《宋史》中，这一条令作“各依乡原亩步，出钱米与租佃之人，更相修筑”[2]。可见在有田众户均摊经费的工程中，钱米习惯上是按田亩多少的原则分摊的。

在政府组织的工程中，经费筹集的方式主要有四：

其一，劝募。如庆历二年，华亭县调发新江等四乡之民开浚顾会浦，即“募邑之大姓，洎濒浦豪居，力能捐金钱助庸者，意其丰约，疏之于牍，诱言孔甘，喜输丛来，凡得钱一百三十六万”[3]。按庆历五年敕令规定，两浙一带兴修水利，应由地方官“计夫料饷粮，设法劝诱租利人户情愿出备”[4]。可知这一方式当时曾推广至两浙各地，工程所用经费是根据地主财产的多寡募集的。

其二，科派。按前所述，至和初，宋政府令诸县“各具析合系使水人户各有田段亩数，据实户远近，各备工料”，修治陂塘。熙宁中，沈括在苏州等地按田征钱，修筑堤岸。乾道、淳熙之交，浙西、江东地区修治陂塘，系按有田之家户等高下分摊工力。元符以后浙西江浦的开浚，和绍兴时江东圩田的修复，其雇工之费系由有田之人按田亩、苗租均摊。又工程中取土为岸，用去田地，往往于“众户有田之家均敷价钱给还”[5]。兴修费用一般由有田者按田亩、苗租、户等及距水远近摊派。

其三，官为借贷。熙宁二年（1069），农田水利新法规定，开

---

1 《宋会要辑稿·食货》六一之一二〇。

2 《宋史》卷一七三《食货上一》。

3 《云间志》卷下《重开顾会浦记》。

4 《宋会要辑稿·食货》六一之九三。

5 《宋会要辑稿·食货》六一之一三七。又《吴郡志》卷一九《水利下》中，赵霖有取土为岸之弃地，应“令众户均价偿之”一语。

垦废田、兴修水利、建立堤防、修筑圩埠如工役浩大，民力难以承担，“许受利人户于常平、广惠仓系官钱斛内连状借贷支用，……如是系官钱斛支借不足，亦许州县劝谕物力人出钱借贷，依例出息，官为置簿及催理”[1]。此法在很大程度上是据王安石等人在江浙一带兴修水利的实践经验制定，颁布后又推行至诸路，其规定自当适用于浙西和江东。如熙宁六年（1073），宋政府即应三司之请，“下司农贷官钱，募民兴役”[2]，在浙西浚河筑堤，疏障水患。按上所述，官为借贷可细分为官府自出钱米，及代人户向富家借贷二类，这是宋代常用的一种筹款方式。

其四，官出。这类钱米主要取自赈济款项、水利经费、朝廷特支专款和地方经费。按前所述，以工代赈一类工程的费用系来源于赈济钱米。熙宁时，两浙有可用于兴修水利的“陂湖等遗利钱”[3]。政和、宣和年间，太湖平原浚河筑堤所用钱米系取自“法许兴修水利支用”的鉴湖租米，以及朝廷所赐之空名度牒、官告和坊场、市易、抵当等钱[4]。绍兴二十九年（1159），开浚平江府诸浦所用经费，“钱于御前激赏库支降，米就平江府拨到纲米内支取”[5]。绍熙四年（1193），叶翥在太平州“州用米内取拨米三千石，趱积到钱一千贯”[6]，组织民户开浚圩内沟港。

在浙西、江东水利田开发的工程中，官出钱米仅构成经费筹集的几种方式之一。宋代的条法和史实都说明开发费用往往取诸民间。如仅按《宋会要》记载，庆历五年（1045）、至和初（1054）、

1 《宋会要辑稿·食货》一之二七、二八、六一之一〇〇。
2 《宋会要辑稿·食货》六一之一〇一。
3 《宋会要辑稿·食货》六一之一〇一。
4 《宋会要辑稿·食货》六一之一〇四、一〇五；《吴郡志》卷一九《水利下》。
5 《宋会要辑稿·食货》六一之一一五。
6 《宋会要辑稿·食货》六一之一三六。

嘉祐五年（1060）、熙宁二年（1069）、绍兴八年（1138）和乾道九年（1173），宋政府即多次颁布诏令，规定由民户负担钱米，从事水利田的开发[1]。

就几次大规模的工程而言，沈括在苏州一带组织的工程系由人户按田出钱。赵霖组织的开河、置闸之役虽由政府出资，但筑圩裹田工程则多由官司借贷钱谷，主要由民间负担费用。卢宗原在江东组织开发圩田，“召人户自备财力兴修，更不用官钱粮”，“令人户送纳兴修钱粮”[2]。绍兴二十九年（1159），平江府诸浦的开浚是由政府出资，其修治田岸系“有田之家计亩均出钱米”[3]。乾道、淳熙之交，浙西、江东两地陂塘沟堰的修治主要由民户出具工力。只有在部分地区，当民力不能独办时，才由政府出资，助其工役[4]。以上五起工程中，三起基本上由民间负担费用，其余两起所用财力亦有相当一部分由民间出备，政府出资的只占少数。

台湾学者梁庚尧说：“北宋末年新修的圩田虽然也有些是私人财力所兴治，但是大部分的圩田都是北宋政府所修筑。”[5]这一论断显然不符合历史事实。北宋末主要有两起大规模创修圩田之举。一起由卢宗原组织，由民户出钱米。另一起由赵霖组织，除围裹常湖、华亭泖二役外，主要由政府贷借钱谷兴修。当时新修之圩大部分应是私人，而非政府财力所兴治。

综上所述，除政府出资的工程外，水利田开发所需之费用（包括雇直）基本上是由有田之家按财产、田地、苗税和户等摊派的。

---

1 《宋会要辑稿·食货》六一之九三、九四、九五，一之二八，六一之一〇〇、一〇四、一一二、一二二。

2 《宋会要辑稿·食货》六一之一〇四、一〇五；《吴郡志》卷一九《水利下》。

3 《宋会要辑稿·食货》六一之一一五。

4 《宋会要辑稿·食货》六一之一二四。

5 《南宋的农地利用政策》。

这一办法使贫富按其财力大小出具钱米，比较公平合理，又简便易行。它能在宋代浙西和江东水利田开发的工程中得到广泛的运用，显然并非出于偶然。

本文原载于《浙江学刊（双月刊）》1991 年第 6 期。

论百丈圩的兴废

宣城百丈圩是北宋嘉祐年间兴修的一座圩田。本文从兴修的创议者、工程的主持人、修筑的时间、该圩溃决的具体原因，以及被废弃的原因和背景等方面，对它的兴废作了一番考订正讹的工作；并从其兴废出发，揭示、分析和批判了当时官僚士大夫群体中存在的一些腐朽风气。

北宋仁宗嘉祐年间（1056—1063），江东转运使张颙（1008—1086）、判官谢景温（1021—1097）在修复太平州芜湖县万春圩之后，又在该圩以东15里宣州宣城县境内兴修起一座百丈圩[1]。以上二圩的兴修在统治阶级中引发了一场风波，足以使人窥一斑而知全豹，洞悉当时官场的腐败和新旧势力的消长。兹就百丈圩的兴废来考察这场风波所揭示的种种问题。

1 按《宋史》卷二九五《谢景温传》和《张颙墓志》所载，百丈圩应在宣城境内。《学术月刊》1979年第8期刘尚恒《也谈万春圩的兴建》云百丈圩不在宣城，误。

百丈圩的兴修

最先创议修复百丈圩的是发运使杨佐。此事沈括的《万春圩图记》(以下简称《图记》)[1]、宣城地区的志书均未记载，只有张问所撰《张颙墓志》言之颇详（以下简称《墓志》)。《墓志》云，万春圩修复后，“发运使杨佐奏：‘宣州有久废百丈圩，广袤与万春圩等，愿下本路修筑。’诏许之”。于是在万春圩东就又修起了一所百丈圩。

百丈圩修筑工程的主持者应是江东路的地方官吏。《图记》云，百丈圩的兴修“其工半万春，因其旧器材蒿，委之郡邑，使者不复亲临矣，典议复非老习，多少年喜事”。其主持者似是州县长官。

但据《墓志》所载，事实却并非如此。在允许修筑百丈圩的诏令下达后，张颙“时为转运使，与其佐谢景温实董其事。部吏有宰相弟欲从役名，公与谢议，曰：‘方为民兴利，而以势家预之，人岂不谓我等有希赏心耶！’即拒之。圩成，公代去。江淮大水，州县启闭不以时，闸破圩决。谏官疏其事，有旨遣使按之。使至，迎谏官意，风民归罪于圩。民噪于田曰：‘圩之为利，愿与子孙保之。江涨失闭，州县过也，圩则何罪？今可亟完，何至废耶！’使竟以为非便奏之。公坐是谪知峡州”。可知百丈圩兴修工程的主持者应是“实董其事”的张颙和谢景温。正因为他俩是掌握全局的实际负责人，他们方能拒绝“宰相弟”的参与，并为百丈圩的破决承担责任。张颙因此而“谪知峡州”。谢景温亦因“兴宣城百丈圩，议者

1　见《长兴集》卷二一。

以为罪，降通判”[1]。至于前引《图记》所说的“郡邑”长官，至多只是张、谢领导下的具体的施工负责人，如同万春圩修复工程中的沈披一样。

百丈圩修筑的时间显然晚于万春圩。《图记》云：“先是万春适就，又过其东十五里筑圩曰百丈。”按其所说，百丈圩似修成于万春圩竣工后不久。如有人就认为，百丈圩是在“紧接修复万春圩的两个半月后”“筑成”的[2]。

《图记》云，万春圩修成于嘉祐六年。在工程即将破土之际，适逢大水、岁饥，“百姓流冗，县官方议发粟，因重其庸以募穷民”，从募夫至工程全部结束，前后历时凡90日。按《续资治通鉴长编》所载，嘉祐六年七月初五，仁宗诏：“淮南、两浙、江南东西路水灾，其令转运使就差本路官体量，蠲其赋租，仍预为赈救之术，无使秋冬乏食，以致逃移。”[3]据此可知，工程始于七月，历八月和闰八月，而完成于九月。因其时适逢农忙，所以当涂县令王知微曾建议“请候农隙”。“部使者始不悦，久乃信重之。”[4]

既然万春圩竣工于嘉祐六年九月，那么按《图记》所说，“其工半万春”的百丈圩就应修成于嘉祐六年冬。然而令人不解的是：如果万春、百丈二圩修的时间前后相接，张、谢二人何以要在工程进行到一半之际，即万春圩竣工后，却撇开沈披这样的施工负责人，换上一班“少年喜事”者呢？显然，百丈圩嘉祐六年冬兴修一说值得怀疑。而根据现有资料来看，该圩的确不是修成于嘉祐六年冬。

---

1 《宋史》卷二九五《谢景温传》。

2 《安徽师大学报》1975年第4期《沈括在皖南地区的活动》。

3 《续资治通鉴长编》卷一九四“嘉祐六年七月丙戌”。

4 嘉靖《南畿志》卷四九《人物》；光绪《宣城县志》卷一五《宦业》。

首先，百丈圩是因杨佐倡议而兴修。其修筑时间应在杨佐任发运使期间或稍后。嘉祐年间的发运使计有以下几位：元年九月以前为周湛，其后是高良夫[1]，三年至五年乃孙长卿[2]。五年之后，孙“改陕西都转运使。逾年，知庆州”[3]。知庆州事在嘉祐八年[4]，改都转运使应是嘉祐六年之事。就在这一年，即孙长卿卸去发运使之职后不久，李肃之于闰八月十七日被任命为发运使[5]。杨佐任发运使应在李肃之之后。《宋史》卷三三三《杨佐传》云，嘉祐三年，宋廷置都水监后[6]，杨佐即以盐铁判官同判都水监事。尔后又出任江淮发运使和盐铁副使。嘉祐六年八月初六，即李肃之的任命公布前，杨佐尚在同判都水监事任上[7]。同月初九，他受命以“契丹国母正旦使”的身份出使辽朝[8]，次年才能返回开封。治平二年（1065）八月，杨佐已任盐铁副使[9]。据此可知，嘉祐六年任发运使的是孙长卿和李肃之，而不是杨佐。杨佐担任发运和倡修百丈圩的时间只能在嘉祐七年至治平二年之间。百丈圩兴修的时间不会早于嘉祐七年。

其次，《墓志》指出：“圩成，公代去。江淮大水。”又按乾隆《芜湖县志》卷一记载，张颙“以便宜兴筑百丈湖，濒水以为圩，……会明年大水，百丈、化成果坏，诸圩多破”。可见百丈圩修成于江淮大水的前一年，只要能确定大水的年份，百丈圩兴修的

1 《续资治通鉴长编》卷一八四“嘉祐元年九月壬寅”“十一月甲午”。

2 《宋会要辑稿·职官》六〇之二〇；《续资治通鉴长编》卷一八八“嘉祐三年十月甲子”条；《陶山集》卷一五《王氏墓志》。

3 《宋史》卷三三一《孙长卿传》。

4 《二十五史补编·北宋经抚年表》第71页。

5 《续资治通鉴长编》卷一九五“嘉祐六年闰八月丁酉”条、《宋会要辑稿·方域》一六之六。

6 《宋史》卷一六五《职官五》。

7 《续资治通鉴长编》卷一八八“嘉祐三年十一月己丑”条；《宋会要辑稿·食货》四之三，《宋会要辑稿·方域》一六之六。

8 《续资治通鉴长编》卷一九五“嘉祐六年闰八月己丑”条。

9 《续资治通鉴长编》卷二〇六“治平二年八月甲午”条、《宋会要辑稿·兵》六之一四。

时间也就可迎刃而解了。

《宋会要辑稿》、《续资治通鉴长编》和《宋史》的记载表明，嘉祐六年至治平二年之间，只有治平元年江淮大水为灾。《宋史》卷六一《五行一上》指出，到该年九月，计有庆、许、蔡、颍、唐、泗、濠、楚、庐、寿、杭、宣、鄂、施、渝、洪、陈及光化军等18个州军大水，恰恰与《图记》所言“郡国十八大水”相符。按此可知，百丈圩应兴修于治平元年的前一年，即嘉祐八年。

最后，由张颙、谢景温贬官的时间，亦可推知百丈圩兴修的时间。张、谢二人因江淮大水，闸破圩决而遭贬黜，大水与贬官乃同一年之事。谢被贬于治平元年十月二十八日[1]。可见江淮大水确实是在治平元年，而百丈圩的修筑也确实是在嘉祐八年。

《墓志》说，在兴修百丈圩的过程中，“部吏有宰相弟欲从役”，而为张、谢二人所拒绝。这里所说的“宰相弟”的姓氏是可以考知的。

嘉祐六年四月至治平元年的宰相仅有韩琦和曾公亮二人[2]。琦有兄无弟[3]。公亮父会，兄公度，弟公奭、公定、公望[4]。诸弟中公望于皇祐五年（1053）知苏州吴江县，后知忠州，通判江州。治平二年知光州[5]。其通判江州应在嘉祐末至治平初，正与百丈圩的兴修时间相合。其时江州属江东路[6]，张颙为江东转运使，江州通判曾公望正是他的“部吏”。《墓志》所说的“宰相弟”必即曾公望无疑。此人和百丈圩的废罢，和张、谢二人的被贬不能说毫无关系。

---

1 《宋会要辑稿·职官》六五之二四，六三之五。

2 《宋史》卷二一〇《宰辅一》。

3 尹洙《河南先生集》卷一六《韩国华墓志》。

4 乾隆《晋江县志》卷八《选举志》。

5 《祠部集》卷三五《曾公望墓志》、《朱氏墓志》。

6 《宋史》卷八《地理四》；《元丰九域志》卷六。

百丈圩的破决和废弃

治平元年，江东宣州等地大水，百丈圩因之破决沉沦。对其溃决的具体原因，历来即有不同的说法。

《图记》说，兴修百丈之役“其工半万春，因其旧器材蒿，委之郡邑，使者不复亲临矣，典议复非老习，多少年喜事，易之弗为意”。言外之意是工程组织者的草率马虎导致了全圩的破决。由沈披是万春圩修复工程的施工负责人，他没有参与百丈圩的兴修来看，沈括上述这番话不免有抑此扬彼，抬高其兄沈披之嫌。加以此处叙事含糊，缺乏具体细节，沈括所述显然不足为据。

关于百丈圩破决的具体原因还有另一说。如《墓志》即明白无遗地指出，由于“江淮大水，州县启闭不以时”，才造成百丈圩“闸破圩决”的结果。《墓志》所说才是事实。

《墓志》和《图记》又说，百丈圩破决后，有“谏官”(《图记》作御史）上疏论其事，仁宗为之“遣使”临按。使者认为此圩不应修复，百丈圩因此而被废弃。显而易见，在废弃百丈圩的决策过程中，这个“谏官”(或“御史”）以及“使者”起着十分重要的作用。

上述“谏官”(或“御史”）以及使者的姓名不见于《墓志》和《图记》，而见之于乾隆《芜湖县志》。其书卷一云：

> 旧志：……宋嘉祐中，转运使张颙、判官谢景温请筑之（指万春圩）。提刑李宽言：“修圩则宣池水壅，化成及诸小圩必坏。”有诏：“毋遽修，敕运使选知水者再行按视。”颙及景

> 温奏：“已募工给缗，不可止也。”以便宜兴筑百丈湖，濒水以为圩。……会明年大水，百丈、化成果坏，诸圩多破。谏官吕诲言：“颙、景温擅兴事，罪当黜。”命都水监丞刘汝言行视。汝言是李宽说，遂贬颙知峡州，景温通判通州。

以上文字系引自“旧志”。芜湖之有志，始于宋人王松的《芜湖图志》和王柖的《芜湖志》[1]。元、明以降，芜湖志书续修不绝。此段记载当自宋元旧志沿袭而来。由上所述，可知：

一、《图记》和《墓志》所说的“使者”与“使”就是刘汝言。《图记》中的“御史”和《墓志》所说的“谏官”显然是指吕诲。嘉祐八年七月以前，吕诲在御史台。七月乙巳以后任起居舍人，同知谏院[2]。治平元年八月，诲受命出使辽朝[3]。次年三月任侍御史知杂事，又回到御史台[4]。百丈圩溃决时，吕诲正任谏官。《图记》所说的“御史”当为“谏官”之讹。

二、除吕诲、刘汝言外，江东提刑李宽在废弃百丈圩的决策中亦起着举足轻重的作用。

三、百丈圩的兴废与万春圩的修复有着密切的关系。《图记》中所说的对万春圩的兴修持异议的“比司”，即是与转运司比邻的提刑司。

吕诲等人主张废弃百丈圩的原因和背景各不相同。

吕诲，字献可，幽州安次人。嘉祐六年四月从开封出知江州，

---

1 民国《芜湖县志》卷五六《艺文志》、嘉庆《芜湖县志》卷一三《王柖传》。王松，《宋史》卷二〇四《艺文三》作“王招”。

2 《续资治通鉴长编》卷一九九“嘉祐八年七月乙巳”。

3 《宋史》卷一三《英宗纪》。

4 《续资治通鉴长编》卷二〇四“治平二年三月辛未”条；卷一九三“嘉祐六年四月庚辰”条、卷一九四“嘉祐七年三月丙辰”条。

次年三月尚在江州任上[1]。吕诲是北宋中叶因循苟且官僚的典型代表。神宗继位后，他即竭力反对重用王安石，说王“固无远略，惟务改作，立异于人，徒文言而饰非，将罔上而欺下”。如“久居庙堂，必无安静之理”[2]。吕诲出守江州之际，适逢万春、百丈的兴修。从其同事江州通判曾公望“欲从役”的情况来看，吕诲对兴修之事一定有所风闻。因此毫不奇怪，从其一贯反对“擅兴事”的立场出发，他就在适当的时机对张、谢兴修万春、百丈一事提出弹劾。

刘汝言的生平事迹已不可考。据《图记》、《墓志》说，刘“新用事，欲立威”。到江东后处处“迎谏官意，风民归罪于圩”，“盛论百丈不当立”，最终造成了百丈圩的被废。

李宽，字伯强，南昌人。仁宗末年任江东提刑，后“移京西，除广西转运使”。治平二年（1065）九月，卒于广西任上[3]。其任江东提刑，应是嘉祐中事。仁宗时曾规定：地方官欲开修水利，须先具所见利害和地图，“申本属州军及转运或提刑司”，由漕、宪二司派员踏勘。如事属可行，尚须具保申转运、提刑司，经批准后方可动工，并有“于未农作时兴役半月，不得非时差扰”的限制[4]。嘉祐五年，宋廷曾令“诸路提刑司遍下逐州县”，检查有无“陂湖塘堰溪涧沟渠泉穴，元系众人所使水利，水［久］来为人耕占作田”的现象[5]。这些明文规定使提刑司对水利工程的兴修握有颇大的影响和权力。所以当仁宗准予兴修万春圩的诏令下达后，张颙“不复关白比司”，而直接通知各县时，他就不仅因无视提刑司而触犯李宽，

1 《续资治通鉴长编》卷二〇四“治平二年三月辛未”条；卷一九三“嘉祐六年四月庚辰”条、卷一九四“嘉祐七年三月丙辰”条。

2 《宋文鉴》卷五〇《论王安石》。

3 《临川文集》卷九七《李宽墓志》，卷三九《上时政疏》，卷四一《本朝百年无事札子》。

4 《宋会要辑稿·食货》七之一二，七之一六、一七。

5 《宋会要辑稿·食货》七之一二，七之一六、一七。

以致“比司以为望”，而且还导致李宽“上书言其不利”[1]，对兴修工程提出强有力的异议，从而造成百丈圩最终被废的结果。

此外，百丈圩的废弃似乎还和张、谢二人得罪了当地豪族地主有关。万春圩自太平兴国年间废弃后，八十年中虽屡次有人建议修复，但都因遇到种种困难而作罢。未能修治的原因固然有技术方面的，但更重要的是触犯了当地豪强大族的既得利益。对此，《图记》及芜湖志书均无记载，唯有《墓志》云，此圩破决后，“地为豪姓所占”，任其“茭牧其间”[2]，独享其利。但自从张颙“见其利，募民之愿田者”加以修复后[3]，地为国家所收，利为政府所夺，豪姓地主被迫“罢迁其业”[4]。万春圩一旦修成之日，也就是他们收入顿减之时。这当然要引起他们的怨恨和反对了。正是这些“欲中伤有司者”在百丈圩破决后“漫言万春亦没”，积极支持李宽，以致“御史以为言”[5]，使者“是李宽说”，最终决定了张、谢的被贬和百丈圩被废的命运。

从百丈圩的兴废看北宋中叶的仕宦之风

百丈圩的兴修是在张颙和谢景温的主持、领导下完成的。他俩都是为政力求积极有为、政绩斐然的官吏。

张颙，字仲孚，鼎州桃源县人，自幼即“慨然有忧天下之心”[6]。他为人刚正，关心民瘼，不怕得罪上司和权贵。曾领导通州

1 见《长兴集》卷二一。
2 《长兴集》卷二一。
3 《张颙墓志》。
4 《长兴集》卷二一。
5 《长兴集》卷二一。
6 《张颙墓志》。

静海县人民筑堤百余里以御海潮，并引江水溉田。“熙宁中新贵人□，公多自微时数加慰荐。”[1]从《墓志》来看，他虽没有参加王安石的变法活动，但与变法派中的许多人士保持着良好的关系。

谢景温是谢绛之子，张颙恩师唐介的女婿[2]，王安石变法的支持者，又是沈披的表侄[3]。其年龄虽与沈披相仿，但职位却比沈高得多。在兴修万春圩的过程中，沈披之所以能起到其他县令所无法企及的作用，似与其援引不无关系[4]。

沈括指出，张、谢兴修万春圩和百丈圩的指导思想，就在于发展生产，增加收入。他们认为，“天下之财不足以相养，岂独野人之忧？在上者所当任也。江南之斥土如万春者数百，襄汉青徐之间人益希，其过江南者不赀，异时有言其可耕者，天下莫之应也，予且使天下信之。故其治万春甚力，其挑众独任犯患难而不顾者，意岂独万春而已也”[5]。诚如《墓志》所说，他们这样做的目的是“为民兴利”。从实际效益来说，二圩的修成在发展生产的同时，还给国家和农民都带来较大的好处。据《图记》所载，仅万春圩即“为田千二百七十顷”，“岁出租二十而三，总为粟三万六千斛，菰蒲桑枲之利为钱五十余万”。这是国家每年的收益。又按3/20的租率计算，全圩总产量为粟24万石，农民所得约20万石。

附带来说，《墓志》的记载有误。如其云万春圩“围田四万顷”，“岁得米八十万，租入官者四万”，即与事实相悖。按康熙

1 《张颙墓志》。

2 咸淳《临安志》卷六〇《古今人表》。

3 《宋会要辑稿·职官》六五之二四，六三之五。

4 按嘉庆《常德府志》卷三六和光绪《桃源县志》卷八《张颙传》所载，张与梅圣俞友善。梅是谢涛女婿（见《欧阳文忠公文集》卷三六《谢氏墓志》），沈披的表姐夫。所以沈披也可能是由梅圣俞推荐给张颙的。

5 《长兴集》卷二一。

《太平府志》所载，清初当涂、芜湖、繁昌三县耕地共计130万亩[1]。显然易见，宋代芜湖县农田绝不会超过这一数字，芜湖万春圩也绝不会有田400万亩。纵然是根据《墓志》“广八十里”的说法，无论按何种解释进行计算，也无法得出万春圩有田400万亩的结果。据南宋成书的《舆地纪胜》卷一八记载，万春圩“计田一千二百八十顷”。这和《图记》所载12.7万亩的说法十分接近，应该是可信的。

此外，按北宋时万春圩“岁租二十而三，总为粟三万六千斛”推算，全圩年产粟约24万石，即每亩平均近2石，而绝不可能“岁得米约八十万”。

由于圩田给农民带来了可观的收益，所以当刘汝言主张废弃百丈圩的消息传出后，农民便聚集在田头，大声喧哗，以示抗议。这种抗议虽未使百丈圩逃脱被废的命运，但已足以说明农民的态度了。

在宋代，圩田的兴修是生产力发展的一个方向，是农业和经济进步的标志。张、谢兴修万春、百丈之举既有利于生产力的发展，又符合人民的意愿和利益，他们的努力和成就是应该予以肯定的。

然而，在仁宗统治时期，像张、谢这样积极有为的官吏只是少数。官场中弥漫着一种苟且保守、多一事不如少一事的腐朽气氛。当时，皇帝“因循苟且，逸豫而无为”[2]，“上有好者，下必有甚焉”，所以当时官僚士大夫亦“上下偷惰取容而已”[3]。在官僚士大夫群体中，存在着种种恶习。如苏辙曾指出，时人“好同而恶异，疾成而

---

1 康熙《太平府志》卷一〇《田赋上》。

2 《临川文集》卷九七《李宽墓志》；卷三九《上时政疏》；卷四一《本朝百年无事札子》。

3 《临川文集》卷九七《李宽墓志》；卷三九《上时政疏》；卷四一《本朝百年无事札子》。

喜败。事苟不出于己，小有龃龉不合，则群起而噪之”[1]。

在这种腐朽风气的影响下，诚如沈括所指出的，天下之事“其势常若临危之物，众人引之不能进，一人排之则哗然往矣。盖处顺势者易为力，矫众违者难为功”。与此种风气反其道而行事，真想干一番事业的官吏不仅难以作出成绩，就连保持自己的职位亦属不易。显然，张、谢兴修万春、百丈之举必定不会为当时风气所容忍。事实也正是如此：张颙和谢景温先是遇到“事苟不出于己，小有龃龉不合”则力攻之的李宽的反对；继则遭到因循苟且、反对“擅兴事”的吕诲的弹劾；最后又受到“好同而恶异，疾成而喜败”的刘汝言的攻讦；二人分别受到贬谪降官的处分。在这种腐朽的风气下，张颙、谢景温的被贬和百丈圩的被废，是毫不奇怪的。

不过，在官僚士大夫集团中还存在着一股反对这种风尚的力量。如在张、谢被黜，百丈圩被废时，即有知江宁府彭思永、江东转运使孙直言和范纯仁、沈立、张刍、王晳等人交章辩直其事[2]。到王安石变法期间，因循苟且之风遭受批判。张、谢被贬一案终于得到平反。当时还曾议追赏张颙[3]，并徙谢景温知真州[4]。遗憾的是，好同恶异，疾成喜败，事苟不出于己，小有龃龉不合则群起而噪之的风气则不仅未得到纠正，反而愈演愈烈，在新旧二派剧烈的竞争中起了推波助澜的恶劣作用。

本文原载于《浙江大学学报》1992年第6卷第1期。

1 《栾城集》卷二一《上皇帝书》。

2 《张颙墓志》。

3 《张颙墓志》。

4 《宋史》卷二九五《谢景温传》。

论太湖地区田圩之制的形成和发展

明清时，在苏、松、杭、嘉、湖五府水网平原地带，存在着一种以圩或围为基本单元的农田水利和赋税体制。

明人吴岩指出："浙西之田，高下不等，随其多寡，各自成围。"[1]"大凡田之周遭际水处，沿河筑岸，中为圩田。"[2]各县田地多由四周由河水和田岸所包围的无数圩或围组成。当时杭州水网平原地带，"田圩之制，诸县皆同，明时每区各设耆老数人掌之"。钱塘有田圩426所，仁和有685圩，海宁有97圩，余杭有53圩，其余诸县则多不著录圩名[3]。各县田圩或称"草田圩"、"张家圩"等[4]，或以千字文命名。如海宁县十二都有"帽"字等圩49所，十三都有"臣"字等圩13所[5]。

嘉兴府海盐县"田间形势，以四围通水为一圩"[6]。该县"向有田围"[7]，明时计161圩。其余各县亦所在多有。其中嘉兴359圩，

---

1 《农政全书》卷一四《东南水利中·兴水利以充国赋疏》。

2 嘉庆《松江府志》卷一一《水利·浚筑河圩公移》。

3 光绪《杭州府志》卷五四、五五、五六《水利》。

4 万历《钱塘县志·纪疆·里陌》。

5 嘉靖《海宁县志》卷一《水利》。

6 光绪《海盐县志》卷九《田土》。

7 光绪《海盐县志》卷六《水利》。

秀水604圩，嘉善665圩，平湖140圩，崇德203圩，桐乡172圩[1]。以崇德为例，诸圩皆以千字文为号，分隶某乡某都某图[2]。

湖州府田圩亦为数颇多，其圩“近水泽者则置焉，”多位于水网地区。明初《吴兴续志》“叙田围”之目云，“本府地多陂泽，常畏水势，故田围堤防，视为至重”，“今以六县田围之数附于编”。其中乌程3114围，归安1715围，德清980围，武康201围，长兴867围，安吉18坍。全府共计围、坍6895所[3]。按《西山日记》卷上《日课》所载，明代湖州府水田各区每圩皆立碑，“上刻某字圩，共田若干亩”等字。

苏州府吴县、长洲和太仓均以乡领都，以都领图，以图统圩，每圩均按千字文排列[4]。吴江乡辖都，都下设保或图，保、图统圩，圩以千字文命名[5]。昆山“凡田区以领图，图以领圩，圩以字拆，号以数编”[6]。嘉定之田分隶某乡某都和某圩，每圩亦以千字文为号[7]。

松江府上海县等地，“田有字圩号数”[8]。按乾隆《华亭县志》卷一《乡都》、卷二《冢墓》和上海《法华乡志》所载，松江之田亦按某县某乡某保某区某图某字圩某号田划分，圩均以千字文命名，如11保1图“翔”字圩，10保2区13图“霜”字圩之类。

由上所述，可知明清时太湖水网平原地区的田围是四周通水，沿河有堤岸的农田单位。每围在地形上与外界隔开，各有其内部的联系和共同的利害关系。如斗门的启闭和防洪抢险，均需全圩协同

1 光绪《嘉兴府志》卷二九《水利》。
2 康熙《石门县志》卷一《封甲域》。
3 见《永乐大典》卷二二七七《湖州府·田赋》所引《吴兴续志》。
4 同治《苏州府志》卷二九《乡都》，宣统《太仓州志》卷七《赋役》。
5 乾隆《吴江县志》卷三《乡都图圩》。
6 《吴都文粹续集》卷二七《杨侯清理田赋记》。
7 万历《嘉定县志》卷一《乡都》。
8 同治《上海县志》卷五《田亩》。

一致。大水之际，堤岸一旦溃决，即全圩沉没。所以当时各圩多设围长，“每岁区各以粮长正副一人督围长兴工葺之”[1]。这样的每一围实际上还是一农田水利的基本组织。当时“圩以字拆，号以数编”，即圩按千字文编次，圩内之田按数字排列。这种结构使“田有定数，赋有常额”，流水册、鱼鳞图因斯而定[2]，每圩就又成为一个交纳赋税的单元。显然，这一时期的田圩完全可以说是一种农田、水利和赋税合一的基本单元。

这种“田圩之制”创自明清之前。明正德年间，王应鹏指出，嘉定“圩田之制，古有旧本，亩数可稽，号段可查，岁久泯灭”[3]。光绪《杭州府志》卷五十四《水利》认为“田圩创自前代，莫详所始”。“创自前代”，符合事实。“莫详所始”则未必。因为田圩之制的历史可以上溯至宋代。

北宋熙宁年间，昆山人郏亶指出，古时“田各成圩，圩必有长。每一年或二年，率逐圩之人，修筑堤防，浚治浦港”。其时，“人户各有田舍，在田圩之中”。而熙宁时，昆山富户，亦“田舍皆在田围之中”[4]。可见在熙宁及熙宁以前，田圩即已存在。

不过，当时各圩并不按千字文命名，而是被称作“野鸭段、大泗段、湛段、及和尚围、盛熟围之类”[5]，亦无旧本、亩数、号段可查。所以，严格地说，按乡、都、圩、号划分，以千字文为号的田圩之制并非产生于北宋中叶或北宋中叶以前。它大致肇始于北宋末年，形成于南宋之时。

北宋徽宗宣和元年（1119），浙西连年大水，农田大量被淹。

1 光绪《海盐县志》卷六《水利》。

2 《吴都文粹续集》卷二七《杨侯清理田赋记》。

3 光绪《嘉定县志》卷三《赋役沿革》。

4 《吴郡志》卷一九《水利上》。

5 《吴郡志》卷一九《水利上》。

水退后，宋政府趁乱打劫，派员赴乡村括占田地，将所谓“远年逃田、天荒田、草葑茭荡及湖泊退滩、沙涂等地，并打量步亩，立四至、坐落、著望、乡村，每围以千字文为号，置簿拘籍”，招人承佃[1]。如当时，赵霖即曾在平江府组织民户，筑圩围裹积水荒地[2]。随着上述“远年逃田、天荒田”等不断被开垦成田，太湖平原一带就出现了大量以某字围为名的农田。

南宋绍兴年间经界，诸县“图写圩亩，选官按覆”[3]。当时太湖平原宣和时已垦之田，宣和以来所辟以千字文为号的某字围田地，以及经界前围裹湖荡等所成之围，均按千字文立定字号，按乡、都或乡、保编定。如绍兴二十八年（1158），有人将农田 204 亩舍入淀山普光王寺，其田即坐落在华亭县修竹乡 43 都，分属系字 33 号至 55 号[4]。又如庆元至开禧年间，平江府学碑刻所列学田，亦基本上按某县、某乡、某都（或某保）、某字（或某字渭，即某字围）、某号（或某圻）排列。其中长洲县陈公乡 25 都坐字 3 号苗田[5]，儒教乡 11 都发字 3 号苗田等[6]，恐即宣和时已垦之田。昆山新安乡 48 保霖字渭第 1 号田等，当系宣和以来所辟以千字文为号之田。昆山朱塘乡第 5 保夙字号荡田，应是经界前围垦草荡所成之田[7]，亦即袁说友所言，“曾经绍兴十三年（1143）经界立定字号”的围田[8]。此外，经界后围垦和未开辟的湖荡、低地则多未按千字文编号。如常熟开元乡 24 都钱曹渭，归政乡 48 都渭田，端委乡 17 都、南沙乡

---

1 《宋会要辑稿·食货》一之三一，六三之一九五；《文献通考》卷七《田赋考七》。

2 《吴郡志》卷一九《水利下》。

3 《文献通考》卷五《田赋考五》。

4 《金石萃编》卷一四九《淀山普光王寺舍田碑》。

5 《江苏金石志》卷一三《吴学续置田记一》。

6 《江苏金石志》卷一三《吴学续置田记二》。

7 《江苏金石志》卷一二《吴学粮田籍记二》。

8 《宋会要辑稿·食货》六一之一三九。

14 都泛涨江涂田，昆山全吴乡第 5 保茭荡、学田脚下泛涨滩涂及未围裹田，春申乡 34 都柴场田段，全吴乡学田脚下草荡等即是如此[1]。在上述田地中，按某字渭命名的并不多。可见在庆元至开禧年间的平江府和嘉兴府等地，田圩之制还没有形成。

端平元年（1234），赵与憃出守嘉兴。为“整图籍，宽赋敛”，他委派杨瑾清理华亭县田籍。杨分任乡官 137 人，“每都甲首，乡官择之，每围清册，甲首笔之”。共任甲首 8881 人。全县从围至保和乡，一层层清理田籍。“始于围，合于保，而成于都。”其籍“自亩之围，则有归围簿；自围之保，则有归保簿；自保之乡，则有归乡簿；自乡之县，则有都头簿。田不出围，税不过乡”[2]。这样，到端平二年，在华亭县就形成了由 13 乡、54 保和数以千百区围所构成的田围之制[3]。如按嘉熙元年（1237）华亭学田碑所载，华亭县学所有的田、地、柴荡、草地、荡等就是完全按某乡某保某字围的体系来排列的[4]。

不过，从端平至淳祐年间，平江府、安吉州等地则尚未形成如华亭那样的田围体系。端平二年，常熟县也曾举行过经界。但全“县五十都，都千保。其履亩而书也，保次其号，为核田籍，号模其形，为鱼鳞图”[5]。其田按乡、都、保、号划分。按《江苏金石志》卷十六《平江贡士庄田籍记》所载，淳祐二年（1242）和三年，平江府学田亦皆按县乡、都、字、号划分，如长洲县金鹅乡 15 都知字 35 号苗田，常熟县双凤乡 42 都致字 17 号田，长洲县武丘乡 6

1 《江苏金石志》卷一三《吴学续置田记二》。

2 正德《松江府志》卷六《华亭县修复经界记》、《经界始末序》；嘉庆《松江府志》卷二〇《修复经界本末记》。

3 正德《松江府志》卷六《便民省扎》。

4 《江苏金石志》卷一四《华亭县学田记》。

5 《琴川志》卷一二《常熟县端平经界记》。

都兴字55号田，吴江县久咏乡28都珀字号田之类。此外，嘉熙元年（1237）舍入南浔报国寺的田地，则仅有一部分分隶惶字三围，和堀墟村祀字一围、嗣字三围[1]。可见当时上述各地农田尚未完全按围或圩划分。

从淳祐至咸淳年间，是太湖地区田圩之制大体形成的时期。

淳祐十一年（1251），嘉兴府举行经界[2]。当时嘉兴下辖华亭、嘉兴、崇德、海盐四县。其中崇德“宋县十有二乡，为都三十一”，每乡每都的田和地均以“千字文为围以别之”。每围“大者数千亩，小亦数百亩”[3]。“自天字至逼字，内兼重字，共七百二十六围。”[4]“而宋志云：‘支港纵横分布，回环七百围之间’。”[5]全县田地已被纳入乡、都、围这一田围体系之中。其时崇德计有田地103万亩，包括围田3600亩，围荡838亩[6]。南宋淳祐七年以前，浙西一带围田每亩纳官租米2斗。淳祐七年以后，围田亩租4斗，围荡每亩纳钱1贯，租隶田事所。淳祐十年，又将隶属田事所的围田、围荡、没官田等拨隶淮东总领所。宝祐元年（1253）以前，宋廷又将旧隶安边所之田“拨归本所”[7]。由上述崇德围田官租米1479石，围荡官租钱838贯，即亩租米4斗、亩租钱1贯，以及没官田租米肆入总所，二入京庠，一入宪台，围田、围荡等“捌项”租和职田租“截拨贰分”，“补充本县解发支遣，其余捌分米仍隶元拨所自行拘催”[8]，可知上述有关崇德田围的记载当出自淳祐十年至宝祐元年之间。又崇

1　汪曰桢《南浔镇志》卷二十五《檀越施田地名衔》。
2　《宋史》卷一七三《食货上一》。
3　康熙《石门县志》卷二《赋役》。清代改崇德县为石门县。
4　嘉庆《桐乡县志》卷四《田亩》。明代分崇德县地置桐乡县。
5　光绪《石门县志》卷一《水利》。
6　康熙《石门县志》卷二《赋役》。清代改崇德县为石门县。
7　淳祐《玉峰志》卷中《官租》；《宋史》卷一七三《食货上一》。
8　康熙《石门县志》卷二《赋役》。清代改崇德县为石门县。

德县志始编于宋淳祐十一年，名《语溪志》。此后，一直到明正德年间，才有人续修。因此，以上所引之“宋志”，即是《语溪志》。有关崇德田围的材料系引自淳祐十一年编修的《语溪志》[1]。显然，上述记载所叙述的田圩之制当形成于淳祐十年后不久，即淳祐十一年经界之时。又由崇德之例推测，嘉兴、海盐二县的田围之制，亦应形成于淳祐十一年嘉兴府经界之时。

咸淳初，季镛在平江府实行推排之法，“以县统都，以都统保，选任才富公平者，订田亩税色，载之图册，使民有定产，产有定税，税有定籍”。咸淳三年（1267），宋廷接受其建议，下诏命诸路施行[2]，安吉州、临安二地亦应在推行之列。按目前所知，从淳祐末至元代延祐年间，平江、安吉州、临安只有在咸淳年间整顿过一次田籍。因此，咸淳时推排的实行应与以上三地南宋末至元初的田制有关。

元代平江路吴江等地的农田制度，“元初仍宋制”。一直到延祐四年（1317），元政府实行“经理田粮之法”，才有所改变[3]。元初至元二十一年（1284），平江路嘉定县依仁乡有人出钱买到守信乡第1都玉字渭169号田若干亩，结字渭102号田、地若干亩，黄字渭49号、50号、51号田若干亩，依仁乡12都吊字渭42号、72号田若干亩，以及13都□字渭某号田、地若干亩，宾字渭14号田若干亩，□□渭33号田、地若干亩，谷字渭某号田若干亩，将其施予南翔寺[4]。这些田地即均按某乡、某都、某渭、某号的一定之制排列。又元初，湖州路归安县报恩光孝禅寺买到或募得霅水乡某都杜字二围，18都阡字一围、阡字二围，18都下5保阡字五围、兵字一围、兵字□围、兵字三围、高字二围、高字三围，霅水乡清塘

1 见洪焕椿《浙江方志考》卷三《嘉兴府县志》。

2《宋史》卷一七三《食货上一》；乾隆《吴江县志》卷四四《均田荡赋役》。

3 乾隆《吴江县志》卷四《田荡》；洪武《苏州府志》卷一〇《田亩》。

4《江苏金石志》卷二三《长忏堂庄田记》。

□□字三围，雷水乡□□□世字三围、世字二围田各若干亩[1]。这些田地皆按某乡、某都、某保、某字、某围体系排列。以上元初农亩之制，当沿袭南宋。上述嘉定、归安的田圩之制，应该就是平江、湖州路（安吉州）等地南宋末的田制。其形成时间很可能就在南宋末，即咸淳年间平江、临安、安吉州实行推排之际。

又元至大初，江浙行省因“农作将兴，各处田围，高下不等，陂塘、围岸、沟渠须依法修治”，劝谕督率民户自出工本，或官为借贷，修筑田围。兴修时须照前庸田司五等围岸体式，按田离水面的高度，决定围岸的高度，使田岸顶端与水面的距离始终保持在7.5尺左右[2]。由此可知，在延祐经理之前，太湖地区确已存在大量田围，田围之制已基本形成。

元代是太湖平原田圩之制最终形成的时期。

延祐年间，元廷为保证“税入无隐，差徭亦均”，遣官分诣各地，实行经理之法[3]。其结果是平江路二县四州之田均按围计算，全路之围多达数千[4]。如吴县、常熟“元时田用围法”，分别有917围和1111围[5]。嘉定“元之田以围计”，“千亩为一围”，计1100围[6]。长洲、昆山和吴江则各有1788围、1645围和3268围[7]。至此，在平江所辖各州县境内均建立起一种独特而又完备的田围之制。

明初洪武九年（1376）至十年，湖州大举“重修”田围，其围岸“比昔愈加高厚”，六县“共计增修”6895所围坍。这些田围均按县、乡、都、围排列。从明初的“重修”和“增修”来看，这种

---

1 《吴兴金石记》卷一三《元报恩光孝禅寺置田山碑》。
2 《续文献通考》卷三《田赋考三》。
3 《元史》卷九三《食货一》。
4 洪武《苏州府志》卷一〇《田亩》。
5 民国《吴县志》卷四五《田赋二》；光绪《常昭合志稿》卷一〇《田赋》。
6 万历《嘉定县志》卷五《田赋》；光绪《嘉定县志》卷四《田亩》。
7 洪武《苏州府志》卷一〇《田亩》。

田围之制在“昔”时或“旧”时，即元代就已形成[1]。

嘉兴府（包括华亭县）的田围之制在南宋后期即已形成。由上海元初行用围田法的情况来看，元代这一带盛行的也是田围之制[2]。

到明清时，除湖州安吉、长兴和杭州钱塘等少数县份之田圩不按千字文命名，而是直呼其名，如安吉“北墅圩”、长兴“相思圩”和钱塘“草田圩”之类外[3]，苏、松、杭、嘉、湖五府水田地区大部分县份的田围已均以千字文为号，按某乡、某都、某保、某图、某字围的体系排列。这种田圩之制，在元以后为明清人沿用长达五百余年，构成了太湖地区农田制度上的一大特色。

综上所述，田围原本只是在太湖平原水网地带由河道、田岸所包围的一种农田，只是一种浚河、筑岸、防洪、抢险、排除内涝、引水灌溉的农田水利基本单元。从北宋末至元代，随着以千字文为号的某字围和湖荡、低地的不断开垦成田，特别是由于政府出于整顿田粮赋税版籍之需，一次次地核定田籍，田围逐渐从单纯的农田和水利的基层组织演变为一种著录于官府版籍的田粮赋税基本单元。其结果是在苏、松、杭、嘉、湖平原的水田地区，出现了一种包含农田、水利和赋税诸因素在内的独特的田围之制。这一制度形成于宋元，盛行于明清。时至今日，我们还能从保留至今的许多乡村地名中感受到它的影响。

本文原载于暨南大学中国文化史籍研究所编《陈乐素教授（九十）诞辰纪念文集》，广东人民出版社，1992年。

---

1 见《永乐大典》卷二二七七《湖州府·田赋》所引《吴兴续志》。

2 同治《上海县志》卷六《赋额》。

3 见《永乐大典》卷二二七七《湖川府·田赋》所引《吴兴续志》。又见光绪《长兴县志》卷一下《乡都》，卷五《兵防》；万历《钱塘县志·纪疆·里阳》。

论宋代太湖地区农业的发展

为避免引起误解，有必要先对本文经常运用的两个概念作出明确的界定。本文所说的太湖地区，是指宋代的苏州（平江府）、湖州（安吉州）、秀州（嘉兴府）、常州和江阴军。这里所说的农业，并非指大农业意义上的农业，而是指狭义的以稻米为主的粮食种植业。

一

长期以来，人们普遍认为南宋是宋代太湖地区农业发展的高峰。支持此说的主要论据之一，便是在南宋时，太湖地区出现了“苏湖熟，天下足”的农谚。这种看法及其论据都是不符合事实的。

与人们通常所认为的相反，“苏湖熟，天下足”这一谚语并非产生于南宋，亦非最早载见于绍熙三年（1192）成书的《吴郡志》卷五〇《杂志》。

南宋学者薛季宣（1134—1173）所撰《浪语集》卷二八《策问》第四问指出：“淮浙当承平之世，非惟国用之所仰赖，‘苏湖熟，天下足’则又发于田家之谚。今也行都所在，内奉万乘，外供六师，而水利之讲不详，号称十年九潦。古者塘堰陂湖之地，顾已变为桑田之野。……岂无术耶？愿详闻之。”上述“承平之世”是南宋人对北宋时的习称。如南宋中叶，卫泾即说过：“承平之时，京师漕粟多出东南，而江浙居其大半。中兴以来，浙西遂为畿甸，尤所仰给。”[1]薛季宣是南宋前期人，他所说的“今”当指南渡以后，即“中兴以来”，“行都”则指临安。其文先言北宋时淮浙（包括太湖地区）是国用仰赖之地，接着引“苏湖熟，天下足”谚语的产生以论证其说。最后又指出南宋建都临安，国用愈加仰仗太湖地区，但该地却水利不修，要求对策者提出解决办法。从引文的语意、语气的连贯和今昔对比的论述方式来看，“苏湖熟，天下足”应是北宋“承平之世”出现于太湖地区的“田家之谚”。

薛季宣对这一谚语产生于北宋太湖地区的记载应是真实可信的。他身为浙东温州人，但却与浙西的太湖地区有着十分密切的关系。他的岳父孙汝翼是常州人。薛本人曾多次到过太湖地区，并在这一地区生活过若干年。例如他曾于绍兴二十六年（1156）前后“观省自东瓯”，在往返于湖北、浙东的行程中，途经岳父故里常州，与从荆州卸任归乡仅数日的岳父相聚[2]。隆兴末（1164），他由武昌调任婺州司理参军，再次经过太湖地区。乾道五年（1169），改知平江府常熟县。他“退待次具区滆上”约一年半，在常州滆湖之畔读书讲学候缺[3]，并曾访郑伯英于嘉兴[4]。八年八月，除知湖州。任职半年，旋改知常州[5]。正因为薛氏在太湖地区住过若干年，他才能有“走游浙西，行湖滖上，常怪其地庳下，古人何以能田”的感

1 《后乐集》卷一三《论围田札子》。
2 《浪语集》卷三四《墓祭外舅姑文》。
3 《浪语集》卷三五《薛季宣行状》、《薛季宣墓志铭》。
4 《浪语集》卷三五《郑伯英祭文》。
5 嘉泰《吴兴志》卷一四《郡守题名》。

性认识[1]。薛季宣于北宋灭亡后七年出生，他生活的时代上距北宋不远，他和太湖地区的关系又是如此密切，因此，他很可能是直接从生长于北宋末的当地耆老（包括其岳父）口中，而不是仅仅根据南宋人的传闻和有关记载，才得知这一谚语发自北宋太湖地区的“田家”之口。

《策问》第四问的成文时间，显然早于范成大的《吴郡志》。第四问曰：“皇上究求民瘼，知无不为。盖尝决圩岸之遏流，抑沙田之专利，通五泻之堰，导申、季之港，德至溥也。而旱潦之害未闻加损。或者以谓吴江之岸，……决而通之，未睹其利，漕舟凝滞，军食乃不可阙，佃者已为成业，立将见其流散，兴役动众，又不可以轻举，置而不问，非安国和民之意也。……岂无术耶？愿详闻之。”按上述“皇上”当指宋孝宗。孝宗自隆兴元年（1163）开始，屡屡下令开决堙塞流水之圩[2]；又于乾道元年（1165）以后，因官户、形势之家侵耕昌佃沙田，派员核实顷亩，起立租税[3]。三年，申港及蔡泾闸亦因孝宗下诏兴修而得到浚治[4]。文中所说的季港，当指黄田港上游。“黄田港一名汊港，一名李（应作季）港”[5]。该港北通大江，上游“东经蔡泾闸”[6]，“岁久潮泥淤塞河港”[7]，在修治蔡泾闸时亦得到疏导。季港似即北宋时单锷所说的“季子港”[8]。第四问只述及乾道三年申港的兴修，而只字未提乾道五年利港的浚治和三年以

1 《浪语集》卷二七《书单锷〈吴中水利书〉后》。

2 《宋史》卷一七三《食货上一》；《宋会要辑稿·食货》六一之一一六至一一八。

3 《宋会要辑稿·食货》一之四三、四四。

4 《宋会要辑稿·食货》八之二一、二二；《宋史》卷一七三《食货上一》；嘉靖《江阴县志》卷九《河防记》、《乾道治水记》。

5 《吴中水利全书》卷六《水名·江阴县》。

6 嘉庆《一统志》卷六〇《常州府》。

7 《宋会要辑稿·食货》六一之一一八。

8 《吴中水利书》。

后孝宗的其他德政。另外，从乾道五年起，宋政府为摆脱既不可轻举，又不能置之不问的困境，转而采取严禁围裹江湖草荡，以杜绝水害的政策[1]。据此，可知第四问应成文于乾道三年至五年之间。这和乾道二年至六年，他在家乡和滆湖之畔著述授徒，与陈傅良“日考古论今”，以备召对和太学考试的情形正相一致[2]。《吴郡志》是范成大晚年，即淳熙九年（1182）归里闲居后所著[3]。该书成书于绍熙三年，在编撰过程中曾得到龚颐正、滕宬（1154—1218）和周南（1159—1213）的帮助[4]。乾道三年至五年，即薛季宣著录“苏湖熟，天下足”这一谚语时，范成大尚未着手编撰《吴郡志》，滕、周二位尚未成年，也还不能协助范成大编纂此书。因此，最早记载这一农谚的显然不可能是《吴郡志》。按目前所知，最先记述这一田家之谚的很可能就是薛季宣。

值得注意的是，在北宋时，太湖地区不仅产生了“苏湖熟，天下足”的农谚，而且还出现了与此相似的“苏常熟，天下足”的谚语。后一谚语载见于南宋嘉泰四年（1204）陆游所撰的《常州奔牛闸记》。其文曰：“方朝廷在故都时，实仰东南财赋，而吴中又为东南根柢。语曰：‘苏常熟，天下足’，故此闸尤为国用所仰，迟速丰耗，天下休戚在焉。自天子驻跸临安，牧贡戎贽，四方之赋输，与邮置往来，军旅征戍，商贾贸迁者，途出于此，居天下十七，其所系岂不愈重哉！”[5]上述“朝廷在故都时”至“自天子驻跸临安”以前一段文字论述了北宋时东南地区的重要，“苏常熟，天下足”这一谚语则被用来说明苏常地区是当时东南之根柢。由此可知，“苏

1 《后乐集》卷一三《论围田札子》。
2 《浪语集》卷三五《薛季宣行状》。
3 周必大：《文忠集》卷六一《范成大神道碑》。
4 《水心文集》卷二四《滕宬墓志铭》、卷二〇《周南墓志铭》；赵汝谈《吴郡志序》。
5 《渭南文集》卷二〇《常州奔牛闸记》。

常熟，天下足”这一谚语亦产生于北宋，而不是像通常人们所认为的那样出现于南宋。

宋代常州粮食生产状况的演变可以证明这一点。景祐三年（1035），范仲淹指出“苏常湖秀，膏腴千里，国之仓庾也”[1]。可见常州是北宋粮食生产的主要基地之一，它在太湖地区拥有仅次于苏州的重要地位。但到南宋时，情况已发生很大变化。按乾道时李结所言“苏湖常秀之产为两浙之最”[2]，常州已列于湖州之后。绍熙五年（1194），王炎说：“两浙之地，苏、湖、秀三州号为产米去处，丰年大抵舟车四出”[3]，更将常州排除在两浙产米去处和苏、湖、秀三地以外。李心传则指出“自巡幸以来，军储岁计，多仰浙西，而平江湖秀之产，倍于他郡”[4]。可见自南渡以后，常州的粮产已远不如湖秀二地。到南宋末，按当时人所说“浙右郡号沃壤，独毗陵田高下不等，必岁大熟，民乃足”[5]，常州已落到不仅无余粮外运，就连自给都很困难的境地。据此，可知“苏常熟，天下足”这一谚语不可能产生于南宋，而只能产生于南宋以前。

由上所述，可知根据“苏湖熟，天下足”和“苏常熟，天下足”谚语产生于北宋的事实，我们并不能得出南宋是宋代太湖地区农业发展顶峰的结论，而只能认为北宋才是这一地区农业发展的高峰。

二

当然，在对两宋太湖地区农业发展的水平作出最终评估前，还

1 《范文正公集》卷九《上吕相公并呈中丞咨目》。

2 《宋会要辑稿·食货》八之一三。

3 《双溪类稿》卷二一《上赵丞相书》。

4 《建炎以来系年要录》卷五四“绍兴二年五月庚辰”。

5 咸淳《毗陵志》卷二四《财赋》。

必须对影响这一地区农业发展的自然条件、技术条件和社会条件加以分析研究和综合。

就自然条件而言。北宋时太湖地区的水文和天然植被状况略优于南宋[1]，土壤条件则稍逊于南宋。该地的天气在北宋前期尚属温暖期，以后则转冷，13世纪初又转暖[2]。其余各项条件则大致相同。总的来说，北宋时太湖地区农业发展的自然条件与南宋大致相同。

宋代是农业生产技术取得重要进步的时期。这些进步主要是在北宋时取得的。从庆历年间开始，宋政府曾多次下令鼓励和组织农户兴修水利。如仁宗时有太湖地区诸浦的多次开浚，以及苏、湖、常、秀诸州田岸的兴修[3]。熙宁三年（1070）至九年，两浙共兴修水利田1980处，计田1048万余亩[4]，其中有相当大一部分位于太湖地区。崇宁至宣和间，宋政府又在太湖地区大举兴修水利，开导松江、青龙江，修筑围田[5]。其兴役之频繁，用工之浩大，与南宋相比是有过之而无不及。北宋时，重要的提水工具龙骨水车已得到广泛运用。按沈括所说，当时人们已掌握筑堤、开河、设置堰闸的一整套技术，已发明并推广在积水平地上取土和从河底取土筑堤的方法[6]。按成书于两宋之交和南宋初的陈旉《农书》和楼璹《耕织图》所说[7]，北宋时，农民已采用牛耕，其所用耕具、水田作业农具、水稻栽培技术、耕作方法及种植制度和南宋时并没有大的不同。又按北宋时秦观《淮海集》卷一五《财用》所说，当

---

1 《农业考古》1985年第一期汪家伦《古代太湖地区的洪涝特征及治理方略的探讨》。

2 《考古学报》1972年第一期竺可桢《中国近五千年气候变迁的初步研究》。

3 《吴郡图经续记》卷下《治水》。

4 《宋会要辑稿·食货》六一之六九。

5 《宋史》卷九六《河渠六》；《吴郡志》卷一九《水利下》。

6 《梦溪笔谈》卷一三《权智》；《续资治通鉴长编》卷二四五熙宁六年五月乙丑条；《吴郡志》卷一九《水利上》。

7 《文献通考》卷二一八《经籍考四十五》。

时吴地农民采用精耕细作的方法，“培粪灌溉之功至也”。这和南宋高斯得《耻堂存稿》卷五《宁国府劝农文》中所介绍的“浙人治田”法同属集约经营之列。农业著作是农业生产技术的总结和水平的体现。宋代反映江浙淮南一带农业生产技术的著作主要有陈旉的《农书》、曾安止的《禾谱》和楼璹的《耕织图》[1]。前者作于两宋之交，后二者成书于两宋，均系两宋农业生产技术的结晶，也是对南宋太湖地区农业生产具有指导意义的三部主要的宋人著作。又在如何治理太湖地区水土的问题上，北宋时出现了范仲淹、郏亶、单锷、郏侨和赵霖诸家之说。南宋时各家则均深受其影响，并未提出新的重要见解[2]。由此看来，南宋时太湖地区的农业和水利技术仍大致停留在北宋中晚期的水平上。

社会条件包括历史基础、人口、生产关系、上层建筑等项。兹分别考察如下。

北宋太湖地区农业的发展是以晚唐五代这一地区农业的发展为基础的。当时，该地已出现《耒耜经》、《象耕鸟耘辨》等著述。海塘体系已初步形成，水利工程星罗棋布，牛耕和江东犁、耙、耖等耕具及水田作业农具已经普及。农户已越来越多地使用肥料，并已采用水稻移栽技术，运用耘爪等稻田除草农具。农户的垦田数已减至平均每夫耕种 22—38 亩的水平[3]，集约程度有所提高，随着人口日增，田地日辟，劳动生产率的提高，农民的剩余产品日见增多。到晚唐时，“三吴者，国用半在焉”[4]，太湖地区已成为全国财赋的重要来源，其农业水平已接近于北宋。唐末的战乱虽给该地的农业

1 《文献通考》卷二一八《经籍考四十五》。

2 《农业考古》1985 年第一期汪家伦《古代太湖地区的洪涝特征及治理方略的探讨》。

3 《甫里先生文集》卷一六《甫里先生传》。

4 杜牧《樊川文集》卷一四《崔郾行状》。

造成较大的破坏，但由于吴越统治者比较注重农业，宋初这一地区又兵不血刃，纳土归顺，这就使该地的农业生产很快得到恢复和发展，并为北宋太湖地区农业的迅速发展和繁荣奠定了良好的基础。

南宋太湖地区农业发展的起点理应较北宋为高。但是，由于建炎年间战乱的影响，南宋初这一地区堤岸破决，农田大量荒废，人口锐减，农业生产遭到十分严重的破坏。如仅平江府一地，建炎末即“士民死者近五十万人”，常熟一县仅有 8972 户[1]。当时浙西沿江一带，田土荒废甚多，以致不可胜计[2]。可见南宋太湖地区农业发展的起点要比通常人们所想象的低得多。

在传统的农业社会中，人口的增长主要意味着农业劳动者数量的增加。劳动者是生产力的首要因素。对于正处于开发过程中的宋代太湖地区来说，一定数量的人口及其增加构成了这一地区农业发展的重要条件。现将宋元太湖地区诸郡的户数和增减情况列表如下[3]（单位：户）：

苏　州

（平江府、平江路）

雍熙年间	35249
大中祥符四年	66139
熙宁年间	173969
元丰三年	199892

湖　州

（安吉州、湖州路）

雍熙年间	38748
大中祥符年间	129510
熙宁年间	145121
崇宁年间	162335

1 《建炎以来系年要录》卷三二“建炎四年三月丁未”条；《琴川志》卷一一《续题名记》。

2 《宋会要辑稿·食货》二之七。

3 四库文渊阁本《太平寰宇记》；洪武《苏州府志》卷一〇《户口》；《吴郡图经续记》卷上《户口》；《吴郡志》卷一《户口》；《元丰九域志》；《宋史·地理志》；《元史·地理志》；《永乐大典》卷二二七五《吴兴续志·户口》；雍正《浙江通志》卷七二《户口二》；至元《嘉禾志》卷六《户口》所引《三朝国史志》；咸淳《毗陵志》卷一三《户口》；嘉靖《江阴县志》卷五《食货记·户口》。

（续表）

崇宁年间	152821
宣和年间	430000
淳熙十一年	173042
德祐元年	329603
至元年间	466158

（续表）

淳熙年间	204509
至元年间	255823

秀　州

（嘉兴府、嘉兴路、松江府）

雍熙年间	23052
北宋初	51862
熙宁年间	139137
崇宁年间	122813
至元年间	426656

常州、江阴军

（常州路、江阴州）

雍熙年间	70103
北宋初	175152
熙宁年间	143561
崇宁年间	165116
至元年间	263553

由上表可知，北宋雍熙至宣和间，苏州（平江府）户数增长十多倍，远远超过南宋淳熙至德祐年间。北宋末该地的户数较南宋末多出十余万。其余三地北宋时的户口增长率亦高于崇宁至至元间。北宋末三地的户数似少于南宋末。

宋代尤其是北宋时太湖地区人口的迅速增长，为这一地区农业的发展，特别是农田的开垦提供了充足的劳动力。宋元以降，太湖地区的土地一般有田、地、山等分别。田基本上是种植稻米等主要粮食作物的耕地。宋代苏州（平江府）之地，清嘉庆间约有田 700 万亩[1]。湖州（安吉州）清代旧额田 290 多万亩[2]。宋秀州（嘉

1　嘉庆《太仓州志》卷二二《田赋》；光绪《苏州府志》卷一四《田赋三》。

2　同治《湖州府志》卷三四《田赋一》。

兴府）之地，明正德、嘉靖年间额管田约750万亩[1]。常州、江阴明成化间有田约480余万亩[2]。这大致就是宋人所能开垦的农田的上限。唐末，陆龟蒙在苏州有耕夫十余人，垦田十万步[3]。按240步为一亩，农夫为11—19人计，平均每一劳动力垦田22—38亩，即30亩上下。这和宋末元初人方回所说“一农可耕今田三十亩”大致吻合[4]。可见在宋代的生产条件下，这一地区一农平均能垦田30亩上下。中国古代历来有井田不易之地家百亩或夫百亩，一易之地家两百亩或夫两百亩，再易之地家三百亩或夫三百亩，百亩之田上农夫食九人，其次食八人，其次食七人，其次食六人，下农夫食五人之说[5]。古人往往将一农、一夫和一家视为一物。上述之一农、一夫和一户便是如此。如按熙宁时郏亶所说，“苏秀常湖四州之民，不下四十万（单位应为户），三分去一，以为高田之民，……尚有二十七万夫”，即将一户等同于一夫[6]。在宋代，城镇人口在总人口中所占比例一般不高。如乾道时，徽州郡城内外共有1931户，约占全州户数122014的2%不到[7]。南宋时，嵊县县郭户1194，乡落户32000[8]，县郭户占全县户数的4%弱。嘉定时，镇江城厢户14300，江口镇户1600，约占总户数108400户的16%。咸淳时，镇江在城五隅户8698，约占总户数72355户的12%[9]。绍熙时，扬州在城户4426，约占总户数35951户的8%；嘉泰时，在城户3637，

1　正德《松江府志》卷七《田赋中》；嘉靖《嘉兴府图记》卷八《田赋》。
2　康熙《常州府志》卷八（田赋）。
3　《甫里先生文集》卷一六《甫里先生传》。
4　《古今考·续考》卷一八《附论班固计井田百亩岁入岁出》。
5　《周礼》卷一〇《大司徒》；《礼记》卷一一《王制》；《汉书》卷二四上《食货志》。
6　《吴郡志》卷一九《水利上》。
7　淳熙《新安志》卷一《户口》。
8　嘉定《剡录》卷一《版图》。
9　至顺《镇江志》卷三《户口》。

约占总户数36760户的10%；宝祐时，在城户7975，约占总户数43892户的6%[1]。按熙宁时张方平和孔文仲所说，天下州县三等以上的上户和四等以下的下户的比例分别为1∶9弱和1∶10[2]。在太湖地区，上户所占比重似乎更小。如按熙宁中郏亶所说，苏州有主户15万多（按《元丰九域志》所载，熙宁时苏州主户158767户，客户15202户），其中三等以上至一等的富户约有5千户[3]，仅占总户数的3%。在扣除三等户中的富裕农民和城居地主外，乡居地主的比重将更低。上述总人口中不直接从事农业生产的户数如按20%计，北宋宣和时平江府应有直接从事农业生产的农户34万余户，崇宁时湖州应有农户近13万。按一农可耕田30亩计，已足以开垦二地的全部农田。崇宁时，常州（不包括江阴）有户165116户，应有农户13万户多，江阴大中祥符间已有29339户[4]，崇宁时户口应高于此数，其农户必定在2.4万以上。崇宁以后，随着人口的进一步增长，常州、江阴应有农户16万以上，亦已能开垦境内的全部农田。秀州华亭县按旧《图经》所载有54941户[5]。元丰初，增至97753户[6]，当时该地人口增长相当迅速。如元祐时，华亭户数即"不下数十万"，为皇祐中吴及任知县时的3倍[7]，崇宁时秀州之122813户应是元符二年（1099）苏湖秀三州严重水灾户口锐减后之数[8]。崇宁后，该地户数即应和苏州一样迅速回升。宣和时，华亭的农户数应在10万以上，亦足以开垦该县的370万可耕田。秀州

1 嘉庆《扬州府志》卷二〇。
2 《乐全集》卷二六《论率钱募役事》；《舍人集》卷一《制科策》。
3 《吴郡志》卷一九《水利上》。
4 嘉靖《江阴县志》卷五《食货记·户口》。
5 绍熙《云间志》卷上《版籍》；旧《图经》系指祥符《秀州图经》。
6 正德《松江府志》卷六《户口》；康熙《松江府志》卷五《户口》。
7 绍熙《云间志》卷中《知县题名》，卷下《县斋诗序》。
8 《宋史》卷六一《五行上一》。

州治在嘉兴，按旧《图经》所载，嘉兴有64824户[1]，多于当时的华亭。按此推断，北宋末嘉兴等三县的总户数亦不会少于华亭，三县在宣和时亦拥有能开垦其所有农田的劳动力。又从整个地区来看，宣和时太湖地区共有91万户以上，能耕田近2200万亩，正和该地所有农田总数相等。在宋代的生产水平下，人口的迅速增长为太湖地区提供了充足的劳动力，使人们能在北宋末将该地的所有农田开垦成熟，将农业的发展推向前所未有的新的高峰。

就土地所有制而言。有宋一代，田制不立，其结果是土地兼并不断加剧，越来越多的土地落到地主手中。如绍兴末，江浙之间，“一都之内，膏腴沃壤半属权势”[2]。三十多年后，嘉兴府崇德县境内之田，“非王公贵人之膏腴，即富家豪民之所兼并也，民田之存已无几，狭乡一二亩”[3]。到宋末元初，嘉兴一带农村，“无穷无极，皆佃户也”[4]。土地集中的现象日趋严重。其结果是使一部分人口不得不脱离农业，另一部分农民则因“食不自足，或地非己有”[5]，生产积极性受挫，从而阻碍了农业生产的进一步发展。从这一点来说，南宋时太湖地区农业发展的条件不如北宋。

无论在北宋抑或南宋，农本思想和垦辟之说都颇为盛行。从北宋的陈靖、李觏、范仲淹诸人，到南宋时的叶适等人，莫不主张务本、厚农桑和辟地增税[6]。在以农立国的宋代社会中，这是十分自然的。在这种思想的支配下，宋政府从庆历年间开始大力提倡、鼓励

1 光绪《嘉兴府志》卷二〇《户口》。
2 《宋会要辑稿·食货》一四之三七。
3 至元《嘉禾志》卷二六《崇福田记》。
4 《古今考·续考》卷一八《附论班固计井田百亩岁入岁出》。
5 《宋史》卷一七三《食货上》；《盱江集》卷一六《富国策第二》；《范文正公集·政府奏议》卷上《答手诏条陈十事》；《水心别集》卷二《民事中》。
6 《宋史》卷一七三《食货上》；《盱江集》卷一六《富国策第二》；《范文正公集·政府奏议》卷上《答手诏条陈十事》；《水心别集》卷二《民事中》。

和组织农户兴修农田水利，开垦荒地，并取得了显著的成果。在一开始，宋政府主要依靠州县和漕、宪二司来推行其政策。如熙宁以前，太湖地区农田水利的兴修便是在张纶、范仲淹、叶清臣、沈立、吕居简、蔡抗、李复圭、韩正彦、王纯臣等漕臣和州县官的倡导、主持下进行的[1]。王安石变法后，宋政府更进一步设立了以兴修农田水利为其主要职责的仓司机构，以执行其鼓励发展农业生产的政策。如政和、宣和间，太湖地区农田水利的兴修就是由两浙提举常平赵霖主持的[2]。所有这一切都推动了太湖地区农业的发展，使其有可能在北宋末走向发展的高峰。

在生产力相对落后的古代，战争往往会给农业生产造成毁灭性的破坏，和平方能给农业的发展创造机会。北宋时，除宋初的常州和宣和时秀州的部分地区外，太湖地区并未直接遭受战争的破坏，农业获得了一百多年稳定发展的时间。南宋时，这一地区的农业也有过一百余年稳定发展的时间，但又曾在南宋初和宋末直接遭到严重的战乱的破坏。此外，在南宋的大部分时期，由于宋廷不是连年用兵就是积极准备用兵，太湖地区农民的负担较北宋明显加重。如按杨万里所说，绍熙时，东南之赋已“不知几倍于祖宗之旧”[3]。南宋中叶以后，科抑日重，仅常熟一地“人户缘此凋弊者十几六七矣”[4]。至南宋末，“东南之民力竭矣”[5]，情况更趋严重，农业生产因此而受到较大影响。凡此种种，都表明北宋太湖地区农业发展的条件比南宋优越。长期稳定的社会环境为宋代，尤其是北宋太湖地区农业的不断进步和繁荣创造了有利条件。

---

1 《吴郡图经续记》卷下《治水》。

2 《吴郡志》卷一九《水利下》；《宋会要辑稿·食货》六一之一〇五。

3 《诚斋集》卷六九《转对札子》。

4 《琴川志》卷六《苗》。

5 《宋史》卷一七四《食货上二》。

总之，北宋太湖地区农业发展的各种条件不仅不比南宋逊色，而且在不少方面略强于南宋。这些优越的条件不但使这一地区的农业能迅速走向繁荣，而且还使其能在北宋末达到发展的高峰。

三

但可能并不等于现实。为判定当时这一地区农业的发展是否达到宋代的最高水平，还必须根据粮食总产和粮食净产（余粮）这二项标准，对该地农业发展的情况加以分析和研究。

先就粮食总产而言。太湖地区的粮食总产等于该地粮田总数和单位面积粮食产量之积。北宋庆历三年（1043），范仲淹奏云："臣知苏州日，点检簿书，一州之田系出税者三万四千顷，中稔之利，每亩得米二石至三石，计出米七百余万石。"[1]南宋淳熙末，陈傅良曰，闽浙上田亩产米3石，中田2石[2]。嘉定二年（1209），王炎指出，湖州新修围田，"亩收三石"米[3]。这种"以低为胜"的水利田的单产往往高于一般农田[4]。南宋末，按方回所说，"吴中田今佳者，岁一亩丰年得米三石。山田好处，或一亩收大小谷二十秤，得米二石"[5]。据此，可知从北宋中叶至南宋末，太湖地区农田的单产始终保持在每亩产米2—3石的水平上。与稻米相比，麦类单产不高，三百年间亦大致保持在同一水平上。当时这一地区尚未普遍实行稻作复种制。北宋中后期，苏州（平江府）等地已"刈麦种禾，一岁

1 《范文正公集·政府奏议》卷上《答手诏条陈十事》。

2 《止斋文集》卷四四《桂阳军劝农文》。

3 《宋会要辑稿·食货》六之三一。

4 《吴郡志》卷一九《水利下》。

5 《古今考·续考》卷一八《附论班固计井田百亩岁入岁出》。

再熟”[1]，“稻麦两熟”[2]。但这一地区地势低下，农田大多宜稻不宜麦。如湖州“郡地最低，性尤沮洳，特宜水稻”[3]。宋太宗曾诏江浙等地长吏，劝民益种粟麦。淳熙时，孝宗曾两度下诏令江浙等地帅、漕臣督守令“劝民种麦，务要增广”[4]。但按绍熙四年（1193）进士董煟所说“今江浙水田，种麦不广”[5]，可知两宋劝民种麦之诏在水田居多的太湖地区均收效不大。所以直至嘉定八年（1215），宋廷还应知余杭县赵师恕之请，令江浙等地劝民杂种麦粟，以解除饥荒的威胁[6]。由此可见，有宋一代太湖地区农田复种指数不高，变化不大，单产基本稳定在同一水平上。

在单产固定的条件下，只要太湖地区的农田一旦全部开垦成熟，该地的粮田总数和粮食总产便能达到在当时生产水平下所能达到的最高水平。进一步的分析表明，只有在太湖地区的人口增至农户数与户均实际耕田数之积等于该地的可耕田总数时，这一地区的可耕田才会被全部开垦成熟。

按前所述，宋代太湖地区一农可耕田约30亩。这不单是一种能力，在某一时期也还是一种实际存在的情况。如治平年间，苏州常熟有户4万，岁纳苗米8万石。当时常熟秋苗中田每亩米八升，下田七升四合[7]。按中田苗额计，治平时常熟应有税田一百万亩。按城镇人口占总人口的15%计（应略低于全州水平），当时常熟应有农户约3.4万，平均每户垦田约30亩。又如熙宁年间，苏州岁

1 《吴郡图经续记》卷上《物产》。
2 《吴郡志》卷一九《水利下》。
3 嘉泰《吴兴志》卷二〇《物产》。
4 《宋史》卷一七三《食货上一》。
5 《救荒活民书》卷中《义仓》。
6 《宋史》卷一七三《食货上一》。
7 《琴川志》卷六《税》、卷一二《常熟新建顺民仓记》。

输苗米约34—35万石[1]，按中田苗额计，应有税田430余万亩。熙宁间苏州有173969户[2]，按农户占80%计，当时苏州有农户约14万，平均每户耕田约30亩。正因为在人口较少、土地有余的条件下，太湖地区存在着一农耕田30亩的现实，所以到南宋淳熙年间（1174—1189），当秀州（嘉兴府）崇德县的人口再次增至28920户之后[3]，该县因“最近数十年来户口充斥，人物繁伙，凡曩者宜桑麻，长鸡豚，可以践牛羊之地，今［指庆元三年（1197）］皆列屋生聚于其中”，出现了“生齿遍聚，吾邑无尺地寸壤之不耕”[4]，全部899380亩农田均已被开垦净尽的局面[5]。到淳祐时（1241—1252），崇德已有51221户，垦田89万余亩，农户户均耕田数已低于30亩[6]。又按前所述，崇宁以后，太湖地区的农户已达72.8万户以上，按一农实际耕田30亩计，有史以来已第一次将该地的全部农田开垦成熟，从而使这一地区的粮食总产达到了宋代的最高水平。

这一论断还可以通过以下事例得到证实。熙宁年间，郏亶上书指出，苏州一地应有可耕之田720万亩（这与实际情况大致相符），当出税租米72万石。但其时苏州税租米岁额仅有34—35万石，不耕之田为数颇多[7]。此后，按元符二年（1099）陆元长所说“苏州秋赋一岁六十万石”[8]，可知经过熙宁至绍圣间的不断开发，上述不耕之田已大多开垦成熟。南宋初，因税籍散佚，北宋末平江府的税租已不可详考。但按绍兴十二年（1142）李椿年所说，“昨因

---

1 《吴郡志》卷一九《水利上》熙宁三年郏亶言“今苏州止有三十四、五万石”税米。
2 《元丰九域志》卷五《苏州》。
3 康熙《石门县志》卷二《赋役》；光绪《石门县志》卷三《户口》。
4 至元《嘉禾志》卷二六《崇福田记》。
5 康熙《石门县志》卷二《赋役》；光绪《石门县志》卷三《户口》。
6 康熙《石门县志》卷二《赋役》；光绪《石门县志》卷三《户口》。
7 《吴郡志》卷一九《水利上》。
8 《续资治通鉴长编》卷五一二“元符二年七月丁未”。

出使浙西，采访得平江岁入七十万斛，著在石刻，今按其籍，虽有三十九万斛，实入才二十万斛耳”[1]，可知元符以后至北宋末苏州（平江府）税租米岁入已达70万石，该地的可耕之田可以说已全部开垦成田，粮田数和粮食总产亦已达到宋代的最高水平。

再就粮食净产而言。太湖地区农户的余粮（即粮食净产）总数和该地农户数、粮食总产的关系可列式表达如下：

余粮总数＝粮食总产－农户粮食消费总数
＝垦田总数×单产－农户数×年户均粮食消费量
＝农户数×户均垦田数×单产－农户数×年户均粮食消费量

按上式可知，在垦田总数和粮食总产未达到宋代最高水平前，由于单产、年户均粮食消费量和户均垦田数固定不变，太湖地区农户愈多，他们所生产的余粮也愈多。在达到最高水平时，该地农户生产的余粮要多于未达到前。在达到最高水平后，由于垦田总数和粮食总产亦固定不变，农户的增加只能使农户粮食消费总数增大，余粮总数减少。由此可见，可耕之田全部开垦成熟，粮食总产达到宋代最高水平的北宋末，应该就是太湖地区农户生产余粮数量最多的时期。

史籍的记载也说明北宋后期太湖地区已成为粮食丰裕、可以大量外运的重要余粮区。如元祐中，苏轼即指出“杭州自来土产米谷不多，全仰苏湖常秀等州般运斛斗接济”，衢、睦等州所产五谷不

1 《宋会要辑稿·食货》六之三七。

足于食，“岁常漕苏秀米至桐庐散入诸郡”[1]。“苏湖熟，天下足”和“苏常熟，天下足”谚语的出现，更说明该地生产的余粮已多到极点，这一地区已成为当时“天下”最重要的粮食供应中心。从太湖地区农业发展的情况来看，上述谚语应形成于北宋晚期。

综上所述，可知到北宋崇宁以后，太湖地区的农业生产已达到宋代的最高水平。此后，由于战乱的破坏，该地的农业生产一直到南宋中叶才恢复到北宋后期的水平。随着农户和垦田再一次的不断增长，只有“苏、湖、秀三州号为产米去处”的浙西，“丰年大抵舟车四出”[2]，余粮不断运往明州、绍兴、温州、台州、福建和海外[3]，已成为“稻米所聚”的生产和集散中心[4]。“苏湖熟，天下足”的农谚也就为越来越多的人所认可，先后载见于薛季宣的《浪语集》、范成大的《吴郡志》、叶绍翁的《四朝闻见录》[5]，吴泳的《鹤林集》[6]和高斯得的《耻堂存稿》[7]，广泛传布到金国、江西的隆兴府和江东的宁国府等地。南宋中叶，由于太湖地区的农业生产再次达到宋代的最高水平，这一地区也就再次并牢牢确立其作为“天下”最重要余粮产区的地位。

本文原载于《中国史研究》(季刊)1993年第3期。

1 《东坡奏议》卷六《论叶温叟分擘度牒不公状》，卷九《乞相度开石门河状》。

2 《双溪类稿》卷二一《上赵丞相书》。

3 参看宝庆《四明志》卷四《叙产》；朱熹《朱文公文集》卷二一《乞禁止遏籴状》；《宋史全文》卷二五下乾道九年十月甲子；《历代名臣奏议》卷二四七《赵汝愚奏》；《宋会要辑稿·刑法》二之一四一至一四二；文天祥《文山集》卷三《御试策》。

4 《宋史》卷四〇七《杜范传》。

5 《四朝闻见录》乙集《函韩首》。

6 《鹤林集》卷三九《隆兴府劝农文》。

7 《耻堂存稿》卷五《宁国府劝农文》。

试论宋代江南水利田的开发和地主所有制的特点

在宋代的江南，水利田的大规模开发和土地的高度集中是引人注目的两大重要历史现象。本文依据大量翔实的史料，主要以太湖平原和丹阳湖平原为例，探讨、分析了水利田开发和土地集中的关系。文章指出，水利田的大规模开发不仅使南宋时江南的大部分土地落入地主之手，而且使水利田（尤其是地势低下的水利田）密集之地土地集中的程度显然高于其他地区。上述地主所有制的特点使江南水利田密集之地成为南宋地主势力最强大的地区。

本文所说的江南，是指宋代的浙西和江东地区。这里所说的地主，是指相对政府这一最大地主而言的私人地主。江南是水利田（尤其是地势低下的水利田）极其集中的地区。宋人对这一地区水利田的大规模开发不仅使江南成为无可争辩的农业最发达的先进地带，而且还使其成为地主占有大量田地，土地高度集中之地。本文试图从水利田开发这一整体和动态的过程出发，来探讨并把握开发与土地大量集中于地主之手这一所有制特点的关系。

一、水利田的开发与土地的集中

从水利田开发的全过程来看，在宋代的江南，水利田在开发前大多属于地势低下、常年积水的江湖草荡，不时被水淹没的低地，或常患旱的高地。就所有权而言，它们大致可分作民产和官产两类。如按嘉定中许奕等人所言，浙西草荡即“有在官之弃地，有人户之已业”[1]。有宋一代，“田制不立”，“势官富姓，占田无限，兼并冒伪，习以成俗”[2]，以至“郡县之间，官户田居其半”[3]。属于民产一类的田地、湖荡应和其他田地一样，大多为地主所有。开发这类民产所成之水利田，仍然多为地主所有。属于官产一类的田地湖荡则因地主有钱有势，大量为其以购买、包佃、诱骗和强占等方式所占，或被政府赐予官僚地主。如北宋时，“宣州、太平州圩田，……多是上等及官户借力，假人名籍，请射修围”[4]。南宋时，豪宗大姓纷纷买佃和广包强占湖荡、荒地。如淳熙时，淀山湖围田即被人户“妄作沙涂，经官佃买，修筑岸塍，围裹成田”[5]。昆山全吴乡茭荡积水之地1000亩为“倚仗将军势”的韩世忠家干人郁明占佃，并围裹成田[6]。嘉定前后，常熟双凤乡器字学荡1000余亩为“豪户陈焕、陈焯倚恃强横”，“冒占在己”[7]。乾道时，宋政府赐予大同军节度使蒲察久安“华亭下沙场芦草荡一围”，“嘉兴县思贤乡草

1 《宋会要辑稿·食货》六之三一。

2 《宋史》卷一七三《食货上一》。

3 《皇宋中兴两朝圣政》卷一一“绍兴二年正月丁巳”。

4 《宋会要辑稿·食货》一之三〇。

5 《宋会要辑稿·食货》六一之一二九。

6 《江苏金石志》卷一三《吴学粮田籍记二》。

7 《江苏金石志》卷一五《给复学田省札》。

荡一围”[1]。上述通过各种途径落入地主手中的湖荡、荒地，在围裹开发成水利田后，也都为地主所掌握。

在宋代的江南，水利田的兴修通常需筑堤，设置堰闸，开修河渠、陂塘和车水，往往需投入大量的人力和财力。一般来说，只有政府和地主才有能力筹措工费，主持和组织开发。如按卫泾所说，浙西“围田者无非形势之家”，“豪宗大姓”，“乡村豪强富室”及“寺观僧道”等有力人户[2]。在江东丹阳湖一带，“大家巨室以势力自圩”[3]。主持、组织围垦开发的既然多是地主，开发所成之田也就多归其所掌握。

又在宋代的江南，开发所成之水利田因无水旱之忧，故胜他田。当时“天下之地，膏腴莫美于水田。水田利倍，莫盛于平江。……平江水田，以低为胜”[4]。又如只要不是“百川甚溢之岁”，江东丹阳湖圩田“公私所入，视陆作三倍”[5]。对这种收益丰厚的农田，抱有“人生不可无田”想法的宋代地主[6]，自会运用其钱财与权势，大量购买、包佃、欺占和强取，或求得政府的赐予。如按孙觌所言，绍兴间，有人买得当涂沛国圩田 250 亩[7]。绍熙间，金坛登荣庄学田圩田 1481 亩本由王淳佃作。庆元间，马谅私于王淳家交佃，就金坛县计会作买到民田给据。后因有人争佃，知府遂勒马谅退佃[8]。又宝庆、绍定间，有人以钱购得常熟华渭没官田，归于平江

1 《宋会要辑稿·食货》六一之五一。
2 《后乐集》卷一三《论围田札子》。
3 康熙《太平府志》卷三七刘子澄《砖石湖坝论》。
4 《吴郡志》卷一九《水利下》。
5 康熙《太平府志》卷三七刘子澄《砖石湖坝论》。
6 《清波杂志》卷一一《常产》。
7 《鸿庆居士集》卷二三《捨田记》。
8 嘉定《镇江志·附录》，至顺《镇江志》卷一一《学校》。

寿宁万岁院，此田后一度曾被大姓“以力夺之”[1]。又如溧水永丰圩，自围裹成田后，即被拨赐蔡京、韩世忠和秦桧等人[2]。其结果则使大量的水利田又落到或始终保持在地主手中。

由于上述种种原因，在宋代的江南，开发所成之田大量落到地主掌握之中。乾道中，陈之茂即指出，“豪右有力之家以平时潴水之处坚筑塍岸，广包田亩，弥望绵亘，不可数计”[3]。当时，江东“圩田多势家所据”[4]。“浙西诸州豪宗大姓，于濒湖陂荡多占为田，名曰塘田”[5]。如浙西淀山湖，淳熙、绍熙前后“数十年来，湖之围为田者大半，皆出豪右之家”[6]。又按乾道中曾怀等人所说，浙西、江东、淮东三路沙田、芦场、草场等，亦“多系有力之家占佃包裹”[7]。

二、太湖平原水利田的开发与耕地的增加

土地的开发一般是按照先易后难的顺序进行的。在以水乡为主的江南，宋初或北宋中叶以前开发的农田，多为投入工本不大，较易开发的平地或高地。未开发的多为积水低洼之地。因此，宋代江南垦田面积的扩大在很大程度上是通过开发地势低下的水利田的形式进行的。

以浙西的太湖平原为例来说。这是包括苏州（平江府）、湖州

1 见苏州双塔《寿宁万岁归田之记》碑。
2 《文献通考》卷六《田赋考六》。
3 《宋会要辑稿·食货》六一之一一七。
4 《攻媿集》卷八九《陈居仁行状》。
5 《宋会要辑稿·食货》六一之一二七。
6 《后乐集》卷一五《与郑提举札》。
7 《宋会要辑稿·食货》一之四四、四五。

（安吉州）、秀州（嘉兴府）、常州和江阴军在内的一水网密布、水利田异常集中的地区。北宋初，全区地旷人稀，荒地甚多。太宗雍熙年间，该地共有 167152 户[1]。在宋代太湖平原水乡，一夫仅能耕田 30 亩上下[2]。即使按郏亶所说，“国朝之法，一夫之田为四十亩”计[3]，假设上述人户均为农户，则当时当地至多也只有农田 668 万余亩。而南宋中叶，全区 21 县中，仅华亭、常熟两县垦田即达 470 万亩和 241 万亩[4]，便已超过此数。又宋初苏州之地，清嘉庆间约有田 700 万亩[5]，湖州清代旧额田 290 余万亩[6]，秀州明正德、嘉靖间额管田约 750 万亩[7]，常州、江阴明成化间有田约 480 余万亩[8]，共计 2220 余万亩。上述 668 万亩之数仅为该地可垦田总数的 30% 左右。可见当时太湖平原必定存在大量未得到充分开发的湖荡和荒地。

事实也正是如此。如按熙宁中郏亶所说，苏州“昆山之所谓邪塘、大泗、黄渎、夷亭、高墟、巴城、雉城、武城、夔家、江家、柏家、鳗鲡等瀼，及常熟之市宅、碧宅、五衢、练塘等村，长洲之长荡、黄天荡之类，皆积水而不耕之田”[9]。又按徽宗时郏侨所说，平江府有淀山湖等湖瀼三十余所，“积水凡四万顷”，其中不乏可治之田，“可治者过半”[10]。元祐时，单锷指出，常州运河以北低下

---

1 据《太平寰宇记》。

2 唐末，陆龟蒙在苏州有耕夫十余人，垦田十万步（《甫里先生文集》卷一六《甫里先生传》），按 240 步为一亩，耕夫 11—19 人计，平均一夫垦田 22—38 亩。这和宋末元初方回就嘉兴水乡所说“一农可耕今田三十亩”大致吻合（《古今考·续考》卷一八《附论班固计井田百亩岁人岁出》）。

3 《吴郡志》卷一九《水利上》。

4 《傍秋亭杂记》卷上；《琴川志》卷六《版籍》。

5 嘉庆《太仓州志》卷二二《田赋》；光绪《苏州府志》卷一四《田赋二》。

6 同治《湖州府志》卷三四《田赋一》。

7 正德《松江府志》卷七《田赋中》；嘉靖《嘉兴府图记》卷八《田赋》。

8 康熙《常州府志》卷八《田赋》。

9 《吴郡志》卷一九《水利上》。

10 《吴郡志》卷一九《水利下》。

之田，皆未修田围，常患积水，难以耕殖。[1]足见直至北宋中后期，太湖地区尚有大量低洼积水之地未得到充分开发。

北宋中叶以后，水利田的开发使这些湖荡、荒地大量开垦成田。如熙宁时，全国兴起一股开发水利田的热潮。仅熙宁三年（1070）至九年，包括太湖平原在内的两浙即兴修水利田1048万多亩[2]。崇宁以后，浙西掀起水利田开发的又一高潮[3]。如政和中，仅平江府一地即兴修围田20万亩[4]。南宋时，水利田的开发盛行不衰。按袁说友等所言，到南宋中叶，“浙西围田相望，皆千百亩，陂塘溇渎，悉为田畴”[5]。诚如卫泾所说，开发使浙西“所在则围田遍满”，“昔之曰江、曰湖、曰草荡者、今皆田也”，以往“可耕之田荒而不治”的现象已不复可见[6]。例如前文所述的苏州百家瀼、大泗瀼、江家瀼和鳗鲡湖等，淳祐时即“多成围田”，甚至已无痕迹可考[7]。常（尚）湖在宣和初围裹成田[8]。地处平江、嘉兴交界处的淀山湖，南宋中叶，“湖之围为田者大半”[9]。嘉兴华亭县华亭泖、杨泖和顾亭泖在宣和时亦已围垦成田[10]，白蚬湖等绍熙时即“皆成围田”[11]。湖州西北诸乡，“曩年悉为湖泊，畎亩荒芜，十岁九涝”。嘉泰时“渐复起塍围，岁亦有收矣”[12]。又常州芙蓉湖，咸淳前即已“堙废，今

1 《吴中水利书》。
2 《宋会要辑稿·食货》六一之六九。
3 《宋会要辑稿·食货》六一之一〇四至一〇六。
4 《宋史》卷一七三《食货上一》。
5 《吴中水利书》。
6 《后乐集》卷一三《论围田札子》。
7 咸淳《玉峰续志·山川》。
8 《吴郡志》卷一九《水利下》。
9 《后乐集》卷一五《与郑提举札》。
10 《吴郡志》卷一九《水利下》。
11 绍熙《云间志》卷中《水》。
12 嘉泰《吴兴志》卷二〇《物产》。

多成圩”[1]。

随着湖荡、荒地不断开垦成田，太湖平原的耕地面积不断增加。南宋绍熙间，嘉兴府“华亭田四万七千顷”[2]，海盐有田88万亩[3]。淳祐、景定间，崇德有田地103万亩[4]。庆元间，湖州乌程县所垦田土为669630亩，长兴县为795600亩[5]。绍定间，江阴垦田为1253602亩[6]。端平以后，平江府常熟县有田地262万多亩[7]。明正德年间，松江府有田地439万多亩[8]。清海盐、平湖有田地96万亩[9]，石门、桐乡有田地101万多亩[10]。乌程清旧额田地806755亩，长兴82万多亩[11]。康熙间，江阴原额田地等1135704亩[12]。弘治时，常熟有田地等164万余亩[13]。以上除常熟疆界变化较大，宋时耕地远大于明代外，其余各地南宋中叶以后垦田数已与明清时大致相同。其境内应和崇德一样，均已达到“无尺地寸壤之不耕矣”的地步[14]。据此推知，当时太湖平原其他地区亦应和以上各县一样，境内可耕之地也大都开垦成田。诚如清代学者胡渭所说，苏、松、常、嘉、湖五郡，“自唐宋以来，其田日增，大率围占江湖以为之者也”[15]。该地耕

1　咸淳《毗陵志》卷一五《湖》。
2　《傍秋亭杂记》卷上。
3　天启《海盐县图经》卷五《田土》。
4　康熙《石门县志》卷二《田亩盈缩》。
5　成化《湖州府志》卷八《赋税》。
6　嘉靖《江阴县志》卷五《田赋》。
7　《琴川志》卷六《版籍》。
8　正德《松江府志》卷七《田赋中》，嘉靖《嘉兴府图记》卷八《田赋》。
9　雍正《浙江通志》卷六八《田赋二》。
10　光绪《嘉兴府志》卷二一《田赋一》。
11　同治《湖州府志》卷三四《田赋一》。
12　康熙《常州府志》卷八《田赋》。
13　乾隆《苏州府志》卷八《田赋》。
14　至元《嘉禾志》卷二六《崇福田记》。
15　《禹贡锥指》卷六。

地的扩大在很大程度上是通过围垦开发湖荡、低地的形式进行的。

宋代水利田的开发，使太湖平原成为水利田密集之地。到南宋时，按宋志所言，崇德全县“支港纵横分布，回环七百围之间”[1]。华亭之田亦均按由河道分隔开的围来划分，其数多达数以千百区计[2]。二县之田即皆由水利田组成。太湖平原其他地区水网地带的情形亦与此大致相同。

宋代水利田的大量开发，又使水利田（尤其是地势低下的水利田）在太湖平原的农田中占有颇大的比重。按绍定间金坛人刘宰所说“浙人所仰下田”[3]。又按元人周文英所说，“苏湖常秀四路，田土高下不等。田之得粮，十分为率，低田七分，高田三分”[4]，从粮产和税粮负担推断，仅水利田中的低田即在太湖平原全部农田中居于十分重要的地位。

三、太湖平原水利田的开发与土地的集中

既然水利田的开发是宋代太湖平原农田大幅度增长的主要途径，同时太湖平原是水利田极其集中的地区，水利田在该地农田总数中又居于主要地位，那末，上述开发就不仅使水利田大量集中于地主之手，而且还使太湖平原成为土地高度集中的地区。

先从水利田集中地区五等版籍中三等以上户（即有田之家中占田百亩以上人户）所占比重来看。乾兴元年（1022），上封者指出，“三千户之邑，五等分类，中等以上可任差遣者约千户”[5]。庆历

1 光绪《石门县志》卷一《水利》。
2 正德《松江府志》卷六《华亭县修复经界记》。
3 《漫塘集》卷九《回平江守吴秘丞渊》。
4 《三吴水利录》卷三《周文英书》。
5 《宋会要辑稿·食货》一之二〇。

元年（1141）、熙宁九年（1076），张方平云："逐县五等版籍，中等以上户不及五分之一，第四、第五等户常及十分之九。""至于五等版籍，万户之邑，大约三等以上户不满千，……四等以下户不啻九千。"[1]又熙宁三年，孔文仲指出"上户居其一，下户居其十"[2]。元祐四年（1089），刘安世则言，上户占一分，下户贫民占九分[3]。按上所述，乾兴初、庆历初、熙宁三年、九年和元祐四年，北宋三等以上户约占五等人户总数的33%、10%—20%、9%、10%不到和10%。天禧五年（1021）、庆历二年、熙宁五年、八年和元祐三年，北宋五等户分别占主客户总数的70%、65%、70%、68%和66%[4]。据此推算，三等以上户在主客户总数中所占比例分别约为23%、6.5%—13%、6.3%、6.8%不到和6.6%。熙宁时，郏亶指出"苏州五县之民，自五等以上至一等，不下十五万户，……又自三等已上至一等，不下五千户"[5]。三等以上户仅占五等户总数的3.3%，相当于元丰三年（1080）苏州主客户总数173969户的2.9%[6]，均远低于当时的全国水平。在水利田密布的苏州，田地集中在少数田主手中的程度显然高于其他地区。

又南宋景定年间，朝廷在镇江回买公田，派买"及于二百亩之户，甚至百亩之家不应敷者，亦合族而强买"[7]。镇江三县中，丹徒、丹阳之田，"皆是沿江一带高冈硗土，所种多系荞麦、豆、粟"[8]。唯

1 《续资治通鉴长编》卷一三一"庆历元年二月戊戌"，卷二七七"熙宁九年秋末"。
2 《舍人集》卷一《制科策》。
3 《尽言集》卷一一《论役法之弊》。
4 据陈乐素师：《主客户对称与北宋户部的户口统计》，《浙江学报》第1卷第2期。
5 《吴郡志》卷一九《水利上》。
6 《元丰九域志》卷五。
7 至顺《镇江志》卷六《赋税》。
8 《黄氏日抄》卷七二《申省控辞改差充官田所干办公事》。

有“金坛田半高下，下田南渐洮湖”，水利田较多[1]。“以金坛一县公田言之，亡宋元卖户止二百余家”[2]，占田一、二百亩以上（即三等以上）人户不到理宗时金坛全县户数30300户的1%，只相当于度宗时该县总户数26880户的1%左右[3]。当时该县土地集中在少数人手中的程度不仅高于北宋时的全国水平，而且高于熙宁、元丰时苏州的水准。元人指出，镇江“虽道隶浙西，然非若他郡豪右兼并之家，连阡亘陌，所收动以万石之比”[4]。按其所说，可知南宋末以降，浙西其他诸郡，如平江、安吉、嘉兴等地田地集中于少数地主手中的程度均高于镇江。其中平江田地集中的程度不仅高于镇江，而且高于北宋熙宁时的苏州。造成平江府等地土地集中程度高于别处，且不断提高的原因，就在于这一地区水利田的不断开发及其大量为地主所占有。

再从水利田密集地区地主所占田地的比重来看。乾兴元年，上封者指出，“三千户之邑，五等分类，中等以上可任差遣者约千户，官员、形势、衙前、将吏不啻一、二百户，……州县乡村诸色役人又不啻一、二百户”。上封者认为，对土地兼并的趋势政府“若不禁止，则天下田畴半为形势所占”[5]。可见广义的形势之家只构成中等以上人户的一部分，当时其所占田地尚不到耕地总数的一半。南宋初，按绍兴三十一年（1161）人所说，在水利田密布的江浙一带，“一都之内，膏腴沃壤，半属权势”[6]。形势之家所占田地已达全

1 《漫塘集》卷二《甲申粥局记》。又按至顺《镇江志》卷二《围埠》所载，丹徒有围埠20，丹阳有围埠57，金坛有围埠350。

2 至顺《镇江志》卷六《赋税》。

3 至顺《镇江志》卷三《户口》。

4 至顺《镇江志》卷二《乡都》。

5 《宋会要辑稿·食货》一之二〇。

6 《宋会要辑稿·食货》一四之三七。

部农田的一半，超过北宋乾兴初的水平。庆元时，嘉兴府崇德县“生齿遍聚”，“无尺地寸壤之不耕”，境内之田，“非王公贵人之膏腴，即富家豪民之所兼并也，民田之存已无几，狭乡一、二亩”[1]。又按宋末元初人方回所说，嘉兴“吴侬之野，茅屋炊烟，无穷无极，皆佃户也”[2]。可知南宋中叶以后，崇德、嘉兴等地绝大部分的田地已被“王公贵人”和“富室豪民”所占。这和南宋后期，“权势之家日盛，兼并之习日滋”，“豪强兼并之患，至今日而极”[3]，“权贵之夺民田，有至数千万亩，或绵亘数百里者”的趋势是一致的[4]。从水利田密集的嘉兴、崇德等地豪右兼并之家占田“连阡亘陌”，土地集中程度甚于水利田较少的镇江的情况分析，水利田的不断开发及其大量为地主所有，应是嘉兴、崇德等地地主占田比重较大，土地尤其集中的重要原因。在这种剧烈的土地兼并过程中，形势之家因享有政府所给予的法定特权和由此而衍生的种种法外权益，因而在兼并过程中拥有十分明显的竞争优势。

最后，从景定回买公田来看。当时宋政府在平江、嘉兴、安吉、常州、江阴和镇江派买公田，初议将官户田产逾限之数抽三分之一回买以充公田[5]。无官之家亦以九品之限与之[6]。按南宋限田之制，一品五十顷，以下每品递减五顷，至九品为五顷。其子孙减半，即九品官子孙为二顷半[7]。实行时却是派买“及于二百亩之户”[8]，

1 至元《嘉禾志》卷二六《崇福田记》。
2 《古今考·续考》卷一八《附论班固计井田百亩岁入岁出》。
3 《宋史》卷一七三《食货上一》。
4 《臞轩集》卷一《乙未馆职策》。
5 《宋史全文》卷三六。
6 《徐文惠公存稿》卷三《上丞相贾似道言限田》。
7 《庆元条法事类》卷四八《赋役门·科敷》。
8 至顺《镇江志》卷六《赋税》。

只有“二百亩已下（之户）免行派买”[1]。“甚至百亩之家不应敷者，亦合族而强买”[2]，出现了少数违反规定的极端事例。当时，六郡共买350万亩[3]。其中镇江16万多亩[4]，其余五郡约333万余亩。按抽买1/3计，五郡仅逾限之田即达1000万亩，相当于明清时太湖平原农田总数2200万亩的45%左右。加上数量十分可观的限内之田，以及占田200亩以下小地主之田，其数已占2200万亩的大半。这说明景定时这一地区的大部分农田确已掌握在地主手中。

就各郡而言。宋政府回买公田后，即立四分司以掌公田事，并选官充官田所分司，“平江、嘉兴、安吉各一员，常州、江阴、镇江共一员”[5]。其租“江阴、平江隶浙西宪司，安吉、嘉兴隶两浙漕司，常州、镇江隶总所”。咸淳四年（1268），宋廷罢庄官，令分司“任责督催”田租，复因“分司恐难任责，平江增差催督官三员，安吉、嘉兴各一员，常州二员，镇江、江阴共一员”。其中常州因“向来多买虚数之弊”，租“不可催”，难度颇大[6]。据上述机构和人员设置分析，六郡中应以平江所买公田亩数最多，镇江、江阴所买田亩最少。安吉、嘉兴所买大致相等，而均次于平江。常州与镇江、江阴共一分司，其增差催督官虽较安吉，嘉兴多一员，当是由于公田难催的缘故。其所买公田应多于镇江、江阴，而与安吉、嘉兴大致相等。由此可见，在水利田尤其是地势低下的水利田较密集的平江、嘉兴和安吉，地主占田逾限的数量要大于其他三郡。

---

1 《齐东野语》卷一七《景定行公田》。

2 至顺《镇江志》卷六《赋税》。

3 《宋史》卷四五《理宗纪》。

4 至顺《镇江志》卷五《田土》。

5 《宋史》卷一七三《食货上一》。

6 《齐东野语》卷一七《景定行公田》。

表 1　景定镇江三县回买公田表[1]

府县	景定回买公田亩数	元代农田亩数	公田占农田比例
丹徒	25760	689095	3.7%
丹阳	59373	879037	6.8%
金坛	89373	883965	10.1%
镇江	168228	2452114	6.9%

复就各郡内部而言。从表 1 镇江来看，金坛所买公田数最多，公田在该县农田中所占比重也最大。在镇江三县中，地势低下的水利田较多的金坛地主占田逾限数不仅在绝对数量上，而且在逾限田占农田总数的比重上亦均大于丹徒和丹阳，土地最为集中。

表 2　常州蠲除公田苗米表[2]

州县	秋租石数	蠲除公田苗米石数	蠲除数占秋租数比例
晋陵	42290	7887	18.6%
武进	32741	4552	13.9%
无锡	56280	6714	11.9%
宜兴	55873	13336	23.9%
常州	187194	32499	17.4%

从表 2 常州来看，就公田苗米数和秋租中公田苗米所占比重，亦即公田亩数和公田在税田总数中所占比重而言，湖荡众多，地势低下的水利田较多的宜兴高于其他三县。四县中，也是地势低下的水利田较集中的地区，地主逾限占田的比例较高，土地集中程度更高。

值得一提的是，常州公田苗米在秋租总数中（亦即公田在税

1　据至顺《镇江志》卷五《田土》。
2　咸淳《毗陵志》卷二四《秋租》。

田总数中）占有 17.4% 的比重，远高于镇江公田在元代农田总数中所占的 6.9% 的比重。由于常州农田总数大于镇江，占农田总数 17.4% 的常州公田数也必定大于镇江。显然，无论从绝对数量还是从相对比例来说，六郡回买公田以“镇江为最”的说法都是不能成立的[1]。此外，必须指出的是，常州的 17.4% 虽略高于镇江以外五郡所买 333 万余亩公田在明清时太湖平原垦田总数 2200 万亩中所占的比重 15.2%，但这并不表明常州地主逾限占田比例较高。因为在常州所买公田中，颇有“多买虚数之弊”[2]。这是由于回买时廖邦杰在常州“害民特甚，民至有本无田而以归并抑买”而造成的[3]。

从表 3 嘉兴来看，松江（即华亭）公田租米即公田数最多，嘉兴次之。而公田租米在农田税租（即公田在农田总数）中所占比例，则以松江为最高，崇德、嘉兴次之。在水利田尤其是地势低下的水利田较多和更密集的松江府、嘉兴和崇德，公田在农田总数中所占比重要高于海盐，前者土地集中的程度也高于后者。

表 3　嘉兴公田租米表[4]

府县	公田租米石数	元代额管米石数	公田租米占额管米比例
松江	229610	351741	65.3%
嘉兴	103311	198714	52.0%
海盐	37007	81591	45.4%
崇德	26382	49288	53.5%
合计	396331	681335	58.2%

1　至顺《镇江志》卷六《赋税》。

2 《齐东野语》卷一七《景定行公田》。

3 《宋史》卷一七三《食货上一》。

4　据至元《嘉禾志》卷六《赋税》。

平江和湖州、江阴所买公田数因史料阙如，目前已不可得知。但据入元后公田租入已构成政府正式税租收入这一事实，可以大致推知各县所买公田的多少及比例。如江阴宋秋租苗米 42345 石，元秋粮米 79722 石，增长率为 88.3%。平江府淳熙十一年苗米 343256 石，元延祐间秋租粮 882100 石[1]，增长率为 157.0%。长洲嘉定间苗米 92300 石，元秋粮 300000 石[2]，增长率为 225.0%。吴江淳熙十一年秋苗米 57200 石，元延祐间正耗米共 222834 石[3]，增长率为 289.6%。元时吴县有田围 917 围，长洲 1788 围，常熟 1111 围，吴江 3268 围，昆山 1645 围，嘉定 100 围[4]。水利田尤其密集，地势特别低下的吴江和长洲二地增长率高于全府或全路的水平，其所买公田的比例亦应高于全府的平均水平。从景定间昆山一县所买公田“□十□万□千□百一十亩”[5]，即可大致了解昆山和吴江、长洲所买公田的规模。又按湖州秋粮表（表 4），可知税粮绝对增加数和增长率以乌程、归安、德清三县为较大。明初，乌程有田围 3114 围，归安 1715 圩，德清 980 围，长兴 867 围，武康 201 圩，安吉 18 坩[6]。按此可知，税粮增加较多，增长率较高，即所买公田较多，比例较大的，也是地势低下，水利田较密集的三县。

1 嘉靖《江阴县志》卷五《田赋》,《姑苏志》卷一五《税粮》。

2 洪武《苏州府志》卷四七《主簿题名记》,《吴都文粹续集 · 补遗》卷下《长洲县达鲁花赤云通君遗爱碑》。

3 乾隆《吴江县志》卷一二《田赋一》，弘治《吴江县志》卷二《税粮》。

4 洪武《苏州府志》卷一〇《田亩》。

5 咸淳《玉峰续志 · 官租》。

6 《永乐大典》卷二二七七《田赋》。

表 4 湖州秋粮表[1]

县分	庆元间秋粮石数	至正间秋粮石数	增加石数	增长率
乌程	10986	93345	82359	749.7%
归安	8274	78052	69778	843.3%
长兴	17102	64840	47746	279.2%
安吉	7970	21828	13858	173.9%
德清	3071	71315	68244	2222.2%
武康	3314	12551	9237	278.7%

由上所述，可知南宋景定时，太湖平原水利田分布较集中，尤其是地势低下的水利田密集的地区不仅公田数量较多，地主占田数量可观，超过其他水利田较少的地区，而且公田和地主所占农田在该地农田总数中所占比重也超过其他水利田较少的地区。这种土地异常集中现象的出现，不能说和宋代这一地区水利田的大规模开发并大量集中于地主之手没有必然的联系。

四、丹阳湖平原的水利田开发与土地的集中

再以江东的丹阳湖平原为例。这是包括太平州、宣州（宁国府）的宣城、南陵和江宁府（建康府）的上元、江宁、溧水在内的湖泊众多，水利田密布的地区。按北宋中叶沈括所说“江东可耕之土皆下湿，厌水濒江”[2]，已开垦的农田和未开发的可耕地多为低洼积水的湖荡和低地。如按一夫平均垦田 40 亩计，雍熙前后，太平州 15060 户，宣州 46947 户，江宁府 61690 户至多只能垦田

---

1 据成化《湖州府志》卷八《赋税》。

2 《长兴集》卷二一《万春圩图记》。

约62万亩、187万亩和246万亩[1]。其数与南宋时宁国府垦田360万亩[2]，景定时建康府垦田434万亩[3]，康熙时太平府垦田130余万亩之数相去甚远[4]。可见当时这一地区应有大片湖荡、低地尚未开发成田。

事实也正是如此。如嘉祐以前，芜湖万春圩以北丹阳、石臼诸湖终年积水之湖面广达三四百里，季节性积水面积又相当于上述三四百里的三四倍。嘉祐中所修万春圩，有田12.7万亩。据沈括所说，当时"江南之斥土如万春者数百"，荒芜不耕之地数以千万亩计[5]。政和四年（1114），前太平州军事判官卢宗原主张开修自江州至真州古来河道堙塞处，以成运河入浙西，并建议"就工兴筑自古江水浸没膏腴田"近千万亩[6]。按其所说，可见在经过熙宁和崇宁、大观年间的大规模开发后，江东及浙西、淮南仍有大量积水之低地尚未开发成田。

宋代水利田的开发使这一地区原先荒芜不耕的湖荡、低地大量成为足以抵御旱涝的良田。如熙宁时，全国兴起一股开发水利田的热潮，仅熙宁三年（1070）至九年，江东即兴修水利田107万亩[7]。崇宁以后，宋政府在江东大举兴修水利田，掀起了开发水利田的又一高潮[8]。如宋徽宗即指出："宣州、太平州圩田并近年所作"[9]。南宋乾道时，原先"此地无田但有湖"的丹阳湖地区，已有"东西相望

1　据《太平寰宇记》。
2　嘉庆《宁国府志》卷一六《田赋上》。
3　景定《建康志》卷四〇《田数》。
4　康熙《太平府志》卷一〇《田赋上》。
5　《长兴集》卷二一《万春圩图记》。
6　《宋会要辑稿·食货》六一之一〇四。
7　《宋会要辑稿·食货》六一之六九。
8　《宋会要辑稿·食货》六一之一〇四至一〇六。
9　《宋会要辑稿·食货》一之三〇。

五百圩”[1]。嘉祐以前，太平州原本低洼积水“几四百里”之地，亦已围裹成圩[2]。随着荒芜不耕之田大量开发成田，按孝宗、光宗时人陆九渊所说，当时已出现“江东、西无旷土”的现象[3]。到景定年间，丹阳、固城、石臼湖一带，“滨湖之地皆堤为圩田”，建康府全境已“勤无旷土”[4]。水利田的开发使丹阳湖地区垦田面积大增。南宋时，宁国府垦田已达360万亩，其中宣城、南陵两县分别垦田140万亩和58万亩，与康熙时两县田地之数156万亩和59万亩已相去不远[5]。景定时，建康府实管田地434万亩（乾道时管田777万余亩），其中上元、江宁分别管田73万亩和50万亩[6]。清顺治间，两县分别有田地山塘86万亩和75万亩[7]。仅就田数而言，两者亦应相去不远。景定间，溧水有田地等84万亩。明代，溧水析为两县。隆庆时，这两县共有田地116万亩[8]。南宋后期，太平州至少有田113万亩[9]。清康熙时，该地约有田130万亩[10]。可见随着水利田的不断开发，到南宋后期，丹阳湖平原土地开发的过程亦已大致完成。

宋代水利田的开发使丹阳湖平原亦成为水利田密集，农田中地势低下的水利田占较大比重的地区。南宋中叶，太平州境内“圩

1 《南涧甲乙稿》卷二《永丰行》。

2 《宋会要辑稿·食货》六一之一二二。

3 《象山先生文集》卷一六《与章德茂书》。

4 景定《建康志》卷一六《堰埭》、卷四〇《田赋志序》。

5 嘉庆《宁国府志》卷一六《田赋上》。

6 景定《建康志》卷四〇《田数》。

7 嘉庆《江宁府志》卷一四《赋役一》。

8 光绪《高淳县志》卷七《土田》，光绪《溧水县志》卷六《田制》。

9 按嘉定间岳珂所说“太平、宁国，山、圩田相半”（景定《建康志》卷二三《平粜仓》），可列出下列等式：太平州圩田＋宁国府圩田＝太平州山田＋宁国府山田。宁国府仅宣城、南陵二县有圩田（《宋会要辑稿·食货》六一之一一八）。全府垦田360万亩，内宣城有圩田75.8万亩，山田64.2万亩。南陵山、圩田共58.2万亩（嘉庆《宁国府志》卷一六《田赋上》）。太平州则“圩田十居八、九”（《宋会要辑稿·食货》六一之一三六）。据此，可求得太平州至少有农田113万亩。

10 康熙《太平府志》卷一〇《田赋上》。

田十居八九皆是就近湖泊低浅去处筑围成埂"[1]。地势低下的圩田竟占全州农田总数的80%—90%。宁国府宣城县有圩田75万余亩，山田64万余亩，圩田约占全县农田总数140万亩的53.6%。据嘉定间岳珂所言"太平、宁国山圩田相半"[2]，仅圩田即占两地农田总数的一半。又按景定《建康志》所载，上元、江宁、溧水共管田152万多亩，其中圩田、沙田共83万余亩[3]，约占三县农田总数的54.6%。按上所述，南宋中叶以后，太平州和宣城、上元、江宁、溧水四县农田总数中仅圩田、沙田即至少占60%以上。

在宋代江东的丹阳湖平原，农田的增加主要是通过水利田开发的形式进行的。因此，在水利田占很大比重的丹阳湖平原，水利田的开发不仅使农田大多为地主所占，而且使这一平原成为土地高度集中之区。到南宋绍兴时，江浙之间，"一都之内，膏腴沃壤，半属权势"，江东"宣州一乡，上户绝少，下户极多"[4]。在丹阳湖地区，地主之田亦占该地农田总数的一半以上。

五、结语

水利田的不断开发和土地的集中，势必在经济上大大加强浙西、江东地区地主的势力。绍兴中，张浚指出，诸路之中，"平江府，湖、秀、常州，江阴军，绍兴府，衢、温州，建康府，广德军最系豪右大姓数多去处"[5]。豪右大姓地主人数最多的十个府州军中、浙西、江东和水利田集中地区即分别占八处。可见浙西、江东水利

1 《宋会要辑稿·食货》六一之一三六。

2 景定《建康志》卷二三《平籴仓》。

3 景定《建康志》卷四〇《田数》。

4 《宋会要辑稿·食货》一四之三七。

5 《建炎以来系年要录》卷一〇〇"绍兴六年四月乙卯"。

田密集之地确已成为地主势力最强大的地区。

值得注意的是，有宋一代，在水利田密布的太湖和丹阳湖地区，人口和垦田面积都有很大的增长。如雍熙前后，苏、湖、秀、常、江阴五郡和太平、宣、江宁三郡分别有167152户和123697户[1]，元初为1412195户和523278户[2]，人口分别增至原先的八倍多和四倍多。其中苏、秀两地人口分别从35249户和23052户[3]，增至466158户和426656户[4]，人口分别增至原先的十三倍多和十八倍多。以上五郡和三郡的垦田宋初最多只有668万亩和495万亩，到南宋后期，已分别增至原先的一倍乃至数倍多。在人口和垦田数大幅度增长的情况下，上述水利田密集地区上户在总户数中所占比重低于其他地区和趋于下降，并不意味着上户绝对数量的减少和少于其他地区。绍兴时，平江府，湖、秀、常州，江阴军和建康府“最系豪右大姓数多去处”即说明了这一点。

同样，水利田密集地区上户占田比例和占田绝对数量高于外地和趋于增大，也并不意味着下户占田数量低于其他地区和趋于减少。在户口和垦田数大幅度增长，上户比重下降的同时，下户所占比重及其数量却在不断增加，客户则趋于减少。这意味着有田农民的人数在增加，许多原本侨寓而无产的农民获得了一小块属于自己的土地。如宣州、太平州雍熙前后客户占总户数的26%和20%[5]，无丰时分别降至15%和18%[6]。江宁府雍熙前后客户占总户数

1 据《太平寰宇记》。
2 《元史》卷六二《地理五》。
3 据《太平寰宇记》。
4 《元史》卷六二《地理五》。
5 据《太平寰宇记》。
6 《元丰九域志》卷六。

的 28%[1]，元丰时占 30%[2]，景定时则占 12.1%[3]。又苏州、常州和江阴军，雍熙前后客户占总户数的 21% 和 49%[4]，元丰时占 9% 和 33%[5]。秀州雍熙前后主客户 23052 户[6]，元丰时已无客户[7]。湖州大中祥符间、熙宁中、绍兴中和淳熙九年（1182），客户分别占总户数的 8.4%、7.2%、5.7% 和 1.9%[8]。其中地势低下的水利田尤为集中的乌程、归安二县，大中祥符至绍兴中客户所占比重分别从 13.3% 和 11.0%，降至 5.6% 和 3.5%[9]。因此，在地主占田比重和占田绝对数量趋于增加的同时，又出现了吴中“人无贵贱，往往皆有常产”[10]，溧水“虽无千金之家，亦罕冻馁之民”[11]，即社会普遍富裕，占有一小块土地的农户数及下户占田数亦随之增加，且高于其他人户与垦田增加不多地区的现象。

显然，上述上户在总户数中所占比重及上户田地在农田总数中所占比重的下降和低于其他地区现象的出现，仅仅意味着水利田集中地区土地的高度集中，地主的日益富裕和农民的相对贫困，而非绝对贫困。一方面是大部分土地为地主所占，涌现出数量日见增多，比例不断下降，占田不断增加的地主。另一方面则是农民占田比重虽不断下降，其所占田地总数却在不断增加，绝大多数农民或多或少都拥有一小块田产。这两种相反相成现象的共存和奇妙结

1 据《太平寰宇记》。
2 《元丰九域志》卷六。
3 景定《建康志》卷四二《民数》。
4 据《太平寰宇记》。
5 《元丰九域志》卷五。
6 据《太平寰宇记》。
7 《元丰九域志》卷五。
8 据成化《湖州府志》卷八《湖州府户口》。
9 据崇祯《乌程县志》卷三《户口》,《永乐大典》卷二二七七《户口》。
10 《吴郡志》卷二《风俗》。
11 景定《建康志》卷四二《风俗》。

合，构成了私有制下经济繁荣的一种通例，这是生产迅速进步，经济日趋繁荣所带来的一种具有普遍意义的结果。

本文原载于《中国农史》1995年第3期。

宋代江南水利田的开发与政府的田赋收入

本文所说的江南，是指宋代的浙西和江东地区。这里所说的田赋，主要指取自于农田的秋苗和官租。江南是水利田（尤其是地势低下的水利田）密集的地区。宋人对这一地区水利田的大规模开发不仅使江南成为农业最发达的地区，而且还使其成为政府田赋收入的重要来源。本文试图从水利田开发这一整体和动态的过程及其结果出发，来探讨并把握开发与政府田赋收入的关系。

一、水利田开发与政府田赋收入的增加

宋代江南的水利田可分为在官之田和在民之田两类。民田纳税，官田纳租。就纳税之田而言。水利田的大规模开发，使宋代江南垦田面积和政府田赋收入成倍增长。例如随着水利田的大量开发，苏州垦田从雍熙前后最多只有105—140万亩[1]，增至景祐时的

1 雍熙前后苏州有35249户（见《太平寰宇记》），宋代江南一农民平均能垦田30亩上下，按郏亶所说则为40亩（详见《中国史研究》1993年第3期《论宋代太湖地区农业的发展》），据此推算，可得出105—140万亩之数。

“出税”之田340万亩[1]。苏州“国初之税，才十七、八万石”。到熙宁时，按郏亶所说，苏州之税，“乃至于三十四、五万石”。若将可耕地全部开垦成“高低皆利，而水旱无忧”的水利田，“则三、四十万之税，必可增也”[2]。元符二年（1099），陆元长指出“苏州秋赋一岁六十万石”[3]。熙宁以后水利田的开发又使该州秋税岁额增加了二十多万石。又就纳官租之田而言。从水利田开发的全过程来看。水利田在开发前为地势低下，常年积水的江湖草荡，和不时被水淹没的低地，或常患旱的高地，处于荒芜不耕的状态。按宋政府规定，此类湖荡、荒地通常作为天荒、远年逃田、湖泊退滩、芦草荻场、草葑茭荡和沙涂、湖田等被视为“系官田产”[4]。政府和请佃人户开发上述官产所成之水利田即是系官之田。如政和中，宋政府将丹阳湖中“高阜处可围湖成田”的浅水滩地“围湖成田”。围裹开发所成之永丰圩即系官圩[5]。

又从水利田的兴修来看。水利田的兴修通常需筑堤，设置堰闸，开修河渠、陂塘和车水，往往需投入较多的人力和财力。一般而言，只有政府才有能力筹措工费，主持和组织较大规模的开发工程。这类开发所成之田，往往处在政府的掌握之中。例如役工112万，筑堤84里，围田12万余亩的万春圩，即是由转运司组织兴修而成的一座官圩[6]。

复从业已兴修成田的水利田来说。按宋代条法规定，户绝、市

1 《续资治通鉴长编》卷一四三“庆历三年九月丁卯”。

2 《吴郡志》卷一九《水利上》。

3 《续资治通鉴长编》卷五一二“元符二年七月丁未”。

4 《宋会要辑稿·食货》一之三一、三三。

5 见民国《高淳县志》卷三《水利》所引宋《溧水志》;《文献通考》卷六《田赋考六》。

6 《长兴集》卷二一《万春圩图记》。

易、折纳、抵当及因犯法而被籍没之田，均系在官之田[1]。有宋一代，原系民有的兴修所成之水利田通过上述种种途径，大量和源源不断地成为在官之田。如景定年间，被籍没入官的吴府圩田仅在上元、溧水两县即数以万亩计，岁纳租米13778石[2]。

此外，宋代普遍存在“高田种早，低田种晚”的现象[3]，晚稻和粳稻多种于地势低下的水利田。如湖州粳稻，“大率多坝田所种”[4]；“吴中之民，开荒垦洼，种粳稻又种菜麦麻豆。耕无废圩，刈无遗陇”[5]。由于宋时田赋（尤其是上供米斛）只纳晚禾，“不纳早米”[6]。又由于水利田大量集中于豪强形势之家，私家之租远高于公家之税，宋政府为缓解因和籴以供军食所造成的科抑扰民和纸币贬值等社会经济危机，同时又取得饷军所必需的粮食，遂于景定四年（1263）在平江、嘉兴、安吉、常州、江阴和镇江以强制手段买得公田350亩[7]。其结果使政府的官租收入突增数百万石。

这样，随着水利田的不断开发，在官之田大量增加，政府的官租收入亦有大幅度的增长。如按毕仲衍《中书备对》所言，元丰时，两浙有官田96442亩，职田171376亩，合计267818亩。江东有官田784431亩，职田88850亩，合计873281亩[8]。南宋端平以后，平江府常熟县有诸色官田（包括职田）200800亩，其中以围田、沙田、塘涂田和积水茭荡田等水利田名目列入版籍的，即达6

---

1 《宋会要辑稿·食货》一之三一、三三。

2 景定《建康志》卷四一《圩租》。

3 《真文忠公文集》卷四〇《再守泉州劝农文》。

4 嘉泰《吴兴志》卷二〇《物产》。

5 《鹤林集》卷三九《隆兴府劝农文》。

6 《宋会要辑稿·食货》九之二〇。

7 《宋史》卷四五《理宗五》。

8 《文献通考》卷四《田赋考四》；《宋会要辑稿·食货》六一之七〇。

万余亩[1]。淳祐以后，昆山亦有各色官田（包括职田）20万亩以上。其中仅以围田和沙田名目列入版籍，按“围田每亩四斗，……沙田……每亩三斗”的租额计算，即有17万亩之多[2]。可见随着水利田大量开发成田，南宋中叶以后，仅平江府二县官田之数即已远远超过元丰时两浙在官之田的总数。又乾道时，江东仅建康、宁国、太平、池州四地隶常平转运司的官圩田即达79万余亩[3]。如加上沙田等别类官田（景定时，仅建康府一地即有沙田16万余亩）[4]，和其他州军的官田，其数必远高于元丰之数。水利田的开发使南宋政府从浙西、江东地区所取得的官租收入远高于元丰时。

二、水利田在政府田赋收入中的地位

从水利田开发的结果来看，浙西和江东的水利田构成了宋政府田赋收入的重要来源。北宋时，“京师漕米多出东南，而江浙居其大半。中兴以来，浙西遂为畿甸，尤所仰给”[5]。政府“军储岁计，多仰浙西，而平江湖秀之产，倍于他郡”[6]。水利田集中的浙西和江东，尤其是南宋时水利田最为密集的浙西的太湖平原，是宋政府军储岁计的重要来源。

上述田赋所入主要取诸秋苗和官租。先就北宋的太湖平原而言。熙宁中，郏亶指出，苏州水田多而税重，旱田少而税轻[7]。政和

1 《琴川志》卷六《版籍》。
2 据《玉峰志》卷中《官租》。
3 《宋会要辑稿·食货》一之四四、四五。
4 景定《建康志》卷四一《沙租》。
5 《后乐集》卷一三《论围田札子》。
6 《建炎以来系年要录》卷五四“绍兴二年五月庚辰”。
7 《吴郡志》卷一九《水利上》。

中，赵霖又说，平江水田，以低为胜。在低乡田圩未坏时，苏州赋入，多出于低乡[1]。水利田（尤其是地势低下的水利田）是苏州赋入的主要来源。太湖平原其他地区应与此大致相同。

又就南宋后期的太湖平原而言。试以昆山、常熟和崇德为例，三县农田（包括官田）基本上均由水利田构成，秋苗、官租亦基本出自水利田。内常熟垦田 2419892 亩，官田 200800 亩[2]，崇德有田地 1038518 亩，内官田地 10397 亩[3]。官田及官田地分别占各该县垦田和田地总数的 8.3% 与 1.0%，均高于元丰时两浙官田、职田 267818 亩，占垦田总数 36247756 亩 0.7% 的水平[4]。昆山按淳祐七年（1247）以后，官租“围田每亩四斗，营田、沙田、投买常平田每亩三斗”计，上述四项官田租米分别为 67293 石、18180 石、1444 石和 1710 石，即达 24 万多亩[5]，官田总数已超过常熟端平时之数。按淳祐时昆山秋苗 59847 石[6]，端平以后常熟秋苗 72561 石[7]，即昆山垦田数不高于常熟分析，昆山官田在垦田总数中所占比重不会低于常熟，亦高于元丰时两浙的水平。景定回买公田后，三县及太湖平原的官田数又有较大增加，如昆山一县所买即达“□十□万□千□百一十亩”[8]。官田在垦田总数中所占比重亦应有大幅度的增长。

值得注意的是，三县官田中地势低下的水利田占有相当大比重。如常熟围田、沙田、积水茭荡田和塘涂田合计 62558 亩，崇德围田计 3600 亩，仅以上述名目列入版籍的地势低下的水利田，即

1 《吴郡志》卷一九《水利下》。
2 《琴川志》卷六《版籍》。
3 康熙《石门县志》卷二《赋役》。
4 《文献通考》卷四《田赋考四》；《宋会要辑稿·食货》六一之七〇。
5 《玉峰志》卷中《官租》。
6 《玉峰志》卷中《秋苗》。
7 《琴川志》卷六《版籍》。
8 咸淳《玉峰续志·官租》。

分别占各该县官田和官田地总数的1/3上下。昆山仅在官之围田和沙田即达173045亩[1]，地势低下的水利田在官田中所占比重远不止1/3。官田又多集中于地势低下的地区。如常熟9乡50都中，仅地势低洼的双凤乡第三十五、第三十九、第四十、第四十二和第四十三都，即有官田101435亩以上，拥有全县官田的一半以上，其数约占5都农田总数476961亩的21%[2]，远高于全县的平均水平8.3%。

官田在垦田总数中所占比重虽不大，其租入却构成了政府秋苗、官租收入的重要（甚至是主要）组成部分。如昆山嘉定以后额管秋苗59847石，淳祐以后为54457石[3]，官租却高达98249石[4]。其中仅围田一项官租即为67293石，便已超过秋苗总额，约占官租总数的68%。又如景定回买公田前，崇德每年净催苗米32244石[5]，官租米达7162石，官租为秋苗的22%。回买公田后，官租骤增。按元初至元间，崇德额管米49288石，岁减公田二分米5276石计[6]，公田租米即达26380石，相当于额米总数的53.5%。可见到南宋末，取诸水利田的官租已构成太湖平原政府田赋收入的主要来源。

复就南宋的丹阳湖平原而言。太平州“圩田十居八、九”，耕地绝大部分由水利田组成。其中当涂县绍熙时管官圩55所，内广济官圩绍兴时圩岸长93里[7]。芜湖仅万春官圩即有田12.7万亩。官田在农田总数中占相当大比重。按景定《建康志》卷四〇《田数》

1 《玉峰志》卷中《官租》。
2 《琴川志》卷二《乡都》。
3 《玉峰志》卷中《秋苗》；咸淳《玉峰续志·税赋》。
4 《玉峰志》卷中《官租》。
5 康熙《石门县志》卷二《赋役》。
6 至元《嘉禾志》卷六《赋税》。
7 《宋会要辑稿·食货》六一之一三六、一一二。

所载，建康府上元县官田115527亩（沙田112026亩），占该县农田总数735431亩的15.7%。江宁官田地57989亩（沙田44310亩），占该县田地总数507426亩的11.4%。溧水官田地5030亩，如加上永丰圩的7万亩官圩田[1]，官田在该县田地总数296139亩中所占的比重必定大于上元和江宁。三县官田所占比重既均大于溧阳的1.6%（该县28776亩官田均为圩田）和句容的1.2%（该县12336亩官田地中沙田地占4632亩），又均大于元丰时江东官田、职田873281亩，约占全路垦田总数42160447亩2.1%的水平[2]。宁国府仅宣城、南陵两县有圩田[3]，官田集中于有圩田分布的两县。按嘉庆《宁国府志》卷一六《田赋》上所载，宣城官田全系圩田，其数达172600亩，占该县垦田总数的12.3%。南陵官田39165亩，占该县垦田总数的6.7%。按上所述，在南宋的丹阳湖平原，官田集中分布于地势低下的水利田较多的县份，在官田中，地势低下的水利田亦居多数。

随着水利田的大量开发和官田的不断增加，到南宋时，取诸圩田、沙田等低田的秋苗和官租已构成丹阳湖平原政府田赋收入的重要来源。绍兴初，按三省所言“宣州、太平州圩田岁入租课浩瀚”。乾道六年（1170），姜铣指出“宁国府、太平州两郡，惟仰圩田得以供输”[4]。嘉定十四年（1221），岳珂指出，太平、宁国两地，“山圩田相半”[5]，仅圩田即占农田总数的一半，两郡田赋大部分取自于水利田。又景定时，建康府沙田、沙地岁纳官租米42447石，吴府没官圩田岁纳租米13778石，福贤、泰丰两官庄共管圩田28776

1 《南涧甲乙稿》卷二《永丰行》。

2 《文献通考》卷四《田赋考四》；《宋会要辑稿·食货》六一之七〇。

3 《宋会要辑稿·食货》六一之一一八。

4 《宋会要辑稿·食货》六一之一〇七、一一九。

5 景定《建康志》卷二三《平籴仓》。

亩[1]，永丰官圩岁纳租米3万石[2]，仅此几项官租米，即达10万石上下，与绍兴十五年（1145）以后全府上供米岁额11万石已相去无几[3]，大致相当于全府苗米总数199017石的一半左右[4]。

由上所述，可知在水利田密集地区，无论在全部农田还是在官田中，水利田均占颇大比重。无论就秋苗抑或就官租而言，水利田在政府田赋收入中均占有极重要的地位。显然，宋代江南水利田的大规模开发应是这一地区官田和政府田赋收入大量增加的重要原因。

三、水利田开发与政府田赋收入的构成和管理体制的变化

在宋代的江南，随着水利田的不断开发，政府从水利田中所取得的田赋收入的来源和结构，以及拘收、管纳和分配体制也都发生了相应的变化。

北宋熙宁以前，开发所成的水利田多为税田，政府从中所取得的主要是两税。其税租由转运司拘催，归三司管纳支配。至道至元丰间，北宋垦田从31252万亩增至46165亩，增幅为47.7%。元丰时，两浙在官之田约占垦田总数的0.7%；江东在官之田约占垦田总数的2.1%。诸路熙宁以前开发的农田，包括水利田，绝大部分为民田和税田。如按前所述，随着水利田的不断开发，苏州垦田雍熙前后最多只有105—140万亩，景祐时，“出税”之田即有340万亩。其秋税苗米国初才十七八万石，熙宁三年（1070）以前已增至

1 景定《建康志》卷四〇《田数》，卷四一《沙租》、《圩租》。
2 《文献通考》卷六《田赋考六》。
3 《宋会要辑稿·食货》三五之三七。
4 景定《建康志》卷四〇《税赋》。

三十四五万左右。

熙宁至崇宁间，江南兴修的水利田仍以民田居多。如熙宁三年至九年，诸路共兴修水利田 36117888 亩，内原系官地者仅 191530 亩。当时两浙、江东分别兴修水利田 10484842 亩和 1070266 亩，均非开发官地而成[1]。政府从中所取得的是税而非租。

值得注意的是，这一时期水利田的税租不再由漕司、三司拘管和支配。熙宁三年，神宗“以常平新法付司农寺，……而农田水利、免役、保甲等法悉自司农讲行”[2]。七年，宋政府规定，“兴修水利，宜令司农寺置簿拘管”[3]。又按王应麟所说，“神宗始分天下之财以为二司，转运司独用民常赋与州县酒税之课，其余财利悉收于常平司”[4]。元丰改制后，常平、司农之财悉归户部右曹。在此之前，如熙宁三年以前苏州三十四五万石的税米岁额，和元丰三年（1080）34.9 万石的苗斛[5]，仅指漕司和三司的催收之数，而不包括熙、丰时兴修的水利田的岁入。在此之后，如元符时苏州 60 万石的秋赋岁额，则已包含开发水利田所增之收入。这一时期开发的水利田的收入先后由司农、常平和户部右曹拘管，系受朝廷支配的宰相之财。

崇宁至靖康间，江南兴修开发的水利田中官田所占比重剧增。如政和、宣和年间，宋政府在江东沿江一带大举兴修“自古江水浸没膏腴田”，其数以百万亩计，并“许人户请佃”[6]。内有田 9.5 万亩的永丰官圩即系此时修成。又宣和初（1119），浙西大水，农田

1 《宋会要辑稿·食货》六一之六八、六九。

2 《宋史》卷一六五《职官五》。

3 《宋会要辑稿·食货》六一之一〇一。

4 《玉海》卷一八六《宋朝三司使》。

5 《吴郡志》卷一《户口税租》。

6 《宋会要辑稿·食货》六一之一〇四。

多没。八月，农田所奏“浙西平江诸州积水减退，欲委官分诣乡村，检视露出田土，惟人户见业，已纳省税不括外，其余逃田、天荒田、草葑茭荡及湖泊退滩、沙涂等地，悉标记置籍，召人请射种植”，“实封投状，添租请佃”，“视乡例拘纳租课”[1]。奏上，朝廷即“从之”。当时，宋政府曾大规模地推行这种召佃开发的办法。如宣和元年十月，徽宗令赵霖围裹常湖和华亭泖为田，“措置召租，限一季了当”[2]。浙西、江东的官田因此而有很大的增加。

值得注意的是，这些官田及其收入多直隶御前。如宣和时浙西召租兴修之水利田，其租“桩充御前钱物，专一应奉御前支用，置局提举”[3]，“部使者且自督御前租课”[4]。江东兴筑之官圩田亦是如此。如永丰圩即是由徽宗赐予蔡京。马端临云：“圩田、湖田多起于政和以来，其在浙间者隶应奉局，其在江东者，蔡京、秦桧相继得之。”[5]可见崇宁以后江南兴修的水利田多系官田，其收入多直接由皇帝支配。

南宋建炎至开禧年间，江南兴修的水利田既有民田，也有官田。其田及其税租大多由州县、监司和户部拘管、支配，并以围田、圩田和沙田等名称出现和列入簿籍。

先就浙西的围田而言。乾道、淳熙年间，宋政府先后下令禁止请佃积水草荡，不许给据与官民户及寺观买佃江湖草荡，围筑田亩[6]。嘉泰时，留佑贤等人在浙西开掘围田，其围“除曾纳钱请买，许将元产地管业别作营生，不得围裹成田。其他白状作常平没

1 《文献通考》卷七《田赋考七》；《宋会要辑稿·食货》一之三三。
2 《吴郡志》卷一九《水利下》。
3 《文献通考》卷七《田赋考七》；《宋会要辑稿·食货》一之三三。
4 《宋史》卷一七四《食货上二》。
5 《文献通考》卷六《田赋考六》。
6 《后乐集》卷一三《论围田札子》。

官产、学粮、职田等色请佃者，并行追索元给公据，入官毁抹”[1]。可见当时围田分作请买和请佃之田二类。乾道二年（1166），孝宗“诏平江、湖、秀三州已开掘围田，税赋即行除放，将经界后围田今来不经开掘者，……并依省则，纽立合起税色，保明申州，类聚申省部，随税起理”；淳熙五年（1178），宋政府规定，“浙西州县人户自今于积水官荒田内种植稻苗，许经官陈诉亩步，起理二税”[2]。据此可知，乾道二年以前及淳熙五年前后开发的围田等水利田多为民田，其税赋大多由州县拘收，隶属户部系统。

当时，系官围田多由常平司掌管。如淳熙十六年，浙西所管“没官田产及常平围田已籍在进册者，……所得租课，专充老疾贫乏（乞）丐等人支遣”，由仓司支配；庆元二年（1196），宋政府采纳袁说友等人建议，下浙西仓司，委官检查、开掘创围之田[3]。嘉泰时，宋政府采纳留佑贤等人建议，下浙西仓司，追索作常平没官、学田和职田等名色请佃的围田公据，入官毁抹，并“严饬浙西提举官及守令，今后不得辄行开请佃公据”[4]。又按卫泾所说，乾道、嘉泰之间，浙西围田之租“不系省额，州县得以移用”[5]。可见当时官围田收入部分归常平司，部分归学校和地方官，州县得以移用，大多归地方政府支配。

复就江东的圩田而论。南宋初，江东沿江一带圩田、沙田大多残破荒废。当时，政府按逃绝闲田，自合立租，召人请佃的条法和惯例，一再募民修圩佃耕，将其修复成田[6]。绍兴三年（1133），

1 《宋会要辑稿·食货》六一之一四三。
2 《宋会要辑稿·食货》七〇之五七、六之二七。
3 《宋会要辑稿·食货》六一之四一、一三八。
4 《宋会要辑稿·食货》六一之一四三。
5 《后乐集》卷一三《论围田札子》。
6 《宋会要辑稿·食货》一之三五、三六、二之七、六一之一〇七。

宋政府规定，“应有官圩田州县，通判……，知县……，每岁不得使有荒闲。委监司以旧额立定租稻，石斗尽收，以充军储”[1]。又乾道五年（1169），宋政府规定，“江南东路州县有常平转运司圩田，……建康、宁国府、太平、池州所管圩田共七十九万余亩，……令建康、宁国府、太平、池州将每岁收到圩田租苗米并起发，赴总领所大军仓送纳，充支遣大军粮米”[2]。据此，可知南宋前期江东官圩田多隶州县、监司，其租苗米由州县、监司拘收，以充军粮。

最后就沙田来说。绍兴二十八年（1158），宋政府置提领官田所，掌浙西、江东、淮东三路沙田、芦场租课，其租“不隶户部”[3]。乾道初，宋政府将沙田、芦场分作己业和官产二类，将未立税额的请买之己业立税，将租佃之官产立租[4]。三路沙田、芦场登记入籍者达280万亩。乾道六年，“共管租钱六十万七千七十余贯”，拘催起发“赴左藏南库交纳”[5]。“南库移用，皆自朝廷，非若左帑，直隶版曹为经费也。”[6]乾道八年，宋政府罢提领官田所，减其所催沙田、芦场之税租，并归之户部[7]。如镇江官沙庄沙田，“自乾道庚寅（六年），始立新额。越二年，郡守宋贶为列于省，而蠲免其半，岁纳三百九十贯文”[8]。乾道八年以后，沙田的开发往往使地方政府获益匪浅。如庆元三年（1197），知镇江府事万钟将寺僧阴占沙田

1 《宋会要辑稿·食货》一之三六。
2 《宋会要辑稿·食货》一之四四、四五。
3 《宋史》卷一七三《食货上一》。
4 《宋会要辑稿·食货》一之四三；《建炎以来朝野杂记》甲集卷一五《都下马料》。
5 《宋会要辑稿·食货》一之四五。
6 《建炎以来朝野杂记》甲集卷一七《左藏南库》。
7 《宋会要辑稿·食货》五二之二〇、二一。
8 至顺《镇江志》卷一一《学校》。

和豪民兼并芦地“属之郡，每岁桩管储之”，以助学费[1]。

由上所述，建炎至开禧间开发的水利田中，民田占很大份量，其税隶户部，官田则多隶州县、监司和户部。只有在绍兴二十七年至乾道八年之间，江浙淮三路沙田、芦场方直隶官田所，租钱归朝廷支配而不隶户部。当时宋政府又大量出卖江南官田，属于出卖之列的包括这一时期内兴修的各种水利田，“其钱输左藏南库别贮之”[2]，亦为朝廷之财。

嘉定至德祐间，江南兴修开发的水利田多为官田，且大多直属某些特设机构，收入直接归朝廷支配，而不是受州县、监司和户部支配。更有甚者，在此之前开发属于民产之列的水利田，和原隶州县、监司和户部的水利田，亦被大批拨归这些特设机构。兹分别叙述如次。

嘉定元年（1208），宋政府“捐所籍权幸田宅及其他没入之产，与围田旧隶于官者，总岁收之数，受而藏之，名安边所”。先后以御史、版曹或都司、寺监官和畿漕领其事[3]。开禧以后，浙西已开掘围田得以复围成田。按嘉定二年许奕等人所言，复围之田分官产、已产两种[4]。当时，新围之田多隶安边所。如嘉定十四年至十六年，“丘寿隽为畿漕，复令民纳一券得围一亩，而安边所籍此为常赋矣”[5]。除安边所外，开发所成的水利田又多分隶州县、监司和总领所。如昆山官田中，“朝籍围田”即隶安边所。“版帐围田”先隶县，后隶淮东总所。“草荡围田、营田、沙田、沙地、涂田”则隶倅厅。另有不少水利田又以没官田、常平田和投买常平田的名目分

1 至顺《镇江志》卷一一《学校》。
2 《宋史》卷一七三《食货上一》。
3 《蒙斋集》卷一四《安边所公宇记》。
4 据《宋会要辑稿·食货》六之三一。
5 洪武《苏州府志》卷三《水利》；咸淳《临安志》卷五〇《两浙转运》。

隶宪司、仓司和平江府[1]。端平时，朝廷下令许官民户承佃经理浙西已开决未修复之围田[2]。当时，安边所复取浙西臬司和诸郡倅贰所掌之课，自督岁输[3]。围垦开发所得和原隶州县、监司之水利田，又大量归属安边所。其收入始充"行人金缯之费"，后则移作"军费边用"[4]。淳祐七年（1247）至十年，安边所田曾一度隶田事所。咸淳四年（1268），安边所收入被"拨隶封桩所"，"以都司提领"[5]。

淳祐七年，"尚书省置田事所"[6]，将"一应天下沙田、围田、圩〔田〕、没官田等并行拨隶本所"，"仍辟官分往江浙诸郡打量围筑"[7]。当时，崇德"属提领田事所拘催"的有"围田米"、"营田米"、"营地米"和"围荡钱"等[8]。昆山拨隶田事所的则有旧隶安边所、总所和宪。仓二司、平江府的围田、营田、沙田、沙地、涂田、常平田、投买常平田、没官田、围荡、营荡，以及当时所增的"新、续改正两项围田"。其田纳租米，荡、地则纳租钱[9]。在江东的建康，原由县收其租的沙田、茭荡、芦场等在拨隶田事所后，"县不得有其租，而隶之总领所"[10]。淳祐九年，史宅之死，田事所遂罢。其租或隶安边所[11]，或隶总领所[12]。田事所田中有大量淳祐七年以前或以后围筑开发的水利田。

---

1 《玉峰志》卷中《官租》。
2 《宋史全文》卷三二"端平二年八月"条。
3 《蒙斋集》卷一四《安边所公宇记》。
4 《宋史》卷一七三《食货上一》。
5 咸淳《临安志》卷八《省所》。
6 《玉峰志》卷中《官租》。
7 稗海本《癸辛杂识·别集》下《史宅之》。
8 康熙《石门县志》卷二《赋役》。
9 《玉峰志》卷中《官租》。
10 景定《建康志》卷四一《沙租》。
11 稗海本《癸辛杂识·别集》下《史宅之》。
12 《玉峰志》卷中《官租》。

景定四年（1263），宋政府在平江、安吉、嘉兴、常州、江阴和镇江回买公田350万亩，设提领官田所，“以都司提领”[1]。其始以州县主管。后设四分司，差职事官分司各州任其事。始差庄官催运。继改上户承佃，又置催租官以为属。后俾宪台兼同提领官田所，遂省分司及催租官，而拨还各郡[2]。主要买自水利田密集地区的公田中，亦包含大量宋代兴修开发的水利田。

四、结语

综上所述，可知随着宋代江南水利田的不断开发，水利田中在官之田的比重不断增加，在官之田中隶属于朝廷和御前部分的比重亦不断增大。水利田的田赋收入开始主要以二税的形式归三司和户部拘收支配，以后逐渐通过官租的形式，以越来越大的比重成为朝廷和御前之财，官租最终构成了宋政府江南田赋收入的重要组成部分。

值得注意的是，水利田的大规模开发带来了宋代江南农业的繁荣发达和国民收入的大幅度增长，可是，这些大量增加的收入却未能被充分用于扩大再生产，用来推动这一地区农业和经济的进一步繁荣，而是被大量用于饷军和维持政府与皇室的开支。这一方面加强了宋政府（尤其是中央政府）的力量和地位，使专制主义中央集权的体制得以维持不坠，并使南宋政权在金军和蒙古军的进攻面前能在较长时期内保卫江南免受其蹂躏，使南宋社会经济和文化的繁荣得以长期延续。但另一方面，这种田赋苛重格局的形成和发展，

1　咸淳《临安志》卷八《省所》。

2　咸淳《玉峰续志·官租》。

又使江南地区的经济以及整个社会，在十九世纪中叶以前始终未能由量变而至于质变，出现高速发展的局面。

本文原载于杨渭生主编《徐规教授从事教学科研工作五十周年纪念文集》，杭州大学出版社，1995年。

论宋代浙西、江东水利田的异同及利弊

有宋一代，浙西、江东地区拥有大量名称不同的各种水利田。这些水利田是有史以来人们不断开发高地、低田，尤其是开发终年积水或不时被水淹没的低洼地的产物。这种开发始于先秦，而盛行于两宋，堪称宋代经济史上的一件大事。就其实际效果而言，宋代浙西、江东地区水利田的大规模开发有力地推动了上述地区农业的发展，使之成为全国最先进、最发达的农业区，和政府的财政命脉所在。作为影响颇为深远的一种重要历史现象，这一开发不仅引起了宋人的关注，而且还引起了现代中外学者的重视。本文拟在前人研究的基础上，对宋代浙西、江东地区名目众多的各种水利田的异同、水利田开发的成就，以及人们对这种开发的评价等问题作进一步的探讨，以求教于国内外学者。

一、名称不一的各种水利田及其异同

按地势的高下，宋代浙西、江东地区的田地大致可分为高地和低地两类。高地患旱，低地患水。人们多因地制宜，运用修濬陂塘、河渠和设置堰闸的方法，以潴水、引水解决高地的灌溉问题，借助于兴修圩岸、河渠，设置斗门和车水等手段，以解决低地的防水、排水问题，将两者开发成旱涝有收的水利田。

在宋代的浙西和江东，人们依靠上述手段开发出为数颇多，名称互异的种种水利田。这些水利田当时主要被称作围、田围、围田、圩、圩田、田圩、湖田、沙田和涂田等。现分别考察如下。

在太湖平原，围这一名称早在宋代以前即已产生。按北宋中叶苏州昆山人郏亶所说，苏州古时田各成圩，每圩四周堤岸、塘浦环绕，“然所名不同，或谓之段，或谓之围。今昆山低田皆沉在水中，而俗呼之名，犹有野鸭段、大泗段、湛段及和尚围、盛熟围之类”[1]。

围既可指“和尚围”这类地势低下的水利田，又可指地势较高的水利田。南宋时，嘉兴府崇德县之田，“以千字（文）为围以别之，大围数千亩，小围亦数百亩，自‘天’字至‘逼’字，内兼重字，共七百二十六围”[2]。而“宋志云：‘支港纵横分布，回环七百围之间。’”[3]全县“一半上乡”，“一半下乡”[4]。运河“塘以西属低乡”，“塘以东属高乡”[5]。高乡田“其患在旱，宜时疏浜泾，以资车戽”[6]。崇德之围即包括高、低两类水利田。南宋时，平江府（苏州）之围通常被写作“渭”[7]。

宋代太湖地区的水利田又有被称作田围或田圩的。郏亶指出，古时民在圩中居住，今昆山富户，“田舍皆在田围之中，每至大水

1 范成大《吴郡志》卷一九《水利上》。

2 嘉庆《桐乡县志》卷四《田亩》。明代析崇德县地置桐乡县。

3 光绪《石门县志》卷一《水利》。崇德县清代改称石门县。

4 康熙《石门县志》卷二《赋役》。

5 光绪《石门县志》卷一《水利》。崇德县清代改称石门县。

6 雍正《浙江通志》卷五三《水利三》。

7 《江苏金石志》卷一八《总所拨归本学围租公据》载：“昆山县朱塘乡第三保王珍名下取、离、履字号积年围田共一千一百二十亩。”同书卷一三《吴学粮田籍记二》则云：“朱塘乡第三保王珍佃取字渭下脚荡田八百二十亩，离、履字渭荡田三百亩。”

之年，亦是外水高于田舍数尺，此今人在田圩中作田舍之验也”[1]。元祐（1086—1094）中，单锷在其《吴中水利书》中多次提及田围一词，并主张在江阴常患积水，难以耕殖的低地修作田围。北宋末，余杭有万延之者，“行视苕霅陂泽可为田者即市之，遇岁连旱，田围大成”[2]。

除这些筑岸防水的低田外，田围又包括地势较高的水利田。端平（1234—1236）初，嘉兴府华亭县经界，“置田围局”，将全县田地画为数以千计之围。事毕，藏其籍于“田围文籍库”。主持其事者且撰文叮嘱后任认真保管，“庶几田围可垂永久”[3]。华亭地势与崇德相似，除西乡外，其地多为患旱之高田。华亭之田围和崇德之围一样，亦应包括高、低两类不同的水利田。

在江东，筑堤围裹庆水濒江之地所成之田，称作圩或圩田。秦家圩和万春圩的历史表明，圩这一名称早在南唐或南唐以前即已出现[4]。

圩田或系筑堤围垦终年积水的湖荡水面而成，或系围裹不时被水淹没的低地而成。嘉祐（1056—1063）时，江东宣城百丈圩是“筑百丈湖濒水地”而成[5]。南宋绍熙四年（1193），叶翥说，太平州管下三县，“并低接江湖，圩田十居八、九，皆是就近湖泺低浅去处筑围成埂”[6]。该地的圩田多系围湖而成。

政和（1111—1118）以后，浙西出现了围田这一名称。按《宋

1　范成大《吴郡志》卷一九《水利上》。
2　何薳《春渚纪闻》卷二《瓦缶冰花》。
3　正德《松江府志》卷六《华亭县修复经界记》、《经界始末序》、《修复经界本末记》。
4　据沈括《长兴集》卷二一《万春圩图记》。
5　乾隆《芜湖县志》卷一《地理志·乡都》。
6《宋会要辑稿·食货》六一之一三六。

史》所载，政和中，"平江府兴修围田二千余顷"[1]。又据后人追溯，"旧吴江县之土田，自五代钱氏至北宋末，名未区别，南宋始立诸名"，有"公田"、"围田"、"沙田"等名目[2]。围田一名的出现，应在北宋末，其正式载入田籍则系南宋时事。

南宋时，有关围田的记载大量出现。按南宋时陈之茂、袁说友、张抑和卫泾等人描述，围田系筑堤围垦江湖草荡陂塘淹渎潭瀼一类终年积水之地而成[3]。明初，卢熊追溯说："宋有田则，……曰围田者，则是旁江湖民户围水浅处成田"[4]。这一定义正与上述南宋时人的描述吻合。

南宋时，浙西一带筑堤围垦濒湖陂荡所成之田又称塘田、坝田或壩田[5]。此三者和围田并无任何实质上的区别[6]。

在宋代的浙西和江东，开发湖泊或滨湖之地所成之田又称湖田。它可以是筑堤防水而成，亦可不设堤障。卫泾所说的淀山湖湖田系筑堤而成，应属前一类[7]。陈旉《农书》卷上《地势之宜》篇中所说的湖田，不能"避水溢之患"，则属后一类。

沙田这一名称至迟在北宋时即已流行[8]。南宋人叶颙说："沙田乃江滨地，田随沙涨而出没不常。"[9]卢熊则指出，"宋有田则……曰沙田者，民户经理江湖涨沙地为田"[10]。沙田系开发江湖淤沙而成。

---

1 《宋史》卷一七三《食货上一》。

2 乾隆《吴江县志》卷四《田荡》。

3 《宋会要辑稿·食货》六一之一一七、一三八；卫泾《后乐集》卷一三《论围田札子》。

4 洪武《苏州府志》卷一〇《田亩》。

5 《宋会要辑稿·食货》六一之一二七、一一一，《宋史》卷一七三《食货上一》。

6 《宋会要辑稿·食货》六一之一一七、一三八；卫泾《后乐集》卷一三《论围田札子》。

7 《后乐集》卷一五《与郑提举札》。

8 《宋会要辑稿·食货》一之三一。

9 《宋史》卷三八四《叶颙传》。

10 洪武《苏州府志》卷一〇《田亩》。

沙田因地势低下，易受洪涝潮水的侵袭，往往需筑堤防水。如镇江府学胡鼻庄沙田，系绍兴十七年（1147）以后“围而成田”。官沙庄沙田系隆兴二年（1164）“鸠材潴防设版”，围裹成田。其田外的芦荡滩地，则系嘉定三年（1210）“围而成田”[1]。

南宋时，浙西昆山有所谓“涂田”或“沙涂田”[2]。在宋代，浙西涂田分布不广，有关记载很少。熙宁六年（1073），邵光因“根括温、台等九县沙涂田千一百余顷”[3]，而获嘉奖。次年四月，沈括指出，“温、台、明州以东海滩涂地可以兴筑堤堰，围裹耕种，顷亩浩瀚，可以尽行根究修筑，收纳地税”[4]。昆山之“涂田”或“沙涂田”就是这类筑堤围裹海涂所成之田。

由上可知，上述各种水利田大多具有堤岸，堤外则为水面，应属形制相近的一类水利田。除一部分地势较高的围和田围外，这些水利田均位于低洼多水之地，常有水患，多筑堤以防水潦，可视为同一类别的水利田，所以其名称亦经常通用。

不过，在另一方面，这些名称不同的水利田之间又存在一些差异。如按开发前的状态来说，围田原是终年积水之地，沙田系江湖之滨不时被水淹没的低地，涂田本为海边不时为水淹没之低地，圩田、湖田原系常年积水或不时被水淹没的洼地，围、田围或为长期积水或经常被水淹没的低地，或为常患旱的高地。

就开发的手段而言，围、田围和湖田可以是筑堤防水而成，也可以不是。地势较高的围、田围四周虽有支港、堤岸环绕，但其堤主要并非用于防水，而是浚河积土堆叠而成。其他各种地势低下的

1　至顺《镇江志》卷一一《学校》。
2　淳祐《玉峰志》卷中《官租》。
3　李焘《续资治通鉴长编》卷二四八“熙宁六年十二月辛卯”条。
4　《宋会要辑稿·食货》六一之一〇一。

水利田则多系筑堤防水而成。

又从形制和地势的高低来看：一部分水利田如某些湖田不具备堤岸，其余的则多筑有堤防；一部分地势较高的围和田围属于高田，另一部分则可归入低田之列。

此外，以上各种水利田在名称的起源、行用的时代和地区方面也存在若干差异。如围和田园之名起源于浙西，主要通行于两宋时的浙西。围田一名亦起源于浙西，主要盛行于南宋时的浙西。圩和圩田的名称则起源于江东，主要通用于两宋时的江东及浙西、淮南等地。

总之，上述种种水利田虽有许多相同之处，但也存在一定的差异。这些差异的存在，使我们绝对不能将这些水利田完全等同看待。

二、围田和圩田的异同之争

近年来，圩田和围田的异同始终是一颇有争论的议题。一方面有人说“圩田即围田”，两者并无严格的界限[1]。另一方面则又有人认为，两者“有本质的不同：围田原指围占淤湖为田，与水争地，可能发生严重水害，圩田是在低洼地筑堤挡水而成，有利无弊”[2]。解决这一争议的关键，在于必须从历史的事实出发，根据宋人的议论和史料的记载来下结论。

按前所述，圩田和围田都是在低洼多水地区筑堤防水，开发低地而成。其形制、来源和性质基本相同，应属同一类水利田。

1 《史学月刊》1958 年 12 期宁可《宋代的圩田》,《历史教学》1964 年 8 期吉敦谕《何谓圩田？其分布地区与生产情况怎样？》

2 1979 年版《辞海》“围田”条。

毋庸讳言，围田围占淤湖，会造成严重水害。但圩田也存在同样的问题。按前所述，圩田亦多系围湖而成，它们也会危害水利。所以一方面固然有人指责围田造成水害，另一方面也有人批评说："圩田未作，岁多丰稔。作圩以来，水旱屡告。"[1]如刘子澄即指出，"丹杨地势少衍，公私竞圩而田之……水失其行，宅土作陆者反告病，岁旱无所仰溉，岁涝无所逃浸，细民失网罟之利，商旅迂舟楫之程"[2]。对圩田颇多责难之辞。试举例来说，在宋代的江东，童湖圩、政和圩和焦村私圩等圩田即曾严重危害水利。童湖、政和二圩系围垦童家湖、路西湖而成。又按焦村圩"梗塞水面"，后遭"废决"的记载推断，该圩地处泄水要道，地势低下，开垦前亦应为积水之地。以上诸圩修成后，即堵塞水道，使周围众圩俱受其害[3]。显然，圩田亦并非有利无弊，它和围田是并无实质区别的同一类水利田。

不过，在承认其本质相同的同时，还应看到两者毕竟又存在一些细微的差别。

差别之一：围田只是开发终年积水之地所成之田。圩田则除此而外，还包括开垦不时被水淹没之地所成之田，其概念的外延广于围田。

差别之二：围田这一名称起源于浙西，主要通行于南宋时的浙西。圩田之名则起源于江东，主要流行于宋代的江东以及淮南、浙西等地。

这些差异表明，"圩田即围田"一语不免有过于武断之嫌。

宋代以降，围田的涵义有所扩大。元人王祯说："围田，筑土作围以绕田也。盖江淮之间，地多薮泽，或濒水不时渰没，妨于耕

1 楼钥《攻媿集》卷八九《陈居仁行状》。

2 康熙《太平府志》卷三七《刘子澄砖石湖坝论》。

3 《宋会要辑稿·食货》六一之一〇八、一一八、一二〇、一四五。

种。其有力之家度视地形，筑土作堤，环而不断，内容顷亩千百，皆为稼地。……复有圩田，谓叠为圩岸，捍护外水，与此相类。”[1] 他所说的江淮之间的围田，已包括开发濒水不时淹没之地所成之田。这种含义扩大了的围田，与圩田已无差别。只是在此时和此后，“圩田即围田”这一论断方始成立。但宋代以后两者的等同，并不足以动摇宋代两者并不完全相等的结论。

三、围田不等于田围和围

在宋代的浙西，田围和围并不等于围田。它们的关系历来为人们所忽略，而又极易引起误解。

按前所述，围和田围包括筑堤开发常年积水或不时被水淹没之低地所成之田，和一些形制相仿的高田。围田只构成田围和围的一部分。以淳祐（1241—1252）以后的崇德为例，当时该县共有田地103万亩，分隶726围。其中围田3600亩，围荡383亩，只占农田总数的很小一部分[2]。

围田和田围、围的关系既是如此，那么，在某些场合下，就绝对不能将其等同看待，混为一谈。周藤吉之先生和宁可先生说，南宋时浙西有围田1489所，元代浙西仅平江路二县四州即有围田8829围[3]。又梁庚尧先生根据端平初华亭县按围画分田地一事，断言该县农地全是围田[4]。以上二说即是误将围田和田围、围混为一物了。

---

1 《农书·农器图谱集之一·田制门》。

2 康熙《石门县志》卷二《赋役》。

3 《史学月刊》1958年12期《宋代的圩田》，周藤吉之《宋代浙西地方の围田の发展》29页（《东洋文化研究所纪要》第三十九册）。

4 梁庚尧《南宋的农地利用政策》140页。

8829围这一数字，出自明初卢熊所撰之《苏州府志》。卢熊说，苏州“元则有田围，二县四州共计八千八百二十九围”。其中吴县917围、长洲1718围、常熟1111围，吴江3268围、昆山1645围、嘉定100围[1]。上述史籍的记载表明，8829围是田围之围，而非围田。

再以吴江为例，延佑四年（1317），该州定垦田共3268围，计田114万余亩。这3268围即包括延佑四年以前的围田、公田等十多种名目的田地[2]。

华亭县农地全是围田的说法，也是经不起推敲的。此说的根据，出自袁甫的《蒙斋集》卷一四《华亭县修复经界记》。该记又收见于正德（1506—1521）《松江府志》卷六。两书所载几逐字相同，其歧异之点仅在于前者提及“围田局”和“围田文籍库”凡两处，后者均作“田围局”和“田围文籍库”。值得注意的是，正德《松江府志》所收经界主持者杨瑾撰写的《经界始末序》、经界文献《便民省札》和卷一一《官署上》，亦多载有“田围文籍库”一词，并使用了“田围”这一字眼。以上事实表明，正德《松江府志》所载袁甫《华亭县修复经界记》中的“田围局”和“田围文籍库”二词不可能出自刻钞之误，因而是比较可靠的。

最能证明华亭农田全是围田说之谬的，莫过于南宋人黄震所提供的一有力反证。端平经界后，黄震权知华亭。时值大水，上司责其督修田岸。黄震推辞说：“窃见本县管下围田，尽在西乡，见今茫茫，尚成巨浸，未可施工。”[3]这说明华亭围田全在西乡，全县数以千计之围并不都是围田，而是田围之围。

1　洪武《苏州府志》卷一〇《田亩》。

2　弘治《吴江县志》卷二《土田》，乾隆《吴江县志》卷四《田荡》。

3　《黄氏日钞》卷七一《权华亭县申嘉兴府辞修田塍状》。

除史籍的讹误外，上述将田围、围等同于围田错误的产生，还和三者名称近似，形制相仿，极易混淆有关。

宋代以后，人们常将这三种名称混用，视为一物。如明代嘉靖年间（1522—1566），王同祖说：“东南水田皆以岸塍为里，外通水道，以时蓄泄。在宋谓之围田，皆有字号名色。……一圩之田多至二三千亩，少或不及百亩。”其田“四周皆泾港环绕”[1]。对照上述有关崇德之围的记载，便不难发现：王同祖所说的宋代围田，实际上是南宋时崇德和华亭等地的田围及围。这类现象的存在，也在很大程度上使今人将宋代的围和田围完全等同于围田。

四、水利田的开发促进了土地的充分利用

有宋一代，浙西、江东地区一次又一次地兴起了大举开发水利田的热潮。水利田的大规模开发产生了多方面的经济效益和社会效益。但其直接成果和主要成就则在于大大提高了上述地区的耕地利用水平，使该地区的耕地面积得到大幅度的增加，在质量和数量两个方面使浙西和江东地区的土地得到充分的利用，从而有力地推动了以上地区农业的发展。这里主要从土地充分利用的角度出发，来探讨这一开发的成就。

首先，水利田的开发使原先常患水旱，难以耕作和收获的农田，得到了充分的利用。熙宁（1068—1085）时，郏亶指出，苏州昆山冈身以西，常熟以南之低田，“常患水也”。每春夏之交，天雨未盈尺，湖水未涨二、三尺，“而苏州低田，一抹尽为白水”。“唯大旱之岁……而苏州水田幸得一熟耳。”至于常熟以北，昆山以东

1　嘉庆《松江府志》卷一〇《水利》。

之高田，则“常患旱”。“每至四、五月间，春水未退，而冈阜之田即干坼矣。唯大水之岁……则冈阜之田，幸得一大熟耳。”[1]经熙宁以后的不断开发，上述局面已有较大改变。如南宋时范成大即指出：“昆山田从昔号为下湿，数十年前，十种九涝。自赵霖凿吴松江积潦，三十年来，岁无荐饥。”[2]湖州的情形与此相仿。嘉泰（1201—1204）以前，湖州西北诸乡，“春夏水易暴长，曩年悉为湖泊，畎亩荒芜，十岁九涝”，难得一熟。但到嘉泰时，该地“渐复起塍围，岁亦有收矣。”[3]

又治平（1064—1067）前后，周之道知江东江宁县，邑有田“苦下潦，与江通。公筑圩数千丈，民赖其获，至今以公名其圩”[4]。通过开发，上述水旱濒仍，难得一熟的农田，多成足以抵御一般水旱之灾，常年可事耕作，收获稳定的良田。

其次，水利田的开发又使原本无法耕种的荒地成为农田，从而使耕地面积不断扩大。以江东丹阳湖地区为例，嘉祐六年（1161）以前，芜湖县荒广积水之秦家圩，东南滨于大泽，北有丹阳、石臼诸湖，“绵浸三、四百里”，湖面颇为宽广。尤其是“当水发时，环圩之壤皆湖也，如丹阳者尚三、四”，水面十分辽阔。当时“江南之斥土，如万春（即秦家圩）者数百”。嘉祐中，万春圩修成，“邦民附益而圩者如栉比”[5]。熙宁三年（1070）至九年，江东兴修水利田510处，共计107万亩[6]。大观四年（1110），徽宗下诏指出，江

1　范成大《吴郡志》卷一九《水利上》。
2　姚文灏《浙西水利书》卷一《水利图序》。
3　嘉泰《吴兴志》卷二〇《物产》。
4　汪藻《浮溪集》卷二六《周之道墓志》。
5《长兴集》卷二一《万春圩图记》，康熙《太平府志》卷三七《刘子澄砖石湖坝论》。
6《宋会要辑稿·食货》六一之六九。

东“宣州、太平州圩田并近年所作”[1]。政和（1111—1118）、宣和年间（1119—1125），卢宗原在江东大举兴修农田水利，计划兴筑“自古江水浸没膏腴田”约近一千万亩[2]。按马端临所说“圩田、湖田多起于政和以来”[3]，可知这一时期水利田开发的成果是十分可观的。到乾道初（1165），原先“此地无田但有湖”的丹阳湖区，已有“东西相望五百圩”[4]，垦田面积有了很大的增加。

再看浙西。吴越国纳土之初，苏州“郡邑地旷人杀”[5]，湖荡、荒地颇多。又按范仲淹所说，景祐时（1034—1038），苏州五县共有税田340万亩[6]，仅比端平二年（1235）六县（嘉定间，由昆山分出嘉定县）之一的常熟多100万亩[7]。农业最发达的苏州尚且如此，其余诸州由此可以想见。熙宁三年至九年，两浙兴修水利田1980处，共1048万余亩[8]。当时苏州“泽地沮洳，寖以耕稼”[9]。到元祐七年（1092），该地“郡邑地旷人杀”的萧条景象，已为“田畴沃衍，生齿繁伙……畎浍脉分，原田碁布，丘阜之间，灌以机械，沮洳之滨，环以茭楗，则泻卤硗确，变为膏泽之野，蘋藻葭苇，垦为秔稻之陆”的一派繁荣气象所取代[10]。徽宗在位期间，浙西掀起了开发水利田的又一高潮。政和间，平江府一地即兴修围田20万亩[11]。南

1 《宋会要辑稿·食货》一之三〇。
2 《宋会要辑稿·食货》六一之一〇四。
3 《文献通考》卷六《田赋考六》。
4 韩元吉《南涧甲乙稿》卷二《永丰行》。
5 张方平《乐全集·附录》王巩《张方平行状》。
6 《续资治通鉴长编》卷一四三“庆历三年九月丁卯”条，《范文正公集·政府奏议》上《答手诏条陈十事》。
7 宝祐《琴川志》卷六《版籍》云，端平二年，常熟修复经界，管田241万多亩，地20万多亩。
8 《宋会要辑稿·食货》六一之六九。
9 朱长文《吴郡图经续记》卷上《风俗》。
10 《吴郡志》卷三七《县记》。
11 《宋史》卷一七三《食货上一》。

宋淳熙十一年（1184），浙西有围田1489处[1]。到庆元二年（1196），“浙西围田相望，皆千百亩，陂塘淡渎，悉为田畴”[2]。昔之江湖草荡皆变为田，新围之田，所在遍满[3]。开禧二年（1206），浙西再度兴起围裹湖荡的热潮。当时豪民巨室，“并缘为奸，广行围裹，殆且加倍”[4]。淳祐七年（1247），宋政府又“辟官分往江浙诸郡打量围筑”湖荡[5]。经过长期不断的开发，北宋初浙西的湖荡、荒地已多围垦开发成田。

正是有鉴于此，清代学者胡渭才指出，苏松常嘉湖五郡，“自唐宋以来，其田日增，大率围占江湖以为之者也”[6]。诚如胡氏所云，宋代太湖地区耕地的增加在很大程度上确实是通过围垦开发江湖的形式进行的。

种种证据表明，随着水利田的开发和耕地的不断扩大，到南宋中叶以后，浙西太湖地区和江东丹阳湖地区的可耕地已几乎全部开垦成田和地[7]。当时，浙西太湖地区有平江府、嘉兴府（秀州）、湖州（安吉州）、常州和江阴军五郡。嘉兴下辖华亭、海盐、嘉兴、崇德四县。绍熙四年（1193），“华亭田四万七千顷”[8]。其时，海盐有田88万亩[9]。淳祐（1241—1252）末，崇德有田地103万亩[10]。南宋后期，三县共有耕地661万亩。加上嘉兴县，全府所垦田地当

---

1 《宋史》卷一七三《食货上一》。

2 《宋史》卷一七三《食货上一》。

3 卫泾《后乐集》卷一三《论围田札子》。

4 《宋会要辑稿·食货》六一之一四六。

5 稗海本周密《癸辛杂识·别集》下《史宅之》；俞文豹《吹剑录外集》。

6 《禹贡锥指》卷六。

7 有迹象显示，到北宋末，浙西、江东地区可以开垦的耕地已大致开垦成熟。但时隔不久，即因战争的破坏而出现大量荒田。对此，笔者拟另撰文探讨，此不赘述。

8 顾清《傍秋亭杂记》卷上。

9 天启《海盐县图经》卷五《田土》。

10 康熙《石门县志》卷二《赋役》。

在700万亩以上。景定五年（1264），黄震指出，常州田地之亩数“与苏、秀略等”[1]。按其所说，每郡耕地至少均应在700万亩上下，三郡合计应在2100万亩上下。绍熙（1190—1194）和绍定三年（1230），江阴有田125万余亩[2]。庆元间（1195—1200），长兴所垦田土为79万多亩[3]。四郡一县共有田地2300万亩上下。如加上湖州乌程、归安、安吉、德清和武康五县，其数当更多。这和清代康熙（1662—1722）、嘉庆（1796—1820）以下，苏州府田地544万余亩[4]，太仓州田荡涂207万余亩[5]，常州府（包括江阴，不包括宋末常州管下之江北三沙围田等田地）田地586万多亩[6]，湖州府田地348万多亩[7]，松江府田地401万多亩[8]，嘉兴府田地414万多亩[9]，太湖地区田地总计2500万亩之数已相差无几。如再加上杭州和镇江的部分地区，南宋后期该地区的田地总数和目前太湖流域（南至杭州、余杭一线，西至临安、安吉、溧阳，镇江一线）耕地2665万亩之数亦已十分接近[10]。

又具体而言。南宋后期，江阴有田125万多亩（包括马驮沙），华亭垦田470万亩（包括部分后来沉入海中之田），崇德（后分为石门、桐乡两县）有田地103万亩，海盐有田88万余亩，长兴所

---

1 《黄氏日钞》卷七三《申省控辞改差充官田所干办公事省札状》。

2 嘉靖《江阴县志》卷五《田赋》。

3 嘉庆《长兴县志》卷六《田赋》。

4 同治《苏州府志》卷一四《田赋三》。

5 嘉庆《直隶太仓州志》卷二二《田赋》。

6 据康熙《常州府志》卷八《田赋》。《黄氏日钞》卷七一《总所差踏江北三沙围田回幕申提刑司状》云，三沙围田虽在江北，实分属常州。又咸淳《毗陵志》卷首武进县图则列江北沙巡检司。

7 同治《湖州府志》卷三四《田赋一》。

8 嘉庆《松江府志》卷二一《田赋下》。

9 光绪《嘉兴府志》卷二一《田赋一》。

10 据郑肇经《太湖水利技术史》。

垦田土为79万多亩。清代江阴有田地等113万多亩，松江有田地401万多亩，石门、桐乡两县共有田地约102万亩，海盐、平湖（明析海盐地置）两县共有田地111余万亩，长兴有田地82万亩[1]。以上五例表明，上述地区土地的开发在南宋后期即已基本完成。

本文所说的丹阳湖地区包括当涂、芜湖、繁昌、南陵、宣城、上元、江宁、溧水诸县。南宋时，宣城、南陵两县分别有田140万多亩和58万余亩。清代康熙年间，两县所垦田地分别为156万余亩和59万多亩[2]。南宋景定间，上元、江宁两县有田地73万多亩和50万多亩[3]。清代顺治年间（1644—1661），两县分别有田地山塘86万余亩和75万多亩[4]。景定间，溧水田地共计84万多亩。明代，溧水析为两县。清代乾隆年间（1736—1795），这两县共有田地122万多亩[5]。南宋后期，太平州所属当涂、芜湖、繁昌三县至少有田113万亩[6]。康熙时，全郡约有田130万亩[7]。可见到南宋后期，丹阳湖地区的可耕地亦已大致开垦成熟。显而易见，在太湖和丹阳湖地区土地的开垦过程中，水利田的开发起着十分重要的作用。

1　参见前页注6、7、8、9。

2　嘉庆《宁国府志》卷一六《田赋上》、卷一七《田赋中》。

3　景定《建康志》卷四〇《田数》。

4　嘉庆《江宁府志》卷一四《赋役一》。

5　光绪《溧水县志》卷六《赋役》，民国《高淳县志》卷七《赋役》。

6　南宋后期，岳珂指出，“太平、宁国山、圩田相半”（景定《建康志》卷二三《平籴仓》）。宁国府仅宣城，南陵二县有圩田（《宋会要辑稿·食货》六一之一一八）。全府垦田360万亩，其中宣城有圩田75.8万亩，山田61.2万亩。南陵山、圩田共58.2万亩（嘉庆《宁国府志》卷一六《田赋上》）。太平州则“圩田十居八、九”（《宋会要辑稿·食货》六一之一三六）。据此，可算出太平州至少有农田113万亩。

7　康熙《太平府志》卷一〇《田赋上》。

五、水利田的开发推动了稻米生产的发展

在以种植业为主的中国古代农业社会中，耕地利用水平的提高和面积的迅速扩大，势必大大促进种植业的发展。

在宋代的浙西和江东，稻谷是水利田种植的主要作物。陈旉说：“高田早稻，自种至收，不过五、六月。其间旱干，不过灌溉四、五次，此可力致其常稔也。”[1]地势较高的水利田多种旱稻。地势低下的水利田则多种水稻。如按谈钥所说，湖州“郡地最低，性尤沮洳，特宜水稻”，“田畴必筑塘乃有西成之望。”该地筑塘防水之水利田即多种植水稻。其中粳稻“大率多圾田所种”[2]。南宋时，“吴中之民，开荒垦洼，种粳稻，又种菜麦麻豆”[3]。平江府开发荒滩洼地所成之水利田，亦多种粳稻。

“种稻则费少利多，杂种则劳多获少。”[4]在浙西和江东，以稻为主要作物的水利田的单产往往高于其他田地。北宋末，秦观指出，“今天下之田称沃衍者，莫如吴越闽蜀。其一亩所出，视他州辄数倍”[5]。政和六年（1116），赵霖说：“天下之地，膏腴莫美于水田。水田利倍，莫盛于平江。……平江水田，以低为胜。”[6]浙西农田的亩产为全国之冠，其中单产最高的则是平江的水田，尤其是其中地势低下的水利田。北宋庆历三年（1043），范仲淹指出，苏州“中

1 《农书》卷上《地势之宜》。
2 嘉泰《吴兴志》卷二〇《物产》。
3 吴泳《鹤林集》卷三九《隆兴府劝农文》。
4 《宋史》卷一七三《食货上一》。
5 《淮海集》卷一五《财用下》。
6 《吴郡志》卷一九《水利下》。

稔之利，每亩得米二硕至三硕”[1]。宋末元初，按方回所说，“吴中田今佳者，岁一亩丰年得米三石。山田好处，或一亩收大小谷二十秤，得米两石”[2]。南宋嘉定二年（1209），王炎指出，湖州围田“亩收三石”米[3]。围田等地势低下的水利田的亩产，代表着该地的最高水准。水利条件较好的高田，其单产则高于一般的山田。又按岳珂所说，江东上色田每亩产谷4石[4]。按官租“稻子二石，折米一石”，“常平官租纳米一斛，则折谷二斛”的比率折算[5]，江东上田亩出米约2石，与苏湖等地相去不远。除“百川甚溢之岁”外，宋代江东圩田“公私所入，视陆作三倍”[6]。以芜湖万春圩为例，该圩“岁出租二十而三，总为粟三万六千斛”。或云岁约米4万石。按3/20的租率推算，全圩12.7万亩农田共出米24—26.7万石[7]，单产为1.9—2.1石。所以岳珂说：“宣升接境古高圩，多稼连云号上腴。”[8]这些地势较低的水利田的亩产，亦位居江东之首。

水利田的大规模开发提高了浙西、江东地区农田的利用水平，使耕地面积不断增加，这些水利田大多种稻，其单产往往又比较高，所以水利田的开发也就推动了以上二地稻米生产的发展。

北宋中叶，浙西和江东已是重要的余粮产区。庆历三年，范仲淹指出，当时政府所需粮斛多取自江东、西，“江南不稔，则取之

---

1 《续资治通鉴长编》卷一四三“庆历三年九月丁卯”条，《范文正公集·政府奏议》上《答手诏条陈十事》。

2 《古今考·续考》卷一八《附论班固计井田百亩岁入岁出》。

3 《宋会要辑稿·食货》六之三一。

4 《愧郯录》卷一五《祖宗朝田米直》。

5 《宋会要辑稿·食货》一之四五，舒璘《舒文靖集》卷下《与陈仓论常平》。

6 康熙《太平府志》卷三七《刘子澄砖石湖坝论》。

7 《长兴集》卷二一《万春圩图记》、《张颙墓志》。

8 《玉楮集》卷七《夏旱》。

浙右，浙右不稔，则取之淮南”[1]。又按仁宗时人宋祁所说，“江浙二方，天下仰给”[2]。熙宁二年（1069），司马光亦云，江淮之南，“土宜粳稻，彼人食之不尽”[3]。

随着水利田的不断开发，到南宋时，浙西和江东，尤其是浙西，在稻米生产中已具有越来越重要的地位。南宋初，有人指出，政府“军储岁计，多仰浙西”[4]。南宋中叶，按卫泾所说，“承平之时，京师漕粟多出东南，而江浙居其大半。中兴以来，浙西遂为畿甸，尤所仰给”[5]。理宗时，杜范指出“浙西稻米所聚”[6]，是稻米生产和集散的中心。元初，南宋遗老吴自牧则追溯道：“杭城乃辇毂之地，有上供米斛，皆办于浙右诸郡县。”[7]这说明南宋政府所需粮食多取诸浙西。

南宋时，浙西又是全国重要的余粮外销地区。如浙东庆元府，“小民率仰米浙西”[8]。绍兴所产不足充用，所需之米，多取自水路相通，最为近便的浙西[9]。温、台二州，每遇不熟，“全藉转海般运浙西米斛”[10]。福建虽上熟之年，仍需仰赖二广、浙西之米。除浙东、福建外，浙西之米还经常透过华亭、海盐、顾泾、青龙和江阴等口岸，销往金国境内，甚至远销海外[11]。

1 《续资治通鉴长编》卷一四三“庆历三年九月丁卯”条；《范文正公集·政府奏议》上《答手诏条陈十事》。

2 《景文集》卷二八《请募民入米京师札子》。

3 《文献通考》卷二一《市籴考二》。

4 李心传《建炎以来系年要录》卷五四“绍兴二年五月庚辰”。

5 卫泾《后乐集》卷一三《论围田札子》。

6 《宋史》卷四〇七《杜范传》。

7 《梦粱录》卷一二《河舟》。

8 宝庆《四明志》卷四《叙产》。

9 据《朱文公文集》卷二一《乞禁止遏籴状》。

10 《宋史全文》卷二五下“乾道九年十月甲子”。

11 《历代名臣奏议》卷二四七《赵汝愚奏》；《宋会要辑稿·刑法》二之一四一、一四二；文天祥《文山集》卷三《御试策》。

南宋中叶以后，江汉平原、洞庭湖四周、鄱阳湖流域、淮南、珠江三角洲和江东的丹阳湖地区，也是颇为重要的余粮产区。荆湖之米主要产自潭、常德、沣、复、德安诸郡[1]。其中潭州“名为产米之地，中户以下，输赋之余，仅充食用，富家巨室，所在绝少”[2]。湖北地旷人稀，广种薄收。“每到丰稔之年，仅足瞻其境内。”[3]食用之余，所剩无几。江西之米主要出自隆兴、吉州等处，但该地土瘠民贫，“虽丰年，仅能卒岁，一遇小歉，民以乏食告矣”[4]。淮南因战乱的破坏，开禧（1205—1207）以后，粮食生产一直没有多大起色。广东之地，“岭民计口而耕，苦无余积”[5]。“江东圩田，为利甚大”，产米颇多，政府所需之米仍多取自该地[6]。但因幅员狭小，所产毕竟有限。而浙西之地，素有“苏湖熟，天下足”之说。按开禧年间方信孺所说，诸郡“生齿日繁，增垦者众，苇萧岁辟，圩、围浸广，虽不熟亦足以支数年矣”[7]。其所产稻米，显非他处所能比拟。到南宋中叶，在全国稻米生产和余粮集散方面，浙西已独占鳌头，稳居首要地位。

浙西的稻米主要出自苏湖常秀诸郡。北宋景祐二年（1035），范仲淹指出，“苏常湖秀，膏腴千里，国之仓庾也”[8]。南渡后，四郡所产，“为两浙之最”[9]，“平江湖秀之产，倍于他郡”[10]。绍熙五年

---

1 叶适《水心文集》卷一《上宁宗皇帝第二札》；黄榦《勉斋集》卷二八《申制置司乞援鄂州给米》。

2 真德秀《真文忠公文集》卷一〇《申尚书省乞拨和籴米及回籴马谷状》。

3 彭龟年《止堂集》卷六《乞权住湖北和籴疏》。

4 《黄氏日钞》卷七五《申安抚司乞拨白莲堂田产充和籴庄》。蔡戡《定斋集》卷一三《隆兴府劝农文》。

5 李曾伯《可斋续稿·后集》卷五《条具广南备御事宜状》。

6 《宋会要辑稿·食货》八之一六。

7 叶绍翁《四朝闻见录》乙集《函韩首》。

8 《范文正公集》卷九《上吕相公并呈中丞咨目》。

9 《宋会要辑稿·食货》八之一三。

10 李心传《建炎以来系年要录》卷五四“绍兴二年五月庚辰”。

（1194），王炎又指出说，“两浙之地，苏湖秀三州号为产米去处，丰年大抵舟车四出”[1]，是余粮的主要产地。

随着水利田的不断开发和稻米生产的发展，太湖地区产生了“苏湖熟，天下足”的民谚。这一谚语最早收见于薛季宣（1134—1173）的《浪语集》卷二八《策问》。其第四问曰：“淮浙当承平之世，非惟国用之所仰赖，‘苏湖熟，天下足’则又发于田家之谚。今也行都所在，内奉万乘，外供六师，而水利之讲不详，号称十年九潦。……岂无术耶？愿详闻之。”上述“承平之世”是南宋人对北宋时的习称。如前引卫泾之语中的“承平之时”，即指与“中兴以来”相对立的北宋之时。薛季宣是南宋人，他所说的“今”当指南渡以后，即“中兴以来”。“行都”则指临安。其文先曰北宋时淮浙（包括苏湖）是国用仰赖之地。接着引“苏湖熟，天下足”谚语的产生以论证其说。最后又指出南宋建都临安，国用愈加仰仗苏湖，但该地却水利不修，要求对策者提出解决办法。从引文的语意、语气的连贯性和今昔对比的论述方式来看，谚语应产生于北宋“承平之时”的浙西。又从第四问只述及隆兴元年（1163）至乾道三年（1167）孝宗下令开决堙塞流水之圩[2]，派员核查势家侵耕、冒佃之沙田[3]，浚治申港及蔡泾闸等“德至溥”之举[4]，而只字未提乾道三年以后孝宗的其他德政，如五年浚治利港之役和严禁围裹湖荡以杜绝水害之举[5]，可知第四问应成文于乾道三年至五年之间。

“苏湖熟，天下足”一语虽产生于北宋，但它的广为流传却是

---

1 《双溪类稿》卷二一《上赵丞相书》。

2 《宋史》卷一七三《食货上一》。

3 《宋会要辑稿·食货》一之四三、四四。

4 《宋会要辑稿·食货》八之二一、二二，六一之一一八；《宋史》卷一七三《食货上一》；嘉靖《江阴县志》卷九《河防记》、《乾道治水记》。

5 卫泾《后乐集》卷一三《论围田札子》。

南宋中后期的事。乾道以后，范成大《吴郡志》卷五〇《杂志》、叶绍翁《四朝闻见录》乙集《函韩首》、吴泳《鹤林集》卷三九《隆兴府劝农文》和高斯得《耻堂存稿》卷五《宁国府劝农文》也都记载了这一谚语。《吴郡志》成书于绍熙三年（1192）。《四朝闻见录》指出，开禧三年（1207）使金的方信孺曾向金元帅转述了这一民谚，并说这是"元帅之所知也"。吴泳于淳祐中出知隆兴[1]。高斯得则于南宋末出守宁国[2]。"苏湖熟，天下足"这一田家之谚在乾道以后获得广泛传布一事表明：南宋中叶以降，苏湖一带已经确立其作为"天下"最重要余粮产区的地位。

由上所述，浙西之米多产自太湖地区，尤其是苏湖一带。而该地又是宋代水利田开发最集中的地区。可见正是水利田的大规模开发，促进了浙西稻米生产的发展。南宋绍定（1228—1233）间，刘宰指出"浙人所仰下田"[3]。元人周文英说："苏湖常秀四路，田土高下不等。田之得粮，十分为率，低田七分，高田三分。"[4]浙西和太湖地区的稻米主要产自低田。这又说明促进该地稻米生产发展的主要是以低田为主的水利田的开发。"江东圩田，为利甚大。"促进江东稻米生产发展的，也正是以地势低下的圩田为主的水利田的开发。

六、宋人对浙西、江东地区水利田开发的态度

在宋代，浙西、江东地区水利田的开发是一件具有深远影响的

1　乾隆《南昌府志》卷三〇《职官一》。

2　《宋史》卷四〇九《高斯得传》。

3　《漫塘集》卷九《回平江守吴秘丞渊》。按《姑苏志》卷三《古今守令表》，吴渊于绍定三年至四年知平江府。

4　归有光《三吴水利录》卷三《周文英书》。

大事，它理所当然地引起了巨大的社会反响。当时，人们对修建陂塘，开浚河渠，创置堤堰斗门，开发地势较高的水利田和沙涂、海涂之举，一般多予肯定，并无异议。但对围垦开发终年积水的江湖草荡则见仁见智，看法很不一致。

褒之者认为，“变湖为田，……乃国之利”[1]，“围湖作田事应尔”[2]，对开发成果颇多赞美之辞。如杨万里即指出“圩田元是一平湖”，其田“有丰年而无水患”[3]。

贬之者则对围湖垦田大张挞伐。如北宋时，有人认为，苏州税收倍增，乃是“障陂湖而为田之过也”[4]。南宋绍兴至庆元间，许多统治集团中人，如史才、陈之茂、宋孝宗、张抑、范成大、卫泾和袁说友等人，纷纷对浙西的围湖垦田提出尖锐的批评。绍兴二十三年（1153），史才指出，太湖滨湖之田既成，军队“旱则据之以溉，而民田不沾其利，涝则远近泛滥，不得入湖，而民田尽没”[5]。乾道二年（1166），陈之茂说，自豪右之家将平日潴水之地围裹成田，“中下田畴，易成泛溢，岁岁为害”。宋孝宗则声称“闻浙西自围田即有水患”[6]。淳熙十年（1183），张抑指责说：“近者浙西豪宗，每遇旱岁，占湖为田，筑为长堤，……苏湖常秀昔有水患，今多旱灾，盖出于此。”[7]范成大则作《围田叹》四绝，以批评围垦湖荡[8]。庆元二年（1196），袁说友等上言指出，浙西陂塘溇渎，悉成围田，“有水则无地可潴，有旱则无水可戽，不严禁之，后将

1　范成大《吴郡志》卷一九《水利上》。
2　韩元吉《南涧甲乙稿》卷二《永丰行》。
3　《诚斋集》卷三二《圩丁词十解》。
4　范成大《吴郡志》卷一九《水利上》。
5　《宋史》卷一七三《食货上一》。
6　《宋会要辑稿·食货》六一之一一七。
7　《宋史》卷一七三《食货上一》。
8　《范石湖集》卷二八。

益甚，无复稔岁矣”[1]。卫泾则认为，“陂湖之为田者不止，民田之被害者滋甚。”“陂湖之利日朘月削，……而围田之害深矣”[2]。宝祐年间（1253—1258），黄国上奏曰：“自丁未（淳祐七年）以来创围之田，……利少害多，宜开掘以通水道。”[3]景定年间（1260—1264），黄震在浙西说：“议者多谓围田增多，水无归宿。”[4]淳祐（1241—1252）、宝祐年间，刘子澄则在江东指出，“丹阳地势少衍，官私竞圩而田之，……大家巨室以势力自圩，水失其行，宅土作陆者反告病，岁旱无所仰溉，岁涝无所逃浸，细民失网罟之利，商旅迂舟楫之程。……愚于丹阳诸圩大小历记，以为捍湖而田非开辟本意”[5]。

按上所述，可知宋人所抨击的主要是围湖垦田对水利的危害。宋代是浙西、江东地区江湖草荡开发的鼎盛时期。湖荡的开发是二地水利田开发的重要组成部分。对宋代浙西、江东水利田开发评估的难点或关键，就在于如何看待湖荡的围垦。

应该指出，从宋人对围湖垦田的批评中，不能得出全面否定围湖垦田和水利田开发的结论。

首先，以上指责只构成宋人对围湖垦田看法的一个方面，而且是非主要方面。这些批评主要是针对绍兴、庆元间浙西的围湖垦田而发。在宋代的大部分时间里，就浙西、江东而言，人们对此是肯定多于否定，何况围湖垦田又只是水利田开发的一部分。我们不能仅仅根据对围湖垦田的某些批评，而全盘否定此举和水利田的开发。

其次，从发展的观点来看，上述指斥只是在水利田开发进程中

---

1 《宋史》卷一七三《食货上一》。

2 卫泾《后乐集》卷一三《论围田札子》。

3 《宋史》卷一七三《食货上一》。

4 《黄氏日钞》卷八四《代平江府回裕斋马相公催泄水书》。

5 康熙《太平府志》卷三七《刘子澄砖石湖坝论》。

的一定阶段上才大量出现的一种现象。北宋时，浙西、江东地区湖荡、荒地面积颇广，潴水之地尚多，围湖垦田和水利田的开发一般不会危及水利。如嘉祐（1056—1063）中，沈披指出，芜湖万春圩附近，水势浩渺，“规其二十里以为圩，岂遽能为水之消长”。开发不会导致“溢则为害，不补所得”的结果[1]。

南渡后，随着水利田的不断开发，湖荡、荒地多垦成田，潴水之地日少，堵塞水道之事层出不穷。龚明之在其成书于淳熙九年（1182）的《中吴纪闻》中指出，赵霖的开浦、置闸和筑圩三说与郏亶主张的侧重点是不同的。他深有感触地说：“窃谓二公之论与今日又不同。往时所在多积水，故所治之法如此。今所以有水旱之患者，其弊在于围田。由此水不得停蓄，旱不得流注，民间遂有无穷之害。”[2]这说明在“所在多积水”的北宋，围湖垦田和水利田的开发是必要的，也是无害的；但在积水之地所剩无几的南宋淳熙年间，围湖垦田则会带来种种祸害。

又按庆元（1195—1200）前后卫泾所说，“江湖之水，自常情观之，似若无用，由农事言之，则为甚急。江湖深广，则潴蓄必多，遇水有所通泄，遇旱可资灌溉。倘若狭隘，则容受必少，水则易溢，未免泛滥之忧，旱则易涸，立见焦枯之患。……自绍兴末年，始因军中侵夺濒湖水荡，……民田已被其害，而犹未至甚者，潴水之地尚多也。隆兴、乾道之后，……广包强占，无岁无之。陂湖之利日朘月削，……而围田之害深矣”[3]。据此可知，上述严重危害水利的现象始于绍兴（1131—1162）末，隆兴（1163—1164）、乾道（1165—1173）以后，才愈演愈烈。

---

1 据沈括《长兴集》卷二一《万春圩图记》。

2 《中吴纪闻》卷一《赵霖水利》。

3 卫泾《后乐集》卷一三《论围田札子》。

由于绍兴以后江湖草荡和水利田的开发给水利造成越来越多和日益严重的问题，人们也就逐渐重视这一问题，并开始大声疾呼，以求尽快解决此事。对围湖垦田的抨击之所以集中出现于这一时期，其原因即在于此。

就以上批评的性质而言，绍兴以后，尤其是绍兴、庆元之间对浙西围田的指责，只是在水利田开发的某一发展阶段上，即围湖垦田带来大量水利问题时，社会所作出的一种出自本能的自卫反应。批评的作用在于唤起注意，敦促人们解决围田危害水利的问题，并在湖荡所剩无几的地区，大力限制围垦，以避免可能造成的新的灾难。由此可见，这种责难并非对围湖垦田的全面总结或评价，更不是对水利田开发所作的一种否定性的结论。

再次，事实表明，围湖垦田对水利的危害仅具有暂时或局部的意义。湖荡的开发对其邻近地区抵御水旱能力的削弱，主要出现于绍兴、乾道以后。围垦堵塞水道的现象一旦出现，政府通常都会采取措施，予以开决。堵塞问题往往不会长期存在。江东政和圩、童圩和焦村圩的兴废，浙西太湖之滨的坝田、平江府清沼湖围田等13所围田、淀山湖山门溜围田、张子盖家在长安和四塘围田的开决[1]，都证明了这一点。

就数量而言，只有部分湖荡的开发削弱了其邻近地区抵御水旱的能力，即使在绍兴以后也是如此。如嘉泰（1201—1204）前后，湖州西北诸乡湖荡、荒地的围垦开发就没有危及该地的水利，而是在很大程度上改变了以往十岁九潦，“诸郡熟，我无谷”的局面[2]。同样，也只有一部分围湖垦田才堵塞水路。按目前所知和以上所

1　参见《宋史》卷一七三《食货上一》；《后乐集》卷一五《与郑提举札》；《宋会要辑稿·食货》六一之一〇八、一一七、一一八、一二〇、一四五。

2　嘉泰《吴兴志》卷二〇《物产》。

述，属于这一类的围垦并不多，与乾道时太平州所修455圩，以及淳熙十一年（1184）为止浙西创筑的1489围相比，只是区区之数。

最后，就围湖垦田对农业的影响而论，这种围垦虽会造成农田的失收，但这只是一种暂时和局部的现象，并未引起任何严重的后果。例如在围湖垦田规模最大，人们的批评也最集中的太湖地区，总的来说，湖荡的开垦并没有导致农业的衰退。相反，随着湖荡的不断开发，该地农业生产迅速发展，逐渐成为全国最重要的稻米产区，社会经济出现了进一步繁荣的局面。显然，根据这种局部和暂时的现象是无法得出否定围湖垦田和水利田开发的结论的。

七、对水利田的开发应予肯定

宋代浙西、江东地区水利田的开发产生了深远而又广泛的影响。其影响涉及许多领域。从不同的领域或立场出发，根据不同的衡量标准，可以对水利田的开发作出截然相反的估价。

如以是否有利于生产力和社会的进步，是否有利于国计民生为取舍标准，则必然予水利田的开发以较高的评价。如元人王祯即认为，筑堤开发“薮泽”和“濒水不时渰没”之地所成之田，“虽有水旱，皆可救御。凡一熟之余，不惟本境足食，又可赡及邻郡。实近古之上法，将来之永利。富国富民，无越于此”[1]。

如以是否危及邻近地区的水利或破坏生态平衡为唯一标准，则势必得出否定水利田开发的结论。如刘子澄即认为，“天生五行，水土各一。其性利舟楫者，不利耒耜；生龙蛇者，不育人民。……（古者）相地所宜种，鱼盐稻粟不相凌夺，……盖亦辅天地之宜，

1 《农书·农器图谱集之一·田制门》。

与万物之自然而已”。而大家巨室倚势自圩，水失其行，岁旱无所仰溉，岁潦无所逃浸。他据此而得出了“捍湖而田非开辟本意”的观点[1]。

毋庸置疑，生态平衡的观念含有某种合理的思想，但又具有片面性。其片面性在于：它只注意到生态结构的平衡方面，而没有看到在某些条件下具有积极作用的非平衡方面；没有将非平衡的进化过程与退化趋势加以区别，而是一概予以否定。平衡与不平衡是对立的统一。平衡是暂存的、相对的。不平衡则是绝对的。事物的发展往往是通过平衡→不平衡→新的平衡的途径实现的。农业的发展就是如此。农业每前进一步，往往就是打破旧的生态平衡，并进而建立起新的平衡。运用含有某种片面性的生态平衡说是不能对它所未看到，属于非平衡的进化过程的宋代水利田的开发，作出全面、正确的评价的。

马克思主义认为，生产活动是决定其他一切活动的要素，而生产力则是生产中最活跃最革命的因素，在生产发展过程中一般地表现为主要的决定的作用。我们应根据水利田的开发是促进了生产力的发展，还是阻滞或破坏了生产力，来对其作出肯定或否定的评价。

宋代浙西、江东地区水利田的开发推动了二地农业生产力的发展，同时又带来了一些水利问题，给农业造成一定的破坏。所以在运用生产力这一标准时，应从全局和水利田开发的全过程出发，根据开发对生产力发展的全部影响及其总效果，来考察和评价水利田的开发。

按前所述，宋代浙西、江东地区水利田的大规模开发使上述地

1　康熙《太平府志》卷三七《刘子澄砖石湖坝论》。

区耕地利用水平大幅度提高，耕地面积不断增加，稻米生产日趋繁荣，浙西、江东地区在余粮生产中的地位大大提高。显然，按照生产力这一标准，从全局、全过程和总效果着眼，对宋代浙西、江东地区水利田的开发应予充分的肯定和高度的评价。

毋庸讳言，在予以充分肯定的同时，我们也不应忽视水利田的开发，尤其是南宋隆兴至庆元间围湖垦田所带来的弊端。这些弊端主要是由豪强地主和政府的贪婪、自私及短视，由封建的生产关系造成的。此外，在浙西和江东，治田与治水，农田和水利密不可分。水利之事在官，政府的失职和调控能力的削弱，如未能预防、制止和及时消除豪强地主与政府本身对水利的破坏，没有大力兴修水利，加强蓄洪排涝能力，也直接或间接地造成种种问题。但上述这一切原因均与水利田的开发或围湖垦田无关，我们不能因此而否定水利田的开发。

本文原载于《文史》第43辑，中华书局，1997年。

《唐宋变革期农业社会史研究》评介

日本学者大泽正昭教授二十年来一直孜孜不倦，锲而不舍地耕耘在唐宋农业社会史这一园地上，先后发表了一系列富有新意和创见的论著。1996 年 7 月，大泽教授在汇集、总结其多年研究心得的基础上，又推出了《唐宋变革期农业社会史研究》一书。该书由日本著名的汲古书院刊梓发行，是日本学术界在唐宋农业社会史研究领域内新的高水平研究成果的代表作，因而是研究唐宋农业社会史的学者不应忽略、不能不一读的重要著作。全书共分《序章·问题之所在和视角》、《第一部·农具论》、《第二部·旱作经营论》、《第三部·稻作经营论》和《补论·从小说史料来看唐代后半期的各农民阶层与土地所有》五部分，兹分别评介如次。

从《序论》和书末所附《后记》来看，作者具有一种强烈的人文情愫和人文关怀精神。这种精神是建立在其个人经历和对当前及未来世界粮食和农业问题的忧虑的基础之上的。从这一精神出发，作者认为在思考当前和未来的问题时，具有历史观点的研究是不可或缺的，因而，决定运用生产力论的方法来考察唐宋变革时期农业生产力的发展，阐明所谓“唐宋变革”的历史特质。其研究着眼于作物、品种、农具、地力维持和增强要素（包括轮作体系、肥料、栽培管理等），主要以劳动手段和劳动对象为中心展开分析。这种以生产力为中心，将生产关系与生产力联系起来，而不是只从生产关系来考察、论述农业社会史的研究，代表着日本80年代史学研究的一种新趋向，它有力地推动了对唐宋农业社会史的研究。

第一部《农具论》《镵与犁的发达》和《〈耒耜经〉中的犁》在详细考察出土遗物和深入研究《耒耜经》的基础上指出，长床犁是中国历史上先进地区占主流的农耕用具，在先进地区的北部也有无床犁占优势的地方。唐宋江南一带使用的是以一头牛来牵引，耕地深度可以调节的曲辕型反转长床犁。按《耒耜经》的记载，当时江南这种技术上先进的犁业已普及，而犁耕后整地所使用的农具亦已构成宋代以后形成的耕作体系的中整地农具先驱形态。

第二部《旱作经营论》《唐代华北的主要谷物生产与经营》认为唐代小麦生产的南界止于淮河流域，宋代扩展至长江流域。唐时小麦、小米、豆类互相配合二年三获的轮作条件业已成立，但由于存在劳动力和肥料等方面的问题，轮作还只是贫困农家所采用，而不是全面普及的技术先进的耕作方式。

著者认为，唐代存在三种农业经营方式，即以两头牛拉引农具为主的“大规模大农法”，以一头牛牵引农具为主的“小规模大农法”，和以人力耕作为主体的“小农法”。唐代是“小规模大农法”展开、确立的时期。宋代以降至明末是“小农法”逐渐发达的时期。因此，“一头牛、一顷地、五口人”类型的经营正是唐宋变革期的历史特质所在。

《唐代的蔬菜生产与经营》考察了都市周边的蔬菜生产，指出唐代居住区与蔬菜种植地已经分离，近郊农业业已发展、蔬菜栽培技术已相当发达，堆肥式发酵肥料已出现，下肥的利用亦颇盛行。就经营而言，唐代都市近郊已形成大规模生产蔬菜、水果的专门的

"园圃业"，采用小农法的小规模经营使农家的再生产成为可能。小农经营的谷物生产和蔬菜类生产出现了分离的倾向。更多地依赖市场的蔬菜类生产使农民更紧密地和以都市为中心的流通系统相结合，成为考察以后中国农业发展的重要关键。

《唐宋时代的火耕农业》主要透过唐诗来探讨火耕的实际情况与其历史地位。著者认为，火耕原先是在低地和稻作地进行的，唐初以后大多用于山地。火耕虽属落后技术和生产力，但其与狩猎或采集相配合则能确保生产与所获，自有其存在的合理性，所以仅从农业的观点来评价火耕并不完全合适。

第三部《稻作经营论》之《唐代江南的水稻作与经营》探讨了唐代后半期的稻作技术及经营。作者从技术的发展着眼，指出新增加的品种，如赤米的普及，正是适应唐代后半期大量开垦的环境恶劣的新增水田需要的结果；认为当时农具和耕地、整地技术亦有进步。插秧法到唐代中叶已经普及。除草已渐受重视，但尚未进入将杂草埋入水田作为肥料的阶段。稻作技术的特点在于水利灌溉。8世纪末以后，江南各地的水利设施建设日益盛行，其结果是新垦水田日增，为宋以后稻作的飞跃发展奠定了基础。从陆龟蒙的记载来看，当时陆氏不仅采用了先进的生产技术，而且还采取了自营自垦的先进的经营方式。唐末以后，随着稻作技术的发展，自立经营的规模为之缩小，"小规模大农法"的经营乃成主流。

《宋代江南生产力的评价》对以往将太湖"三角洲"地区视为生产力先进地区的流行观点提出了批评。作者认为，被称为"围田"的新垦农田深受每年气象条件的影响，绝非稳定的优良耕地，其产量亦年年有别。占城稻种植的面积亦不象过去所认为的那样大。因此，新田的扩大和新品种的引进并不能作为论证太湖"三角洲"地区生产力先进的论据，重新研究"江南"的生产力发展阶段和水平是很有必要的。著者在详细考察江南的年均气温、雨量、地形等自然条件及开发的历史后指出，江南至少应分为“三角洲”和“河谷平原”两个不同的地区，宋代农业生产先进的地区不在江南的“三角洲”而在“河谷平原”。

《宋代“河谷平原”地区的农业经营》认为，宋代的浙东和江西属于“河谷平原”地区，浙西则属于“三角洲”地区。作者在考察、分析有关江西抚州农业经营史料的基础上指出，该地存在先进和落后的两种农业经营方式。前者采用投入大量劳动力的耐旱农法——小农法，实行极注重灌溉的集约式经营，种植优质晚稻，由自营自垦的地主经营。后者则几乎不考虑灌溉、施肥和除草。上述两种经营并非毫不相关，而是在对立的同时又具有互补长短的一面。和几乎没有自营自垦的地主，只有大地主和佃农的“三角洲”地区相比，宋代“河谷平原”地区农业的经营无疑居于先进的地位。

《补论·从小说史料来看唐代后半期的各农民阶层与土地所有》依据小说类史料探讨了唐代后期的土地所有状况，认为当时存在四个社会阶层，即隶属民、雇佣劳动者、自立的小农和大地主。隶属民是人格上的隶属者，其住处和农具是租借的，但拥有自己的家人和财产。只要拥有土地，隶属民即可自立经营。雇佣劳动者有长期和短期雇佣之别，前者与隶属民处于相同地位，是由国家登记在册的编户。后者则多半拥有土地，受雇是为了补助自我的再生产。自立的小农拥有一至数顷土地，靠家族及短期雇佣劳动者经营。大地主则是占有大量田地的大土地所有者。著者认为，唐代后半期以后，土地的所有呈现出所有规模的缩小化和小农经营的自立化倾向，这是当时历史发展的大趋势。

综上所述，《唐宋变革期农业社会史研究》在占有大量翔实史料的基础上，通过对这一时期生产力和生产关系详尽的分析研究，提出了一系列令人耳目一新，富于创见的观点，给我们描绘出一幅唐宋变革时期农业社会的轮廓。

值得注意的是，从周藤吉之、宫崎市定、仁井田塱、草野靖、柳田节子到佐竹靖彦、丹乔二和高桥芳郎，无论是倾向于“近世说”还是倾向于“中世说”的日本学者，其研究都是以拥有广大圩田、围田的浙西乃宋代农业最发达的地区，浙西的大土地所有制和佃户制的存在形式是先进的，因而是决定时代性质的地主制作为共同前提的。大泽正昭从占城稻的引入、新垦农田围田产量的稳定性、稻麦二作制、灌溉、施肥、农作物品种、自营自垦和劳动密集型的集约式经营方式等方面入手，通过分析对比，指出浙东、江西陂塘灌溉地区的农业生产力优于浙西的围田，从而得出宋代农业生产的先进区域不在浙西三角洲而在江南河谷平原，小规模大农法乃宋代农业经营之主流的结论。这些看法的提出动摇了以往对唐宋变革性质研究的基础，推动了对这一领域的研究，因而具有相当重要的学术价值。

当然，由于种种主观和客观因素的限制，其研究又存在若干值得进一步讨论之处。试举例来说，书中有关江南河谷平原的农业生产力高于三角洲地区的结论便是建立在周藤先生所说的浙西围田十分发达和以生产技术作为主要衡量标准的基础之上的。由于宋代围田仅占三角洲耕地总数的很小一部分，又由于作者在立论时未同时运用劳动生产率这一衡量标准，其结论自然也就有了值得商讨的余地。不过，这类问题可谓瑕不掩瑜，并无损于该书的价值。

以上所述，不敢言必，如有不当，尚祈诸位方家不吝赐正。

本文原载于《中国农史》1998年第4期。

近代江南棉业与市镇的兴衰

江南市镇的基础深深根植于其所在的农村之中。农村经济的发展与否，决定着市镇的盛衰存亡及其经济特色。宋元以来，江南棉业兴起，到近代前夕，已经形成了一个在全国占有举足轻重地位的棉花种植与棉布生产的专业经济区。我们这里所说的棉业，是指从棉花的种植到棉布生产、购销及与之有关的消费服务全过程。这一过程由棉花的种植、收购、轧弹、纺纱、染织等主要环节构成。从理论上说，该过程中每一环节的产品都有可能成为商品，但实际上仅有棉花、棉纱和棉布才成为重要的商品，进入流通领域。明清以来，随着棉花种植与棉布生产专业经济区的形成，江南已成为全国棉花、棉纱、棉布生产、集散、转输和消费、服务的中心，这一切都是促使本地区农村市镇勃兴的基本原因。近代以后，以都市机器工业为基础的近代棉纺织业开始冲击江南农村传统棉业，促使它逐步走向衰亡，并进而影响到了存于传统棉业基础之上的市镇。这是影响近代江南市镇嬗变的最重要的因素之一。本章将先略事追溯近代前夕江南棉业与市镇的关系，再从棉花种植、棉纺和棉织等三个主要生产环节及其产品的流通、消费和服务入手，以厘清近代江南棉业的嬗变及其与市镇变迁的关系。

一、近代前夕江南棉业与市镇概述

在具体阐述近代江南棉业与市镇兴衰之前，我们有必要首先追溯一下近代前夕江南棉业发展与市镇的关系[1]。

由于棉花适宜生长于地势较高的沙涨之地，近代以前，江南的棉花大多产自江宁、镇江、常州、苏州、太仓、松江、嘉兴、杭州、绍兴和宁波的沿江滨海地带，其中苏南各地棉花盛产于宁绍杭嘉湖一带。因此在江南内部的各小区域间，存在产棉区与非产棉区的区别。

道光（1821—1850）年间，江宁的高淳县“高埠之处，广植木棉”[2]。镇江丹阳县也广植草棉[3]。据乾隆（1736—1795）年间无锡人黄卬所言，“常郡五邑惟吾邑不种草棉”[4]，其余四县均产棉花。嘉庆（1796—1820）年间，宜兴、常熟二地棉、稻具有同等重要的地位。苏州府一带，棉花多种于常熟、昭文两县沿江之东乡、北乡高田[5]。“太仓州暨所属之镇洋、嘉定、宝山等县，种稻之处十仅二三，而木棉居其七八。”[6]崇明县从雍正（1723—1735）、乾隆年间以来，境内已“植棉十居六七”[7]。松江县从明代起，“沿海高乡皆种之”[8]。松江

1 参见樊树志《明清江南市镇探微》第134-187页、刘石吉《明清时代江南市镇研究》第10-29页，以及徐新吾主编《江南土布史》有关章节。

2 光绪《高淳县志》卷二一引录许心源《劝谕栽桑示》。

3 光绪《丹阳县志》卷二九。

4 《锡金识小录》卷一《备参》上《力作之利》。

5 道光《苏州府志》卷一八。

6 林则徐《林文忠公政书》甲集《江苏奏稿》卷二《太仓等州县卫帮续被歉收请缓新赋折》。

7 雍正《崇明县志》卷九《物产》，乾隆《崇明县志》卷五《采买》。

8 正德《松江府志》卷五《土产》。

属邑上海“植木棉多于粳稻”[1]，较华亭、娄县为多。七宝一带，种植者“十居六七”[2]。

明代浙北的嘉兴府一带植棉有限，全境唯平湖县“荡地东西高阜不宜水稻，多植之”；“自乍浦城东三里许之牛桥镇而东，稍北直抵江南金山卫界，其间田荡之种棉花者十几三四，约足供数万户纺织之资”[3]。其余各县如嘉善仅“南乡高田种之”[4]。海盐县清代前期种植棉花甚少，中期以后，棉纺织业较前发展，因此有“今县之西南荡地及高埠多种棉花，第纺织之用愈广，仍不能不取给于旁郡之转贩者耳”的记载[5]。石门县东西诸乡皆可种棉，但也是“本地所产，殊不足以应本地之需”[6]。杭州府各地也广植棉花。不过浙北一带植棉中心当在宁绍平原的余姚、慈溪等地。自明代以来，宁波慈溪一带“沿海居民种棉花以为业”[7]。乾隆时，“姚邑北乡沿海百四十八里，皆植木棉……邑民资是以生者十之六七”[8]。总的说来，到清代中叶，江苏的太仓、松江和浙北的慈溪、余姚等地，棉花已成为当地的主要农作物。以上地区构成了近代前夕江南沿江滨海棉作带的南北两大中心。

近代前夕，江南农村专业经济发展的主要形式并不仅仅体现于种植业的专业化，更主要的还在于在种植业专业化的基础上，形成以家庭为单位的个体手工加工业，最大程度地增加劳动投入，以获取相对多的收益。棉业也一样，在植棉的基础上，各地人民还对棉

---

1 嘉庆《上海县志》卷一《风俗》。

2 道光《蒲溪小志·物产》。

3 乾隆《平湖县志》卷五《食货》下，道光《乍浦备志》卷九《土产》。

4 光绪《嘉善县志》卷二《水利》。

5 嘉庆《嘉兴县志》卷一七《物产》。

6 嘉庆《石门县志》卷二四《物产》。

7 光绪《慈溪县志》卷五三《物产》上。

8 光绪《余姚县志》卷六《物产》。

花进行手工加工，形成以纺纱、织布为中心的家庭手工业。而且江南的一些地区已经在一定程度上出现了棉花种植与加工，以及棉花加工中纺与织相分离的现象，因此棉纱、棉布以及棉花本身，都成了江南农村出产的大宗商品。

江南棉区所产棉花除农户留以自用以供纺织外，还有不少直接作为商品流入市场。如崇明县农业生产“棉十居六七，惟借此产通商利用”[1]。嘉定新泾镇附近农户，“春作悉以棉花为本业”，“花才入筐，即为远贩所购”[2]。乾隆、嘉庆年间，镇洋县鹤王镇“每岁木棉有秋，市廛阗溢，远商挟重资自杨林湖经达而市之”；其闽广之商航海来者，所购多达“数十万金，为邑首产”[3]。商品棉的走向，既有供输国内其他地区，也有在江南各小区域间互相流通者，即由产棉区供给非产棉区的家庭棉纺织业。

棉纱也是江南各地农村家庭手工业所生产的一项重要商品，其中既有产棉区所生产，也有非产棉区所生产者。如乾隆年间，嘉定县外冈四乡农户赴镇贸易的，有“卖纱、卖布者”[4]。上海一带市镇中，“里媪晨抱纱入市”，以其所纺纱换取木棉[5]。嘉庆、道光年间，太仓州、宝山等地出棉纱，“妇女弹杆作条纺之，松江织户咸来采贩”[6]。作为商品的棉纱，主要流通于棉织业发达地区，供城乡织布者所用，其生产者似以城镇居民及其附近农民为主。由于当时纺、织分离的程度比较有限，棉纱的交易虽然几乎每日都在进行，但主要供棉区内织布所用，而且从总体看，江南农户棉布生产所需要的棉纱应以

1　雍正《崇明县志》卷九《物产》。
2　康熙《嘉定县志》卷四《物产》。
3　道光《增修鹤市志略》卷上《原始》、卷下《物产》；乾隆《镇洋县志》卷一《物产》。
4　乾隆《续外冈志》卷一《风俗》。
5　乾隆《上海县志》卷一。
6　嘉庆《直隶太仓州志》卷一七《物产》。

自纺自织为主，因此，棉纱的流通规模与范围看来均不及棉布。

棉布作为最后加工成品，理应是明清以来江南农村棉业经济所生产的最主要的商品。地方志书中“妇女比户纺织”、“家家纺织，赖此营生”等记载[1]，已为人们所熟知。稍为具体一点说来，尽管有如嘉定县外冈镇“即我镇所称大户亦不废”纺织，以及青浦县七宝镇之民“比户织作，昼夜不缀，乡镇皆为之，暮成布匹，易钱米以资日用”等记载[2]，但棉布生产当以农村地区为中心，即农户占织布户的最大多数，则是可以肯定的。大致讲，明代以来，棉布大量出自江南棉区内诸乡镇，而以太仓、上海等棉产区中心所出棉布为最盛。“雍正、乾隆年间，松江以织布富甲他郡，后夺于苏州之布。”[3]嘉庆、道光年间，苏州各属已取代松江成为棉区中心最重要的棉布生产和销售基地。

江南棉布多输出外地，几乎到达国内所有经济区域。如江阴棉布“江淮间方喜用之，远及青、齐、豫、楚”[4]。常熟、昭文两县棉布，包括产棉区与非产棉区所出，年产约合1500万匹，“通商贩鬻，北至淮扬，及于山东，南至浙江，及于福建”[5]。康熙（1662—1722）年间，上海三林塘、周浦等地所产标布，“俱走秦晋京边诸路”，中机布“走湖广、江西、两广诸路”，小布则“行于江西之饶州等处”[6]。此外，各地棉布已有少量远销国外，主要是南洋等地。

通过棉布的输出，织户有了相应的收入，才有可能向市场采购

---

1 乾隆《嘉定县志》卷一二《物产》，故宫博物院编《文献丛编》第32辑《苏州织造李煦奏折》。

2 乾隆《续外冈志》卷一《风俗》；道光《蒲溪小志》卷一《风俗·物产》。

3 徐鼒《未灰斋文集》卷三《务本论·罄辨篇》。

4 康熙《江阴县志》卷五《物产》。

5 郑光祖《醒世一斑录·杂述》卷七《舟车所至》。

6 叶梦珠《阅世编》卷七《食货》五。

他们所必需的生产生活用品，从而形成江南与其他经济区域的商品流通局面。明清以来，江南地区成为全国主要商品粮输入地区的历史就是这样形成的。所谓“植花以始之，成布以终之。然后贸易钱米，以资食用”[1]。如康熙时，嘉定县照例须以“花、布易粟于邻封，以为糊口之计”[2]。据乾隆年间人士高晋所言，太仓、松江境内，“因种花者多而种稻者少，每年口食全赖客商贩运”；如崇明一地，乾隆二十至四十（1755—1775）年间，每年从和州、无为等地输入米约20万石—30余万石[3]。道光年间，“关东豆麦，每年至上海者千余万石”[4]。闽广之商则载糖霜至上海出售，然后以其所得大量收购棉花[5]。凡此内外商品流通，促进了农村地区商贸活动的繁盛和商贸中心的成长，这就是前近代时期江南棉区市镇存在的基础。无论是棉花、棉纱以及棉布等商品的输出，还是外地粮食等消费品的输入，都离不开农村商贸中心——市镇。如嘉庆年间的嘉定县南翔镇，“四方商贾辐辏，廛市蝉联，村落丛聚，花、豆、米、麦、百货之所骈集”[6]。真如镇则因地处于当地棉产区嘉定、粮产区昆山两邑往来孔道，客商辏集，渐成巨镇[7]。康熙、乾隆年间，上海诸翟镇紫堤村因陈某“启质库，仍兼布商，标客辏集，村遂成市”[8]。奉贤恬度里，“向有质库、布庄，四乡贸易者咸辐辏于期，遂成一市”[9]。

以上这些以棉业为基础的农村市镇，在江南沿海滨江产棉地区

---

1 乾隆《嘉定县志》卷一二《风俗》。
2 康熙《嘉定县志》卷二〇《奏议》。
3 高晋《皇清奏议》卷六一《奏请海疆禾棉兼种疏》。
4 包世臣《安吴四种》卷一《海运南漕议》。
5 褚华《上海掌故丛书》第一集《木棉谱》。
6 嘉庆《南翔镇志》卷二《营建》。
7 乾隆《真如里志》卷一。
8 康熙《紫堤村小志》。
9 乾隆《奉贤县志》卷二《市镇》。

普遍发展起来，其中著名的有南翔、娄塘、外冈、诸翟、七宝、月浦、真如、三林塘、周浦、法华、周庄、华市、王店、彭桥等镇。其间由于产区变迁、交通改道等等原因，有些市镇也存在一定的兴衰变易现象。如前文提到的镇洋县鹤王镇，后由于苏州太仓一带棉布业兴起，造成对棉花的需求激增，输出外地者减少，以致“远商不至”，“花市萧条”，“沃壤变为瘠土”[1]，可为一例。但由于自明代以来江南棉业处于持续发展的过程之中，所以总体说来，有关市镇不断成长扩大，而由盛转衰者甚少，似鹤王镇的例子或可视为例外。

在此之外，在江南沿海滨江产棉带的内侧，即与棉产区相邻的江南其他一些地区，本地虽不产棉，因生计所需，居民具有从事家庭手工业的传统；又因区内拥有充足的剩余劳力和有利于棉纺织生产的潮湿气候，地理上紧靠原料产地，易于取得棉花和棉纱，并与产棉区存在以本地所产粮食、丝绸等商品换取其棉产品等的传统经济关系，随着商品经济的不断发展，到近代前夕，也形成了一些棉纺织业发达或兼事棉纺织、产品大量进入流通领域的地区，并相应出现了一批以棉纺织为基础的市镇。如常州、无锡，本地虽不产棉花，却是重要的棉布产地，“棉布之利独盛于吾邑，为他邑所莫及”。境内市镇“一岁交易不下数十百万”，行商“捆载而贸于淮扬高宝等处”[2]。吴江县同里镇一带也不产棉，镇上却有棉布市，镇民及四乡农户，多“纺织换花，积少成多，织成棉布细密者，不减东乡诸处”[3]。黎里“小家妇女多以纺纱为业，衣食皆赖之，故纺绩之

1 道光《增修鹤市志略》卷下《物产》；民国《镇洋县志》卷二。

2 窦镇《锡金识小录》卷一《备参》。

3 嘉庆《同里志》卷八《物产》。

勤较他处为独盛”[1]。地处松江、嘉兴两府交通要道的枫泾镇，四乡产米，却以棉纺织业著名[2]。又如海宁硖石镇，地处“东乡土泽，多晚稻”的海宁县东隅，但所产棉布“甚伙”[3]。总体看来，非产棉区的江南棉纺织发达地区，主要包括江阴的中部、东南部，无锡的东北部，以及松江西部、枫泾一带，以及嘉兴府的乌（青）镇、硖石镇等紧邻棉区、水道交通便利之地。这些地区与前述棉产区中心的众多市镇，共同构成了江南棉纺织业的重要基地。近代以后，机器纺织业兴起的影响，主要也就是针对这些地区而言。

二、植棉区的扩大及其影响

在西方的坚船利炮一步步打开了中国的国门之后，江南地区即被逐渐纳入以西方为中心的世界经济体系，受到国际市场和工业化进步日益增大的影响。这一过程大致可分为两个阶段。第一阶段（1840—1894），由于江南在1840年前即已形成发达的市场体系和专业分工，同时又不存在任何机器化大生产，所以这一地区首先接受的是国际市场而非工业化的影响。在此期间，江南农村经济日益深入地卷入到国际市场体系中，国际市场的影响不仅刺激并强化了它的商品经济、市场体系和专业分工的发展，加快了该地区前工业化时期变迁的进程，而且促成了若干新的现代工商业因素的出现。第二阶段（1895—1949），在中国民族危机日益严重，救亡呼声不断高涨，制度和文化层面重大变革迭起的背景下，在外国人有权在各通商口岸设立工厂的刺激下，江南地区在

1　嘉庆《黎里志》卷四《风俗》。
2　参见光绪《枫泾小志》卷一《区域志·食货》。
3　乾隆《宁志余闻》卷四《物产》。

深受国际市场影响的同时，又从其传统的手工业出发，匆匆步入了初步工业化的阶段。工业化的进展因之愈来愈成为影响农村经济及其市镇兴衰的重要因素。

世界市场和棉纺织工业对农村经济及其市镇的影响，首先表现为原棉市场的扩大，它刺激和促进了江南各地棉花种植业的发展。

近代江南棉花种植面积的变化是一个直接的指标。因缺乏统计数字，我们对19世纪江南棉花的种植面积已无从得知，但依据当时的记载，仍可对其种植面积的变化大致作出定性分析。五口通商以后，进口棉花、棉纱和棉布的数量并未出现大的增长，对江南棉花种植没有立即产生重要的影响[1]。太平天国时期，浙江以杭州西部和湖州等蚕桑区受灾最重，人口损失最巨。在江苏，太仓、嘉定和宝山等地也遭受了严重的战争破坏，苏南棉区人口损失相对为少[2]，估计该地棉田的面积亦不会大幅度减少。因此，1840—1860年间，江南棉花的种植面积与1840年以前相比有一定损失，但应该不如蚕桑业严重。

1860年以后，由于美国爆发内战，棉产下降，英国、印度等国不得不转而从中国进口棉花，引起中国棉花价格上涨，不少地区的农民因此放弃其他作物，纷纷改种棉花[3]。江苏华亭一带农民“于是改禾种花者比比焉”，以致六磊塘东北种棉者达“十之七”，大洋泾东南达“十之六”，华亭东北、东南与奉贤、上海接壤处“亦多种棉”。据记载，这里同时还有“自遭兵燹，民生日蹙，无力买牛

---

1 参见严中平《中国棉纺织史稿》第44、48页、彭泽益《中国近代手工业史资料》第1卷第491页有关统计资料。

2 参见王树槐《中国现代化的区域研究：江苏省，1860—1916年》。

3 参见李文治编《中国近代农业史资料》第1辑第396页，引录《一八六九年海关贸易报告·宁波》英文本第63页。

养猪及购备农具”，不得不改种棉花等因素的影响[1]。上海、南汇以及浦东、浦西亦“均栽种棉花，禾稻仅十中之二”[2]，棉田所占比例已超过嘉庆、道光年间上海、川沙一带棉田仅占一半或一半略多的原有水平。奉贤全境种棉豆多于粳稻，“而棉尤盛”[3]。嘉定、宝山一带，仍“大多赖棉花之多收”[4]。如罗店镇附近“七分棉花三分稻”[5]，棉稻比例与道光时期相近。崇明则“邑境种棉者十之六七”[6]，与乾隆时期相同。而随着人口重新聚集，经济复苏，原先因战乱而荒废的棉田亦很快得以开垦成熟。所以从总体来看，这一时期江南的棉田面积与前一时期相比应有所扩大。

1888年以后，由于日本新建了许多棉纺织厂，“它对中国棉花不断增长的需求，促成了宁波地区棉花种植的扩大”[7]。而1895年以后国内近代棉纺织工业的勃兴，则更使棉花需求剧增，构成使江南棉田面积不断增加的重要推动力。如1897年时，“浙江海滨沙地皆棉田也，每岁所收，为出口一大宗”[8]。其中萧山、余姚北部沿海棉田，即多系1888年以后所开垦。据记载，当时余姚“海滨沙地日涨”，棉花“种植益广，即塘南民田，亦往往种之，较前所产又增益矣”。到民国初年，“塘南民地亦多有种者”[9]。可见，面积较光绪时又有所增加。新兴的棉产区萧山，棉田面积及棉产量增长十分迅速。到20世纪初，其棉产量已远远超过余姚，几占全省总产量的

1 光绪《华亭县志》卷二三《风俗》；光绪《松江府续志》卷五《风俗》。
2 李文治编《中国近代农业史资料》第1辑第418页，引录光绪二年七月二十八日《申报》。
3 光绪《松江府续志》卷五《风俗》。
4 李文治编《中国近代农业史资料》第1辑第516页，引录光绪三年十一月二十一日《申报》。
5 光绪《罗店镇志》卷一《风俗》。
6 光绪《崇明县志》卷四。
7 李文治编《中国近代农业史资料》第1辑第396-397页，引录《一八九三年海关贸易报告·宁波》英文本第281页、《一八八九年海关贸易报告·上海》英文本第185-186页。
8 李文治编《中国近代农业史资料》第1辑第411页，引录《农学报》第15期《各省农事》。
9 光绪《余姚县志》卷六《物产》；民国《余姚六仓志》卷一七《物产》。

一半左右。尽管棉田日增，“棉大丰盛”，“而价值仍复盛涨”，刺激着棉农进一步扩大其种植面积，其原因即在于“各处纱厂日多，商贩甚伙故也”[1]。

1888 年以后，江南棉田扩大的趋势一直延续到 1919 年左右。据称：“晚近机械纺织之术进，海外输出之途开，农民亦颇注意植棉，年来日呈增加之象。长江一带，……海滨淤泥积涨之土，植棉之地，年有扩张。……即原来产棉之区最著者如江浙，……近亦扩充棉区。”[2]举例来说，1902—1911 年间，上海地区农业“值得特别记述的唯一特点是目前专用于棉花耕作的面积大为增加，从而使这一作物近年来的重要性愈来愈大了”[3]。此后直至 1921 年，上海农业方面棉田取代稻田的现象仍在继续。1920 年的一则调查报告称：“川沙农产以棉稻为大宗，俗称棉七稻三，近以棉价昂贵，种棉尤多。”[4]常熟“皆多稻作”，1920 年时亦已“大都改植棉作”[5]。又按北洋政府农商部统计，1914—1919 年间，全国和江、浙两省棉田面积亦大致呈增长趋势，到 1918 年，江浙棉田面积已比 1914 年增加了 42.1 万亩，见表 1 所示[6]：

---

1 李文治编《中国近代农业史资料》第 1 辑第 411 页，引录《农学报》第 15 期《各省农事》。

2 李文治编《中国近代农业史资料》第 196 页，引录《农商公报》第 102 期《取消禁止棉花出口建议案》。

3 徐雪筠等《上海近代社会经济发展概况》第 158 页，引录上海《海关十年报告》。

4 章有义编《中国近代农业史资料》第 2 辑第 196 页，引录《农商公报》第 66 期所载吴清望《沪海道区实业视察报告》。按似此“棉七稻三”之类记载，当然多为大致的估计。如前引徐雪筠等《上海近代社会经济发展概况》第 204 页，称 1911 年“现在上海棉田约占全部可耕田的 60%”，而民国《上海县续志》卷八《物产》所载黄宗坚《种棉实验说》，即已称 1898 年“上海有田六千八百五十二顷，棉田居其七”，只是到 1911 年上海农村棉田反有缩减。可见，估计之语不可引作确切数据。但似此记载反映棉田扩大的趋势当是可信的。

5 章有义编《中国近代农业史资料》第 2 辑第 211 页，引录《农商公报》第 69 期（1920.4）第 9 页所载华商纱厂联合会季刊《民国八年棉产调查报告》。

6 据徐新吾主编《江南土布史》第 187 页、许道夫《中国近代农业生产及贸易统计资料》第 204 页所引资料统计。

表 1　1914—1919 年江南等地棉田面积表

（单位：千亩）

年份	全国棉田	江苏省棉田	浙江省棉田
1914	28415.902	8792	793
1915	32894.720	9241	1120
1916	40163.374	9580	1119
1917	47609.316		
1918	41681.457	9060	946
1919	45634.795		

1920—1937 年间国内棉田面积的各种调查统计为数不少，但数字出入颇大，经分析基本可以确定如下趋势：国内棉田面积从 1920 年起开始递减；1924—1929 年，由于国内棉纺织工业迅速发展，需求复增，棉田面积迅速回升并超过了 1919 年的水平，尔后保持增长势头，一直到 1937 年抗日战争爆发[1]。其中浙江的棉田 1920 年为 117.6 万亩，已高于表 1 所载 1915 年 112 万亩的最高数。1921—1923 年间略有下降。1924 年起又迅速上升，超过 1920 年的水平。此后直至 1937 年，虽偶有起伏，但始终保持在 1920 年的水平之上。也就是说，与前一时期相比，浙江的棉田从 100 万亩上下扩大至 200 万亩左右[2]，增长幅度相当可观。江苏的情况则比较复杂。据有关记载统计，1924—1937 年间，江苏历年植棉面积在 1000 万亩至 1200 多万亩之间，较 1914—1918 年间的 800 万亩至

1　参见徐新吾主编《江南土布史》第 187-192 页、许道夫《中国近代农业生产及贸易统计资料》第 203-210、338 页所载有关资料。

2　许道夫《中国近代农业生产及贸易统计资料》第 204、209 页；章有义编《中国近代农业史资料》第 2 辑第 196 页，引录《商业月报》第 13 卷第 11 号司马洛因《中国棉花之品质及其生产状态》。

900 多万亩约增 100 万亩至 300 多万亩[1]。虽然同时期也有其他一些记载与此略有差异，但从当时国内棉纺织工业的迅速发展而使原棉的需求急剧上升、国内原棉的进出口平均价格大幅度上涨等有关情况看，上述记载是可信的。又如 1918 年以前，江苏棉花年总产量约 14 万担[2]，1936 年则为 16.5 万担[3]，也可推知 1936 年江苏的植棉面积应高于或至少不低于 1918 年。

自 1937 年起，由于战争的影响和美棉低价倾销，全国包括江苏、浙江二省的棉花种植面积急剧下降，1946 年起棉田面积虽略有回升，但直至 1949 年尚未达到 1937 年的水平[4]。如江阴的沙田，以往绝大部分种植棉花及黄豆，抗战以后，因棉贱米贵，粮食缺乏，一般都改种稻谷。到 1949 年前后，棉田仅占 30%[5]。1937 年，太仓地区棉田为 50.4 万亩，占全县耕地面积的 61%，1947 年全县棉田减至 32 万亩，最低曾降至 30 万亩[6]。奉贤棉田原先约占耕田的 60%，抗战中因粮食缺乏，多改棉种粮，棉田占耕地的比例降至 50%[7]。与此同时，亦有部分地区棉田面积仍保持原有水平或反而有所增加的，如嘉定、常熟等地[8]。但总的看，棉田面积是减多增少，嘉定等地的局部例子并不足以影响江南棉田面积下降的总趋势。

总之，由于在国际市场不断增长的需求，以及国内棉纺织工业

---

1 据许道夫《中国近代农业生产及贸易统计资料》第 204 页，引录《中国年鉴》第一回、《统计月报》1932 年 1、2 月合刊“农业专号”、《农情报告》第 3–7 卷有关记载。

2 国民江苏省政府实业厅第三科编《江苏省纺织业状况》外编《江苏棉业概况》第 2 页。

3 满铁上海事务所调查室 1939 年编印《上海特别市嘉定区农村实态调查报告书》。

4 许道夫《中国近代农业生产及贸易统计资料》第 209、338 页。

5 华东军政委员会土地改革委员会 1952 年编印《江苏省农村调查·江阴县农村经济概况》。

6 华东军政委员会土地改革委员会 1952 年编印《江苏省农村调查·太仓县农村经济概况》、《太仓县棉产概况》。

7 华东军政委员会土地改革委员会 1952 年编印《江苏省农村调查·奉贤县农村经济概况》。

8 华东军政委员会土地改革委员会 1952 年编印《江苏省农村调查·嘉定县农村经济概况》、《常熟县农村经济概况》。

勃兴对原棉需求剧增的强烈刺激下，江南地区棉花的种植呈现出不断扩大的趋势，而战争则是打断这一发展趋势、造成棉花种植面积下降的消极因素。

近代棉花进出口贸易的情形，也是反映江南各地棉花种植业发展变化的一个重要指标。从1840—1887年，中国主要是原棉进口国。1860年以后，由于国际市场需求的增加，中国开始大量出口棉花。后又由于日本棉纺织工业的兴起，中国原棉的出口从1888年起超过进口，由原棉入超国变为出超国。1897年以后，中国国内棉纺织工业兴起，国内对棉花的需求上扬，多年来呈下降趋势的棉花进口开始回升。到1919年以后，随着国内棉纺织工业的进一步发展，中国棉花进口激增，并从1920年起超过出口，又由原棉出超国变为入超国。这种由入超到出超、再到入超的变化，是否定之否定的发展过程。若说第一次入超是出于传统手工纺织业的需要，那么第二次入超则已是建立在近代机器纺织的基础之上了。上述变化过程既是国际贸易体系的影响和工业化发展的产物，同时又对国内植棉业的发展产生了重要的影响。江南农村植棉面积的扩大，是这一影响的重要表现之一。

近代国内棉花贸易情形，是反映包括江南棉区在内的棉业生产变化的另一重要指标。在1840年以后的一段时期内，江南棉花的贸易与前一时期大致相同。太平天国战争时期，棉花贸易受到消极影响。战争结束后，一直到1937年，在棉花种植面积和进出口数量都不断增长的同时，棉花的国内贸易呈现出一派繁荣景象。如据同治（1862—1874）年间的记载，每年八九月，上海东南隅“几于比户列肆，捆载通海市往莱阳者为子花，售洋商及闽广、汉阳、关东诸口者皆棉花”[1]，贸易之繁盛，外销地之广，与道光时相比均有过之而无不及。由于机器棉纺织厂的兴起和新式轧车的广泛使用，江南一带棉花贸易的规模和繁荣程度更超过了以往。此后，随着江南棉田的扩大，产量的增加，以及自种自纺织出卖土布农户的减少，棉花的销售量不断增加，贸易日趋繁荣。据1918年的一个调查，崇明所产之棉除供大生纱厂外，大都运往上海；上海、宝山、川沙、南汇、奉贤、松江、金山及平湖等县所产棉花，除供本地各纺织厂所用外，大都销往日本；嘉定因本地无纱厂，所产棉花除供手纺作土布原料外，大都运往沪、苏、锡等地；太仓所出棉花除供沙溪济泰、支塘裕泰二厂所用外，大都运往沪、苏、锡等处；常熟所产棉花除供裕泰、济泰和江阴利用纱厂及作为土布原料外，亦大都销往沪、苏、锡三处；常州、江阴、沙川所产棉花大都供利用纱厂及作为内地土布原料；余姚等地所产棉花除供浙江各纺织厂及作为土布原料外，亦有运往上海的[2]。当时江南棉花种植面积及产量均较以前有所扩大，所产棉花中相当大一部分供农户自纺自织的只有嘉定、常熟、余姚等少数地区，其面积较以前大为减少。进入流通领域的棉花不仅构成了以上各地棉产量的主要部分，其数量亦较以往大大增加。如在嘉定县，光绪（1875—1908）中叶起土纱衰落，到光绪末年，土布之利也被洋布所夺。民国年间，棉花已成为当地的主要商品，棉商遂成为最大的商人。至抗战前，当地熟田始终保持“二年种棉，一年种稻”，即“棉七稻三”的比例。1936年，全县年产棉16.5万担，超过1918年前后的产量，其中一部分供农家自己消费；所产土布约70万匹，其中仅有1.3万匹进入流通领域。

---

1 同治《上海县志》卷八《物产》。

2 《江苏省纺织业状况》外编《江苏棉业概况》第1–3页、首编《江苏省纺织工厂纲要表三》第7–10页。

其余棉花绝大部分经中间商之手销往上海，进入流通领域的数量显然又大于1918年[1]。可见，这一时期是江南棉花贸易发展的繁荣时期。此后由于战争的影响，棉花贸易遂趋衰落。

近代江南各地棉花种植业和棉花贸易的发展，是维持农村经济——进而维持市镇经济的支柱。农民手中的棉花进入市场，需依靠市镇这一贸易中心，来完成棉花的收购、包装、转输等环节。如据1909年常昭商务分会的调查，常熟、昭文两县年产棉花约25万余担，“本地销数不及三成”，其余七成都是通过老吴市、老徐市、董滨、河家市、归家市、陈泾桥等市镇的花行，“行销四路机厂”[2]。同时农村经济的发展，也为市镇其他日常工商各业奠定了经济基础。这里除农村普遍的日常生活用品购销之外，还应包括与棉花种植相关的生产资料的购销活动，如种子、肥料、生产工具的供应，以及生产资金调转、市场信息交流等许多方面。简单说来，在以棉花种植为主要生产内容的地区，市集范围所能提供的商品棉的多少，从整体上直接决定着市镇商贸活动的规模。

当国际市场与国内机器棉纺织业的兴起，在促使江南棉区扩大、因而刺激农村地区棉花商贸活动繁荣的同时，在另一方面还逐步摧毁了这一地区传统的棉纺织业，因此关于它对近代江南棉区市镇盛衰与否的影响，需要考虑到各方面的因素。若仅就植棉业一端而言，可以肯定的有如下两点：

第一，江南植棉区的扩大，意味着相应地区农村专业经济的发展，在此基础上，在一些新植棉区兴起了一批以棉花贸易为中心的

1　参见民国《嘉定县续志》卷一《市镇》，卷五《物产》、《风俗》；民国《嘉定疁东志》卷一《市集》、卷三《天然物》、卷四《商》；满铁上海事务所调查室1939年编印的《上海特别市嘉定区农村实态调查报告书》。

2　章开沅等编《苏州商会档案丛编》第一辑第227-228页。

市镇，如宁绍平原、上海周围等地，都是如此。因棉花业兴盛而形成的新市镇，在萧山县，有清末民初在沙地各乡出现的头蓬、赭山、靖江殿、新湾等市镇，以及民国年间出现的新坝、钱江等市镇[1]；在慈溪县境内，有周巷、天元等十来个市镇[2]；在今日上海地区，1862—1937年间，则有奉贤益村坝、刘家行及嘉定陆渡桥等地。

第二，在江南棉区中心地带，由于棉业扩大、土布业消退，棉花在市镇商贸活动中的地位逐渐凸现，在一定程度上成为支撑市镇经济的主要内容。如据1911年的调查资料，嘉定土产棉花为大宗，布、豆次之；松江郡城出产则以花、米、布三项为大宗；在闵行、庄行、南桥、青浦、太仓、浏河、罗店、周浦、南翔等镇，棉花已成其土产中居多数的主要产品[3]。嘉定钱门塘镇“居民向以花、布为生”，光绪年间，“沪上设有纺织等厂，女工被夺，几无抱布入市者”，到1930年前后，已是“贸易以花、米为大宗”[4]。到20世纪20年代，宝山县各牙行（旧时主要指贸易的中介机构）中，亦“以花行之贸易为最大”[5]。在同一时期，南翔镇土布业“遂不如前，大宗贸易为棉花、蚕豆、米、麦、土布、鲜茧、竹、木、油饼、洋纱，鱼腥、虾、蟹、蔬、笋之属亦饶”。娄塘镇“从前布市最盛，近年减色”，其“贸易品之主要物为棉花、纱、布、杂粮”[6]。纪王庙镇“布商、靛商向为各业之最，今靛业衰落，布业亦不如昔，以棉花、蚕豆、米、麦、土布、蔬菜为大宗”[7]。土布已处于较次要的地位，棉花则位列大宗商品的榜首。因此人称“本区主要农产品为棉

---

1 民国《萧山县志稿》卷一《市镇》。

2 参见《慈溪文史》第四辑所载许棣香、李公亭、朱可等回忆文章。

3 章开沅等编《苏州商会档案丛编》第一辑第875-885页。

4 《钱门塘乡志》卷一《风俗》，民国《嘉定县续志》卷一《市镇》。

5 民国《宝山县续志》卷六《商业》。

6 民国《嘉定县续志》卷一《市镇》。

7 民国《嘉定县续志》卷一《市镇》。

花，故经商者向以棉商为最大”，其中心市场则为嘉定东门外及娄塘、刘河和罗店各市镇[1]。

在一些市镇，主要经济内容的这种转移导致了市况的衰落。如民国初年，嘉定真如镇贸易以花、布为主，商业则“日形式微”[2]。1930年左右，嘉定石冈门镇“以花、布、六陈为贸易物，市况今逊于昔”；钱门塘市“贸易以花、米为大宗，市况光绪初尚旺，近年较衰”[3]。但在更多的市镇，商品棉取代土布成为主要经济内容后，不但维持了昔日的水平，而且还有所进展。如30年代初，嘉定县以棉花为首要贸易物的南翔和外冈二镇，即称“市况较曩时殷盛”，或市况“今则较三十年前兴旺”；马陆镇“贸易以棉花、土布、六陈为大宗，市况较前略旺”；陆渡桥市“以棉花为主要贸易品，市况较昔发达”；安亭镇“贸易物以棉花、米、麦、土布为大宗”，“市况较前兴盛”；朱家桥市“贸易以棉花为大宗，近年市街日扩，市况日盛”；葛隆镇“贸易以花、米为大宗，市况比前兴盛”[4]；娄塘镇“现今商业的繁盛，已和南翔差不多了”[5]。又据黄宗智统计，1862—1937年间，今上海地区因棉花而繁荣的市镇有南汇的沈庄、大团，宝山的桂家桥和嘉定的葛隆、安亭等[6]。

显而易见，市镇主要经济内容的这种变更，意味着江南棉区基本上已从传统的耕织结合的经济结构，转向了作为国际市场一部分的原料生产。经济效益或有可议，社会变迁的现代意义也就体现在其中了。

1　民国《嘉定疁东志》卷四《商》。

2　民国《真如里志·真如商业概况》。

3　民国《嘉定县续志》卷一《市镇》。

4　民国《嘉定县续志》卷一《市镇》。

5　民国《嘉定乡土志》下《娄塘》。

6　黄宗智《长江三角洲小农家庭与乡村发展》附录C。

三、棉纺业的变迁

近代棉纺织工业的兴起对江南传统家庭棉纺织业的影响，首先不是通过机制布冲击土布，而是由机纱冲击手纺土纱体现出来的，而且这种影响也不是机器工业必然与传统手工业直接对立这样简单的理解所能反映的。

五口通商以后，国际市场上洋纱的输入有一个相对滞后的过程。1860 年前，洋纱主要从广州口岸入口，行销于闽广一带，数量仅占当地土布产量的 5.7%，或占全国土布用纱量的 0.56%。江南地区洋纱流入极少，基本未产生影响。自 19 世纪 60 年代后期起，洋纱进口量不断上升，但仍集中于华南地区。直到 1894 年甲午战争前夕，华南进口洋纱约占总进口量的 45%，上海、汉口等华中口岸只占 27%，其中还有很大一部分转销到四川等内地去了。江南产棉区“棉与纺”紧密结合的农村织户，对洋纱有较强的抵抗力[1]。

在洋纱一步步缓慢地打开国内市场的同时，国内纺织厂也开始发展：“自英国、印度棉纱输入吾国以后，有识之士知手纺棉纱之不足以图存，而自办纱厂实不容缓”[2]，于是，陆续有机器纺织厂的开办。到 1895 年，上海已有五六家纱厂，此后更是逐年增多。但这些机器纺织厂所生产的机纱（民间一般也称洋纱）数量还十分有限。据估计，1894 年全国年产机纱约 34 万担，仅占土布所需要用纱的 5.5%，合计进口洋纱（116 万担）也仅占 23.4%[3]，且这些“洋

1 参见许涤新、吴承明主编《旧民主主义革命时期的中国资本主义》第 266–267、269–270 页，及附录甲表二、乙表五。

2 《江苏省纺织业状况》内篇《江苏纺织厂之沿革》。

3 参见许涤新、吴承明主编《旧民主主义革命时期的中国资本主义》第 273 页。

纱”主要仍供非产棉区消费。

与其他领域一样，机纱真正对江南棉纺织业产生影响，是从19世纪末、20世纪初开始的。

1894年以后，历年洋纱进口增幅极为有限，到1911年，仅增长60%[1]。国内机器纺纱业的兴起，抑制了洋纱的进口。江南地区是机器纱厂兴起的中心地区，本地纱厂所生产的机纱成了影响江南传统棉纺织业的主要力量。1895年以后，外国人取得了中国各通商口岸从事制造工业的权利。于是，一向经营匹头棉货及洋纱的外商均乘机而起，首先在上海设纱厂。华商至此，亦知纺纱之利，纷纷在各地相继设厂。机器纺纱因此获得了迅速的发展。1895—1899年，先后有上海的裕源、怡和、老公茂、鸿源、瑞记、大纯、裕通等纱厂和无锡业勤等纱厂，以及宁波通久源纱厂、苏州苏纶纱厂、杭州通益公纱厂和萧山通惠公纱厂成立并投产，“于是纺织业骤呈勃兴之象”。但纺织业之勃兴“仅以纺纱为限”，所建多系纱厂[2]。1916—1922年和1935—1937年，江南棉纺业又经历了二个迅速发展的时期。第一时期仅上海就新设棉纺织厂15家，无锡的广勤、庆丰、豫泰、申新4厂，崇明的大通，常州的大纶、福大、利民和常州纱厂也都创建于这一时期。就生产能力而言，1891年，江南仅有2家机器纺纱厂，有纱绽24000枚，日产纱32包，即年产3万多担。到清末，江苏省的上海、苏州、无锡、常州、江阴、太仓、常熟、崇明等地共有纱厂22家，纱锭547146枚。1918年增至32厂，纱锭936058枚。浙江则有纱厂4家，纱锭72308枚。1918年，全国共有纱厂48家，纱锭1346848枚，其中江南纱厂36

1　参见李文治编《中国近代农业史资料》第一辑第489-490页《历年外国棉布棉纱进口统计》，其中1894年进口棉纱115.9万担，1911年进口棉纱186万担。

2　《江苏省纺织业状况》内编《江苏纺织厂之沿革》。

家，纱锭1008366枚，两项均占全国总数的75%[1]。据估算，到1913年，以江南为主，国内纱厂的机纱产量为进口洋纱总数的62.5%和国内土纱产量的113.3%，此后即远远超过进口洋纱，成为机纱净出口国。1920年，机纱产量约为土纱产量的108%，1936年更达到972%。这一年，估计全国土纱产量88.2万担，机纱产量则已达到858.2万担，土纱产量仅为机纱产量的10.2%[2]。

国内机纱业的发展，对江南传统棉纺织业、进而对市镇产生深刻影响：

首先，最直接的影响当然是此前少量的商品土纱很快被从市场中排除出去，成为机纱的一统天下。机纱盛行前，江南各地作为商品的土纱，主要是在棉产区与不产棉花但从事家庭纺织的地区之间流通，如1900年，海宁硖石镇就有土纱庄二十多家。机纱流行后，这些土纱庄随即衰落，为洋纱庄所取代。

其次，机纱的流行使得此前微弱的纺、织分离趋势迅速扩大，农村织户多从原先的自纺自织改为买纱织布。人称“上海自设纱厂后，民间自轧自弹反不如买机器纱之便宜，于是遂……群焉买之，……而乡间几无自轧自弹自纺之纱矣”[3]。太仓一带的手工纺纱几已不复可睹。大致到1912年，常州土布生产全部改用机纱，“不再自纺土纱”，纺、织开始分离[4]。浙江新塍、南浔等地，也是“自洋纱畅行内地，（乡妇）不复自纺”；“乡人纺纱者渐少，今则无人纺矣”[5]。“自纱厂在通商口岸设立后，农民纷纷采用洋纱……在交通

---

1 《江苏纺织业状况》内编《江苏纺织厂之沿革》、《江苏纺织厂之现状》、《江苏纺织业在全国之地位》。

2 徐新吾主编《江南土布史》第225页。

3 何良栋编《皇朝经世文四编》卷四二《利国宜广制造论》。

4 徐新吾主编《江南土布史》第554页。

5 民国《新塍志》卷三《物产》；民国《南浔志》卷三三《风俗》。

便利、纱厂发达之区，如上海与无锡两县，农民以织布为业者固然多，其他如苏州、武进、镇江、丹阳、嘉定、太仓、松江、南汇、青浦、金山、宜兴、溧阳、溧水、高淳、句容、崇明等县，农民亦得采购厂纱，织造土布。”[1]这一变化对于土布生产的影响容待下文讨论，就棉纱本身而言，其影响还体现在纺、织分离趋势从生产领域拓展到流通领域，也就是说，农村地区棉纱贸易开始勃兴，并从棉花棉布等商品贸易中独立出来，刺激了市镇的商贸活动。

机纱流行之前，江南市场虽有少量土纱作为商品流通，但一般多作为花行、土行的附带业务，很少形成独立的棉纱行业。即在洋纱流入江南农村市场之初，也是“棉纱贸易，尚无专业”，“仅为一种匹头洋货之副业，人亦不甚重视之”[2]。到1886年，江阴杨舍镇大余号京货店才附带出卖洋纱，给农民织长布[3]。但随着洋纱的大量涌入，“在光绪十六年（1890）左右，始有专做棉纱贸易之商号应时势之需要而发生；……自是棉纱商号，逐渐增加”，“至光绪二十五年（1899）而渐盛”。此后，“棉纱商号与棉纱贸易渐见发达”[4]。1902年，上海纱业商会成立。1904年，上海纱业公所组成。到1918年，向上海纱业公所注册的棉纱商号已达80多家[5]。江南棉纺业的另一中心无锡，1909年始有第一家纱号成立，1914年增至4家，1919年为14家，1930年有21家。无锡纱号主要从当地和上海等国内纱厂进货，起初都以布行的联号出现。1913—1920年间，在机纱影响扩大、打开销路后，无锡纱号才“独立专营棉纱”，

1 《中国实业志》江苏省卷第二篇第63–69页。

2 《江苏省纺织业状况》外编《棉纱贸易之原始》、《棉纱商号之勃兴》。

3 徐新吾主编《上海土布史》第486、488页。

4 《江苏省纺织业状况》外编《棉纱商号之勃兴》。

5 《江苏省纺织业状况》外编《上海棉纱贸易之手续》。

主要从棉纱买卖而非土布销售中获利[1]。与此相应，农村市镇布庄纷纷开展放纱收布的“放机布”业务。这样，棉区农户一方面将所产棉花出售给市镇花行，另一方面又从布庄购纱织布。与此前基本以棉花自纺自织相比，经由市镇的商品流通量大大增长，市镇在农村经济结构中的地位得到了提高。

因此，至少在20世纪30年代之前，江南农村在以放机布形式存在的土布生产得以维持的时期内，从总体上看，市镇的经济基础不但并未萎缩，而且由于商品流通量增大，而呈现较前繁荣的局面。当时的一些文献记载也印证了我们的这一估计。

第三，国内机纺工业的发展，还将近代工业本身直接渗透到农村市镇，促使部分市镇从传统的农村商贸中心向近代小都市转化。1893年即有记载称上海“附近各镇所设机器纺纱，无不尽善尽美”[2]。当时已有纱厂设于上海附近各市镇。此后，在农村市镇开办的纱厂陆续增多。如宝山华丰纱厂、大中华纱厂设于吴淞镇蕴藻浜畔，有工人5000多[3]；宝兴纱厂设于刘行顾村[4]；裕泰纱厂、济泰纱厂和大生二厂分别位于常熟支塘镇、太仓沙溪镇附近和崇明久隆镇附近[5]；杭州的通益公纱厂则位于城北的拱宸桥镇。这些纱厂的设立直接促进了其所在市镇的繁荣。如上海曹家渡成市后，“不数年间”，又有公益纱厂等工厂“相继成立，市面大为发达”[6]。纱厂的创建还使一些村落变成市镇。如上海县周家桥“本一小村落”，1916年荣

1 茅家琦等《无锡近代经济发展史论》第240、244、248页。

2 彭泽益编《中国近代手工业史资料》第一辑下册第979–980页，引《关册·上海》1893年分，中文版第67页。

3 民国《宝山县再续志》卷六《工商业》。

4 民国《宝山县新志备稿》卷五《工商业》。

5 《江苏省纺织业状况》首编《江苏省纺织工厂纲要表》(一)。

6 《法华乡志》卷一《沿革》。

氏在此购地“开筑申新纺织厂”。1919 年“纱价大涨，富商购地设厂者接踵而至”，“百工麇集，遂成市面”[1]。这是本书第一章所说近代江南农村市镇分化趋势的一个具体表现。

四、棉织业的变迁

到 19 世纪末叶，江南传统棉织业即土布业开始感受到国际市场与机器棉织业的压力。这种压力来自于两个方面：其一是洋布进口日增。据学者估计，进口洋布约在 1913 年达到占全国棉布消费量 32.57% 的最高峰，见表 2 所示[2]：

表 2　1860—1936 年各类棉布比例表

（单位：千匹）

项目	1860 年	1894 年	1913 年	1920 年	1936 年
全国棉布应有产量	624594	686254	778594	842946	910421
进口洋布量	19884	91696	253612	203993	107771
占全国棉布 %	3.18%	13.36%	32.57%	24.20%	11.84%
国内机制布产量	—	5390	17560	36635	409670
占全国棉布 %	—	0.79%	2.26%	4.35%	45.00%
国内手织布应有产量	604710	589157	507421	602317	392980
占全国棉布 %	96.82%	85.86%	65.17%	71.45%	43.16%

洋布进口对土布业的压力，引起当时社会各界人士的关注，惊呼“土布销路日滞”，“土布之利被洋布所夺”。文献中留下了许多记载，为人们所熟知。学术界研究也已指出，时人具体论述，因

1 《法华乡志》卷一《沿革》。
2 据许涤新、吴承明主编《旧民主主义革命时期的中国资本主义》第 319 页表四。

出发点不同而常常带有片面性。尤其是当时国人的一些记述，往往有夸大洋布影响的倾向[1]。据表2可知，即便在进口洋布数量最多的1913年，也仅占全国棉布应有产量的32.57%，虽已远超过洋布进口初期比例，尚不足对江南土布业构成根本威胁。因此，其二，对江南土布业造成最大破坏的，还在于从19世纪末开始出现、20世纪20年代后迅速膨胀的国内棉纺织工业。到1931年，全国中外布厂已有布机31752台，产量开始大大超过进口，且产品价格逐年下降，土布价格却因成本提高而不断上扬或维持不动，因此价格因素成了洋布（包括进口及国内生产的机制布）最终击败土布的关键[2]。

在洋布步步进逼的局势面前，江南农村土布业不得不进行改良，以图生存。这使得土布业直至20世纪30年代初之前仍能维持，并在一定时期内有所扩大。也就是说，江南棉区市镇繁荣的传统经济因素仍在维持。当时土布业的这种改良，主要有改用洋纱和改良织机两个方面。

学者们在研究中早已指出，近代棉纺织工业淘汰中国传统的土布业，是通过最初由机纱取代手工纺制的土纱，此后才由机器棉织取代手工织布即洋布取代土布这样一步步实现的。而前一个步骤即机纱取代土纱，也是首先在非产棉区实现，然后才扩展到产棉区本身。因此，江南棉区土布业受到机纱的影响相对其他地区为迟[3]。但在甲午战争前，洋纱已经初步侵入本地区，大致到1905年左右，

---

1 许涤新、吴承明主编《旧民主主义革命时期的中国资本主义》第147–148页。

2 许涤新、吴承明主编《旧民主主义革命时期的中国资本主义》第292–294页，表3–14“历年土布及十二磅本色细布价格升降表（1900—1936）”。

3 许涤新、吴承明主编《旧民主主义革命时期的中国资本主义》第262–273页。

洋经洋纬的土布已十分普遍，以致人称“纺纱之利完全失败”[1]。这一过程的完成在不同地区存在不平衡性，上海周围农村略早，江南其他棉区则相对为迟。洋纱之所以能一步步地挤垮土纱业，主要原因在于近代机器棉纺工业的生产效率大大高于传统手纺，机纱价格远比土纱有竞争力，“民间自轧自弹反不如买机器纱之便宜”，以致土纱与棉花的价格差距逐步拉近，使得土纺业无利可图。此外，机纱还有不少技术上的优点：“机纱条干捻度均匀，踏浆既省功夫，上浆也轻，织制时不绉不结，不易断头，断了也不用扯纱挑接，节约了很多的接头时间，从而增加了投梭时间，成布也匀细。这些优点，大大节约了成本与工时，也提高了产量，很快为织户们普遍采用，由此有了洋经土纬的土布。”[2]

这一变化过程，一方面如本章第三节所指出的，增加了农村市场中商品棉纱的流通量，扩大了市镇的经济基础；另一方面，随着机纱充斥市场，更为江南非产棉地区农户投入棉织生产提供了方便，在一定程度上扩大了土布生产区域。如浙江平湖县的水稻种植区农民，清初以来即有向产棉区购花自纺自织自用的传统。清末民初，洋纱打入平湖，向以商品性生产较为发达的黄姑、乍浦等地区农民，迟迟不肯放弃用土纱织布，遂被洋纱所织的土布逐渐淘汰，转以出售棉花为主，织布仅供自用。而原来买花纺织用以自给的水稻区农民，则反而易于改为购买洋纱织布，扩大了商品性生产，于是在新埭镇附近的非产棉区，很快就形成了新的土布生产集中地，市镇布庄以放纱收布形式控制生产。新埭、钟埭等镇的土布商业因此兴盛起来，邻县嘉善所产的布也销到钟埭镇来。1918—1923年

1 民国《南汇县续志》卷一八《风俗》。参见徐新吾主编《江南土布史》第133-136页所引录有关资料。

2 徐新吾主编《江南土布史》第171页，引录《大生资本集团史》第8页。

间，是平湖土布业最盛时期。当时平湖县城约有十家布庄，其中不少在乡村市镇设有分庄。此外，市镇也有一些独立的布庄，如新埭镇有泰成、朱鸣记、邱福康等布庄，钟埭镇有周少山、潘云记、汤裔记等布庄。海宁硖石镇的情况与此相似。硖石近镇农村基本上不产棉，农户向以购入土纱织布。洋纱盛行后，当地由于纺、织分离较早，接受洋纱较易，土布商很快变成以洋纱放纱收布的包买商。第一次世界大战期间，由于洋布输入锐减，土布需要量剧增，硖石土布业因此迅速发展，镇上布庄增至二十来家，土布年产量260万匹左右，达到最盛时期。自20年代起，当地小土布生产虽走下坡，条格大布生产却有所扩大，直至抗战爆发，折合成小土布，年产量仍在250万匹左右[1]。所以，30年代中期有人说：“（硖石）现时各乡村的织布业情形与洋布没有输入以前的景况有最显著的不同的一点，那就是：以前的乡村织布以自给为目的，现在的乡村织布以营利为目的。”[2]硖石作为海宁首镇的地位，正是在这一时期最终确立的。此外，近代江苏南通地区手工棉织业，也正是在当地人士张謇等人的大力提倡下，发展植棉，开办纱厂，以机纱供应农村后迅速发展起来的；又如江苏睢宁县向以粮食生产为主，农妇“无暇纺织”，也是自“洋纱盛行，村人均有抱布之乐，户户织锦（绵），轧轧机声，谓每尺可省十余文，诚无衣者之乐事也”[3]。这些都与前述江南一些地区的例子十分相似。

土布业改良的第二个方面是改用新型织机。

我国农村的棉织工具承袭了数千年来的丝麻织技术，使用一种

1　参见徐新吾主编《江南土布史》第十三、十四章第677–706页。

2　王子建《中国土布业之前途》，文载千家驹编《中国农村经济论文集》第二编，中华书局，1936年。

3　徐新吾主编《江南土布史》第172页，引录《益闻录》第15册。

双手投梭的脚踏木机，一般称之为投梭机。自元初以来，这种织造工具没有重大改进，生产的品种规格复杂多样，但基本上只限于门幅一尺左右的窄幅土布，匹长二十尺左右，生产效率很低。近代洋布入侵，土布业前途可虑，不少有识之士开始参照国外技术，着手改良我国古老的织造工具。文献记载最早有鄞县王承淮于 1896 年“仿洋布式样，制机自造”[1]，开始使用一种新型织机——手拉机。手拉机改原先的双手投梭为一手拉绳投梭，生产效率比之投梭机可提高 50% 至一倍。手拉机既是在洋布冲击下手织业挣扎图存的产物，又是手织业向机织转化的过渡形式。它的出现，对近代江南棉织业进而对农村市镇产生了如下两个方面的影响：

一是提高了土布业的生产效率，改进了土布质量，使之在一定时期内可与洋布相抗衡。手拉机纯以机纱为原料，所织土布门幅加宽，可达二尺左右，一般称之为改良土布，“其质较洋布结实而花色则大过于土布”，“颇为一般社会欢迎”[2]，销路很快打开。在宁波之外，硖石、江阴、上海、常熟等地纷纷效仿，且后来居上。如上海地区，1920—1930 年间是改良土布的旺产时期，年产估计 300 万匹[3]。这是江南土布业得以在近代棉纺织工业兴起后长期维持的重要原因。当时最初由宁波所产的改良土布称为甬布，上海地区由安徽帮生产的则又称厂布。

二是手拉机的推广，还引进了一种新的生产组织形式，即手工作坊与手工工场。手拉机只是部分地取代了江南农村家庭织户的投梭机，更多的则是以手工作坊或手工工场的形式组织生产。如上

1 民国《鄞县通志》博物志《棉织》。

2 民国《鄞县通志》博物志《棉织》。

3 徐新吾主编《江南土布史》第 419–420 页，引录王寿康等口述资料。

海地区的改良土布，基本是安徽帮来沪创办作坊、工场生产的[1]。除中心城市外，这些作坊、工场多散布于城郊的市镇。如自1907年起，上海郊区计有百余家改良土布的小型工场，分布于宝山、浦东、南市、闸北等地的市镇。至1925年增至1500余家[2]。1923年南翔镇开办大丰恒布厂，实际即为专织改良土布的工场，有手拉机80台。这与有关人士关于当时南翔镇“市面逐年好转，各行各业都有发展，人口也增加”的回忆是相吻合的[3]。这类作坊、工场规模不大，基本依靠雇佣乡村织妇工作。其他各地也是如此。如江阴除县城及近郊外，改良土布盛产于华市、周庄、云亭、峭岐等市镇及其附近农村，其中华市镇有华丰、美利发、工大、美裕、震亚等布厂（工场），南闸镇则有美纶、勤康、纬丰、勤生、振裕、公益等布厂（工场）[4]。太仓新太织布厂（工场）位于直塘镇[5]。常熟早期创办的布厂或工场都设在农村和市镇，如梅里塘桥、大东门外太安街下塘、大东门外九里处、妙桥和南门洙草浜等地[6]。

正如手拉机是手织业向机织转化的过渡形态，这些作坊、工场也可视作江南农村个体家庭棉织生产向近代工厂生产过渡的中间状态。1925年以后，在进口洋布及国内机制布的倾轧下，改良土布生产也逐步走向衰落，甬布工场首先起变化，大多改进设备，改手拉机为生产效率更高的脚踏铁木机，向生产仿机制布方向演进[7]。自30年代起，其他地方各式改良土布工场也纷纷采用铁木机，改为

1 徐新吾主编《江南土布史》第410–412页。
2 彭泽益编《中国近代手工业史资料》第2卷第367页，引录1951年《上海手工业调查报告》。
3 徐新吾主编《江南土布史》第417页引录黄肇忠口述资料、胡洪达口述资料。
4 徐新吾主编《江南土布史》第473、494–498页。
5 国民江苏省政府省长公署第四科1919年编印《江苏省实业视察报告书》“太仓县”。
6 徐新吾主编《江南土布史》第508、513、532–533、538页。
7 关于铁木机功能，参见徐新吾主编的《江南土布史》第409–410页，引录李庆芝口述资料。

生产仿机制布。有些地方不久就陆续将铁木机装上马达，改用电力，正式告别手工操作时代。如1930年后，常熟生产放机布最为集中的谢桥镇有四五家土布行庄先后闭歇；妙桥镇的丰源永土布庄则鉴于土布外销日少，先吸收外股转作手拉机的手工织布工场，后又逐步由人力机改为用引擎的动力机，从土布庄一跃而成了机器织布厂[1]。但从手工到机器的这一改革所需投资相对为多，只有一些规模较大的工场才有能力承担，因此散布各市镇的改良土布生产经营者并不可能全部完成这一过程。这也就是说，由于工业化在江南农村地区的推进，随着棉织业从家庭个体手织到手拉机工场再到使用非生物能源的机器工厂这样的演化进程，生产逐渐向经营条件最有利的少数市镇集中。这一方面有利于相关市镇向近代小都市转化，另一方面则将其他一些农村市镇留在了因土布生产衰退之后的困境之中。

五、市镇存在与发展的新境遇

最后让我们来归纳一下前文所述关于近代国际市场与国内棉纺织工业发展对江南棉业及相关市镇的影响。

在五口通商之后的约二十年时间里，外国棉布输入每年大约在二三百万匹之间，仅占中国棉布消费量的极小一个比例，虽然当时有人就一时一地的情形，有一些亟言洋布影响的议论，但从全局看来，当属夸大之辞，不可引为信史。此后直至1894年的中日甲午战争，洋布进口大幅度增长，达到年近1000万匹之数，仍远低于江南棉区一个县土布的年产量，主要占领大城市市场。尽管如此，江南土布业已经开始感受到国际市场以及近代机器工业的压力，因

1　徐新吾主编《江南土布史》第513页。

此有人着手改革传统织具，以图生存。如宁波甬布正是在这一时期出现的。

从19世纪90年代至20世纪30年代，在国外棉布棉纱进口仍逐年有所增长的同时，国内纱厂兴起，机纱产量猛增。工业主义的推进产生了双重影响：一方面，由于棉花的市场需求增长，价格攀升，土纱与棉花之间的价格比越来越接近，既刺激了江南棉花种植面积的扩大，又使农户逐步改原先的自种自纺自织为直接出售棉花，造成土纱业迅速消失，棉区内作为商品的棉花与机纱流通量不断增加，贸易兴盛，促进了相应市镇经济的繁荣，并因此兴起了一批新的棉区市镇。另一方面，江南农村织户也继其他非产棉区之后，放弃自纺自织，陆续改用洋经土纬乃至洋经洋纬，纺与织进一步分离。这在部分地区，由于机纱充沛，反倒刺激了土布业的发展；而在另一些地区，却加速了棉花种植与家庭手工业的分离，促使农户成为单纯的原料（棉花）生产者，土布生产削减。这一时期，由于国外洋布进口扩大，国内机织业也有一定程度的发展，江南土布业明显衰退。但其间还有一些其他因素影响，使土布生产时有起伏变化。主要有第一次世界大战时期，国外洋布进口锐减，江南土布业一度盘旋回升，有复兴之象；还有随着织具的改进，改良土布业兴起，夺回了不少市场。因此有前引表2的数据，手织布占全国棉布应有产量的比例，从1913年的65.17%，增加到1920年的71.45%。其中1920年改良土布年产量约为5.93%。但包括进口与国内生产在内的机织布，已经占有了约30%的国内市场，此后更是逐年扩大。在这一过程中，江南棉区市镇既受到因土布业衰落而造成的农村经济消退的影响，又因一些纱厂、棉织厂、改良土布工场作坊在农村地区的兴建，促进了部分市镇的现代化进程。所以说在这一时期，考虑到当时农村其他各业变迁的经济因素，对于江南市镇的盛衰变迁来说，既有不利因素，又存在有利因素。

20世纪30年代以后，主要由于国内机织业的迅速发展，江南土布业进一步衰退。1936年，国内手织布应有产量仅占全国棉布消费量的43.16%，江南地区由于近代纺织工业集中，看来还未能达到这一全国的平均水平。1937年抗日战争爆发，此后直至1949年，土布业更是全面崩溃。当然所谓崩溃，也并不是指完全销声匿迹。棉区农户自织自用土布产量仍相当可观，国内局部地区土布仍有一定市场。直至1949年，上海仍有三十多家土布商号存在[1]。但从总体看，传统的手工棉纺织业已不复成为江南棉区市镇存在的主要经济基础。

自明清以来，棉纺织业的不断发展，江南棉业地区已经形成了一个种植与家庭手工业相结合的专业经济结构。市镇网络是这个经济结构的产物，社会其他各方面要素也均与这个经济结构相适应，如文化传统、技术特征，尤其是人口密度等等。近代江南土布业的衰落，在很大程度上冲击了长期以来形成的这个专业经济结构。这也是造成20世纪30年代中国农村经济大萧条的重要原因之一。尽管如此，无论从哪个角度看，江南棉区经济显然已不可能回到专业经济发展前以种植业为主的历史阶段。这就是当土布业失利后，各地兴起不少替代型家庭手工业的一个基本因素，如针织、毛巾、花边、草帽等等都是。

市镇作为农村地区的商业性聚落，是一定区域内农户生活的中心。民国年间，有人把江南市镇经济归纳为“丝绸米茶木布六业”，十分精确[2]。只要农村经济存在，尽管经营专业的改易可能会引起相

1　徐新吾主编《江南土布史》第322页。

2　魏颂塘《浙江经济纪略》第8页。

应商业部门此盛彼衰的消长变迁，市镇作为农村商贸中心的机能就不会消失，其为一定区域内农户日常生活服务的各类基本商业活动也必将存在[1]。所以，若仅从当时江南农村某些具体市镇是否消亡，即是否重新沦为村落，或市镇数目的增减，来观察它的盛衰与否，恐不妥当[2]。当然，无视当时棉区市镇经济上的困境也不客观。

总结而言，近代机器棉纺织工业的兴起、土布业的衰落，在造成江南农村市镇经济困境的同时，是否也给它带来了一定的现代因素呢？

显而易见，近代机器棉纺织工业的兴起，主要集中于以上海为中心的大都市，但也有不少出于原料、人工等等原因，扩散到了乡间的市镇。而且从前述关于改良土布工场到仿机制布、机制布工厂演进的过程可见，这些近代工业有明显的集中于经营条件最有利的部分市镇的趋势。于是，对于这些为近代工业所波及的市镇来说，近代棉纺织工业的兴起就不但绝非是促使其衰落的因素，更成了推动它走向近代小都市的动力。这与本书其他各章所述丝织等其他近代工业向市镇扩散的情况是相一致的。当然，在这一过程中，我们不应忽视相应存在的两个现象：其一，棉纺织业中心毕竟从农村转移到了都市，与传统时期相比较，城乡经济地位之移易不能不对位于乡间的市镇在总体上产生巨大影响；其二，在部分市镇秉有较多的现代因素的同时，多数市镇——至少从棉业这一因素而言——则处在了相对困难的境地。这就是本书前文所说近代江南市镇分化现象之一端。

由于资料的限制，我们无法对近代棉纺织工业扩散所及农村市

1　参见《江南市镇及其近代命运》第一章第一节有关论述。

2　由于记述者取舍标准不同，关于市镇数目的一些记载常常很难用来作互相比较。参见《江南市镇及其近代命运》第一章第 90 页注释 169。

镇的分布，归纳出一定的规律。基本可以肯定的是，交通运输条件（主要指水运）在这里起着很大的决定作用。所以，实际上这些市镇大多分布在都市的近郊。如拥有动力织机的恒丰、三新、申新、怡和、公益、日华、上海等纺织公司，即分别位于上海郊区的杨树浦、陈家渡、曹家渡、浦东等市镇[1]。随着上海城区的发展，这些市镇最终与市区联成一片，成为城市的一部分。由此也可见，近代工业都市对农村地区的影响随着距离增加而递减的情形。

近代棉纺织工业的发展虽导致了江南棉区市镇的上述困境，但同时也给它们带来了新的挑战与新的生机。这挑战与生机首先表现在随着近代棉纺织工业的发展，江南农村棉花种植面积持续扩大，传统的与种植业相结合的家庭手工业虽被迫与之分离，使植棉业转化成为棉纺织工业的原材料生产，但现在它不仅成了近代工业的一个组成部分，而且被纳入国际市场。为这一植棉业购销服务的市镇，因之也就更具有向近代农村商贸中心转变的可能性。其次，也是更有意义的，是由于土布业衰落的压力，棉区经济不得不除旧布新，一方面改造传统的纺织技术，另一方面寻求新的、符合国际市场需要的产业，这就是当时江南棉区一些替代型行业兴起的原因。尽管这些替代型行业在实际中有着种种不足，但它们毕竟反映了江南棉区经济在摸索中向着现代化的方向发展：把握近代技术，符合国际市场的要求。棉区市镇因此也就在其中找到了新的发展支点。

本文原载于包伟民主编《江南市镇及其近代命运：1840—1949》第四章，知识出版社，1998年。

---

1 《江苏省纺织业状况》首编《江苏省纺织厂纲要表》。

江南的城市工业和大众文化

2001年8月15—18日，中国东南区域史第二次国际学术会议——江南的城市工业和大众文化（960—1850）国际学术研讨会在浙江杭州召开。会议由浙江大学经济学院、清华大学人文学院联合举办，这是继1998年9月首届中国东南区域史国际学术研讨会之后再次在杭州召开的国际学术会议。来自美国哈佛大学和加州大学、英国剑桥大学、澳大利亚国立大学、日本东京大学、香港中文大学、中国台湾“中央研究院”、中国社会科学院、浙江大学、清华大学、南京大学和苏州大学等单位的20位学者参加这次研讨会，共提交论文13篇。会议以960年到1850年江南地区的城市工业和大众文化为主要议题，围绕经济与文化、经济与城市、社会与环境等专题展开了热烈的讨论。

一、经济与文化

中国社会科学院经济研究所吴承明先生首先就宋代以来经济发展与思想文化的关系阐述了自己的看法。他认为在城市化和商业方面，南宋已达到高峰。但最突出的是在文化思想方面，宋代也达到了发展的高峰。他不大同意“经济基础论”，认为文化，特别是思想，并不是与经济发展如影之随形的。反之，他认为文化思想对经济和社会制度起制衡作用。这一方面指不合民族文化传统的社会变革是行不通的，另一方面指文化思想的变革又常是社会经济变迁的先导。他认为宋代文化思想的发展集中表现在理学的兴起上，而把宋明理学看成是传统儒学的理性化。“现代化即理性化、或现代化是理性主义的产物”。与西方相比，虽然宋明理学是理性的、科学的，但由于“宋明理性主义的效果未免太软弱乏力了”，中国的理性主义始终没能动摇封建社会的根底，中国也一直未能建立近代科学。其原因就在于宋明理学只讲价值理性，而缺乏工具理性。价值理性没有工具性，就很难保证其效果。不过在现代社会，工具理性因造成人的异化，已引起人们的反思与批判。有人因此而提出“交往理性”理论，主张以“主体间”的理性代替“自我”的主体理性。理解不是主体对客体的认知，而是主体间的交往，“理解总是一种对话”。他以此勉励与会学者，解释历史不是重建过去，而是今人与古人（历史文献）的“问答”，要从交流中得到创新性见解。他的报告在与会学者中引起了热烈反响。

南京大学范金民《明清地域商人与江南文化》一文从商人活动的角度，考察了外籍商人在江南的文化活动及其影响。他认为外籍商人以儒家的仁义为标榜，在江南经营文化商品，企图树立良贾义贾的形象。他们推进戏曲文化的发展，并在江南营造了一种地域文化。明清时期，各地商人在江南纷纷建立会馆，这是前代所没有的。这些会馆结构考究，形式精美，本身就是有形的文化，从不同程度上反映了各不相同的地域建筑文化。而明清时期地域商帮崇祀的主神和附神等各种神灵，也就是地域文化的体现，代表了各地的民俗文化。另外，商人与江南名士，各展其长，各有所好，互相交结，在某种程度上也促进了江南的文化繁荣。所以明清时期的江南、商品生产持续发展，商品流通蔚为壮观，商人活动十分活跃，这必然带来文化的繁荣和社会的进步。

浙江大学周生春在《休休庵本坛经的刊行和禅宗文化的传播》一文中首先从成本和市场的角度出发，探讨了宋代至明代苏州出版业商业化的程度及其在全国地位的变化，指出非营利、非商业化的图书刊行构成了元代吴中文化传播的重要方式。接着又从休休庵本《坛经》的刊行考察了禅宗文化的传播。基于“一种文化能否在一个特定的社会里获得广泛的传播，并产生深远的影响，不仅取决于传播者是否积极传播这种文化，而且主要取决于其内容是否适合该社会人们的需求，其价值观是否与该社会人们流行的价值取向相吻合”这一认识，他认为《坛经》的一再刊梓和禅宗文化的广泛传布的原因就在于刊梓、传播者的坚持不懈，和其内容非常适合当时社会的需求和人们的价值取向。最后他指出，《坛经》的刊行体现了人们“不念利益成坏”、“纯一直心”，对理想和信仰执著追求的精神，和“普愿法界众生，言下见性成佛”的胸怀。这种非商业化的文化传播方式，不仅在当时，而且在大众文化的传播已打上鲜明的商业化烙印的明代中叶以后，都值得我们注意。

美国加州大学万志英（Richard von Glahn）“The Sociology of Local Religion in the Lake Tai Basin”一文对太湖盆地民间宗教和信仰的发展及其原因和影响进行了研究。他指出，地方宗教的差异来自于地方社会结构的不同，要研究地方宗教的意义首先要分析它们所处的社会结构和社会背景。他认为乡下的庙会是比较平等的，“社”是基本的单位。而在城市里，庙会有强烈的等级性。民间宗教不仅是民间的一种需要，更是一种工具，是农民创造生活、创造地方历史和社会历史的工具。地方宗教还可以稳定地方政治秩序。

美国哈佛大学包弼德（Peter K. Bol）“The Reconstruction of Local Identity in Jinhua fu（金华府），1480—1578”一文以明朝金华府为研究对象，针对明初地方意识慢慢消失，一些美国学者认为是经济发展造成的观点，深入研究了地方意识的重建问题，并得出下列结论：① 地方意识的增长是与经济增长同时发生的；② 地方意识与国家意识没有矛盾，主张地方意识的人及其著书的目的在于推动全国性的文化；③ 地方意识是推动、建立国家意识的工具。

二、城市与经济

清华大学龙登高在他的论文《南宋杭州娱乐市场分析》中以南宋临安（杭州）为对象，将娱乐市场作为宋代市场的一个组成部分，考察其存在形态与发展特征，分析了杭州城市娱乐市场发展的原因及其社会变迁背景。他认为，北宋时杭州的娱乐市场已经形成相当的发展基础，南宋时临安则又因为拥有大量移民，具有北宋杭州和南宋其他城市所缺少的有利条件，加之市民社会的进一步的发展，从而使其娱乐市场远非其他城市所能相比，达到前所未有的水平，形成“货郎”式流动市场、娱乐“集市”、娱乐常市和娱乐专业市场4种形式的市场。他还认为：娱乐业与商业的相互交融，是宋代杭州娱乐市场发展的重要表现形式。这一市场的本质特征是它的市民特性。它既是由市民创造的，也是为市民服务的，同时艺术形式又是以市民生活为内容的。在这一市场中，具有日趋专业化的从业人员，出现了娱乐活动的商业化经营和商业的娱乐经营。总之，临安娱乐市场的兴起是宋代社会经济与文化变迁的历史产物，是宋代中国由贵族文化向大众文化，尤其是新兴的市民文化转变的产物，是与宋代社会经济变迁相辅相成的。

中国台湾“中央研究院”邱澎生在《商人如何改造生产组织？清代前期苏州棉、丝工业的放料制生产》一文中首先介绍、分析了清初布号和帐房在经济组织中的关系和作用。他提出，经济演化是一种模式还是多种模式？学者们对此存在不同观点。清华大学的李伯重强调江南模式，强调从人力资本、资源探讨，偏重生产要素价格比较。而他试图对江南工业化提供社会文化背景的解释。他从交易成本的概念出发，区分了3种不同的交易成本，即测量与信息成本、谈判成本、执行成本的构成。他认为放料制生产降低了前2种成本，但增加了执行成本。工厂制度的生产（对此存在3种解释模式：① 工厂的产生是由于技术原因；② 是为了剥削工人；③ 是由于经济组织的原因，即交易成本）并没有成为当时苏州棉、丝工业的主导模式，而放料制却被广泛采用，这点可以用交易成本理论来解释。另外，苏州不采用工厂制度一方面有其法律制度原因，另一方面则有其工作伦理原因。工厂制度存在使工作伦理内部化的问题。在工厂制度下，工人聚集在一起，利于监督，同时消极怠工严重，难于管理。而放料制生产则合乎当时的法律制度和工作伦理。

李伯重的《工业发展与城市变化：明中叶至清中叶的苏州》一文认为：城市，通常包括城与镇，是与农村相对的人口聚居区，其主要特点是人口比单个的村子多，并且拥有较多的工商业场所和娱乐、宗教、文化场所。他从明清苏州城市的地域变化、人口变化以及苏州城市工业的发展，说明城市的变化主要是由工商业推动的。在工业和商业对城市变化的影响方面来看，也就是将二者相比，工业所起的作用更大。他认为工业发展从两个方面引起城市的变化。他首先以苏州城的丝织业和棉布加工业为对象进行研究，指出在节省劳动的机器尚未广泛运用于生产中的明清时期，工业生产规模的扩大意味着工业人口的增加，这必然引起城市工业人口的相应增加，所以工业发展导致城市工业人口的增加。其次，随着工业人口的增加，工业生产所需的工作场所也要相应扩大，这既是一个时间的过程也是一个空间的过程。从时间上说，自明中叶开始，工业开始迅速发展，引起了城市扩张。从空间上说，则是城市工业首先在府城内发展，随后扩展到城厢村郭，最后再扩展到郊区市镇。

香港中文大学苏基朗的《两宋闽南广东浙东外贸瓷产业空间模式的一个比较分析》指出，宋代在中国陶瓷史上代表了一个高度发展的时期，工艺技术大大超越了前代，风格上呈现多姿多彩，百花齐放的格局。宋代的商业与宋代的陶瓷之间有千丝万缕的关系，因宋代海外贸易蓬勃而发展起来的外贸瓷产业，自然地集中在海上贸易盛行的东南沿海地区。他对两宋闽南广东浙东外贸瓷产业的空间模式进行了比较，对上述各地的窑址数、产业户口、与外贸中心的连接模式、距经济中心的远近、空间距离结构、利润等进行了细致的分析。认为外贸瓷产业虽与当时的海外贸易息息相关，但并非一定集中于外贸中心附近，或呈现一种距外贸中心越近越兴旺的直接因果关系。外贸瓷产业与海外贸易间并非简单的因果关系，而是在特定的时空内交互作用，亦受到其他社会政治等因素影响，然后形成地区性的特殊模式。苏基朗在他的论文中着重于重建这些模式，并从现有的资料中分析外贸瓷的分布结构，演绎出大量有效的知识。其论文的重点在于方法（即软件），而非结论。

英国剑桥大学周绍明（Joseph Mc Dermott）“Risks and Resolutions in Timber Land Arrangements and Trade in Ming Huizhou”对明代徽州的林业进行了研究，认为这一产业随着社会关系、经济关系的变化而变化。明代徽州人对林业的投资（山地的买卖）主要是以契约的形式进行。尽管 18 世纪日本的林业经营方法与徽州相类似，但却失败了，这说明当时徽州林业投资的方法有其独特的社会和文化背景。论文旨在揭示古代徽州林业和社会关系、经济关系的变化，以及徽州人的投资原理。

三、社会与环境

苏州大学王卫平的论文《从“重养轻教”到“教养兼施”——中国传统慈善事业的近代转型》指出，尽管明清时期慈善机构庞大、类型多样，但中国传统慈善事业近代转型的主要特征却是从“重养轻教”到“教养兼施”。这一方面是因为人们从理念上认识到西方国家“教养并重”慈善理念的合理性，符合时代趋势和“世界公理”，因而要求转变传统的“重养轻教”的慈善理念。另一方面从慈善机构职能上看，以李鸿章设立的广仁堂为代表的近代意义上的慈善机构出现，明显地受到西方国家的影响，其结果是使中国慈善机构的职能范围逐渐扩展到社会公益事业上。他认为慈善公益活动的作用不仅限于对鳏寡孤独、贫病残疾之人的救助，以利于社会的稳定，更主要的是“使社会走向进步和发展”。传统慈善事业的近代转型是与中国的近代化同步进行的、是中国近代化的一个组成部分。

苏州市经委方健在其论文《范仲淹与江南士人交游考略》中——考察了范仲淹与江南28位仁人志士的交游情况。他认为范仲淹的交游原则是：“唯德是依，因心而友”、“尊师重道，敬老优闲”、“见贤必亲，思贤若渴”、“淡交若水，物外悠悠”。从范的交游中，可以看出他是一个“行求无愧于圣贤，学术有济于天下”的人。他先忧后乐的崇高精神和风范，自强不息的可贵情操和意志，爱国忧民的坚定信念和立场，从政治军的丰富经验和智慧，淡泊廉素的优良传统和作风，博闻广识的精湛学问和志趣，赢得了当时社会精英的一致钦佩和高度赞赏，他因此而成为宋代士人效仿和交游的对象。

澳大利亚国立大学伊懋可（Mark Elvin）的论文“The Impact of Clearance and Irrigation on the Environment in the Lake Erhai-Catchment from Ninth to the Nineteenth Century”在对洱海公元9世纪到19世纪的历史变迁进行研究后指出：环境的变迁在一定程度上与人类文化的发展是互动的。洱海四周环境的差异使人类的活动产生了非常不同的结果。人类在治理环境时必须考虑成本效益问题，社会经济、文化的发展应与环境相适应，使经济、文化与环境均能实现可持续性发展。其论文除了研究洱海本身的历史变迁以外，还涉及这个地区少数民族的历史、地理、风俗、宗教信仰等许多内容。

另外，会议还请包弼德向与会学者演示了哈佛大学与其合作者新近完成的（历史）地理信息系统（GIS）。他说，GIS与地图有区别，具有扫描的地图所没有的许多优点。使用GIS的方法并不复杂，学者们可以把许多资料放进这个系统。GIS对于研究历史地理是一个好方法，研究历史的人应把它作为一种有用的工具。美国GIS系统的网址为www.fas.harvard.edu\'chjis。

会议得到浙江大学汤永谦学科建设发展基金和人文社科学术会议经费的资助，特此致谢。

本文原载于《国际学术动态》2001年第6期。

为周生春先生与裴志军合撰。

论宋代杭州风俗文化的形成与经济发展

区域文化的特点往往是通过不同地区风俗的差异表现出来的。《礼记·王制》篇云："广谷大川异制，民生其间者异俗，刚柔、轻重、迟速异齐，五味异和，器械异制，衣服异宜。……中国戎夷五方之民皆有性也，不可推移。"《汉书·地理志》曰："凡民函五常之性，而其刚柔、缓急、音声不同系水土之风气，故谓之风；好恶、取舍、动静、亡常随君上之情欲，故谓之俗。"东汉人应劭《〈风俗通义〉序》则云："风者，天气有寒暖，地形有险易，水泉有美恶，草木有刚柔也。俗者，含血之类，象之而生。故言语歌讴异声，鼓舞动作殊形，或直，或邪，或善，或淫也。圣人作，而均齐之，咸归于正。圣人废，则还其本俗。……《孝经》曰：'移风易俗莫善于乐'，《传》曰：'百里不同风，千里不同俗，户异政，人殊服'。"可见很久以前，我们的先人即已认识到不同地区人们的文化和风俗存在种种差异，而水土之风气的不同，圣人的兴废和君上的情欲，则是各地形成不同的文化风俗及其移易变迁的原因所在。

值得注意的是：自然环境、社会历史条件和社会生活实践总是与地理空间如行政区等政治地理密不可分。所以同一地区的风俗文化往往具有共同的特点，而不同地区的风俗文化则往往存在明显的差异。尤其重要的是，构成的风俗文化差异最主要标准的人的行为模式和世界观的形成深受“君上”或统治者的影响，离不开行政区的制约。而历来人们又多习惯于按行政区记载，叙述各地的风俗文化。因此，从其内在的逻辑联系和便于处理资料出发，笔者将按宋代的行政区划分来探讨当时杭州的风俗文化。

从历史某一地区的风俗文化出发来探讨其对区域经济发展的影响，是一颇有意义的尝试。

一、宋代杭州的风俗文化

今人考察宋代各地的风俗文化往往会引据《宋史·地理志》。《宋史》卷八八《地理四》云，两浙“人性柔慧，尚浮屠之教，俗奢靡而无积聚，厚于滋味，善进取，急图利，而奇技之巧出焉”。按其所说，可知浙人具有温文尔雅和急躁两种禀性，其人聪明、能干，开拓进取和创造能力强，性格柔顺，有进取心，嗜好美食，生活奢侈，急于谋利，而崇尚佛教。

不过，由于《宋史·地理志》系元至正间史臣据宋人所修国史之地理志增删编修而成，其中已渗入部分元末人的看法，错讹、失实之处为数不少，详考以上引文的史源，可知其文字系出自《三朝国史·志》。该志云两浙“人性敏柔而惠（慧），尚浮屠（氏）之教，为僧者众，奢靡而亡（无）积聚，厚于滋味，善于进取，急于图利，而奇技之巧出焉”。与该志文字相似的《国史·地理志·总叙（论）两浙路》条则曰，两浙“人性敏柔而慧（惠），尚浮屠氏之教，厚于滋味，急于进取，善于图利”。据此可知，元人修史虽引录《三朝国史·志》，但又删去一“敏”字。《三朝国史·志》成书于宋仁宗天圣间，当时两浙可谓“俗奢靡而无积聚。”天圣以后，随着经济的迅速发展，两浙日渐富庶，先后出现了“苏、常、湖、秀，膏腴千里，国之仓庾也”之语，和“苏、常熟，天下足”，“苏、湖熟，天下足”的民谚，产生了两浙十四郡“虽不熟亦足以支数年矣”的夸耀之词。所以天圣以后成书的《国史・地理志》在引录《三朝国史・志》时，遂删去“无积聚”一句。因此，元人照抄“元积聚”之句只能反映天圣以前的风气，而不足以体现两浙宋代三百年的全貌。又“敏”字既可指敏捷、灵敏、机敏，亦可指聪敏。因下文已有“慧”字，此处应作敏捷解。元史臣误以为重复而删去此字，实为不妥，按宋人所言，敏柔而急于进取构成了两浙风俗文化的特点。

进一步的考察表明，《宋史・地理志》所云不仅没有反映宋代浙人风俗文化的全貌及其变化，而且还未能体现两浙内部各地区间的差异。按《宋本方舆胜览》卷一《临安府・风俗》所言，临安“习俗工巧”，“羞质朴而尚靡丽，其事佛为最勤一”，“邑屋华丽，俗尚侈靡”，“豪强轻于犯法，好伏易以乘间，巧伪充斥，犴狱繁兴。”乾道《临安志》卷二《风俗》、《舆地纪胜》卷二《临安府・风俗形胜》则引《国史・地理志》云，临安“人性敏柔而慧尚浮屠氏之教，厚于滋味，急于进取，善于图利。”足见《宋史・地理志》和《三朝国史・志》、《国史・地理志》所云实为宋代杭州（临安府）的风俗文化，其特点为人敏柔而急于进取，聪慧、工巧、善图利，而失之于巧伪、侈靡、柔弱和轻薄。

二、宋代杭州风俗文化之溯源

宋代杭州的风俗文化在水土等自然条件和经济、政治、军事、文化等社会条件的制约下，通过社会生活的长期实践，经历了先秦至秦、汉，三国至隋、唐，以及宋代这三个历史发展阶段才逐渐形成并定型的。

西周、春秋时，浙地居民主要为越人和吴人。越王句践在灭吴后指出："越性脆而愚，水行而山处，以船为车，以楫为马，往若飘风（然），去则难从，锐（悦）兵任（敢）死，越之常性也。"脆有轻而脆薄，易折、易碎之义。愚，《说文》曰"戆也"，即愚笨而刚直。按句践所云，越人性轻薄、易折，又刚直、不灵巧，其人水行山处，来去迅疾，勇敢、好战。吴、越"同俗并土"，"同气共俗"。春秋末人子贡曰："吴（王）明（刚）猛以（而）毅而（能）行其令，百姓习于战守"；"吴王之为人，贤疆以恣下，下不能逆；数战伐，士卒不能忍"；"吴王为人猛暴，群臣不堪，国家敝以数战，士卒弗忍，百姓怨上"。按其所言，吴民习战敢死，但不堪久战，难忍暴政。吴王则刚强猛暴、放恣而坚毅，吴、越之人生性勇敢，行动迅猛，君主的提倡更使其悦兵敢死，而沿江边海、河道纵横、水网密布的环境则使其素习舟揖，屡屡远涉江淮，飘洋过海，而迁徙不定。

战国至秦、汉，吴为越所灭，越为楚所破，楚又为秦所亡。西汉初，越、楚"地广人稀，饭稻羹鱼，或火耕而水耨，果隋蠃蛤，不待贾而足，地势饶食，尤饥谨之患，以故呰窳偷生，无积聚而多贫"；其彭城以东，东海、吴、广陵为东楚，其俗（不包括浙江以南的越俗）类徐、僮，"清刻，矜己诺"，亦即苛严、刻薄，重诺守信。按班固所云，东汉初，因"吴、粤之君皆好勇，故其民至今好用剑，轻死易发"；又因"吴、粤与楚接比，数相并兼，故民俗略同"；该地汉代文辞并发，世传楚辞，"其失巧而少信"，虚浮不实。又按沈约所云，三国以前"故吴之风俗相驱以急。言论弹射，以刻薄相尚。居三年之丧者，往往有致毁以死”。据此可知，这一时期吴、越之人的特性和风俗与春秋时大致相同。

三国至南北朝，朝代迭兴，战乱不已，北方人口大量南迁，其中东汉末至三国进入吴、越之地的大多为江北、淮河流域之人。西晋末及东晋迁入的则有幽、冀、青、并、兖、徐诸州之人，即除江北、淮河流域外，尚有黄河、海河流域之人。以上各地的风俗与吴、越地区相去甚远。其人的南迁不仅将其本土的风俗、文化直接带到了镇江、常州、江阴等地，而且还带来了先进的生产技术和新的社会生活方式，造成了移居地经济、政治、军事和文化的变化，又间接地使其社会和风俗发生了相当大的变化。到隋朝，京口、毗陵、吴郡、会稽、余杭、东阳、永嘉等地人性轻扬，尚鬼好祀的习气虽未完全改变，但其风俗已从汉代的火耕水种，人呰窳偷生，无积聚而多贫，好辞、巧说、少信，一变而为川泽沃衍，有海陆之饶，珍异所聚，商贾并凑，君子尚礼，庸庶敦庞，风俗质朴、淳厚、澄清，而道教隆洽。隋、唐时北人南迁的规模和影响虽远不及三国与东晋，但上述风气的变化却一直延续至唐，所以唐人杜佑说：“永嘉之后，帝室东迁，衣冠避难多所萃止，艺文儒术斯之为盛，今虽闾阎贱品处力役之际，吟咏不辍，盖因颜、谢、徐、庾之风扇焉。”

三、两宋时期杭州风俗文化的发展

北宋时迁入杭州的外路人数不多，对本地的风俗文化未产生大的影响。南宋初及其后人口的大规模迁徙，则对杭州的风俗文化产生重要的影响。“高宗南渡，民之从者如归市。”按南渡学者庄绰所言，“建炎之后，江浙湖湘闽广西北流寓之人遍满”，为数颇多。建炎三年郑毅指出，“平江、常、润、湖、杭、明、越号为士大夫渊薮，天下贤俊多避地于此”。临安是北方移民的主要居留之地，当时“西北士大夫多在钱塘”，按绍兴二十六年凌景夏所言，“临安府自累经兵火之后，户口所存裁十二三，而西北人以驻跸之地，辐凑骈集，数倍土著，今之富室大贾，往往而是”，其人数竟占首都人口的大半。按陆游所说，“大驾初驻跸临安，故都及四方士民商贾辐辏”，其人有很大一部分系来自开封。以开封为中心的南渡者的到来使临安的风俗发生了显著的变化。只要取记录开封风俗的《东京梦华录》和载录临安风俗的《梦粱录》两相比较，便可发现两地风俗颇多相同之处。这种相同不仅存在于南宋，而且延续至宋亡以后。如明万历间人胡震亨即曾因汴、杭风俗雷同而“心窃怪之”。这类相同大多出于南渡之开封人的移植、倡导和影响，如吴自牧即指出，南宋杭城几百货卖饮食之人多装饰车担，使器皿新洁精巧，以炫耀人耳目，“盖效学沛京气象，及因高宗南渡后，常宣唤买市，所以不敢苟简，食味亦不敢草率也”。胡震亨则认为，汴、杭同俗，“皆南渡风尚所渐也”。

除上述移民的直接影响外，以北人南来为主的人口迁徙和宋室南渡还造成了南宋时两浙政治、经济、军事和文化的变化，因而间接地影响了杭州风俗文化的发展和变迁。具体来说，以皇室、官吏、军队为中心，以北人南渡为主的人口迁徙，使两浙人口大增，为养活新增人口，为在江南重建皇室和官僚们的家园，两浙不断兴起开垦荒地的热潮。其结果一方面促进了农业的发展和手工业、商业、城市的繁荣，另一方面则造成了土地兼并的加剧和土地的高度集中，使生存竞争日趋剧烈，使杭人更急于进取、图利，愈加勤啬、敏捷，风气渐入于浇薄。经济的繁荣则助长了杭人厚于滋味，趋于奢靡和工巧的旧风气，剧烈的竞争、险恶的前途、沉浮未可预卜的迅速变迁以及经济的繁荣和统治集团的鼓励、提倡，使更多的人转向宗教，从中寻求精神的寄托和解脱，因而使杭人尚浮屠之教的旧风气有增无减。

政治中心的南移，经济和城市的繁荣助长了临安居民的骄惰之风，以致游手奸黠，实繁有徒，豪强轻于犯法，奸伏易以乘间，巧伪充斥，犴狱繁兴。其原因诚如周密所言，“盖生长辇下，势使之然”，和“浩穰之区，人物盛伙”。宋室南迁又使两浙和临安成为士大夫汇萃的文化中心，在其影响下，科举越来越受人重视，登第、入仕者日益众多，好学、多文的风气更加盛行，柔慧的色彩愈益明显。在上述诸因素的共同作用下，又经过一百余年的社会生活实践，宋代杭州的风俗文化的特点方才最终形成并定型。

四、宋代杭州的风俗文化与经济的发展

按前所述，宋代杭州的风俗文化是在一定的经济条件的影响下形成的。值得注意的是，这种风俗文化一旦形成，又会反过来对杭州经济的发展产生重要的影响。这种影响是通过人的活动才展现出来的，它们主要表现在以下几方面：

首先，急于进取和急于图利构成了推动杭州经济发展的内在强大精神动力。宋代杭人的急于进取不论是急于通过科举入仕，还是急于发财致富，大抵是以急于图利，亦即急于谋取物质利益为主要特点和首要目标的。正是在这种急迫的进取心和竞争心的推动下，其人才勤于耕织，努力从事工商，在短时期内即将可耕之地（包括积水之地）全部开垦完毕，并使奇技之巧层出不穷，工商业和城市日臻繁荣。

其次，敏慧、好学和善于图利构成了足以推动杭州经济克服重

重阻力和种种困难，持续不断向前发展的潜在动力。敏慧、好学意味着其人具有较强的学习能力，适应环境的能力和应变能力，善于学习他人的先进技术和经验，善于从事经济活动，善于开拓创新和摆脱困境，亦即善于在经济活动中谋利，善图利意味着其人善于治生，能因地制宜地从事农桑漆茶鱼盐果蔬工商等行业并获得成功，能因时制宜在人多地少，人口压力形成后将剩余劳力转移到农业以外的工商政教等领域，或在因政局变动，人民生产作业日益艰难的情况下转而弃本逐末。这就使杭州的经济具有足够的灵活性，顽强的生命力和强劲的竞争力，足以长久立于不败之地。其中，工巧构成了推动浙地经济发展的直接动力。工巧使杭人具有较强的工作能力，因而善于图利，直接、有效地推动杭州经济的发展。

再次，奢靡、厚于滋味和尚浮屠之教只要不超过一定限度，便能增强和促进内部消费，造成一种持续不断的旺盛的内在需求，足以反过来带动生产，促进经济的发展，构成了足以推动杭州经济发展的一种内在的反推力。

最后，柔顺构成了杭州经济能正常发展的重要保障。柔顺的特性使杭人倾向于通过和平、正当和合法的途径，而不是以暴力和非法的手段去谋生与致富，因而易于营造出一种遵纪守法，具有良好的社会规范和社会秩序的氛围，足以为经济的顺利成长创造良好的内在运行机制和合适的外部环境。

毋庸置疑，宋代杭州的风俗文化对经济的发展又存在种种消极和不利的影响。例如奢靡、厚于滋味和尚浮屠之教过度所造成的超前消费，无异于釜底抽薪，将使再生产无法进行，因而会损害经济的发展。巧伪充斥，轻于犯法和犴狱繁兴，则会破坏社会规范和社会秩序，亦不利于经济的发展。不过，在宋代杭州的风俗文化中，消极因素是支流而非主流，宋代杭州的风俗文化对经济的影响主要是积极的而非消极的。就两浙内部四大区域而言，两浙中部尤其是杭州、苏州、嘉兴和绍兴四郡的风俗和人们的特性最适合亦最有利于经济的发展，宋代乃至元明清时期，四大区域中以中部经济发展最快，亦最为繁荣。这种现象的出现和长期存在与延续，不能说与该地的风俗文化无关。

本文原载于史及伟主编《杭州研究》2004年第4期，中央文献出版社。

两宋至明代吴中的出版业与禅宗文化的传播

建立在造纸和印刷两大发明基础上的图书出版既担负着文化传承的重要职能，又构成了工商业的一个重要组成部门。长期以来，学者们大多从科技史和文化史的角度出发，来探讨中国古代的图书出版，并取得了引人瞩目的重大成就[1]。从经济史着眼，将其作为工商业的一个部门来研究的则较少[2]。至于从多视角出发的研究更是不多。本文拟分别以经济史和文化史两个不同的角度出发，来考察这一问题。

1 如张秀民：《中国印刷术的发明及其影响》(人民出版社，1958)、《张秀民印刷史论文集》(印刷工业出版社，1988)、《中国印刷史》(上海人民出版社，1989)，(美)卡特：《中国印刷术的发明和它的西传》(吴泽炎译，商务印书馆，1957)，潘吉星：《中国造纸技术史稿》(文物出版社，1978)，李致忠：《中国古代书籍史》(文物出版社，1985)，长泽规矩也：《支那书籍小史》(《书志学》1卷4、5、6号，1933)，大木康：《明末江南出版文化的研究》(《广岛大学文学部纪要》50卷特辑号1，1991)，戴南海：《版本学概论》(巴蜀书社，1989)，洪湛侯：《中国文献学新编》(杭州大学出版社，1994)，杨渭生：《两宋文化史研究》(杭州大学出版社，1998)，莎日娜：《元代图书出版事业述略》(《内蒙古大学学报》，1995年第2期)，庄华峰：《宋代长江流域的雕版印刷业》(《光明日报》2000年4月14日)，邱澎生：《明代苏州营利出版事业及其社会效应》(《九州学刊》5卷2期，1992年10月)等。

2 见许涤新、吴承明：《中国资本主义的萌芽》第4章第6节《造纸业和印刷出版业中的资本主义萌芽》(人民出版社，1985)，李伯重：《江南的早期工业化》，第4章第4节《造纸业》、第5节《印刷业》(社会科学文献出版社，2000)，徐枫：《论宋代版权意识的形成和特征》(《南京大学学报》，1999年第3期)等。

苏州是鸦片战争以前明清江南的经济和文化中心。前人有关明清时苏州图书出版业的论著颇为丰富，对元代该地的图书出版则语焉不详。《坛经》是唐以下盛极一时的禅宗的主要经典，和大众文化及其传播有着非常密切的关系，而元初吴中的休休庵本《坛经》的刊梓和流行又存在不少亟待澄清的问题，考虑到上述诸因素，本文特以休休庵本《坛经》为例，来探讨、分析元代吴中的图书出版和文化的传播。

一、两宋至明代吴中的出版业

以往的研究大多认为，明代以前苏州的出版业并不发达。明中叶以后，苏州才迅速崛起，成为全国出版业的中心[1]。造成上述现象的主要原因是：明以前苏州在造纸、制墨和雕板原料方面缺乏优势，而这对早期出版业的发展是至关重要的。同时苏州在技术、从业者素质、人口、生产关系、经济、文教、交通等方面仅稍具优势。宋元以降，随着经济、文化的发展，到明代中叶，在苏州成为全国重要的工商业城市和文化中心后，上述优势日益突显，资源劣势的消极影响方逐渐减弱。尤其重要的是，苏州工商业的繁荣使从业人数及其在总人口中所占比重大大增加，从而推动了以满足市民需求为主的大众文化的不断发展，造成了对通俗读物需求的持续增长和出版市场的迅速扩大。其结果，一方面造就了一个规模可观的本地市场，使业者得以利用其所刊图书适合本地读者品味和运费方面的优势独占市场；另一方面，则使业者得以在明中叶以后经济不断发展，社会逐步富裕，文化日益大众化、商业化的背景下，利用

1　参见上页注 1。

苏州经济、文化上的优势和吸引力，在全国拥有很高的市场占有率。如按万历年间胡应麟所说，当时苏州、金陵“刻本至多”。书商所销之书 70% 来自苏州和南京，30% 来自福建。当时全国有北京、南京、苏州、杭州四大书市。在苏州、南京市场上，其书绝大部分系本地所刊，很少有外地刻本。在北京市场上，其书大多来自苏州[1]。可见苏州在成为全国经济、文化中心以后，又成为全国出版业的中心，其图书出版则具有鲜明的大众化、商业化的色彩。

如果说明中叶以后苏人刻书绝大部分是为了销售，属于商业行为，那么在此之前，吴中刊本因成本高、销售量有限，难以赢利，则商业化色彩很淡。只须比较一下宋明两代苏州和其他地区的书价，即可了解这一点。

北宋嘉祐四年（1059），苏州知州王琪增修王洙编次的《杜工部诗史旧集》20 卷，俾公使库镂板刷印万本出售，每部售价千钱[2]。清文渊阁《四库全书》本宋黄希原《黄氏补注杜诗》是在王洙注本的基础上增补而成，共 36 卷，1309 页，平均每卷约 36 页。王琪所刊应少于 1309 页，若按相当于 20 卷计，王琪本约为 720 页，平均每页售价 1.39 文钱。

南宋淳熙三年（1176），淮南舒州公使库刻《大易粹言》1 部 20 册，共用纸副耗 1360 张，棕墨糊药印背匠工食等钱 1 贯 500 文足，赁板钱 1 贯 200 文足，每部卖钱 8 贯文足[3]。淳熙十年象山县学雕《汉隽》1 部 2 册，印造用纸 160 幅，工墨装背钱 160 文足，赁

1　胡应麟：《少室山房笔丛》卷四《经籍会通》，第 4–8 页，文渊阁《四库全书》本。

2　据文渊阁《四库全书》本《黄氏补注杜诗》卷前王洙：《杜工部诗史旧集序》，王琪：《增修王原叔编次杜诗后记》，明陈继儒：《太平清话》，转引自张秀民《中国印刷史》，第 82 页。

3　据张秀民：《张秀民印刷史论文集》，第 107 页。

板钱100文足，每部售价600文足[1]。文渊阁《四库全书》本《大易粹言》卷末所附李祐之跋称，全书共45万余字，嘉定六年（1213）张嗣古跋云其曾修改书板736，计261594字。据此推算，此书平均每页为355.4字。若全书按45.5万字折中计，约有1280页，平均每页售钱6.25文。不过此钱并非铜钱。南宋时，淮南一般通用铁钱而禁用铜钱。从乾道五年到淳熙十年，宋政府每年均支拨会子收换两淮铜钱，送至建康、镇江[2]。绍熙以后，臣僚云："铜钱之在江北者自乾道以来悉以铁钱收换，或以会子一贯换钱一贯省。其铜钱解赴行在及建康、镇江，……于江之南北各置官库，以铜铁钱交换。凡沿江私渡及极边径路严禁透漏。"[3]据此分析，淳熙三年舒州通用铁钱而禁用铜钱，《大易粹言》每页平均售价应为铁钱6.25文。乾道二年陈良祐主张两淮铜、铁钱兼行，而"以铁钱二，当铜钱一"[4]。绍熙以下，"江北公行以铜钱一准铁钱四"[5]。若按1比2计，《大易粹言》页均售价应合铜钱3.125文。又《汉隽》2册为《大易粹言》的1/10，赁板钱为《大易粹言》的1/12，按两者折中计，《汉隽》约有120页，平均每页售价约5文钱。

按汪圣铎研究，南宋中期，以铜钱计算的物价大致涨至北宋中期的3倍以上，乃至4、5倍。如按北宋中期两浙、江东、淮南米价大约每石500文足上下，南宋中期每石大约2贯文足上下计[6]，

---

1 据王国维：《两浙古刊本考·宁波府刊板》，《海宁王静安先生遗书》，民国二十九年商务印书馆长沙印本。

2 留正等：《皇宋中兴两朝圣政》卷四七"乾道五年十二月"条，卷六〇"淳熙十年十一月"条，商务印书馆选印宛委别藏本。

3 马端临：《文献通考》卷九《钱币》二，第98页，中华书局，1986；《宋史》卷一八〇《食货下》二，中华书局标点本，第4398页。

4 《文献通考》卷九《钱币》二，第100页。

5 《文献通考》卷九《铁钱》二，第98页；《宋史》卷一八〇《食货下》二，第4398页。

6 汪圣铎：《北南宋物价比较研究》，《宋史研究论文集》，第239-241页、第249页，河北教育出版社，1989。

王琪所刊平均每页售价约合米 0.278 升，舒州、象山所刊平均每页售价则为 0.15625 升和 0.25 升。单就页均售价而言，苏州刊本高于舒州、象山所刊。若就印数或发行量而言，苏州所刊印行万本，若以 1 卷 1 本计，即达 500 部，36 万页。舒州所刊共用纸 1300 幅（不含装背），按每幅宽 2 尺 2，长 4 尺，大约可印书 12 页计，仅印 15600 页，约 12 部。象山所刊共用纸 160 幅，共印 16 部，1920 页。前者在大量印行的情况下页均售价仍高于印行数十分有限的后两者，可见苏州刊本的成本远高于舒州和象山所刊。

又元天历元年（1328），政府出售大历 2202203 本，小历 915725 本，回回历 5257 本，每本价钱分别为中统钞 1 两、1 钱和 1 两。天历三年，元政府颁行入粟、入钱补官制，规定每米 1 石折钞价为：陕西 80 两，腹里、河南 60 两，江南 40 两[1]。按 1 石等于 40 两计，江南小历每本售价合米 0.25 升。即使按最高价及每本小历仅 1 页计，其页均售价亦比王琪刊本低。由此可见，宋代苏州刻本的成本不仅高于宋代的舒州和象山，而且高于元代。

值得注意的是，明代中叶以后，苏州刊本仍然具有成本及售价较高的特点。如按万历间人胡应麟所言，当时全国刊本以苏州最为精美。各地书价："闽中十，不当越中七；越中七，不当吴中五；吴中五，不当燕中三；燕中三，不当内府一。"上述"燕中"书价系指各地（包括苏州）刊本运至北京后的销售价。因道远运费高昂，其价自然高于刊地的市场价。北京所刊则因纸贵而价格居高不下[2]。在排除运费这一因素的影响外，可以说即使在发行量大的情况下，苏州所刻图书的成本和价格也还是很高的。

---

1 《元史》卷九六《食货》四《赈恤》，《二十五史》本，第 7521 页，上海古籍出版社、上海书店出版社，1986。

2 胡应麟：《少室山房笔丛》卷四《经籍会通》，第 4–8 页。

由上可知，从宋代至明代，苏州所刻之书均具有成本和售价较高的特点。较高的成本和售价，使苏州在成为全国经济、文化的中心，得以依靠其优势和吸引力独占本地市场，并在全国市场上占据主导地位以前，很难形成一批以出版营利维生的工商业者。元代的吴中即是如此。

在元代的吴中，出版业的不发达并不等于以出版为媒介的文化（包括大众文化）及其传播的不发达。文化及其传播经常有赖于市场，但从来不完全受制于市场和人们的商业行为。人既是经济人，又不是经济人。在市场化、商业化的出版业兴起之前，元代吴中文化的传播依然是大量通过出版这一媒介进行的。不过出版者的目的并不在于营利。如当时作为吴中大众文化之重要组成部分的禅宗文化的传播，便是由一批颇具活力的禅僧积极推动的。他们具有献身精神和宗教热忱，不计利益成败，只求令众生自见本性，一悟成佛。非营利、非商业化的《坛经》等经典的刊行构成了元代吴中禅宗文化传播的重要方式。

二、休休庵本《坛经》的刊行

《坛经》是禅宗的一部重要经典，记载了慧能的思想及其事迹。该书自慧能门人法海“集记”成书后，不断经人整理增删，形成多种版本。其中影响较大、流传较广的有敦煌本、惠昕本、契嵩本、德异本（即休休庵本系统）和宗宝本。以往的研究对前三种版本和宗宝本较为注意，对德异本则不太重视[1]。休休庵本是“幼年尝见古

1 见胡适：《胡适论学近著》，平装本第一集上册，《坛经考之一》(《跋曹溪大师别传》)、《坛经考之二》(《记北宋本的六祖坛经》)；印顺：《中国禅宗史》第六章《坛经之成立及其演变》，上海书店出版社，1992；宇井伯寿：《禅宗史研究》第一章《坛经考》，岩波书店，1935；柳田圣山：《初期之禅史》二，《禅的语录》三，筑摩书房，1976；郭朋：《坛经校释》，中华书局，1983；《坛经导读》，巴蜀书社，1987；《坛经对勘》，齐鲁书社，1981；周绍良：《敦煌写本坛经原本》，文物出版社，1997。

本”全帙的“古筠比丘德异”，因“《坛经》为后人节略太多，不见六祖大全之旨”，遂“遍求三十余载”，终“得通上人寻到全文”，于至元二十七年（1290）“刊于吴中休休禅庵”[1]，并由国内传至海外，在韩国、日本一再翻刻，广为传布。此外，在休休庵本的刊行者及大德四年翻刻本、延祐三年重刻本之刊者、作跋者和刊行地等方面，也还存在不少误解和有待澄清之处。因此，无论是从版本还是从大众文化传播的角度来看，德异本的刊行均很值得研究。

休休庵本系蒙山德异所刊，上海图书馆现藏有其于元至元二十七年吴中休休庵所刊刻本[2]。德异号蒙山，出家师从临济宗大师皖山正凝（1191—1274），与雪岩祖钦（1217—1287）、高峰原妙（1238—1295）、绝学世诚（1260—1332）等同时，为宋末元初人[3]。其所度弟子以“志行愿清普贤妙道智慧圆明真宗河绍”等16字为宗派[4]。休休庵一名圆觉寺，又名普光王禅院，系德异于南宋咸淳十年（1274）创建，位于苏州申庄前北口，小莲河桥西[5]。德异著有《蒙山和尚普说》四卷，系元释吾靖等辑集，北京图书馆藏有该书的明抄本[6]。哈佛燕京图书馆则藏有明成化二年（1466）韩国翻刻的《蒙山和尚六道普说》。

除上海图书馆外，哈佛燕京图书馆又藏有明隆庆三年（1569）朝鲜平安道祥原地大青山解脱寺据休休庵本韩国翻刻本重刊的一部

1　哈佛燕京图书馆藏隆庆三年（1569）平安道祥原地大青山解脱寺所刊《六祖大师法宝坛经》卷前，德异：《六祖法宝坛经序》。

2《中国古籍善本书目》子部《释家类》，第959页，上海古籍出版社，1996。

3　宋濂：《宋景濂未刻集》卷下《妙果禅师塔铭》，第31–35页；释大䜣：《蒲室集》卷一二《豫章般若寺绝学诚禅师塔铭》，第11–14页，文渊阁四库全书本；明河：《补续高僧传》卷一二《铁山琼禅师传》，《高僧传合集》，第692–693页，上海古籍出版社，1995。生卒年据陈垣：《释氏疑年录》卷九《励耘书屋丛刻》，第2144、2153、2161页，北京师范大学出版社，1982。

4　危素：《说学斋稿》卷二《扬州普门禅庵记》，第35–36页，文渊阁四库全书本。

5　王鏊：《姑苏志》卷二九《寺观》，第12页，文渊阁四库全书本。

6《中国古籍善本书目》子部《释家类》，第967页。

《坛经》。其卷末附记曰：

> 先是行于东国者有数本焉，率皆举略而遗全，循讹而失正。……中吴休休蒙山异老……寻得大全之古本，既板而寿其传，……又欲广其法施也。越大德二年春，附商寄来，嘱以流通。法施之愿，予之不浅，得之庆幸。遂乃重锓，庶流布于无穷也。所期参玄之士，但向未开卷前著得活眼，续佛慧命。慎莫泥句沉言，灭胡种族，其有兹乎！四年。

此跋无作者落款，四年是否为大德四年亦无法确定。为弄清以上二问题，笔者查阅了多种文献，并通过韩国学者的帮助，最终获得了原本藏于汉城大学，明嘉靖三十七年（1558）韩国黄海道遂安土阿达山青奄寺据休休庵本韩国重刊本翻刻的《坛经》复印本。其卷末附记在“四年”下较解脱寺本多出“庚子七夕住花山禅源万恒谨题”一行共13字。据此可知，蒙山德异在休休庵本《坛经》刊行8年后，曾托商人将其送交万恒（1249—1319），并于两年后即大德庚子，亦即大德四年（1300）在韩国刊行。按李齐贤《益斋集》卷七《慧鉴国师碑铭》所载，“万恒，俗姓朴氏。考进士，讳景升。……师以儒家子为僧。……中吴异蒙山见其文偈，叹赏不已，赓和十数，仍贻书致古潭之号。延祐已未……化，……寿七十一”。万恒住花山禅源，以“海东曹溪山修禅社万恒”享誉中韩[1]，又与德异向有交往。曹溪山修禅社在全罗南道昇州郡，原名松广山吉祥寺，曹溪宗创立者知讷居此而改名。曹溪宗是高丽化的禅宗，主要传授临济禅法。按上所说，无论就信仰还是就私交而言，蒙山请万

1 陈垣：《释氏疑年录》卷九，《励耘书屋丛刻》，第2167页。

恒重刊《坛经》，以广流布，乃是十分自然的。

休休庵本《坛经》刊行后，除了曾在大德四年重新镂板外，还曾在延祐三年（1316）再次刊板。一般认为，日本国会图书馆所藏《六祖大师法宝坛经》系延祐三年高丽刻本，自高丽传入日本[1]。此说值得商榷。从韩国国立图书馆等收藏的玉泉寺本等《坛经》来看，延祐本亦曾于明代在韩国重刊。延祐本《坛经》卷首亦载“古筠比丘德异”所撰《六祖法宝坛经序》，显然是据休休庵本重刊。卷末则附录所南翁、景瞻所作二跋。前者云：

> 《坛经》乃述六祖禅师本末与夫接门弟子问答之语。其辞直截，豁露分明，示人更无隐语，……可谓直指人心，见性成佛之捷径。但其间别有一句，虽不出于文字语言之外，却不在于语言文字之中。试问诸人还读得么。若读得出，立地化凡成圣。其或未然，且只循行数墨，亦福不唐捐。秋谷长老损财入梓流通，……不知谁解体悉此意耶？所南翁跋。

后者则曰：

> 《法宝坛经》乃是佛祖骨髓，……报国秋谷老师刊板印施，以广其传，欲令学般若菩萨顿悟心宗，令趣觉地。虽然，“叶落归根，来时无口”。若谓老卢末后句，此卷向甚处得来？延祐丙辰三月日瑞光景瞻拜书。

按此可知，延祐三年刻本是报国寺秋谷长老出资刊行，题跋者

1　见昭和十年复刻元延祐高丽刻本《六祖大师法宝坛经》卷前大屋德城：《解说》。

系所南翁和景瞻。

据目前所知，宋末元初以所南为别名字号者仅郑思肖（1241—1318）一人。此处的所南翁应系郑思肖无疑。郑思肖，福建连江人，初名某，宋亡，乃改名思肖（即思赵）。其字忆翁，号所南，皆寓意也。祖咸，卒于枝江县主簿。父震，后名起，字叔起，号菊山，为和靖书院山长，景定壬戌（1262）卒于吴。母楼氏，妹为比丘尼，名普西。思肖宋末以太学上舍应博学宏词科，侍父来吴。宋亡，隐居吴中，遇岁时伏腊则野哭南向拜，坐卧不向北，闻北语必掩耳亟走。终身不娶，多寓僧寺，田亦多舍诸刹。撰有《所南文集》、《一百二十图诗集自序》、《谬余集》、《释氏施食心法》及《心史》、《太极祭炼》等[1]。元王冕言郑思肖“晚年学佛”[2]。思肖亦自云“我自幼岁世其儒，近中年闯于仙，入晚境游于禅”，“吴之名山、禅室、道宫无不遍历”[3]。据此分析，延祐中为释秋谷所刊禅宗经典《坛经》题跋，推崇《坛经》，阐发其旨，赞扬刊行者，题跋落款不用延祐年号的所南翁，与毕生忠于赵宋，晚年入禅，寓于僧寺的郑思肖应是同一人。

报国寺系宋咸淳间僧持正所建[4]。按祝允明追述，此寺在杨家巷，至元二十二年有施者捐钱购地为供佛道场，“延普照智明师主之，一时禅风甚盛。再传觉无象，三传某子通。”明“洪武中并隶开元”，其后僧人“乃具始末及泰定丁卯通师所立寺基图簿示余求

---

1 郑思肖：《所南文集・附录・郑所南小传》，《四部丛刊续编》；卢熊：洪武《苏州府志》卷40《人物・高行・郑思肖传》，《中国方志丛书》，台湾成文出版社，1983年；陶宗仪：《南村辍耕录》卷20《狷洁》，文化艺术出版社，1998年；《心史》，《四库全书存目丛书》集部第21册，齐鲁书社，1997年；郑思肖所编集的《太极祭炼内法议略》则收于正统《道藏》《洞玄部・方法类》。

2 《所南文集・附录》，第9页。

3 《所南文集・三教记序》，第49页；《附录》，第3页。

4 《姑苏志》卷二九《寺观》上，第5页。

记。……又传亡宋遗老郑君所南久居其中。所南狷独少合，寺多佳僧亦可知矣”[1]。按寺僧所述，郑思肖与报国寺僧关系颇佳，且在该寺寓居甚久，他为该寺长老捐资所刊《坛经》题跋一事应是可信的。

秋谷生平事迹不详。郑思肖入元后以宋遗民自居，坐卧不向北，闻北语必掩耳亟走，“誓不与朔客交往，或于朋友坐上见有语音异者，便引去”[2]。因赵子昂“受元聘，遂绝之”[3]。其《所南翁一百二十图诗集自序》自言，凡“有求皆不作，绝交游，绝著作，绝倡和”，长期“不与世接”[4]。秋谷如为北人和高丽人，若与北人及元世祖外孙忠宣王王璋治下的高丽有关，郑是不会与其交往并题跋的。这从反面证明：秋谷应为南僧，其书应刊于吴中。

上述泰定丁卯（1327）前后报国寺主持通师，应系元初人。此人与至元二十七年为蒙山德异寻得《坛经》全文的“通上人”似为同一人。若此说成立，则德异本《坛经》在休休庵刊行后26年，复由报国寺刊板印施，完全是由于通上人与两者皆有关的缘故。

郑跋所云“其间别有一句，虽不出于文字语言之外，却不在于语言文字之中”，当指“其辞直截，豁露分明，示人更无隐语”的《坛经》虽曾谈及，却语焉不详，语言无法直接描述清楚之物。据“若读得出，立地化凡成圣”一句分析，此应指慧能“说法不离自性”，即其十分重视并反复强调的“若识自性，一悟即至佛地”的佛性或自性[5]。“另有一句”是指：“师告众曰：‘吾有一物，无头无尾，无名无字，无背无面，诸人还识否？’”慧能所问之物是既可

1　祝允明：《怀星堂集》卷三〇《敕赐苏州府报国禅寺记》，第15、16页，文渊阁四库全书本。
2　陶宗仪：《南村辍耕录》卷二〇《狷洁》，第283页。
3　《所南文集·附录·郑所南小传》，第2页。
4　《所南文集·答吴山人问远游观地理书》，第11页。
5　德异本《坛经》之《南顿北渐》、《悟法传衣》。

言又不可言，不可言传只可意会，即神会所说的诸佛之本源和自身之佛性[1]。这表明题跋者已牢牢把握《坛经》的精髓，此人应系“人晚境游于禅”的郑思肖无疑。

又景瞻跋文所说之瑞光应指瑞光禅寺，景瞻应为瑞光寺僧人。该寺在开元寺南[2]。二寺比邻，关系密切，明代并为一寺。因此之故，他才会继郑之后为报国寺长老秋谷所刊《坛经》题跋。也正因为如此，他才会对德异本所用底本，即通上人所寻到的古本全文有较一般人为多的了解，并就“叶落归根，来时无口”一句提出“若谓老卢末后句，此卷向甚处得来”的问题。

景瞻跋文所引“叶落归根”之句，敦煌写本和惠昕本《坛经》俱不载，契嵩本、德异本和宗宝本则均有之，且字字相同，应是后人增入。德异本此句系从通上人寻到的古本得来。但据目前所知，此句尚另有来处。德异本此句前为：“大师七月八日忽谓门人曰：‘吾欲归新州，汝等速理舟楫。’大众哀留甚坚。师曰：‘诸佛出现，犹示涅槃。有来必去，理亦常然。吾此形骸，归必有所。’众曰：‘师从此去，早晚可回？’师曰：‘叶落归根，来时无口’。”[3]唐人所撰《曹溪大师别传》云：“大师归新州，诸弟子问：‘大师何时得归？’答曰：‘我归无日也。’”[4]可见此句是后人据《曹溪大师别传》增入，而改“日”为“口”。改后文句具多层含义。“叶落归根”既可指回其故乡新州，又可指归于涅槃和诸佛之本源。“来时无口”既指慧能身死后又从新州迁回曹溪，来时已不能言说；又指身虽涅槃，佛之本源尚在，信徒只要懂得修行求佛，“此须心行，不在口

1 德异本《坛经·南顿北渐》。

2 《姑苏志》卷二九《寺观》上，第7页。

3 德异本《坛经·付嘱流通》。

4 《续藏经》第2编乙第19套第5册，转引自郭朋：《坛经校释》，第129页。

念”，“但信佛无言”，即可“见性成佛”[1]。据此分析，景瞻不但知道德异本此句的来历，而且还深知此句的含义。其人应是与通上人、秋谷长老交往密切的瑞光寺禅僧。

由上可知，吴中休休庵本《坛经》在至元二十七年刊梓后，即逐渐传布四方。初次刊行后10年，“花山禅源”万恒复在高丽翻刻此本。又16年后，即延祐三年，报国寺秋谷再度在吴中刊刻此书，并经高丽传入日本。日本国会图书馆所藏版式、纸料似高丽所刊者应系高丽之翻刻本，翻刻时间未必在延祐三年。至元本、延祐本流入高丽、日本后，翻刻者众多，影响甚大。又，至元二十八年南海宗宝所刊《坛经》文字内容与休休庵本一致，卷前亦载德异之序，该刊本也是据休休庵本刊梓而成。这表明休休庵本在刊梓一年后即已传至岭南。从文化的传播着眼，传布速度快、影响广泛的休休庵本《坛经》便很值得注意。

三、从休休庵本《坛经》的传布看禅宗文化的传播

一种文化能否在特定的社会里获得广泛的传播，并产生深远的影响，不仅取决于传播者是否积极推行和传播这种文化，而且主要取决于其内容是否适合该社会人们的需求，其价值观是否与该社会人们流行的价值取向相吻合。以《坛经》为主要经典的禅宗文化的传播也不例外。

先就《坛经》刊行者而论。蒙山德异在其自序中云：“夫《坛经》者，言简义丰，理明事备，具足诸佛无量法门。一一法门，具足无量妙义。一一妙义，发挥诸佛无量妙理。……善人者，……於

1　德异本《坛经》之《悟法传衣》、《参请机缘》。

一念间圆满功德，与普贤等，与诸佛等。”他刊行此书是为了“与诸胜士，同一受用。惟愿开卷举目，直入大圆觉海，续佛祖慧命无穷，斯余志愿满矣。”其目的在于与众共享，续佛祖慧命于无穷。故刊行后，他又在大德二年将此本远寄万恒，“嘱以流通”，在高丽刊行。

万恒认为《坛经》“实宗门之关键”，德异此举是“欲广其法施也”；且以为其“法施之愿，予之不浅，得之庆幸。遂以重镂，庶流布于无穷也。所期参玄之士，……续佛慧命”。其目的亦是为了让其传之无穷。

郑思肖指出，《坛经》可谓“直指人心，见性成佛之捷径”，秋谷刊行此书是“老婆心切”。景瞻认为，“《坛经》乃是佛祖骨髓，直截根源……见者饮者，靡不具足”。秋谷“刊板印施，以广其传”，是“欲令学般若菩萨顿悟心宗，令趣觉地”。按其所说，秋谷刊行《坛经》是施于大众而非营利，是为了广泛传布其思想，使人顿悟成佛。

由上所述，可知休休庵本《坛经》的初刊和翻刻者印行此书绝非出于营利的目的，也不是为自己博取名声，而是为了令众生见性自悟，使《坛经》的宗旨传之久远。至于其目的能否实现，则取决于社会的需求和人们的价值取向。

从长期的历史发展进程来看，唐代以降，中国社会发生了划时代的重大变迁。随着士族阶层的消亡、经济的进步，各种社会集团势力的消长和制度的嬗变，内忧外患和动荡不安构成了人们生活的重要组成部分，社会世俗化的趋势逐渐增强，最终形成一股不可阻挡的潮流。旧的主导思想和宗教已不适合变化了的社会和人们的需求，新的社会需要新的精神支柱，处于忧患和动荡中的人们迫切需要精神上的寄托，呼唤着符合其口味的新宗教的出现。在这样的条件下，建立在吸收、消化印度佛教基础上所形成的中国化的佛教——禅宗，因其最符合变化了的社会和人们的需要而开始流行。随着佛教中国化和社会的变迁，禅宗逐渐崛起，并迅速趋于繁荣。到宋代，包括吴中在内的两浙因此而形成了人人“尚浮屠之教”的风气[1]。其原因即在于以《坛经》为“宗门关键”的禅宗，非常适合唐以下社会的需求和大众的价值取向。

就其内容而言。禅宗认为：“心是地，性是王，王居心地上”；“我心自有佛”，“万法尽在自心”；人皆有佛性，“三世诸佛十二部经，在人性中本自具有”，“愚人、智人佛性本无差别”[2]。故而主张：“佛向性中作，莫向身外求”；人若“各自观心，自见本性”；“若识自性，一悟即至佛地”，即可“见性成佛”[3]。

《坛经》直指人心，教人“见性成佛”具有以下特点：

1. 明白易晓。不论智者、愚者，有无文化，是否识字，皆能领会。

2. 简单易行。其说“不论禅定解脱”，“不假文字”，不必改变观念，无需选择特定道场，主张“造寺、供僧、布施、设斋……实无功德”，“成道非由施钱”，不需雄厚的物力和智力，只需“见性”即可[4]。

3. 成佛快捷。慧能自称其所说法乃“顿教”。其说教人“从自心中顿见真如本性”，“一悟即至佛地”[5]，提供了一种快捷成佛的方法。

4. 突出自我。其说“不离自性”、“自心”、“自佛”、“我心”，

---

1 《宋史》卷八八《地理四》，第2177页，中华书局标点本，1977。

2 德异本《坛经》之《释功德净土》、《付嘱流通》、《悟法传衣》。

3 德异本《坛经》之《释功德净土》、《悟法传衣》。

4 德异本《坛经》之《悟法传衣》、《释功德净土》。

5 德异本《坛经》之《悟法传衣》。

主张“各自观心”，“自见”、“自悟”，认为“只合自性自度”，方能获得内心的解脱，大善知识仅能“示导见性”而已[1]。

5. 强调平等。慧能在回答“汝是岭南人，又是獦獠，若为堪作佛”，这一带有地域兼种族歧视的问题时，理直气壮地回答说：“人虽有南北，佛性本无南北。獦獠身与和尚不同，佛性有何差别！”不仅如此，他还认为“愚人、智人佛性本无差别”，强调“见性是功，平等是德”；“自性平等，众生是佛”[2]。禅宗还在长期的发展过程中形成了生死坐卧衣食住行与劳作相共，平等消费的生活方式和规范。

6. 内外兼修。其说主张“内心谦下”，“外行於礼”，“常行普敬”，“心行平直”，修性、修身并举。强调“恩则亲养父母，义则上下相怜，让则尊卑和睦，忍则众恶无喧”。赞扬“改过”，反对“非贤”[3]。后来禅宗又引入了忠君爱国的观念，制定了一系列僧人的行为规范。

7. 不离世间。其说主张“佛法在世间，不离世间觉。离世觅菩提，恰如求兔角”认为：“若欲修行，在家亦得”。强调毋须禁欲、出家，不必脱离世俗生活，即可成佛[4]。

8. 面向大众。慧能说法，出自“普愿法界众生，言下见性成佛”之心，有普度众生之意[5]。其说以上诸种特点也体现了面向大众的特点。

由上所述，可知禅宗注重自我和内外兼修，以追求个人内心解脱为鹄的，超乎权力、名利和感情之上，同时又主张修身、行礼，

1 德异本《坛经》之《南顿北渐》、《悟法传衣》、《付嘱流通》。

2 德异本《坛经》之《悟法传衣》、《释功德净土》、《付嘱流通》。

3 德异本《坛经》之《释功德净土》。

4 德异本《坛经》之《悟法传衣》、《释功德净土》。

5 德异本《坛经》之《悟法传衣》。

强调忠君爱国，和孝、义、忍、让、谦、敬。其说合乎君主和官僚士大夫的需要，自然会获得其认可和支持。

禅宗因其创立者慧能出身贫苦的缘故，非常强调平等，始终面向大众，主张贫苦大众皆能成佛。这就使其说特别符合劳苦大众的需要，深受其欢迎。

禅宗倡导不离世间即可成佛说，将禅与世俗社会和人们的世俗生活融为一体，主张俗人在日常生活中亦可成佛。其说顺应了社会世俗化的发展趋势，非常符合变化了的社会和世俗大众的特殊需求。理所当然地受到了全社会的欢迎。

禅宗的思想明白易晓，简单易行，为信徒提供了一条成佛的捷径，具有其他宗教派别所无法比拟的优势，深受迫切需要宗教的人们的欢迎，特别容易为大众所接受。所有这一切，都使禅宗在唐以下由于政府和社会各阶层大众的直接推动，获得了迅速的发展，并构成了大众文化的一个重要组成部分。

在禅宗各派别中，临济宗从其创立者义玄起即强调“自信”、“自主”和“自悟”，强烈反对权威和教条，坚信“平常心是道”，人、道无间。其后继者如黄龙慧南和杨岐方会、宝峰克文、大慧宗杲等又严厉指责“默照禅”，坚持临济禅的宗旨，力主“佛法住世”，“人王法王，王道同久”，“佛法则世间法”。这就使其最受当时社会和人们欢迎，成为宋元时期全国（尤其是江南）最盛行的禅宗派别[1]。

又据当时情境分析。宋末元初，内忧外患交作，社会动荡不安，政治腐败黑暗，南宋的覆灭给江南人造成了强大的冲击，加以

1 《古尊宿语录》卷四《镇州临济慧照禅师语录》，卷四二、四三《云庵真净禅师语录》；宗杲：《大慧普觉禅师语录》卷二五、二七。

元统治者崇佛，尤其是政府粗暴的种族歧视和沉重的民族压迫，使更多的士人和民众投身佛门，寻求安身立命之地。原已十分兴盛的禅宗因此而更趋繁荣。按元平江"城北遗民"所言，元初平江"城乡遍设甲主"。其制："编二十家为甲，以北人为甲主"。甲主往往"孥人妻女"，甲下人户"衣服饮食惟所欲，童男少女惟所命"。不堪其压迫因此而自尽者"不知凡几"。当时，"惟娼优隶卒僧道尼丐不隶甲下"，不少人因此而投身佛门。如李尧臣即于鼎革后"奉母携眷避甲主之患，片旁于门曰：孤竹院，倩一僧持香火，……（并）全家披薙"[1]。郑思肖亦在入元后由道入于禅，其妹则为比丘尼[2]。又按郑思肖所云，吴中唐以来寺观绝少，却多有真心出家者，"迩来仙佛之居数倍，多于三十年前，而率皆富者蔽身，贫者窃食焉。非真心出家，通身俗气，厌骂贫者"[3]。其说虽不无夸张，但却反映了元初吴中禅宗等宗教的迅速发展和世俗化的事实。据明正德《姑苏志》所载，当时苏州在城和郭外（吴和长州）共有寺院345所，其中宋咸淳及元代不足百年间创建（不包括重建）的即达137所，占总数的39.7%，远远超过咸淳以前两宋300年和明代130年间创建的121所和7所之总和。这说明南宋末和元代吴中的佛教并未衰落，而是十分繁荣。再从休休庵本刊行后最多一年多，即已从吴中传至岭南，并于初刊后20多年，再次在吴中梓行来看，《坛经》在吴中休休庵的刊行不仅符合当时社会和人们的需求，而且还大大推动了禅宗的文化的广泛传播。

---

1 徐大焯：《烬余录》，第29、26、20页，《望炊楼丛书》，苏州文学山房，1924年。

2 《所南文集》之《三教记序》，第49页；《附录·郑所南小传》，第1页。

3 《所南文集·十方道院云堂记》。

四、休休庵本《坛经》和禅宗文化在高丽、日本的传播

复就高丽而言。禅宗在新罗时期即已传入朝鲜。高丽王朝建立后，实行土地国有制，颁行“田柴科”，按官吏士兵等级高低给田。国内贱民、奴婢人数众多。王室崇佛，支持天台宗，佛教势力迅速发展，但禅宗并不居于主导地位。高丽中叶以降，“田柴科”制度消亡，旧贵族势力被推翻，出现了武人专权的局面，农民和贱民、奴婢起义此起彼伏，连绵不断。尤其是13世纪以后，高丽先是蒙受“丹兵”、“东真”的数十次侵扰，尔后又遭到蒙古的7次大举入侵和20余次局部战争。仅1254年，“蒙兵所虏男女无虑二十万六千八百余人，杀戮者不可胜计，所经州郡皆为灰烬”[1]。直至1259年高丽王遣世子奉表朝献，成为元朝的附庸后，战乱、民族危机和“国势岌岌殆哉”的局面方告结束[2]。但高丽人民的深重苦难却并未结束，民族压迫随之大大加重。社会的变迁和长期的动荡，频繁的战乱，民族、国家、个人的苦难和生存危机，民族和阶级的沉重压迫与不平等，都促使人们寻求适合其需要的新思想，以获得精神上的寄托和解脱。

正是由于这一时期高丽全国上下产生了对新的宗教思想的强烈需求，从新罗时代即已传入朝鲜，经许多代禅僧努力倡导都没有获得重大发展的禅宗终于等到属于自己的机会。与唐宋元初的江南一样，强调自我、平等、内外兼修、不离世间和面向大众，又

1　金宗瑞:《高丽史节要》卷一七“高宗四十一年十二月”条，韩国亚细亚文化社影印本，第444、445页，1973年。

2　郑麟趾:《高丽史》卷二四，李齐贤《高宗赞》，韩国亚细亚文化社影印本上册，第500、501页，1972年。

明白易晓、简单易行，成佛快捷的禅宗，尤其是特别注重“自信”、“自主”、“自悟”，强烈反对权威和教条，坚持临济禅的传统，倡导“王道同久”的临济宗，亦极其适合上述变化了的高丽社会及其君臣和大众的需要，这就使禅宗和临济宗在高丽迅速传播开来。

值得注意的是，在思想内容方面需求和供给双方的一致，并不意味着禅宗和临济宗一定会在高丽盛行。因为特定社会中产生的某种文化能否纳入另一社会并在其中流行，还取决于人的选择、改造、推行和时空等条件的影响。

时空条件决定了当时高丽所需的新思想主要来源于中国。中韩两国地域相近，后者一直有从中国输入文化的传统。宋元时期，尤其是元代，两国交通便利，交往频繁，加上印刷术的普及，文化的传播主要是以书籍传输的方式进行的，其速度和规模都远远超越前代。这种传播往往经由海道，通过政府、僧人、留学生和商人进行的。如延祐元年（1314），高丽除一次获得元帝赐予的书籍 17000 卷外，还专门派人至江南选购图书。[1]当时，江南是全国经济和文化最繁荣的地区，也是与高丽经济、文化往来最密切的地区。在江南，禅宗中的临济宗又是占绝对优势，最为兴盛的宗教。这就使临济禅具有其他宗教所无法比拟的优势，得以优先并迅速、大规模地传入高丽，成为高丽人的首选。

人在文化的传播中起着至关重要的作用。临济宗思想潮水般的涌入既是社会需求和时空条件造成的，更是以富有活力的临济宗僧人为主的人的有选择地引进，不断消化、改造和不遗余力地推行的结果。这主要表现在曹溪宗的兴起上。该宗派的创立者知

1 郑麟趾：《高丽史》卷三四《世家》，忠肃王元年六月庚寅条，韩国亚细亚文化社影印本上册，第 699 页。

讷（1158—1210）接受《坛经》的观点，主张“自修佛心，自成佛道”。同时又从《坛经》的“心地无乱自性定，心地无痴自性慧”出发，提出了“双修定慧”和“顿悟渐修”的看法[1]。其后以曹溪宗名义传禅说法，影响甚大的太古普愚（1301—1382）和懒翁慧勤（1320—1376）分别被封为王师。普愚曾至湖州参临济宗禅师石屋清珙，得其印可。普愚传临济禅法，鼓吹宗杲的“话头禅”，并结合净土信仰，倡导“念佛禅”，使之成为曹溪宗的特色之一。慧勤曾至平江休休庵结夏，参临济宗禅师平山处林，得其印可。其所传亦为临济禅法[2]。由于高丽禅僧的选择、引进、消化、创造和大力推行，元时高丽临济宗十分流行。如宋末元初，师从临济宗大师雪岩祖钦（1217—1287），曾先后谒见临济宗大师高峰原妙（1238—1295）、蒙山德异的铁山琼禅师，在国内“法道不盛”，却“道行三韩”，影响颇大。按临济宗大师中峰明本（1263—1323）所云，其“无端将戒定慧三学遍作漫天网子，向万里鲸涛之东拦空一撒，直得高丽僧俗二众沸腾上下，奔趋往还”[3]。通过高丽僧人的努力，以临济宗为主的禅宗文化不仅在高丽广泛传播，而且还在本土化的基础上，形成了高丽化的临济禅——曹溪宗，并最终使其成为朝鲜最大的佛教宗派。

还应指出的是，临济禅在高丽的流行，曹溪宗的发展壮大并不只是高丽禅师积极努力的结果，它还和中国禅僧的直接推动有关。从休休庵本《坛经》的刊行来看，此书刊梓后即由临济宗禅师蒙山异德“附商寄”送与其信仰一致，向有交往，深受其赏识的“海东

1　知讷：《普照全书》之《劝修定慧结社文》、《修心诀》、《法集别行录节要佛人私记》。

2　《朝鲜金石总览》之《舍那寺圆证国师舍利石钟碑》、《忠州亿政寺大智国师智鉴圆明塔碑》、《朝鲜妙严尊者塔铭并序》。

3　明河：《补续高僧传》卷一二《铁山琼禅师传》，《高僧传合集》，第693页。

曹溪山修禅社”万恒，嘱其在高丽翻刻以广流通。延祐三年秋谷所梓也是在吴中刊印，传入高丽后再翻刻的。又按万恒题跋所言，休休庵本传入高丽前，各种《坛经》“行于东国者有数本焉”，业已相当流行。此数本亦源于中国。正是由于其刊写者以及德异、秋谷等江南临济宗禅僧，与以万恒等禅僧为主的其他高丽人的共同努力，才使《坛经》得以不断东传，一再刊刻，从而直接推动了禅宗文化在高丽传播。

当然，《坛经》之所以能在高丽广泛流行，主要还是取决于其思想内容。从休休庵本《坛经》卷末万恒题跋所说“慎莫泥句沉言，灭胡种族，刊行之志，其有兹乎”来看，《坛经》和禅宗的流行似与时人认为其有“灭胡种族”之字句和寓意有关。休休庵本传入前，高丽流行的几种《坛经》及其序跋是否有“灭胡”的字句和寓意，目前已难确知。当时高丽已成为元的“驸马国”，曹溪宗也受到了王室和政府的重视与支持，所以曹溪宗禅僧万恒极力劝人“慎莫泥句沉言”，绝口否认有“灭胡种族”之意，但这恰恰表明当时这种现象和看法相当普遍。因为在休休庵本《坛经》中充满着：“人虽有南北，佛性本无南北；獦獠身与和尚不同，佛性有何差别！”“自性平等，众生是佛；自性邪险，佛是众生”一类反对种族和地域歧视，强调平等，突出自我的精神。从中很容易引导出反对胡元的种族歧视和民族压迫，追求平等和自我解放的观点。而临济宗及其创立者义玄又以打破一切权威和枷锁为宗旨，强调“自信”、“自主”、“自悟”。号召“向里向外，逢着便杀：逢佛杀佛，逢祖杀祖，逢罗汉杀罗汉”[1]。从中更是极易引出“灭胡种族”的观点。在文明程度远高于蒙古，蒙古人被视为胡虏，人民始终不屈服

1 《古尊宿语录》卷四《镇州临济慧照禅师语录》。

并痛恨、反对蒙元歧视和压迫的高丽，“灭胡种族”的反元思想有着广泛的市场。在这样的国度里，反对种族歧视和压迫，强调平等和自我的《坛经》和禅宗文化，势必深受被歧视和被压迫的民族的欢迎，受苦受难的大众纷纷选择和皈依临济禅是十分自然的。

最后就日本而论。中国的禅宗早在奈良时期（710—794）即已传入日本，但一直没有多大影响。平安时期（794—1192）中叶以后，随着班田制的破坏和庄园制的发展，武士阶层逐步兴起，并成为镰仓时期（1192—1333）幕府的社会基础。幕府在夺得政权后，亟欲掌握全国的教权。新兴的武士阶层则需要适合自身需要的新宗教。日本的宗教与政治关系极其密切，扶植旧的宗教很难摆脱其背后政治势力的影响。而没有文化的武士又缺乏创立新宗教的条件。这就使其不得不把眼光投向海外，从其传统的文化输入地中国选择合适的宗教。当时临济宗、曹洞宗是中国最兴盛的佛教宗派。而中国经济文化最发达，与日本往来最为近便，交往最密切的江南，则是临济禅占绝对优势的地区。南宋时，荣西（1141—1215）从中国带回《坛经》，传授临济禅法，受到旧佛教的攻击。此后幕府不断延请来日僧和入华返日僧传授禅法。按木宫泰彦统计，1227—1351年间，来日僧共计26人，其中临济宗僧人22人，曹洞宗僧4人。1168—1373年间入华的日僧则达331人（包括侍者）[1]。其所传以临济宗为主的禅法明白易晓、简单易行、成佛快捷，主张“不假文字”，“传佛心印”[2]，自信、自立、自悟，不离世间和内外兼修，深受目不识丁，无法研读经典，没有时间和精力去祈祷法会，又崇尚意气，需勘破生死和注重礼节的武士的欢迎。在幕府和禅僧们的共

1 木宫泰彦：《日中文化交流史》，第306-334、369-370、408-410、422-460页，商务印书馆，1980。

2 德异本《坛经》之《悟法传衣》、《南顿北渐》。

同推动下，以临济宗为主的禅宗在日本广泛传播，很快成为武士阶层的信仰。因信徒以武士为主，禅宗强调平等和面向大众，临济宗强烈反对权威的精神没有得到发扬，曹洞宗重视坐禅的特点也因此而消失。此后直至德川幕府灭亡，武士阶级始终是政权的基础。正因为如此，禅宗在日本始终没能迅速发展，成为影响最大的佛教宗派。按石井修道所言，宋元时期传入日本的《坛经》有大中祥符五年的周希古本，政和六年的存中再刊本，绍兴二十三年的晁子健本，至元二十七年的德异本和至元二十八年的宗宝本[1]。德异本等《坛经》的传入构成了禅宗文化传播的重要内容，直接推动了禅宗在日本的发展。

五、结束语

综上所述，禅宗文化的传播速度及其影响的大小往往因其由何时何地通过何种方式传入什么地区而结果迥异。即便同时从经济发达，文化繁荣先进，具有较强优势和吸引力的江南，通过交通便捷，来往频繁的商路和雕板印刷的方式，将《坛经》等禅宗经籍传播到13—14世纪之交，渴求新宗教的韩国、日本和国内各地，其结果也不大一样。

当时的高丽正经历长期的社会变迁，贵族、武人势力先后覆灭，社会剧烈动荡，民族、国家和个人均面临深重的危机，民族压迫极其沉重。与此同时，活力四射的临济宗僧人则在吸收、创新的基础上为公众提供了适合其口味的高丽化的佛教宗派——曹溪宗，

1　石井修道：《伊藤隆寿氏发现之真福寺文库所藏之六祖坛经之绍介》，转引自郭朋《坛经校释·序言》，第13页。

这就使《坛经》和临济禅在全社会、各阶层，特别是人民中迅速传播，曹溪宗因之成为韩国最盛行的佛教宗派。

当时日本社会的变迁和动荡远比不上高丽，新兴的武士阶级取代了贵族地位，控制着政权。《坛经》和以临济禅为主的禅宗的迅速传播是出自其政治上和精神上的需要，在相当大程度上是幕府积极推行的结果。这就使禅宗主要成为武士阶级的宗教，而缺乏足够的大众性。造成上述不同结果的原因，即在于当时高丽和日本的社会及其对宗教的需求存在种种差异。

就德异、万恒、秋谷等人而言，他们一而再，再而三地刊板印施《坛经》，以广其传，且“续佛祖慧命无穷”，其结果虽因传入地社会的差异而各不相同，但其目的已基本达到，其志愿亦已基本实现。其积极传播禅宗思想之举虽发生在大众文化经常通过政府、寺观和私家刊梓的途径，以非商业化方式传播的时代，但此举及其所体现的“不念利益成坏”，“纯一直心”，对理想和信仰执著追求的精神，和“普愿法界众生，言下见性成佛”的心怀[1]，不仅在当时，而且在大众文化的传播已打上鲜明的商业化烙印的明代中叶以后，都是永远值得后人敬仰和学习的。

本文原载于李伯重、周生春主编《江南的城市工业与地方文化（960—1850）》，清华大学出版社，2004年。

1　德异本《坛经》之《付嘱流通》、《悟法传衣》。

宋元江浙诸郡稻米单产试探

众所周知，粮食单产是衡量农业生产质量和土地生产率的重要的指标，因而是研究农业生产力的学者不可回避的一个重要话题。在宋元时期，稻米是江浙地区基本的粮食作物，粮食单产几乎等同于稻米单产。

对宋元江浙地区稻米的单产，学者们已作过相当深入的探讨，但迄今尚未达成一致。如李伯重认为南宋后期和元代江南水稻平均亩产米仅1石左右，余也非、吴慧估计宋元江南亩产米2石，斯波义信推定宋初长江下游亩产米1石左右，宋末至明初为2石左右，后又修正为北宋亩产米2—3石，闵宗殿认为宋代太湖地区亩均产米2.5石，漆侠则以为江浙农田宋仁宗时亩产米2.3石，南宋中后期已增至5.6石[1]。上述研究均以江浙或江南为对象，而没有考虑到

1 李伯重：《“选精”、“集粹”与“宋代江南农业革命”——对传统经济史研究方法的检讨》，《中国社会科学》2001年第1期，第183页；《宋末至明初江南农民经营方式的变化——十三、十四世纪江南农业变化检讨之三》，《中国农史》1998年第2期，第36、37页；余也非：《中国历代粮食平均亩产量考略》，《重庆师范学院学报》1980年第3期；吴慧：《中国历代粮食亩产量研究》，农业出版社1985年版，第154、160页；斯波义信：《宋代的消费·生产水准试探》，《中国史学》第1卷，1991年版，第166页；《北宋的社会经济》和《南宋与金国的社会与经济》，第175、353页；闵宗殿：《宋明清时期太湖地区水稻亩产量的探讨》，《中国农史》1984年第3期；漆侠：《宋代经济史》(上册)，上海人民出版社1987年版，第138页。

区域内各地存在较大的差异。自从李伯重发表了《“选精”、“集粹”与“宋代江南农业革命”——对传统经济史研究方法的检讨》和《历史上的经济革命与经济史的研究方法》二文后，江浙诸郡的亩产不仅成为衡量宋代农业先进地区在太湖平原还是在河谷平原的重要标准，而且还成为判断宋代江南农业革命和明清停滞论能否成立的关键，成为事关经济史研究方法的重要问题[1]。这就使我们有必要重新审视并认真解决这一问题。

由于当时记载的阙失和史料的不断散佚，以往的研究几乎都是从受一定时空限制的残缺不全的史料中推出具有普遍意义的结论。为尽力逼近并揭示历史的真相，就应从全局出发，同时格外注重史料的时间性和空间性。本文拟从某地某时的稻米总产和粮田总数入手，推算出当时当地的稻米单产。具体而言，本文将根据某时某地的户口数1年人均所食稻米，推算出当时当地人们的口粮消费总数。然后依据留种、酿酒、损耗和税米数，以及有无和买与贩籴，大致推知其稻米总产。并由其总产和粮田总数，推出其稻米单产。最后则用当时人有关当地单产的议论和具体有限的史料来验证推算的结果。本文的目的仅在于探讨宋元时期江浙诸郡的稻米单产，其他问题诸如何地农业先进，何地落后，有无宋代江南农业革命，以及经济史的研究方法等则不在本文的论述之列。所论如有错讹，敬请各位批评指正。

一

先就年人均食米而言。在膳食结构不变的前提下，年人均消费

1　见《中国社会科学》2000年第1期，2001年第6期。

的口粮是一个常数。宋元以来一直到20世纪90年代，江浙地区绝大多数人的膳食结构并未发生大的变化，这表明一千年来年人均消费的稻米数量是大致固定的。以下拟根据宋元时人的记载，来考订当时江浙地区的人均食米数，并用现当代的数据和人生存所需热量来验证这一结论。

日本学者斯波义信认为，宋代每人每日平均食米1升，即0.66市升，合330克（《中国史学》第一卷《宋代的消费·生产水准试探》）。这一数字值得商榷。

先就宋代政府规定的人均口粮标准来看。当时政府曾按照不同的情形，制定了针对不同救济对象的口粮标准。宋政府一般采用赈粜或赈济的方式，来帮助受天灾和战乱打击的灾民。赈粜即低价赈贷，标准为每人日粜米2升，或大人2升，小儿1升[1]。赈济的灾民一般标准是每人给米2升，或15—20岁1.5升，6—14岁1升，1—5岁0.5升[2]。对居养院收养的鳏寡孤独，政府赈济的口粮标准为每人日给米1升[3]，这和范仲淹所定义庄救济穷困族人的口粮发放标准相同[4]。对乞丐、饥贫之人和归正贫民，政府的赈济标准为大人日给米1升，小儿0.5升[5]。

通过对上述数据的生理学和营养学的分析，可以揭示以上标准的内在含义。

在中国传统的膳食结构中，人所需热能的60%—70%来自糖，糖基本来自谷物（江浙一带则为稻米）中的淀粉。折中而计，按热能的65%取自稻米，每100克米含淀粉75克，每克淀粉产生热

1 《宋会要辑稿·食货》五七之九、五九之一九、五八之二。

2 《宋会要辑稿·食货》五七之八，五九之二八、二九、三六，五八之一四。

3 《宋会要辑稿·食货》六十之一。

4 《范文正公集》卷末所附《建立义庄规矩》。

5 《宋会要辑稿·食货》六十之七、八、一二、一三、一五。

量4.1大卡计，宋代米1升（即332克）能产生1034.5大卡的热能。在正常的膳食结构中，332克米产生的热能约占总热量1591.6大卡的65%。按每小时每千克体重消耗1大卡的基础代谢率计算，1591.6大卡热能仅能满足体重为66.3千克的成人最低限度的生存所需。在全部热能均取自稻米的特殊情况下，332克稻米所产生的1148.7大卡热能（100克稻米产热346卡），仅能满足体重为47.9千克成人最低限度的生存所需；宋代0.5升米（即166克）所产生517.3大卡热能，在正常情况下仅能满足体重为33.2千克儿童最低限度的生存所需；在特殊情况下则仅能满足体重23.9千克儿童最低限度的生存所需。

按中国营养学会《中国居民膳食营养素参考摄入量》(中国轻工业出版社，2001)，18—69岁男女从事各种体力活动每人每日所需能量可列为下表1：

表1

体力活动		轻度体力活动	中等体力活动	重体力活动	年龄（岁）
所需能量（大卡）	男	2400（米501克）	2700（米563克）	3200（米668克）	18—49
	女	2100（米439克）	2300（米480克）	2700（米563克）	
	男	2300（米480克）	2600（米542克）	3100（米647克）	50—59
	女	1900（米396克）	2000（米417克）	2200（米459克）	
	男	1900（米396克）	2200（米459克）		60—69
	女	1800（米375克）	2000（米417克）		

又按中国疾病防治中心《男性每人每天所需食物（克）》(环境与健康相关产品安全所《全国抗旱救灾防病预案》附录6)，在极端安静（A)、不劳动（B）和中度劳动（C）三种情况下，每人每天所需谷物可列为下表2：

表 2

年龄（岁）	10—17			18—29			30—59			60—		
不同情形	A	B	C	A	B	C	A	B	C	A	B	C
谷物（克）	275	360	450	325	410	500	330	425	515	230	300	375

由上可知，日食米 2 升（664 克）可提供从事重体力活动的热量，日食米 1.5 升（498 克）可提供从事轻度至中度体力活动所需的热能，日食米 1 升（332 克）可提供小儿生长和成人维持最低限度生存所需热量，日食米 0.5 升（166 克）仅可维持小儿最低限度生存所需能量。上述赈贷、赈济灾民的口粮发放标准，足以使其正常从事生产，维持正常生活，使当地的经济尽快得到恢复。其下限为大人 2 升，小儿 1 升。居养院对乞丐、贫民和赈济标准只能维持其最低限度的生存，是针对不从事劳动者，仅用于维持其生命的救助。当时社会正常和实际每日人均口粮消费水平应在米 1.5 升上下。

又从宋元时民间人士的估算来说，由于场景和需要的不同，他们对江浙地区每日人均口粮消费水平亦存在不同看法。其估计高者认为每日人均需食米 2 升，低者认为仅需 1 升。如湖州归安人倪思（1174—1220）晚年家居时说：“人之一身，每日所食，不过米一升。……若酒食杂费，岁计不过百千。”[1] 严州淳安人方逢辰（1221—1291）则认为如一家 9 口，平均“一口日啖米二升”[2]。倪思所言系推己及人，针对身处鱼米之乡归安，官至尚书的自己而发，其饮食结构中包括酒食，岁费至百贯，稻米所占比例显然低于一般水平。

1 《经锄堂杂志 · 人生享用》。

2 《蛟峰集》卷六“田父吟”。

加之其学杂出于释老，所言务为恬退高旷，其说不免有低估常人实际需求之嫌。方逢辰晚年家居土瘠民贫的严州[1]，其所言系为田“土硗瘠”、“人穷怕饿死”的“田父”而发，意在抒发农人之苦，其说不免有高估之嫌。

有时即使是同一人，针对不同的情况也会按不同的口粮标准发言。如南宋淳熙年间，朱熹至绍兴主持救灾事宜，他认为绍兴所产“乐岁无余”，理由是以当地所产供绍兴之用，人均“日计犹不能及二升之数”，即认为平时绍兴人日均应食米2升。同时他又认为，若计口救济当地130万贫民90余日，“当为粟百万石”，即每日人均给米0.85—0.78升[2]，仅相当于救济乞丐的标准，比范仲淹所定救济穷困族人的口粮标准还低。

如果说以上史料仅告诉我们宋元时江浙地区每日人均口粮大致在米1—2升之间的话，那么方回（1227—1307）则给我们提供了较可信，又具有普遍意义的具体数据。

方回曾于至元二十四年（1287）至嘉兴魏塘访友人王文政[3]。其后，他在回顾魏塘的见闻时说，“一农可耕今田三十亩，假如亩收米三石或二石，姑以二石为中……佃户自得三十石。五口之家，人日食一升，一年食十八石”。又说“东南斗有官斗，曰省斗，一斗百合之七升半。有加一斗，加二斗，加三斗，加四斗，民田收米用加一斗”。当时“东南省斗学粮养士，一餐破七合半，上等白米也。人家常食，百合斗一餐，人五合可也，多止两餐，日午别有点心。否则加一斗、加二斗、加三斗，每半升一饭而多矣”[4]。按其所说，

1　景定：《严州续志》卷二“税赋”。
2　《晦庵集》卷一六“奏救荒事宜状”。
3　毛飞明：《方回年谱与诗选》，杭州大学出版社1993年版。
4　《古今考·续考》卷一八“附论班固计井田百亩岁入岁出”。

元代百合斗之1斗，等于宋代1.333省斗。民田收米用加一斗，故元之加一斗即1斗＝1.466省斗＝0.974市斗。至元时政府税收以宋一石当元七斗。即1元斗＝1.43省斗[1]。至顺时镇江税收则以宋文思院1.5斗当元1斗[2]。方回所说的换算标准在两者之间，当属可信。据此可知，人家常食，人均百合斗1升多一点。具体来说，5口之家人均日食应为加1斗米1升或1.466省升，即0.974市升（487克）；年户均食米为18.25元石，或26.77宋石。

人均日食米1.466宋升（487克）的估计应是方回在其个人经验基础上得出的。方回一生基本上在江浙一带活动，其估计系就江浙一般“人家常食”而言，且与天历二年（1329）沈德华所说镇江“每人日食米一升（合1.5宋升）”，减半仅能苟延残喘相合[3]，因而具有相当普遍的意义。

又从上述政府赈给的口粮标准和宋元时人的估计来看，方回所言与其相符，当属可信。

从生理学、营养学的角度来说，据表1和表3所示，人均日食米487克所提供的能量可以满足5口之家中一对夫妇分别从事重体力活动和中等体力活动（米668克、480克），其他人从事轻度体力活动（人均米429克）的需要，方回的估计是可以成立的。

方回的估计又可用当代的资料加以验证。

1 《元史》卷九三“食货一”。
2 （至顺）《镇江志》卷六“秋租”。
3 （至顺）《镇江志》二〇《陈策发廪》、卷六“秋租”。

表 3　中国营养学会《中国居民膳食营养素参考摄入量》

（中国轻工业出版社，2001 年）

年龄（岁）		1	5	10	11—13	14—17
所需能量（大卡）	男	1100（230 克）	1600（334 克）	2100（438 克）	2400（501 克）	2900（605 克）
	女	1050（219 克）	1500（313 克）	2000（417 克）	2200（459 克）	2400（501 克）

1. 20 世纪 30 年代，绍兴常年稻米总产 88318 万担，按 1935 年总人口 2607057 人计，每日人均得谷 464 克，丰年当高于此数。当时人指出："绍兴人口众多，五谷出产虽丰，尚不能自给，丰年仅及全年需要额（供应量）之半。"[1] 可见当时绍兴每日人均食谷在 928 克以上，与方回所估计的人均日食谷 974 克相去不远。

2. 1955 年，苏州、绍兴、南京栖霞区农村余粮户口粮为每日人均 479 克、479 克和 508 克，绍兴、栖霞区市区每日人均实际供米 393 克和 390 克[2]。宋元时江浙地区城镇人口绝不会超过总人口的 15%[3]。如按城镇人口占 15%，每日人均食米 392 克，农村每口人均食米 489 克计，城乡每日人均食米为 474 克，与方回所言 487 克相去不远，其农村日人均食米数则与方回所言极其接近。

3. 20 世纪 90 年代后期，我国部分地区的典型监测表明，国人每日平均摄入热量 2387 大卡。按膳食结构中 65% 的能量来自稻米，100 克米含淀粉 76 克，每克淀粉产热量 4.1 大卡计，当时每日人均食米 498 克[4]。方回所言亦与其相近，当属可信。本文拟用方回的年户均食米 26.77 宋石来计算宋元江浙人的口粮食消费数。

---

1 《绍兴市志》第一三卷"农业"第二章《种植业》第一节《粮食作物》。

2 《苏州市志》第二八卷《商业》第七章《粮油业》；《绍兴市志》第一四卷，《国内贸易》第二章《粮油》，《栖霞区志》第九编《商贸旅游》第四章，《粮油购销》。

3 见李伯重：《宋末至明初江南人口与耕地的变化》，《中国农史》1997 年第 3 期。

4 黄圣明：《食品工业要为消费者提供方便、营养膳食》，《食品产业 2002 年年鉴》。

二

宋元江浙一带每一州郡生产的稻米总数大致等于当地居民口粮、酿酒醋、预留来年稻种、运储损耗、税米以及余粮（包括新增储备、公家和籴和私人贩运）诸项之和。居民口粮可由户数和户年均食米数求得。除杭州、苏州等大城市外，诸郡酿酒、醋所费稻米并不多。按元大德十一年（1307）臣僚言，“杭州一郡岁以酒縻米麦二十八万石”[1]。熙宁十年（1077）酒曲岁入499347贯[2]，每贯合用米麦0.56元石。绍定间庆元府造酒用糯米14195石，曲麦3370石（宝庆《四明志》卷五《酒》）；米占总数的80.8%。如按此比例推算，杭州以外诸郡年酿酒用米分别为其酒曲岁入与0.45石/贯之积。酒的消费与人口和商业发达，社会繁荣相关。大德中的酿酒用米数可大致视为南宋和元代的平均数。

又按元江浙行省酒课岁入196654锭，醋课岁入11870锭计，造醋所费稻米仅为酿酒的6%[3]，可忽略不计。

表4

州郡名	杭州	苏州	越州	润州	湖州	婺州	明州	常州	温州
酒曲岁入（贯）	499347	287384	117092	87429	136116	93427	108595	147265	81309
州郡名	台州	秀州	江宁	福州					
酒曲岁入（贯）	71147	132890	139562	23477					

1 《元史》卷二二“武宗一”。

2 《宋会要辑稿·食货》一九之一二、一三、一四。

3 《元史》卷九四“食货二”。

稻田用种量因时代和地区的不同存在种种差异。低估者如西汉《氾胜之书》主张稻地每亩用种4升，魏《齐民要术》主张每亩3升。高估者如明徐光启指出，当时人每亩用谷种1斗以上[1]。按西汉、北魏时1亩为0.69市亩，1升为0.34市升和0.40市升，明代1亩为0.92市亩，1升为1.07市升计，以上三说分别为每市亩用种1.97市升，1.74市升和11.63市升。取低值的平均数与高值折中而计，则每市亩为6.74市升。若按宋元1亩为0.9市亩，1宋升为0.664市升，1元升为0.974市升计，6.74市升/市亩应为9.14宋升/宋亩和6.23元升/元亩，折合米每亩4.57宋升或3.12元升。

稻米在运输存储过程中会有损耗，所以政府收税往往加征"仓场耗"、"鼠雀耗"等，名之曰加耗。按元代镇江征粳米、白糯米、香糯米（包括带收常州在内）等项秋税正米133047石，耗6212石计[2]，加耗占总数的4.46%。加耗一般高于实际的损耗。按专家估测，2002年江苏稻谷总产约1620万吨或1700万吨，各种损耗为50万吨，新增储备粮亦为50万吨，分别占总数的2.94%—3.09%[3]。据此推算，实际损耗应占总产的3%左右，储备亦应占3%左右。税米、和籴和私贩则诸郡各异。据此，可列出诸郡稻米总产的算式：

Z（总产）=a·H（户数）+S（税米）+b·J（酒曲岁入）+c·T（田亩数）+0.03Z+0.03Z+D（和籴）+F（私贩）

其中a为户年均食米数（宋代为26.77石，元代为18.25石），b为0.66宋石/贯，或0.45元石/贯，C为亩均稻种折米数（宋代为4.57升，元代为3.12升）。

1　徐光启：《农政全书》卷二五"树艺"。

2　（至顺）《镇江志》卷六"秋租"。

3　《2002年度江苏粮油生产与市场分析》，《粮食与油脂》2002年第5期；《2002年江苏省稻米供需形势简析》，中国农产品供求信息网，2002年10月24日。

浙西镇江元至顺时土著、侨寓、客、单贫、僧、道共计11.4218万户，秋租米19.2074万石，熙宁间酒曲岁入为87429贯，至顺时成熟田237.1448万亩。天历二年（1329）知事沈德华因镇江旱灾上书，云“本郡田土硗瘠，产薄民弱。富饶之家且无兼岁之储，贫窭之民望熟贷食，……稍至欠岁，便不聊生”，可知当时该地常年粮食可以自足[1]，但余粮不多，粜贩外运之数有限。据此推算，至顺时镇江常年总产米大约为2542430元石，平均亩产米约1.072元石多，即1.573宋石。景定中，镇江回买公田168228亩，纳租134658石，亩租米0.80宋石[2]。按亩产、租米2∶1计，亩产应为1.6宋石，与笔者推算相符。

据此，可将浙西诸郡稻米的总产和单产列表如下：

表5

郡县别	户数	秋税米（石）	酒曲岁入（贯）	田亩（亩）	和籴（石）	私贩（石）	总产（石）	单产（石）
镇江	114218（至顺）	192074（元）	87429	2371448	无几	外运无几	2542430（元）	1.573（宋）1.072（元）多
常州	209732（元初）	245822（宋末）	110643	3431712	无	输入少量	6478937（宋）	1.888（宋）1.287（元）
江阴	64035（绍定）		36622	1253602		元代岁纳秋粮米8万石	2035146（宋）	1.623（宋）1.107（元）
苏州	466158（元初）	882150（元）	287384	6749000		1544684（可外销数）	11993733	2.607（宋）1.777（元）多

1 （至顺）《镇江志》卷三“户口”，卷六“秋租”，卷五“田土”，卷二〇“陈策发廪”。

2 （至顺）《镇江志》卷五“田土”，卷六“秋租”。

（续表）

郡县别	户数	秋税米（石）	酒曲岁入（贯）	田亩（亩）	和籴（石）	私贩（石）	总产（石）	单产（石）
湖州	255087（至元到至顺）	334122（至正）	136116	3040147		212413（至少可外销数）	5699976	2.750（宋）1.875（元）多
嘉兴、松江	443017（元初）	602069（元初）	132890	7280741		1516542（至少可外销数）	11096628	2.236（宋）1.524（元）多
婺州	218673（元初）		93427	2963876		丰年自保无余，明代秋税米173880	4573593	2.264（宋）1.543（元）

元初常州有户209732，与宋末大致相同[1]。宋末回买公田前，常州上供苗米旧额228592石[2]。明成化十八年（1482），常州实征田为4836655亩。实征田地山滩塘荡淹圩埂等共6177775亩，比延祐二年（1315）田土6026434亩多出151341亩[3]。弘治十五年（1502），常州实征田地山滩荡圩埂等共6204533亩，内靖江县占289758亩。据此可知，成化所增之数基本来自成化八年新建靖江县的江涨沙田，延祐以后靖江以外常州各县田地数并没有多大变化[4]。其实在南宋中叶以后，太湖平原的土地即已经开垦成田。按此推算，在扣除绍定间江阴垦田1253602亩，成化间靖江至少垦田151341亩后，延祐乃至宋末元初常州大约应有农田3431712亩。按南宋人所言，“浙右郡号沃壤，独毗陵田高下不等，必岁大熟民乃足”[5]，可知常州粮食丰年方可自足，常年需外郡少量接济，宋末常州常年单产似略

1 《元史》卷六二“地理五”。

2 （咸淳）《毗陵志》卷二四“财赋”。

3 （康熙）《常州府志》卷八“田赋”。

4 （正德）《常州府志》卷一“财赋”，《明史》卷四〇“地理一”。

5 （咸淳）《田比陵志》卷二四“财赋”。

低于米1.888宋石。

江阴绍定间户64035，垦田1256302亩，元代岁纳秋粮米约8万石[1]。在缺乏秋税米与和籴、本地输入输出稻米数值的条件下，可推算出绍定时江阴常年单产为米1.623宋石，实际单产应略高于此数。

苏州元初户466158，而僧道不与。延祐间秋租882150石[2]。洪武《苏州府志》卷10《田亩》载明初苏州共有“田土”6749000亩，其数等于诸县官田、民田等各项田数之总和。其中吴江田土1125376亩，与元代吴江田1141545亩、明天顺六年（1462）吴江田1149628亩（田地山荡共计1395853亩）基本一致[3]，与清代吴江、震泽旧科则田1215753亩相近。吴县、长洲田土1552241亩与清代吴县、长洲、元和、太湖旧科则田1633378亩相近。昆山田土1254143亩与清代昆山、新阳旧科则田1056045亩，常熟田土1172502亩与清常熟、昭文旧科则田1436712亩稍有差异，应与太仓州的分设和江涨沙田增入有关[4]。

在册纳税之田土数与田数基本一致是因为苏州之田土基本由田构成，地所占比重很小。如清代苏州府有田5341888亩，地105524亩，地仅占田亩数的2%。因此，洪武志的田土6749000亩大致可以视作田亩数。明初实行令民自实田的政策，江南田土数大多因袭元代。这从县志所载元代吴江垦田1141545亩[5]，常熟管下田地1172502亩，与洪武志所载基本一致，可以得到印证。显而易见，6749000亩之数可以看作元代苏州的垦田数，并在农田已开垦

1 （嘉靖）《江阴县志》卷五“户口”、“田赋”。
2 （洪武）《苏州府志》卷一〇“户口”“税粮”。
3 （弘治）《吴江县志》卷二“土田”。
4 （同治）《苏州府志》卷一四“田赋三”。
5 （光绪）《常昭合志稿》卷一〇“田赋”。

完毕的情况下可看作南宋末苏州的垦田数。

元代“平江、嘉兴、湖州地土膏腴，人民富足”[1]。“嘉禾、吴、松江又号秔稻厌饶他壤者，故海漕视他郡居十七八。”[2]当时岁“漕东南之米数百万石，由海道以达京师，米之所出，多仰吴郡”[3]，苏州以及嘉兴、湖州、松江均为重要的余粮产地。从至大二年（1309）至天历二年（1329），每年海运漕米二、三百万石[4]。按元代秋税米882150石，洪武四年秋粮2426834石推断[5]，元代苏州公私可贩粜的余粮至少有1544684石。据此推算，元初苏州常年总产米至少11993733石，单产在1.777元石以上。

元初方回指出：“吴中田今佳者岁一亩丰年得米三石，山田好处或一亩收大小谷二十秤，得米两石，皆百合斗。”(《古今考·续考》卷18《附论班固计井田百亩岁入岁出》）在常年平均单产为1.956元石（百合斗）的情况下，上田丰年单产米3石当属正常。单产1.777元石（加一斗）亦与方回估计的平均亩产米2石（加一斗）相去不远。湖州元初有户255828，至顺时为254345户[6]，此处取其平均值。湖州至正初秋粮米正耗为334122石[7]，至正间实征田土6388455亩，洪武十年起科税粮田土4949267亩，内田2524263亩，清同治实征田地山荡等6113695亩，内田2941658亩[8]。按明清田之差额在田土差额中所占比例推算元代与明清田之差额，可知至正间湖州垦田应为3040147亩。宋代以下，湖州一直是重要的余粮

1 （至顺）《镇江志》卷二〇“陈策发廪”。
2 王沂：《伊滨集》卷一四“送刘伯温序”。
3 陈高：《不系舟渔集》卷一一“送顾仲华督漕入京序”。
4 《元史》卷九三“海运”。
5 （洪武）《苏州府志》卷一一“赈贷”。
6 《永乐大典》卷二二七七“吴兴续志·户口”；《元史》卷六二“地理五”。
7 《永乐大典》卷二二七七“吴兴续志·田赋”。
8 （同治）《湖州府志》卷三四“经政略·田赋一”。

产地，按至正税粮334122石，洪武十年秋粮546535石计[1]，元代湖州常年可供公私贩粜的余粮至少有212413石。据此推算，元代前期湖州常年总产米在5699976石以上，单产在1.875元石，2.750宋石以上。上田单产可达3宋石，与嘉定时围田“亩收三石”米说相符[2]。

嘉兴、松江元初户有426656和459377二说[3]，兹取其平均值。元初秋税实征米602069石[4]。松江至正十五年定垦田土4572261亩，正德七年额管田地山荡等4720400亩，内田3736871亩[5]。如按正德间田占田土总数的比例推算，至正中松江垦田应有3619598亩。嘉兴清代实垦田3661143亩[6]，如按宋末元初该地土地已全部开垦推断，这一数字也大致可视为至正间嘉兴的垦田数。嘉兴、松江是重要的余粮产区。按明初松江秋“租一百五十万”石，嘉兴明代旧额秋粮米618611石，其和高于元初秋税米1516542石推断[7]，公私可贩粜之余粮在此数之上。据此推算，元初嘉兴、松江常年总产米在11096628石以上，单产1.524元石，2.236宋石以上。

婺州元初户有216228和221118二说[8]，本文取其平均值。明秋粮米旧额173880石[9]。至正间义乌田土425657亩，浦江田土266600亩，洪武二十四年二地垦田分别为459180亩和290807亩。从洪武诸县土地分类及田地山塘各项数字来看，宋元婺州之田土数即

1 《永乐大典》卷二二七七“吴兴续志·田赋”。
2 《宋会要辑稿·食货》六之三一。
3 《元史》卷六二“地理五”；（至元）《嘉禾志》卷六“户口”。
4 （至元）《嘉禾志》卷六“赋税”。
5 （正德）《松江府志》卷六“田赋上”、卷七“田赋中”。
6 （光绪）《嘉兴府志》卷二一“田赋一”。
7 杨维桢：《东维子集》卷三“送华亭主簿张候明善序”；（雍正）《浙江通志》卷六八“田赋二”。
8 《元史》卷六二“地理五”；（嘉靖）《金华府志》卷三“户口”。
9 （雍正）《浙江通志》卷六九“田赋三”。

田数[1]。按二地至正间田土占洪武间田亩比例的平均值计算，明初金华垦田约3215047亩，至正间应有田2963876亩。宋末婺州人（1197—1274）王柏指出，婺州“丰年乐岁，仅仅自保，国家无兼岁之储，上农无半年之食”，可知该郡常年所产连粮食自足都相当勉强，当无余粮输出。据此推算，宋末元初婺州常年总产米不到4573593石，单产不足1.543元石（2.264宋石）。

三

浙东、江东、福建诸郡稻米总产和单产见下表：

表6

<table>
<tr><th>郡县别</th><th>户数</th><th>秋税（石）</th><th>酒曲岁（贯）</th><th>田（亩）</th><th>和籴（石）</th><th>私籴（石）</th><th>总产（石）</th><th>单产（亩）</th></tr>
<tr><td>绍兴</td><td>273343（嘉泰）</td><td>332267</td><td>117092</td><td>3576925</td><td>无</td><td>需输入</td><td>8394049</td><td>2.347（宋）
1.600（元）</td></tr>
<tr><td>台州</td><td>266014（嘉定）</td><td></td><td>71147</td><td>2766546</td><td>所产丰年始自足</td><td>7760194</td><td>2.805（宋）
1.912（元）</td><td></td></tr>
<tr><td rowspan="2">明州</td><td>140349（绍定）</td><td>144222</td><td rowspan="2">108595</td><td>2335953</td><td colspan="2">勉强自足</td><td>4340203</td><td>1.858（宋）
1.267（元）</td></tr>
<tr><td>309071（至正）</td><td>119736</td><td>2608950</td><td colspan="2">半数人家藉贩籴</td><td></td><td>1.837（宋）
1.252（元）</td></tr>
</table>

1　见本田治：《社会经济史学》第四十一卷第三号《宋代婺州的水利开发》，据（嘉靖）《金华府志》卷八；（光绪）《金华县志》卷一二；（道光）《东阳县志》卷七；（嘉庆）《义乌县志》卷五；（嘉靖）《永康县志》卷三；（光绪）《浦江县志稿》卷一一；（乾隆）《浙江通志》卷六九所制之《南宋婺州地目别土地统计》表。

（续表）

郡县别	户数	秋税（石）	酒曲岁（贯）	田（亩）	和籴（石）	私籴（石）	总产（石）	单产（亩）
建康	117787（景定）	255242	139562	3269040	未详		3882879	1.188（宋） 0.810（元） 以上
	220459（元初）	317852	139562	4474492			4833655	1.585（宋） 1.080（元）多
福州	321284（淳熙）	113561		4263318	丰年亦需大量输入		7057421	1.655（宋） 1.128（元）

绍兴在宋嘉泰间有户 273343，秋苗、湖田、职田米共 332267 石[1]。全郡大中祥符间籍土田山荡共 6122952 亩，至元间籍田地山荡共 6257740 亩，万历十三年田地山荡共 6726399 亩，内田 3872615 亩[2]。如按万历年间田与田地山荡的比例推算，可求得大中祥符和至元间垦田分别为 3525190 亩和 3602792 亩，如按嘉泰所增垦田为至元所增数之 2/3 计，嘉泰中绍兴垦田约 3576925 亩。淳熙中朱熹指出，“绍兴地狭人稠，所产不足充用，稔岁亦资邻郡”，常年粮产不能自足，需要从浙西输入稻米[3]。嘉泰去淳熙无几，户口田地与淳熙基本一致，需要输入稻米的情况亦复如此。按此推算，嘉泰时绍兴常年总产米低于 8394049 石，单产不足 2.347 宋石。

台州嘉定中有户 266014（僧道不与），田 2766546 亩[4]。淳熙时黄岩所产，“一州四县皆所仰给，其余波尚能陆运以济新昌、嵊县之缺”[5]，常年所产稍有多余。嘉定时，台州“生之者众，而食之者

1 （嘉泰）《会稽志》卷五“户口”、“赋税”。

2 （乾隆）《绍兴府志》卷九“田赋一”。

3 朱熹：《朱文公文集》卷一六“奏救荒事宜状”，卷二一“乞禁止遏籴状”。

4 （嘉定）《赤城志》卷一三“田”，卷一四“寺观”，卷一五“户口”。

5 朱熹：《朱文公文集》卷一八“奏巡历至台州奉行事件状”。

亦殷，……会岁屡丰，粒米狼戾，虽细民亦不欠一饱”[1]，连年丰收小民仅可一饱，平年则不免有饥者，粮食已不能自足。嘉定时常年总产米不到7760194石，单产不足2.805宋石。

建康景定间有户117787，垦田3269040亩，秋苗米199017石，加沙租、圩租共计米255242石[2]。元初户有214538，226379二说，此处取其平均值。至正前垦田4474492亩，秋粮米317852石[3]。建康南宋时驻有大量军队和官僚，如绍定以前隶安抚司禁军额5000人，都统司兵5万人，侍卫马军司额2.8万人，防江军额3300人，水军额5700人，几近10万人，加官僚及两者家属，其数相当可观。嘉定末《平止仓须知》云：“本府户口繁庶，日食米二千余石，民无盖藏，全仰客贩。”[4]按日人均食米1.5升计，约有10多万人仰给商贩。如除去外来者，建康所产当可维持本地所需且有余。据此推算，景定间建康常年总产米约3882879宋石，单产约为1.188宋石以上。至正间常年总产约4833655元石，单产在1.080元石，1.585宋石左右。景定间常年单产应在1.5宋石左右。按此推断，上田单产可达2宋石。这和岳珂所说，江东上色田每亩产谷4石，折糙而计，得米2宋石相符[5]。

福州淳熙间有户321284，垦田4263318亩，秋税米11356石[6]。据此推算，其常年总产在9477838石以下，单产不足2.223宋石。当时知福州赵汝愚云，福建“地狭人稠，虽上熟之年，犹仰客舟兴

---

1 （嘉定）《赤城志》卷三六“风土门”。
2 （景定）《建康志》卷四二“民数”，卷四〇“田数”、“税赋”，卷四一“沙租”、“圩租”。
3 《元史》卷六二“地理五”；（至正）《金陵新志》卷八“户”，卷七“田土”、“贡赋”。
4 （景定）《建康志》卷三九“尺籍”，卷二三“平止仓”。
5 《愧炎录》卷一五“祖宗朝田米直”，《宋会要辑稿·食货》一之四五。
6 （淳熙）《三山志》卷一〇“垦田”、“户口”，卷一七“岁收”。

贩二广及浙西米前来出粜”[1]。又绍定间真德秀亦曰：“福与兴、泉土产素薄，虽当上熟，仅及半年，专仰南北之商转贩以给。”当时，真氏因福州下田薄收，籴价日踊，乞求朝廷令浙西“少宽港禁，容本州给据付商旅，前去收籴十万石，四州散粜，以活一郡十二县百万生灵之命”；并乞拨百万仓米15万石，应副福、建、泉和兴化四州军之赈粜[2]。可知福州丰年口粮无法自足，需输入大量粮食。但按“仅及半年”说，仅福州居民半年口粮即达4300384石，数量似太大，其说系出自乞请宽假和拨米赈粜之需，不可当真。如按半年口粮和25万石之中值2275192石计，则淳熙间福州常年总产米约7057421石，单产约1.655宋石。

庆元绍定间有140349户[3]。南宋至元至正中，庆元未受重大战乱的影响，人口处于正常增长时期。庆元乾道四年（1168年）有136072户[4]，至元二十七年（1290）有户241547[5]。乾道四年至绍定二年61年中年均增长率约为0.05%，绍定二年至至元二十七年的61年中年均增长率为0.9%。如取其平均值0.4755计，则至正二年（1342）有309071户。绍定中庆元秋税、湖田米共144222石[6]，鄞县、慈溪、定海3县共有田1571937亩[7]。象山民田131920亩，与皇庆127156亩、至正127159亩相去不远。若按皇庆、至正时官民田比例的平均值计，绍定时象山应有官民田共192335亩[8]。昌国乾

1 《历代名奏议》卷二四七“赵汝愚奏”。

2 真德秀：《西山文集》卷一五“奏乞拨平江百万仓米赈粜福建四州状”。

3 （绍定）《四明志》卷一三、卷一五、卷一七、卷一九、卷二〇、卷二一之“户口”，慈溪户据卷一六“官僚”所引胡椠状，按2万计。

4 （绍定）《四明志》卷五“户口”。

5 《元史》卷六二“地理五”。

6 （绍定）《四明志》卷五“秋税”，卷六“湖田”。

7 （绍定）《四明志》卷一三、卷一七、卷一九“田亩”。

8 （绍定）《四明志》卷二一“田亩”，（延祐）《四明志》卷一二“田土”，（至正）《四明续志》卷六“田土”。

道年间垦田 159000 亩，与皇庆间的 150119 相去无几[1]，绍定间垦田取其平均值为 154560 亩。从慈溪、定海、象山民田绍定之数与皇庆、至正间相差不大，鄞县垦田绍定与至正之数相差不大推断[2]，奉化绍定垦田数亦应与皇庆、至正时数相近。如按后二者中间值计，绍定间奉化垦田约有 421562 亩，庆元垦田约为 2335952 亩。当时该地“一岁之入非不足赡一邦之民也，而大家多闭粜，小民率仰米浙东、浙西。歉则上下皇皇，劝分之令不行，州郡至取米于广以救荒”[3]，所产可以自足。绍定间常年总产米约 4340203 石上下，单产为 1.858 石左右。

至正间庆元有户 309071，垦田 2608950 亩，秋税米实征 119736 石[4]。按袁桷（1266—1327）所言，庆元至元末“岁熟犹仰给他郡”[5]，已需进口粮米。至正时学者王厚孙指出，庆元“民无终岁之蓄，计之户口，藉贩粜者半之”[6]。王厚孙系王应麟之孙，曾参与撰写延祐《四明志》，又系至正《四明续志》主笔，其说应属可信。如按一半口粮需贩粜计，至正时庆元常年总产米约 3266251 元石上下，单产约为 1.252 元石左右。

绍定时，奉化土狭人稠，日以开辟为事，但“仰事俯畜，仅仅无余”[7]，所产仅能自足。如按亩产米 1.858 宋石计，户均产米 23.96 宋石，与年户均口粮 26.77 宋石相去不远。如加上户年均税米、种子和损耗，年户均所需为 29.00 宋石。估算与实际相比，误

1　据康熙《定海县志》卷四所引宋乾道志、（延祐）《四明志》卷一二“田土”。
2　（延祐）《四明志》卷一二“田土”，（至正）《四明续志》卷六“田土”。
3　（绍定）《四明志》卷四“叙产”。
4　（至正）《四明续志》卷六“田土”、“秋粮实征”。
5　《清容居士集》卷二六“资善大夫伯行神道碑铭”。
6　（至正）《四明续志》卷五“土产”。
7　（绍定）《四明志》卷一四“风俗”。

差率约为17.4%。又昌国州大德中“岁得上熟，仅可供州民数月之食，全藉浙右客艘之米济焉”[1]。全州至元中有户22640，大德中垦田290169亩，秋粮米4384石[2]。如按绍定、至正时单产1.267元石和1.525元石的中值计算，昌国州常年户均产米约16.14元石，在扣除种子、税米、损耗后，有米14.98元石，可满足每户九个多月的口粮需要。本文估算与上述实际均可说大致相符。

四

综上所述，在品种、技术等要素等没有发生重大变化的南宋后期和元代前期，尤其是在宋末元初的数十年间，江浙诸郡常年稻米单产应是大致稳定的。从这一前提出发，可以说宋末元初前后，诸郡中以湖州、苏州、台州单产较高，在2.5—3宋石之间；嘉兴、松江、绍兴、婺州次之，在2—2.5宋石之间；常州、明州、福州、江阴又次之，在1.6—2宋石之间；镇江、建康则更次之，但亦在1.5宋石以上。总的来说，各地的单产均在1.5宋石以上，3宋石以下，太湖平原的单产稍高于其他地区，大致在2—3宋石之间。不过，由于上述推算及其结论系以并不很可靠的官方统计数字为依据，所缺统计数字又多用推算方式获得，以上结论当与事实存在一定的差距，仅仅是一种推断，只能作批评与参考之用。

本文原载于方行主编《中国社会经济史论丛：吴承明教授九十华诞纪念文集》，中国社会科学出版社，2006年。

1 （大德）《昌国州图志》卷四“叙物产”。
2 （大德）《昌国州图志》卷三“户口”、“田粮”。

再论宋元之际江南各地的稻米单产和劳动生产率

本文所说的宋元之际江南各地的稻米单产是指南宋嘉泰至元至顺一百三十年，主要是宋末元初即绍定至至元这六十多年间镇江、常州、江阴、平江、湖州、嘉兴、松江、婺州、绍兴、台州、庆元、建康（集庆）、太平州和宁国等地的稻米单产。

众所周知，粮食单产是衡量农业生产质量和土地生产率的重要指标，因而是研究农业生产力的学者不可回避的一个重要话题。在宋元时期，稻米是江浙地区基本的粮食作物，粮食单产几乎等同于稻米单产。

对宋元江南地区稻米的单产，学者们已作过相当深入的探讨，但迄今尚未达成共识。如李伯重认为南宋后期和元代江南水稻平均亩产米仅1石左右。梁庚尧指出，南宋末太湖平原亩均产米2石的农地达十之四五或更多，高者亩均产米可达2.5—3石，较低者也在1—1.2石之间。余也非、吴慧估计宋元江南亩产米2石。斯波义信推定宋初长江下游亩产米1石左右，宋末至明初为2石左右，后又修正为北宋亩产米2—3石。闵宗殿认为宋代太湖地区亩均产米2.5石。漆侠则以为江南农田宋仁宗时亩产米2、3石，南宋中后期已增至5、6石[1]。上述研究均以江南为对象，而没有考虑到区域内各地存在较大的差异。自从李伯重发表了《“选精”、“集粹”与“宋代江南农业革命”——对传统经济史研究方法的检讨》和《历史上的经济革命与经济史的研究方法》二文后，江南的亩产不仅成为衡量宋代农业先进地区在太湖平原还是在河谷平原的重要标准，而且还成为判断“宋代江南农业革命”和“明清停滞论”能否成立的关键，成为事关经济史研究方法的重要问题[2]。这就使我们有必要重新审视并认真解决这一问题。

由于当时记载的阙失和史料的不断散佚，以往的研究几乎都是从受一定时空限制的残缺不全的史料中推出具有普遍意义的结论，往往缺乏科学方法的指导，其结论均值得商榷。为尽力逼近并揭示历史的真相，就应运用科学的方法，从全局出发，同时格外注重史料的时间性和空间性。笔者曾从宋元之际江南各地的稻米总产和粮田总数入手，撰成《宋元江南各地稻米单产试探》一文，推算出当时当地的稻米单产。

由于该论文仅仅局限于探讨宋元之际江南各地的稻米单产，而未涉及其他问题。为此，笔者在旧作的基础上，又撰成《再论宋元之际江南各地的稻米单产和劳动生产率》一文。论文首先对单产与劳动生产率的概念加以梳理和界定，指出了前人的失误及

---

1 李伯重《“选精”、“集粹”与“宋代江南农业革命”——对传统经济史研究方法的检讨》，《中国社会科学》2001年第1期，第183页；《宋末至明初江南农民经营方式的变化——十三、十四世纪江南农业变化检讨之三》，《中国农史》1998年第2期，第36、37页；梁庚尧《宋代太湖平原农业生产问题的再检讨》，《台大文史哲学报》第54期（2001年），第274、298页；余也非《中国历代粮食平均亩产量考略》，《重庆师范学院学报》1980年第3期；吴慧《中国历代粮食亩产量研究》，农业出版社，1985年，第154、160页；斯波义信《宋代的消费·生产水准试探》，《中国史学》第1卷，1991年，第166页；《北宋的社会经济》和《南宋与金国的社会与经济》，第175、353页；闵宗殿《宋明清时期太湖地区水稻亩产量的探讨》，《中国农史》1984年第3期；漆侠《宋代经济史》上册，上海人民出版社，1987年，第138页。

2 见《中国社会科学》2000年第1期、2001年第6期。

其在估算方法上的问题，然后从粮食生产的角度出发，运用科学的方法估算了宋元之际江南各地稻米的单产和劳动生产率，最后对当时江南各地的劳动生产率作一横向的比较。所论如有错讹，敬请各位批评指正。

一

长期以来，人们往往用单产作为衡量某一时代、某一地区农业劳动生产率和农业生产水平的主要标准，这种做法是值得商榷的。其之所以这样做，原因就在于对基本概念理解有误。

在学术研究中，基本概念具有极其重要的意义。因此，笔者将首先从单产和劳动生产率等基本概念的界定入手，来澄清以往研究中所存在的模糊认识。

先就单产而言。单产又称收获率，它是单位面积产量的简称，是指平均每单位土地面积上所收获的农产品的数量。稻米单产指稻米每亩平均年产量，它等于全年稻米收获量总和与其所占用耕地亩数的比值。单产是衡量土地生产效率的一项指标，它仅构成农业生产的要素之一，而非唯一和主要的生产要素，因而不能将其作为判断农业生产效率或水平的唯一重要标准。

生产率才是衡量生产水平的指标，所谓生产率是指资源在社会经济活动中的利用效率。它等于产出与投入的比值，即一定时期内单位生产要素的产出。决定生产率的因素有物质资本、人力资本、自然资源（如土地）和技术知识等。依据投入生产要素的不同，生产率可以分为单要素生产率（如资本生产率、劳动生产率等）和全要素生产率（TFP）。前者如资本生产率，即为一定时期内单位资本存量所创造的产出。全要素生产率则是产出量与生产要素总量之比。

农业生产率是指农业中的生产率。它等于农业中的产出与投入的比值。就经济效益而言，农业生产率是指一种产品每单位资源（每亩，每个人工，每个能量单位等）的产出量。

由上可知，单产是一种单要素生产率而非全要素生产率，它只是土地生产率而非农业生产率。作为全要素生产率的农业生产率，才是全面衡量农业生产水平的评估指标。

劳动生产率是指劳动者的生产能力或劳动效率，它等于单位时间内单位劳动力所创造的产出。

农业劳动生产率是指农业劳动者的生产能力或劳动效率，可以用单位劳动力在单位时间（一般以一年为单位）里所生产的农产品的数量（或产值）或生产单位农产品消耗的劳动时间来表示。

全员劳动生产率是按生产组织的全部成员计算，单位时间内平均每一成员所创造的产出。在古代中国，家庭是经济活动和生产的基本单元，农业特别是粮食种植业是经济和生产的主要部门，粮食种植又以稻米种植为主。因此，我们以户为单位计算所得某地的稻米产量，大致可以视为是一种以州府为生产组织，以户为劳动力计算单位的全员农业劳动生产率，而非农业劳动生产率。

经济学认为，决定某时某地人们生活水平的是其劳动生产率而非其他。因此，劳动生产率虽只是一种单要素生产率而非全要素生产率，却是一种衡量某时某地人们生产水平的非常重要的评估指标。

生产效率（生产率）或生产水平从来是相对的，是随条件即衡量标准转移的。如以土地单位产出来比较中国和美国农业的生产效率，中国高于美国。如以人即劳动生产率计算，美国高于中国。标准不同，衡量的对象和结果也就不同。

经济学认为，决定某时某地人们生产水平的是其生产率，决定其生活水平则是其劳动生产率，全要素生产率是全面衡量生产水平的评估指标，劳动生产率则是衡量生产和生活水平的一项重要评估指标。因此，要衡量和判断某时某地的农业生产效率和人们的生活水平，而非土地的生产效率，主要应依靠农业生产率，特别是农业劳动生产率。单产只是土地生产率，它既非全要素生产率，又非十分重要的单要素生产率，因而不能被用作全面衡量某时某地农业生产水平的主要评估指标。作为一种农业生产水平的评估指标，它并不像我们以往所认为的那样重要。

二

对江南单产传统估算方法上的问题，已有学者提出了尖锐的批评。如李伯重即指出，以往人们用“选精法”和“集粹法”来处理资料和数据，从而推出宋代江南地区亩产量的研究方法是错误的。其主要错误就在于将某一或某些例证所反映的具体和特殊的现象加以普遍化，并因此而得出了不符合历史真实性的结论[1]。

梁庚尧则对李伯重根据常熟县学田 1784.94 亩、上等学田 540 亩、义役田地 51310 亩、职田地 32262 亩，平江府官田 124203 亩和嘉定县学田 1362 亩的平均每亩租米，按 1∶2 的比例推算南宋常熟和江南稻米亩均产量的推计方式和结论[2]提出了质疑。他认为义役田、职田土质较差，未必属于中等田地。官田所立租课较轻，学田也有土质较差、租课较轻者，不宜以 1∶2 的推计方式来推算单

1　李伯重《“选精”、“集粹”与“宋代江南农业革命”——对传统经济史研究方法的检讨》，《中国社会科学》2001 年第 1 期。

2　李伯重《“选精”、“集粹”与“宋代江南农业革命”——对传统经济史研究方法的检讨》，《中国社会科学》2001 年第 1 期；《宋末至明初江南农民经营方式的变化》，《中国农史》1998 年 17 卷 2 期。

产。且推算单产时应考虑到租米1石按130合斗交量的因素。然后在再检讨、分析李氏所用推算数据的基础上，辅以高斯得、方回、岳珂、范仲淹、郏亶、王炎和黄震所言等佐证资料，指出宋代苏、湖、秀地区的稻米亩均产量不可能如李氏所言仅为1石左右[1]。

上述两位学者对江南单产传统估算方法所提出的质疑和批评是颇有道理的。但在值得大家肯定和反省的同时，我们不难发现这两位学者也是根据某些例证和数据即推出普遍结论的。例如根据8万多亩学田、义役田地和职田地的租米，就推算出包括240多万亩民田地在内的、常熟县260多万亩官民田地的稻米单产；又根据平江府12万多亩官田和1千多亩学田，就推算出平江府数百万亩、全江南数千万亩官民田的稻米单产。其所用方法亦未能跳出传统方法之窠臼。

其实只要能再作进一步的思考，大家不难认识到：通过某些资料和数据以了解事物的全貌，即从部分推出全体不是绝对不可以，而是可行的。关键在于必须运用科学的统计方法。

抽样方法即是在不可能或不需要对总体的所有单位逐一取得所需数值的情况下，通过从总体中取出部分个体作为资料来对总体进行分析，以了解研究对象的某些数学特性的一种科学统计方法。从总体中取出部分个体的过程称为“抽样”，所取得的部分称为“样本”。

将抽样方法运用到社会经济统计中，即形成抽样调查。这是按随机原则从统计（即全及）总体中抽取部分单位进行分析，用抽样总体的综合指标推算统计总体综合指标的一种非全面的调查方法。运用抽样方法必须遵循随机原则。随机原则也叫同等可能性原则，

1 《宋代太湖平原农业生产问题的再检讨》,《台大文史哲学报》第54期，2001年。

它要求完全排除主观意识的影响，使统计总体的每一单位都有同等机会被抽中。

在抽样调查中，通常存在可以避免的系统性误差和不可避免的偶然性误差。为避免系统性误差，就必须遵循随机原则，使统计总体的每一单位都有同等机会被抽中，并避免记录和计算上的错误。为减少偶然性误差，首先应增加样本数，或至少要有一定数量的样本。其次应减少总体标志的变异程度。最后应选择合适的抽样方法。如在总体不大、总体的标志变异度较小时，可采用纯随机抽样法。反之，可采用等距抽样或类型抽样法，以保证样本单位在总体中的均匀分布，提高样本的代表性。

运用抽样方法是可以对某时某地的单产作出科学的估算的。然而令人遗憾的是，迄今尚未有人正确地运用抽样方法对宋代江南的单产作科学的估算。以往对江南单产所用的估算方法显然有悖随机原则。这主要表现在估算对象（即统计总体）的每一单位不仅缺乏被抽中的同等机会，而且估算所用的资料和数据即样本数量小，更为严重的是它们在总体中的分布不均匀，不具代表性。具体而言，我们估算所用的资料和数据不是少数几个人的言论，就是取自区区数万亩学田、义役田地、职田地和官田之数据。这些样本不是随机抽取的，又局限于少数地区和时段，最严重的是因缺少构成农田之绝大部分的民田类型数据，而完全不具备代表性。据此至多只能推算出若干时段和地区学田、义役田地、职田地和官田的单产数，而不可能推出适用于宋元三、四百年间，拥有数千万亩民田的整个江南的农田单产数。

由上可知，以往对江南单产所用的估算方法并不科学，存在方法上的问题。这一方面是受到现存历史资料和数据的限制，另一方面则是缺乏主观上的自觉所致，未能正确地运用抽样方法，而是根据部分资料和数据来推断总体。

三

除抽样方法以外，我们还可以直接从概念出发，即从某时某地的稻米单产等于当时当地全年稻米收获总量与其粮田亩数之比出发，来全面估算该时该地的单产。考虑到时代和区域的差异，本文将按府州而非江南，来探讨宋元之际这一不太长的时限内江南各地稻米的单产。

具体而言，即是根据某时某地的稻米收获总量大致等于当时当地的居民口粮、酿酒醋、预留来年稻种、运储损耗、税米以及余粮（包括新增储备、公家和籴和私人贩运）诸项之和，通过逐项相加，推知其稻米总产。并由其总产和粮田总数，推出其稻米单产。最后则用当时人有关当地单产的议论和具体有限的史料来验证推算的结果（详见笔者2004年所撰《宋元江南各地稻米单产试探》一文）。推算和验证的前提是，在资本、自然资源和品种、技术等要素等没有发生重大变化的宋元之际，尤其是在宋末元初的数十年间，江浙诸郡常年稻米单产应是大致稳定的。

居民口粮可由某时某地的户数和人、户年均食米数求得。户数已知，后两者可求得。

在膳食结构不变的前提下，年人均消费的口粮是一个常数。宋元以来一直到20世纪90年代，江南地区绝大多数人的膳食结构并未发生大的变化，这表明一千年来年人均消费的稻米数量是大致固定的。以下拟根据宋元时人的记载，来考定当时江南地区的人均食米数，并用现当代的数据和人生存所需热量来验证这一结论。

从宋代政府规定的人均口粮标准来看。当时政府一般采用赈粜或赈济的方式，来帮助受天灾和战乱打击的灾民。赈粜即低价赈贷，标准为每人日粜米2升，或大人2升，小儿1升[1]。赈济的灾民一般标准是每人给米2升，或15—20岁1.5升，6—14岁1升，1—5岁0.5升[2]。对居养院收养的鳏寡孤独，政府赈济的口粮标准为每人日给米1升[3]，这和范仲淹所定义庄救济穷困族人的口粮发放标准相同[4]。对乞丐、饥贫之人和归正贫民，政府的赈济标准为大人日给米1升，小儿0.5升[5]。南宋绍兴时颁行的军人每人每日口粮标准为米2升[6]。

又从宋元时民间人士的估算来说，由于场景和需要的不同，高估者认为每日人均需食米2升，低者认为仅需1升。如湖州归安人倪思（1174—1220）晚年家居时说："人之一身，每日所食，不过米一升。……若酒食杂费，岁计不过百千。"[7]严州淳安人方逢辰（1221—1291）则认为，如一家9口，平均"一口日啖米二升"[8]。倪思所言系推己及人，针对身处渔米之乡归安，官至尚书的自己而发，其饮食结构中包括酒食，岁费至百贯，稻米所占比例显然低于一般水平。加之其学杂出于释老，所言务为恬退高旷，其说不免有低估常人实际需求之嫌。方逢辰晚年家居土瘠民贫的严州[9]，其所言系为田"土硗瘠"，"人穷怕饿死"的"田父"而发，意在抒发农人之苦，其说不免有高估之嫌。

---

1 《宋会要辑稿·食货》五七之九，五九之一九，五八之二。
2 《宋会要辑稿·食货》五七之八，五九之二八、二九、三六，五八之一四。
3 《宋会要辑稿·食货》六〇之一。
4 《范文正公集》卷末所附《建立义庄规矩》。
5 《宋会要辑稿·食货》六〇之七、八、一二、一三、一五。
6 《宋史》卷一九四《兵八》。
7 《经锄堂杂志·人生享用》。
8 《蛟峰集》卷六《田父吟》。
9 景定《严州续志》卷二《税赋》。

有时即使是同一人，针对不同的情况估算也会不同。如南宋淳熙年间，朱熹至绍兴主持救灾事宜。他认为绍兴所产“乐岁无余”，人均“日计犹不能及二升之数”，即平时人日均应食米 2 升。同时他又认为，计口救济当地 130 万贫民九十余日，“当为粟百万石”，即每日人均给米 0.85—0.78 升[1]。

如果说以上史料仅告诉我们在正常情况下，宋元时江浙地区每日人均口粮大致在米 1—2 升之间的话，那末方回（1227—1307）则给我们提供了较可信，又具有普遍意义的具体数据。

方回在至元二十四年（1287）回顾嘉兴魏塘的见闻时曾说，“一农可耕今田三十亩，假如亩收米三石或二石，姑以二石为中，……佃户自得三十石。五口之家，人日食一升，一年食十八石”。又说“东南斗有官斗，曰省斗，一斗百合之七升半。有加一斗，加二斗，加三斗，加四斗，民田收米用加一斗。”当时“东南省斗学粮养士，一餐破七合半，上等白米也。人家常食，百合斗一餐，人五合可也，多止两餐，日午别有点心。否则加一斗、加二斗、加三斗，每半升一饭而多矣”[2]。按其所说，元代百合斗之 1 斗，等于宋代 1.333 省斗。民田收米用加一斗，故元之加一斗 =1.466 省斗 =0.974 市斗。至元时政府税收以宋一石当元七斗。即 1 元斗 =1.43 省斗[3]。至顺时镇江税收则以宋文思院 1.5 斗当元 1 斗[4]。方回所说在两者之间，当属可信。

据此可知，人家常食为人均百合斗 1 升多一点。具体来说，5 口之家人均日食应为元之加一斗米 1 升或 1.466 省升，即 487 克；年户均食米为 18.25 元石，或 26.77 宋石。

---

1 《晦庵先生朱文公文集》卷一六《奏救荒事宜状》。

2 《古今考·续考》卷一八《附论班固计井田百亩岁入岁出》。

3 《元史》卷九三《食货一》。

4 至顺《镇江志》卷六《秋租》。

人均日食米1.466宋升（487克）的估计应是方回在其个人经验基础上得出的。方回一生基本上在江浙一带活动，其估计系就江浙一般“人家常食”而言，且与天历二年（1329）沈德华所说镇江“每人日食米一升（合1.5宋升）”，减半仅能苟延残喘相合[1]，因而具有相当普遍的意义。

综合从上述政府的口粮标准和宋元时人的估计来看，方回所言与其相符，当属可信。

通过对上述数据的生理学和营养学的分析，可以揭示以上估算的内在含义。按中国营养学会《中国居民膳食营养素参考摄入量》（中国轻工业出版社，2001），18—69岁从事各种体力活动的男女，以及1—17岁的小儿和未成年人每人每日所需能量可列为下表1、表2：

表1

体力活动		轻度体力活动	中等体力活动	重体力活动	年龄（岁）
所需能量（大卡）	男	2400（米501克）	2700（米563克）	3200（米668克）	18—49
	女	2100（米439克）	2300（米480克）	2700（米563克）	
	男	2300（米480克）	2600（米542克）	3100（米647克）	50—59
	女	1900（米396克）	2000（米417克）	2200（米459克）	
	男	1900（米396克）	2200（米459克）		60—69
	女	1800（米375克）	2000（米417克）		

表2

年龄（岁）		1	5	10	11—13	14—17
所需能量（大卡）	男	1100（230克）	1600（334克）	2100（438克）	2400（501克）	2900（605克）
	女	1050（219克）	1500（313克）	2000（417克）	2200（459克）	2400（501克）

1 至顺《镇江志》卷二〇《陈策发廪》、卷六《秋租》。

在中国传统的膳食结构中，人所需热能的60%—70%来自糖，糖基本来自谷物（江浙一带则为稻米）中的淀粉。折中而计，按热能的65%取自稻米，每100克米含淀粉76克，每克淀粉产生热量4.1大卡计，1.466宋升米（487克）能产生1517.5大卡的热能。正常膳食结构中总热量的65%为1497.5大卡，100%则为2334.6大卡。人均日食米1.466宋升（487克）即意味着人均日摄取总热量2334.6大卡。

从生理学、营养学的角度来说，据表1和表2所示，人均日食米487克所提供的能量可以满足5口之家中一对夫妇分别从事重体力活动和中等体力活动（米668克、480克），其他人从事轻度体力活动的需要（人均米429克），方回的估计是可以成立的。

方回的估计又可用现代的资料加以验证。

1. 20世纪30年代，绍兴常年稻米总产88318万担，按1935年总人口2607057人计，每日人均得谷464克，丰年当高于此数。当时人指出：“绍兴人口众多，五谷出产虽丰，尚不能自给，丰年仅及全年需要额（供应量）之半。”[1]可见当时绍兴每日人均食谷在928克以上，按米、谷50%的折算率计，与方回所估计的人均日食谷974克相去不远。

2. 1955年，苏州、绍兴、南京栖霞区农村余粮户口粮为每日人均479克、479克和508克，绍兴、栖霞区市区每日人均实际供米393克和390克[2]。宋元时江浙地区城镇人口绝不会超过总人口的15%[3]。如按城镇人口占15%，每日人均食米392克，农村每日人均

---

1 《绍兴市志》第十三卷《农业》，第二章《种植业》，第一节《粮食作物》。

2 《苏州市志》第二十八卷《商业》，第七章《粮油业》；《绍兴市志》第十四卷《国内贸易》，第二章《粮油》；《栖霞区志》第九编《商贸旅游》，第四章《粮油购销》。

3 见李伯重《宋末至明初江南人口与耕地的变化》，《中国农史》1997年第3期。

食米489克计，城乡每日人均食米为474克，与方回所言487克相去不远，其农村日人均食米数则与方回所言极其接近。

3. 20世纪90年代后期，我国部分地区的典型监测表明，国人每日平均摄入热量2387大卡。按膳食结构中65%的能量来自稻米，100克米含淀粉76克，每克淀粉产热量4.1大卡计，当时每日人均食米498克[1]。方回所言亦与其相近，当属可信。本文拟用方回的年户均食米26.77宋石来计算宋元江浙人的口粮消费数。

除杭州、苏州等大城市外，诸郡酿酒、醋所费稻米并不多。按元大德11年（1307）臣僚言，"杭州一郡岁以酒縻米麦二十八万石"[2]。熙宁10年（1077）酒曲岁入499347贯[3]，每贯合用米麦0.56元石。绍定间庆元府造酒用糯米14195石，曲麦3370石（宝庆《四明志》卷四《酒》），米占总数的80.8%。在没有取得更好的计算方式前，杭州以外诸郡年酿酒用米，姑且按其熙宁10年酒曲岁入与米0.45元石/贯之积推算。酒的消费与人口和商业发达、社会繁荣相关。大德中的酿酒用米数可大致视为南宋和元代的平均数。

又按元江浙行省酒课岁入196654锭，醋课岁入11870锭计，造醋所费稻米仅为酿酒的6%[4]，可忽略不计。

稻田用种量因时代和地区的不同存在种种差异。低估者如西汉《氾胜之书》主张稻地每亩用种4升，魏《齐民要术》主张每亩3升。高估者如明徐光启指出，当时人每亩用谷种1斗以上[5]。按西汉、北魏时1亩为0.69市亩，1升为0.34市升和0.40市升，明代1亩为0.92市亩，1升为1.07市升计，以上三说分别为每市亩用

1　黄圣明《食品工业要为消费者提供方便、营养膳食》，《食品产业2002年年鉴》。

2　《元史》卷二二《武宗一》。

3　《宋会要辑稿·食货》一九之一二、一三、一四。

4　《元史》卷九四《食货二》。

5　徐光启《农政全书》卷二五《树艺》。

种 1.97 市升，1.74 市升和 11.63 市升。取低值的平均数与高值折中而计，则每市亩为 6.74 市升。若按宋元 1 亩为 0.9 市亩，1 宋升为 0.664 市升，1 元升为 0.974 市升计，6.74 市升 / 市亩应为 9.14 宋升 / 宋亩和 6.23 元升 / 元亩，折合米每亩 4.57 宋升或 3.12 元升。

稻米在运输存储过程中会有损耗，政府收税往往加征“仓场耗”、“鼠雀耗”等，名之曰加耗。按元代镇江秋税正米 133047 石，耗 6212 石计[1]，加耗占总数的 4.46%。加耗一般高于实际的损耗。按专家估测，2002 年江苏稻谷总产约 1620 万吨或 1700 万吨，各种损耗为 50 万吨，新增储备粮亦为 50 万吨，分别占总数的 2.94%—3.09%[2]。据此推算，实际损耗应占总产的 3% 左右，储备亦应占 3% 左右。税米、和籴和私贩则诸郡各异。据此，可列出诸郡稻米总产的算式：

Z（总产）=a · H（户数）+S（税米）+b · J（酒曲岁入）
+C · T（田亩数）+0.03Z+0.03Z+D（和籴）
+F（私贩）

其中 a 为户年均食米数（宋代为 26.77 石，元代为 18.25 石），b 为 0.66 宋石 / 贯，或 0.45 元石 / 贯，C 为亩均稻种折米数（宋代为 4.57 升，元代为 3.12 升）。据此可算出：

1　至顺《镇江志》卷六《秋租》。
2　《2002 年度江苏粮油生产与市场分析》，《粮食与油脂》2002 年第 5 期；《2002 年江苏省稻米供需形势简析》，中国农产品供求信息网，2002 年 10 月 24 日。

表 3　浙西各地稻米单产表

州府别	户数	秋税米（石）	酒曲岁入（贯）	田亩（亩）	和籴（石）	私贩（石）	总产（石）	单产（石）
镇江	114218（至顺）	192074（元）	87429	2371448	无几	外运无几	2542430（元）	1.573（宋） 1.072（元）多
常州	209732（元初）	245822（宋末）	110643	3431712	无	输入少量	5917484（宋）	1.724（宋） 1.175（元）
江阴	64035（绍定）	54630（宋）	36622	1253602	79722（元秋粮米，至少可外运数）		1995105（宋）	1.591（宋） 1.085（元）
平江	466158（元初）	882150（元）	287384	6749000	1544684（可外运数）		11993733（元）	2.607（宋） 1.777（元）多
湖州	255087（至元到至顺）	334122（至正）	136116	3040147	212413（至少可外运数）		5699976（元）	2.750（宋） 1.875（元）多
嘉兴、松江	443017（元初）	602069（元初）	132890	7280741	1516542（至少可外运数）		11096628（元）	2.236（宋） 1.524（元）多
婺州	218673（元初）		93427	2963876	丰年自保无余，明代秋税米 173880		4174515（元）	2.066（宋） 1.408（元）

镇江至顺时共计 11.4218 万户，秋租米 19.2074 万石，熙宁间酒曲岁入 87429 贯，至顺时成熟田 237.1448 万亩。天历二年（1329）知事沈德华上书云“本郡田土硗瘠，产薄民弱。富饶之家且无兼岁之储，贫窭之民望熟贷食，……稍至欠岁，便不聊生”，可知该地常年粮食可自足[1]，但余粮不多，外运数量有限。据此推算，至顺时镇江常年总产米约 2542430 元石，亩均产米约 1.072 元石多，即 1.573 宋石。景定中，镇江回买公田 168228 亩，纳租 134658 石，亩租米 0.80 宋石[2]。亩产按 1∶2 计，为 1.60 宋石，与笔者推算相符。

1　至顺《镇江志》卷三《户口》、卷六《秋租》、卷五《田土》、卷二〇《陈策发廪》。

2　至顺《镇江志》卷五《田土》、卷六《秋租》。

常州元初有户209732，与宋末大致相同[1]。回买公田前，上供苗米旧额为228592石[2]。常州延祐二年（1315）有田土6026434亩[3]，成化十八年（1482）实征田4836655亩，实征田地山滩塘荡淹圩埂等共6177775亩，较延祐多出151341亩。弘治15年（1502）实征田地山滩荡圩埂等共6204533亩，内靖江县占289758亩。据此可知，成化所增之数基本来自成化八年新建靖江县的江涨沙田，延祐以后靖江以外常州各县田地数并没有多大变化[4]。南宋中叶以后，太湖平原的土地即已基本开垦成田。按此推算，在扣除绍定间江阴垦田1253602亩，延祐成化间靖江增垦之田151341亩后，延祐至宋末元初常州应有农田3431712亩。南宋人云，“浙右郡号沃壤，独毗陵田高下不等，必岁大熟，民乃足”[5]，可知常州粮食丰年方可自足，常年需外郡少量接济，人均食米按缺10%计，宋末常州常年单产为米1.724宋石。

江阴绍定间户64035，垦田1256302亩，秋租米54630石（按2石稻子折米1石计），元代岁纳秋粮米约79722石[6]，可外销数至少有25092石。在缺乏和籴、本地输入输出稻米数值的条件下，可推算出绍定时江阴常年单产为米1.591宋石，实际单产应略高于此。

苏州元初户466158。延祐间秋租米882150石[7]。洪武《苏州府志》卷10《田亩》载明初苏州共有“田土”6749000亩，其数等于诸县官田、民田等各项田数之总和。其中吴江田土1125376亩，

1 《元史》卷六二《地理五》。

2 咸淳《毗陵志》卷二四《财赋》。

3 康熙《常州府志》卷八《田赋》。

4 正德《常州府志》卷一《财赋》、《明史》卷四〇《地理一》。

5 咸淳《毗陵志》卷二四《财赋》。

6 嘉靖《江阴县志》卷五《户口》、《田赋》，卷四上《田赋》。

7 洪武《苏州府志》卷一〇《户口》、《税粮》。

与其元代田 1141545 亩、明天顺六年（1462）田 1149628 亩（田地山荡共计 1395853 亩）基本一致[1]，与清代吴江、震泽旧科则田 1215753 亩相近。吴县，长洲田土 1552241 亩，与清代吴县、长洲、元和、太湖旧科则田 1633378 亩相近。昆山田土 1254143 亩，与清代昆山、新阳旧科则田 1056045 亩相近。常熟田土 1172502 亩，与清常熟、昭文旧科则田 1436712 亩稍有差异，应与太仓州的分设和江涨沙田增入有关[2]。在册纳税之田土数与田数基本一致是因为苏州之田土基本由田构成，地所占比重很小。如清代苏州府有田 5341888 亩，地 105524 亩，地仅占田亩数的 2%。因此，洪武志的田土 6749000 亩大致可以视作田亩数。明初实行令民自实田的政策，江南田土数大多因袭元代。这从县志所载元代吴江垦田 1141545 亩[3]，常熟管下田地 1172502 亩，与洪武志所载完全相同或基本一致可以得到印证。显而易见，6749000 亩之数可以看作元代苏州的垦田数，并在农田已开垦完毕的情况下可看作南宋末苏州的垦田数。

元代"平江、嘉兴、湖州地土膏腴，人民富足"[4]。"嘉禾、吴、松江又号秔稻厌饶他壤者，故海漕视他郡居十七、八。"[5]当时岁"漕东南之米数百万石，由海道以达京师，米之所出，多仰吴郡"[6]，苏州以及嘉兴、湖州、松江均为重要的余粮产地。至大二年（1309）至天历二年（1329），每年海运漕米 2、3 百万石[7]。按元代

1　弘治《吴江县志》卷二《土田》。
2　同治《苏州府志》卷一四《田赋三》。
3　光绪《常昭合志稿》卷一〇《田赋》。
4　至顺《镇江志》卷二〇《陈策发廪》。
5　王沂《伊滨集》卷一四《送刘伯温序》。
6　陈高《不系舟渔集》卷一一《送顾仲华督漕入京序》。
7《元史》卷九三《海运》。

秋税米882150石，洪武四年秋粮2426834石推断[1]，元代苏州每年公私可贩粜的余粮至少有1544684石。据此推算，元初苏州常年总产米至少有11993733石，单产在1.777元石以上。

元初方回指出：“吴中田今佳者岁一亩丰年得米三石，山田好处或一亩收大小谷二十秤，得米两石，皆百合斗。”(《古今考·续考》卷一八《附论班固计井田百亩岁入岁出》）元初苏州常年单产1.777元石（加一斗）即百合斗1.956元石。平均亩产既如此，山田好处亩均产米2石，上田丰年单产米3石当属正常。

湖州元初有户255828，至顺时为254345户[2]，此处取其平均值。至正间湖州秋粮米正耗334122石，实征田土6388455亩；洪武10年起科税粮田土4949267亩，内田2524263亩[3]，清同治实征田地山荡等6113695亩，内田2941658亩[4]。按明清田之差额在田土差额中所占比例推算元代与明清田之差额，可知至正间湖州垦田应为3040147亩。又按至正秋粮米正耗与洪武10年秋粮546535石之差额计[5]，元代湖州常年可供贩粜的余粮至少有212413石。据此推算，元代前期湖州常年总产米在5699976石以上，单产在1.875元石，即2.750宋石以上。上田单产可达3宋石，与嘉定时围田“亩收三石”米说相符[6]。

嘉兴、松江元初户有426656和459377二说[7]，兹取其平均值。元初秋税实征米602069石[8]。松江至正十五年定垦田土4572261亩，

1 洪武《苏州府志》卷一一《赈贷》。

2 《永乐大典》卷二二七七《吴兴续志·户口》;《元史》卷六二《地理五》。

3 《永乐大典》卷二二七七《吴兴续志·田赋》。

4 同治《湖州府志》卷三四《经政略·田赋一》。

5 《永乐大典》卷二二七七《吴兴续志·田赋》。

6 《宋会要辑稿·食货》六之三一。

7 《元史》卷六二《地理五》；至元《嘉禾志》卷六《户口》。

8 至元《嘉禾志》卷六《赋税》。

正德七年额管田地山荡等4720400亩，内田3736871亩[1]。按正德间田占田土总数的比例推算，至正中松江垦田应有3619598亩。嘉兴清代实垦田3661143亩[2]，如按宋末元初该地土地已全部开垦推断，这一数字大致可视为至正间嘉兴的垦田数。又按明初松江秋“租一百五十万”石，嘉兴明代旧额秋粮米618611石，两者高出元初秋税米1516542石推断[3]，公私可贩籴之余粮应在此数之上。据此推算，元初嘉兴、松江常年总产米在11096628石以上，单产在1.524元石，2.236宋石以上。

婺州元初户有216228和221118二说[4]，本文取其平均值。该地明秋粮米旧额173880石[5]。至正间义乌田土425657亩，浦江田土266600亩，洪武二十四年垦田分别为459180亩和290807亩。从洪武诸县土地分类及田地山塘各项数字来看，宋元婺州之田土数即田数[6]。按二地至正间田土占洪武间田亩比例的平均值计算，明初金华垦田约3215047亩，至正间应有田2963876亩。宋末婺州人王柏（1197—1274）指出，婺州“丰年乐岁，仅仅自保，国家无兼岁之储，上农无半年之食”，可知该郡常年所产连自足都相当勉强，人均食米按缺10%计，当无余粮输出。据此推算，宋末元初婺州常年总产米为5917484石，单产为1.408元石（即2.066宋石）。

1　正德《松江府志》卷六《田赋上》、卷七《田赋中》。

2　光绪《嘉兴府志》卷二一《田赋一》。

3　杨维桢《东维子集》卷三《送华亭主簿张候明善序》；雍正《浙江通志》卷六八《田赋二》。

4　《元史》卷六二《地理五》；嘉靖《金华府志》卷三《户口》。

5　雍正《浙江通志》卷六九《田赋三》。

6　见本田治据嘉靖《金华府志》卷八；光绪《金华县志》卷一二；道光《东阳县志》卷七；嘉庆《义乌县志》卷五；嘉靖《永康县志》卷三；光绪《浦江县志稿》卷一一；乾隆《浙江通志》卷六九所制之《南宋婺州地目别土地统计表》；《社会经济史学》第四十一卷第三号《宋代婺州的水利开发》。

表 4 浙东、江东各地稻米单产表

州府别	户数	秋税（石）	酒曲岁（贯）	田（亩）	和籴（石）	私籴（石）	总产（石）	单产（石）
绍兴	273343 （嘉泰）	332267	117092	3576925	无	需输入	7296440 （宋）	2.040（宋） 1.391（元）
台州	266014 （嘉定）	未详	71147	2766546	所产丰年始自足		7050735 （宋）	2.549（宋） 1.737（元）
庆元	140349 （绍定）	144222	108595	2335953	勉强自足		4340203 （宋）	1.858（宋） 1.267（元）
集庆	220459 （元初）	317852	139562	4474492	未详		4833655 （元）	1.585（宋） 1.080（元）多
太平州	76202 （元初）	未详	44409	宋末 1279881	洪武秋粮米42690（至少可外运数）		2170418 （宋）	1.696（宋） 1.156（元）
宁国	232538 （元初）	276557 （宋末）	88530	宋末 3576735	未详		7152645 （宋）	2.000（宋） 1.363（元）

绍兴宋嘉泰间有户273343，秋苗、湖田、职田米共332267石[1]。大中祥符间土田山荡共6122952亩，至元间田地山荡共6257740亩，万历13年田地山荡共6726399亩，内田3872615亩[2]。如按万历年间田与田地山荡的比例推算，大中祥符和至元间垦田分别为3525190亩和3602792亩。如按嘉泰所增垦田为至元所增数之2/3计，嘉泰中绍兴垦田约3576925亩。淳熙中朱熹指出，“绍兴地狭人稠，所产不足充用，稔岁亦资邻郡”，常年粮产不能自足，需从浙西输入稻米[3]。嘉泰去淳熙无几，户口田地与缺粮的情况应基本一致。人均食米按缺15%推算，嘉泰时绍兴常年总产米7296440石，单产为2.040宋石。

1 嘉泰《会稽志》卷五《户口》、《赋税》。

2 乾隆《绍兴府志》卷九《田赋一》。

3 朱熹《朱文公文集》卷一六《奏救荒事宜状》、卷二一《乞禁止遏籴状》。

台州嘉定中有户266014（僧道不与），田2766546亩[1]。淳熙时黄岩所产，“一州四县皆所仰给，其余波尚能陆运以济新昌、嵊县之缺”[2]，常年所产稍有多余。嘉定时，台州“生之者众，而食之者亦殷，……会岁屡丰，粒米狼戾，虽细民亦不欠一饱”[3]，连年丰收小民仅可一饱，平年则不免有饥者。人均食米按缺10%计，嘉定时常年总产米7050735石，单产为2.549宋石。

集庆（建康）元初户有214538和226379二说，此处取其平均值。至正前垦田4474492亩，秋粮米317852石[4]。据此推算，至正间常年总产约4833655元石，单产在1.080元石，即1.585宋石左右，上田单产可更高。这和岳珂所说，江东上色田每亩产谷4石，得米2宋石相符[5]。

庆元绍定间有140349户[6]，秋税、湖田米共144222石[7]，鄞县、慈溪、定海3县共有田1571937亩[8]。象山民田131920亩，与皇庆127156亩、至正127159亩相去不远。若按皇庆、至正时官民田比例的平均值计，绍定时象山应有官民田共192335亩[9]。昌国乾道年间垦田159000亩，与皇庆间的150119亩相去无几[10]，绍定间垦田取其平均值为154560亩。从慈溪、定海、象山民田绍定之数与皇庆、

1　嘉定《赤城志》卷一三《田》、卷一四《寺观》、卷一五《户口》。

2　朱熹《朱文公文集》卷一八《奏巡历至台州奉行事件状》。

3　嘉定《赤城志》卷三六《风土门》。

4　《元史》卷六二《地理五》；至正《金陵新志》卷八《户》，卷七《田土》、《贡赋》。

5　《愧炎录》卷一五《祖宗朝田米直》、《宋会要辑稿·食货》一之四五。

6　绍定《四明志》卷一三、卷一五、卷一七、卷一九、卷二〇、卷二一之《户口》，慈溪户据卷一六《官僚》所引胡榘状，按2万计。

7　绍定《四明志》卷五《秋税》、卷六《湖田》。

8　绍定《四明志》卷一三、卷一七、卷一九《田亩》。

9　绍定《四明志》卷二一《田亩》；延祐《四明志》卷一二《田土》；至正《四明续志》卷六《田土》。

10　据康熙《定海县志》卷四所引宋乾道志、延祐《四明志》卷一二《田土》。

至正间相差不大，鄞县垦田绍定与至正之数相差不大推断[1]，奉化绍定垦田数亦应与皇庆、至正时数相近。如按后二者中间值计，绍定间奉化垦田约421562亩，庆元垦田约2335952亩。当时该地“一岁之入非不足赡一邦之民也，而大家多闭籴，小民率仰米浙东、浙西。歉则上下皇皇，劝分之令不行，州郡至取米于广以救荒”[2]，所产可以自足。绍定间常年总产米约4340203石上下，单产为1.858石左右。

太平州崇宁、淳熙、至元、元代和洪武二十四年分别有53261户、35056户、76202户、32345户和37589户，在知其有余粮但又缺乏外运数的情况下，特取其最大值即元初户数。其洪武24年秋粮米为42690石[3]。南宋后期岳珂所指出：“太平、宁国山、圩田相半。”太平州“圩田十居八、九”，宁国有田3576735亩，全府仅宣城、南陵二县有圩田，内宣城有圩田758024亩。如按太平州圩田占85%，南陵田582385亩全为圩田计，太平州至少有田1279881亩[4]。这和万历、天启间则例所言共有熟田1290705亩相去无几[5]。据此推算，宋末元初太平州常年总产约2170418石，单产约1.696宋石。

宁国至元有232538户，宋末秋税米276557石，垦田3576735亩[6]，略有余粮但又缺乏外运数。据此推算，其宋末元初常年总产约7152645石，单产约2.000宋石。

---

1 延祐《四明志》卷一二《田土》；至正《四明续志》卷六《田土》。

2 绍定《四明志》卷四《叙产》。

3 康熙《太平府志》卷九《户口》、卷一二《田赋下》；《元史》卷六二《地理五》。

4 景定《建康志》卷二三《平籴仓》；《宋会要辑稿·食货》六一之一三六、一一八；嘉庆《宁国府志》卷一六《田赋上》。

5 康熙《太平府志》卷一二《田赋下》。

6 嘉庆《宁国府志》卷一六《田赋上》；《元史》卷六二《地理五》。

综上所述，推算和验证的结果表明，在南宋后期和元代前期，尤其是在宋末元初的数十年间，江浙诸郡常年稻米单产以湖州、苏州、台州单产较高，在2.5—2.9宋石之间；嘉兴、松江、婺州、绍兴、宁国次之，在2.0—2.3宋石之间，明州、常州、太平州又次之，在1.6—1.9宋石之间；江阴、建康、镇江则更次之，但亦在1.5宋石以上。总的来说，各地的单产均在1.5宋石以上，3宋石以下，太湖平原的单产稍高于其他地区，大致在2.0—3.0宋石之间。

四

运用上述的原则和方法，在同样的前提下，从农业劳动生产率是指单位劳动力全年所生产的农产品数量出发，可以推算出宋元之际江南各地的农业劳动生产率。

在古代中国，家庭是经济活动和生产的基本单元，农业特别是稻米种植业是江南经济活动和生产的主要部门。因此，以户为单位计算所得某时某地的稻米产量，大致可视为是一种以州府为生产组织，以户为劳动力计算单位的全员农业劳动生产率。而以实际务农户为单位计算所得某时某地的稻米产量，则大致接近于实际的农业劳动生产率。

具体而言，即是根据某时某地的全年稻米总产和当时当地的总户数与实际务农户数，推算出该时该地的全员农业劳动生产率与农业劳动生产率。

学者大多认为，宋元之际江南的城市人口约占总人口的10%—15%，如李伯重《宋末至明初江南人口与耕地的变化》(《中国农史》1997年第3期）即是。考虑到某时某地不从事农业劳动的人口必定大于该时该地的城市人口，以及各地统计数据的缺乏，本文在此将宋元之际江南各地不从事农业劳动的户数一概按总户数的15%计，而将某时某地总户数的85%作为该时该地的实际务农户数。

表5　浙西各地全员农业劳动生产率与农业劳动生产率表

州府别	户数	务农户数	总产（石）	全员劳动生产率（石/户）	劳动生产率（石/户）
镇江	114218（至顺）	97085（至顺）	2542430（元）	32.655（宋） 22.260（元）多	38.417（宋） 26.188（元）多
常州	209732（元初）	178272（元初）	5917484（宋）	28.215（宋） 19.233（元）	33.194（宋） 22.627（元）
江阴	64035（绍定）	54430（绍定）	1995105（宋）	31.156（宋） 21.238（元）	36.655（宋） 24.986（元）
平江	466158（元初）	396234（元初）	11993733（元）	37.744（宋） 25.729（元）多	44.405（宋） 30.269（元）多
湖州	255087（至元到至顺）	216824（至元到至顺）	5699976（元）	32.780（宋） 22.345（元）多	38.565（宋） 26.288（元）多
嘉兴、松江	443017（元初）	376564（元初）	11096628（元）	36.745（宋） 25.048（元）多	43.230（宋） 29.468（元）多
婺州	218673（元初）	185872（元初）	4174515（元）	28.005（宋） 19.090（元）	32.947（宋） 22.460（元）

表6　浙东、江东各地全员农业劳动生产率与农业劳动生产率表

州府别	户数	务农户数	总产（石）	全员劳动生产率（石/户）	劳动生产率（石/户）
绍兴	273343（嘉泰）	232342（嘉泰）	7296440（宋）	26.693（宋） 18.196（元）	31.404（宋） 21.407（元）
台州	266014（嘉定）	226112（嘉定）	7050735（宋）	26.505（宋） 18.068（元）	31.182（宋） 21.256（元）
庆元	140349（绍定）	119297（绍定）	4340203（宋）	30.924（宋） 21.080（元）	36.381（宋） 24.800（元）
集庆	220459（元初）	187390（元初）	4833655（元）	32.165（宋） 21.925（元）多	37.841（宋） 25.795（元）多

（续表）

州府别	户数	务农户数	总产（石）	全员劳动生产率（石 / 户）	劳动生产率（石 / 户）
太平州	76202（元初）	64772（元初）	2170418（宋）	28.482（宋） 19.415（元）	33.509（宋） 22.842（元）
宁国	232538（元初）	197657（元初）	7152645（宋）	30.759（宋） 20.967（元）	36.187（宋） 24.667（元）

应该指出的是，上述推算及其结论是以并不很可靠的官方统计数字为依据，所缺统计数字又多用推算方式获得，以上结论当与事实存在一定的差距，仅仅是一种推断。

推算结果表明，宋末元初前后，江南各地以苏州、嘉兴、松江全员农业劳动生产率较高，在 36.7—37.8 宋石之间；湖州、建康、镇江、江阴、明州、宁国次之，在 30.7—33.0 宋石之间；太平州、常州、婺州又次之，在 28.0—28.5 宋石之间；绍兴、台州则更次之，在 26.5—26.7 之间，低于年户均食米数 26.77 宋石。

就实际的农业劳动生产率而言。上述各地的实际农业劳动生产率均在 31 宋石以上，高于年户均食米数 26.77 宋石。太湖平原的苏州、嘉兴、松江地区农业劳动生产率为上述各地之最，户均生产的稻米可供养 1.6 户以上的人口。以上各地中，苏州的城市人口和不从事农业劳动的人口为数最多，该地的实际农业劳动生产率应远高于此数。如按 70% 的人户从事农业劳动，户均生产的稻米即可供养两户以上的人口。据此可知，以苏州为中心的太湖平原，包括嘉兴、松江和湖州，应是宋元之际江南农业生产最先进的地区。

值得注意的是，单产高的地区农业劳动生产率却未必高。如湖州单产最高，农业劳动生产率却低于苏州、嘉兴和松江。单产排名第三的台州、第七的绍兴和第六的婺州，其农业劳动生产率的排名却很低，分别为倒数第一、第二、第三。反之，单产低的地区农业劳动生产率却未必低。如单产排名最后三名的建康、镇江、江阴，其农业劳动生产率却不低，排名第五、第六和第七。单产和劳动生产率是两个不同的概念，前者用于衡量土地的生产效率，后者则用于衡量农业劳动者的生产效率，用单产作为判断农业劳动生产率的指标是不妥当的。

农业劳动生产率是衡量不同时代和不同地区农业发展水平的主要指标，受篇幅和时间的限制，笔者在此仅探讨、比较了宋元之际江南各地的农业劳动生产率，而将对江南各地其他时代和江南以外各地不同时代农业劳动生产率的探讨和比较，暂且列入以后研究的计划。

本文原载于北京大学中国古代史研究中心编《邓广铭教授百年诞辰纪念论文集》，中华书局，2008年。

论宋代两浙人的特性与两浙经济的发展

为避免误解，有必要先对特性这一概念作一明确的界定。本文所说的宋代两浙人的特性是指当时该地大多数人的个性中存在和体现着一种共同的特点。上述个性系指“一个人比较稳定的生理、心理素质和社会行为特征的总和”[1]，它包括需要、动机、兴趣、信念、世界观等个性倾向性，和能力、气质、性格（态度、行为模式）等个性心理特征。此处的气质采用古希腊希波克拉底的分类，将人的气质分为胆汁质、多血质、粘液质和抑郁质四类（此种分类虽缺乏科学依据，但因生活中确实存在以上四类型的典型代表，故为许多学者所接受，并沿用至今）。本文所说的特性是在人的内在生理素质的基础上，在一定的社会历史条件下，通过长期社会生活的实践和陶冶，逐步形成并保持下来的一种比较稳定的生理、心理素质和社会行为特征的总和。

这种共同的个性特点外化为风俗。《礼记·王制》篇：“广谷大川异制，民生其间者异俗，刚柔、轻重、迟速异齐，五味异和，器械异制，衣服异宜。……中国戎夷五方之民皆有性也，不可推移。”

1　费孝通等：《社会学概论》，天津人民出版社 1984 年版，第 72 页。

《汉书·地理志》曰：“凡民函五常之性，而其刚柔、缓急、音声不同系水土之风气，故谓之风；好恶、取舍、动静亡常随君上之情欲，故谓之俗。”东汉人应劭《〈风俗通义〉序》则云：“风者，天气有寒暖，地形有险易，水泉有美恶，草木有刚柔也。俗者，含血之类，象之而生。故言语歌沤异声，鼓舞动作殊形，或直，或邪，或善，或淫也。圣人作，而均齐之，咸归于正。圣人废，则还其本俗。……《孝经》曰：‘移风易俗莫善于乐。’《传》曰：‘百里不同风，千里不同俗，户异政，人殊服。’”可见很久以前，我们的先人即已认识到不同地区人们的个性和风俗存在种种差异，而五方之民秉承自然的生理特性和水土之风气的不同，圣人的兴废和君上的情欲，则是各地形成不同的风俗和风俗移易变迁的原因所在。

值得注意的是：人的生理素质来自种族遗传。种族、自然环境、社会历史条件和社会生活实践总是与地理空间如行政区等政治地理密不可分。所以同一地区人们的个性往往具有共同的特点，而不同地区人们的个性则往往存在明显的差异。尤其重要的是，构成个性差异最主要标准的人的态度、行为模式和世界观的形成深受“君上”或统治者的影响，离不开行政区的制约。而历来人们又多习惯于按行政区记载、叙述各地的风俗。因此，从其内在的逻辑联系和便于处理资料出发，笔者将按宋代的行政区划分来探讨当时两浙人的特性。

从历史上人的个性出发来探讨其对区域经济发展的影响，是一颇有意义的尝试。本文拟从以上认识出发，来分析宋代两浙人个性的共同特点，探讨其形成的过程和原因，及其与经济的关系。

一、宋代浙人特性之分析

今人考察宋代各地的风俗往往会引据《宋史·地理志》。《宋史》卷八八《地理四》云，两浙“人性柔慧，尚浮屠之教，俗奢靡而无积聚，厚于滋味，善进取，急图利，而奇技之巧出焉”。按其所说，可知浙人具有温文尔雅和急躁两种禀性，其人聪明、能干，开拓进取和创造能力强，性格柔顺，有进取心，嗜好美食，生活奢侈，急于谋利，而崇尚佛教。

不过，由于《宋史·地理志》系元至正间史臣据宋人所修国史之地理志增删编修而成，其中已渗入部分元末人的看法，错误、失实之处为数不少。详考以上引文的史源，可知其文字系出自《三朝国史·志》。该志云两浙“人性敏柔而惠（慧），尚浮屠（氏）之教，为僧者众，奢靡而亡（无）积聚，厚于滋味，善于进取，急于图利，而奇技之巧出焉”[1]。与该志文字相似的《国史·地理志·总例叙（论）两浙路》条则曰，两浙“人性敏柔而慧（惠），尚浮屠氏之教，厚于滋味，急于进取，善于图利”[2]。据此可知，元人修史虽引录《三朝国史·志》，但又删去一“敏”字。《三朝国史·志》成书于宋仁宗天圣间[3]，当时两浙可谓“俗奢靡而无积聚”。天圣以后，随着经济的迅速发展，两浙日渐富庶，先后出现了“苏、常、

1　祝穆：《宋本方舆胜览》卷四《安吉州》、卷六《绍兴府》，上海古籍出版社1991年版，第79、92页；王象之：《舆地纪胜》卷四《安吉州》、卷一〇《绍兴府》，《粤雅堂丛书》本，第46、101页。

2　周淙：乾道《临安志》卷二《风俗》；刘文富：淳熙《严州图经》卷一《风俗》；谈钥：嘉泰《吴兴志》卷二〇《风俗》，中华书局1990年版，《宋元方志丛刊》，第3222、4286、4857页。《舆地纪胜》卷二《临安府》，《粤雅堂丛书》本，第25页。

3　王应麟：《玉海》卷四六《古史》，上海古籍出版社1987年版，第876页。

湖、秀，膏腴千里，国之仓庾也”[1]之语，和“苏、常熟，天下足”[2]，“苏、湖熟，天下足”[3]的民谚，产生了两浙十四郡“虽不熟亦足以支数年矣”[4]的夸耀之词。所以天圣以后成书的《国史·地理志》在引录《三朝国史·志》时，遂删去“无积聚”一句。因此，元人照抄“无积聚”之句只能反映天圣以前的风气，而不足以体现两浙宋代三百年的全貌。又“敏”字既可指敏捷、灵敏、机敏，亦可指聪敏。因下文已有“慧”字，此处应作敏捷解。元史臣误以为重复而删去此字，实为不妥。按宋人所言，两浙之人敏柔而急于进取，除具有胆质汁和抑郁质型的气质外，还应具有多血质型的气质。

进一步的考察表明，《宋史·地理志》所云不仅没有反映宋代浙人气质的全貌及其风俗的变化，而且还未能体现两浙内部各地区间的差异。按《宋本方舆胜览》卷一《临安府·风俗》所言，临安“习俗工巧”，“羞质朴而尚靡丽，其事佛为最勤一”，“邑屋华丽，俗尚侈靡”，“豪强轻于犯法，奸伏易以乘间，巧伪充斥，犴狱繁兴。”乾道《临安志》卷二《风俗》、《舆地纪胜》卷二《临安府·风俗形胜》则引《国史·地理志》云，临安“人性敏柔而慧，尚浮屠氏之教，厚于滋味，急于进取，善于图利”。足见《宋史·地理志》和《三朝国史·志》、《国史·地理志》所云实为宋代杭州（临安府）的风俗。

两浙中部的苏州（平江府）、湖州（安吉州）、秀州（嘉兴府）、越州（绍兴府）一带风俗和杭既大致相同，又有所区别。其中苏人亦尚佛，夸豪好侈，崇栋宇，丰庖厨，嫁娶丧葬，奢厚逾度，俗多

1 范仲淹：《范文正集》卷九《上吕相公并呈中丞咨目》，文渊阁四库全书，第29页。
2 陆游：《渭南文集》卷二〇《常州奔牛闸记》，文渊阁四库全书，第11页。
3 薛季宣：《浪语集》卷二八《策问》，文渊阁四库全书，第13页。
4 叶绍翁：《四朝闻见录》乙集《函韩首》，中华书局1989年版，第75页。

奢少俭，骄奢好侈，竞节物，好游遨，所利必兴，所害必去，四郊无旷土。北宋时境无剧盗，里无奸凶。南宋时常熟则有吏猾民奸，东界为盗薮之说。另一方面，其人又好儒、尚文，君子尚礼，士风笃厚，尊事耆老，以到讼庭、登酒垆为耻，民俗敦庞素朴，以务孝养，勤本业为事[1]，与杭稍异。湖人亦性敏柔而慧，重释，罕尚武艺，奢靡而亡积聚，人习华侈，居处整洁，墟市精庐相望，且多讼系，但又俗好儒术，敦庞好学，寡求而不争[2]，与杭不同。秀人罕习军旅，颇勤农务，百工众技与苏、杭等，民素诱于渔盐之利，内澉浦镇民不事日产，无仓廪储蓄，好侈靡，喜楼阁，俗僭，但又尤慕文儒，有风俗淳秀之称，与杭有别[3]。越人亦性敏柔而慧，尚浮屠氏，奢靡而无积聚，勤于身，力沟恤，输赋以时，但其风俗又好学笃志，尤务俭约，缩衣节食以足伏腊，不以殖赀货、习奢靡相高，不扰官府，习于孝悌廉逊，亦异于杭[4]。以上四郡之风俗与杭州虽有差异但大致相近。此五郡之人机敏、柔顺、性急。又不乏厚重，具有由多血质、抑郁质、胆汁质和粘液质型等四种类型混合而成的气质。其人聪明、好学、工巧、勤劳，大多具有进取心，善于图利，尚浮屠，又好儒、尚礼，人多侈靡而厚于滋味。必须指出的是，两浙其他地区的风俗与中部存在明显的甚至很大的差异。先就两浙北

1　朱长文：《吴郡图经续记》卷上《风俗》；范成大：《吴郡志》卷二《风俗》，凌万顷、边实：淳祐《玉峰志》卷上《风俗》；边实：咸淳《玉峰续志·风俗》；孙应时：《琴川志》卷一一《县尉题名记》，《宋元方志丛刊》，第644、702–708、1061、1062、1099、1257、1258页；《宋本方舆胜览》卷二《平江府》，第58页。

2　嘉泰《吴兴志》卷一〇《风俗》，《宋元方志丛刊》，第4857页；《宋本方舆胜览》卷四《安吉州》，第79页；《舆地纪胜》卷四《安吉州》，第46、47页。

3　《宋本方舆胜览》卷三《嘉兴府》，第76页；《舆地纪胜》卷三《嘉兴府》，第39页；常棠：《澉水志》卷上《风俗》；徐硕：至元《嘉禾志》卷一《风俗》，《宋元方志丛刊》，第4660、4422页。

4　《宋本方舆胜览》卷六《绍兴府》，第92页；《舆地纪胜》卷一〇《绍兴府》，第101页；施宿：嘉泰《会稽志》卷一《风俗》，《宋元方志丛刊》，第6723页。

部而言。按宋初成书的《太平寰宇记》所言，镇江虽有人性骄奢淫逸之说，但又礼逊谦谨，南宋时士大夫崇靖退贵，民庶循理、乐业而不好竞竞，相安于简靖，土风质厚，士风淳直[1]；常州人性古直，黎庶淳逊，文风独盛[2]；江阴人秀而多文，愿而循理，民醇事简[3]。三郡之人性古板、正直而非柔顺，质朴而非工巧，谦逊、崇静、不竞而非急于进取，老实、循理、事简而非轻于犯法，易以乘间，巧伪充斥，犴狱繁兴，与中部相去颇远。要之，北部之人沉静、厚重、固执而又骄横放纵、任性，具有以粘液质型为主，混合部分胆汁质、多血质和抑郁质型的气质。其人循理、乐业、古直、谦逊、质朴、儒雅，其地文风颇盛，风俗淳朴、简静。

两浙东部的明州（庆元府）民剽多盗，喜游贩鱼盐，颇易抵冒，诉讼繁伙，十倍山阴，民富蟹稻之利，然呰窳偷时，无蓄积之实，南宋时家诗户书，科举取士颇多，衣冠文物，甲于东南[4]。台州宋初民纯、事简、尚礼逊，后机变繁滋，颇有逐末而相争者，其民苟且于鱼盐，惰农、靡费无储[5]。二郡背山面海，其民轻捷多盗，动作迅疾，易于抵触冒犯，而非柔顺，懒惰于心不甘农，苟且于鱼盐，而非急进取，善图利和工巧，亦与杭州等地相去颇远。总之，东部之人大多敏捷、攻击性强，而又敏感多疑，主要具有由多血质，胆汁质和抑郁质型三种类型混合而成的气质。其人好学、上

1 《宋本方舆胜览》卷三《镇江府》，第69页；《舆地纪胜》卷七《镇江府》，第77、78页；卢宪：嘉定《镇江志》卷三《风俗》，俞希鲁：至顺《镇江志》卷三《风俗》，《宋元方志丛刊》，第2338、2339、2639–2646页。

2 《宋本方舆胜览》卷四《常州》，第84、85页；《舆地纪胜》卷六《常州》，第70页。

3 《宋本方舆胜览》卷五《江阴军》，第90页；《舆地纪胜》卷九《江阴军》，第94、95页。

4 《宋本方舆胜览》卷七《庆元府》，第100页；《舆地纪胜》卷一一《庆元府》，第114、115页；方万里等：绍定《四明志》卷一《风俗》，《宋元方志丛刊》，第4998、4999页。

5 《宋本方舆胜览》卷八《台州》，第107页；《舆地纪胜》卷一二《台州》，第122页；陈耆卿：嘉定《赤城志》卷三七《土俗》，《宋元方志丛刊》，第7572、7573页。

进，人才辈出，喜游贩，靡费，苟且于鱼盐而惰于农。

两浙南部的睦州（严州、建德府）地狭且瘠，民贫而啬，民淳事简，相尚于俭勤，甘于逐末，俗悍，大抵安于简易之政，扰之则生事[1]。衢州俗悍以果，君子尚气，敏于事，多亢言、厉行[2]。婺州俗勤耕织，士知所学，名士辈出，系江南剧郡[3]。处州地瘠人贫，俗俭啬，尚朴素，家习儒业，赋输素办，狱讼甚稀[4]。温州（瑞安府）土狭民贫，啬用，嫁娶以财气相高，丧葬以缁黄自固，俗喜竞渡，妇勤纺织，民勤于力而以力胜，织纴工而器用备查，其货纤靡，其人多贾，富贵不务本，颇沦于奢侈，其俗剽悍，士风任气而矜节[5]。以上五郡之人大多性急躁，勇敢、果断、敏捷、凶猛，纵任意气，常有极端之言行，而非柔顺，其民大多贫穷、节俭、吝啬、朴素，而非侈靡和厚于滋味，亦与中部之人相去甚远。总之，南部之人大多性急躁，勇敢、迅猛而又敏捷、淳朴、节俭，具有以胆汁质型为主，混合有多血质和粘液质型的气质。其民大多勤劳、好学、慧巧、能干、节俭、朴素、好胜，有进取心，而俗剽悍。

由上所述，可知宋代两浙之人大多具有胆汁质和多血质型的混合型气质，其人多性急、敏捷、任性、聪慧、好学、勤劳而善于进取，这是其共同之处。但另一方面，不同地区间人们的特性和各地的风俗又存在相当大的差异。试自北而南言之。北部之人大多具有以粘液质型为主的气质。其人多厚重有文，风俗质直淳朴，而失之于古板。中部之人大多具有由四种类型混合而成的复合型气质，其

1 《宋本方舆胜览》卷五《建德府》，第 87、89 页；《舆地纪胜》卷八《严州》，第 88 页；淳熙《严州图经》卷一《风俗》，《宋元方志丛刊》，第 4286 页。

2 《宋本方舆胜览》卷七《衢州》，第 102 页。

3 《宋本方舆胜览》卷七《衢州》，第 104 页。

4 《宋本方舆胜览》卷九《处州》，第 116、117 页。

5 《宋本方舆胜览》卷九《瑞安府》，第 112、115 页。

人多敏柔而急于进取，聪慧、工巧、善图利，而失之于巧伪、侈靡、柔弱和轻薄。东部之人大多具有由多血质、胆汁质和抑郁质型混合而成的复合型气质，而甚少粘液质型气质。其人多敏捷、急躁、好学、上进，喜游贩，但失之于轻举和多疑。南部之人大多具有以胆汁质型为主，混合有多血质和粘液质型的气质，而少有抑郁质型气质。其人性急而敏慧，勤劳、好学、节俭，俗剽悍而失之于任气。更有甚者，在以上四大区域每一地区的内部，人们的特性和各地的风俗亦存在一定的差异。因此，我们在处理《宋史·地理志》、《三朝国史·志》和《国史·地理志》中有关浙人特性和浙地风俗的论述时，应将其视为仅仅是针对杭州或两浙中部的大部分地区，而非适用于两浙全境，并不足以完全反映宋代两浙真实面貌的一种描述。

二、宋代浙人特性之渊源

宋代浙人的特性是以其内在生理素质为基础，在水土等自然条件和经济、政治、军事、文化等社会条件的制约下，通过社会生活的长期实践，经历了先秦至秦、汉，三国至隋、唐，以及宋代这三个历史发展阶段才逐渐形成并定型的。以下先探讨宋代以前浙人的特性及其变迁。

值得注意的是，除了自然环境和政治、经济、思想等要素外，基于遗传的生理素质也是影响、决定个性的次要的但又是不可忽视的因素。个性的某些方面，主要是气质与人的先天生理特点，特别是与人的神经系统的构造和活动类型密切相关。气质在相当大程度上取决于遗传或种族因素，受后天环境和教育的影响则甚小。就整个地区人们的特性而言，其形成、变化则受该地种族结构和人口迁徙的影响。所以在分期考察浙人特性的形成过程时，应注意浙人的族别和人口的迁徙。

西周、春秋时，浙地居民主要为越人和吴人。越王句践在灭吴后指出："越性脆而愚，水行而山处，以船为车，以揖为马，往若飘风（然），去则难从，锐（悦）兵任（敢）死。越之常性也。"[1]脆有轻而脆薄，易折、易碎之义。愚，《说文》曰"戆也"，即愚笨而刚直。按句践所云，越人性轻薄、易折，又刚直、不灵巧，其人水行山处，来去迅疾，勇敢、好战，具有由胆汁质和多血质型两种类型混合而成的气质，而胆汁质型气质的特点相当突出。吴、越"同俗并土"，"同气共俗"[2]。春秋末人子贡曰："吴（王）明（刚）猛以（而）毅而（能）行其令，百姓习于战守"；"吴王之为人，贤疆以恣下，下不能逆；数战伐，士卒不能忍"；"吴王为人猛暴，群臣不堪，国家敝以数战，上卒弗忍，百姓怨上"[3]。按其所言，吴民习战敢死，但不堪久战，难忍暴政，具有由胆汁质和多血质型两种类型混合而成的气质。吴王则刚强猛暴、放恣而坚毅，具有显著的胆汁质型气质和少许粘液质型的气质。若太伯奔吴确有其事，吴王的粘液质型气质当得自南迁周人的遗传。由此可见，春秋时浙人大多具有突出的胆汁质型气质，显而易见的多血质型气质，以及少许粘液质型气质。这种气质使其生性勇敢，行动迅猛，君主的提倡更使其悦兵敢死，而沿江边海、河道纵横、水网密布的环境则使其素习舟楫，屡屡远涉江淮，飘洋过海，而迁徙不定。

---

1 《越绝书》卷八《越绝外传记地传》，上海古籍出版社 1985 年版，第 58 页；周生春：《〈吴越春秋〉辑校汇考》《吴越春秋》卷一〇《句践伐吴外传》，上海古籍出版社 1997 年版，第 177 页。

2 《越绝书》卷六《越绝外传纪策考》、卷七《越绝外传记范伯》，第 43、49 页。

3 《越绝书》卷七《越绝内传陈成恒》，第 51、54 页；《〈吴越春秋〉辑校汇考》《吴越春秋》卷五《夫差内传》，第 73 页；《史记》卷六七《仲尼弟子列传》，中华书局 1982 年版，第 2199 页。

此外，春秋及春秋以前，处于黄河、长江之间的东夷因华夏、吴、越等国的压迫及征服，国多破灭，其民四散。“东夷天性柔顺，异于三方之外”[1]，大多具有粘液质、抑郁质型气质。其迁入浙地者，又给该地带来了这类气质。

战国至秦、汉，吴为越所灭，越为楚所破，楚又为秦所亡。越的扩张，楚、秦的征服和汉的代兴，造成了江北、淮河流域之人的内迁，和吴、越之民的流散等新的人口流动和经济、政治、军事及文化的变化。按司马迁所言，西汉初，越、楚“地广人希，饭稻羹鱼，或火耕而水耨，果隋蠃蛤，不待贾而足，地势饶食，无饥馑之患，以故呰窳偷生，无积聚而多贫”；其彭城以东，东海、吴、广陵为东楚，其俗（不包括浙江以南的越俗）类徐、僮，“清刻，矜己诺”[2]，亦即苛严、刻薄，重诺守信。按班固所云，东汉初。因“吴、粤之君皆好勇，故其民至今好用剑，轻死易发”；又因“吴、粤与楚接比，数相并兼，故民俗略同”；该地汉代文辞并发，世传楚辞，“其失巧而少信”[3]，虚浮不实。又按沈约所云，三国以前“故吴之风俗相驱以急。言论弹射，以刻薄相尚。居三年之丧者，往往有致毁以死”[4]。据此可知，战国至东汉，吴、越之民仍具有明显的胆汁质型气质和较多的多血质型气质，并具有一定的粘液质型气质（主要存在于浙江以北）和少量的抑郁质型气质。吴人从矜己诺向好辞、巧说、少信的转变，应和其粘液质、抑郁质型气质的减少，胆汁质、多血质型气质的增强，政治、经济和文化的发展，君主的倡导，屈原、宋玉、唐勒、枚乘、邹阳、严忌、严助、朱买臣诸人

1 《汉书》卷二八下《地理志》，上海古籍出版社 1986 年版，《二十五史》，第 523 页。

2 《史记》卷一二九《货殖列传》，第 3267、3270 页。

3 《汉书》卷二八下《地理志》，《二十五史》，第 523、524 页。

4 《宋书》卷三〇《五行一》，《二十五史》，第 1735 页。

的作品及其显贵的影响有关。总的来说，这一时期吴、越之人的特性和风俗与春秋时大致相同。

三国至南北朝，朝代迭兴，战乱不已，北方人口大量南迁。其中东汉末至三国进入吴、越之地的大多为江北、淮河流域之人。西晋末及东晋迁入的则有幽、冀、青、并、兖、徐诸州之人[1]，即除江北、淮河流域外，尚有黄河、海河流域之人。由于北方移民众多，东晋以下政府为之特侨立州、郡、县。按《宋书》卷35《州郡一》所载，辖境与赵宋镇江、常州、江阴大致相当的刘宋南徐州，下设南东海、南琅琊、南兰陵、南东莞、临淮、淮陵、南彭城、南清河、南高平、南平昌、南济阴、南楼阳、南泰山、济阳、南鲁郡等侨郡和晋陵、义兴等郡，全州42万人中一半以上为侨人。这些移民大多来自东起城阳、东莞，南至广陵、临淮、沛，西自陈留、濮阳、广平，北止清河、乐陵的广大地区（大致相当于今胶东以外的山东、苏北，及其与河北、河南、安徽三省接壤的边缘地区），而以琅琊、东海、彭城、下邳一带为最多。还有少数则来自太原和辽西。

以上各地的风俗与吴、越地区相去甚远。按《汉书·地理志》所云，东汉时，齐地之人多好经术，矜功名，舒缓阔达而足智，其失夸奢、朋党，言与行谬，虚诈不情，急之则离散，缓之则放纵。清河、广平男子悲歌慷慨，起则椎剽掘冢，作奸巧。鲁地其人好学，尚礼义，重廉耻，俗俭啬，爱财，趋商贾，好訾毁，多巧伪。宋地人重厚，多君子，好稼穑，恶衣食以致蓄藏，其失急疾颛己，好为奸盗。广陵风俗与吴地同。太原俗以诈力相倾，矜夸功名，报

1 《晋书》卷一四《地理上》、卷一五《地理下》,《宋书》卷三五《州郡一》,《二十五史》，第1291、1294、1296、1750–1754页。

仇过直，嫁娶送死奢靡。辽西俗与赵、代相类，民俗强直坚恨，剽悍尚气，为奸不事农商。又按《隋书·地理志》所云，以上各地风俗汉、隋间并无大的变化。如青州风俗与古不殊，人多务农桑，崇尚学业，而归于俭约。清河人性多敦厚，好尚儒学，而伤于迟重，俗重气侠，好结朋党，而失之于轻狡。兖州人多好儒学，性质直怀义。徐州及豫州梁郡与兖州大抵同俗。太原、北平人性劲悍勇侠，亦多文雅之士。来自以今山东、江苏交界地区为主的上述各地的移民，大多具有很浓厚的粘液质型气质，显而易见的胆汁质和多血质型气质，以及少许抑郁质型的气质。

三国与东晋北人的南迁不仅带来了新的遗传基因，将其本土的风俗、文化直接带到了镇江、常州、江阴等地，而且还带来了先进的生产技术和新的社会生活方式，造成了移居地经济、政治、军事和文化的变化，又间接地使其社会和风俗发生了相当大的变化。到隋朝，京口、毗陵、吴郡、会稽、余杭、东阳、永嘉等地人性轻扬，尚鬼好祀的习气虽未完全改变[1]，但其风俗已从汉代的火耕水种，人呰窳偷生，无积聚而多贫，好辞、巧说、少信，一变而为川泽沃衍，有海陆之饶，珍异所聚，商贸井凑，君子尚礼，庸庶敦庞，风俗质朴、淳厚、澄清，而道教隆洽[2]。隋、唐时北人南迁的规模和影响虽远不及三国与东晋，但上述风气的变化却一直延续至唐。所以唐人杜佑说：“永嘉之后，帝室东迁，衣冠避难多所萃止，艺文儒术斯之为盛，今虽闾阎贱品处力役之际，吟咏不辍，盖因颜、谢、徐、庾之风扇焉。”[3]以上数郡中，北方移民占多数的京口、毗陵一带风俗变化最大。乐史《太平寰宇记》云，润州自永嘉南

1 杜佑：《通典》卷一八二《风俗》，中华书局1984年版，第969页。

2 《隋书》卷三一《地理下》，《二十五史》，第336页。

3 《通典》卷一八二《风俗》，第969页。

迁，斯为帝乡，人性礼逊廉谨，婚嫁丧葬杂用周、汉之礼。隋、唐时，润州人的礼逊谦谨及骄奢淫逸，常州人的古直和淳逊可以说是北方移民的遗风。当时，其民气质中原本十分突出的胆汁质型的特点已大为减弱，粘液质型的色彩已相当鲜明。

三、两宋时期浙人特性的发展和定型

再就宋代而言。通过对载有人口迁徙资料或线索的几部宋元方志的分析，可知北宋时迁入两浙的外路人数不多。如至正《昆山郡志》卷四《人物》载录宋代人物 29 人，其中仅有 1 人系北宋时自开封迁居昆山。《琴川志》卷八《人物》收录宋代人物 27 人，无一人系北宋时自外路移寓常熟。至元《嘉禾志》卷一三《人物》记载宋代人 49 人，内仅有 1 人系北宋时自江东移居嘉兴。延祐《四明志》卷四、卷五《人物》共载宋代人物 85 人，其中仅有 2 人系北宋时分别自京西、淮南迁入。嘉定《赤城志》卷三三、卷三四《人物》记录了宋代人物 539 人，无一人系北宋时移居台州。镇江、常州外路移民较多。如至顺《镇江志》卷一八《科举》、卷一九《仕进·节义·孝友·隐逸》著录宋代人物 414 人，内约有 35 人系北宋时自外路迁入，其中来自福建者 24 人，开封者 5 人，江西者 3 人，京西者 1 人，江东者 2 人。咸淳《毗陵志》卷一七、卷一八、卷一九《人物》共录宋代人物 74 人，内约有 7 人系北来时自外路迁入，其中 2 人来自淮南，2 人来自福建，3 人分别来自开封、四川和江西。以上记载虽有错讹、遗漏，或模糊不清之处，但与事实大致相去不远。因北宋时移居者人数不多，其影响当不会太大。以移民较多的镇江为例，该地侨寓者以闽人为最多。福建“其俗信鬼尚祀，重浮屠之教，与江南、二浙略同；然多向学，喜讲诵，好为文辞，登科第者尤多”[1]。其影响即限于好学和注重科举。

对北宋时浙人特性产生较大影响的主要不是人口的迁徙而是一些其他因素。北宋的两浙享有了一百余年的和平，社会经济获得了迅速的发展，人口不断增加，文化教育日益发达，在历史的基础上，民风逐渐向崇文尚礼和柔慧的方向发展。如主要具有粘液质型气质的镇江、常州、江阴之民，即秀而多文，人性礼逊、古直、淳朴。常州科举登第者众多，有“文风独盛”之誉[2]。在宋初以后人们的议论中，已不再有镇江人亦骄奢淫逸的记载。富饶的两浙中部如苏州，按《吴郡图经续记》卷上《风俗》和《吴郡志》卷2《风俗》所言：“自本朝承平，民被德泽。垂髫之儿皆知翰墨，戴白之老不识戈矛。”在“尚文”、“尚佛”传统和粘液质、抑郁质型气质的影响下，“吴人多儒学，喜信施”，“士风笃厚”，“境无剧盗，里无奸凶”。其“好用剑，轻死”，“多斗将、战士”和盛行“五月斗力之戏”的旧俗，亦因“本朝文教渐摩之久”而不复存在。北宋时，建立在胆汁质和多血质型气质基础之上的吴、越之人轻死、易发的特性不仅早已遭到削弱，而且在长期保持和平的年代里，在军事上亦无法得到展示的机会。不过，失之东隅，收之桑榆，这种业已减弱的特性却在其他领域内获得了用武之地，转化为急于进取和急于图利。其结果是“所利必兴，所害必去；原田腴沃，常获丰穰，泽地沮洳，寖以耕稼”；以致“人无贵贱，往往皆有常产，以故俗多奢少俭，竞节物，好游遨”，“崇栋宇，丰庖厨，嫁娶丧葬，奢厚逾度”。在地瘠民贫，文教颇兴的两浙南部，人民勤俭，家习儒业，赋输素办，多事工商而工巧。但因其人主要具有胆汁质型气

---

1 《宋史》卷八九《地理五》，中华书局1977年版，第2210页。

2 《宋本方舆胜览》卷四“常州”，第86页。

质，其君子任气，敏于事，风俗剽悍。背山面海的明州和台州，富于鱼盐之利，故其人苟且于鱼盐之利而怠于农作。水土和人民气质上的特点，文教上的差异，使明人剽而多盗，易抵冒，民讼繁伙，喜游贩海物，使台人虽日有争讼，但仍号无事，百姓不识官府[1]。

南宋初及其后人口的大规模迁徙，再次构成了影响浙人特性的重要因素。“高宗南渡，民之从者如归市。”[2]按南渡学者庄绰所言，“建炎之后，江浙湖湘闽广西北流寓之人遍满”[3]，为数颇多。建炎三年，郑毂指出，“平江、常、润、湖、杭、明、越号为士大夫渊薮，天下贤俊多避地于此”[4]。据此可知，南渡进入浙地的西北之人大多分布在两浙的北部、中部和东部的明州。绍兴、隆兴以后，仍不断有北方移民进入两浙。如开禧年间，淮南“安丰、濠、盱眙、楚、庐、和、扬凡七郡，其民奔进渡江求活者几二十万家”[5]。这些流寓者亦大多分布在两浙的北部和中部。以下分区探讨迁徙的规模、移民的来源及其影响。

先就两浙北部而言。按前所述，镇江宋代人物共414人，侨寓者98人中约有37人系南宋时迁入，内来自北方者32人（占宋人总数的7.7%），其中有3人系京东人，1人原籍开封，10人来自河北，1人来自陕西西和州，2人自淮北，14人来自淮南[6]。常州宋代见诸著录的人物74人中寓贤占13人，内南宋时迁居者约6人，其中有3人来自北方（占宋人总数的4.1%），内1人来自淮北，2人

---

1 嘉定《赤城志》卷三七《土俗》，《宋元方志丛刊》，第7572、7574页。

2 《宋史》卷一七八《食货上六》，第4340页。

3 庄绰：《鸡肋编》卷上，文渊阁四库全书，第50页。

4 李心传：《建炎以来系年要录》卷二〇“建炎三年二月庚午”条，中华书局1988年版，第405页。

5 《叶适集》之《水心文集》卷二《安集两淮申省状》，中华书局1983年版，第10页。

6 据《至顺镇江志》卷一八、卷一九《人材》。

来自淮南[1]。按上所述，相对土著而言，南宋时这一地区流寓之人并不多，其人大多来自北方。该地与两淮隔江相望，加上风土接近，所以淮人南渡者多寓居于此，而这一地区南渡的侨寓者亦以淮人为最多。按《宋史·地理志》所载，淮南扬州“人性轻扬，善商贾”，大多具有多血质和胆汁质型气质。淮北诸州“其俗与京东、西略同”。与淮北接壤的京西北路如汝阴、蔡州等地与东京、西京“其俗颇同”。洛阳“民性安舒，而多衣冠旧族”，大多具有粘液质型气质。开封、京东“其俗重礼义，勤耕纴”，“大率东人皆朴鲁纯直，甚者失之滞固”，大多具有粘液质以及抑郁质型气质。河北“人性质厚少文，多专经术，大率气勇尚义，号为强忮”，陕西沿边之人“劲悍而质木”，大多具有胆汁质和粘液质型气质。北人的南渡大致在同等程度上加强了中部之人的胆汁质、粘液质和多血质型气质。同时又因其人数有限，所以这种加强并不足以改变北部之人粘液质型气质较为突出的固有特点。

两浙中部的临安是北方移民的主要居留之地。当时“西北士大夫多在钱塘”[2]。按绍兴二十六年凌景夏所言，“临安府自累经兵火之后，户口所存裁十二、三，而西北人以驻跸之地，辐辏骈集，数倍土著，今之富室大贾，往往而是”[3]。其人数竟占首都人口的大半。按陆游所说，“大驾初驻跸临安，故都及四方士民商贾辐辏”[4]，其人有很大一部分系来自开封。外郡南渡之人则远少于此。按前所述，平江府常熟县宋代人物 27 人中南宋时由外路移寓者约 10 人，均来自北方（占宋人总数的 37.0%），内 2 人原籍开封，3 人原籍洛

---

1 据《咸淳毗陵志》卷一七、卷一八《人物》。

2 《宋史》卷四三七《程迥传》，第 12949 页。

3 《建炎以来系年要录》卷一七三“绍兴二十六年七月丁巳”条，第 2858 页。

4 《宋人小说》之八《老学庵笔记》卷八，上海书店 1990 年版，第 3 页。

阳，3人来自淮北，2人来自淮南[1]。昆山县宋代人物29人中由外路迁入者约12人，内南宋时移居者11人，其中6人分别来自北方的开封、陕西解州、京西洛阳、京东濮州、淮海和淮南江都（占宋人总数的20.7%）[2]。嘉兴宋代人物49人中从外路移寓者约18人，其中17人系南宋时移居，内9人来自北方（占宋人总数的18.4%），其中3人原籍开封，2人来自河北，2人来自京西的汝阴、洛阳，1人来自济南，1人来自淮北[3]。以上二地之南渡者大多来自北方，其在人口总数中所占比例低于临安，而高于镇江、常州一带。平江其余县份和湖州、绍兴的情况应与此大致相似。这些南渡者大多来自开封及与其毗邻的京西北路、京东西路、淮北和河北南部等地。其中解州之“俗颇纯厚”[4]，其人大多具有粘液汁型气质，与以上各地大致相同。以开封为中心的南渡者的到来使两浙中部之人粘液质型的气质得到较大的加强，使抑郁质型气质得到一定的加强，从而在相当大程度上进一步淡化了该地之人自秦、汉以来即已不断减弱的胆汁质和多血质型的气质，使两浙中部成为四种气质类型互相交融，其组成成分因混合而渐趋中和的地区。

南渡者的到来使临安的风俗发生了显著的变化。只要取记录开封风俗的《东京梦华录》和载录临安风俗的《梦粱录》两相比较，便可发现两地风俗颇多相同之处。这种相同不仅存在于南宋，而且延续至宋亡以后。如明万历间人胡震亨即曾因汴、杭风俗雷同而“心窃怪之”[5]。这类相同大多出于南渡之开封人的移植、倡导和影响。如吴自牧即指出，南宋杭城凡百货卖饮食之人多装饰车担，使

---

1 据《琴川志》卷八《人物》。

2 据杨谌：至正《昆山郡志》卷四《人物》，《宋元方志丛刊》。

3 据《至元嘉禾志》卷一三《人物》。

4 《宋史》卷八七《地理三》，2170页。

5 孟元老：《东京梦华录》胡震亨跋，中国商业出版社1982年版，第73页。

器皿新洁精巧，以炫耀人耳目，“盖效学汴京气象，及因高宗南渡后，常宣唤买市，所以不敢苟简，食味亦不敢草率也”[1]。胡震亨则认为，汴、杭同俗，“皆南渡风尚所渐也”[2]，其余四郡南渡之人虽少于临安，但也对当地的风俗产生了一定的影响。如湖州山水清远，南渡时“四方士大夫乐山水之胜者鼎来卜居，衣冠雾台，弦诵驰声，上齐衡于邹、鲁”[3]，其固有的好德和好学之风因之得以继续发扬光大。

两浙东部西北流寓之人在当地总人口中所占比重大约介于中部和北部之间。按前所述，庆元府宋代人物 85 人中约有 19 人系由外路迁入。内南宋时移居者 16 人，其中 11 人来自北方（占宋人总数的 12.9%），内 6 人原籍开封，2 人来自京东，2 人来自淮南，1 人来自淮北[4]。台州宋代人物 539 人，其中由外路移寓者 74 人，均系南宋时移居，内来自北方者约 73 人（占宋人总数的 13.5%），其中 55 人原籍开封，7 人来自京东，2 人来自河北，5 人来自京西北路，2 人来自襄阳，2 人来自长安和淮南[5]。这些南渡者亦大多来自开封及其邻近地区。宋代的襄阳“习俗近荆楚”，“俗薄而质”[6]；长安之人“大抵夸尚气势，多游侠轻薄之风，甚者好斗轻死”[7]；其人大多具有胆汁质和多血质型气质。南渡者的到来主要强化了东部之人的粘液质型气质，并使其抑郁质型气质得到了一定的加强。但因南渡者人数有限，这种增强并不足以改变其原住民缺乏粘液质型气质的

---

1 吴自牧：《梦粱录》卷一八《民俗》，中国商业出版社 1982 年版，第 149 页。

2 《东京梦华录》胡震亨跋，第 73 页。

3 《嘉泰吴兴志》卷一〇《风俗》，第 4857 页。

4 据袁桷：《延祐四明志》卷四、卷五《先贤》，《宋元方志丛刊》。

5 据《嘉定赤城志》卷三三、卷三四《人物》。

6 《宋史》卷八五《地理一》、卷八八《地理四》，第 2118、2201 页。

7 《宋史》卷八七《地理三》，第 2170 页。

特点。

两浙南部的南渡者为数不多，亦大多来自开封及其邻近地区。如两宋之际始移居婺州的吕好问、吕祖谦家族即来自京师或河南[1]，寓居衢州常山的赵鼎系陕西解州人[2]，迁居衢州的孔传、孔元龙等南孔家族则来自曲阜[3]。南迁者带来了以粘液质型为主，以抑郁质型为辅的气质。但因其人数甚少，他们的到来亦未改变其原住民胆汁质型气质十分突出，抑郁质型气质相对缺乏的特点。

除上述移民的直接影响外，以北人南来为主的人口迁徙和宋室南渡还造成了南宋时两浙政治、经济、军事和文化的变化，因而间接地影响了浙人特性的发展和风俗的变迁。具体来说，以皇室、官吏、军队为中心，以北人南渡为主的人口迁徙，使两浙人口大增。为养活新增人口，为在江南重建皇室和官僚们的家园，两浙不断兴起开垦荒地的热潮。其结果一方面促进了农业的发展和手工业、商业、城市的繁荣，另一方面则造成了土地兼并的加剧和土地的高度集中。如绍兴至庆元间，嘉兴崇德县因“户口充斥，人物繁伙”，“生齿遍聚”，荒地不断开垦成田。到庆元时，该地已达到“无尺地寸壤之不耕”，农田“非王公贵人之膏腴，即富家豪民之所兼并”，“民田之存已无几，狭乡一、二亩”的地步[4]。土地的兼并和高度集中使生存竞争日趋剧烈，使浙人更急于进取、图利，愈加勤啬、敏捷，风气渐入于浇薄。经济的繁荣则助长了浙人厚于滋味，趋于奢靡和工巧的旧风气。如绍兴以后“烟火阜繁，生齿日众”，开始繁

1　黄宗羲、全祖望:《宋元学案》卷二三《荥阳学案》、卷三六《紫微学案》、卷五一《东莱学案》，中华书局1986年版，第902、1233、1652页;《宋史》卷四三四《吕祖谦传》，第12872页。

2　《宋本方舆胜览》卷七《衢州》，第103页;《宋史》卷三六〇《赵鼎传》，第11285页。

3　《皕宋楼藏书志》卷二六孔传《〈东家杂记〉序》，孔宗翰等《〈东家杂记〉序》，中华书局;《宋元学案》卷八一《西山真氏学案》，第2711页。

4　《至元嘉禾志》卷二六《崇福田记》,《宋元方志丛刊》，第4609、4610页。

荣起来的海盐县澉浦镇，其人即“不事田产，无仓廪储蓄，好侈靡，喜楼阁”，“网罗海中诸物以养生”，而“俗僭”[1]。剧烈的竞争、险恶的前途、沉浮未可预卜的迅速变迁以及经济的繁荣和统治集团的鼓励、提倡，使更多的人转向宗教，从中寻求精神的寄托和解脱，因而使浙人尚浮屠之教的旧风气有增无减。

随着政治中心的南移，大批皇室成员、官吏和军人纷纷来到两浙。为维持其生存，保卫南宋政权，必须筹措大量的经费和战费。当时政府“军储岁计，多仰浙西”[2]，“江浙税重”[3]，异于他处。按朱熹所说，南宋赋税“浙中全是白撰，横敛无数，民甚不聊生”，“故浙中不如福建，浙西又不如浙东，江东又不如江西，越近都处越不好”[4]。举例来说，因“官吏丛冗辱，兵旅绎骚”，建炎以后台州“民生产作业益艰，自是机变繁滋，有逐末而鬨于争者”，一改以往淳逊无事的旧俗[5]。不过，过重的赋敛往往会造成相反的结果。如淳祐以后，昆山等地“巨家上室，公私交困，率多替徙，市井萧索”，以致该地“多奢少俭，竞节物”的旧俗“不复见矣”，“然士风愈淳，民俗素朴，士以到讼庭、登酒垆为耻，民以务孝养、勤本业为事”，风俗亦为之一变[6]。

政治中心的南移，经济和城市的繁荣助长了临安居民的骄惰之风，以致游手奸黠，实繁有徒[7]，“豪强轻于犯法，奸伏易以乘间，巧伪充斥，犴狱繁兴”[8]。其原因诚如周密所言，“盖生长辇下，势使

1 《绍定澉水志》卷上《风俗》、《镇境》，《宋元方志丛刊》，第4660页。
2 《建炎以来系年要录》卷五四“绍兴二年五月庚辰”条，第956页。
3 黎靖德：《朱子语类》卷一一一《论民》，中华书局1986年版，第2715页。
4 黎靖德：《朱子语类》卷一一一《论民》，第2714、2715页。
5 《嘉定赤城志》卷三七《土俗》，《宋元方志丛刊》，第7572页。
6 《淳祐玉峰志》卷上《风俗》，咸淳《玉峰续志·风俗》，《宋元方志丛刊》，第1061、1099页。
7 周密：《武林旧事》卷六《作坊·骄民·游手》，中国商业出版社1982年版，第121页。
8 《宋本方舆胜览》卷一《临安府》，第45页。

之然”，和“浩穰之区，人物盛伙”[1]。

宋室南迁又使两浙和临安成为士大夫荟萃的文化中心。在其影响下，作为辅郡的湖州“风化先被，英杰辈出”[2]。由皇子出任郡守且位于畿甸的明州，南宋时“礼俗日盛，家诗户书，科第取数既多，且间占首选，衣冠文物甲于东南”[3]。其结果是科举越来越受人重视，登第、入仕者日益众多，好学、多文的风气更加盛行，浙人循理、静退、柔慧的色彩愈益明显。与此相反的是，另一些旧风气，如北宋时明州人剽悍、多盗，颇易抵冒等风俗则渐趋淡化以至消失。在上述诸因素的共同作用下，又经过一百余年的社会生活实践，宋代浙人的特性和浙地风俗的特点方才最终定型。

四、宋代浙人的特性和两浙经济的发展

按前所述，宋代浙人的特性和浙地的风俗是在一定的经济条件的影响下形成的。经济对浙人特性和风俗的作用上文已有论述，此不赘言。值得注意的是，这种特性和风俗一旦形成，又会反过来对浙地经济的发展产生重要的影响。这种影响是通过人的活动才展现出来的，它们主要表现在以下几方面。

首先，急于进取和急于图利构成了推动两浙经济发展的内在强大精神动力。宋代浙人的急于进取不论是急于通过科举入仕，还是急于发财致富，大抵是以急于图利，亦即急于谋取物质利益为主要特点和首要目标的。正是在这种急迫的进取心和竞争心的推动下，其人才勤于耕织，努力从事工商，在短时期内即将可耕之地（包括

1 《武林旧事》卷六《作坊·骄民·游手》，第 121 页。

2 《嘉泰吴兴志》卷二〇《风俗》，《宋元方志丛刊》，第 4857 页。

3 《绍定四明志》卷一《风俗》，《宋元方志丛刊》，第 4999 页。

积水之地）全部开垦完毕，以至于达到四郊无旷土，无尺土寸壤之不耕的地步，并使奇技之巧层出不穷，工商业和城市日臻繁荣。

其次，敏慧、好学和善于图利构成了足以推动浙地经济克服重重阻力和种种困难，持续不断向前发展的潜在动力。敏慧、好学意味着其人具有较强的学习能力、适应环境的能力和应变能力，善于学习他人的先进技术和经验，善于从事经济活动，善于开拓创新和摆脱困境，亦即善于在经济活动中谋利。善图利意味着其人善于治生，能因地制宜地从事农桑漆茶鱼盐果蔬工商等行业并获得成功，能因时制宜在人多地少、人口压力形成后将剩余劳力转移到农业以外的工商政教等领域，或在因政局变动，人民生产作业日益艰难的情况下转而弃本逐末。这就使浙地经济具有足够的灵活性、顽强的生命力和强劲的竞争力，足以长久立于不败之地。

复次，勤俭、乐业、工巧构成了推动浙地经济发展的直接动力。勤俭、乐业和工巧使浙人热爱劳动，具有较强的劳动、工作能力和积累资金的能力，因而善于图利，直接、有效地推动两浙经济的发展。

再次，奢靡、厚于滋味和尚浮屠之教只要不超过一定限度，便能增强和促进内部消费，造成一种持续不断的旺盛的内在需求，足以反过来带动生产，促进经济的发展，构成了足以推动两浙经济发展的一种内在的反推力。

最后，柔顺、循理构成了两浙经济能正常发展的重要保障。柔顺、循理的特性使浙人倾向于通过和平、正当和合法的途径，而不是以暴力和非法的手段去谋生与致富，因而易于营造出一种遵纪守法，具有良好的社会规范和社会秩序的氛围，足以为经济的顺利成长创造良好的内在运行机制和合适的外部环境。

毋庸置疑，宋代浙人的特性和浙地风俗对经济的发展又存在种种消极和不利的影响。例如苟且、懒惰肯定无益于经济的发展。奢靡、厚于滋味和尚浮屠之教过度所造成的超前消费，无异于釜底抽薪，将使再生产无法进行，因而会损害经济的发展。剽悍、尚气和民讼繁伙太过，则会使人们纠缠于无谓的纷争之中，浪费大量的时间、精力和金钱，亦不利于经济的发展。

不过，在宋代浙人的特性和浙地的风俗中，消极因素是支流而非主流，浙人特性和浙地风俗对经济的影响主要是积极的而非消极的。就两浙内部四大区域而言，两浙中部尤其是杭州、苏州、嘉兴和绍兴四郡的风俗和人们的特性最适合亦最有利于经济的发展。宋代乃至元明清时期，四大区域中以中部经济发展最快，亦最为繁荣。这种现象的出现和长期存在与延续，不能说与其人的特性和该地的风俗无关。

本文原载于张其凡、李裕民主编《徐规教授九十华诞纪念文集》，浙江大学出版社，2009年。

宋元图书的刻印、销售价与市场

刊印于南宋前期的《小畜集》、《续世说》、《大易粹言》、《汉隽》、《二俊文集》和《(嘉泰)会稽志》等书的页均印造价和书板价分别为3.367和1302.703文足，均略高于元代后期刊印的《十七史》的32.250文和《十七史》、《金陵新志》的平均数中统钞9.090两。元代两书的页均刊刻成本为中统钞5.570两。宋代以降，雕版图书的页均印造价、书板价和刊刻成本似呈下降趋势。宋刊《杜工部集》、《小畜集》、《大易粹言》和《汉隽》的页均售价和利润相差很大，全国性的雕版图书统一市场似尚未形成。以上四书的页均现售价为7.596文足，明显高于抄本的5.301文足，而抄本又普遍高于《小畜集》、《大易粹言》和《汉隽》的页均赁板印造价3.667文足、3.433文足和2.769文足。这是赁板钱流行以及手抄本与刊本长期并存的主要原因。而短期内大印数需求的缺乏，则是活字无法取代雕版的主要原因。

宋元是雕版印刷普及、雕版图书市场初步形成的时期。随着雕版图书这种特殊商品大量进入市场，雕版图书逐渐形成了自己的生产、销售特点，其成本和印销价格则深受市场供给与需求的影响。

图书的刻印和销售价是了解、把握宋元雕版图书印行和图书市场的关键。但因资料缺乏，以往很少有人对此关键问题作过深入研究。本文拟依据目前掌握的少数图书刊印、销售价史料，从其刊印者、刊印地、刊印年代、印造价、书板价、刊刻成本、刊刻利润、销售价格与利润入手，来分析探讨宋元图书的刻印、销售价和图书市场，并对赁板钱的流行，手抄本与刊本、雕版与活字长期并存的原因提出自己的看法。

不得不指出的是，研究价格不能缺少数据，但由于现存史料少且数据不全，本文不得不运用科学推算的方法来获取部分数据。又由于为数不多的存世史料大多言及页数而极少涉及字数，本文不得不按页（1 页＝2page）数而非字数计价。因此，文内推算所得的数字必定存在若干误差，这些数据和据此所推出的结论不可尽信，仅具有参考价值。所言如有不当，欢迎各位方家批评指正。

一、卷、册、页

宋代刊印的《小畜集》、《续世说》、《大易粹言》、《汉隽》、《二俊文集》、《(嘉泰）会稽志》，以及元代刊雕的《金陵新志》、印制的《十七史》等八种书籍中，保存了较多有关刊印和销售价格的数据。在探讨这些数据前，应对以上诸书的刊行有一较全面的了解。

明影宋绍兴十七年（1147）知黄州沈虞卿所刻《小畜集》(30 卷）跋文云："黄州契勘诸路州军间有印书籍去处，窃见王黄州《小畜集》文章典雅，有益后学，所在未曾开板，今得旧本计一十六万三千八百四十八字，检准绍兴令：诸私雕印文书，先纳所属，申转运司选官详定，有益学者，听印行。除依上条申明施行，今具雕造《小畜集》一部，共八册，计四百三十二板，合用纸墨工价下项：印书纸并副板四百四十八张。表背碧青纸一十一张，大纸八张，共钱二百六文足。赁板棕墨钱五百文足，装印工食钱四百三十文足。除印书纸外共计一贯一百三十六文足。见成出卖，每部价钱五贯文省。右具如前。绍兴十七年七月□日。”[1]可见绍兴十七年黄州所刻《小畜集》共有八册三十卷，计正文432页，副页16页，共448页。

又旧抄本宋孔平仲《续世说》(十二卷)前有记两则。其一云：“沅州公使库重修整雕补到《续世说》一部一十二卷，一百五十八板，用纸三百一十六张，右具如前。绍兴二十七年三月□日。”另一云：“今具印造《续世说》一部，计六册，合用工食等钱如后：一印造纸墨工食钱共五百三十四文足，大纸一百六十五张，计钱[三百]三十文足，工墨钱计二百四文足。一褾褙青纸物料工食钱共二百八十一文足，大青白纸共九张，计钱六十六文足，面蜡工钱计二百一十五文足，已上共用钱八百一十五文足。右具在前。”[2]可知，绍兴二十七年（1157）沅州公使库所刊《续世说》六册十二卷，计正文316页，副页14页，共330页。

淳熙三年（1176）舒州公使库所刻《大易粹言》牒文云：“今具《大易粹言》一部，计二十册，合用纸数印造工墨钱下项：纸副耗共一千三百张，装背饶青纸三十张，背青白纸三十张，棕墨糊药印背匠工食等钱共一贯五百文足，赁板钱一贯二百文足，库本印造，见成出卖，每部价钱八贯文足。右具如前。淳熙三年正月□日。”[3]按印造《小畜集》八册三十卷用副页纸16张，《续世说》六

1 王禹偁：《王黄州小畜集》跋，见《四部丛刊》初编，商务印书馆，1936影印本。
2 陆心源：《皕宋楼藏书志》卷六二，清光绪万卷楼藏本。
3 方闻一辑：《大易粹言》，见彭元瑞编：《天禄琳琅书目后编》卷二，清光绪刻本。

册十二卷用副页纸14张，《会稽志》十册二十卷用副页纸20张，即册均用副页纸1.471张推算，淳熙三年舒州公使库所刻《大易粹言》二十册，计正文1270页，副页30页，共1300页。

淳熙十年（1183），知象山县蒋鹗刻《汉隽》十卷。杨王休记后云："象山县学《汉隽》，每部二册，见卖钱六百文足，印造用纸一百六十幅，碧纸二幅，赁板钱一百文足，工墨装背钱一百六十文足。"又题云："善本锓木，储之县庠，且藉工墨盈余为养士之助。"[1]可知当时印造一部《汉隽》需用纸"一百六十幅"。按今存《续古逸丛书》影宋本《汉隽》十卷共有145页（不含副页，不载杨王休记、附记工价和列衔）分析，"一百六十幅"即160页，淳熙十年象山县所刻《汉隽》应有两册十卷，正文156页，副页4页，共160页。

《二俊文集》乃陆机、陆云合集。《四部丛刊》影明正德翻宋（庆元）本《陆士衡文集》卷首，有"庆元庚申（六年）仲春"知华亭县徐民瞻所作《晋二俊文集叙》，云此书乃其"命工锓之木以行"。《爱日精庐藏书志》卷二九《二俊文集》则著录云："庆元六年，书成县学。"可知《二俊文集》刊行于庆元六年（1200），而非叶德辉所言之元年（1195）[2]。《皕宋楼藏书志》卷六七著录作"庆元年"，脱"六"字。

又《皕宋楼藏书志》、《书林清话》著录引庆元六年刊《二俊文集》记云："《二俊文集》一部，共四册，印书纸共一百三十六张，书皮表背并副页共大小二十张，工墨钱一百八十文，赁板钱一百八十六文，装背工糊钱（下有脱文）。右具如前。二月□日，

1　林钺辑：《汉隽》，见彭元瑞编：《天禄琳琅书目后编》卷四，清光绪刻本。瞿镛：《铁琴铜剑楼藏书目录》卷一〇，清光绪常熟瞿氏家塾刻本。

2　叶德辉：《书林清话》卷六，中华书局，1957年。

印匠诸成等具。”[1]《四部丛刊》影明正德翻宋（庆元）本陆机《陆士衡文集》十卷，计99页（页20行，行18字）。《四部丛刊》影明正德翻宋本陆云《陆士龙集》十卷，计126页（页20行，行18字）。以上两书均不载工价和列衔。显而易见，陆心源《皕宋楼藏书志》卷六七著录所引“印书纸共一百三十六张”之“一”，乃“二”之误。正德翻宋本《二俊文集》应有236页，而非著录所言之136页。庆元六年华亭县所刊《二俊文集》应有四册二十卷，正文236页。

叶德辉《书林清话》卷六曰，明仿宋施宿等《会稽志》前有记云：“绍兴府今刊《会稽志》一部二十卷，用印书纸八百幅，古经纸一十幅，副页纸二十幅，背古经纸平表一十幅，工墨钱八百文，每册装背□□文，右具如前。嘉泰二年五月□日手分俞澄王思忠具。”[2]嘉泰二年（1202）所刊《会稽志》每部需用印书纸八百幅，按印造《汉隽》用纸一“幅”即1页计，以及清嘉庆十三年刻本、文渊阁四库全书本施宿等《会稽志》分别有760页和848页分析，《会稽志》每部应有800页。《文渊阁书目》卷四、《绛云楼书目》卷一，皆云嘉泰《会稽志》有十册。可知嘉泰二年绍兴府所刊《会稽志》应有十册二十卷，正文800页，副页20页，共820页。

元后至元五年（1339），谢应芳为印置《十七史》，获“中统钞题助者：赵师吕、萧昭卿、王伯祥、王子芳、王仲德各一百贯，葛用中、王君寿、道士邓混然各五十贯，祁尘外、萧子璋、金君玉

---

1 陆心源：《皕宋楼藏书志》卷六七，清光绪万卷楼藏本。叶德辉：《书林清话》卷六，中华书局，1957年。

2 施宿：《（嘉泰）会稽志》卷末附文，见中华书局编辑部编：《宋元方志丛刊》，中华书局，1990年影印本。

各廿五贯，僧琇玉林廿贯”。“命甥女婿周明举诣集庆路，干托士友陈雪心买纸，儒学内印置，共作四百六十册，所用装潢作料工直等费计二百贯。澹泊斋藏贮诸史，时至元五年，岁在己卯。”[1]按至正《金陵新志》所载，当时集庆路学所藏“《十七史》书板计纸二万三千张”[2]，实数23101张，共计四百六十册，平均每册50页。

元至正四年（1344），集庆路刊雕《金陵新志》，其书共十五卷，十三册[3]。至正《金陵新志》文渊阁四库全书本1278页，钦定四库全书本1300页，按平均1289页计，则至正《金陵新志》共十五卷十三册，平均每卷86页，每册近100页。

现将上述宋元诸书的刊印时地和卷册页数归纳如表1所示。

表1　宋元诸书的刊印时地和卷册页数

书名	册（卷）	页数	册（卷）均页数	刊印者	刊印地	刊印年代
《小畜集》	8（30）	432	54（14）	知黄州	黄州	绍兴十七年
《续世说》	6（12）	316	53（26）	沅州公使库	沅州	绍兴二十七年
《大易粹言》	20	1270	64	舒州公使库	舒州	淳熙三年
《汉隽》	2（10）	156	78（16）	知象山县	象山县	淳熙十年
《二俊文集》	4（20）	236	59（12）	知华亭县	华亭县	庆元六年
《会稽志》	10（20）	800	80（40）	知绍兴府	绍兴府	嘉泰二年
《十七史》	460	23101	50	谢应芳	集庆路	至元五年
《金陵新志》	15（13）	1289	100（86）	集庆路	集庆路	至正四年

1　谢应芳：《龟巢稿》卷一三，见《四部丛刊》三编，商务印书馆，1936影印本。

2　张铉：《（至正）金陵新志》，见中华书局编辑部编：《宋元方志丛刊》，中华书局，1990年影印本。

3　张铉：《（至正）金陵新志》卷九、卷首，见中华书局编辑部编：《宋元方志丛刊》，中华书局，1990年影印本。

二、印造价格

所谓印造价格，是书板刊成后，印刷装背、制作成书所需全部费用的货币体现。南宋《汉隽》书板刊成后，既可用现金购买，又许人赁板印造。其“善本锓木，储之县庠，且藉工墨盈余为养士之助”，可知现卖和印售价中均已包含售后利润。

具体来说，印造价格包括印造所需之纸墨棕面蜡糊药等物料和印背工食钱等印造成本或生产费用，以及赁板钱。赁板钱是作为固定资产的书板价值之损耗，以折旧或租金的方式逐渐转移到书籍印造成本中的价值，乃剩余价值或利润之体现。简言之，图书印造价格＝物料钱＋工直＋赁板钱（印造利润）。

（一）《小畜集》

按绍兴十七年黄州所刻《小畜集》书末跋文，印造《小畜集》1部需用印书纸448张。纸价跋文未列，但可按绍兴二十七年沅州公使库所刊《续世说》所用纸钱推知。当时印造《续世说》1部需用“印造纸墨工食钱共五百三十四文足，（包括）大纸一百六十五张，计钱三十文足，工墨钱计二百四文足”。从工墨钱和纸墨工食钱总数来看，上述纸钱应为330文足，“计钱”后脱“三百”二字，每张大纸均价为2文足。又重修整雕补《续世说》1部用纸316张，可知大纸1张合纸2张，165张大纸合纸330张，1张纸的均价为1文足。如按绍兴年间淮南、荆湖纸价大致相同，每张纸均价1文足推算，印书纸448张价值448文足。又按《小畜集》书末跋文，裱背用大纸计钱206文足。

其工墨装背钱、赁板钱跋文虽无记载，但也可通过推算得知。按《汉隽》工墨装背钱160文足，赁板钱100文足，《大易粹言》棕墨糊药印背匠工食等钱共1500文足，赁板钱1200文足推算，工墨装背钱、赁板钱之比平均为1.425。如按此比例以及跋文所言印造《小畜集》1部需赁板棕墨钱500文足，装印工食钱430文足推算，工墨装背钱、赁板钱分别为546文足和384文足。

由上可知，印造《小畜集》1部共需1584文足，按刊板或正文432页计，页均价格为3.667文足。

淮南旧铸铜钱，乾道初，始诏两淮、京西悉用铁钱[1]。《小畜集》刻于绍兴十七年，当时淮南黄州尚未行用铁钱，书末跋文所列之钱应系铜钱，而非铁钱。

（二）《续世说》

按《续世说》书末跋文，绍兴二十七年沅州公使库印造《续世说》1部需用纸330张，共计330文足。又按跋文所载，工墨装背钱419文足和褾背所用有颜色大纸钱66文足，共计485文足。印造《续世说》每部所需赁板钱跋文无记载，但按工墨装背钱、赁板钱之比1.425推算，赁板钱应为294文足。

由上所述，印造《续世说》1部共需1109文足，按刊板或正文316页计，页均价格为3.509文足。

（三）《大易粹言》

淳熙三年舒州公使库所刻《大易粹言》印造一部需用“纸副耗共一千三百张”，如按绍兴、淳熙间淮南、荆湖纸价大致相同，平

1　马端临：《文献通考》，中华书局，1986年影印本，第98页。脱脱等：《宋史》，中华书局，1977年，第4397页。

均每张纸价值 1 文足推算，印造用纸需 1300 文足。

其“装背饶青纸三十张，背青白纸三十张”的价格可通过推算得知。绍兴年间印造《续世说》每部需用“大青白纸共九张，计钱六十六文足”，印造《小畜集》每部需用“表背碧青纸一十一张，大纸八张，共钱二百六文足”，按大纸一张合纸两张计，可知当时淮南荆湖等地裱背所用有色纸平均每张价值 6 文足。如按绍兴、淳熙间淮南、荆湖纸价大致相同、裱背所用有色纸平均每张价值 6 文足计，裱背用纸需 360 文足。印造《大易粹言》所需工墨装背钱、赁板钱和见卖钱均有记载，此不赘述。

值得一提的是，乾道初，宋廷虽有两淮、京西悉用铁钱之诏，但随后又诏铜钱、会子依旧过江行用[1]。从乾道五年到淳熙十年，宋政府每年均支拨会子收换两淮铜钱，送至建康、镇江[2]。绍熙以后有臣僚云：“铜钱之在江北者自乾道以来悉以铁钱收换，或以会子一贯换钱一贯省。其铜钱解赴行在及建康、镇江……于江之南北各置官库，以铜铁钱交换。凡沿江私渡及极边径路严禁透漏。”[3]据此分析，宋廷意在控制而非完全禁止淮南铜钱的流通，在回笼铜钱政策的主导下，淳熙三年舒州所刊《大易粹言》所列各项印造费用应为铜钱，而非铁钱。

由上可知，印造《大易粹言》一部共需 4360 文足，按正文 1270 页计，页均价格为 3.433 文足。

---

1 马端临：《文献通考》，中华书局，1986 年影印本，第 98 页、第 100 页；脱脱等：《宋史》，中华书局，1977 年，第 4398 页、第 4411 页。

2 脱脱等：《宋史》，中华书局，1977 年，第 4398 页、第 4411 页；留正等：《皇宋中兴两朝圣政》，清嘉庆宛委别藏本，第 1795 页、第 2271–2272 页。

3 马端临：《文献通考》，中华书局，1986 年影印本，第 98 页、第 100 页；脱脱等：《宋史》，中华书局，1977 年，第 4398 页、第 4411 页。

（四）《汉隽》

淳熙十年，象山县学所刊《汉隽》每部需用“印造用纸一百六十幅（张）”。如按绍兴、淳熙间两浙、荆湖纸价大致相同，平均每张纸价值1文足推算，印造《汉隽》一部160张所需纸钱应为160文足。如按绍兴、淳熙间两浙和荆湖、淮南纸价大致相同，裱背所用有颜色纸平均每张价值6文足推算，《汉隽》所用“碧纸二幅（张）”价值约12文足。印造《汉隽》所需工墨装背钱、赁板钱和见卖钱均有记载，此不赘述。

由上所述，印造《汉隽》一部共需432文足，按正文156页计，页均价格为2.769文足。

（五）《二俊文集》

庆元六年华亭县学所刊《二俊文集》印造一部需印书纸236张，如按绍兴、庆元间两浙、荆湖纸价大致相同，每张均价1文足计，共计236文足。

四册所需书皮表背并副页共大小20张，如裱背4大张，副页16张或8大张，按绍兴、庆元间两浙、淮南、荆湖纸价大致相同，副页纸平均每张价值1文足，裱背所用纸平均每张价值6文足计，共计64文足。

所需工墨钱180文即180文足，装背工糊钱数字脱，但可通过推算得知。已知赁板钱186文足，如按工墨装背钱、赁板钱之比为1.425推算，则工墨装背钱为265文足，其中装背工糊钱为85文足。

由上所述，印造《二俊文集》一部共需751文足，按正文236页计，页均价格为3.182文足。

（六）《会稽志》、《十七史》

嘉泰二年绍兴府所刊《会稽志》每部需“用印书纸八百幅，古经纸一十幅，副页纸二十幅，背古经纸平表一十幅”，如按绍兴、嘉泰间两浙和淮南、荆湖纸价大致相同，印造用纸、副页纸平均每张价值1文足，裱背所用纸平均每张价值6文足计，印造用纸应为800文足，裱背用纸、副页纸共计140文足。

其“每册装背□□文”可通过推算得知。按《续世说》12卷6册，裱背工食钱215文足，平均每册36文足推断，《会稽志》“每册装背□□文”应为36文。又按《传是楼书目》，施宿《会稽志》装背有五本、十本两种。从其装背所用“古经纸一十幅，副页纸二十幅，背古经纸平表一十幅”推断，《会稽志》应有10册，装背共计钱360文足，加上工墨钱800文，共计1160文足。

其赁板钱按工墨装背钱、赁板钱之比1.425推算，应为814文足。

由上所述，印造《会稽志》1部共需2914文足，按正文800页计，页均价格为3.643文足。

元后至元五年，谢应芳共得中统钞745贯以印置《十七史》。当时除买纸钱外，所用装潢作料工直等费计二百贯[1]。赁板钱如按工墨装背钱、赁板钱之比1.425推算，应为中统钞140贯，买纸钱应为中统钞405贯。按至正《金陵新志》卷九所载，当时集庆路学所藏“《十七史》书板计纸二万三千张”，实数23101张，页均印造价为中统钞32.250文。

只要认真分析以上数据，便可知上述赁板钱是欲印书者向书板拥有者租赁雕版所支付的租金，而非雕版的开支和费用。《书林清

1　谢应芳：《龟巢稿》卷一三，见《四部丛刊》三编，商务印书馆，1936影印本。

话》卷六将上述物料工食和赁板钱视为刻印工价是十分错误的。从生产费用或成本的角度来说，赁板钱应是书板这一固定资产的折旧，一般是根据书板的原始价值及报废时的清理费和残值，按预计使用期限平均计算的。

据上所述，可将各项印造价格分别罗列如表 2 所示：

表 2　南宋前期印造价格

单位：文足

书名	印造纸	装背纸	工墨装背	赁板钱	总计	正文页数	页均价格
《小畜集》	448	206	546	384	1584	432	3.667
《续世说》	330	66	419	294	1109	316	3.509
《大易粹言》	1300	360	1500	1200	4360	1270	3.433
《汉隽》	160	12	160	100	432	156	2.769
《二俊文集》	236	64	265	186	751	236	3.182
《会稽志》	800	140	1160	814	2914	800	3.643

表 3　元代后期印造价格

单位：文

书名	印造纸	装背纸	工墨装背	赁板钱	总计	正文页数	页均价格
《十七史》	405000	200000	140000	745000	1490000	23101	32.250

由上可知，刊于南宋绍兴、嘉泰间的这六种书的印造价大致相近，其中《汉隽》、《二俊文集》两书略低于平均水平。《汉隽》刊于象山，时在淳熙十年。《二俊文集》刻于华亭，时在庆元六年。《会稽志》刊于绍兴，时在嘉泰二年。按此推断，淳熙、庆元间两浙图书的印造价格，即物料和人工的价格略偏低，印造物料和劳动力供给略大于需求。嘉泰间，两浙和淮南、荆湖的物料和劳动力的价格已趋于均衡，这是市场这只看不见的手发挥作用的结果。

由上推算出，刊于南宋绍兴、嘉泰间六书的页均印造价为3.367文足。按汪圣铎研究，南宋前期，江浙、淮南等地米价大约每石2贯文足上下[1]。据此推算，页均印造价3.367文足折合米0.1684宋升。至元时，政府税收以宋一石当元七斗，即1元斗＝1.43省斗[2]。据此推算，0.1684宋升即0.1179元升，上述南宋六书的页均印造价大致折合米0.1179元升。

元后至元五年所印《十七史》的页均印造价为32.250文。元至大、致和间，政府在大都赈粜，米价每石中统钞15—25贯，平均每石计中统钞20贯。此后，即天历三年（1330），元政府出于赈灾之需，颁行入粟、入钱补官制，规定每石米折钞价为江南40两（贯）[3]。按平均每石合中统钞30贯计，页均32.250文大致折合米0.1075元升，略低于南宋六书的页均印造价。由此推知，后至元五年《十七史》江浙一带的页均印造价格似略低于南宋绍兴、嘉泰间两浙和淮南、荆湖等地。

三、书板价格、刊刻成本与刊刻利润

所谓书板价格，是书板价值之货币体现。它包括将木板雕刻成书板所需的物料和工食钱等刊刻成本或生产费用，以及作为剩余价值之体现的利润。简言之：

图书书板价格＝刊刻成本（物料钱＋工直）＋刊刻利润（剩余价值）。

叶德辉《书林清话》卷六据上述《小畜集》诸书牒记所载，得

1 汪圣铎：《北南宋物价比较研究》，见《宋史研究论文集》，河北教育出版社，1989年。
2 宋濂等：《元史》，上海古籍出版社、上海书店，1986年，第239-240、249页。
3 宋濂等：《元史》，上海古籍出版社、上海书店，1986年，第7508页、第7521页。

出“宋时刻印工价之廉”的结论。该书卷七又据至正《金陵新志》卷首所载板物价钱，而得出“古今刻书之工恐未有贵于此者”的结论。前一结论误将《小畜集》诸书牒记所载物料、工食和赁板钱等印造价视为刊刻、印造工价，因而是不能成立的。元至大二年（1309）以后，1 两至大银钞等于白银 1 两或至元钞 5 贯，至元钞 1 贯则等于中统钞 5 贯，白银 1 两合中统钞 25 贯[1]。后一结论因误将中统钞 1 锭等同于白银 1 锭，也是不能成立的。叶德辉的观点虽因论据错误而不能成立，但仍有值得讨论的价值。

从印造成本的角度来说，赁板钱应是书板这一固定资产的折旧，是根据书板的原始价值及报废时的清理费和残值，按预计使用期限平均计算的。因此，在已知赁板钱和预计书板使用期限的条件下，可以推知书板的原始价值：

书板价格＝赁板钱 × 书板预期印次。

先从赁板钱来看。按前所述，南宋六书的赁板钱如下：

《小畜集》432 页，赁板钱 384 文足，页均赁板钱 0.889 文足。《续世说》316 页，赁板钱 294 文足，页均赁板钱 0.930 文足。《大易粹言》1270 页，赁板钱 1200 文足，页均赁板钱 0.945 文足。《汉隽》156 页，赁板钱 100 文足，页均赁板钱 0.641 文足。《二俊文集》236 页，赁板钱 186 文足，页均赁板钱 0.788 文足。《会稽志》800 页，赁板钱 814 文足，页均赁板钱 1.018 文足。以上六书的页均赁板钱平均水平应为 0.868 文足。

又按上所述，元后至元五年印造的《十七史》共 23101 页，赁板钱中统钞 140 贯，页均赁板钱为中统钞 6.060 文。

再就书板的预计使用期限而言。这一预期与当时的技术水准即

1 宋濂等：《元史》，上海古籍出版社、上海书店，1986 年。

刊板可印刷使用次数的上限有关，更与市场需求直接相关。

从技术的角度来说，书板可印数千乃至上万次。如《云溪友议》记载，纥于泉任江南西道观察史时（唐宣宗大中元年至三年），“大延方术之士，乃作《刘弘传》，雕印数千本，以寄中朝及四海精心烧炼者”[1]。

但从市场的角度来说，实际印数并不多。宋元时人对书籍的需求量并不大。一部书一般不过刊印几百部。如按《庸闲斋笔记》所载，北宋穆修“尝以《柳子厚文集》镂版印数百部，入都求售”[2]。南宋朱熹《按唐仲友第六状》云，“唐仲友开雕荀、杨、韩、王四子印板，共印见成装了六百六部”，“每部一十五册”[3]。又择是居丛书影宋刻本《吴郡志》云：“嘉祐中，王琪以知制诰守郡，始大修设厅，规模宏壮，假省库钱数千缗。既成，漕司不肯除破。时方贵《杜集》，人间苦无全书，琪家藏本雠校素精，即俾公使库镂版，印万本，每部为直千钱，士人争买之，富室或买十许部。既偿省库，羡余以给公厨。”[4]按《续古逸丛书》影宋本配毛氏汲古阁本《杜工部集》共20卷10本，448页。每部10本，印万本，即印造1000部。在人们争相购买，市场需求旺盛的情况下，刊者所印也不过1000部。

又按元后至元五年刻明修《农桑辑要》卷首太不花、周文郁等牒文所云，延祐间元政府在杭州“开板印造”《农桑辑要》，一次印刷1500部。蔡文渊《农桑辑要·序》亦云，仁宗“诏江浙省臣，端楷大书，更锓诸梓，仍印千五百帙”[5]。至治年间，此书板分两次

---

1 范摅：《云溪友议》卷下，见《四部丛刊》续编，商务印书馆，1936影印本。
2 陈其元：《庸闲斋笔记》卷九，清同治十三年刻本。
3 朱熹：《晦庵先生文集》卷一九，宋刊浙本。
4 范成大：《（绍定）吴郡志》卷六，见中华书局编辑部编：《宋元方志丛刊》，中华书局，1990年影印本。
5 苏天爵：《国朝文类》卷三六，见《四部丛刊》，商务印书馆，1936影印本。

印刷，共印《农桑辑要》3000部，每次1500部。天历、至顺年间又分两次印刷，共印6000部，每次3000部。可见书板的印刷使用寿命在10500次以上，短期内可连续印刷1500—3000次。书板预期印次以1500次较为合适。

据此，可推算出南宋六书的书板价格分别为：《小畜集》576000文足，《续世说》441000文足，《大易粹言》1800000文足，《汉隽》150000文足，《二俊文集》279000文足，《会稽志》1221000文足。页均书板价格分别为：《小畜集》1333.333文足，《续世说》1395.570文足，《大易粹言》1417.323文足，《汉隽》961.539文足，《二俊文集》1182.203文足，《会稽志》1526.250文足。平均1302.703文足。

元后至元五年，集庆路儒学印造《十七史》的页均赁板钱为中统钞6.060文。至正四年，集庆路刊雕《金陵新志》。在市场条件和五年之内同一地区页均赁板钱或书板价均衡稳定的情况下，我们可以将《十七史》的页均赁板钱视为《金陵新志》的页均赁板钱。据此可推算出《十七史》(23101页)和《金陵新志》(1289页)的书板价分别为中统钞209988.09两和11717.01两，页均书板价格均为中统钞9.09两。

又就刊刻成本而言。《金陵新志》卷首《修志文移》载，元至正四年，集庆路"刊雕《金陵新志》，板物价钱共中统钞一百四十三定二十九两八钱九分九厘"[1]，包括板物工价在内。1锭为50两，刊板成本或所费板物价钱共计中统钞7179.899两。至正《金陵新志》按平均1289页计，页均刊刻成本为中统钞5.570131两。

---

1 张铉：《(至正)金陵新志》，见中华书局编辑部编：《宋元方志丛刊》，中华书局，1990年影印本。

在市场条件和短期内同一地区页均刊刻成本均衡稳定的情况下，我们可以将《金陵新志》的页均刊刻成本视为《十七史》的页均刊刻成本，即页均中统钞 5.570 两，据此可推算出《十七史》的刊刻成本为中统钞 128675.596 两。

已知《金陵新志》、《十七史》的书板价分别为中统钞 11717.010 两和 209988.090 两，刊刻成本分别为中统钞 7179.899 两和 128675.596 两，按书板价格＝刊刻成本（物料钱＋工直）＋刊刻利润（剩余价值），可知《金陵新志》、《十七史》的刊刻利润（剩余价值）分别为中统钞 4537.111 两和 81312.494 两，页均刊刻利润（剩余价值）、利润率分别为中统钞 3.520 两、63.19%。

现将以上所得结果归纳如表 4 所示：

表 4　南宋前期书板价格

单位：文足

书名	赁板钱	正文页数	页均赁板钱	书板价	页均书板价
《小畜集》	384	432	0.888	576000	1333.333
《续世说》	294	316	0.930	441000	1395.570
《大易粹言》	1200	1270	0.945	1800000	1417.323
《汉隽》	100	156	0.641	150000	961.539
《二俊文集》	186	236	0.788	279000	1182.203
《会稽志》	814	800	1.018	1221000	1526.250

表 5　元代后期书板价格、刊刻成本与剩余价值

单位：两

书名	赁板钱	正文页数	书板价	刊刻成本	剩余价值
《金陵新志》	7.811	1289	11717.010	7179.899	4537.111
《十七史》	140	23101	209988.090	128675.596	81312.494

上述南宋前期刊于象山的《汉隽》和刻于华亭的《二俊文集》，页均赁板钱和页均书板价略低于南宋六书的平均水平 0.868 文足和 1302.703 文足，其他四种书则彼此接近。这很可能是淳熙、庆元间两浙图书的刊刻成本，即板料和人工价格略偏低，板料和劳动力供给略大于需求造成的。不过，由于市场的调节作用，到嘉泰间，两浙和淮南、荆湖的板料和劳动力价格已趋于均衡。

如按南宋前期江浙、淮南等地米价每石 2 贯文足，元天历以后米每石中统钞 30 贯推算，0.868 文足折合米 0.0434 宋升（0.0304 元升），1302.703 文足折合米 65.1352 宋升（45.5946 元升），中统钞 6.060 文折合米 0.0202 元升，中统钞 9.090 两折合米 30.3 元升。元代后期江南所刊《金陵新志》和《十七史》的页均赁板钱和页均书板价，仅为南宋前期江浙、淮南等地所刊六书的 66%。

如按银价推算。北宋前期，银 1 两价 770 文足。南宋绍兴、嘉泰间，按绍兴令，银 1 两价 2989 文足[1]。元至正间，银 1 两价中统钞 25 贯。1302.703 文足折银 0.4358 两，中统钞 9.09 两折银 0.3636 两，上述元代两书的页均书板价约为南宋六书的 83%。

按《酌中志》所载，明代后期，“刻字工银，每字一百，时价四分”[2]。明末毛晋汲古阁“广招刻工，以《十三经》、《十七史》为主，其时银串每两不及七百文，三分银刻一百字”[3]。当时每百字刊刻工银 3—4 分。如按 1 页平均 400 字计算，页均刊刻工银为 0.12—0.16 两。

又嘉靖中刊刻《豫章罗先生文集》，《目录》后木记有“刻版

1　汪圣铎：《北南宋物价比较研究》，见《宋史研究论文集》，河北教育出版社，1989 年，第 243-244 页。

2　刘若愚：《酌中志》卷二，清道光《海山仙馆丛书》本。

3　徐康：《前尘梦影录》卷下，清光绪二十三年江标刻本。

八十三片，上下二帙，一百六十一页，绣梓工资二十四两”等文字[1]，可知页均刊刻成本为银0.1491两，与以上数据相吻合。

从以上史料来看，南宋前期的页均书板价高于元代后期，其页均刊刻成本似高于元代后期，而元代后期的页均刊刻成本为中统钞5.570两，折银0.2228两，又高于明代的0.12—0.16两。

四、销售价格与利润

宋元时期有关书籍售价、印造成本和销售利润的资料甚少，主要与《杜工部集》、《小畜集》、《大易粹言》和《汉隽》有关。此四书的售价有明文记载，在已知页数、印造成本的情况下，运用“销售收入＝印造成本＋销售利润”的等式，可推算出以上四书的页均售价分别为：2.232文足、11.574文足、6.299文足、3.846文足，销售利润、页均利润和利润率分别为：《小畜集》3416文足、7.907文足和215.7%，《大易粹言》3400文足、2.677文足和73.9%，《汉隽》160文足、1.026文足和36.4%，现列为下表：

表6　宋代书籍销售价格与利润

单位：文足

书名	售价	页数	页均售价	页均书板价	页均印造价	页均利润	利润率
《杜工部集》	1000	448	2.232				
《小畜集》	5000	432	11.574	1333.333	3.667	7.907	215.6%
《大易粹言》	8000	1270	6.299	1417.323	3.433	2.866	83.5%
《汉隽》	600	156	3.846	961.539	2.769	1.077	38.9%

1　丁丙：《善本书室藏书志》卷二九，清光绪刻本。

必须指出的是，上表所列成本仅为印造成本，而未考虑销售成本等，所以成本偏低而利润偏高。又北宋前期，银1两价770文足。南宋绍兴、嘉泰间，按绍兴令，银1两价2989文足。按此推算，《杜工部集》页均售价为2.232文足，折合绍兴、嘉泰间的8.664文足。

由表6推算，《小畜集》需现卖116部方能收回所有成本，并实现其全部价值。《大易粹言》和《汉隽》则需现卖225部和250部，方能达到上述目标。

由表6可知，上述书籍的页均书板价和页均印造价相差均不太大，最低者分别为最高者的67.8%和75.5%。而页均售价、页均销售利润和利润率却相差很大。《大易粹言》、《汉隽》的页均售价分别为《小畜集》的54.4%和33.2%。《大易粹言》的页均销售利润和利润率分别为《小畜集》的36.2%和38.7%。《汉隽》的页均销售利润和利润率分别为《小畜集》的13.6%和18.0%。这说明宋代书籍的刊刻、印造成本和书籍的社会生产价格已趋于均衡、稳定，成书价格则深受销售市场的影响。在图书市场中，书籍的市场价格虽取决于价值或社会生产价格，但又因供求关系的影响而围绕其价值或社会生产价格上下浮动。当供过于求时，价格就降低到价值以下；当求过于供时，价格就上升到价值以上。

《杜工部集》和《汉隽》页均售价和页均销售利润低是因为刊印前市场需求大。如前《吴郡志》卷六所言，刊印《杜工部集》前，“时方贵《杜集》，人间苦无全书”。刊行后，“士人争买之，富室或买十许部”。《汉隽》淳熙五年刊于滁州，淳熙十年刊于象山，嘉定四年又重刊。33年中一再刊刻[1]，表明有较强的社会需求。由于

1 林钺辑：《汉隽》，见彭元瑞编：《天禄琳琅书目后编》卷四，清光绪刻本。瞿镛：《铁琴铜剑楼藏书目录》卷一〇，清光绪常熟瞿氏家塾刻本。

市场需求大，而刊印者对此又有所了解和预期，所以刊行时印数就多。如《杜工部集》即1次印刷1000部。印数多则成本降低，故可廉价出售。

《小畜集》页均售价和页均销售利润高是因为刊印前市场需求不大。按前所述，知黄州沈虞卿有感于《小畜集》“其文简易醇质，得古作者之体好，往往好事者得之，珍秘不传，以故人多未见”，因其“文章典雅，有益后学，所在未曾开板”[1]，而决定刊刻。由于市场需求不大，而刊印者对此又有所了解和预期，刊行时印数就不多。印数少则成本高，物以稀为贵，价格就高。

上述诸书的页均售价、页均销售利润之所以相去悬殊，应与雕版图书这种特定物品的价格富有弹性有关。从需求来看，雕版图书总的来说并非必需品，又有手抄本这种极易获得的相近替代品，宋代图书市场具有地方性，范围不够大，书板的印刷使用寿命又长，这都使雕版图书的价格富有弹性，需求量的大小对价格影响很大。

又从供给来看，由于雕版图书刊售者可以控制图书印造、现卖的数量，其产量就富有伸缩性，书板的印刷使用寿命长，这也使雕版图书的价格富有弹性，供给量的大小对价格影响很大。

因此，雕版图书市场上不同书籍之间供给、需求的差异，以及雕版图书具有较大的价格弹性，使《杜工部集》、《小畜集》、《大易粹言》、《汉隽》的页均售价和页均销售利润产生了很大的差异。

五、值得注意的三个问题

赁板钱的流行，手抄本与刊本的长期共存，雕版与活字的长期

1　王禹偁：《王黄州小畜集》跋，见《四部丛刊》初编，商务印书馆，1936影印本。

并存，是古代图书市场形成的三个值得注意的现象。

先就赁板钱而言。按前所述，赁板钱是在图书印造中作为固定资产的书板价值之损耗，以折旧或租金的方式逐渐转移到书籍印造成本中的价值，乃剩余价值或利润之体现。

有宋一代，官府所刻书板例许士人纳纸墨钱收赎自印，同时亦有定价出售。元代则沿袭了这一成例。从现有的史籍记载来看，当时人们大多采取纳纸墨钱租赁书板自印的方式获得所需图书，赁板钱也就经常见诸有关记载。而当时人们之所以赁板自印，而非按定价购书，应与雕版图书和宋元图书市场的特点有关。

宋元是雕版印刷普及、雕版图书市场初步形成的时期。雕版图书具有书板的印刷使用寿命长、随需随印的特点，刊售者可以控制图书印造、现卖的数量，其产量富有伸缩性。宋元图书市场上雕版图书的供给，需求价格弹性大，大多需求不足，价格过高，这就使刊售者可以采取赁板自印和现卖并行的方式出售其产品，而买者则可以选择赁板自印的替代方式，廉价获取其所需雕版图书。赁板自印乃是特定图书市场条件下的产物。

再就手抄本与刊本的长期并存来说。在雕版印刷发明前，图书主要以抄本的形式流传于世。唐五代时，图书由以人工抄录为主向以雕版印刷为主转变。宋元是雕版印刷普及和雕版图书市场初步形成的时期，但人工抄录仍然是图书流传的重要手段，刊本与写本并行无二。明代雕版印刷兴盛发达，雕版图书市场繁荣，但人工抄录仍经久不衰。清代前期雕版印刷持续繁荣，但人工抄录仍屡见不鲜，比比皆是。直至近代机械印刷术传入，雕版印刷和人工抄录方趋没落。与抄本相比，雕版印刷和刊本具有种种显而易见的优点，但千余年来，为什么抄本能一直经久不衰，而在机械印刷术传入后却与刊本一起迅速趋于没落？

笔者认为，其原因即在于古代图书市场需求不足，雕版图书大多印数有限，刊印成本和价格高于抄本。有关宋代抄本价格的数据很少。其一为南宋绍兴二十五年（1155），陆游见“佣书人韩文持束纸支头而睡，偶取视之，《刘随州集》也，乃以百钱易之，手加装褫”，此书乃尹耘师“手抄云”[1]。《四部丛刊》影明正德本《刘随州集》11卷，正文300页，《畿辅丛书》本11卷，正文296页。按此可知，手抄本页均售价为0.336文足，甚至低于每张1文的纸价。此乃特例。

这种情况明清时期也未有根本性的改变。明人李诩云：“余少时学举子业，并无刊本窗稿。有书贾在利考朋友家往来，抄得镫窗下课数十篇，每篇誊写二三十纸，到余家塾，拣其几篇，每篇酬钱或二文或三文。”[2]可知页均售价为0.1文。又按陈其元所言，清道光年间，新昌俞焕模“于小肆中见抄本文十余篇，以数文钱购得”[3]。若每篇以二三十纸计，页均售价更在0.05文以下。

与民间相比，政府的特点是高价、低效。按淳熙间杨万里等所言，秘书省抄写所修日历3本，共计4500余万字，共享纸112500张（每本用纸45000张，内小本1部，用纸22500张），平均每张400字。“合用泛支钱物”，包括雇工钱、纸物，共“支给一千五百贯”会子[4]。据此可知，平均每张纸（即每页）抄写费用为会子13.3文，合10.266文足。民间、政府折中而计，绍兴、淳熙间手抄本的页均售价为5.301文足。这一价格虽高于《汉隽》的3.846文足，但低于当时《杜工部集》、《小畜集》、《大易粹言》三书的页均现售

1　陆游：《渭南文集》卷二六，宋嘉定刻本。
2　李诩：《戒庵老人漫笔》卷八，明万历刻本。
3　陈其元：《庸闲斋笔记》卷九，清同治十三年刻本。
4　徐松辑：《宋会要辑稿》一八之一〇五、一〇六，中华书局，1957年影印本。

价 8.664 文足、11.574 文足、6.299 文足，更重要的是明显低于以上四书南宋时的页均现售价 7.596 文足。于是总有一部分人会选择购买价格低廉、成书较易的抄本以替代刊本，而另一部分人则可依靠出卖成书成本很低的抄本来维生。

值得注意的是，抄本的售价虽明显低于刊本的页均现售价，但又普遍高于赁板印造。绍兴、淳熙间《小畜集》、《大易粹言》和《汉隽》的页均赁板印造价分别为 3.667 文足、3.433 文足和 2.769 文足，即均低于绍兴、淳熙间抄本的页均售价 5.301 文足。雕版印刷能对抄本占上风，应和赁板印造价廉物美直接有关。

抄本的页均售价虽明显低于刊本现售价，但由于明清时期抄本往往“谬误相仍，大非刻本之比”。“凡书市之中无刻本，则抄本价十倍；刻本一出，则抄本咸废不售矣。”[1] 抄本价格低廉的优势往往被其文字谬误的劣势所抵消，而主要存在于市场需求不大的领域。

从供给来看。由于雕版的首次投入成本较高，在资金和需求普遍不足的情况下，从业者往往会采用抄写而非雕版的生产方式。又由于雕版印刷的技术特点，书板一次可连续印刷的最大印数有限，这就使得在市场需求大、印销数量亦大的情况下，雕版印刷也无法通过大量印行来降低售价而将抄本排挤出图书市场。

近代机械印刷术传入后，由于图书市场的迅速发展，图书在种类和数量上的需求均大大增加。一版仅能印刷数百上千次的雕版印刷在技术上已不能满足市场的需求了，唯有机械印刷才能做到这一点。而需求和印数的极大增加，又使机械印刷图书的页均售价不仅远远低于刊本，而且可与抄本竞争。机械印刷取代雕版印刷和人工抄录乃是十分自然的。

1　胡应麟:《少室山房笔丛》甲部卷四，清光绪刻《广雅书局丛书》本。

又就雕版与活字印刷长期并存而言。自北宋毕昇发明泥活字后，活字即被用于图书印行，如周必大曾“用沈存中法，以胶泥铜板，移换摹印”[1]。西夏曾用木活字印刷，且有实物传世。元代姚枢“教弟子杨古，为沈氏活板”[2]，王祯曾用木活字印书[3]。明代木活字印刷已相当流行，常州人始用铜铅为活字印书[4]，铜活字等金属活字印刷也盛行一时。清代木活字印刷已蔚然成风，翟金生从1814年至1844年历时30年，制成泥活字10万多，印行多部书籍[5]。活字印刷具有种种优点，被王祯称赞“为印书省便之法”，而雕版印刷则“板木工匠所费甚多，至有一书字板功力不及，数载难成，虽有可传之书，人皆惮其工费，不能印造传播”[6]。但为什么活字发明后近千年来，活字印刷始终没有能取代雕版印刷的主导地位呢？

这要从雕版与活字印刷各自的特点讲起。活字印刷虽有排印省便以及大量印刷成本低廉的优点，但首次投入和启动资金较大。如王祯“命匠创活字，二年而工毕”，历时两年。活字制成后，“试印本县志书，约计六万余字，不一月而百部齐成，一如刊板”[7]。又清福州林春祺花费20多万两银子，用20多年的时间，共造铜活字40多万[8]。活字印刷另有印版无法长期保存的缺点，仅适合短期内的大量印刷。

雕版印刷每印一书均需刊板，具有费工、费时等缺点，但每次

1 周必大：《文忠集》卷一九八，见《文渊阁四库全书》第1149册，商务印书馆，1986年。

2 许有壬：《圭塘小稿》卷六，见《文渊阁四库全书》补配《文津阁四库全书》本，商务印书馆，1986年影印本。

3 王祯：《造活字印书法》附文，见《王祯农书》附录，清乾隆武英殿刻本。

4 陆深：《俨山外集》卷八，见《文渊阁四库全书》第885册，商务印书馆，1986年影印本。

5 翟金生：《泥版试印初编》，清道光刻本。

6 王祯：《造活字印书法》，见《王祯农书》附录，清乾隆武英殿刻本。

7 王祯：《造活字印书法》，见《王祯农书》附录，清乾隆武英殿刻本。

8 曹之：《中国古籍版本学》，武汉大学出版社，1992年，第377页。

投入资金有限，不必一次性投入大量资金，且无须排版，在所印图书不多和每部页数有限的情况下，成本低于活字印刷，且其书板可长期保存，随需随印，灵活方便。

从市场角度来看，由于图书总需求有限，大部分书籍印数不大，活字印刷排印省便，短期内大量印刷成本低廉的优点难以发挥，启动资金较大所造成的成本和售价较高的弱点则暴露无遗。进入市场的购书者大多会选择价廉物美的刊本而非活字本。明人胡应麟云，“今世欲急于印行者有活字”，活字板“若止印三二本，未为简易，若印数十百千本，则极为神速”[1]。诚如胡氏所言，活字印刷仅适合短期内的大量印刷。因此，在缺乏短期内大印数需求的古代，活字印刷是不可能取代雕版印刷的主导地位的。在近代机械印刷术传入后，由于图书市场的迅速发展，随之出现了短期内大印数的需求，活字印刷才最终取代了雕版印刷的主导地位。

综上所述，刊行于南宋绍兴、嘉泰间的《小畜集》、《续世说》、《大易粹言》、《汉隽》、《二俊文集》和《会稽志》的页均印造价彼此相差不大，平均 3.367 文足。元后至元五年《十七史》的页均印造价为中统钞 32.250 文，略低于南宋六书。南宋六书的页均书板价亦彼此相差不大，平均 1302.703 文足，略高于元代《十七史》、《金陵新志》的平均数中统钞 9.090 两。元代两书的页均刊刻成本为中统钞 5.570 两，似低于南宋，其页均刊刻利润（剩余价值）为中统钞 3.520 两。由此推知，宋代以降，雕版图书的页均印造价、页均书板价和页均刊刻成本似呈下降趋势。

从《杜工部集》、《小畜集》、《大易粹言》和《汉隽》的页均售

1 胡应麟：《少室山房笔丛》甲部卷四，清光绪刻《广雅书局丛书》本。

价、页均销售利润相差很大来看，全国性的雕版图书统一市场似未形成。

又绍兴、淳熙间《汉隽》、《杜工部集》、《小畜集》、《大易粹言》的页均现售价 7.596 文足，明显高于抄本的页均售价 5.301 文足。抄本的页均售价又普遍高于《小畜集》、《大易粹言》和《汉隽》的页均赁板印造价 3.667 文足、3.433 文足和 2.769 文足。这是赁板钱得以流行以及手抄本与刊本长期并存的主要原因。而短期内大印数需求的缺乏，则是活字与雕版长期并存，无法取代雕版的主要原因。

本文原载于《浙江大学学报（人文社会科学版）》2010 年第 1 期。中国人民大学复印报刊资料《经济史》2010 年第 3 期全文转载。为周生春先生与孔祥来合撰。

周生春学术论文集

经「史」致用

（下）

孔祥来 张燕飞 明旭 编

上海古籍出版社

第三编　思想

帛书《老子》道论试探

长期以来，人们一直在如何理解《老子》思想的核心——“道”的问题上各执己见，聚讼不已。这一现象在很大程度上是由人们对其文字的不同诠释和《老子》各种传本间文字上的差异所造成的。因此，要想准确把握《老子》的思想，就不能不从其文字入手。

文字是思想的载体，又是人们理解他人思想的中介。1973 年 12 月长沙马王堆三号汉墓出土的帛书《老子》和历来通行的各种版本的《老子》之间存在不少文字上的差异。这种差异不仅意味着帛书《老子》和通行本《老子》存在着思想上的差异，而且使人们能对帛书《老子》的思想作出有别于后者的不同解释。

多年来，人们均按经过汉唐人修改的通行本《老子》的文字，来理解它的思想。据此作出的各种诠释与先秦时成书的《老子》的本义显然存在颇大的距离。帛书《老子》甲本和乙本是两千多年以前抄写而成的古本，也是目前所能见到的《老子》一书最古老的本子，其文字最接近于《老子》的原貌。因此，根据其文字，尤其是从它和通行本《老子》文字上的差异出发，可以对帛书《老子》的思想作出新的，但又最接近于先秦时《老子》一书本义的诠解。

文字既是理解的中介，又是理解的障碍。后人对《老子》思想的理解本来就存在着这一障碍，加以在中国古代，思想的发展往往是通过注述前人著作的途径来为自己开辟前进的道路的，因此，庄子、韩非子和王弼诸人对《老子》的注释与其说是对原文本义的一种诠释，倒毋宁说他们通过这些注述，系统地阐述了自己的思想。他们的注解不仅没有减少，反而增加了人们理解和把握《老子》本来思想的困难程度。而近代以来，人们又往往用西方哲学的体系和术语来诠解《老子》，这就使本已困难和复杂的诠释问题更趋于困难和复杂。因此，为减少理解上的困难，尽可能准确地理解和把握先秦时《老子》的思想，我们将把帛书《老子》置于它所产生的时代之中，着眼于它和通行本文字上的差异，尽力按照帛书《老子》原文的上下文，而不是后人的诠释，来确定其文字的真实含义，揭示帛书《老子》道论思想的脉络。

道并非不可道

早在战国时，就有人认为《老子》的道是不可言说的。如《庄子·知北游》说：“道不可言，言而非也。”《韩非子·解老》则云：“常者，……不可道也。……故曰：‘道之可道，非常道也。’”此后，人们多按此说注解《老子》道篇开宗明义的第一句。如王弼《老子注》即以“可道之道，……非其常也，故不可道”，来解释“道，可道，非常道”。这种解释虽具有较强的思辨性，但从帛书《老子》看来，却是有悖于《老子》本义的。因为道既是不可言说，又是可以言说的。

先从文字和语法来看。帛书《老子》道篇首句为：“道，可道也，非恒道也。”较通行本多出二“也”字，并以“常”为“恒”。此二“也”字是位于句末的语气词，“非”字则是否定副词。在古代汉语中，判断句不用系词，而是在句末及谓语后用“也”字来表示判断和肯定，否定判断句则是在谓语前用副词“非”字表示否定。“道，可道也，非恒道也”是由一句肯定判断句和一句否定判断句所组成的复合句。这种由句末的“也”字和“非”字构成的复句，是帛书《老子》常用的一种句式。如“名，可名也，非恒名也”（通行本第一章[1]）；“夫天下，神器也，非可为者也”（通行本第二十九章），以及“非其鬼不神也，其神不伤人也；非其神不伤人也，圣人亦弗伤也”（通行本第六十章）之类即是。而按通行本的文字和《韩非子》的解释，“道，可道，非常道”只是一条件复句。上述文字上的差异和对句子性质的不同理解，势必导致对原文含义的不同诠释。又，在先秦和秦汉时，“恒”字除有长久、固定不变之义外，还可作平常、一般、普通解释。如《庄子·盗跖》曰：“可规以利而可谏以言者，皆愚陋恒民之谓耳。”《战国策》卷四《甘茂亡秦且入齐章》有“甘茂，贤人，非恒士也”之语。《越绝书》卷一《荆平王内传》载吴王之言说：“吾知子非恒人也。”《史记·田敬仲完世家》云：齐“太史敫女奇法章状貌，以为非恒人”。《论衡》卷十九《恢国》篇则有“微病，恒医皆巧；笃剧，扁鹊乃良”之说。在以上数例中，“恒”字均作平常解释。据此，上述“道，可道也，非恒道也”可以译作：道是可以道的，它不是一般的道。

再就帛书《老子》的内容而言。综观《老子》上下五千言，我们找不到一条可以确凿无疑地说明道不可道的证据。相反，我们却能找到许多例证，表明道是可以言说的。例如除“道，可道也”

1　本文所引皆见文物出版社1976年版《马王堆汉墓帛书〈老子〉》，所注“通行本某章”，供参阅方便之用。

外，《老子》书中又有“道之出言也，曰：谈呵！其无味也”（通行本第三十五章），以及“吾言甚易知也，甚易行也，……言有君，事有宗”之语（通行本第七十章）。这明确指出道是可以言说和表述的。

《老子》说：“上士闻道，堇能行之。中士闻道，若存若亡。下士闻道，大笑之。”（通行本第四十一章）又说：“为学者日益，闻道者日损。”（通行本第四十八章）这表明道又是可以“闻”的。道既可闻，那末，它就应是可以言说的。

《老子》不仅认为道可言说，而且对道进行了多次反复的描述。例如它详细而又具体地描述说：“道之物，唯望唯物。……中有象呵！……中有物呵！幽呵！冥呵！中有请呵！其请甚真，其中有信。自今及古，其名不去，以顺众父。”（通行本第二十一章）“有物昆成，先天地生。萧呵！谬呵！独立而不改，可以为天地母。……吾强为之名曰大，大曰逝，逝曰远，远曰反。”（通行本第二十五章）“反也者，道之动也。弱也者，道之用也。”（通行本第四十章）它还说：“道沨呵！其可左右也，……可名于小，……可名于大。”（通行本第三十四章）“道者，万物之注也。”（通行本第六十二章）。“道恒无名”（通行本第三十二章）“明道如费，进道如退，夷道如类，……道褒无名。”（通行本第四十一章）“天之道，利而不害；圣人之道，为而弗争。”（通行本第八十一章）“天之道，……损有余而益不足。”（通行本第七十七章）“功遂身退，天之道。”（通行本第九章）“天道无亲，恒与善人。”（通行本第七十九章）《老子》一书通篇说的就是道。在该书的作者看来，道虽因其玄妙而存在难以描述的困难，但并非不可道。如若不可言传，那末他也就不会撰作此书，反复向人阐述他的道了。

“无名”、“有名”是道的两种表现形态和存在形式

帛书《老子》认为，“无名”、“有名”是道的两种表现形态和存在形式，对道的阐述和把握（这是一个问题的两面），应由“无名”和“有名”入手。

帛书《老子》书中曾数度出现“无名”一词。如“无名，万物之始也”（通行本第一章），“道恒无名”，“道褒无名”。该书在“无名，万物之始也”句前，明白无疑地告诉我们，“名，可名也，非恒名也”，指出“无名”之“名”并非一般意义上的“名”，而是具有其特殊含义的。它和“无”一起构成一术语和哲学范畴。《史记·日者列传》引《老子》说：“无名者，万物之始也。”王弼注解“道恒无名”时说，道“以无名为常”。这都证明“无名”为一专用名词。

帛书《老子》中又二次出现“有名”一词。如“有名，万物之母也”（通行本第一章），“始制有名”（通行本第三十二章）。此处的“始”指“无名，万物之始也”的“无名”。又如上所述，这里的“名”也不是一般的“名”，它和“有”一起构成与“无名”相对应的一术语。王弼注解“有名，万物之母也”说：“有形有名之时，则长之、育之、亭之、毒之，为其母也。”按其所说，“有名”也是一专门术语。

在阐明帛书《老子》的道论之前，必须先破译“无名”和“有名”的含义。两者的含义应据帛书《老子》的原文来确定。

帛书《老子》说：“明道如费，进道如退，夷道如类，……大音希声，天象无刑。道褒无名。”末句“道褒无名”是对以上描述

的一个总结。句中的“无名”应指“希声”、“无刑”。帛书《老子》还说：“视之而弗见，名之曰微。听之而弗闻，名之曰希。播之而弗得，名之曰夷。三者……混而为一。一者，……不可名也，复归于无物。是谓无状之状，无物之象，是谓沕望。”（通行本第十四章）“一”之所以“不可名”，是因为它不可见，不可闻，不可触摸，无物、无状，没有形迹。“无名”才“不可名”。“不可名”就是“无名”。所以“无名”也就是无形、无声、无迹。

帛书《老子》又说：“道之物，……中有象呵！中有物呵！……中有请呵……其中有信。自今及古，其名不去，以顺众父。”由“其名不去”，可知“道”又有“名”。所谓“有名”，即指“有象”、“有物”、“有信”，也就是有形迹可循。

再看后人对“无名”和“有名”的理解。《庄子·天地》篇说：“泰初有无，无有、无名，一之所起，有一而未形。”按其所说，作为泰初万物之始的“无有、无名”即是“未形”。《管子·心术上》说：“虚无无形谓之道。……物固有形，形固有名。……天之道虚，其无形。虚者，万物之始也。”《管子》所说的“万物之始”，即“无形”，“有名”就是“无形”。《淮南子·原道训》则明确指出：“所谓无形者，一之谓也。”王弼在注释“无名，万物之始也；有名，万物之母也”时说：“未形无名之时，则为万物之始；及其有形有名之时，则……为其母也”；“道无形，不系，常不可名，以无名为常，故曰道常无名也。”他亦以“未形”、“无形”释“无名”，以“有形”释“有名”。这都说明“无名”和“有名”之“名”即形名之名，也就是与实际与内容相对立的形式和形态。

帛书《老子》认为，“无名”和“有名”都源出于“道”。“无名，万物之始也；有名，万物之母也。故恒无欲也，以观其眇；恒有欲也，以观其所噭。两者同出，异名同谓。”上述“其”字指

“无名”和“有名”。这两者都出自“道”，但并不等于“道”。其名称虽异，但都是道的表现形态和存在形式。

“无名”和“有名”是道的两种不同的表现形态。按帛书《老子》所说，道一方面表现为“物呵”、“望呵”、“幽呵”、“冥呵”，即“无名”。另一方面则表现为“有象”、“有物”、“有请”、“有信”，即“有名”。因其“萧呵”、“谬呵”，“无名”和“不可名”，故云“吾未知其名，字之曰道”。因其“有象”、“有物”、“有名”，所以又能说“其名不去”，“强为之名曰大”。也正是因为如此，所以《老子》一方面认为道“可名于大”。另一方面则认为道“可名于小”，即“道恒无名，朴虽小”的“小”，和“视之而弗见”的“微”。

帛书《老子》所说的“无名”并非虚无和不存在。它“似或存”（通行本第四章），似无而又实存。“其上不谬，其下不物。寻寻呵！……随而不见其后。迎而不见其首。”（通行本第十四章）“緜緜呵！若存。”（通行本第六章）在空间上，它并非虚诞不实。在时间上，它自古至今，始终存在，从未间断。这是一实实在在存在着的实体，只是不可具体描述而已。

“道”的存在是通过“无名”的形式表现出来的。“道恒无名”，“道”经常是以“无名”的形式存在的，这是“道”的常态。帛书《老子》说：“天物云云，各复归于其根，曰静。静，是谓复命。”（通行本第十六章）它把万物的本始和根称作“静”。按“无名，万物之始也；有名，万物之母也”；“天下之物生于有，有生于无”之说（通行本第四十章），万物的本根应是“无”，即“无名”。显然，“无名”即“静”。道经常是以“无名”即“静”的形式存在的。

帛书《老子》所说的“有名”，“中有请呵！其请甚真，其中有信”。它含有万物的本质。“自今及古，其名不去”，它的形态始终如一，从未有过任何改变。

“道”的存在又是以“有名”的形式表现出来的。“有名”是道的动态表现形式。《老子》一方面说道“无名”，另一方面又说“吾强为之名曰大，大曰逝，逝曰远，远曰反”。“有名”的这种由“大”到“逝”，由“逝”去“远”，由“远”及“反”的运行，即《老子》所说的“反也者，道之动也”，也就是“天物云云，各复归于其根”，最后由“有名”回归“无名”的运动。

道的存在还表现在“无名”和“有名”互相转化之中。“有名”的运动只构成道的运动的一个方面。道的运动是由“无名”到“有名”，最后又由“有名”回到“无名”，周行而不殆的循环往返。《老子》认为，“无名”和“有名”的关系是“有生于无”，“始制有名”，即作为万物之始的“无名”产生制定“有名”。这也就是《淮南子·俶真训》所说的：“无形而生有形。”而“有名”则“其名不去，以顺众父”，顺从万物之“父”“无名”。两者和万物的关系是“无名，万物之始也；有名，万物之母也”，“天下之物生于有，有生于无”。具体来说，就是“道生一，一生二，二生三，三生万物”（通行本第四十二章）。这里所说的“一”，即视之弗见，听之弗闻，揞之弗得，无物、无状，“不可名”的“无名”和“无”。“二”和“三”应是上述由“无”所“生”，为“始”所“制”，但又“生”万物的“万物之母”“有名”和“有”。万物产生后，又遵循“反也者，道之动也”，“天物云云，各复归于其根”的运动规律，最终又返回到运动的起点“无名”。

《老子》之所以要通过“无名”和“有名”，而不直接对“道”进行阐述，是有它的原因的。《老子》的哲学体系是对前人思想的继承和逻辑发展。《老子》的思想体系产生之前，天被看作至高无上，决定人们命运的主宰。天道、地道、人道、君道、臣道等则被视为天、地、社会、政治、人生等方面的规律。由于《老子》的学说是对前人思想的继承，它不能不受到前人思想的影响，它所说的“道”也就很自然地包含上述一切具体事物，并且是对上述天、天之道、人之道这一类具体事物的抽象和概括。作为这样的一个“道”，它应该是可以言说和易于感知的。但另一方面，《老子》的学说又是前人思想的逻辑发展。它在概括和抽象的基础上，首次提出了“道”这一哲学上的最高范畴，将其作为宇宙万物的本体。作为具体事物和对具体事物之抽象的“道”是可以言说和易于感知的；但作为并非任何具体事物的本体之道却是不可言说的，是感官所无法直接感觉和难以感知的。于是，为解决这一矛盾，它就用“有名”来表述“道”是天、地、天之道、人之道、大德这一类具体事物，以及对群有、万有这一类具体事物的抽象；用“无名”来表述“道”不是任何事物和不可言说，无法感觉，难以感知。由于它不是任何事物和不可言说，无法感觉，难以感知，所以只能借助于对“一”的描述，来说明它无形、无声、无迹，是我们的感官所无法感觉，因而是不可描述，无法指称和没有名称的。人们只有在逻辑和理性认识的层面上，而不是感性认识的层面上才能认识和把握它。正是出于这种阐述和认识上的需要，在特定历史条件下产生的《老子》学说才提出了“无名”和“有名”这一对概念，用它们来阐明自己有关道的思想。《老子》认为只有通过它们才能认识和把握道，所以它将这两者称作“玄之又玄，众眇之门”，即洞悉“道”和宇宙万物奥妙的总门。

宇宙万物的本体是道而不是“无”和“无名”

多年来，一直有人认为“无”、“无名”和“一”就是“道”，就是宇宙万物的本体。这种观点不符合帛书《老子》的本义。

首先，道并不等于“无”、“无名”和“一”。按前所述，“无名”和“有名”构成了“道”的两种表现形态和存在形式。道既“无名”，又“有名”，“无”和“无名”只构成道的两种表现形态和存在形式之一，而不是全部。又按《老子》所说，“道生一”，“无名”、“有名”“两者同出，异名同谓”，都源出于道。在帛书《老子》中，上述的“一”即是视之弗见，听之弗闻，播之弗得，“不可至计”，无物、无状、无物之象，沕望而“不可名”的“无名”。它和道的关系是产生与被产生的关系。“无名”加“有名”尚且不等于道，单是“无名”那就更无法与道等量齐观了。因此，《老子》将道视为宇宙万物的本体，并不意味着它认为“无”、“无名”和“一”也是宇宙万物的本体。

其次，从宇宙万物的本原来说。《老子》曾说过：“无名，万物之始也；有名，万物之母也。”又说过：“天下之物生于有，有生于无。”人们多据此得出“无”和“无名”为宇宙万物最后根源的结论。这一推论是错误的。因为这两句话只构成《老子》发生论论述的一部分，而不是全部。在前一句话之后，《老子》用“无名”、“有名”“两者同出，异名同谓”一语，点明“无名”源出于道。在后一句之后，《老子》紧接着又具体详细地阐述了它的观点，指明“道生一、一生二、二生三、三生万物”，将道作为“一”，也就是“无”和“无名”的生成者。显然，在《老子》看来，道是“无”、“无名”和“一”的根源。既然两者的关系是这样，那末，宇宙万物的本原和最后根源就应是“道”，而不是“无”、“无名”和“一”。

复次，就宇宙万物的本质而言。“无名”和“有名”构成了宇宙万物本质的两个不同方面。“无”和“无名”只是道的两种表现形态和存在形式之一，只是宇宙万物本质的一个方面而不是全部。“无”和“无名”、虚静、无形、无声、无迹，既是万物的出发点，又是万物的归宿。但在偌大的宇宙中，并非所有的事物都虚静、无形、无声、无迹，处于起点和终点。因为道和万物又是“有名”和运动着的，“反也者，道之动也”，“天物云云，各复归于其根”。道和万物的运动是由“大”到“逝”，由“逝”及“远”，由“远”至“反”，又返回到运动的出发点。“无”和“无名”只是对宇宙中部分现象的概括和总结，“道沨呵！其可左右也”。“道生之，畜之，长之，遂之，亭之，毒之，养之，复之”（通行本第五十一章），“道者，万物之注也”，它无所不在，贯穿于一切事物之中，贯穿于事物发展的全过程之中。“无名”则不然，它只是虚静，只是万物的起点和终点。“人法地，地法天，天法道，道法自然”（通行本第二十五章），宇宙万物的内部联系和共同本质是“道”，而不是“无”和“无名”。

最后，从本体所必具的条件来看。本体应是自因自律自足，无待外求，不能进一步追究其背后更深刻的根据之物。“道”就是这样的一个东西。它“先天地生”，“独立而不改，可以为天地母”，是一不依存于任何事物而存在的独立自足的“昆成”之物。“道法自然”，只取法它自己，它产生万物。“天物云云，各复归于其根”，“道者，万物之注也”。万物又向它回归，道周行而不殆，形成一自因自律，闭合自足的逻辑圆圈。“无”和“无名”则不同，它们源出于道，只是道的两种表现形态和存在形式之一，仅仅构成道这一闭合自足的逻辑圆圈中的一节，而不具备作为本体所应具有的种种条件。显然，在《老子》看来，宇宙万物的本体是道，而不是“无”和“无名”。

“无欲”和“有欲”是认识“无名”和“有名”的必由之路

帛书《老子》认为：“无名”和“有名”构成了道的两种表现形态和存在形式，人们只有认识“无名”和“有名”，才能把握道，而只有通过“无欲”和“有欲”，才能认识和把握“无名”与“有名”。

在论述“无欲”、“有欲”和“无名”、“有名”的关系前，必须先解决“无欲”，特别是“有欲”的诠释问题，弄清《老子》对“有欲”所持的态度。

人们历来认为，《老子》主张“无欲”，反对“有欲”。基于这一认识，从北宋以来，读《老子》者多将书中“故常无欲，以观其妙，常有欲，以观其徼”之句，断作：“故常无，欲以观其妙，常有，欲以观其徼。”（通行本第一章）这种认为《老子》否定“有欲”的观点是背离帛书《老子》思想的真谛的。

“有欲”一词在帛书《老子》中共出现过三次。除以上所述之外，尚有：“炊者不立，自视者不章，自见者不明，自伐者无功，自矜者不长。其在道也，曰：余食赘行。物或恶之。故有欲者弗居。”（通行本第二十四章）“夫兵者，不祥之器也。物或恶之。故有欲者弗居。……兵者，非君子之器也。……若美之，……不可以得志于天下矣。”（通行本第三十一章）按上所述，“有欲者”的欲望是不愿背道行事，成为“余食赘行”，失去公众的支持，他们所想要的是获得公众的拥护，成为天下的君长。这里所说的“有欲者”是指顺从和奉行道的君子。所以上述二处“有欲者”，通行本均改作“有道者”。从引文的内容来看，《老子》对这样的“有欲者”及其所“欲”，并没有否定，而是予以肯定的。

对上述“有欲者”之“欲”，《老子》在其他章节中亦未予否定和排斥，而是明确指出，圣人和有道者也具有与其相同的欲望。如《老子》说：“江海之所以能为百谷王者，以其善下之也，是以能为百谷王。是以圣人之欲上民也，必以其言下之。其欲先民也，必以其身后之。……天下乐推而弗厌也。”（通行本第六十六章）按其所说，圣人亦有欲，他的欲望是想成为人民的君长。《老子》又说：“为学者日益，闻道者日损。损之有损，以至于无为。无为则无不为。将欲取天下，恒无事。及其有事也，又不足以取天下矣。”（通行本第四十八章）此处的闻道日损，以至于无为之人，应该就是奉行道的有道者。这样的人也是有欲的。其欲望和圣人一样，也是想取得天下，成为天下之王。由“圣人”、有道者和“有欲者”均有欲，均具有相同的欲望，可知《老子》并不反对和否定“有欲”，而是赞成与肯定“有欲”。

作为帛书《老子》中一特定概念的“有欲”，指的是要顺从和奉行道，取得公众的拥护，成为天下的君长。这也就是“吾欲独异于人，而贵食母”，即要仰食于道和奉行道的意思。（参见通行本第二十章）简言之，所谓“有欲”，就是有奉行道以成天下君长之欲。

作为帛书《老子》中又一特定概念的“无欲”，指的是：“不贵难得之货，……恒使民无知、无欲也”（通行本第三章）；“万物归焉而弗为主，则恒无欲也”（通行本第三十四章）；以及“为而弗乂，成功而弗居……其不欲见贤也”（通行本第七十七章）和“无私”、“无身”、“无心”……。简言之，所谓“无欲”，即无任何与道不合的私欲和物欲。

帛书《老子》一方面主张“无欲”，另一方面又肯定“有欲”。从表面上看，这两者似乎是势不两立的，其实却并不矛盾。因为

“无欲”之“欲”和“有欲”之“欲”文字虽同，所指却不同。如由“圣人欲不欲，而不贵难得之货”（通行本第六十四章），可知“有欲”之“欲”不包括物欲。而“无欲”之“欲”则包括物欲。在古代汉语中，能指和所指之间存在着一定的分离度。古文中的这一特点，使得“欲”字能和“有”、“无”分别结合，构成二个不同的概念。它们的关系是：“无欲”方能“有欲”，“有欲”也就能“无欲”。在更高的层次上，也就是在奉行道这一点上，“有欲”就是“无欲”。从这种并行不悖、相辅相成的关系出发，帛书《老子》既肯定“无欲”，又肯定“有欲”，从来也没有主张过不要任何欲望。

帛书《老子》认为，“无欲”才能认识“无名”，“有欲”方能把握“有名”。它说：“无名，万物之始也；有名，万物之母也。故恒无欲也，以观其眇；恒有欲也，以观其所噭。”就其文字而言。引文第二句二“欲”字后，较通行本多出二“也”字。“也”字在此表示停顿，使句读分明。“也”字的存在使“欲”字不能连下读，而只能连上读，这就意味着我们不能于“恒无”、“恒有”断句，“无欲”和“有欲”是二个中间不能句断、只能连读的专门用语。这段引文指出，“无名”和“有名”是道的两种表现形态和存在形式；所以，要经常“无欲”，以观察“无名”的微妙；经常“有欲”，以观察“有名”之“所噭”。此处的“所”字是指事之词，它指出的是行为和动作的对象。“噭”字有二义。《说文》云：“噭，口也。……一曰噭，呼也。”“以观其所噭”中的“噭”字是行为和动作之词，应作号呼、呼叫解释。号叫是有声、有形的行为，“有名”也是有声、有形的，所以上述“观其所噭”，当指观察“有名”的号叫，亦即呼啸往来、运行不已的样子。

《老子》为什么说要经常“无欲”，以观察“无名”的微妙呢？

这是因为《老子》认为，学习道必须“无欲”，“为学者日益，闻道者日损。损之有损，以至于无为。无为则无不为”。只有将不合乎道的私欲、物欲减损又减损，直到无可减损为止，即达到“无欲”的状态时，“闻道者”方能领会和懂得道。

其次，是因为《老子》认为，“无欲”能使人进入“无名”的境界，使其认清“无名”的奥妙。《老子》指出：“我欲不欲，而民自朴。”（通行本第五十七章）“不欲”即“无欲”，通行本均作“无欲”。由“吾将阗之以无名之朴”（通行本第三十七章），和“道恒无名，朴虽小，而天下弗敢臣”，可知“朴”即“无名”。在《老子》看来，“无欲”可使人“朴”，使人与“无名”同在，“无欲”和后两者是相通的。所以《老子》说：“万物归焉而弗为主，则恒无欲也，可名于小。”（通行本第三十四章）又将“无欲”称作“小”。此处的“小”即“朴虽小”的“朴”，和“视之而弗见”的“微”，也就是“无名”和“一”。《老子》又说：“不贵难得之货，使民不为盗；不见可欲，使民不乱。是以圣人之治也，虚其心，实其腹，……恒使民无知、无欲也。”（通行本第三章）它告诉我们，“无欲”即是“虚其心”。“至虚，极也。守静，表也。万物旁作，吾以观其复也。天物云云，各复归于其根，曰静。静，是谓复命。复命，常也”（通行本第十六章）。按其所说，“虚”是万物发展的极点，它表现为“静”。“静”是万物发展的终点“根”，和出发点“命”，又是宇宙万物的“常”态。“无名，万物之始也”，“大曰逝，逝曰远，远曰反”，“反也者，道之动也”，“道恒无名”，作为万物的开始，归宿和常态的“静”，应该就是“无名”。由此可见，“无欲”能使人“虚”、“静”，使其进入“无名”的状态。而按“浊而静之，徐清”（通行本第十五章）的说法，人在入“静”之后，自然就能认清“无名”了。

最后，则是因为《老子》认为，“无名”是一种无形、无声、无物、无象，感官所不能感觉的东西。它无法在日常生活中通过直观感觉的方式被人认识。“无名”是一种抽象，而且是一种不是任何事物的抽象，人们只有在逻辑和理性认识的层面上才能体会到它的存在，认识和把握它。而要做到这一点，就必须“无欲”，也就是排除一切私心杂念的干扰，放弃一切有悖于道的私欲和物欲所支配的行动，平心静气地坐下来，运用自己的大脑，从事理论的、逻辑的思维活动，才能最终领悟“无名”的存在，认清它的真实面目。

《老子》为什么说要经常“有欲”，以观察“有名”的呼啸往返呢？

这是因为欲望是任何兴趣和行动的出发点。人如果没有任何欲望，就不会有任何兴趣和行动。所以，只有“有欲”，想奉行道以成天下之君长，才有兴趣关心宇宙万物运行的规律，才能“万物旁作，吾以观其复也”，历记成败存亡祸福古今之道，从而认识到“天物云云，各复归于其根”，即由“大”到“逝”，由“逝”及“远”，由“远”至“反”的道运动。而这种运动就是“有名”。《老子》又认为，“有欲”方能达到“有名”的境界，与“有名”同在。上述“从事而道者”和“德者”，指想奉行道，具有大德之人，亦即“有欲者”。“道”指天地之道和人之道，即“有名”这一道的表现形态。“德”则指道的具体体现，亦属“有名”之列。《老子》在这里明确告诉我们，“有欲”才能与“有名”同在。

《老子》还认为，“有欲”才能认识“有名”。它以君子为例，说明想要保持君主地位的“万乘之王”只有不离开其辎重和侍卫人员，即只有持重，不失其君主身份，才能安居燕处，头脑清晰。而想要成为百姓君长的“圣人”，也只有顺从和奉行道，贵人爱物，才能达到“神明”的境界。按其所说，只有“有欲”，侯王和圣人才能清醒、明晰，认识治国、取天下的人之道。如若不懂得这一点，不知道应该“有欲”，那就是“虽知乎大迷”，不能认识人之道。在《老子》眼中，这是认识“有名”这一道的表现形态的“眇要”。

本文原载于《哲学研究》1992年第6期。

简本《孙子兵法》的篇题与“天”、“地”含义考

《孙子兵法》是我国古代著名的军事典籍。它的版本很多，但目前所能见到的最古老的本子，当推1972年4月山东临沂银雀山一号汉墓出土的简本《孙子兵法》。这虽然只是一部残本，仅存2700余字，相当于足本《孙子兵法》的45%左右；但仍弥足珍贵，足以帮助我们恢复和了解《孙子兵法》的本来面目。本文拟从简本《孙子兵法》入手，就其篇题木牍所载篇名和《计》篇所述“五事”中“天”、“地”的含义阐述自己的观点，以就正于诸位方家。

简本《孙子兵法》篇题辨正

在临沂银雀山汉墓出土之物中，有一块写有《孙子兵法》篇题或目录的木牍。出土时，木牍已破碎。银雀山汉墓竹简整理小组将其拼合、复原并解释如下：

执□

□

·

实军行

□□□□

⋮

⋮

□

十

五

七火用 九□

执口间 地刑

三

千

□

□

木牍所记篇题共分三排，第一排因残缺过甚，仅剩两行字。第二排有四行字。末排有五行字。

与此木牍一起出土的，还有另一块写有《守法》、《守令》等13篇竹书篇名的篇题木牍。其格式、释文如下：

市王库要守

法兵法言法

田委王李守
法法法法令

凡下上兵
十篇篇令
三

整理小组认为：《孙子兵法》篇题木牍第二排第二行的《行□》即《行军》。末排末行的《七埶》，或疑为《势》篇的别名，或疑即七篇之意。但古书中没有“埶”字作篇讲的例子，这两个字的确切含义还有待研究。又有人说，第一排第一行不是篇题，而可能是书题，或因书写紧密并无这一行（《文史》第十七辑李零《〈孙子〉篇题木牍初论》）。这些看法都是值得商榷的。

首先，篇题木牍末排末行应为《孙子兵法》后七篇的总篇名及字数。从书写格式来看，古书的篇名及每篇的字数多附于篇末。如马王堆汉墓帛书《老子》乙本上篇篇末即有“德　三千卌一”诸字，记上篇篇名及字数；下篇篇末则有“道　二千四百廿六”诸字，记下篇篇名及字数。简本《孙子兵法》的篇题木牍就是按此格式书写的。末排末行的“《七埶》”当为篇名，“三千□□”应是《七埶》篇的字数。据孙诒让统计，宋本《孙子兵法》有5913字（《札迻》卷一〇）。又按李零统计，宋版《武经七书》本《孙子兵法》有5975字，重70字。上述《七埶》篇的3000多字大致相当于半部多宋本《孙子兵法》，即全书后七篇的字数。据此推知，《七埶》应是《孙子兵法》下半部，也就是后七篇的总名。这七篇文字阐述了七种情况下的兵势，所以总名之曰《七埶》。关于这一点，李零在其《〈孙子〉篇题木牍初论》一文中已有论述，此不赘言。

其次，篇题木牍第二排第二行应为《孙子兵法》前六篇的篇名及字数。

按上所述，既然《七埶》是《孙子兵法》后七篇的篇名，木牍末排末行记载了《孙子兵法》下半部的篇名和字数；那么，作为一份完整的篇题木牍或篇名目录，木牍上还应有《孙子兵法》上半部或前六篇的篇名及字数。其具体位置可根据以下事实加以确定：古书在既有大篇篇名，又有小篇篇名的情况下，一般将大篇篇名置于小篇篇名之后。如帛书《老子》乙本卷前古佚书《经法》篇包括《道法》、《国次》、《君正》、《大分》、《四度》、《论》、《亡论》、《论约》和《名理》九篇文字，每一小篇篇名均位于该小篇篇末，在最后一小篇篇末有“名理 经法凡五千”数字，大篇篇名及字数即位于小篇篇名之后。按此推断，《孙子兵法》前六篇或上半部的总名及字数应位于木牍的第七行，即第二排第二行。这一推论与该行行末记有字数这一事实正相吻合，有若符契。

又从篇题木牍的书写格式来看。木牍第一排第四行，第二排第三行、第四行，第三排第一行至第四行，均只记载了篇名，未列字数。而末排末行则不仅著录了篇名，而且还记录了字数。由此可见，大篇的篇名后载有包括诸小篇字数在内的该大篇的总字数，各小篇篇名后则不列字数。又由第二排第二行附载字数，可知该行所载应是十三篇中前六篇的总名，或全书上半部的篇名，篇名后所附数字应是前六篇或全书上半部的总字数。

有人说，篇题木牍第二排第二行所记系《行□》，即《行军》篇的篇名。这种说法是难以成立的。假如该行所记确实是《行军》篇的篇名，那末由此出发，就会得出与众所周知的历史定论相悖的结论。从《守法》、《守令》等十三篇竹书篇题木牍的书写格式来看，简本《孙子兵法》篇题木牍末排既然有五行字，全部三排即应有15行字，即共写有十五篇篇题。如按“木牍释文”所说，第二排第二行系《行□》，即《行军》,《七執》是《势》篇的别名，或指下半部包括七篇；那末,《孙子兵法》就应分为十四篇。这就不仅与“木牍释文”所说“木牍上所记似为十三篇篇名”的论点相抵牾，而且与历来公认的《孙子兵法》分为十三篇的观点不合。

为消除此说与《孙子兵法》分作十三篇这一定论的矛盾，李零提出了篇题木牍第一排第一行不是篇题而可能是书题，或因书写紧密并无这一行的说法。这种看法也是难以令人信服的。古书一般无书题或总名。如有，也往往位于篇末而不是篇首。在一书既有大篇篇名（包括书题），又有小篇篇名，大、小篇篇名一齐出现的情况下，大篇篇名一般都位于小篇篇名之后。据此，可知木牍第一排第一行不会是书题或书名。又按《守法》、《守令》等十三篇竹书篇题木牍中篇名排列整齐而有规律，首行不空,《孙子兵法》篇题木牍末排有五行的事实分析，我们只能推定《孙子兵法》篇题木牍第一排第一行载有一篇篇名，而没有理由说这一行空缺，或因书写紧密而并无这一行。

从原文来看。篇题木牍第二排第二行起首一字原残。其残存部分形似“八”字。“木牍释文”据十三篇中《行军》篇篇名断为“行”字，又进而断定《行□》即《行军》。其实，这一残存的字迹既可以看成是“行”字的一部分，亦可以看作是其他许多字的一部分。“木牍释文”所说不仅根据不足，而且在思维方法上也存在问题。封闭式的思维方式使其将目光局限和贯注于《孙子兵法》十三篇的篇名上，而没有想到该行所著录的也可能不是十三篇中任何一篇的篇名，而是与《七執》相对应的全书上半部的篇名。

最后，从篇题木牍第二排第三行“军”字前的黑圆点来看，可以断言简本《孙子兵法》分为两大篇十三小篇。在古书中，黑点通常被用作隔断文字，分别篇章的标记或符号。它一般位于上一篇的篇末和下一篇的篇首之间。如在帛书《老子》乙本卷前古佚书《经法》各篇中即是如此。“军”字前的这一黑点表明，诚如以上所述，简本《孙子兵法》分为两大篇。第一大篇包括前六小篇，大篇篇名及字数不详。第二大篇包括《军□》等后七小篇，大篇篇名为《七埶》，字数约 3000 多。

有关记载表明，《孙子兵法》历来有几种不同的分卷法。最常见的是将全书分作十三篇。另一种则将全书分作两卷。如《隋书》卷三四《经籍三》即载曹操注“《孙子兵法》二卷”，张子尚注“《孙武兵经》二卷”，孟氏解诂“《孙子兵法》二卷”。《旧唐书》卷四七《经籍下》则云：“《孙子兵法》十三卷，……又二卷，孟氏解。又二卷，沈友注。”以上将《孙子兵法》分为两大卷十三小篇的分卷法，不能说与上述简本《孙子兵法》的分篇毫无渊源关系。这也就从一个侧面验证了《孙子兵法》分为两大篇十三小篇的观点。

“天”、“地”含义考

孙子在其著作的第一篇《计》篇中，即开宗明义，阐述了他对战争的看法。孙子指出，影响战争的要素有五（即所谓“五事”）：“一曰道，二曰天，三曰地，四曰将，五曰法。”他认为，这是决定战争胜负的五项基本要素。从这一认识出发，他提出，只要知道“主孰有道，将孰有能，天、地孰得，法令孰行，兵众孰强，士卒孰练，赏罚孰明（即所谓“七计”）”，就可以预知谁能取得战争的胜利。对上述“五事”、“七计”中“天”、“地”的含义，简本《孙子兵法》和其他各种版本的解释存在着较大的文字上的差异。

宋刊《武经七书》本《孙子兵法》、孙星衍所校《孙子兵法》十家注本，以及杜佑《通典》卷一四八《兵一》所引《孙子兵法》皆云：“天者，阴阳、寒暑、时制也。地者，远近、险易、广狭、死生也。”今人多据此将孙子所说的“天”视作天时，将“地”视作地形、地势，即地表的各种形态和交通、距离。简本《孙子兵法》曰：“天者，阴阳、寒暑、时制也，顺逆、兵胜也。地者，高下、广狭、远近、险易、死生也。”其中“顺逆、兵胜也”和“高下”七字为其他诸本所无。“广狭”二字诸本均位于“险易”之后，唯独简本在“远近、险易”之前。这种文字和诠释上的差异，使我们不能不对“天”、“地”二字的含意作出新的解释。

先就“天”字而言。按简本所说，“天”至少具有两层涵义。它不仅有气候、季节即天时的意义，而且还含有天道的顺逆，以及天道顺逆所决定的军事上的胜利的意义。司马迁指出，“诛伐不可偃于天下，用之有巧拙，行之有逆顺耳”。他又说：“昔黄帝有涿鹿之战，以定火灾；……成汤有南巢之伐，以殄夏乱。递兴递废，胜者用事，所受于天也”(《史记》卷二五《律书》)。可见在古人眼中，用兵确有顺逆。顺逆系对天而言。受命于天，顺天行事，即无往而不胜。古人又认为，人的行为和天象有着密切的联系。如司马迁说：“义失者，罚出岁星。……礼失，罚出荧惑，荧惑失行是也。……杀失者，罚出太白。……刑失者，罚出辰星。”“礼、德、义、杀、刑尽失，而填星乃为之动摇。”故“太上修德，其次修政，其次修救，其次修禳”(《史记》卷二七《天官书》)。顺天即应遵奉礼、义，修德、省刑、结和。简本《孙子兵法》中所说的“顺逆”和“兵胜”应当包括这一层意义。这种含有天象和“德”、“义”、“礼”意义的“天”已突破自然之天的概念，具有了道义之“天”的内容。

“天”的这后一层含义，诸本虽因字句脱漏而未点明，但从字里行间仍可感觉到它的存在。例如《用间》篇说：“非圣智不能用间，非仁义（简本无“义”字）不能使间。……昔殷之兴也，伊挚在夏；周之兴也，吕牙在殷。故明君贤将，能以上智为间者，必成大功。”在这里，孙子将是否贤明，是否通达事理、仁爱、合乎天道和广得人心，视为能否用间和取得战争胜利的先决条件。这和上述“天”的后一层含义是完全吻合的。

《史记》卷六六《伍子胥列传》记载了吴王阖闾和伍子胥、孙武谋议攻楚的一次“庙算”。当时，伍子胥、孙武认为“楚将囊瓦贪，而唐、蔡皆怨之。王必欲大伐之，必先得唐、蔡乃可”。这说明孙子很看重天道的顺逆和人心的向背，把它视为能否出兵的前提。“庙算”包括“道”、“天”、“地”、“将”、“法”五方面。上述孙子之言无法列入“道”、“地”、“将”、“法”中的任何一项，而只能归诸“天”这一项。这一事实只能解释成：孙子所说的“天”的确具有天道顺逆和人心向背的含义。

对这一点，前人也有持类似看法的。例如，作为《孙子兵法》十家注中一家的李筌，即将“天”解释为“应天顺人，应时制敌”，认为“天”有天时和道义向背二层意义。

再就“地”而言。按简本以外诸本所说，“地”指地形、地势、交通和距离。简本在解释“地”时，多出“高下”二字。这位于句首的二字不仅使“地”的地势含义更加明确和趋于全面，而且说明了孙子对地势高下的重视。此外，简本将“广狭”置于“远近、险易、死生”之前，这意味着孙子对“广狭”的重视，并足以使人对“广狭”仅指不如“远近”重要的战场和道路广狭的说法产生怀疑（见郭化若《孙子译注》第 79 页）。

从《孙子兵法》的内容来看，孙子所说的“地”还应具有土地的含义。《孙子兵法》十家注本《形》篇说：“善用兵者，修道而保法，故能为胜败之政。兵法（简本无“兵”字）：一曰度，二曰量，三曰数，四曰称，五曰胜。地生度，度生量，量生数，数生称，称生胜（简本作“生称，生胜”，“称”字等不重）。……胜者之战民也（简本“胜”字前有一“称”字），若决积水于千仞之溪者，形也。”在这里，“度”指国土的大小，“量”指物产资源的多少，“数”指人口、军资和所能提供、动员的军队人数的数量，“称”指双方力量对比的轻重权衡。而产生所有这一切的“地”，显然只能指土地。上述构成胜败物质基础的“地”，应该就是《计》篇所说决定战争胜负的基本要素之一的“地”。“地”又指土地和国土这一事实历来为古今注家所忽略。它的这一层含义是无法用地势的“高下”，路途、距离的“远近”，地形、地势的“险易”、“死生”等概念来涵盖的，而只能通过“广狭”一词来表达其内涵。显而易见，《计》篇所说“地”的“广狭”主要应指土地的广狭，而不是象历来人们所认为的那样仅仅指战场和道路的广狭。

再从《计》篇所说的“五事”、“七计”来看。“七计”是从决定战争胜负的“五事”中派生的七项具体的衡量标准。其前四项直接由“五事”推出。末两项“士卒孰练，赏罚孰明”则是从“五事”演化而来。第五项“兵众孰强”中的“兵众”无论作何种解释，均与“道”、“天”、“将”、“法”不相干，而只与“地”有关。这个与“兵众孰强”有派生关系的“地”，理当含有土地广狭的意义。

本文原载于《文史》第38辑，中华书局，1994年。

先秦儒家思想与现代企业竞争

我们的时代是竞争的时代。现代企业竞争是基于现实的经济利益，具有深厚文化背景的一种竞争。从科学管理到行为科学理论，再到当今企业文化的兴起，这一管理理论的历史演变，充分说明现代企业越来越多地依赖人们的文化自律，竞争的实质是文化人的竞争。我们从传统中走来，深受周遭文化氛围的影响，人们的文化传统构成了现代企业竞争的重要因素，而文化传统的主要来源则是传统文化。在中国，先秦儒家思想又可谓传统文化的主流之源。故本文拟从现代企业竞争着眼，经由对传统文化的回顾与检讨，取其精华，去其糟粕，期望开出先秦儒家思想对于现代企业竞争之价值及其新意义，以促进现代企业竞争的健康发展。

一、现代企业竞争的基本含义

竞争是当今社会普遍存在的现实。在诸多的竞争中，企业竞争最显突出。“大批老的创立已久的公司纷纷倒闭，规模庞大的新企业纷纷涌现”（美国D·奎因·米尔著《新竞争者》，上海译文出版社，1992年版，第20页），现代企业的兴衰已成为社会广泛关注的焦点。

企业竞争萌生的客观物质根源是由于经济物品的缺乏，不可自由取用。“由于不能满足所有的需要与欲望，社会必须在它们中间进行选择。”（美国萨缪尔森·诺德豪斯著：《经济学》，中国发展出版社，1992年版，第62页）社会选择的途径是取道竞争，实现经济物品的有效配置和充分利用。如果我们每人都能随心所欲地得到我们所需要的东西，那么就全无竞争存在之必要了。竞争存在的主观内在根源则是人类本性的需求和欲望。

“人生而有欲，欲而不得，则不能无求，求而无度量分界则不能不争。”（《荀子·礼论》）人类的需求在质与量二个方面都是没有界限的，而资源的供给却是有限的，所以两者之间的矛盾乃是导致竞争发生的原因所在。

现代企业竞争又是商品经济的产物。在现代商品经济条件下，市场机制提供了衡量商品价值的标尺，从而使各种商品得以进行比较。同时，商品生产者和经营者被赋予独立的法人地位及完整人格，能自由表达自我利益要求，平等地参与竞争，这就为市场竞争提供了制度条件，使竞争得以实现。

在竞争的途径和方略上，企业以盈利作为竞争的目标，利润是通过生产、销售、服务等过程而实现的。商品生产者和经营者经由提高产品质量，增加花色品种。降低价格，改善服务，扩大销售，从而提高单位成本的使用效益，获得规模经济之利；也可以通过改良设备、技术，节约资源及物化劳动，降低单位产品的生产成本，因而获得超额利润。竞争的重点因时而异。“上古竞于道德，中世逐于智谋，当今争于气力。”（《以韩非子·五蠹》）现代企业竞争之激烈可以说是综合了三世遗风，是“道德”、“智谋”、“气力”并用。只有“智”、“仁”、“勇”三全，才能在激烈的竞争中求得生存与发展。

据上所述，现代企业竞争就是基于资源缺乏与需求无限之矛盾，在现代商品经济条件下，各个企业之间为了各自的经济利益，求得自身的生存与发展而进行的较量与争夺。

二、先秦儒家思想蕴含深刻的竞争意识

春秋战国之际，社会处于激烈动荡的转型期，诸侯各国互相攻伐，力图一统天下。诸子百家应时而著书立说，以为济世之用。先秦儒家本着仁爱之心，关怀生民，克己修身，志在家国。其思想所以能产生与延传，不唯世事使然，亦是其呼号力争的结果。

目睹周王朝衰落，礼乐崩坏，世风日下，人民不能安居乐业，孔子悲天悯人，积极用力于社会之健康发展，竭力奔走于列国之间，虽“再逐于鲁，伐树于宋，削迹于卫，穷于商、周，围于陈、蔡之间”，“七日不火食”(《庄子·山木》)，仍百折不挠，一再宣称自己“焉能系而不食”，“如有用我者，吾其为东周乎?”(《论语·阳货》）并表现出“道不行，乘桴浮于海”的顽强斗志（《论语·公冶长》)。故时人称孔子为“知其不可而为之者”(《论语·宪问》)。孟子仰承孔子精神，奔走于诸侯之间，慷慨陈词，力辨义利轻重，声言仁政之道，并严正申明:“予岂好辨哉，予不得已也。……世衰道微，邪说暴行有作，……杨朱、墨翟之言盈天下。……杨、墨之道不息，孔子之道不著，……吾为此惧，闲先圣之道，距杨墨，……息邪说，距诐行，放淫辞，以承三圣者（禹、周公、孔子)。”(《孟子·滕文公下》）当是之时，诸子“道不同不相为谋”，彼此争鸣不已，不仅儒学“绌老子”，就连主张无为不争的“学老子者”亦“绌儒学”(《史记》卷六三《老子韩非列传》)。

先秦儒家思想是竞争的产物，其竞争性不仅表现在先驱者的切

实力争，更主要的还在于它内涵深刻的竞争意识。孔子主张“无可无不可”(《论语·微子》)，“过犹不及”(《论语·先进》)，不仅不全然排斥，有时还很强调竞争。如“求也退，故进之；由也兼人，故退之”(同上)。所以他虽说过“君子无所争”，同时又说“必也，射乎”(《论语·八佾》)。孔子主张竞争应依道而行，强调“其争也君子”(同上)，富贵“不以其道得之，不处也”(《论语·里仁》)。他认为：“天下有道则见，……邦有道，贫且贱焉，耻也”，君子应奋发进取，不甘贫贱；“无道则隐，……邦无道，富且贵焉，耻也”，君子不应取此不道之富贵(《论语·泰伯》)。

君子所争的是仁义礼乐和道，而非其他。“见义不为无勇也”(《论语·为政》)，君子应勇于力争。“当仁不让于师”(《论语·卫灵公》)，君子不必谦让。为自新、新民，格致、诚正、修齐、治平，履践其道，《大学》主张君子应“无所不用其极”，尽全力以争。季氏僭用天子之乐，孔子深恶痛绝，大声疾呼“是可忍也，孰不可忍也!”(《论语·八佾》)对有悖仁道的异说，孔、孟不仅将其视为异端邪说，力辩痛诋不已，而且还号召弟子“攻乎异端”(《论语·为政》)。其强烈的竞争精神由此可见一斑。

人是道和仁义礼乐的载体。“道不远人”(《中庸》)，“人能弘道”(《论语·卫灵公》)，道和仁义礼乐之争道在争取人。“民惟邦本”(《尚书·五子之歌》)，“民为贵，社稷次之，君为轻，是故得乎丘民而为天子”。(《孟子·尽心下》)故“王夺之人”(《荀子·王制》)，竞争的根本要义是对人本身的竞争，在于能够获得大众的支持。

争取人的关键在于得其心。心是身之主，故孟子云：“得其民有道，得其心，斯得民矣。”(《孟子·离娄上》)反之，如失去民心，就会失其民。

争取民心必须以德服人。“以德服人者，中心悦而诚服也。”(《孟子·公孙丑上》）所以，“为政以德，譬如北辰，居其所而众星共之”(《论语·为政》)；“远人不服，则修文德以来之”(《论语·季氏》)。

以德服人，即是以仁义礼智等服人。孟子认为,《诗》所云“饱以德，言饱乎仁义也”(《孟子·告子上》)。德内涵仁义之意，故说“以德行仁”(《孟子·公孙丑上》)。“仁义礼智根于心”(《孟子·尽心上》)，只有本着仁爱之心，推己及人，“己欲立而立人，己欲达而达人”(《论语·雍也》)，“己所不欲，勿施于人”(《论语·颜渊》)，才能获得他人之心。此即孟子所言“得其心有道，所欲与之，聚之，所恶勿施尔”(《孟子·离娄上》)，以及“善教民爱之”，“善教得民心”(《孟子·尽心上》)。

所以，竞争应从仁义礼智等出发，依道而行。“致忠信，著仁义，足以竭人矣”(《荀子·王霸》)：崇尚礼、义、信，“则四方之民襁负其子而至矣”(《论语·子路》)。“仁者无敌”(《孟子·梁惠王上》)，“仁人无敌于天下”(《孟子·尽心下》)；“义以分则和，和则一,一则多力，多力则强，强则胜物”(《荀子·王制》)。“礼之用，和为贵，先王之道，斯为美”(《论语·学而》)，“和无寡”(《论语·季氏》)。大众的归心，内部的团结，竞争力的加强，决定了立足仁义礼忠信者将取得竞争的胜利。

社会与个人的竞争背景，造成先秦儒家学说包含丰富而深刻的竞争精神。先秦儒家要求管理者内具仁心，把人本身作为终极关怀的标的，主张从仁心出发，以仁道争取民心，获得民众的支持，使仁道在竞争中取胜并发扬光大，从而使人们的身心达到高度和谐与满足的境界。

儒学在先秦时即为显学，此后的几千年中虽历经沧桑，其基本思想及竞争精神却一直为国人所继承、发扬，并构成了中国传统文化的主流和今天中国文化传统的核心，在今日的中国及汉字文化圈中仍拥有无法抹煞的重要影响。以工商界为例，中国的商人往往喜欢以“儒商”自居。而日本著名企业家如涩泽荣一、吉田忠雄、丰田佐吉等均恪守儒学要义，奉行仁道精神，并提出了“士魂商才”的原则，把《论语》和算盘双手并举。目睹后工业社会道德失落的危机，新加坡管理当局又大力提倡儒家思想，以此作为后工业社会的救世良方。在新的充满剧烈竞争的时代，中国文化传统中蕴含的深刻而又富于积极意义的儒家竞争思想是中华民族弥足珍贵的文化遗产和资源，值得我们去发掘和发扬光大。

三、文化人是先秦儒家思想与现代企业竞争之关联、会通处

人本身具有文化性，企业竞争是文化人的竞争，而先秦儒家思想则塑造了中华民族文化人的基本精神。在文化人身上，企业竞争与儒家思想的会通便是天然所致，交融相谐。

文化是一种包括思想、言谈、行动和人工制品在内的人类行为的综合形式，是人类实践活动的结晶和表述。

人创造了文化，同样地，文化也创造了人。“文化行为具有支配性——文化行为支配着个体的行为生活。在很大程度上，这决定了个人将要具备哪一种人格。”（美国坎托著《文化心理学》，云南人民出版社，1991年版，第202页）一个人在做出文化上的反应的时候，他所做的也就是他所隶属的群体所做的。一个人并不是凭借他自身的体验，独自获得各种趣味、礼俗和信仰，而是在各种心理集团（实为文化因素）的影响下，受支配地表现出了这种行为。人从一出生就面对一既存的现实社会，浸润着各种社会文化因素。

在人们身上，总会从不同侧面、不同程度地反映着社会给予他的各种影响。个人淹没在各种群体中，同化于种种社会习惯、信仰、语言、礼俗、思想等等。人的社会化过程也即是社会中占主导地位的价值观念、民族习俗、伦理范式、心理结构、思维路向等，逐渐在个体身上得到落实的过程。日后，这种民族文化积习便不断地指导人的各种行为，并影响其活动态度和工作绩效。

文化即为人生。人生所赖以存在的前提是与他人结成一定的社会关系，如果将这些社会关系都抽空了，“人”也就被蒸发掉了。社会是人的社会，社会关系当然也就是人与人之间的关系。儒家文化十分强调仁，“仁者，人也”(《中庸》)，仁只有在人与人之间的关系中才能得到体现。所以中国人的文化生活着重如何做人，认为一个人的价值是在人群关系中实现的。

人是文化的产物，人的活动又是一种文化行为。因此，从上述意义出发，可以将人称作文化人。文化人即是坎托所说的“文化人格”的实体，具有“文化人格”的自然人。坎托认为，文化人格是“文化方面的人类本性”，它揭示了人类与动物界的一般差异（《文化心理学》，第273页）。对人类自身而言，文化人格的区别则在于不同文化的具体内容。将人称之为文化人，目的只在标示人的文化性特征，只是由于论述的特定需要。从一般意义上说，我们都是文化人。

人的文化性特征对其在企业竞争中的日常行为及工作绩效有着重要影响，并决定整个企业的兴衰。一个土地狭小、资源贫乏的东方岛国——日本，在二战的废墟上，从五十年代开始引进美国的管理方法，经过六十年代的经济起飞，到七十年代不仅安然度过了石油危机，而且成为实力仅次于美国的第二号经济强国。近二十年来，“亚洲四条龙”紧随日本之后也创造了惊人的经济奇迹。而这五个东亚地区又同时具有一个共同特点，就是传统儒家的世俗伦理深入人心，构成其文化的一大要素。这就给人们以新的启发，引起企业界和管理学界的极大关注，并掀起了美日企业管理比较研究的热潮。基于深刻的反思，他们认定是人在推动企业的根本发展，而文化则使人团聚在一起，并使他们的日常生活充满着意义和目的。日本人所以取得如此的成功，主要原因就在于：他们有着在整个国家范围内始终保持一种非常强有力和凝聚性的文化的能力。不仅各个企业有强有力的文化，而且维系着企业界、银行界和政府的纽带也是文化性质的，而且非常强有力（美国肯尼迪·迪尔著《公司文化》，三联书店出版社，1987 年版，第 5 页）。

现代企业竞争以人为中心，人是文化的人。作为文化人，当今中国人所具有的文化是以儒家为主的传统文化的延续和发展，深受其主要源头先秦儒家思想的润泽。在处于现代企业竞争的文化人身上，充分体现着先秦儒家思想与现代企业竞争的统一。既然现代企业竞争和先秦儒家思想在文化人身上得以会通，先秦儒学中又蕴含深刻的竞争意识，那么，发掘和弘扬这种思想，并以其规范企业间的竞争，使之走上健康发展的道路，就不仅是必须的，而且也是可行的。

四、价值认同是先秦儒家思想现代转换的内在关节

先秦儒家思想内容丰富而深邃，体现了中国人的基本精神，与现代企业竞争有着深切的关联。然而长期以来，由于时移势异，它又曾屡遭冲击。极力为之辩护者固然不乏其人，激烈批判者更是多如过江之鲫。因此，要使先秦儒家思想在现代企业竞争中发挥实际的效用，就须消除人们的误解，还其本来面目，重新赢得竞争主体

的现代价值认同，即经过依据现代利益需要的价值尺度重新审视、衡量和选择，从而对其仍具有的积极成分形成肯定性的共识。

先就价值客体而言。从总体来说，先秦儒家思想所体现的乃是整个中华民族的精神品格，是一种大道德精神，具有长久而普遍的意义。

它作为以“仁”为内在本质，以“礼”为外在规范，以崇高道德境界的标志为理想人格精神，是真善美统一的做人准则，也是“君子”、“圣人”、“志士仁人”的个体精神品格。另一方面，它又具有博大精深、丰厚宽广的精神内涵，包括“自强不息”、“天下为公”、“杀身成仁”、“舍生取义”、“见义勇为”、“和为贵”等等，是中华民族赖以独立生存、自强发展的精神支柱。它不仅是道德修养的标尺，对企业竞争也具有重要的指导意义。

毋庸讳言，儒家思想中确实存在某些不适合现代社会的成分。如对群体意识的过分求同，即会抑制个性发展，妨碍创造力发挥。重人治，轻法制，宗法关系外显，则缺少必要的制度规范，客观标准容易随人情而波动出入，容易导致用人唯亲的弊端。又如重经验、轻理性的直观思维，缺乏科学的实证精神，即不利于现代科技水平的提高。

但儒家思想中又包含不少具有重要现实意义及价值的内容。如从“和”之本有意义看，先秦儒家所重视的人和，不是那种不分是非、丧失原则立场的一团和气，而是在根本上反对那样性质的一团和气的。“和”本身就包含着一种坚持原则的态度。“和而不同”（《论语·子路》）与“和而不流”（《中庸》），就是为了保证这种原则态度的贯彻；而和必“以礼节之”（《论语·学而》），则从正面强调了“和”的必要限度。又从“仁”来说，仁的核心内容是“爱人”（《孟子·离娄下》），是“义之本”（《礼记·礼运》），这是切实易行而一般人又难以做到的美德。我们今天提倡的互敬互爱、团结友爱，基本上并没有超出其原始范畴，仍然贯穿着“仁”的精神实质。

就义、利而言。孔子说：“富与贵，是人之所欲也，不以其道得之，不处也；贫与贱，是人之所恶也，不以其道得之，不去也。”（《论语·里仁》）其言并无轻视富贵之义，而是在告诫人们：要坚执正道，不要贪图富贵。孔子赞成合乎道义的富贵，对此居之不疑。对不符合道义的富贵，孔子弃之如敝屣，强调：“不义而富且贵，于我如浮云。”（《论语·述而》）这种义利观仍为今天的大多数中国人所接受，具有十分积极的意义。

再就价值主体而言。对先秦儒家思想现代价值认同的形成，既取决于价值客体——先秦儒家思想是否具有积极的现实意义，即能否满足主体的需要，又取决于价值主体——现代竞争企业的利益和内在的需求与价值取舍原则。只有看到先秦儒家思想确实具有利于企业竞争的作用，才会产生发自竞争主体内心的愿望和要求，驱使其自觉贯彻儒家伦理精神。只有确立了竞争主体的“内心原则”，才能更好地审视、汲取先秦儒家思想的积极成分。

企业的使命既是社会赋予的，那么企业的宗旨就应是服务社会。企业竞争应以正当经营为根本途径，不能牟取不义之财，不能损害社会整体利益。如果使用不正当手段谋取私利，不仅违法，而且难以得逞。大家都处心积虑地欺诈对方，不仅生意难做而且还会造成竞争的紧张气氛和心理压力，于人于己都不利。因此，从企业的利益和内在需求与价值取向出发，企业应开展正当经营，本着仁爱之心，注重保持内部的和谐，使职工心情舒畅地发挥积极性、主动性和创造性，不断提高技术水平和产品质量，为社会提供更好的服务；对外则诚正守信，义而后取，互助合作，注重其外部形象。其结果不仅能使企业获得经济利益，而且有利于人心的健康，社会的发展。

以下主要从仁、礼与企业内部人际关系的和谐，信、义与企业外部形象的关系入手，来探讨增强企业竞争力，规范现代企业竞争体制的途径和方式。

五、仁、礼与现代竞争企业内部人际关系的和谐

和是不同事物、各种因素的协调统一。人际关系的和谐即孟子所言“天时不如地利，地利不如人和”之“人和”。(《孟子·公孙丑下》)《中庸》认为：“喜怒哀乐之未发，谓之中。发而皆中节，谓之和。中也者，天下之大本也。和也者，天下之达道也。”按其所说，中是道体，和是道用，是中的外在体现。只有内心所发符合礼节，无所乖戾，才能称作和。因而人和即是道体与道用相统一的人际关系的和谐。

和与礼关系密切。先秦儒家认为“礼之用，和为贵”，“知和而和，不以礼节之，亦不可行也”(《论语·学而》)。礼以和为价值取向，和则须受礼的节制，只有发而皆中礼，方可称之为和。礼不是流于形式的繁文缛节，而是节制人的言行，并使之达于和的规范。和也不是无原则的随和，而是实行礼的结果。

礼又与仁密切相关。仁是先秦儒学的根本和出发点。“仁者，人也”(《中庸》)，仁是人之所以为人的自身特质。“仁，人心也”(《孟子·告子上》)，仁又是一种内在的道德意识和天性之质。礼则是外在的道德规范和行为标准。《论语》中颜渊问仁，子曰：“非礼勿视，非礼勿听，非礼勿言，非礼勿动”(《论语·颜渊》)。孔子以礼说仁，把礼作为判断仁与不仁的标准，视听言动不违礼才合乎仁，否则便是不仁。故而“克己复礼为仁”(《论语·颜渊》)，为达

仁则须克己复礼。从正面来说，“礼节者，仁之貌也”（《礼记·儒行》），礼只是仁的外在表现。《论语》又云：“人而不仁，如礼何？”（《论语·八佾》）“礼云礼云，玉帛云乎哉？”（《论语·阳货》）孔子又以仁释礼，认为仁是礼的灵魂和根本，人若不仁，礼的种种规定就徒具形式。

按上所述，致和必须依礼而行，依礼而行须以仁为内在根本，而仁又是人的本质和天性。因此，唯有认识这一道理，从仁出发，克己复礼，方能达到人和。仁无处不在，永远在普遍生命的流行中展现其真义，故而我们凭依自我生命的体验，按照外化为社会典章制度及行为规范的人的本质和天性行事，便可以心换心，以爱人之心调和众人之心，使其和谐共处，由家和到国和、天下之和，从而造成一个融融泄泄的和乐世界。这一过程也就是格物致知，以仁道诚意正心，“修身以道，修道以仁”（《中庸》），由内及外，推己及人，而修齐、治平的内圣外王之道。

现代企业管理的实质就是通过对人、财、物，尤其是人的组织、协调和运用，以获得预期的利润目标。企业竞争即是对人、财、物进行组织、协调和运用的竞争。以人的组织、协调和运用为中心的企业竞争之目标就在于充分发挥人的作用，真正有效地运用人力，其基础则在于企业内部的人际关系。

在现代企业竞争中，企业内部人际关系的和谐具有十分重要的意义。人和之重要即在于“和无寡”（《论语·季氏》），“和则一，一则多力，多力则强，强则胜物”（《荀子·王制》）。人和可以改变人单力薄的局面，增强内部的凝聚力和竞争力，取得竞争的优势。

从现代管理心理学来说，人的心理活动直接影响着其行为方式及工作绩效。在群体中，心理活动又深受人际关系的影响。良好、和谐的人际关系可以使人赢得他人的尊重、信任和友情，从中体验到自己是群体中的一员，由此确认自己的社会地位和社会价值，增强其自信心和力量感，使其对工作产生高度的热情和责任心，从而能大大强化群体的凝聚力和竞争力。反之，就会造成人际关系的紧张，互相猜忌，彼此敌对，以致人心涣散，内耗丛生，冲突迭起，给企业带来灭顶之灾。

又就现代系统论而言。系统的整体功能只有在其内部诸要素及各子系统合理、有序地进行组织而形成合力的时候，才能具有新的或大于各部分之和的功能。在现代企业大系统中，要发挥人的整体优势，就必须将其有机地组织起来，保持和谐的人际关系。唯有如此，方可实现整体功能的优化，增强竞争实力，在竞争中求得生存与发展。

因此，欲实现在企业内部之人和，增强其内聚力，赢得竞争的胜利，首先就应认识到内部人际关系的和谐是其参与竞争的内在根本与坚实基础，应树立以和为贵的价值信念和指导思想，充分重视仁和礼的价值与功用。只有这样，方能以仁道诚意、正心、修身，克己复礼，成为智、仁、勇兼备的仁人君子。也唯有如此，才能将心比心，推己及人，以德服人；才能以身作则，提倡仁爱精神，互相尊重，互相关怀，使人人奉行忠恕之道，克己自律，维护制度规范；才能上行下效，“道之以德，齐之以礼”(《论语·为政》)；才能创造出一种和谐融洽的人际关系，大大增强企业内部的凝聚力和对外竞争的实力。

人和要最终落实到人伦关系中。先秦儒家认为，人与人的关系是人所不能逃避、不应逃避的关系。人不能规避领导与被领导的关系，不能不尽对朋友的义务，不能不尽对父子兄弟夫妇的义务。孔孟的人伦大义具有两个鲜明的特质，一是爱的等差性，一是爱的对称性。等差之爱即按尊卑、长幼、贵贱、亲疏的顺序去爱人。爱有等差性并不是不要普爱众人，而是要注重推己及人，即所谓：“老吾老以及人之老，幼吾幼以及人之幼。”（《孟子·梁惠王上》）依此说，我们虽可取老安少怀、博施济众的普爱态度，但是须依次推去，不可躐等，也不可舍己耘人，这才是人之常情。爱的对称性指爱是相互的，双方均有爱的权利和爱的义务。只不过双方的立足点不同，爱与被爱的方式和责任不同而已。如上司、长辈没有首先尽到关心他人的责任，那么下属、晚辈也就不必尽其恭奉、孝顺的义务。

处于社会大环境中的现代企业在协调其内部人际关系时，一方面应摈弃贫富贵贱论，同时又要善于关怀身边的员工，并由此逐层推衍，推倡长幼有序，尊重、关心为企业付出心血汗水的离退休职工，使其安度晚年，以此树立领导的威望。另一方面，则要注意爱的对称性，提倡互相关心、互相尊重的新风尚。领导应了解和关心员工的不同需要及现实困难。这就要求管理者深入实际，设身处地，推己及人，真正与员工打成一片，以取得员工的爱戴，实现其内部人际关系的和谐。

六、信、义与竞争企业的社会形象

信是一种道德规范，它主要落实在人的言语及行为处事上。孔子主张“言忠信，行笃敬”（《论语·卫灵公》），强调“言必信，行必果”（《论语·子路》），“听其言而观其行”（《论语·公冶长》）。信守诺言须落实在行动上，言行一致才是衡量信的标尺。

由内圣向外王推衍，作为君子之德的信又具有政治意义。“道千乘之国，敬事而信”（《论语·学而》），治理国家必须取信于民。欲取信于民，首先要求当政者守信，“上好信，则民莫敢不用情”

(《论语·子路》)。

义也是一道德规范，是指导和评价人们言行的准则。义指合理、公正而应该做的，故曰“见义不为，无勇也”(《论语·为政》)。“夫义者，所以限禁人之为恶与奸者也。”(《荀子·强国》)孟子曰：“仁，人心也；义，人路也。”(《孟子·告子上》)“居仁由义，大人之事备矣。”(《孟子·尽心上》)可见义是仁的外延和功用，而仁的精神之高扬则须经由义路。

先秦儒家言义又多及利。利是外物对人自身的价值意义，能够满足某种需要的即是利。利包括物质之利和精神之利，又可分为自我之利和为他之利。他们一方面主张“君子义以为上”(《论语·阳货》)，强调“何必曰利，亦有仁义而已矣”(《孟子·梁惠王上》)，将义置于利之上，认为“保利非义谓之至贼”(《荀子·修身》)。另一方面，他们又并不一味反对求利，强调“义与利者，人之所两有也，虽尧舜不能去民之欲利”(《荀子·大略》)，认为问题不在于求不求利，而在于求什么利和如何求利。只要所求是大众之利和符合道义精神的利，能“因民之所利而利之”(《论语·尧曰》)，做到自为和为他、物质与精神之利的一致，实现义和利的统一，在目标设置及手段、方法的运用上合乎义，即可“使其欲利不克其好义也”(《荀子·大略》)。其义利观为：“先义而后利者荣，先利而后义者辱。”(《荀子·荣辱》)“非其道，则一箪食不可受于人；如其道，则舜受尧之天下，不以为泰。”(《孟子·滕文公下》)亦即先义后利，“义，然后取”(《论语·宪问》)。

企业竞争与企业形象密切相关。所谓企业形象，是指公众对企业的印象与评价。目前，企业竞争的方式和策略正在世界范围内发生变化，以产品促销为中心的竞争术随着其效率的下降逐渐被企业所抛弃，代之而起的是更具魅力的以构造良好的企业形象为中心的

CI策划。与传统的产品促销相比，CI及其策划将企业竞争的目光从产品生产之后转到产品生产之前，从产品本身转向整个企业，将企业策略由零星的、非系统的改变为整体的、系统的。CI策划通过系统地设计或改变企业形象，使其产品品牌在公众心目中留下深刻的印象，从而在无形中提高顾客对其品牌的忠诚度和产品的销售率，使企业更具竞争力。

要塑造良好的企业形象必须建立良好的信誉。各种利益主体之间的商品交换、贸易往来不只是一种经济行为，也是一种道德行为。信誉是在多次商品交换中形成的一种信赖关系，体现了价值实现中经济效益与社会效益的统一。公众对企业的印象与评价固然来自广告及其产品的商标、包装和品名，但更为根本的是来自足以体现其素质、管理和道德水准的产品质量和服务精神。企业只要在日积月累的经营活动中获得公众对自己的信赖，即能在社会上树立自己的信誉和良好的企业形象，从而赢得竞争的优势。

义是树立良好信誉的内在依据。《论语》说：“信近于义，言可复也。”(《论语·学而》)只有近于义，方能守其信。孟子亦说：“言不必信，行不必果，惟义所在。”(《孟子·离娄下》)将义视为信之根本。如果说信指企业应对顾客讲信誉，那么义则指企业应根据其对他人、对社会所应尽之责任和义务来守信。企业是社会的一个重要组成部分，社会需求是企业产生和存在的前提，只有抱持积极奉献、服务社会的宗旨，为社会生产更多更好的产品和财富，提供各种优质的服务，企业才能在公众面前树立良好的信誉和形象，取得竞争的胜利。

既然现代企业竞争的成败在很大程度上取决于其企业形象，而信、义对于企业形象的建树又具有重要的意义，那么，欲在剧烈的竞争中立于不败之地，企业就必须重信守义，努力塑造良好的企业形象。

重信即以守信为经营之道。信誉的维护既需法律的强制，更需道德的自觉。因此，企业形象的建设就不能仅仅依靠法律手段，还应以企业道德和商业伦理为基础。只有认识到信誉对于企业形象的重要性，自觉维护企业的信誉，努力树立守信的形象，企业才能赢得朋友、伙伴和顾客，在他们的支持下取得竞争的胜利。反之，如不守信誉，欺骗顾客，不仅会丧失市场，而且还会受到法律的制裁，其结果，必然导致竞争失败，企业破产。

守义即先义后利，义而后取。这要求企业首先应认识到：利润是企业经营的基本目标，是企业为社会和公众提供产品、服务的回报。没有利润，企业就会失去生存的基础，其社会价值也因此无从体现。

同时，企业又是与社会及其成员紧密联紧的一种社会团体，其生产经营活动无论对社会还是对公众均有重要影响，完全应该接受社会伦理原则和道德规范的约束。因此，企业在考虑利润目标的同时，必须注重义、利的统一，建立符合公众和社会文明与进步需要的企业价值观，并以此作为企业制定经营战略和管理原则的伦理基础，树立良好的企业形象和道德风尚，依靠诚实劳动，灵活经营，和正当竞争来追求利润。如不讲伦理道德，背信弃义，唯利是图，不择手段地投机经营，以假冒伪劣产品欺骗顾客，用不正当竞争手段置对手于死地而后快，为追求眼前的短期利益，不惜浪费社会资源，损害公共环境，营私舞弊，违法乱纪，骗取国家和公众钱财，其结果将不仅损害国家和人民的利益，危及社会的健康发展，而且还将最终毁掉企业本身。

本文原载于《孔孟月刊》1996年第5期。为周生春先生和张新瑞合撰。

论孔子为学的历程及其思想的演变

长期以来，人们一直在孔子的思想是否具有体系、其思想的核心是“仁”还是“礼”等问题上各执己见，争论不已。造成上述现象的主要原因即在于记载孔子思想的文本极易使人得出种种不同的诠释。为尽可能逼近和把握孔子思想的本义，笔者拟依据《论语》等经典，从其言行入手，进至文本所说的情景之中，并从其为学和思想演变的进程着眼，抓住若干系统阐述其思想及其发展历程的关键语段，通过对其文本意义的剖析，来探讨孔子思想不断发展、丰富和完善的全过程，揭示其晚年的思想真谛及其理论体系。

一、孔子为学的历程

孔子晚年自述：“吾十有五而志于学，三十而立，四十而不惑，五十而知天命，六十而耳顺，七十而从心所欲，不逾矩。”（《论语·为政》）孔子在这里以明白无误的语言追述了半个多世纪中其学问道德不断增进、精纯的历程。以下按时间顺序分析上述过程。

孔子自言：“吾十有五而志于学。”孔子一生虽好学，但不同时期所学的内容则各不相同。其早年所学应以礼为主。鲁乃周公封国，有天子礼乐。孔子“为儿嬉戏，常陈俎豆，设礼容”(《史记·孔子世家》)，从小即对礼感兴趣。《左传》云，孔子27岁时曾向郯子学习颛顼以前的官制，又载孟僖子去世前所言，“礼，人之干也。无礼，无以立。吾闻将有达者曰孔丘……我若获没，必属说与何忌于夫子，使事之，而学礼焉，以定其位”(《左传·昭公七年》)。孔子35岁时，僖子卒。《论语》则云，孔子始仕，“入太庙，每事问”，以致人有“孰谓鄹人之子知礼乎”(《论语·八佾》)的议论。这说明35岁以前孔子已以知礼、好礼闻名于世，其15至30岁所学当以礼为主，礼在其思想中占有十分重要的地位。

孔子所言“三十而立”是说其30岁时学礼有成，社会地位已初步确立。30岁时孔子有君子“不盖不义，不犯非礼”(《左传·昭公二十年》)之语。34岁时孟僖子曾令其子向孔子学礼，36岁时齐景公向孔子问礼，这都表明当时孔子之学的基础在于礼。以上事实表明“三十而立”系指孔子通过学礼而知礼，30岁时学问、道德业已有成，并获得了社会的承认。

“四十而不惑”指孔子40岁时学问、道德业已无所困惑和迷乱。从其经历来看，孔子35岁时，季氏当政，孔子因而谓季氏八佾舞于庭，“是可忍，孰不可忍也”，并指责说：“人而不仁，如礼何？人而不仁，如乐何？”(《论语·八佾》)此时他已认识到仁比礼乐更重要。不久，鲁国内乱，孔子赴齐，为高氏家臣。“子在齐闻韶，三月不知肉味，曰：‘不图为乐之至于斯也。’”(《论语·述而》)后孔子返鲁，因季氏僭于公室，陪臣执国政，国无君且无道而不仕，退而修诗书礼乐(《史记·孔子世家》)。孔子说：“礼以节人，乐以发和，书以道事，诗以达意。”(《史记·滑稽列传》)又说：“兴于诗，立于礼，成于乐”(《论语·泰伯》)，认识到三者乃起志、立身与成性的关系。简言之，也就是学诗、学乐足以使人学问淹贯、道德高尚。按上可知，孔子是在鲁国内乱的变局中，通过继续研习礼，尤其是通过学诗、学乐以明了和把握仁的途径，其学问、道德才趋于成熟和融会贯通，并走向不惑的。

“五十而知天命”是说孔子50岁时已认识到天赋之命。从其经历来看，孔子在40到50岁之间因鲁国无道，退而不仕。但到50岁时，鲁国政局并未有任何改善，孔子却一改以往不仕的态度，始则欲应以费叛季氏的公山不狃之召，继则接受鲁定公之命出任中都宰，历任司空、大司寇和行摄相事。其中原因与其学问、道德的进升，思想的变化和境界的提高密切相关。而学易应是造成这些变化的主要原因。孔子说：“加我数年，五十以学易，可以无大过矣。”又说：“易其至矣乎！夫易，圣人所以崇德广业也。知崇，礼卑。崇效天，卑法地。天地设位而易行乎其中矣。成性存存，道义之门。”（《周易·系辞上》）认为易道行乎知、礼之中，穷理入神则知崇如天而德崇，循理则礼卑如地而济物成务，变化行则万物天赋之性成且存存不已，而出乎道义。孔子50岁前由不仕而仕态度转变的原因，即在于学易令其明晓知崇而效天之理，使其从仅知人事而“不惑”的知者，进升为穷理尽性上达变化不测之天的知天命者，并使其认识到万物之成存由乎道义，自已在天性和道义上有责任追随圣人，崇德广业，从而决意出仕以弘大天道。正因为如此，孔子50岁以后即以知天命自许。

“六十而耳顺”是指孔子在知天命后日益“通晓”天意，这从60岁以后孔子的言行可以得知。孔子60岁时，听说鲁国大火，即知桓、釐亲尽而庙不毁，宜为天所灾，而曰“灾必于桓、釐庙乎？”“已而果然。”（《史记·孔子世家》）孔子所说“六十而耳顺”应与此预言得以证实有关。孔子68岁时，季孙欲按田征赋，使冉有征求孔子意见。孔子因其不仁非礼，对冉有的再三发问置若罔闻，只推说“不识”，并说冉有“非吾徒也，小子鸣鼓而攻之可也”（《论语·先进》）。所以即使在63岁绝粮于陈、蔡之际，孔子仍教导学生当顺从天命，修其道而推行之，而不必求容。（《史记·孔子世家》）

“七十而从心所欲，不逾矩”系指孔子70岁时已从耳顺进至心与所欲亦与天意合的境地。孔子71岁时，因西狩获麟而感叹道：“孰为来哉！孰为来哉！”伤其与己一样生不逢时，并因自知“吾道穷矣”，而“反袂拭面，涕沾袍”。（《史记·孔子世家》）齐陈桓弑其君，孔子斋而后见鲁君，请求伐齐。并告人曰：“以吾从大夫之后，不敢不告也。”（《论语·宪问》）孔子死前曾对子贡说：“汝来何晚也？”又说“天下无道久矣，莫能宗予”，“昨暮予梦坐奠两柱之间”。并叹而歌曰：“太山坏乎！梁柱摧乎！哲人萎乎！”因以涕下（《史记·孔子世家》）。按上述孔子的言行举止及其流露的感情可知，70岁以后孔子的修养已达很高境界。

综上所述，只有从孔子自己总结的进学、进德次第出发，方能真正了解其思想发展的进程，把握其思想的真谛。以下拟就若干基本概念分析其思想的演变。

二、由“礼”到“仁”的重点转移

孔子的学问、道德在经历了各个不同的发展阶段的同时，其思想必然也会经历一成长、发展并日趋精纯的演变进程，他对礼、仁、道、德的认识和关切程度亦随之发生相应的变化，出现了从礼向仁和道、德重点的转移。

按前所述，孔子35岁以前以知礼闻名，35岁时已认识到仁的重要，此后逐渐从重礼转向重仁，并发展丰富了仁的思想。孔子对管仲评价的变化即是这一转变的具体体现。孔子曾说：“管仲之器小哉！”当有人问“管仲知礼乎”，孔子答曰：“管氏而知礼，孰不知礼？”（《论语·八佾》）将管仲视为不知礼者，贬鄙之意溢于言表。但当子路和子贡分别因桓公杀公子纠，管仲不死，又相之，而问：“管仲非仁者与？”孔子却因“桓公九合诸侯，不以兵车”，“一匡天下，民至于今受其赐”，“管仲之力也”，“微管仲，吾其披发左衽矣”，而强调“如其仁，如其仁”（《论语·宪问》），又将管仲视为仁者而大加褒许。孔子对管仲评价前后的不同，使后人发出了“圣人之言何其不恒如是邪”（程树德著《论语集释》，中华书局，1990年版，第987页）的疑问。造成这种评价不一的原因即在于孔子思想的变化。也就是前者系重礼时期的产物，其时孔子将礼作为人物评价标准；而后者则产生于重仁时期，当时孔子已将仁视为比礼更重要的评价标准。

在重仁的同时，孔子关于仁的思想亦经历了一个发展、丰富的过程。仁是孔子中年以后十分重视、也是学生不断问及的一个重要概念。根据孔子与其不同辈分弟子间的问答，即可剖析仁的内涵之演变。就早期而言，颜渊曾向孔子问仁，“子曰：‘克己复礼，为仁。’颜渊曰：‘请问其目。’子曰：‘非礼勿视，非礼勿听，非礼勿言，非礼勿动。’仲弓问仁，子曰：‘出门如见大宾，使民如承大祭。己所不欲，勿施于人。在邦无怨，在家无怨。’”（《论语·颜渊》）孔子言：“古也有志，克己复礼，仁也。”（《左传·昭公十二年》）据上可知，孔子教颜渊、仲弓之语系来自前人，而非其首创。当时孔子将礼视为仁之目，以礼规范仁，认为仁即以礼克己，勿将己所不欲者加于他人。这时孔子对仁的理解应与其思想的重点从礼转向仁不久、仍相当重视礼有关。就中期而言，原宪曾问孔子：“克伐怨欲不行焉，可以为仁矣？”子曰：“可以为难矣，仁则吾不知也。"(《论语·宪问》)而当子贡直接问仁时，孔子则明确指出"夫仁者，己欲立而立人，己欲达而达人"(《论语·雍也》)。按上可知，孔子其时已不以克己和怨欲不行为仁，而以民受其赐、立人、达人为仁。其说与上引孔子对仁的诠释截然不同。其原因即在于原宪、子贡问仁是在颜渊诸人之后，此时孔子所说的仁在继承前人的基础上又有所发展。就晚期而言，樊迟曾三次向孔子问仁，子一曰"居处恭，执事敬，与人忠"(《论语·子路》)，即早期的克己复礼为仁；二曰"仁者先难而后获，可谓仁矣"(《论语·雍也》)，亦即中期仁之含义；三则答以"爱人"(《论语·颜渊》)。又子张问仁，子曰"恭、宽、信、敏、惠"合而为五，"能行五者于天下，为仁矣"(《论语·阳货》)。据上所述，孔子晚年所说的仁在继承、涵盖以前克己、复礼、推己及人和恭、敬、忠诸义的基础上，又发展出爱人和惠、宽、信、敏诸义，使之更趋丰富和完整。

最后，仁的含义的丰富和提升使孔子晚年返鲁后所言之仁，成为一种很高的道德评价标准。孟武伯曾向孔子问子路、冉求和公西赤"仁乎?"子曰："不知其仁也。"(《论语·公冶长》)孔子对其学生的评价是，"回也，其心三月不违仁，其余则日月至焉而已矣"(《论语·雍也》)。他曾对小其42岁的晚年弟子公西华说："若圣与仁，则吾岂敢。抑为之不厌，诲人不倦，则可谓云尔已矣。"公西华则叹道："正唯弟子不能学也。"(《论语·述而》)这说明孔子晚年不仅认为众多学生不得称仁，连自己也不敢以仁者自居。

三、由"仁"至"道"、"德"的重点转移

先就从"仁"向"道"的转移而言。60岁以后，孔子逐渐转而强调道、德，并将其置于仁之上。有证据表明，孔子曾将仁与

道等同看待。如在陈绝粮时，孔子对子贡说：“予一以贯之。”（《史记·孔子世家》）当子贡问“有一言而可以终身行之者乎？”子曰：“其恕乎！己所不欲，勿施于人。”（《论语·卫灵公》）孔子对曾参亦曰：“吾道一以贯之。”按曾参的理解，“夫子之道，忠恕而已矣”（《论语·里仁》）。孔子又说：“富与贵，是人之所欲也，不以其道得之，不处也。贫与贱，是人之所恶也，不以其道得之，不去也。君子去仁，恶乎成名！”（《论语·里仁》）可知孔子曾将忠恕或仁视为其一以贯之的道。但在另一场合，孔子又有“忠恕违道不远，施诸己而不愿，亦勿施于人”（《礼记·中庸》）之语，认为仁或忠恕去道不远，而并不等于道。造成上述现象的原因，即在于孔子晚年已将仁视为低于道的一个构成要素了。

孔子晚年所强调的道大致可分为君子之道、圣人之道和天之道。子曰：“君子道者三……仁者不忧，知者不惑，勇者不惧”，子贡认为此系“夫子自道也。”（《论语·宪问》）孔子又说：“知者不惑，仁者不忧，勇者不惧。”（《论语·子罕》）并谓子产“有君子之道四焉：其行己也恭，其事上也敬，其养民也惠，其使民也义”（《论语·公冶长》）。足见孔子所说的君子之道包括知、仁、惠、义、勇、恭、敬诸义。

在君子之道之上尚有圣人之道和天之道。子曰：“圣人吾不得而见之矣，得见君子者斯可矣。”（《论语·述而》）又说“博施于民而能济众”者“何事于仁，必也圣乎！”（《论语·雍也》）两者的差别在于施、济范围的广狭和数量的多寡。子贡曰：“夫子之言性与天道，不可得而闻也。”（《论语·公冶长》）孔子虽很少述及性与天道，但并非没有论述。按《礼记·哀公问》、《礼记·中庸》“哀公问政”和《孔子家语·哀公问政》所载，孔子亦曾论及“天道”、“天之道”和“天之至道”，孔子曾言天道当毋庸置疑。天道在孔子思想中居于至高无上的地位。《中庸》曰："天命之谓性，率性之谓道。"圣人、君子之性与道均受之于天，系天之所命或天之所赋，君子之道、圣人之道和天之道三者既相通又有别。

又就道与仁的地位而论。在《论语》中，道与仁均具有高于生死的重要价值。子曰"朝闻道，夕死可矣"(《论语·里仁》)，主张"守死善道"(《论语·泰伯》)。又说："志士仁人，无求生以害仁，有杀身以成仁。"(《论语·卫灵公》)由于以上言论未同时述及道与仁，又无具体的时间背景，两者的关系遂难以确定。但按以上数段文字所言，可知在孔子晚年的思想体系中，仁仅构成道的一个重要组成部分，仁在这一体系中的地位显然低于道。孔子晚年说："志于道，据于德，依于仁，游于艺。"(《论语·述而》)从立志与依从、理想与手段的关系来说，道亦高于仁。由上可知，孔子晚年不仅重道，而且将其置于仁之上。

再就从"仁"向"德"的转移而言。德也是孔子晚年十分重视的一个概念。子曰："道者，所以明德也；德者，所以尊道也。是故非德不尊，非道不明。"(《大戴礼记·主言》)此系对其晚年弟子曾参所说。孔子在这里将德与道相提并论，认为两者是道以明德、德以尊道的关系。孔子对鲁哀公所说："天下之达道五，所以行之者三……知、仁、勇三者，天下之达德也"(《中庸》)，即将德视为道之所行。孔子晚年喜《易》，所作《系辞传》下曰："精义入微，以致用也，利用安身，以崇德也。过此以往，未之或知也；穷神知化，德之盛也。"其言将崇德视为对常人的最高要求。孔子晚年曾与小其48岁的子张和返鲁后所收的弟子樊迟两次谈及"崇德"(《论语·颜渊》)，这都说明孔子晚年的确很注重德。

孔子所说的德包括多层含义，一曰道德、修养和品行，"泰伯其可谓至德也已矣"(《论语·泰伯》)、"吾未见好德如好色者"

（《论语·子罕》）之德，即属此类；二曰恩惠，如“以德报德”（《论语·宪问》）之德；三曰天所赋予的属性，如“天生德于予”（《论语·述而》）。在孔子眼中，德是上天所赋予人的天性，在己表现为德行，推己及人则为恩惠。

德的外延相当宽泛，按上所述，德包括知、仁、勇。子张问“崇德”，子曰“主忠信，徙义，崇德也”（《论语·颜渊》），将忠、信和义视为德的组成部分。樊迟问“崇德”，子曰：“先事后得，非崇德与?”（同上）孔子认为，“君德”指“庸言之信，庸行之谨，闭邪存其诚，善世而不伐”。又曰：“忠信，所以进德也；修辞立其诚，所以居业也。”（《周易》）孔子又说：“中庸之为德也，其至矣乎！”（《论语·雍也》）可见孔子所言之德指中庸、仁、知、勇、忠、信、谨、善世、不伐、诚和义。

最后就德和道、仁的关系而言，就孔子晚年而论，其所言之仁强调推己爱人，德注重天赋之性，道则突出天之精神。

就德、道关系而言。“道者，所以明德也；德者，所以尊道也。”（《大戴礼记·主言》）道的存在足以说明人的德行系来自天之精神。德的存在令人遵道而行，使道得以日尊。“天下之达道五，所以行之者三……知、仁、勇三者，天下之达德也”，是说德乃道之所行。孔子将中庸视为至德，中庸即依中而行，乃中之用及其功。中庸之为至德当指道之所行、所用及其功德即为至德。由上可知，孔子晚年所言之道乃指天之精神，德则指此种精神的体现，包括其行用和功德。

就德、仁的关系而论。子曰：“知、仁、勇三者，天下之达德也。”可见孔子将仁视为德的一个组成部分。在这样的结构中，德的层次高于仁。行仁、用仁乃崇德、进德，崇德、进德应行仁、用仁。不过由于除仁以外，德还包括义、知、勇等，所以仁的行用仅构成崇德、进德的主要和首要途径，而非惟一途径。又从功用来看，按前所述，孔子认为，从爱人出发，推己及人为仁，博施而能济众则为圣而非仁。仁重实行而非结果，不能博施济众仍为仁。而德则重“进德”、“崇德”、“至德”。

在孔子晚年的思想体系中，道是天道，德是道的体现和功用，仁则是达成德的主要途径。子曰“志于道，据于德，依于仁”(《论语·述而》)，扼要地阐述了三者的关系。

本文原载于《哲学研究》2023年第6期。为周生春先生和明旭合撰。

中国历史上的农本工商末思想与政府政策的嬗变

两千多年来，在如何处理农业与工商业关系的问题上，人们的主导思想和政府的政策经历了从农本工商末、农末俱利，到重本轻末、禁末，再到三者皆本、并重的二次重大转变。农本工商末、农末俱利的思想与政策产生于战国以前。轻末、禁末的思想春秋末即已萌芽，其政策战国初业已产生，并曾在魏、齐、秦等国付诸实践。三者皆本、并重的思想北宋时即已产生，甲午战争后方最终成为国人和政府政策的主导思想。

数千年来，以农为本的思想始终是中国社会的主导思想，并构成历代政府决策的指导原则。在一贯重视农业的同时，对工商业的主导性看法和政府的政策却经历了从不轻视到轻视、禁抑，再到农工商皆本及并重的两次重大转变。这一历史发展的进程不仅是中国经济思想史研究的重要课题，而且还构成中国政府管理史研究的重要对象。对前人在这一方面的研究，我们应予以充分肯定和重视。但其研究仍有不少值得商榷和澄清之处。本文拟从以往研究的缺失入手，就上述思想与政策形成、发展的历史轨迹作一系统的论述。

所言如有不当，尚祈诸位方家不吝赐正。

一、农本工商末思想和农末俱利政策的产生

迄今为止，人们大多认为农本工商末的观点产生于战国中叶以后。如有人主张商鞅是“最先提出本末概念的人”，“第一个把本末概念用到了农业和工商业的关系上”。又有人指出，韩非“第一次将‘本末’这对被广泛应用的语词和农、工、商业结合起来使用，肯定农业为‘本’，工商为‘末’，从此诞生了‘农本工商末’的口号，并逐渐将重农轻工商（或轻商）的概念用重本轻末来表达”。这些看法都是值得商榷的。

农本工商末和重农轻工商是两个不同的概念。就字义而言。《说文》云“木下曰本”，“木上曰末”。本字原指树木的主干，引申为本原、本始、基础、根本和主要之物。末字原指树梢，引申为末端、尽头、微、薄、远、弱和不重要之物。其中主要和不重要之物是后起之义。因此，按字义，农本工商末并不等于重农轻工商。在重农轻工商这一后起之义产生之前，将农与工商视为干与枝，本始与远端关系的初始之义应该就存在了。

从事实来看。早在西周时，农业已成为华夏诸国的基础产业、首要的经济部门和政府的头等大事。如周宣王（前 827 至前 782 在位）时人虢文公即指出“王事惟农是务”。当时，工商业虽已产生，但相当弱小，且率由官办。直至春秋中叶，晋文公时仍“工商食官”。所以当时政府中人既重农业，又不摒弃、蔑视工商。如成书于西周的《尚书·洪范》将农业所产之“食”列于“农用八政”之首，同时又将工商所产所销之“货”置于仅次于“食”的重要地位。司马迁所引《周书》曰：“农不出则乏其食，工不出则乏其事，

商不出则三宝绝，虞不出则财匮少”，说明周人认为农工商虞缺一不可。又按虢文公所云：“民之大事在农……财用蕃殖于是乎始”，可知当时之人已将农业视为“财用蕃殖”之“始”，亦即生产财用，使之流通的工商业之“始”。这表明农为工商之本始和基础的初始意义上的农本工商末思想在西周即已产生。

又就农本工商末一词而论。至迟在春秋末即已出现农与工商，本与末相对称的“农末”一词。《越绝书》卷四《越绝计倪内经》记计倪之言曰：“粜石二十则伤农，九十则病末。农伤则草木不辟，末病则货不出。故粜高不过八十，不下过三十，农末俱利矣。故古之治邦者本之，货物官市开而至。”《史记》卷一二九《货殖列传》所引计然之言与此大致相同。《越绝书》所载计氏之言甚多，《史记》所录则甚少。除此段外，前书所引计氏之语绝大部分不见于后书。反之，后者所引计氏“积著之理”等内容亦不见于前者。两者显然不存在抄袭的关系。《越绝书》是先秦时吴、越上古文献的汇编，《越绝计倪内经》所载乃春秋末越王句践与计倪的对话，其文字编入、写成于战国末或秦汉之际。《史记》成书于西汉武帝时，其所引计然之言当出自其他先秦典籍。两者均记载了春秋末计倪或计然所说的“农末俱利”一语。可见这一思想及提法并非孤证，而是分别出自先秦时的吴、越文献和素以史料价值高著称的《史记》，因而是可信的。计氏所说的“末”是指与农并立，专事“货”、“物”、“财”的生产与流通，与“市”相关的产业即工商业。这说明在春秋末工商已被称作末。工商既为末，与工商对称的“农末”之“农”即应为本，“农末”实际上也就是农本工商末。可见早在商鞅、韩非之前，春秋末人计然已将本末的概念用于农业与工商业的关系上了。值得注意的是，春秋末计然的“农末”思想亦在农本工商末的初始意义范围内。按上引《越绝书》、《史记》所言，计氏在论述“农末俱利”时既反对“病农”、“伤农”，又反对“病末”，极力强调“农末俱利”，力主“平粜齐物，关市不乏”，“货物官市开而至”乃治国之本。在其余诸段文字中，计氏亦主张“劝农桑”。认为利源流，任贤使能，即可转毂千里外，货物可来，邦与家可富而不衰。强调顺天地四时，参以阴阳，买卖六畜、货物、五谷、田宅，即可富贵。并阐述了“务完物，无息币”的商品流通“积著之理”。按其所言，可知计氏既重农，又重工商，并无任何轻视工商的倾向。从现有史料来看，战国以前，各国政府即已在食、货兼重思想的指导下实行农末俱利，促进农工商发展的政策。如西周初，太公望在齐国“劝其女工，极技巧”，“通商工之业，便鱼盐之利”。又按《左传》闵公二年所载，春秋时卫文公（前659至前635在位）因实施“务材训农，通商惠工”的政策而使卫国国力大增。晋文公（前636至前628在位）亦因“轻关易道，通商宽农，懋穑劝分，省用足财，利器明德”，而“政平民阜，财用不匮”。又按上引《越绝书》、《史记》所言，春秋末，越王句践采纳了计然提出的“农末俱利”政策，“著其法，治牧江南”，“修之十年”，最终得以复仇称霸。这说明战国前不仅存在农工商并重、俱利的思想，而且还存在这一思想指导下制订的政府政策及实践。

从思想与政策形成的背景来看。西周、春秋时，农业已成为华夏地区的基础产业和首要的经济部门；工商业虽已产生，但相当弱小，且基本上由政府经营管理。因此，战国以前既重农又不轻视工商的农本工商末思想和“农末俱利”政策的出现，并成为当时社会的主流，应该说是十分自然的。

二、重农轻抑工商思想和政策的产生与发展

今人大多认为：战国以前中国不存在轻视工商的思想。“禁末”的思想萌芽于战国初的李悝。战国中期，商鞅最先明确提出事本禁末的口号。最早贱商的是孟子[1]。重农抑商政策首倡于商鞅。战国时重农抑商仅停留在思想领域与舆论，基本上还未付诸实践[2]。这些观点都是值得商榷的。

从观念形成的历史背景来看。春秋末，工商业已有相当的发展。到战国中期，工商业获得了迅速的发展，大量工商业者摆脱政府的控制，成为私营业主。同时，新兴的专制、集权政府逐渐形成，并与迅速发展的工商业产生了矛盾和冲突。在这样的社会里，轻视、反对工商和主张限制、禁抑其发展的思想在当权者中有着十分深厚的基础，其产生和发展是丝毫不奇怪的。先秦文献的记载可以证明这一点。先就马王堆汉墓出土的帛书《老子》而言。老子针对当时工商业发展的现象，提出了“小邦寡民，使十百人之器毋用”，虽“有车舟，无所乘之”，“邻邦相望，鸡犬之声相闻，民至老死不相往来”的主张。他欣赏的是自给自足的自然经济而非商品经济，向往的是封闭式的农业社会而非工商社会。老子强调“绝巧弃利”，“不贵难得之货”，认为“民多利器而邦家滋昏；人多知而奇物滋起”。轻视、反对工商生产、流通的“难得之货”、“利器”和“奇物”，对工商所表现出来的

---

1 参见林夕《浅析“重农抑商”思想的形成与发展》，《晋阳学刊》1989年第2期，第88、42页；李守庸《本末观平议》，《河南师范大学学报》1990年第4期，第1–8页、17页。

2 参见余天炽《战国秦汉的重农抑商政策及其历史检讨》，《华南师范大学学报》1984年第1期，第71–76页；宋超《试述我国古代重农轻工商思想的产生与形成》，《史学月刊》1984年第4期，第1–6页。

“巧”及其所追求的“利”抱着弃绝、鄙视的态度。《老子》所言系针对“侯”、“王”、“君子”等当权者而发，他主张“绝巧弃利”、“不贵难得之货”实际上也就是要主政者禁技巧和抑末。《老子》的基本思想产生于春秋末（在郭店楚简《老子》出土后，该观点已得到众多学者的赞同）。按此可知，轻视、鄙弃乃至否定工商的观点和“禁末”思想的萌芽在春秋末即已出现。再按《说苑》卷二〇《反质》所载，魏文侯（前445至前396在位）时人李悝认为，雕文刻镂、锦绣纂组和饰美等“技巧”将害农事，伤女工，使国贫民侈，穷者奸邪，富者淫佚。奸邪、淫佚乃刑罚之源。李克因此而主张“禁技巧”，“塞其本而替其末”。可见早在战国初，李克即已在老子思想的基础上明确提出了“禁技巧”的观点。又就《管子》“经言”而论。管子说：“凡有地牧民者，务在四时，守在仓廪。”“上不好本事则末产不禁，末产不禁则民缓于时事而轻地利，轻地利而求田野之辟，仓廪之实，不可得也。”“故末产不禁则野不辟”，“有地不务本事，君国不能壹民”。上“好本事，务地利，重赋敛，则民怀其产”。上述“本事”是指与“时事”、“地利”、“田野之辟，仓廪之实”密切相关的农事；“末产”则是与“本事”相对立的概念。《管子》又主张“野与市争民，家与府争货，金与粟争贵”。认为“工事无刻镂，女事无文章，国之富也”；“使刻镂、文采毋敢造于乡，工师之事也”。据此推断，“末产”应指与市、家、金、货密切相关的工商业，禁“末产”则指不许生产有“刻镂、文采”的高档商品。

值得注意的是，在主张严禁末产的同时，“经言”《幼官》与《幼官图》篇又都认为国家“计凡付终，务本饰末则富”，将修治及勤于末业视为富国的途径之一。同样值得注意的是，就在禁止“文章”、“刻镂”的同一篇文字内，管子又指出“天子服文有章……将军、大夫以朝，官吏以命”；《礼记》则认为天子、诸侯、大夫、士、官吏之服均有文章，且“以文为贵”。《管子》云“先王制轩冕所以著贵贱”，明君为“雕文刻镂足以辨贵贱”。《左传》哀公元年子西因吴王阖闾“器不彤镂，宫室不观，舟车不饰，衣服财用，择不取费”，而赞扬之。这说明当时天子、贵族、官僚之器物并不禁“刻镂”。上述既禁又不禁的现象看似矛盾，其实却并非如此。因为其时已出现“日至于市而不为官贾者”之贾，和“日至于市而不为官工者”之工，即私营工商业者。当时“衣服有制，宫室有度……舟车陈器有禁修”，人“生则有轩冕服位谷禄田宅之分，死则有棺椁绞衾圹垄之度”，“散民不敢服杂采，百工、商贾不得服长鬈貂，刑余戮民不敢服絻”。在这样一种社会背景和等级制度下，《管子》所说的禁“末产”仅指严禁私营工商业中的“刻镂”、“文章”和散民、百工、商贾对这类物品的享用，而并不禁止私营工商业本身及官工的“刻镂”、“文章”，和天子、贵族、百官等统治者对这类物品的享用。

通过确定“经言”诸篇最终成文的年代，可以确定上述“好本事”、禁“末产”思想产生时代的下限。《管子》之《立政》、《幼官》和《幼官图》篇均有“将军”一词。《左传》昭公二十八年（前514）传文“将军”一词下孔颖达正义云：“六国以来，遂以将军官名，盖其元起于此。”可知“天子服文有章，……将军、大夫以朝”一段不会成文于前514年以前。《管子·权修》篇有始于战国的“万乘之国”一语，其下“务本事”、禁“末产”等内容不可能成文于战国之前。又《立政》篇批驳“寝兵”、“兼爱”、“全生”之说。“寝兵”是宋銒、尹文的思想，“兼爱”乃墨子之说，“全生”系子华子的思想。宋銒、尹文系齐宣王（前342至前324在位）时人，与孟子（前372至前289）同时[1]。孟子称宋氏为“先生”，可知宋年长于孟子。宋、尹均应为战国中期人。墨子（约前468至前376）为战国初人。按《吕氏春秋》卷二一《审为》、《庄子》卷八《则阳》、《史记》卷一五《六国年表》所云，子华子与韩昭侯（前358至前333在位）、魏君罃（前370至前335在位）、公孙衍、惠施（约前370至前310）等同时，系战国中期人。《立政》篇不会成文于战国中叶以前。通观“经言”各篇文字，找不到内容晚于战国中期以后的证据，可知“经言”成文时代的下限应为战国中叶。进一步的分析可大致确定“经言”最终成文的具体年代。《管子》主张“王道非废也，而天下莫敢窥者，王者之正也”。认为“正天下有分”，只有“顺于礼义”，以财、工、器、士、政教、服习、遍知、机数盖天下，方能正天下。其《形势》篇则指出“欲王天下而失天之道，天下不可得而王也”，“独王之国，劳而多祸”。这和战国中叶齐国始则代天子正天下，继则欲王天下的一段历史符合若契。当时周天子贫微，诸侯莫朝，而齐威王为仁义独率诸侯朝之。随即因不忍其苛责而叱之，卒为天下笑。最后威王就在大败魏桂陵，“最强於诸侯”时，于前353年先于其他华夏诸侯“自称为王，以令天下”。就其内容、语意分析，上述“正天下”、“欲王”和“独王”之言应是针对齐威王的所作所为而发。其文字应写成于见其正天下，知其欲王天下，目睹其在华夏诸国中独自称王之时，而不可能出自诸侯普遍称王，正天下和独王已成为历史，丧失评论价值之后。诸侯普遍称王始于前334年齐、魏徐州相王。前323年，秦、韩、燕诸侯皆已称王。前318年，宋亦自立为王。显而易见，

1　《荀子》卷三《非十二子》、卷一一《天论》杨倞注，《二十二子》，上海古籍出版社1986年版，第297、329页；《汉书》卷三〇《艺文志》，《二十五史》，上海古籍出版社、上海书店1986年版，第166页；《史记》卷一五《六国年表》，第725–730页。

“经言”当最终成文于前353到前334年之间，其禁“末产”的思想最迟在前353至前334年间即已产生。还应指出的是，上述《管子》的思想与前引战国初李悝之言十分相似。《管子·牧民》篇曰：“不务天时则财不生，不务地利则仓廪不盈，野芜旷则民乃菅，上无量则民乃妄，文巧不禁则民乃淫，不璋两原则刑乃繁。”可见将“刻镂”、“文章”等“技巧”、“文巧”视为农本的对立面，必须严加禁止的看法已构成战国中叶以前齐、魏等国贤士大夫的共识。

主张商鞅最先明确提出“事本而禁末”说的根据出自《商君书·壹言》篇。该书虽保存了商鞅的许多思想，但并非商鞅手著，而是由其后学写定。该书《来民》篇曰“今三晋不胜秦四世矣”，“自魏襄以来，野战不胜，守城必拔”，“不可胜数也，若此而不服”。其下又有“长平之胜”之语。其《弱民》篇则云：“秦师至鄢、郢，举若振槁。”按（《史记》之《秦本纪》、《六国年表》、《赵世家》、《魏世家》、《韩世家》所载，魏国襄王以下为哀王、昭王，第四世为安釐王（前276至前243在位）；韩国宣惠王在魏襄王三年即位，其下为襄王、釐王，第四世为桓惠王（前272至前239在位）；赵肃侯在魏襄王九年去世，其下为武灵王、惠文王，第四世为孝成王（前265至前245在位）；秦昭襄王五十三年（前254），“天下来宾”、“韩王入朝，魏委国听令”，三晋始服秦。长平之战系前260年之事。秦于前279年拔鄢，次年拔郢。按上所述，《商君书》应系前260至前254年间编定。商鞅（约前390至前338）是战国中期人，其“以强国之术说君”变法是前359年之事。“事本而禁末”一语产生时代的上限为前359年，下限为前260至前254年之间。这在时间上晚于战国初李悝的“禁技巧”说，和产生时代下限为前353至前334年间《管子》的“好本事”、禁“末产”说。

按上所述，鄙视、否定工商和“禁末”思想的萌芽在春秋末即已产生。战国初至战国中期，李克和《管子》明确提出了“禁技巧”和禁“末产”的口号。其思想已包含农本工商末概念的后起之义，在产生时间上均早于商鞅。战国中、后期，随着工商业的进一步发展和专制、集权政府的日趋成熟与强大，统治者为遏制农业社会中工商业畸形发展的势头，使农工商均衡发展，以稳定统治，增强本国的军事实力，提出“令商贾技巧之人无繁”，广泛禁抑工商各业的主张。随着尊奉此说的秦国削平群雄，统一天下，重农禁末的思想因之而成为天下占统治地位的思想。

统治阶级思想上的转变必定会带来政策上的变化。据目前所知，重农抑工商的政策最早形成于战国初的魏国，而非秦国。其首倡者是李悝，而非商鞅。按《说苑》卷二〇《反质》所载，李悝认为，雕文刻镂、锦绣纂组和饰美等“技巧”将害农事、伤女工，是刑罚之源，因而主张“禁技巧”以“塞其本而替其末”。魏文侯接受其建议，“以为法服”，遂立法以禁技巧。又魏安釐王于前 252 年曾二度下令：“叚（假）门逆吕（旅）”，“勿令为户，勿鼠（予）田宇。三枼（世）之后，欲士（仕）士（仕）之。”“叚（假）门逆（旅）……或（率）民不作，不治室屋，寡人弗欲。且杀之，不忍其宗族昆弟，今遣从军，将军勿恤视。”可见从战国初至战国末，魏国对从事“技巧”和经营商贾、客店者采取了立法抑制的政策。魏国以外，秦用商鞅变法，“事末利及怠而贫者，举以为收孥”，亦采取重农抑工商的政策。当时，齐国有“百工商贾不得服长鬈貂”，“使刻镂、文采毋敢造于乡，工师之事也”之制。梁顾协《琐语》云齐威王有“造锦绣之禁”[1]。据此可知，战国时至少有魏、秦、齐

1　转引自董说原著、缪文远订补《七国考订补》，上海古籍出版社 1987 年版，第 678 页。《琐语》见《隋书》卷三四《经籍三》，《二十五史》，上海古籍出版社 1986 年版，第 124 页。按苏秦所言，齐宣王时，齐都临淄“其民无不吹竽鼓瑟，弹琴击筑，斗鸡走狗，六博蹋鞠”（《史记》卷六九《苏秦列传》，第 2257 页）上述诸行业应不在当时齐国所禁末产之列。

三国实行重农抑工商的政策。重农抑工商并非仅停留在思想领域与舆论界，不能说基本上还未付诸实践。战国以后历朝政府大致沿袭了这一政策。直至鸦片战争以后，统治者方才放弃沿用了两千余年的重农抑工商政策。

三、农工商皆本、并重思想和政策的产生与演变

战国以来，重农抑工商说虽成为统治阶级和政府政策的主导思想，支配了中国社会两千多年，但同时又出现农工商并重，皆为本业的观点，并最终取代前者，成为社会和政府政策的主导思想。以往的研究大多认为：农工商均有本末，各业并重说始自东汉的王符（85—162），农工商皆为本业的观点始于南宋的陈耆卿（1180—1236）[1]。重农抑商的思想和政策在鸦片战争前夕退出了历史舞台。这些说法都是值得探讨的。

王符的思想见于其《潜夫论》。该书《务本》篇曰：“为国者以富民为本。”“夫富民者以农桑为本，以游业为末。百工者以致用为本，以巧饰为末。商贾者以通货为本，以鬻奇为末。三者守本离末则民富，离本守末则民贫。”只需仔细琢磨此段文字，便不难发现其所述乃“富民”而非富农，是“富民”、“百工”、“商贾”各有本末，而非农工商各有本末。民与百工、商贾并非彼此并列，而是前者包容后二者，属于不同层次的两个概念。

在古书著者所撰叙中，往往载有其所作各篇文字的缘由和大

---

1 参见胡寄窗《中国经济思想史简编》，第252–253页；赵靖、石世奇《中国经济思想通史》第二卷，第83–88页；张守军《中国历史上的重本抑末思想》，第74–83页；叶坦《富国富民论》、北京出版社1991年版，第183–185页；上海社会科学院经济研究所经济思想史研究室《秦汉经济思想史》，中华书局1989年版，第333–338页。

旨。按《潜夫论·叙录》所云，全书首篇为《赞学》。其次因“凡士之学，贵本贱末”，而“时俗趋末，懼毁行术，故叙《务本》第二”。《务本》所云乃与士之学相关的内容，认为为国者、富民、百工、商贾及教训、辞语、列士、孝悌、人臣等皆有本末。教训、辞语、列士、孝悌、人臣等并非皆彼此并列，而是有些可以兼容，属于不同层次的几个概念。通篇所言乃“为国者以富民为本，以正学为基；民富乃可教，学正乃得义”；凡士之学，应务本而抑末；而非论述民与百工、商贾之间，更非农与工商间的本末关系。

王符关于农与工商关系的论述主要收载于《浮侈》篇而非《务本》篇。按书末《叙录》所言，符因“先王理财、禁民为非……浮伪者众，本农必衰，节以制度，如何弗议，故叙《浮侈》第十二”。其文曰：“今举世舍农桑，趋商贾；牛马车舆，填塞道路；游手为功，充盈都邑；治本者少，浮食者众……今察洛阳浮末者什于农夫，虚伪游手者什于浮末。是则一夫耕，百人食之；一妇桑，百人衣之。以一奉百，孰能供之。天下百郡千县，市邑万数，类皆如此，本末何足相供。”在王符看来，农桑、农夫为本，商贾、浮末、虚伪游手或浮伪者为末。“富民者以农桑为本”，“一夫不耕，天下必受其饥者；一妇不织，天下必受其寒者”；故应“宽假本农”，“宜禁”浮伪。由上可知，王符认为农为本，工商为末，主张治本禁末。他既没有提出工商与农同为本业，应该并重的观点，也没有批判轻工商的倾向。王符虽认为百工、商贾亦有本末之分，应务本抑末，但这种观点与《管子》将工商分为两类，只禁私营工商业中“刻镂”、“文章”，而不禁其他的主张如出一辙。这都说明王并未突破和修正传统的农本工商末观念。尽管其关于工商亦分本末的观点为后世工商皆本说的产生提供了思想基础，但这一思想并不具有以往所认为的划时代的意义。陈耆卿最先提出农工商皆本说的根据出自其《嘉定赤城志》。该书卷三七《土俗》载“天台令郑至道谕俗七篇”，其中《重本业》篇云士、农、工、商“此四者皆百姓之本业，自生民以来，未有能易之者也。若能其一，则抑以事父母，俯以育妻子，而终身之事毕矣。不能此四者，则谓之浮浪游手之民。浮浪游手之民衣食之源无所从出，若不为盗贼即私贩禁物”。按上所述，提出农工商皆为本业，否定重农抑工商说的是郑至道而非陈耆卿。

郑至道，叔明子，字保衡，莆田人，北宋元丰二年（1079）进士，历知天台、乐昌二县，著有《谕俗篇》、《锦囊四集》等[1]。《谕俗编》作于郑至道任天台令时。按《嘉定赤城志》卷一一《县令》所载，郑于元祐二年（1087）、三年知天台县。《谕俗编》的撰著和农工商皆本说的提出应是元祐二年至三年间事。

值得注意的是，郑至道生活的年代虽较陈耆卿（1180—1236）为早，其提出农工商皆本说虽远在黄宗羲（1610—1695）之先，但未必就是最早提出此说者。在未掌握所有史料的情况下，我们不应简单地断言是郑至道首先提出农工商皆本的观点，而只能说这一思想早在北宋元祐年间即已产生。

北宋元祐以后，随着工商业的进一步发展，农工商皆本的观点不仅为人们一再称道，而且还获得进一步的发展。如明人丘浚《大学衍义补》卷二五《市籴之令》即指出“食货者，生民之本也”。赵南星认为“士农工商，生人之本业”。汪道昆云：“先王重本抑末，故薄农税而重征商。余则以为不然，直壹视而平施之

1 参见厉鹗《宋诗纪事》卷三二，上海古籍出版社 1983 年版，第 786 页；陆心源《宋诗纪事补遗》卷二四，光绪十九年归安陆氏刊本，第 5 页；王梓材、冯云濠《宋元学案补遗》卷五，《四明丛书》5 辑，第 15-23 页；《宋史》卷二〇四《艺文三》、卷二〇五《艺文四》，中华书局 1977 年版，第 5145、5210 页；郝玉麟、谢道承等《乾隆福建通志》卷三三《选举一》，卷六八《艺文一》，文渊阁四库全书影印本第 529、530 册，第 24、428 页。

耳。”山西柳林《杨氏家谱》认为，“天地生人，有一人莫不有一人之业。……寄迹田畴，则农为本业。置身曲艺，则工为本业。他如市尘贸易，鱼盐负贩，与挑担生理，些小买卖，皆为商贾，则商贾即其本业”[1]。黄宗羲《明夷待访录·财计三》则主张“工固圣王之所欲来，商又使其愿出于途者，盖皆本也”。一些激进的思想家如何心隐在其《何心隐集》卷三《答作主》中甚至提出“商贾大于农工”的观点。他如冯应京始则云“语曰士农工商各执一业，又如九流百工皆治生之事也”；继则又引《客商规略》曰“行商坐贾，治生之道最重也”；亦认为商贾重于农工。在工商业繁荣发展和上述观点的影响下，“人人不耻逐末，为之者众”已成当时的一种风气。但直至鸦片战争前夕，农工商皆本和并重的观点仍未取代重农抑工商之旧说而成为社会的主导思想，更没有造成政府政策上的变化。

众所周知，某一时代具有代表性的重要人物（尤其是政府中人）的思想，以及政府所据以制定、颁行其政策的主导思想，一般也就是该时代社会的主流思想。鸦片战争前，中国先进思想家的代表人物龚自珍（1792—1841）和魏源（1794—1857）均主张重农抑工商。如龚氏认为：“人主之忧，食重于货”；“衣食之权重，则泉货之权不重”；主张政府应使“桀黠心计者，退而役南亩”。魏源在1852年最后一次增订《海国图志》时仍认为“金玉非宝，稼穑为宝，古训昭然，荒裔其能或异哉”。龚氏在鸦片战争前夕虽提出“食固第一，货即第二”，“食货并重”的观点，但据其自称，这只是“施之于禁银出海之朝”的权宜之计而已。诚如赵靖等人所言，这“主要还是由于应付迫切的现实问题的需要所引起的具体主张上

1　转引自赵靖、石世奇《中国经济思想通史》卷四，第503页。

的改变，而不是从对社会经济过程本身的观察所得出的结论”。当时其他统治阶级中人大多深受重农抑工商思想的影响。如官至翰林院侍讲的谢阶树（？—1844）主张“以农为本，工商为末”；认为“凡欲民富必先重农，重农之道令农与士齿，工商不得与士齿”；“故致富莫如劝农，而保富莫如抑商”。普通士人吴铤（1800—1833）亦认为“先王以工商为逐末，惟农为衣食之源”；为政应使“民皆知务本而不思逐末”。当时清政府则仍沿袭传统的重农抑工商政策而未见有任何革新。这都表明鸦片战争前夕，重农抑工商的思想依然是当时社会的主导思想。

鸦片战争爆发后到甲午战争期间，随着中国门户的逐步开放和现代工商业的发展，部分统治阶级中人的思想亦逐渐发生变化。如魏源1842年在其《圣武记》卷一四《军储一》中写道：“语金生粟死之训，重本抑末之谊，则食先于货；语今日缓本急标之法，则货又先于食。”结合他在1852年所说“金玉非宝，稼穑为宝”之语，可见他在始终坚持重农抑工商的观点时，又认为在当时的具体条件下可以“缓本急标”，将货暂时置于优先的地位。王韬在1862年还主张“重农桑而抑末作”，但此后不久即将认为“行泰西之法是舍本而务末”者称作“迂拘之士”，对政府“时且遏抑剥损”商民的作法表示不满[1]。并主张“不必尽行仿效西国”，“恃商为国本”，认为“今诚能通商于泰西各国，自握其利权……则可收西商之利，而复为我所有”。又如薛福成在甲午战争前指出，“西人之谋富强也，以工商为先”，“泰西风俗以工商立国，大较恃工为体，恃商为用，则工实尚居商之先……工又必兼士之事”。中国欲发奋图强，即

1 参见王韬《弢园文录外编》卷二《兴利》，卷一二《理财》，光绪九年排印本，第14、33页；《弢园尺牍·代上苏抚李宫保书》，中华书局1959年版，第85页。

“不能执崇本抑末之旧说以难之”。他认为，“圣人之制，四民并重，而工居士农商之中，未尝有轩轾之意存乎其间”。故今“虽圣人复生，必不置商务为缓图”，而应“振百工以前民用……渐化其贱工贵士之心。是在默窥三代上圣人之用意，复稍参西法而酌用之”[1]。以上诸说并未主张尽行仿照“恃商为国本”，“以工商为先”，“以工商立国”的西方先例，进行大刀阔斧的改革，亦未提出上述种种口号[2]；只是经由从权宜变通到稍参西法而酌用之的途径，完成了从重农抑工商之旧说向农工商并重，强调振兴工商的转变。

与此同时，不少官僚士大夫的思想仍深受重农抑工商传统观念的影响。如徐鼒（1801—1862）主张“今之筹国用者在于重农桑而已矣，重农桑必先贵谷帛，贵谷帛必先禁淫侈，淫侈禁而后商贾之利微”。孙鼎臣（1809—1859）认为“富之莫如重农，重农必先贵谷，贵谷非废银不可”。此举“农便而商不便，则是古征商之意，而吾所以驱天下而归之农之微权也夫”。刘锡鸿在1875年写道：“重农抑商所以教勤朴而广生财之源。”汉初令商贾不得衣纨帛，其子不得仕宦“是法之最善者”。方浚颐（1815—1889）亦云：“舍本逐末，安足恃欤。”丁立钧则在1889年所上奏章中明确主张“重农抑商”。可见在甲午战争前，重农抑工商的思想仍具相当势力，尚未退出历史舞台。

值得注意的是，这一时期制订和执行政策的政府大员主要持前一种观点。试以李鸿章为例。李在中国面临“三千余年一大变局”

1　参见薛福成《庸庵全集·筹洋刍议·商政》，光绪二十三年上海醉六堂石印本、第10页；《庸庵海外文编》卷三《英吉利用商务辟荒地说》、《振百工说》，《近代中国史料丛刊》正编第943册，台北文海出版社，第1254、1255、1331、1332、1335页。

2　参见赵靖、易梦虹《中国近代经济思想史》下册，第273、282页；赵靖、石世奇《中国经济管理思想史教程》，北京大学出版社1993年版，第428页；张守军《中国历史上的重本抑末思想》，第184页。

之际，认为病亟治标，必须“变通”。强调“变法与用人”，赞成“立约通商以牢笼之”，主张“自强之道在乎师其所能，夺其所恃”。认为“机器制造一事为今日御侮之资，自强之本”，应“亦设机器，自为制造，轮船铁路，自为转运”，仿照西法“用机器开采、转运、鼓铸、制造”，且“渐开风气，以利民用”。他主张“变通”和发展现代工商，并付诸实践，表明这一时期轻视、压抑工商的思想正在被农工商并重及发展工商的思想所取代。而这一时期负责对外通商和交涉事务的总理衙门及南洋、北洋通商大臣的设置，也反映既不固执旧说，又不全仿西人，主张发展工商的思想已成为当时政府的主导思想和政策。

甲午战争以后，国人普遍因战败而震惊，思想随之发生重大转变。1895 年，维新派代表人物康有为上书清帝，认为“凡一统之世，必以农立国，可靖民心；并争之世，必以商立国”。1898 年，康氏更进一步指出，“欲驱末业而缘南亩，此诚闭关无知无欲之至论矣”，因而主张“今已入工业之世界矣”，吾国当“定为工国”。而统治阶级的代表人物，如状元出身的官僚孙家鼐、陆润庠、张謇等人则以直接投身于工商业的行动表明了其对工商的注重和热忱。更重要的是，最高统治者的态度也发生了重大变化。光绪在 1890 年尚有“崇本抑末”的思想，1898 年已“毅然有改革之志”，认为“振兴商务为富强至计，必须讲求工艺”，现已“迭经谕令各省认真整顿”，“著于京师设立农工商总局”。1902 年光绪又明确指出，“农工商业为富强之根本”，“除商务已特派大臣专办外，其农工各务即著责成各该督抚等认真兴办”。次年，他更进一步指出，“通商惠工为古今经国之要政，自积习相沿，视工商为末务，国计民生日益贫弱，未始不因乎此。亟应变通尽利，加意讲求”。并下旨设立商部，制订商律。此时他不仅极端重视工商，公开批判了以往轻视、压抑工商的观念，明确提出农工商皆本的口号，而且还根据振兴工商的思想制订了相应的政策，并付诸实施。所有这一切都无可置疑地表明甲午战争以后，社会的主导思想和政府的国策已完成了向农工商皆本，大力振兴工商的转变。

在人们将农工商均视为国家富强之本后，如何看待并处理三者间的关系，便成了理论上和政策上必须解决的问题。光绪在1898年指出“图治之法，以农为体，以工商为用”。尔后，他又指出“商之本在工，工之本在农”，“万宝之原皆出于地……农又为通商惠工之本”，在三者皆为富强之本的前提下复将农视为工商之本。亚当·斯密《原富》的译者严复指出，“农工商贾，固皆相养所必资，而于国为并重，然二者之事，理实有本末之分。古人之言，未尝误也，特后人于本末有轩轾之思，必贵本而贱末者，斯失之耳”。他认为农与工商实有本末之分，但应并重而不应有贵贱轻重之别。本末之分源自农业所产是工商业存在的基础，亦即“地为百产之宗，使耕牧树畜者斥母治业而不得赢，则宇内之财只有此数，行且日微而尽，其他工商之业，乌得立乎？”他之采用本末一词是沿用古人关于农业是基础产业，工商为二、三产业的本末之初始义，以体现三者间的内在关系，且“取于人意习而易达”。实业家张謇则认为“实业者，西人赅农工商之名”。救国的“根本则在实业”。实业中“农为尤要，盖农不生则工无所作，工不作则商无所鬻”。故“民生之业农为本，殖生货者也；工次之，资生以成熟者也；商为之绾毂，而以人之利为利，末也”。但这种本末关系亦只是“义有先后而无轻重”，仅指农工商分别为原料生产、加工和流通部门，三者皆为国之本而不应有轻重之分。据此可知，甲午战争后国人又恢复和采用本末一词的初始义来诠释农工商三者间的关系，并据此制订政府的政策。这种做法并不仅仅是向二千多年前的旧义和传统的简单回归，而是在更高层次上，即认识到三者皆本，“义有先后而无轻重”，农为工商之基础，而机器大生产之“工固农、商之枢纽”的前提下对传统的继承和发展。

上述三者皆本与并重的思想一旦形成，即产生了深远的影响。如萧一山在20世纪20年代指出，中国“沿守农本主义数千年，至清末而未尝变更”，“直至近日，农本主义仍牢固于吾国人之思想中而不可破。然工商之占优越地位，此又不可掩之事实”。民国以后，“众议纷纭，言主义者……创为农村救国之说，谈革新者……提倡工业化”。他主张“以农为本，而工商化之”，既提倡工商，又不舍弃农业这一根本。章开沅等人近年亦指出，在20世纪20年代至40年代中国工业化和以农立国的讨论中，大多数学者主张实现工业和农业的现代化，提出了“农业与工业相并进行”，“以农立国，以工建国”等颇符合中国国情的设想。这都说明农工商皆本与并重，大力发展现代工商的思想已成为此后中国社会的主导思想。

本文原载于《浙江大学学报（人文社会科学版）》2004年第2期。中国人民大学复印报刊资料《经济史》2004年第4期全文转载。为周生春先生与曹建钢、胡倩合著。

参考书目

[1] 赵靖，石世奇：《中国经济思想通史》卷一，北京大学出版社，1991。

[2] 张守军：《中国历史上的重本抑末思想》，中国商业出版社，1988。

[3] 胡寄窗：《中国经济思想史简编》，立信会计出版社，1997。

[4] 佚名：《国语》，上海古籍出版社，1988。

[5] 司马迁：《史记》，中华书局标点本，1982。

[6] 周生春：《〈越绝书〉成书年代及作者新探》，中华文史论丛第49辑，上海古籍出版社，1992。

[7] 高敏：《秦汉时期的重农思想蠡测》，《秦汉史论集》，中州书画社，1982。

[8]《二十二子》，上海古籍出版社，1986。

[9]《十三经注疏》，中华书局影印本，1980。

[10]《睡虎地秦墓竹简》，文物出版社，1978。

[11] 王大庆：《1980年以来中国古代重农抑商问题研究综述》，中国史研究动态，2000。

[12] 赵南星：《味檗斋文集》，《畿辅丛书》第149册，光绪五年定州王氏刻本。

[13] 汪道昆：《太函集》，《四库全书存目丛书・集部》第118册，齐鲁书社，1997。

[14] 冯应京：《月令广义》，《四库全书存目丛书・史部》第164册，齐鲁书社，1997。

[15] 恽敬：《大云山房文稿·初集》,《四部丛刊·初编》第 308 册，上海书店重印本，1989。
[16] 龚自珍：《龚自珍全集》，上海人民出版社，1975。
[17] 魏源：《海国图志》，光绪二年平庆泾固道署重刊本。
[18] 赵靖、易梦虹：《中国近代经济思想史》上册，中华书局，1980。
[19] 谢阶树：《约书》，道光二十四年宜黄谢氏刊本。
[20] 盛康：《皇朝经世文续编》，文海出版社，1979。
[21] 王韬：《代上广州府冯太守书》，醒狮丛书，中州古籍出版社，1998。
[22] 徐鼒：《未灰斋文集》,《近代中国史料丛刊·正编》第 534 册，文海出版社，1973。
[23] 孙鼎臣：《苍莨集》，咸丰九年版。
[24] 刘锡鸿：《刘光禄遗稿》,《近代中国史料丛刊·三编》第 446 册，文海出版社，1992。
[25] 方浚颐：《梦园丛说内编》，光绪元年申报馆仿聚珍版。
[26] 丁立钧：《光绪十五年正月十四日翰林院掌院学士麟书等奏》,《中国近代史资料丛刊·洋务运动》，上海人民出版社，1961。
[27] 李鸿章：《李文忠公全集·奏稿》,《近代中国史料丛刊·续编》，文海出版社，1983。
[28] 康有为：《上清帝第二书》,《康有为全集》第二集，上海古籍出版社，1990。
[29] 康有为：《请励工艺奖创新折》,《近代中国史料丛刊·正编》第 326 册，文海出版社，1973。
[30] 朱寿朋：《光绪朝东华录》，中华书局，1958。
[31] 严复译：《原富》，商务印书馆，1981。
[32] 张謇：《张季子九录》，中华书局聚珍版，1931。
[33] 萧一山：《清代通史》第二册，中华书局 . 1986。
[34] 章开沅、罗福惠：《比较中的审视：中国早期现代化研究》，浙江人民出版社，1993。

云梦秦简行政法文献新论

云梦秦简中，《为吏之道》是道德规范而非行政法文献，《语书》和《法律答问》中部分条文亦属行政法规，秦简中行政法规以政府职能部门和官吏行为规范为主要内容，其规定具体、详密，主要涉及财务、经济、行政，并以地方政府与低级官吏为主要对象，以惩罚为主要手段，具有形式多样、诸法合体等特点，其条文可按《周礼》中的治典、教典、政典、刑典和事典分为五类。云梦秦简并非迄今为止我国发现的最早的法律文书。

1978年12月，湖北云梦睡虎地秦墓出土了《编年记》、《语书》、《秦律十八种》、《效律》、《秦律杂抄》、《法律答问》、《封诊式》、《为吏之道》和《日书》(甲种、乙种)等十种文献。这批弥足珍贵的“云梦秦简”的出土，使学术界通过对上述资料的整理与研究，对秦的法制形成了一系列新的重要认识。这些新见解大多持之有故、言之成理，但也有若干流行的观点，如“云梦秦简是迄今我国发现的最早的法律文书”，《为吏之道》“是我国最早的行政法文献”等值得商榷[1]。本文拟就云梦秦简的性质，《为吏之道》是否我国最早的行政法文献，以及云梦秦简中行政法文献的内容、特点和分类阐述一己之见。

一、云梦秦简的性质

就云梦秦简的形式、内容而言，这些竹简是墓主喜根据自己的需要，通过继承、搜集和亲自撰写、摘抄或请人抄写而为其所有，生前经常参考使用，死后随其下葬，属个人收藏，是私人所有的文献，而非藏于官府的官方文献。其《编年记》逐年记述了从秦昭王元年（前306）到秦始皇三十年（前217）秦之大事和墓主喜的生平及其家事；《语书》乃前227年，南郡郡守颁发给下属各县、道的文告；《秦律十八种》、《秦律杂抄》等是对秦律条文有选择的摘录；《为吏之道》是任官的箴言；《日书》则是占日卜筮之书。喜历任南郡管辖下安陆县御史、令史和鄢县令史，曾治狱鄢，并曾从军，前243年至前217年间长期居于安陆，死后葬于该地。无论从传统的中华法系还是从现代西方法学体系的角度来看，这些私家文献中有不少如《编年记》、《为吏之道》和《日书》等与法律无关的内容，而与法律有关的部分亦仅仅是官府颁行，由其收藏的法律文献的摘抄、删节本，非官方正式的法律文献。

“法律文书”一词有狭义和广义之分。在今日中国，狭义的“法律文书”一般是指在诉讼和非诉讼的法律事务中，由公安、检

1　参见张晋藩《中国法律制度史》，中国政法大学出版社1999年版，第69页、第73–75页；《中国行政法史》，中国政法大学出版社1991年版，第26–28页；钱大群《中国法律制度史》，南京大学出版社1987年版，第121页；蒋建民《我国最早的行政法文献——〈为吏之道〉》，载《中国行政管理》1997年第8期，第38–39页。

察、法院、公证仲裁机构和律师、当事人按照法律程序，就具体案件和事件适用法律而制定的具有法律效力和法律意义的非普适、非规范性的文件。按此定义，云梦秦简中仅有《封诊式》可称作法律文书。如从广义的定义出发，即便将法律文书视作法律文献，亦有不少秦简无法归入法律文书之列。

值得注意的是，官方正式法律文献的摘抄、删节本乃至上述法律文书的文本，早在云梦秦简产生以前即已有之。按《左传》昭公十四年所载，前528年晋人叔向引《夏书》曰："'昏、墨、贼，杀'，皋陶之刑也。"又按《尚书·吕刑》所述，周人实行"两造具备，师听五辞"的诉讼制度和"诅盟"制度。西周前期，"师旂鼎"载有一份判决词；1975年，陕西岐山董家村出土的西周晚期铜器"倗匜"，亦载有一篇判决书。这不仅证明上述诉讼和"诅盟"制度的确存在，而且还说明早在西周时期，我国即已存在今天法学意义上的"法律文书"。据此可知，无论从秦简的形式、内容，法律文书的概念，还是从史籍的记载和出土的实物来看，"云梦秦简是迄今我国发现的最早的法律文书"一说都是不能成立的。

二、《为吏之道》并非行政法文献

首先，《为吏之道》并非法律文献。包括《为吏之道》在内的云梦秦简产生于战国中后期。这是成文法进一步法典化、规范化以及传统法制形成的时代。尽管存在种种差异，但无论从传统的中华法系还是从现代中国的法律体系来看，法都是由国家制定或认可，由国家强制力保证实施的行为规范的总和，秦法也不例外。如栗劲的《秦律通论》即认为，秦法具有以下几方面的本质属性：法自君出，法具有国家强制力；法的本质是残酷的，实施法律必须无情；

法具有“制民”、“惩下”的特点；法是道的表现。然而通读《为吏之道》全文，却找不到片言只语以说明它是由君主、国家制定或认可，具有国家强制性和惩罚性的文献。这说明，从法的本质特征来看，说《为吏之道》是法律文献缺乏必要的证据。

反之，种种迹象表明，《为吏之道》并非由君主或国家制定或认可，亦不具有强制性和惩罚性。如其文云：“术（怵）悐（惕）之心，不可（不）长。以此为人君则鬼，为人臣则忠，为人父则兹（慈），为人子则孝；能审行此，无官不治，无志不彻，为人上则明，为人下则圣。”以上所言已涉及对君主的要求，而非仅仅是为吏之道。在君主专制的战国时期，君主或国家是不会制定、认可和颁行这一类法律来规范、惩罚君主的。其文仅强调“不可（不）长”，希望人们“能审行此”，而不是由国家强制力来保证其实施，对违反者亦无相应的惩罚规定。其“吏有五失”条除“五曰非上，身及于死”外，其余四条“一曰不察所亲，不察所亲则怨数至；二曰不智（知）所使，不智（知）所使则以权衡求利；三曰兴事不当，兴事不当则民傷指；四曰善言隋（惰）行，则士毋所比”，仅一一分析四失的后果，而没有列出任何强制性措施和惩罚上述过失的制裁措施。其余诸条亦都不载任何强制性、惩罚性的规定，这和云梦秦简中《秦律十八种》、《秦律杂抄》等法律文献绝然不同。显而易见，《为吏之道》并不具备法的本质特征。

又就法的形式上的特点而言，法律文献作为法的规范化的表现形式，一般具有“严整细密”、“准确统一”的特点。云梦秦简中《秦律十八种》、《秦律杂抄》等法律文献均具备这些特点，《为吏之道》则不具备。《为吏之道》结构松散、杂乱，很不统一。其文体前后不一，韵、散交错。文内第四节“除害兴利”一段，中间语意不连贯，多不成句，颇似识字课本；第八节“凡治事”诸节采用“相”的格式，与其他各节显然不同；第九至十节分别为《魏户律》和《魏奔命律》，内容杂乱无章，缺乏条理。全书文字墨迹浓淡不一，书写或工或草，字体也不同，显系不同时代抄录而成，并非一“严整细密”的统一整体。而且《为吏之道》内容冗繁，前后重复之处颇多。如第1节“审当赏罚”，“廉而毋刖，毋复期胜”，“宽俗（容）忠信，和平毋怨”，“兹（慈）下勿陵，敬上勿犯”与第2节“一曰中（忠）信敬上，二曰精（清）廉毋谤，三曰举事审当，四曰喜为善行，五曰龚（恭）敬多让”基本重复。第四节“戒之戒之，材（财）不可归；谨之谨之，谋不可遗；慎之慎之，言不可追”则与第七节后半“戒之戒之，言不可追；思之思（之），某（谋）不可遗；慎之（慎之），货不可归”大致相同。即使在同一节中，亦不免有冗繁、重复之处。如第一节中的“悔过勿重”与“毋行可悔”，“廉而毋刖”与“断割不刖”即相重。又如第三节标题为“吏有五失”，而“五失”第一个中的“犯上弗智（知）害”，即与第三个中的“非上，身及于死”重复。《为吏之道》行文用字常违背“严整细密”、“准确统一”的原则，颇多含义不清，前后矛盾之处。如第五节中的字句即大多含义模糊，令人不知所云。其第一节有“严刚毋暴”之文，第六节有“宽以治之，有严不治”之语，前者主张“严刚”，后者则认为“严不治”，两者彼此矛盾，无法统一。

由上可知，《为吏之道》既不具备法律的本质特征，也不具备法的形式上的特点，显然不能归入法律文献之列。

从逻辑上说，既然《为吏之道》并非法律文献，而法律文献又包括行政法文献，那么，《为吏之道》就应该不是行政法文献。进一步的分析可以证实这一观点。从现代法学的观点来看，所谓行政法是关于国家行政组织（包括行政人员）及其行为和对行政组织（包括行政人员）及其行为进行监督的法律规范的总和。行政法具有以下特点：国家行政机关构成行政法律关系的一方，其意志和行为往往具有单方面性、强制性和公定的效力；行政法律关系中权利与义务统一不分，注重程序，规定具体，易操作，且有事后制裁手段来保证其实施。中国古代不存在现代意义上的国家行政组织，所以也就没有现代概念上的行政法。不过如将中国古代整个国家机关，或除君主及其附属机构与军事、监察、司法以外的国家机构视为行政机关，那么，古代的法律体系中虽无现代概念上的行政法，却有合乎上述定义和特点的行政法规，可以将其视为古代的行政法文献。按《中国行政法史》所言，秦不仅有行政法，且具有“以律的形式立法，经国家颁行并监督实施”的特点，《唐六典》即是唐代的一部行政法规和行政法文献。至于《为吏之道》虽与任官有关，却不符合以上行政法的概念及特点。

通观《为吏之道》全文，不仅难以找到符合上述行政法概念和特点的条文，反而可以列出不少足以表明其并非行政法文献的反证。如文中提出了一系列诸如“反赦其身，止欲去愿”一类常人很难达到的高标准和严要求。人们的行为是否符合“精絜（洁）正直，慎谨坚固，审悉毋（无）私”的标准，是很难具体衡量和评判的。这类规定除“非上，身及于死”外，其他如“欲富大（太）甚，贫不可得；欲贵大（太）甚，贱不可得”；“长不行，死毋（无）名；富不施，贫毋（无）告也”等，均不包含法律上的具体约束措施和事后制裁手段。文中仅要求吏“能审行此”，对不能行此，违反其规定者则不予理会，而未要求人们必须如此，否则即严惩不贷。据此可知，《为吏之道》所云文意笼统、含糊，随意性大，不易操作，缺乏强制性和公定的效力，显然不属于行政法律规范。

按前所述，《为吏之道》形成于战国末的秦国。而在此前，中国的行政法文献即已产生。如《韩非子》卷一三《外储说右上》、

《说苑》卷一四《至公》云，春秋时楚“庄王有茅门之法，曰：群臣大夫诸公子入朝，马蹄践溜者，廷理斩其辀，戮其御”。这一有关朝见制度的规定制定于前613年至前591年楚庄王在位期间。由此可见，《为吏之道》绝非我国最早的行政法文献。

《为吏之道》既非法律文献，更不是行政法文献，那么，它究竟是何种文献呢？据其内容分析，“安乐必戒，毋行可悔”系取自《说苑》卷一〇《敬慎》所引周太庙前金人之铭“安乐必戒，无行所悔”，以及《大戴礼记·武王践阼》所录周武王席前之铭“安乐必敬”和“无行可悔”，“毋穷穷”，“临材（财）见利，不取句（苟）富；临难见死，不取句（苟）免”，与《荀子·修身》篇所言“不穷穷而通者积焉”，以及《礼记·曲礼上》所云“临财毋苟得，临难毋苟免”相似。在古代，铭以申鉴戒。按《大戴礼记·武王践阼》所录武王席前之铭，是其“托于物以自警戒不忘”的“戒书”，荀子所云出自其《修身》篇，《曲礼》则系古礼经之篇名，上述铭戒显然只能是一种用于修身自警的道德规范，而非法律规范。《为吏之道》所言无非是这类戒铭，它所阐述的是从政任官的道理，为吏的规戒、格言、箴言和座右铭。诚如张晋藩先生在1982年以前所说，《为吏之道》“在性质上类似后世封建统治者称颂为‘可为牧令圭臬’的‘官箴’，而不同于秦简中所记载的法律”。简言之，这是在道德与法律分离后所产生的一部早期形态的官箴书，乃后代官箴书的先声，而非法律或行政法文献。

三、云梦秦简行政法文献的内容及其特点

《为吏之道》不是行政法文献，并不意味着云梦秦简中不存在行政法文献。只要按上述现代中国行政法的概念逐一分析，衡量其

条文，便可发现不少条文可归入行政法文献之列。如前人之研究即认为，《秦律十八种》、《效律》、《秦律杂抄》、《为吏之道》和《封诊式》中有关狱政管理的条文可以看作是行政法文献，而将《语书》和《法律答问》排除在外。笔者认为，《语书》和《法律答问》中的部分条文亦应归入行政法之列，兹论证如下。

不将《语书》视为行政法的主要理由是：《语书》“只是把国家制定的法律、法令整理出来，重新加以公布，要求官民人等一律遵照执行，并没有制定什么新的地方法规，所以不能认为是一种法律形式”。其实只要通观《语书》全文，便不难发现，南郡郡守腾就曾将“法律令、田令及为间私方”整理公布，要求人们遵行。他明确指出：“今法律令已布，闻吏民犯法为间私者不止，私好、乡俗之心不变，自从令、丞以下智（知）而弗举论，是即明避主之明法殹（也），而养匿邪避（僻）之民。如此，则为人臣亦不忠矣。若弗智（知），是即不胜任、不智殹（也）；智（知）而弗敢论，是即不廉殹（也）。此皆大罪殹（也）。”他又明文规定：“今且令人案行之，举劾不从令者，致以律，论及令、丞。有（又）且课县官，独多犯令，而令、丞弗得者，以令、丞闻。”《语书》的后半篇一一罗列了“恶吏”的表现后明确指出：“如此者不可不为罚。发书，移书曹，曹莫受，以告府，府令曹画之。其画最多者，当居曹奏令、丞，令、丞以为不直，志千里使有籍书之，以为恶吏。”郡守腾将弗知、知而弗论举列为令、丞的大罪，令人案行举劾不从令者，以犯令多寡考课县吏，论及令、丞，且颁布了“恶吏”的标准，令诸曹予以处罚，其尤者则全郡通报。这些都是在国家制定的法律、法令和法规以外，南郡新制定、颁行并强制施行的法律文告和地方法规。其内容涉及南郡官民人等的行为规范，官吏考核、奖惩和行政监察的规范，无疑应属行政法规。

《法律答问》虽以刑法为主要解释对象，但又包括不少涉及官吏行政行为规范的条文及解说。例如对官吏判决罚盾、赎罪不公的处罚，对小吏矫“丞令”的解释，对官吏拆开伪造文书未能觉察、吏人弄虚作假、啬夫不以官职为事专干坏事的论处，对官吏判案“不直”、“纵囚”（即重罪轻判、轻罪重判和应论罪而出人于罪）的诠释，对“真臣邦君公”的定义及对“臣邦真戎君长”赎罪的处理，对吏人失囚和鞭打囚犯致其逃亡的论处，对“犯令”（令曰勿为，而为之）、“废令”（令曰为之，弗为）的说明，对郡县任命之吏在他郡县任事而不到任的处罚，对保荐他人为丞（丞后免职且犯罪）的县令，丢失记书、符券、官印、衡器之权的吏人和不给迁居者更改户籍（要求更改户籍者后犯罪）的吏人的论处，对管理粮仓、发放口粮有差失的吏人的处罚，对部佐“匿田”的解释及论处，对随使者出使外邦而不归的“邦徒”、“伪使”的定义及对使者的论处等，即涉及官吏的任用、考核、奖惩、权利和义务，以及行政管理活动的规范，均可归入行政法规之列。

从云梦秦简中的行政法文献来看，秦的行政法规也具有一般行政法共同的若干特点：（1）数量众多，包括《田律》、《厩苑律》、《仓律》、《金布律》、《关市》、《工律》、《工人程》、《均工》、《徭律》、《司空》、《军爵律》、《置吏律》、《效律》、《传食律》、《行书》、《内史杂》、《尉杂》、《属邦》、《除吏律》、《游士律》、《除弟子律》、《中劳律》、《臧律》、《公车司马猎律》、《牛马课》、《傅律》、《敦表律》、《捕盗律》、《戍律》、《语书》等30种，《封诊式》中的《治狱》、《讯狱》，以及上述《法律答问》中对官吏罚盾不公的处罚等26条。（2）内容广泛，涉及国家行政管理的众多领域，包括军事行政，外事行政，司法、公安行政，经济、财务行政，民政、人事行政，以及地方行政法规。（3）形式多样，包括《秦律十八种》、《效律》、《秦律杂抄》的律，《封诊式》的式，《法律答问》和廷行事，以及地方政府文告等，而没有一部统一、完整的行政法典。（4）具有变动性，处于不断更新之中。如有关官吏任用的法规，《秦律十八种》称《置吏律》，《秦律杂抄》则作《除吏律》。

从自身方面来看，秦简中的行政法文献又具有以下特点：（1）就其总体内容而言，除《语书》等外，以上文献主要由政府职能部门和官吏具体行为规范构成。这些规范具体而又详密，如《内史杂》、《置吏律》、《除吏律》、《效律》即涉及官吏任免、职权划分、责任承担和处罚，以及官府资产的检核等。这和战国末秦之法律已较为完备，墓主喜又长期在职能部门任职有关。（2）从专业内容来看，上述文献以《田律》、《厩苑律》、《仓律》、《金布律》、《关市》、《工律》、《工人程》、《均工》、《徭律》、《司空》、《效律》、《传食律》、《臧律》、《牛马课》等财经类法规为重要内容。这和秦政府是高度集权的全能型政府，财政经济为其重要职能有关。（3）从涉及的对象来看，以上法规大多为令、丞、啬夫、里典、仓佐、令史、宦者、都官吏、伍长、史、工师、苑吏、县司空、署君子、县尉、御史卒人、卜、司御、寺、府、计、曹长、仆射、屯长等低级官吏和地方政府的行为规范。这和墓主喜一生担任地方低级官吏有关。（4）从采用手段来看，上述文献主要采用惩罚措施，而极少使用奖励手段。按《商君书·去强》篇所言，其原因即在于受商鞅和法家刑九赏一法律思想的影响。（5）从表现形式来看，以上文献虽主要采用律的形式，但仍呈相对分散的特点。除采用律、式、法律解释、廷行事和文告等诸多形式外，又与刑法、民法等合为一体。如《田律》规定：田啬夫、部佐应不准百姓居田舍者卖酒，违者有罪；《厩苑律》则规定，耕牛考核成绩差的里典，笞 30 下。这是中华法系诸法合体固有特点的具体体现。

由上述可知，云梦秦简中的行政法文献具有以政府职能部门和官吏的行为规范为主要内容，规定具体、详密，主要涉及财务、经济行政，并以地方政府与低级官吏为主要对象，以惩罚为主要手段，以及形式多样、诸法合体等特点。

四、云梦秦简行政法文献的分类

行政法文献一般具有数量多，内容广泛，渊源不一，没有系统、完整的法典等特点。这些特点决定了只有对其进行适当的分类，才能有效地把握和研究它们。分类必须遵照一定的标准，采用不同的标准，即会出现不同的分类。对云梦秦简中的行政法文献，国内学者一般按隋唐至明清行政管理和行政法的实际内容，采用吏户礼兵刑工六部的模式，将上述行政法规分为职官、户赋、兵政、刑狱和工技等 5 类。这种分类方法是值得商榷的。

从上述分类的出处和依据来看，在中华法系中，以六部为纲的分类始于撤销中书省，废除丞相的明代。《大明律》和《大清律例》即是按六部类编，由名例律、吏律、户律、礼律、兵律、刑律、工律构成。以上两书均是关于罪行及其惩罚的法律规范的总和，就其主要特点而言，应属刑法的范畴。就刑法的历史渊源而论，《汉书·刑法志》云三代“因天讨而作五刑”，故夏作“禹刑”，商作“汤刑”，周作“九刑”。《晋书·刑法志》云春秋、战国时，子产铸刑书，李悝著法经，刑罚开始成文化，并进一步法典化、规范化。秦汉以后，法律又不断礼制化，刑法、刑律日臻完善，形成了《唐律疏议》、《宋刑统》乃至《大明律》、《大清律例》等刑律特点十分突出的法典。这类刑法典与《唐六典》、《明会典》、《清会典》等典章存在较大差异。后者主要涉及政府各部门的职责及官吏的行为规范，应属行政法的范畴。又就后者的历史渊源而言，《汉书·刑法志》云三代“因天秩而制五礼”，包括后日之礼、法，而与刑相对立，其代表性文献即《周礼》。春秋、战国时期，礼一方面日益式微，另一方面又逐渐法典化，以律、令、式等形式作为政府和官吏行为的法律规范。秦汉之后，这类法律规范不断礼制化、典制化，日趋完善，形成了《唐六典》、《明会典》、《清会典》等行政法特点十分突出的政典。这类行政法文献系按当时政府的众多部门而非六部分类叙述，不构成按六部分类的依据。既然分类是按行政管理及行政法，而非罪行及刑法的实际内容，按有关政府和官吏行为的法律规范的总和，而非犯罪及其刑罚的法律规范的总和进行，那么，对云梦秦简行政法文献的分类就应比照、遵循行政法的分类法，而非刑法典的分类法。就其主要特点而言，《大明律》、《大清律例》属于刑法典，《周礼》、《唐六典》、《明会典》、《清会典》等属于行政法文献。显而易见，对云梦秦简中的行政法文献不应采用《大明律》等刑法典的六部分类法，而应采用《周礼》、《唐六典》等行政法文献的分类法。

又从时代来看，《周礼》是理想与实际结合的产物，它以西周后期实行的世卿制度为基础，反映了战国前后人们的思想。全书以天官冢宰、地官司徒、春官宗伯、夏官司马、秋官司寇和冬官等六官为纲，分为治典、教典、礼典、政典、刑典、事典六典。《唐六典》、《明会典》等则是隋唐至明清时期实行的官僚制度和人们思想的反映。《唐六典》按三师、三公、尚书省、六部、五省、一台、九寺、五监、诸卫、东宫及王府官、地方官吏分类阐述。《明会典》则按宗人府、六部、诸文职、诸武职分类条述。战国时秦的官制是直接沿袭西周和春秋时的官制演变而成，两者较为接近，而与唐代、明清的官制相去较远。如秦之相邦近似冢宰，而与吏部尚书相去颇远。《周礼》与《唐六典》、《明会典》对管理职责的分类亦不同。如前者将祭祀归入地官和教典，后者则划属礼部。因此，按行政管理和行政法的实际内容对云梦秦简中行政法文献进行分类，即应从战国前后而非隋唐、明清时期的官制实际和体现当时而非隋以后人们思想的行政法文献的分类出发，参照、采用《周礼》，而不是《唐六典》、《明会典》的分类方法。

按《周礼》，秦简《藏律》与《天官》中太府、内府等机构的职责规定相关，应属“治典”，而不能归入“户赋管理”之列。涉及京畿治理的法规《内史杂》和南郡郡守的文告《语书》，涉及驿传供食的法规《传食律》，涉及游士管理的法规《游士律》，分别与《地官》中主掌地方政教的官吏，以及廪人至稿人，遂人和县师的职责规定有关，应属“教典”，而不能归入“职官管理”之列；《公车司马猎律》和涉及少数族的法规《属邦》，与《夏官》中主掌军旅、王之戎事和四方邦国之官的职责有关，应属“政典”，而不能归入“户赋管理”和“职官管理”之列；《为吏之道》不是行政法规，不应归入任何一类。

按《周礼》，秦简中的行政法文献大致可分作五类：（1）治典：《置吏律》、《除吏律》、《除弟子律》、《效律》、《行书》、《藏律》。（2）教典：《田律》、《仓律》、《金布律》、《关市》、《徭律》、《传食律》、《内史杂》、《厩苑律》、《牛马课》、《游士律》、《傅律》、《戍律》、《语书》。（3）政典：《军爵律》、《中劳律》、《公车司马猎律》、《敦表律》、《属邦》。（4）刑典：《尉杂》、《捕盗律》、《封诊式》之《治狱》与《讯狱》篇。（5）事典：《工律》、《工人程》、《均工》、《司空》。

《法律答问》中的行政法条文亦可按以上五类分门归类。

本文原载于《浙江大学学报（人文社会科学版）》2005年第1期。

参考书目

[1] 季勋:《云梦睡虎地秦简概述》,《文物》，1976。
[2] 睡虎地秦墓竹简整理小组:《睡虎地秦墓竹简》，文物出版社，1978。
[3] 江邈清:《法律文书概论》，浙江人民出版社，1986。
[4] 罗振玉:《三代吉金文存》卷四，中华书局，1983。
[5] 唐兰:《陕西省岐山县董家村新出西周重要铜器铭辞的译文和注释》,《文物》，1976。
[6] 栗劲:《秦律通论》，山东人民出版社，1985。
[7] 张晋藩:《中国法律制度史》，中国政法大学出版社，1999。
[8] 张晋藩:《中国行政法史》，中国政法大学出版社，1991。
[9] 宋元人注:《四书五经·礼记·曲礼》，中国书店，1984。
[10] 张晋藩:《中国法律史论》，法律出版社，1982。
[11] 乔伟:《中国法律制度史》，吉林人民出版社，1982。

老子有限政府思想试探

西方有限政府理论主张以宪政制度来规定政府权力的作用范围和具体运作程序，从而保证政治权力之合法性及其与社会的合理互动。但老子的有限政府思想在理论出发点和实现保障上与西方有限政府有着根本的区别。老子倡导的是“有”与“无”对立统一的自然之道，而非“无为政治”,“安平太”构成了其价值取向和政治理想。从上述政治观出发，老子主张建立一种遵循自然之道和守无、柔弱、知止诸原则的有限政府，这在政府的职责、权能、组织形式、领导者素质和管理行为等方面均有所表现，这是一种高效、有限的政府。

在中国传统的治道中，老子的思想与社会发展的潮流符合若契，无论在理论上还是在实践中都对公众具有广泛深入的影响。前人虽已对老子的政治思想作过广泛、深入和系统的研究，但对其有限政府思想作深入、系统探讨的可谓绝无仅有，故有深入发掘和系统梳理之必要。

需要指出的是，本文所讨论的老子的有限政府思想有别于西方的有限政府理论。西方关于政府权力应当受到制约的观点，最早是由自由主义的鼻祖洛克提出的。洛克的有限政府理论是在限制政府权力范围、保护公民个人自由的意义上提出来的，是指权力受到严格限制的政府；它“实际上是一种试图协调个人权利与政府权力的关系，在公民个人的适当自由和政府权力的适当范围之间寻求平衡的政府理论”。进入19世纪以后，自然权利论为个人利益的功利学说所替代，以边沁为代表的功利主义者认为，社会和政府的一切行为均要以是否有助于促进社会的最大利益为宗旨。功利原理既强调个人至上性，又从经济角度分析政府干预带来的弊端，说明限制政府权力之必要性，从而成为有限政府论的另一理论依据。20世纪以来，以哈耶克为代表的自由主义者更将个人权利的优先地位推至极端。哈耶克极力反对凯恩斯主义强调国家干预和扩大国家权限的学说，认为人的知识是有限的，政府权力只有在维持自发秩序的限度内才能获得合法性。哈耶克从他的知识论出发，为有限政府的必要性提供了一个新的分析视角。纵观西方有限政府理论发展的历史，我们不难发现，尽管存在着派别上的分别，但它的核心内容均以宪政制度来规定政府权力的作用范围和具体运作程序，从而保证政治权力的合法性及其与社会的合理互动。

与西方有限政府理论不同的是，老子的“有限政府”既非以保护个人自由权利为其理论出发点，也非以宪政作为其实现之保障；而是以注重无、弱和知止的道为其理论的出发点，以遵奉道的圣人作为实现其“有限政府”的保证，因而与理论界通常所用的“有限政府”概念存在一定区别。它更多的是指一种权能有限、结构简单但又“无不为”的有效政府及其组织形式。

老子有限政府思想集中体现在《老子》五千言中。《老子》一书在其两千多年的流传过程中形成了各种不同的版本系统，对其思想体系也因此存在种种不同的诠释。笔者在此以影响最大的通行本

《老子》为文本，从以往的研究成果出发，来分析老子的有限政府思想。

一

老子认为，道是宇宙万物的本原和本质。老子指出“道生一，一生二,二生三,三生万物。万物负阴而抱阳，冲气以为和”。“一”即无形、无声、无迹的“无”、“无名”、“朴”和“小”，是感官无法感知、言语不能描述的实体。“二”、“三”即“有”和“有名”。“无名”和“有名”是道的两种表现形态和存在形式，构成了宇宙万物本质的两个不同的方面。“道常无名”，“无名”是道的常态，是万物的本始和归宿；“有名”则是道的动态表现形式。“天下万物生于有，有生于无”，均从“无”到“有”，由“小”至“大”。“大曰逝，逝曰远，远曰反”，“夫物芸芸，各复归其根”，又从“有”到“无”。所以老子认为：“反者道之动，弱者道之用。”道使万物从“无”到“有”，又从“有”返回“无”。在这种运动中，道通过“弱”也就是支持弱小、削弱强大发挥作用。

从上述道论出发，老子认为，人和宇宙万物无一不源自道、蕴含道的本质，均依道而行，与道同在。这一结论适合任何领域，包括政治领域。老子指出，“道大、天大、地大、王亦大。域中有四大，而王居其一焉”。四者的关系是“人法地，地法天，天法道，道法自然”，“王”应效法“地”、“天”、“道”和“自然”。老子又指出，“从事于道者，道者同于道……同于道者，道亦乐得之”。据此可知，效法、奉行自然之道即同于道，这是老子政治观的核心和最高原则。

老子倡导的是效法、奉行自然之道，而非人们所常说的“无为之政治哲学”或“无为政治”。在老子哲学中，宇宙万物的本体是道而非“无”和“无名”。“无”、“无名”和“有”、“有名”是道的两种表现形态和存在形式。“无为”只构成诸“无”之一，是同于道者所应采取的众多原则之一。同于道者不仅应“无为”，更应“无欲”、“无私”、“无身”；不仅应“无为”，还应“有欲”和有所“为”，如“为而不恃”，“为而不争”，“为之下”和“为道”，等等。“无为”在老子哲学中并不具有非常高的地位，在其政治思想中亦非至高无上。老子认为“天下万物生于有，有生于无”，政府是“朴散则为器，圣人用之则为官长”的产物。政治和政府源于道又蕴含道的本质，其产生和发展遵循着“反者道之动，弱者道之用”的道理。所以为政必须同于道，即认识到“夫物芸芸，各复归其根”，均将回归于“无”，以及“柔弱胜刚强”，“知止不殆，可以长久”之理，从而奉行守无、柔弱和知止的原则。在老子的思想中，“无为”仅为同于道所应遵循的诸原则之一。为政的目的是为了同于道，无为只是达到目的的手段之一。因此，老子主张的是遵奉自然之道，即同于道，而非“无为政治”。

老子的政治观有其独特的价值取向。老子认为，道存在于作为政治主体的人的秉性之中。百姓构成了政治人的最主要部分，所以理想的统治者即“圣人无常心，以百姓心为心”，将百姓之所想作为自己的价值取向。“天道无亲，常与善人”，即与善人同在。所以“圣人常善救人，故无弃人；常善救物，故无弃物”；并将“慈”置于政治上的“三宝”之首。百姓的价值取向和统治者的“慈”具体表现为：“执大象，天下往；往而不害，安平太”；使人们“甘其食，美其服，安其居，乐其俗”。在老子眼中，“安平太”是百姓和圣人的价值取向，是人们追求的政治理想，也是同于道的具体体现。

老子指出，为同于道，实现“安平太”的政治理想，必须依靠足以“损有余而补不足”的“有道者”，即“圣人”。这样的人“无欲”、“无私”、“无身”，“贵以身为天下”，“爱以身为天下”，故可将天下寄托给他。圣人以身作则，遵循守无、柔弱和知止的原则，“大制不割”，“不以智治国”，“以百姓心为心”，“歙歙，为天下浑其心”，“以无事取天下”，“受国不祥，是为天下王”，将使天下均进至“安平太”的境界。

从上述政治观出发，老子主张建立一个遵循自然之道的有限政府。遵循自然之道是指政府应效法自然，同于道，建立在道的基础上。有限政府系指政府应守无、柔弱和知止。守无就是保持“无名”这一道的常态。老子说：“道常无名。朴虽小，天下莫能臣也。侯王若能守之，万物将自宾。”又说“侯王得一以为天下贞”，主张“见素抱朴”，“圣人抱一为天下式”。守无即是抱守“无名”、“朴”和“一”这一宇宙万物的本始和归宿；柔弱就是遵循“弱者道之用”的道理，以“柔弱胜刚强”，即“守弱曰强”；知止则是奉行“反者道之动”、“知止不殆，可以长久”之理，以减缓“有”向“无”回归的速度，从而达到尽量延长自身寿命的目的。

二

老子将所有的政府分作四类：“太上，下知有之。其次，亲而誉之。其次，畏之。其次，侮之……悠兮，其贵言。功成事遂，百姓皆谓我自然。”上述“贵言”而百姓仅知其存在，并使其感到“功成事遂”乃出于“自然”的政府，就是最好的政府，也就是效法自然的无为有限政府。

这种政府的职责在于顺乎自然，依道行事，维护此道，亦即同于道。老子指出：“道生之，德畜之，物形之，势成之，是以万物莫不尊道而贵德……道生之，德畜之，长之，育之，亭之，毒之，养之，覆之，生而不有，为而不恃，长而不宰，是谓玄德。”道、德之尊贵，系“莫之命而常自然”。万物如此，“朴散则为器，圣人用之则为官长”的政府亦复如此。“是以圣人处无为之事，行不言之教，万物作焉而不辞，生而不有，为而不恃，功成而弗居。”

顺乎自然，依道行事，即是“辅万物之自然，而不敢为”。这一方面是指政府必须守无，即无为、不言、不有、不恃、不宰、不辞、不居和不敢为，做到“大制不割”；另一方面则是指政府应通过柔弱、知止的方式“以辅万物之自然”，佐助和维持自然之道的“大制”。这意味着政府不仅应认识到“天下多忌讳，而民弥贫”，“法令滋彰，盗贼多有”的道理，将礼视为“忠信之薄，而乱之首”，通过“去甚、去奢、去泰”以维护“大制”，而且应在“始制有名，名亦既有”后，“夫亦将知止”。据此可知，无论从涉及的范围还是卷入深度来说，这都是一种职责有限的政府。

就权能而言，老子说“我无欲”，又说“圣人欲不欲”，认为政府应以“无欲”自制，而追求“不欲”。从这一点出发，老子强调“圣人无常心，以百姓心为心”；主张在上者应“无为”、“无执”、“无以生为”，并且“为无为，事无事”。由于“天下多忌讳，而民弥贫”；“法令滋彰，盗贼多有”，又由于“民之饥，以其上食税之多，是以饥；民之难治，以其上之有为，是以难治；民之轻死，以其求生之厚，是以轻死”，因此政府“无欲”、“无为”的结果必然是“我无为，而民自化；我好静，而民自正；我无事，而民自富；我无欲，而民自朴”，从而得以消灭“民之饥”、民“难治”和“轻死”的现象。对百姓来说，政府“无欲”、“无为”和“以百姓心为心”，即意味着解除加诸百姓身上的种种束缚，听民自主，任其自为，使其得以“自化”、“自正”、“自富”和“自朴”，以至于“功成事遂，百姓皆谓我自然”。这样的政府一切视民心为转移，深受民意的限制，而没有自己的独立意向。在行动上，它无执，听任人民自主、自为而从不横加干涉；在制度上，它通过“为无为”，即“去甚、去奢、去泰”和“知止”的途径创建、维护良好的制度环境，使人民得以功成事遂。它不但税入有限，而且影响微弱，仅仅“下知有之”而已。可见，这是一种权能十分有限的政府。

就组织而论，老子主张“小国、寡民”式的国家，推崇“下知有之”、似无犹存的政府。这样的政府必然是组织精简，规模和人员有限的政府。

就领导者而言，老子认为，在上者应有道、德，能奉行和维护自然之道。老子指出，“道常无名。朴虽小，天下莫能臣也。侯王若能守之，万物将自宾”。强调“使我介然有知，行于大道，唯施是畏”。老子又指出“孔德之容，惟道是从”，“道生之，德畜之……万物莫不尊道而贵德”。在上之人“有德司契，无德司彻”。圣人乃有德者，“是以圣人执左契，而不责于人”。德乃是道的具体化和奉行道之所得，在上位者应系抱守大道，以道建树其德之人。由于用道“修之于身，其德乃真，修之于家，其德乃余；修之于乡，其德乃长；修之于国，其德乃丰；修之于天下，其德乃普”，在上者方能做到“善建者不拔，善抱者不脱”，以至于“含德之厚，比于赤子”，“子孙以祭祀不辍”。

欲成为有道、德之人，首先应认识和把握道。老子指出，“无名，天地之始；有名，万物之母。故常无欲，以观其妙；常有欲，以观其徼”。主张通过“有欲”以把握“有名”之道，通过“无欲”以把握“无名”之道。人皆有欲，所以前者易行，后者则难以实现。老子说：“不贵难得之货，使民不为盗。不见可欲，使民心不乱。是以圣人之治，虚其心，实其腹……常使民无知、无欲。”可见“无欲”即“虚其心”。而欲把握“无名”之道，就必须“致虚，极；守静，笃”。老子认为：“夫物芸芸，各复归其根。归根曰静，是谓复命。复命曰常，知常曰明。”达到虚、静即可认识万物之“根”和“复命”之“常”。“知常容，容乃公，公乃王，王乃天，天乃道”，即可进入“无名”，把握“无名”之道。

在认识和把握道之后，即应复守和奉行道。老子说：“天下有始，以为天下母。既得其母，以知其子。既知其子，复守其母。”这主要表现为守无、柔弱和知止。所以老子说：“为学日益，为道日损。损之又损，以至于无为。”他又指出，“见小曰明，守柔曰强。用其光，复归其明，无遗身殃，是为习常”。并认为“从事于道者，道者同于道，德者同于德”。持守、奉行道者即与道及其具体化的德同在，因而具备种种德。

有道之人具有诸种美德。有道者无欲，所以能“无私”、“无常心”；无欲，所以能“以百姓心为心”，“少私寡欲”，“柔弱”，“知止”和“知足”；无私、少私和以百姓之心为心即能“居善地，心善渊，与善仁，言善信，正善治，事善能，动善时”，具备守无、柔弱和知止诸美德。具体来说，即能“无身”，“外其身”，“无以生为”，“不贵难得之货”，“不欲见贤”，“无为而无以为”，“无执”，“清静”，“好静”，“无事”和“守其黑”；甘心“守其雌”，“守其辱”，“慈”，“不敢为天下先”，“不争”，“以言下之”，“为之下”，“后其身”，乃至“受国之垢”，“受国不祥”；足以“生而不有，为而不恃，长而不宰”，“功成而不处”，“不自见”，“不自是”，“不自伐”，“不自矜”，“不自贵”，“俭”，“啬”，“贵言”，不“轻诺”，“方而不割，廉而不刿，直而不肆，光而不耀”。具备上述道、德的人，其思想、言行都达到了守无、柔弱和知止的境地，因而极大地限制了自身的欲望和言行。在这样的人领导下的政府，必然从价值取向、指导思想到职权、体制乃至具体的管理行为各方面都堪称“有限”的政府。

三

再就管理行为而论，老子既然将同于道作为其政治思想的至高无上的原则，以“安平太”为其具体的政治理想，那么其管理即以同于道为宗旨，以“安平太”为目标。为实现这一目标，老子认为管理者必须同于道，具有守无、柔弱、知止的素质，其所作所为则应遵循守无、柔弱和知止的原则，亦即同于德。领导素质前已论及，此不赘述。以下仅从管理行为出发，来探讨政府的管理。

首先，就守无而言，老子主张“圣人抱一为天下式”，将“一”（即“无名”和“朴”）视为治理天下的准则。执一、守朴即应无欲、无知、不言和无为。无欲即能把握“无名”。无知即“不以智治国”，“民之难治，以其智多”，所以“古之善为道者，非以明民，将以愚之”，而“绝圣弃智，民利百倍”，“守其黑……复归于无极”，无知将使民复归于道，而有利于民。不言即圣人“行不言之教”。“我无为，而民自化”，若“化而欲作”，欲有所为，“吾将镇之以无名之朴”，其“亦将无欲”。“不欲以静，天下将自定”。无欲、无知、不言和无为能使民返朴归一，所以老子认为“其政闷闷，其民淳淳”。因此，治国应“欲不欲”，“学不学”，将“希言”视为“自然”，“为无为，事无事”，通过在上者的“无为”、“好静”、“无事”、“无欲”和“希言”，使人民“自化”、“自正”、“自富”和“自朴”，这就是“以正治国”。具体来说，“圣人之治”就是通过“不尚贤，使民不争；不贵难得之货，使民不为盗；不见可欲，使民心不乱”，以及“虚其心，实其腹，弱其志，强其骨”的途径，“常使民无知、无欲，使夫智者不敢为也”，从而达到“无不治”的境界。守无将使天下自定，万物自宾，人民自化、自正、自富、自朴、不争、不为盗和心不乱，亦即同于道，从而达到天下大治，实现“安平太”的目标。遵循守无原则进行管理的政府，就是无欲、无知、不言和无为的政府。

其次，就柔弱而言，老子说：“守其雌，为天下谿；为天下谿，常德不离，复归于婴儿”，“守其辱，为天下谷；为天下谷，常德乃足，复归于朴”。又说：“见小曰明，守柔曰强”，“善用人者为之下”，“是谓配天，古之极”。老子认为，柔弱即有德，即可返朴和顺应天道，就能同于道。所以老子将柔弱奉为立国治民的圭臬。如老子指出“夫慈，以战则胜，以守则固”，“不敢为天下先，故能成器长”，即将“慈”和“不敢为天下先”视为立国君民不可或缺的至宝。又如他认为，对人民应“以言下之”，“以身后之”，唯有如此，方能“上民”、“先民”，而“天下莫能与之争”。再如在处理各利益集团和国际关系时，老子将“柔弱胜刚强”视为“不可以示人”的“国之利器”，主张“将欲歙之，必固张之；将欲弱之，必固强之；将欲废之，必固兴之；将欲夺之，必固与之”，强调大国、小国“各得其所欲，大者宜为下”。又如在处事时，老子主张“图难于其易，为大于其细”，即“为之于未有，治之于未乱”。由于“圣人终不为大，故能成其大”；“圣人犹难之，故终无难”。上述遵循柔弱的原则，以柔慈、处下、务小、为易、知朴、用弱治理国家的政府，即是所作所为堪称柔弱的有限政府。

最后，就知止而论，老子认为，在万物由无至有，从小到大，又从有返无的过程中，“知足之足，常足矣”，可使人无欲、寡欲而同于道。老子指出“生而不有，为而不恃，长而不宰，是谓玄德”。

又说：“俭，故能广”，“万物归焉，而不为主，可名为大”。若能运用这一原则，“治大国若烹小鲜”，即可“德交归焉”。可知在这一过程中，知止足以使奉行该原则者德泽深厚广大。老子又指出“始制有名，名亦既有，夫亦将知止。知止可以不殆”。如此固“可以长久”。在上者如能据此原则治理人民，“无狎其所居，无厌其所生；夫唯不厌，是以不厌”，即不会危害自身。若能“不以兵强天下”，“善有果而已，不敢以取强”，做到“果而勿矜，果而勿伐，果而勿骄”，“果而勿强”，就能避免“不道早已”的结局。可见，在从无到有、由有至无的过程中，知止还能延缓发展的进程，使奉行者得以长治久安。老子又将上述原则称作“啬”，认为“治人事天，莫若啬”。“啬”即“早服”，亦即“重积德”。他说：“重积德则无不克，无不克则莫知其极。莫知其极，可以有国。有国之母，可以长久。”如此，统治者只要奉行“啬”这一原则，即可“深根固柢”，积德深厚，“长生久视”，有国“长久”。按照以上原则处理国家事务的政府，其行为无疑是十分克制、很有分寸的。

值得注意的是，老子主张守无、柔弱和知止固然是为了实现同于道之宗旨，达到天下“安平太”的目标，同时也是为了自身的“安平太”，即长治久安。老子指出：“天下有始，以为天下母……复守其母，没身不殆。”他认为，万物皆从无到有，又由有回归无。返回无即回归虚、静，亦即常。圣人应“致虚，极”，“守静，笃”。如书中云：“知常，容。容乃公，公乃王，王乃天，天乃道，道乃久，没身不殆。”按其所言，守无的目的是为了同于道，同于道则长“久”和“不殆”。“久”与“不殆”构成了守无的终极结果和价值取向。老子复云：“见小曰明，守柔曰强。用其光，复归其明，无遗身殃，是为习常。”如此则又将“无遗身殃”视为柔弱的结果和价值取向。老子又曰：“知止不殆，可以长久”，认为“啬”最终可以有国长久，“果而勿强”可以避免“不道早已”的下场，并将“不殆”、“长久”作为知止的终极后果和价值取向。这都说明守无、柔弱、知止的目的亦在于统治者自身的长治久安。但不管是为了天下还是为了自身的“安平太”，从政府管理的角度来看，奉行守无、柔弱、知止原则的政府都应归入有限政府之列。

必须指出的是，这样的有限政府是效率极高而非低效运作的政府。老子主张“天下难事必作于易，天下大事必作于细”，其结果是“圣人终不为大，故能成其大”，“圣人犹难之，故终无难”。从只做小事却能成就大事，只做易事却能完成难事的角度分析，这样的政府必定是很有效率的政府。老子说：“道常无为而无不为，侯王若能守之，万物将自化。”侯王若能“镇之以无名之朴”，万物将“不欲以静，天下将自定”。老子又说：“上德不德，是以有德”，“我无为，而民自化；我好静，而民自正；我无事，而民自富；我无欲，而民自朴”。按其所云，这样的政府守朴、无欲、不德、静、无为和无事，在管理活动中的投入可以说为零，却能使万物自化，天下自定，人民自正、自富和自朴，以至“功成事遂，百姓皆谓我自然”，并能使自身有德，达到“无不为”，即收益无穷大的境地。

显而易见，从投入、产出的角度分析，老子所说的有限政府又是效率极高的政府。对于正在进行治道变革，提倡小政府和政府高效的中国来说，老子的高效、有限政府理论很有深入研究与参考的价值。

本文原载于《浙江大学学报（人文社会科学版）》2006年第3期。为周生春先生与戴治勇合撰。

参考书目

［1］ 钱振明:《有限政府及其理论：研究之现状与问题》，苏州大学学报（哲学社会科学版），2000 年。

［2］ 老子:《二十二子 · 老子》，上海古籍出版社，1986 年。

［3］ 周生春:《帛书《老子》道论试探》，《哲学研究》，1992 年。

［4］ 周生春:《〈老子〉注释》，太白文艺出版社，1997 年。

［5］ 萧公权:《中国政治思想史》，中国文化大学出版部，1985 年。

［6］ 刘泽华:《中国传统政治思想反思》，三联书店，1987 年。

论《华海师全》的史料价值和申贤的历史地位

在哈佛燕京图书馆翻拣图书时，题为申贤（1298—1377）著的《华海师全》一书和理学家申贤引起了笔者的注意[1]。

《华海师全》即中华和东海宗师之大全，是有关华海大师及其门人生平和思想的一部著作。全书洋洋十余万言，以申贤为中心，详细收录了禹倬、申贤和申用羲、郑梦周三代师徒及其同时代人的言行，堪称这一学派（本文称“华海学派”）的资料汇编。其中许多资料从未见诸其他史书的记载。显而易见，这是一部具有重要史料价值的历史文献，而华海大师申贤则无疑是韩国和东亚儒学史上承前启后、具有重要地位的一代宗师。

然而奇怪的是，长期以来，《华海师全》一书始终为学术界所忽略，以至于无人称道。申贤其人亦一直为学术界所忽视，乃至无人知晓。百余年来，始终不见有研究、探讨《华海师全》和申贤

1　申贤：《华海师全》（韩国历代文集丛书本），汉城：景仁文化社，1997 年。

的专文和专著的刊布[1]。更有甚者，近人著述，如著名学者李基白的《韩国史新论》（汉城：一潮阁，1995 年）、金庠基的《高丽时代史》（汉城：汉城大学校出版部，1985 年）、朴云龙的《高丽时代史》和李丙焘的《韩国儒学史略》（汉城：亚细亚文化社，1986 年）等，甚至只字未提及此书和此人。

有鉴于此，笔者决定撰文揭示《华海师全》的史料价值和申贤在儒学史上的重要地位，公布自己的初步研究成果和发现，以期达到引起学界重视、推动对该书和其人研究的目的。所言如有不当，欢迎批评指正。

一、申贤的生平和《华海师全》的内容

申贤（1298—1377）字信敬，一字浩仁，号云月斋，又号不喧（谊、谖）斋，谥文贞，平州人[2]。他出生于具有悠久历史的申氏世族，先祖乃丽初名臣申崇谦。申贤幼年即师从禹倬，1315 年中同进士，对策状元。1319 年朝廷聘其为进善、左仆射，不赴。三聘，乃就宾师位。他曾先后为忠肃王、忠惠王、忠穆王和明太祖宾师，除在明朝数年外，其余皆不久其位。他曾与忠肃王、忠惠王、元仁宗、明太祖等帝王和拜住、刘基等名臣问对，但更多的是与其师友及门人论学。申贤曾于 1321—1326 年、1333—1339 年、1340—1342 年、1351—1354 年、1360—1362 年　和 1372—1377 年率郑梦周、李穑、李仁复、申德邻、尹泽、禹玄宝等众多高丽名儒

1　详见韩国高丽史学会所编 20 世纪《高丽时代史论著目录》（汉城：景仁文化社，2000 年），韩国历史学会主编的《历史学报》第 175 辑刊载的《韩国历史学界的回顾与展望，2000—2001》（汉城：历史学会，2002 年），以及朴龙云《高丽时代史》所附有关论著目录（汉城：一志社，1987 年）。

2　范世东：《话东人物丛记》，全南大学校出版部，1993 年，第 89、90、113、114 页。

六度入华，又曾于1332—1333年，1340年和1350—1351年三次接待来访的许谦、朱公迁、桂彦良、王袆、许元、胡翰、杨载、钱唐、欧阳玄等数十名元儒，与众儒讨论经籍、问学讲义，探讨理气心命性情等问题。1377年正月，申贤自明朝回国，明太祖召封宁海君。该年三月，贤没于归途，明太祖命礼葬于其往来休息和讲礼之处——辽东文会山。

申贤在政治上处于帝王宾师之位，学术上系上继安珦的禹倬高徒和名儒郑梦周、李穑之师。穑则称“文贞、达可为东方理学之祖”[1]。郑梦周等人在申贤没后将其著述命名为《华海师全》，将其尊为中华与东海之师[2]。然而，这样的一位大师，其姓名却不见于权近（1352—1409）的《东贤事略》，郑麟趾（1396—1478）的《高丽史》，和朴世采（1631—1695）及其门人李世焕的《东儒师友录》等史籍的著录，人们不免会对是否实有其人产生疑问[3]。

先就权近而言。近乃朝鲜朝权臣，因申贤曾教谏官奏黜其父，“白其恶名”，贤之曾孙自诚又曾“见忤于权近”，而仇视申贤及其门人郑梦周[4]。朝鲜朝建立后，权近“乞怜挠尾，反旧附新”，“欲报父羞”。因其详知申贤著述藏于何处，遂得以协助郑道传等“觅收穷山或藏略者，枚枚没数烧去”。时人及后人皆不直其行[5]。其书之不载申贤毫不奇怪。正如《东贤事略》不载郑梦周并不等于无郑其人一样，我们也不能因其不载申贤而否定申贤的存在。

又就《高丽史》而论。该书为人诟病之处颇多。如申钦（1566—1628）即曰：“《丽史》所予夺皆未可信，末年事迹尤乖谬。

1 《华海师全》，第299-300、461-463、465、477-478页。。

2 《华海师全》，第282-283、286、337页。

3 校删《华海师全》卷四《后学撰述》，第51页。

4 《话东人物丛记》，第122、70-71、85、59页。

5 《话东人物丛记》，第124页；《大东野乘》卷二五《象村杂录》，第447-448、459页。

此虽局于讳避，然传信之书岂容尽没其实，而盖覆之也。”又《青野谩辑》亦云：“郑麟趾辈以其偏心，作为曲笔，终乱其实。”[1] 申贤姓名不见于《高丽史》亦不奇怪。

再就朝鲜社会的特点而论。在朝鲜，政治与学术关系极其密切，一学派就是一政治集团，党争十分酷烈。个人恩怨往往掺和到政争之中。政争中的胜者总会影响和主导学术和思想。申贤传人郑梦周和申伯清、申自诚，在高丽朝末朝鲜朝初（以下简称丽末鲜初）因忠于旧朝而遭到政治上的迫害。加之申贤疾恶如仇，见门徒班友作恶，常断加斥黜，曾得罪新朝权贵郑道传和陈子诚等人。其孙伯清“直性过中”，其言常“大激时辈”。当时，贤所钟爱的夙儒，或“归逝”，或忠贞不屈，“皆罹蒙恶名，逐戮无余”。其他门人入门不久，当新旧交替之际，或附新朝，或因忠贞蒙祸，或“因夙积世嫌，咸戒称道斯师”[2]。在申贤“斯道、其名、子孙名节极为时国朝廷与执柄之人擅命之者”，以致“引世积怒，惨讳其名，酷疾其闻”，其著述四度被烧禁的情况下[3]，《华海师全》之潜藏和其名之不传是极其自然的。此后《东儒师友录》等书之不载当出于无从得知。

由上可知，以上诸书不载申贤其名，并非无申贤其人，而是另有其原因。况且不见著录，并不等于历史上并无其人。申贤姓名及其生平言行，详见于《话东人物丛记》。宁海申氏将贤奉为祖宗，1764年成书的《英祖甲申谱》将其尊为“灵宗”。1824年编成的

1 《大东野乘》卷二五《象村杂录》，第448页；李喜谦，原文和译对照本《青野谩辑》，原文卷一，汉城：朝鲜研究会，1916年，第8页；沈鲁崇：《大东稗林》第一辑，汉城：国学资料院，1997年，第62、68页。

2 《话东人物丛记》，第122、86页。

3 《话东人物丛记》，第85页；《华海师全》，第484页。

《纯祖甲申谱》在申贤下注曰，高丽朝进士、国子进善，左仆射[1]。这都充分说明了申贤确有其人，而非《华海师全》向壁虚构。

今本《华海师全》共七卷，主要记载了申贤等人的活动和思想。其中卷一为《本朝问对》、《元主问答》、《明朝问对》，卷二为《备耗》、《出处》，卷三为《诸子问答》、《家范》，卷四为《简斋先生笏书奏对》，卷五为《师全继辞》、《跋尾》、《诸子论赞》、《诸子叙述》，卷六为《家学》、《历代转理歌》、《世献》，卷七为《东方渊源录》、《元耘谷居义》，以及《后王诰忠情辞》、《后王泣变陈情文》、《大提学申伯清上疏》、《附言志录》。该书题为申贤著，元天锡总断，范世东编辑。元天锡（1330—？）字子正，号耘谷，原州人，是申贤长子用羲（1315—1382）的门人，朝鲜朝太宗之师。范世东字汝明，号伏崖，锦城人，其称元天锡为“元友”，与元均为丽末鲜初之申氏门人[2]。

值得注意的是，《华海师全》不见于金烋（1597—1639）的《海东文献总录》（学文阁，1969 年）和 1792 年增补的《增补文献备考、艺文考》等目录学典籍的著录（汉城：亚细亚文化社，1972 年）。在前人书志没有著录的情况下，人们不免会对《华海师全》及其所记载的申贤的活动和思想的真实性提出疑问。为探讨《华海师全》的史料价值和申贤的历史地位，首先应解决这一疑问。

就《华海师全》而言，首先，此书的编撰者元天锡、范世东和郑梦周、朴尚衷、郑枢等均确有其人，申贤亦见于《话东人物丛

1　见《平山申氏文献录》第三编《宗中史》，第 631 页所引判事公派《英祖甲申谱序》；第二编《略传》，第 464 页所引《纯祖甲申谱》。

2　《朝鲜金石总览》许穆 1670 年所撰《元天锡墓碣》，汉城：朝鲜总督府，1919 年，第 940、941 页；《大东野乘》卷二五申钦（1566—1628）《象村杂录》，汉城：朝鲜古书刊行会，1909 年，第 449、450 页；李肯翊（1736—1806）；《燃藜室记述》卷一，汉城：朝鲜古书刊行会，1912 年，第 51-52 页；《华海师全》第 501-503 页；《话东人物丛记》第 191 页；李章薰：《朝鲜名臣录》，汉城：长桥町李光薰方，1925 年，第 84 页。

记》和申氏族谱的记载（详见下）。又此书的编撰和流传在《话东人物丛记》中都有清楚的记载，《话东人物丛记》曾数度言及《华海师全》的书名和内容，可见其并非来历不明之书[1]。

其次，从各方面来看，此书均无明显作伪的痕迹。在其流传甚久，且无确凿作伪证据的情况下，我们显然不能将其视为伪书。

复次，《华海师全》的内容与《话东人物丛记》、申氏族谱和其他史籍所记史实亦基本相符。试举例来说。申氏现行诸谱均将其殷山伯派始祖申自明与申仲明系于申衎之下，而以申仲全、申仲谐为自明子；或作申衎→申淑→申益保→申自明、申仲明。但该派旧谱所记世系则为申淑→申益保→申自明→申晟→申仲全、申仲谐，与今谱相去甚远，而与《华海师全》所载基本一致[2]。殷山伯派因其世系“不合于大宗”，未合入分别于1636年和1702年编成的丙子谱与壬午谱，而另有其丙辰别谱。在1797年5派丁巳谱刊行时，殷山伯派谱曾与其并行。1873年癸酉合谱时，始改取今说，不同处则阙之[3]。《华海师全》所载与知之者无几的殷山伯派旧谱相合，当与该派旧谱一样，取自不为常人（包括一般申氏后人）所知的早期资料，具有显而易见的原始性和真实性。

最后，此书的行文、语气显然是出自当时人之手。如此书激烈抨击权近背师和罪大可诛，指斥宋因背义向利，黄喜晚节不终，尹绍宗为狗；又说每想先生家事不觉伤心，每诵诸公之叹语未尝不三复而长叹，担忧师言谁传以说，感叹后人有谁理解自己的契心

---

1 《话东人物丛记》第65、122–123页。

2 申凤湜：《龙山坛志・世系》，三南出版社，1962年，第2–4页仲明、自明附注；《平山申氏系谱》首编，世光出版社，1962年，第2–6页；《平山申氏大同谱》第一卷下编，回想社，1976年，第2–6页；《平山申氏文献录》第五编《世系图》，回想社，1978年，第673页；《华海师全》第423–424页。

3 《平山申氏文献录》第三编《宗中史》，第636、639–642页；《平山申氏大同谱》第一卷上编，第456页。

(《华海师全》第311、406、290、354、366、292、410、308、309页)。以上言论不见于《话东人物丛记》等书的记载，其激愤、悲痛和忧伤、孤寂之情跃然纸上，这都是当时和当事人才具有，后人所不具备的。其所抨击者大多是没什么影响乃至无名之辈，也只有当时和当事人才会为之激愤，后人是不会为其浪费笔墨的。上述种种事实表明，《华海师全》当如其所言，出自丽末鲜初人之手。

反之，假设《华海师全》并非出自元天锡等申氏门人之手，则此书无非：一，出自当时申门以外人士之手；二，出自申氏以外后人之手；三，出自申氏后人之手。

第一种可能因申门以外之人不可能如此详细了解“华海学派”的内情，如郑梦周秘密嘱托元天锡“收藏传保”《华海师全》，元氏抨击宋因、权近背义向利，反旧附新等内情而难以成立[1]。当时，该学派在政治上惨遭镇压，内部已有人反旧附新，局外人似不会甘冒杀身和灭门之祸，处处维护申门，站在其立场上撰作触犯公私大忌的《华海师全》。再退一步来说，即令这一可能成立，因其系当时人所作，亦具有重要的史料价值。

第二种可能因申氏一族以外的后人不可能详尽了解申氏家族的谱系，族人的生平、官职等家族内情，包括不肖子等家丑而无法成立[2]。同时，在“华海学派”被镇压，老一代申氏门人去世后，其子孙即会站在本家族而非申门的立场考虑问题。在朝鲜朝，《华海师全》系讳莫如深的禁书。当其书有可能外泄并带来灭族之祸时，元天锡的子孙则举而烧之，孔明亮、孔继圣的后人曾“当夜挈家逃躲”[3]。申门后人对其祖先秘藏之书尚且如此，外人就更可想而知了。

---

1 《华海师全》，第289–290页。

2 不肖子如申伯等，见《华海师全》，第425–426页。

3 元天锡子孙事，见本书页704注4，孔氏事据校删《华海师全》卷四《后学撰述》，第43页。

对祖先秘传尚且如此，自己撰作就更不可能了。

第三种可能远大于前两种。但是在1852年《话东人物丛记》出现前，申氏族人只知申贤的“姓讳与爵谥”，其事迹“载在家乘者只是寂寥数语而已”[1]。如宁海申氏《纯祖甲申（1824）谱》申贤名下注曰“高丽朝进士、国子进善、左仆射”，又曰“明太祖赐金紫光禄大夫，恭愍王朝封宁海君，谥文贞”[2]。《话东人物丛记》出现后，申氏族人始主要据此刊行《礼州世录》和《文贞公云月斋申先生事实》，方知有《华海师全》一书，并“旁搜元、范家所藏《华海师全》”[3]。显而易见，申氏后人只有在1852年以后才有依据《话东人物丛记》和申氏族谱等文献作伪的可能。但是，这一可能由于以下理由而不能成立：

1. 今本《华海师全》共七卷，十万多字，篇幅是《话东人物丛记》的一倍多，其书卷一、三、四、六和卷二《备耗》等内容均系后者所不载。又前者所记以申贤为中心，后者则以元天锡、范世东的言行为主。两者所记虽有内容重复之处，但互重处亦有文字、内容上的差异，且前者的篇幅往往大于后者。如同记郑梦周潜托元天锡传藏《华海师全》一事，前者记郑梦周之言曰：“《华海师全》若干合部前后十卷，已付成思齐。伊人心力太刚，未知保全，甚为忧。且闻收辑编在禹玄宝、李处士春彦、成侍郎君补、李进士硕，及卓慎、金三近诸人处，君当收藏传保。”书中并指责宋因、权近背义向利，反旧附新。后者则不载郑梦周之语，仅指责权近反旧附新[4]。据此可知，《华海师全》当另有其史料来源，而不可能凭借

1 校删《华海师全》卷四《后学撰述》，第13、16、33页。

2 转引自《平山申氏大同谱》第一卷下编，第5页申贤附注。

3 校删《华海师全》卷四《后学撰述》，第41页。

4 《华海师全》，第289–290页；《话东人物丛记》第124页。

《话东人物丛记》和1852年以后已无法见到的历史资料编成。

2.《华海师全》所记申氏谱系和人物生平既有不少地方文字、内容多于申氏诸谱，又有失载之处。如仅《家学》中有关申君平和申衍的记载，即多于《平山申氏系谱》所录1872年申锡禧撰写的《申君平神道碑》、1420年的《申晏墓志》与18世纪人撰作的《申晏遗墟碑》，其中包括《申君平神道碑》失载的申君平生年等[1]。又如元天锡让申永锡兄弟自称宁海申氏以避灾祸一事，虽足以解决有关宁海申氏来历的疑问，但亦为申氏诸谱包括宁海派谱所不收[2]。此外，《华海师全》又不载申氏诸谱均收录的劲子愈毗，允恭之子绍，允恭之弟允安及其子时见等。显而易见，《华海师全》所言应另有所本，而不可能是申氏族人于1852年以后据申氏族谱编就。

3. 1872年以后面世的《华海师全》所记亦有不合史实，与1873年编修的申氏癸酉谱相抵触之处。如书云1360年杨载已去世，又云“黄勉斋以程朱学传于处士王鲁斋”。按与杨同载见《华海师全》的胡翰所言，明初杨载还曾奉命出使日本和琉球。而《宋元学案》则云黄勉斋传何基，何基传王鲁斋[3]。《华海师全》所云显然有误。其有关申自明世系的记载则与其面世时编成的申氏癸酉谱相左。1872年以后面世的《华海师全》如系申氏后人伪造，则不至于出现上述明显的错误，作伪者必定会尽力与癸酉大同谱一致，以免毫无必要地违背当时定论，触怒申氏族人。但事实恰恰与此相反，这就充分说明《华海师全》并非出自申氏后人的伪造。

至于因书云郑梦周之道学渊源出于申贤，而以圃、牧皆自树

---

1 《华海师全》，第373、378-397页；《平山申氏大同谱》第1卷上编，第508-511页。

2 《华海师全》，第365-368页；《平山申氏系谱·事迹》，第77页；《龙山坛志·文献》，第9页。

3 《华海师全》，第273、305页；胡翰：《胡仲子集》卷五《赠杨载序》，《明史》卷三二二《日本传》、卷三二三《琉球传》，影印文渊阁四库全书第302册，台湾商务印书馆，1986年，第665-666、679页；《宋元学案》卷八二《北山四先生学案》。

立，本无师承，岂有师乎为理由来否定其书、其人之说，显然因缺乏证据而无法成立[1]。

既然上述可能和理由均不能成立，那么我们就应当承认此书系出自元天锡等人之手。

在充分肯定其真实可信的同时，我们也应清醒地认识到其不足之处。这主要表现在：

（1）部分史实记载有误。除上文所说的黄勉斋以程朱之学传之于王鲁斋等外，该文又称“遁村李集”每岁春秋至元天锡处，“因岩为坛，自变祀至革祀，祭列圣至骊兴（禑王）、江华、杆城后王”[2]。李集（1314—1388）卒于禑王十四年，此书记载显然有误。不过，这类错误为数甚少，可谓瑕不掩瑜，对该书的价值不构成任何重要影响。

（2）部分记述不免有夸大之处。此书出自申氏后学之手。因受尊尊、亲亲和门户之见的影响，其记述难免会有溢美、夸大之处。如对其师长申贤与当时帝王将相以及元明学者关系的描述，恐有夸大之处。不过，由于此书成于以“直笔”著称的元天锡之手[3]，其记述当具有较高的可信度。

1　校删《华海师全》卷四《后学撰述》，第 31-33、38、45、51 页。

2 《华海师全》，第 492-493 页；《话东人物丛记》第 191 页不载李集姓名。

3 《大东野乘》卷二五《象村杂录》，第 450 页。

二、《华海师全》的价值和申贤的历史地位

《华海师全》一书以华海儒学大师申贤及其学派的活动和思想为中心，集中收录了许多罕见的思想史资料。具体来说：

（一）该书大量记述了申贤的生平和思想（见卷一至卷三、卷五），使人得以详尽了解其思想言行。

（二）该书详细、集中记载了“华海学派”其他学者的言行。这主要包括贤弟谊、君平和贤子用羲（卷三《家范》、卷四、卷六），以及禹倬和“受学于”申贤，时人和自己皆以贤为其师的郑梦周与李穑诸人的生平和思想（见卷二、卷三《诸子问答》、卷五、卷七《东方渊源录》和《元耘谷居义》）[1]。

（三）该书广泛、系统收录了新罗、高丽、鲜初的儒学及其与中国交往的资料。如始于金良鉴亲受于程门的理学东传，以薛聪→崔冲→金良鉴→安珦→禹倬→申贤→申用羲、郑梦周、李穑为主要线索的东儒传承渊源，儒学大师与帝王宰相的思想交锋，以及1321—1377年韩中儒学之间九次高层次、大规模的学术研讨（见卷一至卷二、卷三《诸子问答》、卷四至卷五、卷七《东方渊源录》）。

（四）该书又多处记录了有关韩中两国社会、政治和文化的各种史料。例如元仁宗、明太祖的政治思想，丽末鲜初政治与家族、政治与学术的关系等。这些史料俯拾皆是，大多散见于各篇。

《华海师全》的学术价值主要表现在为今人集中提供了其他文献包括《话东人物丛记》所不载的、有关丽末鲜初理学思想的大量

1 《华海师全》，第465、309、478页；《话东人物丛记》，第59、71-72页。

真实和珍贵的资料。由于迄今为止，现代学术界尚未有专著或专文研究《华海师全》一书和申贤其人[1]，故通过对这些史料的研究，我们可以取得以下一些重要成果：

（一）就思想家个人而言。通过研读《华海师全》，我们得以首次全面、系统地了解申贤和申用羲的思想言行，深入了解以往近乎无知或知之不多的禹倬和郑梦周的思想。按是书所载，禹、申、郑诸人均站在朱子学的立场上排斥陆学，同时又上承孟子[2]。其说认为性但天命之理，心系理气之合，情是心之感化。理气相配不相离，理非气不能发，气亦非理不能发。情之发也，所以发之者气也，所以发者理也。因其所当发之理而发，则气听命于理。不因所当发之理而发，则理听命役使于气。故善则谓理发气随，恶则谓气发理寄。其言论大多围绕理气和心性情等论题展开，继承、发展了"孟子善养气之训"[3]。上述诸人均系丽末具有重要地位和影响的理学大师。因此，对不见于他书记载，而仅仅收录于《华海师全》一书中禹、申和郑的思想的研究，必将大大充实和填补以往的研究的空白和不足。

（二）就思想学术派别而言。通过研读《华海师全》，我们得以第一次全面、系统地了解长期以来一直为历史所湮没，以安珦、禹倬、申贤父子和郑梦周、李穑为代表的"华海学派"的历史。该学派初创、奠基于安珦，发展、壮大于禹倬之时，于申贤父子和郑梦周在世时进入鼎盛时期，成为丽末性理学派的主流，具有重要的历史地位和影响。如权近的《入学之图》等即出自郑梦周所著诸图

1　见本书第 685 页注 1。

2 《华海师全》，第 59、279–281 页。

3 《华海师全》，第 154–155、150–151、156–157、471–472、317 页。

文[1]。但在郑杀身成仁后，该学派即遭禁止，其发展遂告中断。对仅见于此书，而不载于他书的该学派史料的研究，亦将大大充实和填补以往研究的空白和不足。

（三）就韩国儒学发展的脉络而言。通过研读《华海师全》，我们将不得不重新审视和反思东方儒学的渊源和发展历程。按此书所载，禹倬系安珦的传人，申贤乃禹之高足和郑梦周之师[2]，在东儒发展历程中居于承前启后、不可或缺的重要地位。依据此书所载，我们得以恢复和重现东儒传承史上被蓄意抹杀的申贤这一关键环节，澄清和解决东方理学之祖禹倬无传人，郑梦周无师承，东儒传承脉络中断等模糊不清的疑问和历史公案[3]，从而填补历史的空白，修订、改写这一段历史。

（四）复就东亚儒学发展的脉络而言。通过研读《华海师全》，我们将不得不重新审视和反思整个东亚儒学发展的历史。从中国儒学思想的发展来说，形成于南宋的朱子学说因其在义理上有与孟子相悖之处，而遭到陆学的批判，并在明代为上承孟子的阳明学所取代。长期以来这一直被视为历史和逻辑的必然。但是从东亚儒学思想的发展来看，上承孟子，同时又站在朱子学立场上的退溪学，积极回应了陆王心学对朱学的批判，有力地维护并发展了朱学，这说明王学取代朱学并非逻辑和历史的必然。退溪认为，禹倬出而“理学始行”。李象靖则曰禹“先生之道得退陶（退溪）而益著”[4]。但其说一直缺乏证据。依据他书所不载，仅收录于《华海师全》中的大量思想资料，我们不仅得以证实禹倬和李滉（退溪）思想上的一

1 《华海师全》，第 298-301、471-474 页。

2 《华海师全》，第 298-301、461-462、465、309-310、312 页。

3 《华海师全》，第 320-322 页。

4 《丹阳禹氏三世文献录》卷二李象靖《尚贤录序》、李滉《易东书院奉安文》，朝鲜，1910 年，第 4、24 页。

致；而且将发现，早在退溪之前三百年，申贤等人已经上承孟子，站在朱学的立场上回应了陆学对朱子的批判，积极维护并发展了朱子学。如其说云晦庵、勉斋以四端谓理发气挟，七情谓气发理乘。又说理发而气从，则理是性，性是四德，四德之绪是四端之情，四端之情在事上，在事状之成情状情名。名言难的，故又可以喜怒等七情之字目者。圣贤之情，七情之目在事不在中心。众人之情状在心，故发之者是气，主之者是气，而理听命于役使于气。故七情之目，即发之初体见之佩名，其别由在心内之意焉。其说认为朱子亦讲理发，四端、七情的区别在于理发还是气发，主张已发之理即性，圣贤和众人七情之目的区别在于心内之意[1]。其说颇多予人启迪之处。依据仅见于《华海师全》的珍贵资料，我们便能填补以往研究的空白，大大充实乃至改写历史。

（五）再就韩中儒学的交流而言，通过研读《华海师全》，我们得以第一次比较全面地了解和重视丽末鲜初以申贤为中心的“华海学派”与朱公迁、桂彦良等江南理学家之间的思想交流和相互影响的历史。如按不见于他书所载，仅收录于《华海师全》的珍贵资料所云，当时两国的儒学交流已达到在继承朱学的基础上进行创新，围绕理气和心性情等前沿论题深入展开探讨的高级阶段。这种交流之所以能很快进入上述高级阶段，应与当时的政治、社会和学术背景密切相关。如元朝的大一统即为双方人员和思想的频繁交往提供了有利条件。与此同时，元代理学盛行，正处于鼎盛阶段。崇尚理学的江南学者又具有不断创新和积极向外发展的勃勃生气。这就使其得以三度大规模东渡，进行高层次的学术讨论，推进理学的迅速东传。尤其重要的是，当时高丽正处于社会变迁的关键时期，其统

1 《华海师全》，第 317、201–203 页。

治阶级尤其是通过学习儒家经典和科举入仕的新兴进士官僚阶层，亟需新兴的理学以满足其自身和百姓日用之所需。基于这一需求，理学迅速和大规模的东传，便有力地促进了丽末性理学的发展和“华海学派”的形成，使其在短时期内即经历了摄取、吸收和消化阶段，完成了移植和本土化的过程，进入了融合、创新形成自身特色的成熟时期，并达到了足以与中国一流学者平等对话的水平。

值得注意的是，元代朱子学盛行。强调读书明理，反对明心见性和禅学心学，很自然地受到长期研读汉籍儒经以经世致用，通过科举而非坐禅顿悟入仕的新兴进士阶层的推崇和欢迎，朱学而非深受禅学影响的心学因此而成为丽末理学的主流。

反之，透过这种交流，我们还可以获知申贤等人对朱公迁、桂彦良等江南学者的影响。

显而易见，凭借仅见于《华海师全》一书的记载，我们将大大深化对丽末韩中两国理学交流的认识，充实、填补以往研究的诸多空白。

（六）最后，就韩中两国的历史而言。通过研读《华海师全》，我们得以进一步深化对当时两国政治、思想和社会的认识。例如依据仅见于此书的史料，我们得以了解忠肃王、忠惠王、元仁宗和明太祖等帝王的政治思想及其心态，包括朱元璋对孟子的态度和提倡理学的用心。又可以看到朝鲜朝党争酷烈，戊寅之变、癸酉之变率秘不敢言，以至真情暗昧不传的特点在丽末即已出现[1]。这一特点形成的原因即在于政治与学术密不可分，前者对后者的发展具有决定性的影响，后者虽缺乏独立生存和自由发展的空间，但大儒得以王师自居，亦可以笼罩政治。故其政治斗争带有十分酷烈的特点，往

1 《大东野乘》卷二五《象村杂录》，第459–460页。

往从政治延及学术和思想界。同时，我们还可以看到新兴官僚阶层在政争和社会变迁中的分化和流动，以及仁人君子为坚持其道德和价值观，争取生存和发展空间所表现出来的铮铮风骨。依据《华海师全》所载，亦可充实乃至填补以往研究的空白和不足。

申贤的言行和思想主要载见于《华海师全》一书，依据集中收录于《华海师全》中的申贤史料，我们得以充分了解和探讨其历史地位和影响。

首先，就个人思想而言，申贤不愧为丽末杰出的思想家。按金得培所言，安珦晚年曾说："禹倬卓越诸子中，贤迈我远矣。"并令其门人"从师笃敬如我也"。李穑亦云："文成之门，易东禹先生之学卓越诸子，而当时同门同辈侪流，莫不服从而师事之。"[1] 而禹倬则自称，"吾与程朱，自期规矩，惟理绳尺，然寻尽精妙微极"，至"极难解处，究之半日、终日，无不明析，无过三日者"。但至晚年，"每恨老耄，恐其难能，中心耿耿。今申君便见便语，洞推条理，本一弥万，辄若自已出"。其所见"无不精到妙极，纯备著微，而开塞洞豁。故吾之成就，老得百倍"，"此人之程朱，书之《庸》、《易》"[2]。可见其水平远高出同时诸子，已达到"道大纯备，至于微旨细妙，无不极精"的境界。诚如金台铉所言："近世正学，唯申子者第一人"，堪称东国第一人[3]。故李穀说："晚年幸得见濂、洛大道，由以申子而达。"[4]

尤其重要的是，申贤在理气和心性情等论域内既继承朱学，又上承孟子，极力独辟蹊径、发微阐奥，不断创新，以贯通扬抡。其

---

1 《华海师全》，第 298–300、320 页。

2 《华海师全》，第 319–320、462–463 页。

3 《华海师全》，第 295、485 页。

4 《华海师全》，第 296 页。

说予人启迪之处颇多，影响很大。在今天仍具有十分重要的价值。

其次，就学术群体而言，申贤是安珦、禹倬之后丽末“华海学派”的领袖。该学派萌生于安珦晚年，由珦及其门徒禹倬、辛蒇、白颐正、权溥等组成。珦去世后，倬受师命成为学派领袖，除倬门徒申贤等人之外，白颐正门人李齐贤、朴忠佐等人和权溥门人白文宝、李穀、崔瀣等人均“宗师”禹倬。倬去世后，申贤继任学派领袖，其年纪为后生，晚学于倬者亦受命皆“归师”申贤。其门下有申用羲、郑梦周、李穑、成思齐、禹玄宝诸人[1]。申贤在世时，门下人才济济，超越前代；思想上承孟朱，颇多创新；同时与元明学者交往频繁，影响扩展至海外，得到中国学者的认可[2]。申贤可以说是推动和带领“华海学派”进入鼎盛阶段的卓越领袖。

又次，就东儒的传承而言，申贤被视为上绍禹倬之统绪，下启郑梦周之渊源，承前启后的一代宗师，构成东儒道统的一重要环节。按《华海师全》和《话东人物丛记》所云，箕子“肇创东方”后，薛聪“为斯文之垂统”。其后崔冲“中兴大创”，“复创斯文”。金良鉴“亦倡继绝”。尔后则有安珦中起，而以禹倬、申贤和申用羲、郑梦周、李穑“为继绝渊源之大”[3]。丽末之际，申贤集东方群贤之大成，系当时东国儒学第一人，是儒学主流“华海学派”的一代宗师。诚如李穑所言，“天出申文贞，又出达可，任开创理气之元基重责，后世人孰不谓文贞、达可为东方理学之祖。”[4]

复次，就东亚儒学的发展而言，申贤又被视为上接孟朱之统，

---

1 《华海师全》，第 299–300、494–496 页。

2 《华海师全》，第 301、495、267–280 页。

3 《华海师全》，第 445、435、439、335、482–483、488–489 页；《话东人物丛记》，第 25、37、50、53–59、83–84 页。

4 《华海师全》，第 477 页，《话东人物丛记》，第 71 页。

下开郑（梦周）、李（滉）之绪，承前启后的一代儒宗[1]。申贤一贯认为，“孟子为警万世，朱子为开群蒙”，思想上承孔孟、程朱，禹倬称“此人后程朱也”和“人之程朱”。朱元璋则批评说，“申子之病在过尊孟叟、朱老、范、张辈”[2]。其说维护孟朱，而力斥陆学、心学[3]，并为郑梦周所继承，李退溪所发扬光大，堪称东亚儒学发展历程中极具代表性的关键人物。

再次，就丽末韩中儒学的交流而言，申贤又是1321—1377年间两国儒学交流的主角和核心。在半个多世纪中，申贤以“华海之师”的身份，率郑梦周、李穑、尹泽、申德邻、金三近、申晏、申彝和安鲁生等众多一流学者六次访华，与上自元仁宗、明太祖、拜住、刘基、宋濂等君臣，下至朱公迁、桂彦良等一流学者问学论讨，在华滞留达十五年以上。同时又三度接待许谦、朱公迁、桂彦良、王祎等元代一流学者，与每次来访均有数十人的元儒进行规模相当可观的高层次思想交流[4]。在申贤的积极参与、推动、组织和主持下，丽末韩中儒学的交流达到了前所未有的繁荣境地。他为这种学术和思想交流的繁荣，作出了他人所无法替代的重要贡献。

最后，就政治和社会地位而言，申贤则是常居帝王宾师之位的理想主义的政治活动家。按《华海师全》所言，申贤一生崇敬孔孟，愿“为宾师而不为臣仆”。因天下师道晦盲已久，故自任师道以示其重，曾历任诸帝王之宾师，与其以宾主相处而友。他认为宾师之道以严正为义，主张以夏变夷，疏其运统，以复闽洛之道。道既不合，即去之[5]。由此可见，申贤在世时曾具有很高的政治和社会

1　校删《华海师全》姜永直序，卷四《后学撰述》第49页。

2《华海师全》，第59、280、320、463页。

3《华海师全》，第281页。

4《华海师全》，第465-466、267-280页，《话东人物丛记》，第91-106页。

5《华海师全》，第134、282、59、135、274页。

地位。这种地位固然可以赢得人们的尊敬。但是更值人们敬仰的却是他明知师道晦盲已久，但又自任师道之重的勇气，以及与帝王分庭抗礼，道不合即去的大丈夫精神。

三、《华海师全》的成书、流传和卷帙

就成书而言。今本《华海师全》始编于申贤、郑梦周等人，成诸元天锡、范世东之手，是历经五次编纂和四次劫难，最后由元、范汇编众人所述而成的一部典籍。

按元天锡所言，申贤生前，曾将诸弟及门人柳淑、尹泽等所录其言行编成十二卷，“传诸徒家”。1362—1365年间，因申贤一贯反佛并指斥国师普愚、遍照，二人“指挥史官烧尽墨迹”，“颁命分党穷索诸家秘笥，尽焚灰之”，以致“罔有攸传”。这是第一劫。其后，金革、金三近父子和申德邻、安鲁生、李存吾、郑枢等“以尝见籍且以所闻者，略载得大纲领”。但随后不久，即因李存吾、郑枢一案于1382年“又值烈火”。这是第二劫。申贤去世后，郑梦周、朴尚衷、安宗源、金澍、金峙、李穑、崔元凯、禹玄宝、卓光茂、李崇仁、宋因、金震阳诸人汇编申贤在高丽及入元事略，“添辑”增入“己闻己见”，并将申贤之侄申彝、申晏等和李孝臣、李得邱、成汝完、河自宗、李种学、金瞻、金履等人所“搜辑”记载的入明言行，“合以辑之，编之一部，合八卷，而名曰《华海师全》”，并“考诸”郑梦周。郑“亦寻隙搜辑”，“竟加二卷尽编，属成思齐”保藏。其后，由于申贤曾“教法司诛”杀“劫父黜继母”的陈子诚之祖，又教“台臣奏黜”“短丧服三月”的权近父权僖，并在王前揭示郑道传之奸；加以其弟和其孙伯清因上疏获罪，

于1388年“全家混被牢戮”；政敌和仇家因之“穷搜诸家《师全》等所说者，不计尺简片楮，虽秘笥深藏，没籍尽焚”，“投烧无遗”。这是第三劫。郑梦周为避免“申子至大道迹从此沦灭无遗传，乃略编大纲”、“略实”，“潜付元天锡”，并嘱元“慎采、慎收，善修、善守”，“收藏传保”已编就的十卷《华海师全》。不久，郑梦周即于1392年杀身成仁，忠于旧朝者“又被坑火之祸”，宋因、权近“反旧附新”，协同郑道传等“穷推深山潜谷或略藏者，枚枚搜尽投烧”。此是第四劫。此后，元天锡受郑梦周之托付，以其《华海师全》大纲为基础，与范世东“共为拾遗搜辑”，采录诸人的“拾遗秘传”，又“略论迹”，“略著若干篇”，编修“故国事实，师门徒略迹”，最终形成了七卷本的今本《华海师全》[1]。

今本《华海师全》当系元、范晚年最终编定。元、范晚年与崔瀁（1351—1424）、卓慎（1367—1426）和申晏（1351—1417）等过从甚密，曾共同设坛祭祀有道成仁之士，并以李穑（1328—1396）和禹玄宝（1333—1400）配享[2]。元曾于1402年徒步远涉，援救申氏遗孤永锡（1392—1433）等，并云“及其长成，皆娶之于原城人家”。永锡长子、次子分别出生于1424年和1426年。如按20岁成婚计，此书已述及1412年以后之事[3]。又申晏卒于1417年，申维之子贲于1414年中司马试，1416年生子，《华海师全》不载晏之卒和维子贲[4]，其所记主要系1414和1417年以前之事。此外，1603年朴东亮和郑弘翼皆云，元在天命人心已去后，仍“独留王

1　见《华海师全》，第275、285–290、293、308–310、334、335、501–502页，《话东人物丛记》第87、120–126页。

2　《华海师全》，第492–496页。

3　《华海师全》，第367页；《平山申氏大同谱》第一卷下编，第96–97页。

4　《华海师全》，第391–397、424页；《平山申氏大同谱》第一卷上编，1420年《申晏墓志》，第510–511页，第一卷下编，第101页。

氏甲子於数十年”之久[1]。“数十”如按二十计，则《华海师全》大致应于1412—1414年间编成。

必须指出的是，此书在编成后，又曾为人增入部分文字。如金係权对徐居正（1420—1488）述史的批评，金对沈温（？—1418）之死的感叹，以及范泰洛之“志”即明显系后人所增入[2]。

复就流传而言。《华海师全》经元天锡、范世东编定后，数百年中一直以写本的形式深藏秘传于极少数人家中，未曾广为传抄和刊梓，因而长期不为人知。

《华海师全》初仅“编二本”，一本由元天锡“自家藏守，一本传诸范世东”[3]。按许穆（1595—1682）所撰元天锡墓碣，元“有藏书六册，言亡国古事，诫子孙勿妄开。传之累世，有子孙一人窃开之，大惧，曰：‘吾家族矣！’举而烧之”，元氏所藏因之不传[4]。又据范世东曾孙范承洛之“志”，范氏所藏景泰年间尚存[5]。其后则无所闻，不知何时散失。

元、范受郑梦周托付搜寻编辑《华海师全》一事，郑门人牛来麟、孔明亮、方万化等五人均参与其事，金鼎、徐甄和卓慎等人亦知之。1392年以后，徐、卓、来麟父星维、明亮子继圣、万化父直范等人与元、范过从甚密，《华海师全》也有可能传抄保藏于上述诸家[6]。在1867年，申氏族人申秉玉在孔氏发现附录范承洛之志的《华海师全》，即说明孔氏曾从范家传录秘藏此书[7]。

---

1 韩国文集丛刊第六辑《耘谷行录》之《诗史序》、《事迹》，民族文化推进会，1996年，第123、229页。

2 《华海师全》，第313、349-351页。

3 《华海师全》，第335、502页。

4 《朝鲜金石总览·元天锡墓碣》，第940页。

5 《华海师全》，第349-351页。

6 《华海师全》，第289、452-455、483-488、492-493页；《话东人物丛记》，第124页。

7 姜永直：校删《华海师全》卷四《后学撰述》，金永淳家，1935年，第41-42页。

此外，申贤曾孙自诚因触怒权臣权近，而遭灭门之祸。元天锡于1402年“徒步远涉”，“匿诸遗孤”，并将长房二子“挈归潜育”[1]，《华海师全》亦可能传抄保藏于申家。在1852年《话东人物丛记》出现后，和1867年申秉玉发现《华海师全》之前[2]，申翼浩于1855年编辑刊行了《礼州世录》，内有《话东人物丛记》等文献所不载，仅见于《华海师全》，有关申用羲、申商、申伯清、申得清、申艺、申自明、申自诚诸人的生平事迹[3]。可知申家确有可能藏有此书的残帙。

1852年《话东人物丛记》出于湖西孔氏家，书载申贤行状并提及《华海师全》，世人始知《华海师全》其书的存在，并据此编成《文贞公云月斋申先生事实（或迹）》等，刊印《礼州世录》[4]。此后，槐山申秉玉于1867年在关西孔氏家发现《华海师全》，1872年后求得复本，交族人分别传抄保存。1900年“京中宗丈知而请见，故始出示人”，从此传抄日多，但尚未刊印[5]。

《华海师全》很晚才刊刻梓行。其刊本有庚申年在忠南舒川庇仁栗里祠刻印的庚申本或栗祠本，1934年在庆南泗川温井泳洙亭发行的重刊本，1935年在忠南论山金永淳家发行的姜永直校删本，以及据以上刊本影印的诸本。1934年重刊本卷前有李明稙序，卷后附庚申申世休“跋”、癸酉申相“识”和壬申申桓“重刊跋”。校删本卷前为姜永直序，卷四《后学撰述》载有刊行始末。庚申本

---

1 《华海师全》，第365–367页。

2 校删《华海师全》卷四《后学撰述》，第12、41–42页。

3 《韩国典籍综合目录》第八辑，国学资料保存会，1980年，第390页；《藏书目录－古书篇1》，韩国精神文化研究院，1991年，第382页。

4 《话东人物丛记》，第65、89、122–123页；《韩国典籍综合目录》第八辑，第444页；校删《华海师全》卷四《后学撰述》，第41–42、12–16、18–20、24、26–27、39–40页。

5 校删《华海师全》卷四《后学撰述》，第41–42页，《华海师全》重刊本申世休跋，泗川温井泳洙亭申相，1934年。

卷首为李明稙序。李序云此书由申必熙、世休“参互考订”。庚申申世休跋曰，“往在庚子，京中宗丈知而请见”。又云栗祠本刊行时，申“泰恒，成均相其役”，“终成之者……（申）泰崇也”。按校删本卷四《后学撰述》所引申世休语，1872年以后，申秉玉始获《华海师全》一书，“京中宗丈”系指申箕善（1851—1909），刊行一事“申之泰恒、泰崇兄弟周旋之力实多”。其所引申泰崇语则云庚申本刊前曾拟请金福汉（1860—1924）、田愚（1841—1921）等校定[1]。据此可知，上述庚申应指1920年而非1860年，《华海师全》1920年始刊行于世。该年参与刊行者的生卒年分别为：必熙（1879—1932）、世休（1866—1942）、泰崇（1868—1960）、泰恒（1875—？）、成均（1892—1932）[2]。

最后就卷帙而论。1920和1934年刊行的《华海师全》均为七卷。从编纂体例和顺序来看，在《师全继辞》和《跋尾》之前的卷一至四，应系元、范着手编纂以前十二卷本、八卷本和十卷本《华海师全》之残帙。又元天锡“曾因略闻，跋先生家状，而接载圃隐所撰草，潜托之右”[3]。按上述“家状”即《师全继辞》，可知在《师全继辞》前的卷一至四当系郑梦周“编略”并“潜付元天锡”之“大纲”，以及采录自禹玄宝诸人所藏《华海师全》的残余[4]。其中卷一申贤与诸帝王之问对，卷二申贤之《出处》，卷三《诸子问答》当出自门人之记载。卷二《备耗》是申贤奉禹倬之命编就。卷三《家范》系申请诨、申君平、申用羲叔侄所作，曾质正于申贤。卷四记申用羲入明言行，乃郑梦周使明时求得，传录自范世东父

---

1 校删《华海师全》卷四《后学撰述》，第41-44页。

2 《平山申氏大同谱》第6卷，第794、1006、1066-1067、1176-1177页。

3 《华海师全》，第486、487页。

4 《华海师全》，第289、290页。

后春[1]。卷五至卷七则系元、范等搜集、编撰。内卷五《师全继辞》、《跋尾》系元、范所撰，《诸子论赞》、《诸子叙述》乃二人采录当时人之“拾遗秘传”及其言行。卷六乃元天锡编录的申氏族人之言行。卷七《东方渊源录》、《元耘谷居义》系出自范世东之手。前者叙述海东儒学之渊源，后者阐述元天锡出处之义和编撰保藏《华海师全》之事。由其“因书《师全》之尾纸”，附之“《编末》”，可知全书正文至此结束[2]。其后四文则是后人所附入。

1935年刊行的校删《华海师全》共四卷，姜永直因《华海师全》“非但有豕亥之误，句读有古今之异，间或戛戛，难见本旨。且先生孙曾及门人丽季之祸实无与于先生，则诸篇讳史，不容不删”，而将七卷本原书校删成三卷。校删本卷首增“东方道统图”和“不谖斋申先生世系图”。又因《备耗》乃申贤手笔，《家范》曾“就质先生”，克承先生道统的用羲之《简斋笏记》多引申贤之说，而将其置于卷一。复因原书卷一和《诸子问答》皆门人所记，而列诸卷二。并将《出处大略》、《跋尾》、《师全继辞》、《诸子赞辞》和《诸子叙述》等门人所记列之于卷三，且附以《东方斯文渊源录》。而将增补添入的《后学赞辞》和《后学撰述》附于卷四[3]。

四、结语

综上所述，可知今本《华海师全》是申氏门人元天锡和范世东搜罗汇集“华海学派”历次编纂和门人所述资料，于1412—1414年左右最终写定的一部著作。因申门自1362年以后迭遭政治迫害，

1 《华海师全》，第66、180、208、322页。
2 《华海师全》，第264、285、292-293、334-335、410、488-489、502页。
3 校删《华海师全》姜永直序。

其著述一再被禁，今本《华海师全》现存七卷的内容仅为原书的一小部分，写定后亦只能以抄本的形式长期密藏传授，直至1872年以后方为世人所知，1920年始首次刊行。

从《话东人物丛记》、申氏族谱和其他史籍的记载来看，《华海师全》的作者确有其人，其书来历清楚，所记内容基本可信，具有显而易见的原始性和真实性。又从其行文、语气来看，此书应出自当时人之手。从各方面来看，此书均无明显作伪的痕迹。在其流传已久，且无确凿作伪证据的情况下，我们显然不能将其归入伪书之列。而任何怀疑其为伪书的说法也都是经不起仔细推敲的。其真实性当无疑问。

《华海师全》所记述的申贤，又见于《话东人物丛记》和申氏族谱，其人的存在当无疑问。在并无任何证据的情况下，我们也不应轻易怀疑申贤的真实存在。

《华海师全》对于研究儒学思想的学者来说具有极其重要的价值。其价值主要体现在：该书集中收录了大量其他文献（包括《话东人物丛记》）所不收，有关理学思想史的重要资料。依据此书：

（一）我们得以首次认识儒学大师申贤和禹倬、郑梦周的思想。对于前者，我们以前是一无所知。对于后二者，我们在误以为其所著理学文字无所传的情况下，长期以来仅知其在思想史上具有重要地位，而不知其思想之具体内容。

（二）我们得以首次了解“华海学派”的历史及其思想特点。

（三）我们将不得不重新审视、反思并改写东方儒学的渊源和传承的历史。

（四）我们将不得不重新审视、反思并改写东亚儒学发展的历史。

（五）我们得以全面、深入了解丽末韩中儒学交流的规模，所达到的深度及其成就与影响。

（六）我们得以大大深化对丽末和元末明初政治、思想和社会的认识。

其结果必将充实和填补以往研究的空白和不足之处，修订和改写历史。

申贤对于研究儒学思想的学者来说亦具有十分重要的价值。其价值主要体现在：

迄今为止，学术界对他可以说是一无所知，从未有人对他作过专门的研究，但他却是一位杰出的思想家。他既是带领丽末儒学主流“华海学派”走向鼎盛的卓越领袖，又是上承禹倬，下启郑梦周的一代宗师和东方理学之祖，同时又堪称上接孟朱之统，下开郑梦周、李滉之渊源的一代儒宗。他既是丽末韩中儒学交流的主角和核心，为儒学的交流和繁荣作出了重大的贡献，又是帝王宾师和值得后人敬仰的理想主义的社会政治活动家。

按上所述，我们应予一直为学术界所忽视的《华海师全》一书和儒学大师申贤以高度重视，深入开展有关研究，大力充实和填补以往研究的空白和不足。

本文原载于《中国学术》第19、20辑，商务印书馆，2005年。
韩国现代中国研究会《韩中言语文化研究》2006年第11辑转载。

参考书目

一、传统文献

[1] 申贤：《华海师全》，汉城：（韩国历代文集丛书本）景仁文化社，1997年；泗川温井泳洙亭申相，1934年。
[2] 姜永直：校删《华海师全》，忠清南道论山：金永淳家，1935年。
[3] 范世东：《话东人物丛记》，光州：全南大学校出版部，1993年。
[4] 权近：《阳村先生文集》（韩国历代文集丛书本），汉城：景仁文化社，1997年。
[5] 元天锡：《耘谷行录》（韩国文集丛刊第六辑），汉城：民族文化推进会，1996年。
[6] 元天锡：《文贞公云月斋申先生事实》，朝鲜。
[7] 禹倬、禹吉生、禹玄宝：《丹阳禹氏三世文献录》，朝鲜：1910年。
[8] 郑麟趾：《高丽史》，汉城：亚细亚文化社，1983年。
[9] 朴世采、李世焕：《东儒师友录》，汉城：弗咸文化社，1977年。
[10] 金烋：《海东文献总录》，汉城：学文阁，1969年。
[11] 弘文馆：《增补文献备考》，汉城：亚细亚文化社，1972年。
[12]《朝鲜金石总览》，朝鲜总督府，汉城，1919年。
[13] 朝鲜古书刊行会：《大东野乘》，汉城：朝鲜杂志社，1909年。
[14] 李肯翊：《燃藜室记述》，汉城：朝鲜古书刊行会，1912年。
[15] 李章薰：《朝鲜名臣录》，汉城：长桥町李光薰方，1925年。
[16] 李喜谦：《青野谩辑》（原文和译对照本），汉城：朝鲜研究会，1916年。

[17] 沈鲁崇:《大东稗林》，汉城：国学资料院，1997 年。
[18] 申翼浩:《礼州世录》，汉城：朝鲜，1855 年。
[19] 申铉玑:《平山申氏世谱》，朝鲜，1902 年。
[20] 申凤湜:《龙山坛志》，裡里市：三南出版社，1962 年。
[21] 平山申氏大同谱所:《平山申氏系谱》，汉城：世光出版社，1962 年。
[22] 平山申氏大宗中:《平山申氏大同谱》，汉城：回想社，1976 年。
[23] 平山申氏大宗中:《平山申氏文献录》，汉城：回想社，1978 年。
[24] 申世焕:《鹅洲申氏世谱》，1968 年。
[25] 胡翰:《胡仲子集》(影印文渊阁四库全书)，台湾商务印书馆，1986 年。
[26] 张廷玉等:《明史》(影印文渊阁四库全书)，台湾商务印书馆，1986 年。
[27] 黄宗羲等:《宋元学案》，四部备要本，上海：中华书局，1936 年。
[28] 王梓材等:《宋元学案补遗》，四明丛书本，四明张氏约园，1937 年。

二、近人论著：

[1] 李基白:《韩国史新论》，汉城：一潮阁，1995 年。
[2] 金庠基:《高丽时代史》，汉城：汉城大学校出版部，1985 年。
[3] 朴龙云:《高丽时代史》，汉城：一志社，1987 年。
[4] 李丙焘:《韩国儒学史略》，汉城：亚细亚文化社，1986 年。
[5] 韩国高丽史学会:《高丽时代史论著目录》，汉城：景仁文化社，2000 年。
[6] 韩国历史学会:《韩国历史学界的回顾与展望，2000—2001》，《历史学报》第 175 辑，2002 年。
[7] 千惠凤:《韩国典籍综合目录》第八辑，汉城：国学资料保存会，1980 年。
[8] 资料调查室:《藏书目录－古书篇一》，汉城：韩国精神文化研究院，1991 年。

历史上的儒商与儒商精神

文章从"儒将"、"儒医"这两个名词的起源说起，探寻了"儒商"这一名词的起源及其含义的变化，并分析了"儒商"的前身——"儒贾"、"贾儒"这两个名词的褒贬色彩和内在根据。还从大量的历史资料中首次总结出了"儒商精神"的含义，以及"儒商精神"在当代的新的变化和意义。

众所周知，儒商的历史可以追溯到孔子的弟子子贡。但儒商这一名词起源于何时？何谓儒商？其含义历代有无变化？历史上儒商的精神又是什么？人们不仅语焉未详，且众说不一。本文拟通过对历史文献的分析，就上述问题提出自己的看法。所言如有不当，敬请各位专家批评指正。

一、儒商的起源

儒商与儒将、儒医都是古今通行之词。

儒将一词至迟在唐初即已出现。如唐人姚思廉所撰《陈书》，即将陈朝将领钱道戢称作“儒将钱道戢”[1]。钱道戢“少以孝行着闻。及长，颇有材干”[2]。钱道戢当以孝行着闻而被称作儒将。

汉唐之间，儒臣统兵十分普遍，儒士、武将并无严格区分，所以儒将一词出现较晚。唐以下文武分流，文武兼备的儒将渐受重视，儒将一词始流行。所谓儒将，是指文儒之中有方略之士[3]。其人“说礼乐而敦诗书”，颇具“权谋方略”，“智力权变”，即兼有“文雅方略”，“治戎安边，绰有心术”的“儒者之将”[4]。

儒医一词在南宋中叶即已出现。如按陆游《老学庵笔记》所载，南宋初临安大街已有“四世儒医陆太丞”的扁榜[5]。家铉翁认为，“医学问之道也，近于儒，进则为儒矣”[6]。“医为有益，故世或以儒医并称尊之”，儒医连用十分自然。尤其是宋代设立医学，开科取士，以致医者“术虽医而习则儒”，儒医一词在宋代的流行当与此有关[7]。

儒商在春秋、战国之际虽已出现，但儒商一词的出现却很晚。据笔者目前所知，文献中的“儒商”一目最早出现于清康熙间人杜浚所撰《汪时甫家传》中[8]，其时约在1671年—1687年之间。

而与儒商义同的儒贾一词则至迟在嘉靖时即已出现。如汪道昆（1525—1593）所撰《范长君传》，即载范长君戒其二子，“第为儒贾，毋为贾儒”[9]；所撰《程长公墓表》则载程长公（1500—1563）

1　姚思廉：《陈书》卷一一，《章昭达传》，清乾隆武英殿刻本。

2　李延寿：《南史》卷六六，清乾隆武英殿刻本；姚思廉：《陈书》卷三三，《钱道戢传》，清乾隆武英殿刻本。

3　李焘：《续资治通鉴长编》卷四二，清《文渊阁四库全书》本。

4　刘昫：《旧唐书》卷八五，《裴行俭子光庭传》，清乾隆武英殿刻本。

5　陆游：《老学庵笔记》卷八，明《津逮秘书》本。

6　家铉翁：《则堂集》卷三《中庵说》，清《文渊阁四库全书》本。

7　黄震：《黄氏日钞》卷九〇，《赠台州薛大丞序》，元后至元刻本。

8　杜浚：《变雅堂遗集》卷六，清光绪二十年黄冈沈氏刻本。

9　汪道昆：《太函集》卷二〇，明万历刻本。

去世前戒其三子，“与其为贾儒，宁为儒贾”[1]。可知当时儒贾已成为意义分明的专用词语。其后，有耿定向为程豪作《儒贾传》(作于1598年之前)[2]。张鼐《寿汪雨翁太年伯八十序》云“翁少习儒，已为儒贾”[3]。邹迪光《榆村程居士传》云“儒贾之利十”[4]。可见儒贾当时已成为一流行的专用词语。万历时，叶向高为程汝彦（1536—1608）作《封文林郎兰溪县知县程公墓志铭》，称其为“儒而贾”，并云“昔闻廉贾，未闻儒贾”[5]。据此可知，儒贾一词当出现、流行于明嘉靖、万历之际。清顺治、康熙才出现“儒商”一词[6]。

儒贾一词在明嘉靖、万历之际出现并流行自有其原因。在中国，官员一向具有崇高的社会地位，享有各种政治、经济和文化特权。从治生或举业的角度来说，学而优则仕是社会公认的首选治生途径，通过科举入仕是广大读书人的理想和目标。明代嘉靖、万历之际，商业发展迅速，书籍日益普及，人口不断增长，进入举业的读书人增加很多，但科举名额却未见相应增加。应试者日增，而举业出路有限，为谋生计，大批读书人只能弃儒而商，进入正在迅速

1 汪道昆：《太函集》卷六一，明万历刻本。
2 耿定向：《耿天台先生全集》卷一六，明万历二十六年刘元卿刻本。
3 张鼐：《宝日堂初集》卷一〇，明崇祯二年刻本。
4 邹迪光：《始青阁稿》卷一七，1621年序，明天启刻本。
5 叶向高《苍霞续草》卷一〇，明万历刻本。
6 杜浚：《变雅堂遗集》卷六，《汪时甫（1607—1671）家传》，清光绪二十年黄冈沈氏刻本。

发展商业领域[1]。但早年的教育使其思想和行为方式都深受儒学的影响，这就使其理所当然地成为“儒贾”或“儒商”。而儒学的转向，特别是王学的兴起和士商互动，[2]则使士商彼此认可，并使“弃儒而商”和“儒贾”成为流行话语。

二、儒商的含义与所指的变化

嘉靖、万历及其后一段时期内，人们通常用儒贾来称呼与其含义相同的儒商。值得注意的是，时人在肯定儒贾的同时，又对儒贾持否定态度。如焦竑（1541—1620）为范濠所作《范长君本禹墓志

1 见陈际泰《已吾集》卷六，《赠公西园府君（1531—1612）祭田记》，清顺治李来泰刻本；吴国伦（1524—1593）《甔甀洞续稿》《文部》卷三；汤显祖（1550—1616）《玉茗堂全集·文集》卷一四，《丘节母墓表》，明天启刻本；李濂（1489—1567）《嵩渚文集》卷五三，《南园记》，明嘉靖刻本；汪道昆（1525—1593）《太函集》卷三二《程长公传》、卷三三《户部贵州清吏司郎中曹公传》、卷五一《明故太学生潘次君暨配王氏合葬墓志铭》，明万历刻本；王世贞《弇州山人四部续稿》卷一五一，《李处士像赞有序》；黄汝亨《寓林集》卷一四《处士张宁宇元配吕孺人（1556—1612）墓志铭》，明天启四年刻本；黄凤翔《田亭草》卷一五《乡宾一溪杨公暨配薛氏墓志铭》，明万历四十年刻本；焦竑《国朝献征录》卷三五《张一桂（1540—1592）墓志铭》，明万历四十四年徐象枟曼山馆刻本；张鼐《宝日堂初集》卷一〇《寿汪雨翁太年伯八十序》，明崇祯二年刻本；吴士奇《绿滋馆稿》卷五《先大夫（1540—1612）请状》，明万历刻本；施闰章《学余堂集·文集》卷二〇《处士汪长公（1596—1665）墓志铭》，清《文渊阁四库全书》本；卓发之《漉篱集》卷一二《家传一》，明崇祯传经堂刻本；李光元《市南子·制诰》卷五《云南道监察御史丘兆麟父母》，明崇祯刻本；焦竑《焦氏澹园集》卷三〇《广西桂林府全州同知金君子公（1532—1604）墓志铭》，明万历三十四年刻本；王锡爵（1534—1610）《王文肃公文集》卷九《封行人司行人筠泉张公墓志铭》，明万历刻本；叶向高《苍霞续草》卷九《南京吏部验封司郎中左泉毕公（1529—1567）偕配项太宜人墓志铭》，明万历刻本；鲍应鳌《瑞芝山房集》卷一一《礼部儒士仁庵郑公行状》，明崇祯刻本；黄居中《千顷斋初集》卷二二《孝友长公（1501—1534）暨配孝节李孺人（1505—1535）合葬墓志铭》，明刻本；汪可进《公余草就》卷三《黄母吴氏（1507—1591）墓志铭》，明万历二十四年淑艾堂刻本。

2 如上述儒贾程豪即因与“尝游王文成门”郭今“谈良知学”，“悦而师之”（《耿天台先生文集》卷一六《儒贾传》）。儒贾程汝彦即“生平慕说王文成。往来会稽，辄拜其墓。逆旅坐小楼，日读其书，细绎良知之说，时举以告人。于身心性命之际，若有悟者”（《苍霞续草》卷一〇《封文林郎兰溪县知县程公墓志铭》）。前人如余英时先生等对这一现象曾作过详细的分析，见《中国近世宗教伦理与商人精神》，安徽教育出版社，2001；《士商互动与儒学转向——明清社会史与思想史之一面向》，载《近世中国之传统与蜕变》，“中央研究院”近代史研究所，1998 年，此不赘述。

铭》说“世以儒贾，君以贾儒”[1]，即批评“世以儒贾”。邹迪光《全节吴母田孺人传》和《榆村程居士传》则称赞吴母田氏子“以儒贾，不以贾贾，所至名蔚起”，直指“儒贾之利十，居士为德而如其贾，定收利十倍”[2]，均肯定儒贾。

无独有偶，时人对贾儒也是既肯定又否定。如以上所引焦竑之言即称赞范濠“世以儒贾，君以贾儒”，对贾儒加以肯定。而汪道昆（1525—1593）记范长君诫子语曰“第为儒贾，毋为贾儒”，并声称“与其为贾儒，宁为儒贾”[3]，又对贾儒持否定态度。

出现以上现象的原因即在于儒与商、贾均具有多种含义。儒贾一词系由儒与贾二字组成，儒既可指治生之业和名义，亦可指行为方式、操行和内心。前者如黄凤翔《田亭草》卷一五《杨公暨配薛氏墓志铭》有“再世业儒”说，黄居中《千顷斋初集》卷二二《颜次公（？—1598）配柯氏合葬墓志铭》有“儒名而贾心”一说。后者如江瓘在嘉靖己酉（1549）成书的《名医类案》卷一中，即称淮商朱枫野为“商而儒行者”。叶向高《程公墓志铭》云“儒而贾”的“儒贾”程公（1536—1608）“即贾也，亦常操儒行”[4]；耿定向《耿天台先生全集》卷一六《儒贾传》则有“仁心为质，儒之行也”一语。

贾既可指治生之业和名义，亦可指行为方式、操行和内心。前者如汪道昆《太函集》卷一七《阜成篇》有“儒贾异业”说，卓发之《漉篱集》卷一二《家传一》则有“所谓儒而名贾者”一语。后者如黄居中《千顷斋初集》卷二二《孝友长公（1501—1534）暨配

1 焦竑：《焦氏澹园集》卷三〇，明万历三十四年刻本。
2 邹迪光：《始青阁稿》卷一七，明天启刻本。
3 汪道昆：《太函集》卷二九，《范长君传（？—1553）》、《休宁程长公墓表》，明万历刻本。
4 叶向高：《苍霞续草》卷一〇，明万历刻本。

孝节李孺人（1505—1535）合葬墓志铭》有“贾行而士心”一语，黄居中有“儒名而贾心”说。儒商一词亦然。

由于儒与商、贾具有上述两方面的含义，在肯定儒行、儒心和否定贾行、市心的时代，其组合而成的儒商、儒贾和贾儒也就具有了贬、褒和不贬不褒3方面的含义。

不贬不褒的儒商、儒贾是指以儒和贾为业和名的儒和商。如赵志皋所撰《张公一桂（1540—1592）墓志铭》云，一桂父为贾，意不欲令一桂“徙业”。一桂“请业儒不成，去而贾”。亡何，“举于乡”。其父“乃益大喜，谓儿能以儒贾”，即以儒（举业）为贾业[1]。万历时人汤宾尹所说的“儒而贾，贾而儒”的“书贾”李一庵，则是贾为儒业[2]。

贬义的儒商、儒贾是指以儒为业和名之贾行、市心者，即儒中之商贾。如王世懋（1536—1588）批评说：“厚藏吝予，色庄行违，士之儒而贾者多矣。”[3]耿定向指出“世以儒命者，衒智钓奇有市心焉，儒而贾也”[4]。黄居中、汪道昆亦对“儒名而贾心”，“儒而贾心，则滫也”的儒而贾持否定态度[5]。

褒义的儒商、儒贾则是指以商贾为业和名的儒行、儒心者，即儒者一样的商贾。如汪道昆即称清贾程惟清“托贾名，而饰儒行事”[6]。耿定向指出“仁心为质，儒之行也。贾而有是，不亦儒乎”。因而将“虽不废贾，然好儒益甚”，里人因咸称其为儒贾的程豪称

1　焦竑：《国朝献征录》卷三五，明万历四十四年徐象枟曼山馆刻本。

2　汤宾尹：《睡庵稿》卷五《赠李一庵》，明万历刻本。

3　王世懋：《王奉常集》卷一六《见斋卓君传》，明万历刻本。

4　耿定向：《耿天台先生全集》卷一六《儒贾传》，明万历二十六年刘元卿刻本。

5　黄居中：《千顷斋初集》卷二二《颜次公（？—1598）配柯氏合葬墓志铭》，明刻本。汪道昆：《太函集》卷三七《程惟清（1531—1588）传》，明万历刻本。

6　汪道昆：《太函集》卷三七《程惟清（1531—1588）传》，明万历刻本。

作“儒贾”，并为之作《儒贾传》[1]。

贬义的贾儒指以儒为业和名而贾行、市心者，即商贾一样的儒者。如孔尚任（1648—1718）即将“丑扮书客蔡益所”，称作“贾儒”和“商秀”[2]。

褒义的贾儒指以商贾为业和名而儒行、儒心者，即商贾中之儒者。如温纯即指出石象（1511—1577）“尔业则商，尔行弗商”，“所谓商而儒者”[3]。卓发之、王世懋（1536—1588）称世贾卓贤为“贾而儒者”，即“所谓儒而名贾者”[4]。汪道昆称程次公为“贾名而儒行者”[5]。明刘康祉则为秀冈金君铭曰：“玉其衷而表珉迹，则贾儒厥心”[6]。

由上所述，可知儒贾（商）和贾儒既可以指以儒为贾业（如举业）和以贾为儒业（如书贾），有可指儒而贾行，和贾而儒行。儒贾（商）和贾儒词义能指虽多，但在实际运用中其所指的重点却是随时代而异的。

从本人所见之资料来看，宋代以前，不见有人使用儒贾（商）和贾儒等词。

宋以下，随着科举和书业的兴盛和从业者的大量增加，以儒为贾业，和以贾为儒业意义上的儒贾（商）和贾儒等用语开始出现。但这种意义上的儒贾（商）和贾儒不仅出现较晚，而且远不及含有贬褒意义的儒贾（商）和贾儒流行和引人瞩目。

---

1 耿定向：《耿天台先生全集》卷一六《儒贾传》，明万历二十六年刘元卿刻本。

2 孔尚任：《桃花扇传奇》第二十九出，《逮社》下本，清康熙刻本。

3 温纯：《温恭毅集》卷一一《石君墓志铭》，清《文渊阁四库全书》本。

4 王世懋：《王奉常集》卷一六《见斋卓君传》，明万历刻本；（明）卓发之《漉篱集》卷一二《家传一》，明崇祯传经堂刻本。

5 汪道昆：《太函集》卷一七《寿草市程次公六十序》，明万历刻本。

6 刘康祉：《识匡斋全集》之《处士秀冈金君圹志铭》，清顺治刻本。

这是因为伦理和价值评判在我们的社会生活中具有重要意义。

嘉靖、万历以前，人们关注和批评的是儒而贾行者。如宋人陈淳（1159—1223）即指出："夫缉时文，钓利禄之具"，"不待作也。作之者，贾儒也"。其所作所为"使圣贤明伦之重地，反为市廛乌合之渊薮"[1]。当时，贾儒被用作贬义词，而不见有对贾（商）而儒行者的褒扬。

自嘉靖、万历起，随着工商业的迅速发展和大批读书人弃儒而商，商贾而非士人成为社会的明星，人们对儒而贾行者批评增多，对商贾中之儒者的赞扬开始出现，且日渐流行。儒行的体现者儒商、儒贾越来越多的被用作褒义词，渐成以褒义为主的词语。这一现象表明，在社会迅速商业化和道德日益沦丧的同时，人们开始呼唤和强调士人，尤其是商贾的道德和商业伦理，以重建以儒家价值观为基础的道德规范、商业伦理和商业精神，促进商业和社会的良性发展。

三、儒商的内涵与儒商精神

对于儒商和儒贾的概念，人们可以由不同的角度出发，作出不同的界定。在本文中，笔者将依靠可以搜集到的历史资料，通过归纳概括来界定这一概念。从本人目前所掌握的文献资料来看，嘉靖、万历以来人们所说的儒贾（商）和贾儒主要是就其褒义而言的。概括来说，儒贾（商）、贾儒主要是指商贾之儒行者。

具体来说，贾而儒行的概念可以说十分丰富。如耿定向认为，"扶义乐善，仁心为质，儒之行也。贾而有是，不亦儒乎"。其《儒

1 陈淳：《北溪大全集》卷四三《辞谢陈教廷杰延入学》，清文渊阁四库全书本。

贾传》所传儒贾程豪，"好儒"重文，"有郭今者尝游王文成门，谈良知学，子德悦而师之"。"与人交，必择贤者"。其人"恢豁"，"伟斡雅姿，识度夷旷，大类儒者"。"其为贾诚心平价，人乐趋赴"。为人仁义乐善，关心族党、乡里，热心社会公益活动。"岁侵，尝糜以哺闾阎之饿，而又椟以瘗道路之莩。出母钱贷人，贫不能偿，辄焚其券"。尝在宗"祠旁辟庐舍，居族之贫"。又"立义仓、义塾，缮梁、除道，日费橐中装不惜"。其"好儒益甚"的结果，是"远近款其门者益众，斥奇赢振施之不厌，而财益阜，不数年且致千金"。"其为贾诚心平价"的结果，是"人乐趋赴。赀渐起，市亦因以辐凑"。而难能可贵的是，他实现了儒行与贾业的统一和良性互动。因此之故，程豪居常训子姓曰"吾家世受什一，不事儒。自吾一染指，而士庶亲悦，贾且什倍。由是观之，儒何负于贾"。与程豪一样，其兄子仪"笃衷质行，不殊子德，人称为长者"。其人敦恂悌友，析产尽让诸弟。笃故振穷，岁饥贷粟无告乡邻，"口不儒谈，而深醇隐厚，居然儒者"。其季弟之子国用，"恂恂愿悫，以谨让称，亦贾之儒者"[1]。按上所述，可知耿定向所说的儒贾（商）、贾儒，是指诚而仁心，好儒重文，关心亲友和乡里，热心社会公益事业，具有儒者风度，能做到儒行与贾业的统一和良性互动的商贾。

明嘉靖、万历以来，有关儒贾的记载为数颇多。如叶向高纪即云程公（1536—1608）是"儒而贾"的"儒贾"。其"贾也，亦常操儒行。所至病者予药，饥者予粟，缓急者予金钱青衿，而贫者予膏槠，未婚则经营予室"。尝拾金不昧。"生平慕说王文成，往来会稽辄拜其墓。逆旅坐小楼，日读其书，紬绎良知之说，时举以告人

1　耿定向：《耿天台先生全集》卷一六《儒贾传》，明万历二十六年刘元卿刻本。

于身心性命之际若有悟者”。为人好儒，且能推己及人[1]。

汪道昆为程惟清（1531—1588）所作传记称程为“清贾”，“声利不入于其心，恂恂乎儒矣”。云程经商十年而成巨富，“诸贾人东向事之。惟所决策，顾托贾名，而饰儒行事。父母昆弟无间言，丧兄弟若所生，抚诸孤若自出”。“以名教教子姓”，“以礼让闻四方”，并自言“吾志在儒不在贾”，亦好儒而孝友礼让[2]。

其为潘次君所作墓志云，次君名仕字惟信。其父服贾，晚岁倦游，次君力请行，以古之货殖者必因天时，乘地利，务转毂，与时逐，毋系一隅。于是以盐策贾江淮，质剂贾建业，粟贾越，布贾吴。方其蚤计，人不及知，往往策其必败，卒之赢得过当，皆自以为不如。次君以善丧诵闾里，孝顺善贾，倜傥有国士风[3]。

王世懋（1536—1588）、卓发之为“贾而儒者”之见斋卓君所作传记云，卓氏世贾，君父时家业中衰。“君为贾则大赢，五十年中屡什屡起，卒为富人。居贾之道仰取俯拾，居贱操奇，忍鸷以俟昂直，决不为人损一毛，乃君为贾独不然。嘉隆中岁两侵，斗米千钱，君稍平之，为减市价十之三。已又推其赢糜饿者，饿而死者棺埋之。人或迂君曰：‘奈何当侵岁而施，不虞竭乎？’君笑曰：‘吾以子钱施，譬贾亡赢耳。客奈何必吾赢也’。人或谓若储粟之谓何，公曰‘吾所以储非自封也，东家闭出饱欲死，西家闭入饥欲死，吾衷其间足矣’。性好善乐施，修桥、筑陂塘、设义学、助婚葬患难者无虚岁。贷而不能偿者，至焚券以示之。”“生平笃于孝友，抚诸弟使悉有宁居，而均其产，诸弟皆父事焉。慈爱诸子，多延名师教之。君虽内足于财，然生活简朴。”“为诗歌率胸怀多类宋儒者言。

1　叶向高：《苍霞续草》卷一〇《程公墓志铭》，明万历刻本。

2　汪道昆：《太函集》卷三七《程惟清传（1531—1588）》，明万历刻本。

3　汪道昆：《太函集》卷五一《潘次君暨配王氏合葬墓志铭》，明万历刻本。

年老多智，人争重之，尊为祭酒三老云。”其人孝友仁慈，好善多智，关心乡里，尽力王事，居贾之道先义后利，仁在其中，堪称儒贾[1]。

王世贞为“贾而儒”蒋次公所作传云，“今夫取者，所以资予也；予者，所以保取也。故曰知予之为取则智，知取之为予则义，此二者仁之术也”。武林俗薄轻为徂，清源俗鸷悍，多贾易忌，广陵俗恌好奢，次公能尽得其情与百物之轻重，不受欺而以不欺行之，故终其身无偾事，益訾至累巨万。次公事嫂恭，抚伯氏子希文三稚子如己子。遇交知缓急，为之至倾橐。捐千金为大石梁数十丈，治驰道数十里，茂林深樾可憩者必亭之以息行旅。其厚于人伦，关心乡里，以仁义智贯穿为贾之道，且大获成功。王世贞因此感叹道“次公之于人伦厚矣，何必儒”[2]。

鲍应鳌所撰《程次公传》云，公姓程名杰，一意举子业，以父病不能卒业。父殁，伯兄与简遗资仅二百缗，公独身走蜀，得羡息以幸完母币。为伯兄强归才信宿，复驰之清源市，收布入滇，收价三倍，遂累高资，家由此起。尝逢疫，或劝褰裳去之，公不忍，为一一疗治，愈而公竟不染。公奉养太孺人务得其欢，宗党称其孝。与兄异产治生，而公所受资息逾五倍，悉与祯等中分，不隐锱铢，乡人称其让。母舅贫，养之终身，胤绝，为外王父捐三十缗，人主于汪氏祠，得不为若敖氏馁，里人称其义。一以信义行之，人心归往，财利辐辏，更倍于他贾。广陵窭人所负悉为折券不责偿。又再捐资治石梁，人至今德之。公晚年自家及乡慕善无厌，尝那金为祖

1 王世懋：《王奉常集》卷一六《见斋卓君传》，明万历刻本；卓发之《漉篱集》卷一二《家传一》，明崇祯传经堂刻本。

2 王世贞：《弇州山人四部续稿》卷九三《蒋次公（1520—1581）墓志铭》，清文渊阁四库全书本。

茔遍立丰碑。岁必率子姓以一杯浇。河水为患，岁伤人，石堤以工力大莫敢任，公抱病董其事，堤成而河水不害邑。社仓之建，公首代捐二十缗倡，里人为积谷百石有奇，故社仓独公里得食其实。族建宗祠，公率侄共捐五百金为助。其人孝义礼让，热心公益事业，虽以贾起家，一以信义行之，而精神常在儒[1]。

其所记族叔南川翁勇于赴义，曾出金以助筑城，出谷赈灾，于孝友、敦厚、廉义、无私者日孜孜焉。翁雅志儒术，与人子言则依于孝，与人父言则依于慈，与人兄言则依于孝友，人见其恂恂雅步，而逡逡道辞，绝无市嚣态心，言动固恂恂儒也。其人好儒，具儒者风范，敦族谊，修邻好，厚故旧，恤孤弱，热心公益事业，乃儒而贾，鞠躬君子[2]。

黄凤翔为杨宗叙所作墓志云，公乃贾而儒，好行其德，家居孝友。杨氏再世业儒，弗售，家寝落。公身服贾供父母。俯拾仰取，薄饮食，忍嗜欲，所赢得过当。然耻奸富，不屑为驵侩骛趋，第躬修勤啬，时积聚已耳。阛阓中人望见公逡逡忠厚长者也，不忍用智数尝公，公资日益起，数年之间几致千金。令尹公领乡荐，公端意本业，而服素茹，粝如曩时。惟是为二老人奉，捐己所市田与季共之，其孝友盖天性。其人孝友、好行其德，以仁义、忠厚、勤劳、敬业起家[3]。

邹迪光为程凤犖所作传记云，其虽贾实不废读，手筹量而口诗书，若无意于趋射勾较也者，而利数倍，诸善趋射勾较者所不及，侪偶以为祭酒。既曰习为贾，则浮白吟弄风月，望之意其为骚人韵士，不知其为贾也。事父母至孝。季死而经纪家事，养其遗

---

1 鲍应鳌：《瑞芝山房集》卷一二《程次公传》，明崇祯刻本。

2 鲍应鳌：《瑞芝山房集》卷八《贺族叔南川翁偕元配吕太孺人八帙序》，明崇祯刻本。

3 黄凤翔：《田亭草》卷一五《杨公暨配薛氏墓志铭》，明万历四十年刻本。

孤。父意爱外家孙氏，孙几不振矣，而矜孤恤夭，且复振。有同祖弟某晚出而孽，彼昆季以孽故弃之。其人暴，又以暴故绝之，得居士而弃者收，暴者化矣。族某与某争田不相下，居士默输四十金，而事解。家老仆死，所遗金有垂涎者，居士收其金营殖之，更数年而息入数倍，举以归子。郡疫灾，为出钱粟粥饥费不下千缗。即非灾疫，而待赈者赈，待瘗者瘗，待婚者婚，待嫁者嫁，待桥梁者桥梁，待道路者道路，未始遗余力而为德矣。程凤辇好儒而有儒者风度，孝友惇伦励行，乐施无倦，执书握算，儒贾之利十倍于群贾[1]。

焦竑为金君子公所撰墓志云，君与兄子顺皆以孝友名，诚心质行，粥粥若无能者。顾中藏干略，足以映蔽数十人，徐而叩之不尽。义不苟取，自奉为窭人子所不堪。初君以亲故，弃儒而贾。与伯兄子顺无间言，无私畜，忠信不欺，使人乐就，盖不屑屑权子母，而归之者如流水，十年资愈其旧数倍。伯兄未食且御，弗敢先也。君幼游于贾人，然性喜读书。所在必交其长者。而耆义如渴，赴人之难，振人之困，一呼即应，不避水火，终其身如一日。仿义仓为贷谷法，里中人至今赖之。岁饥，师范文正遗意，兴茔墓之役，寓赈于佣，三岁乃罢，所活人以万数。其人孝友，诚心质行，忠信不欺，中藏干略，不屑屑权子母，而十年资愈其旧数倍。性喜读书，急公好义[2]。

黄居中为黄镬所作墓志云，镬丰于德，宗党共诔之曰孝友长公，其人孝友，贾行而士心，乃儒而贾隐者[3]。

俞樾为俞汝荣所作墓志云，汝荣九岁居父丧，哀毁如成人。家

1 邹迪光：《始青阁稿》卷一七《榆村程居士传》，明天启刻本。

2 焦竑：《焦氏澹园集》卷三〇《金君子公（1532—1604）墓志铭》，明万历三十四年刻本。

3 黄居中：《千顷斋初集》卷二二《孝友长公（1501—1534）暨配孝节李孺人（1505—1535）合葬墓志铭》，明刻本。

至是稍落，于是始弃儒而贾。精于権会，候时转物，操赢制余，虽老于就时者谢弗及。又耐劳勚，与童仆同苦乐，人乐为用，家益以饶。性好施与，至是始得行其志，乡里之间翕然称善人。当是时禾中诸名士咸折节与君交，不以君为货殖传中人而薄视之也。尝设一米肆，历五岁，而贫户赊赁者已百余家，计其钱则三百余万，举其簿籍而焚之。其人也以孝友修于家，其出也以善士称于乡，好善乐施，急人之急，虽隐于市，令闻孔彰。其之为贾也，异乎人之为贾者，勤且仁，精于権会，候时转物，操赢制余，人乐为用[1]。

按上所述，可知诸人所言与耿定向所云大同小异。所谓儒贾（商）、贾儒，是指好儒重文，倜傥有儒者风范；其人孝友礼让，仁义慈善，重族谊、乡里、故旧，恤孤弱，厚人伦，好善乐施，急公好义，热心社会公益活动，具有社会责任感；为贾先义后利，仁在其中，诚心质行，勤俭、敬业，忠信不欺，中藏干略，精于権会，候时转物，操赢制余，不屑屑权子母，多智善贾，人乐为用，其利十倍常贾，贾而士心，虽以贾起家，一以信义行之，而精神常在儒，能做到儒行与贾业的统一和良性互动，且获成功的商贾。简言之，传统儒商是具有以儒家为核心的中华文化底蕴，关爱亲友、孤弱，热心乡里和社会公益之事，能做到儒行与贾业的统一和良性互动，具有厚重文化底蕴的工商业者。

根据以上所述儒商的内涵，可以归纳、概括，提炼出儒商之精神为：

诚信中和，礼义仁德，注重文化，利用厚生，儒行与贾业良性互动，热心社会公益之事。

1840 年以前，儒家思想构成了中华文化的主流，由此可以说

1　俞樾：《春在堂杂文》六编卷五《蓉生俞君墓志铭》，清光绪二十五年刻春在堂全书本。

有文化的商人就是儒商。

1840年以后，西方思想和科学主义的影响造成了儒家文化与其它各家文化并存，文化与知识的对立，使得有知识的商人未必有文化，有文化的商人未必是儒商。传统的“儒商是具有厚重文化底蕴的工商业者”的定义必须修改以适应这种变化。

现代儒商应是认同、重视中华文化，具有传统道德与良知，关爱亲友、弱势群体与所有利益相关者，热心环保和社会公益事业，能做到儒行与贾业的统一和良性互动的工商业者。

本文原载于《中国经济史研究》2010年第4期。
为周生春先生与杨缨合撰。

宋代历史述论

本文试图借助社会变迁之契机，运用比较的方法，超越特定时空对人的思想的限制，来审视宋代的历史。就中国历史的进程而言，宋代是中华文化的核心价值传承、创新与重塑的关键时期，其所取得的成就许多是前无古人，后无来者的。宋代社会为其所认知的天下创立、提供了各国普遍认同的核心价值，以维系这一历史与地域共同体的内部秩序，使其得以生存、发展与延续近千年。宋代思想与精神实力的先进和强大超乎今人的想象。其文化在思想、心态、制度与氛围均呈现包容宽松的特点，同时，又极其注重对自由的内在自我约束，和无所不在的礼法等外在规范的制约。宋代文化不仅领先于当时世界各国，而且对世界文明进程产生了深远的影响。值得深思的是，这一当时最繁荣发达的文明，因缺乏天下最强大武力的保护而亡国亡天下，失去进一步发展的势头与时机。

对一般人而言，历史就是人们对过往有选择的叙述与诠释。不过，因生活的时代、地域即时空及人的价值观、立场、胸怀、境界、视角和学识的影响，人们对历史的认知与见解总是众说纷纭，莫衷一是。专业的历史学者往往会自觉地认识到人的这种局限，有意识地试图摆脱上述影响，努力突破自身的局限，追求历史真谛。诚如司马迁所说，其撰著《史记》即是“欲以究天人之际，通古今之变，成一家之言”[1]。而要做到这一点，就应从全球而不是某些国家或地区，从历史的整体全貌而非某些部分与领域，从非功利的多元价值的视角、立场，以同情的理解的心态，从历史的全过程而非某些时段出发，注重新的理论、方法与材料，运用整体、动态和比较的方法来研究我们的历史。

基于以上认识，本文拟通过宋与中国历朝历代以及宋与10—13世纪其他国家政治、经济、思想、文化、科技、军事、社会各领域的比较，来认识和反思宋代的历史。

之所以选择宋代，一方面是因为宋代经济上的繁荣与自由，政治上的宽松开明与优待士人，思想上的融汇、创新与尊德性而道问学，致广大而尽精微，极高明而道中庸，文化上的多元融合与创新，科技上的先进发达，军事上的内敛与不够强大，社会的包容与凝聚内敛，无一不吸引了当代中国人的注意，引发了人们对宋代历史的兴趣与深思。

另一方面则是因为宋代是中国历史上融汇、创新、成就斐然的一个极其重要的朝代。

就中国历史而言，如果说先秦是开荒、播种、耕耘和成长的季节，两汉是开花结果收获的秋季，那么汉至隋唐就是又一个开拓、耕种与成长的季节，宋代则是第二个收获累累硕果的秋季。

以下即从政治、经济、思想、文化、科技、军事与社会等方面分别概括宋代的成就。所论如有不当，尚祈诸位方家不吝赐正。

1 班固《汉书》卷六二《司马迁传》。

一、宋代的政治

秦代确立的中央集权、君主专制的政治制度在秦以后延续了两千多年，可谓影响深远。在这一制度不断发展成熟的过程中，宋代不仅具有承前启后的重要地位，而且形成了值得今人深思的鲜明特色。

如果说“汉家自有制度，本以霸王道杂之”[1]，那么宋代的政治便是建立在尊崇“祖宗之法”的基础之上。其出发点是“事为之防，曲为之制”，以文驭武，与士大夫共治天下，注重公议，“废人而用法，废官而用吏”“收敛藩镇，权归于上”，通过分权与制衡，防范宗室、外戚、宦官、武将与地方势力，目的在于保证政局与赵宋皇朝统治的稳定[2]。

具体而言。在“祖宗之法”的基础之上，宋代的政治形成了皇帝与士大夫共治天下的特点，从而开创了以文驭武之先河，最终结束了出将入相的历史传统。

宋太祖为以文驭武，选拔人才而开科取士，其目的即在于“得贤以共治天下”[3]。多年的选贤共治养成了读书人以天下为己任的自觉精神（钱穆《国史大纲》第558页）。范仲淹的先忧后乐之言，张载的为天地立心之句，均体现了此种精神。这种自觉在北宋中期即成为共治的思想基础、动力与君臣上下的共识。当文彦博反对神

1　班固《汉书》卷九《元帝纪》。

2　叶适《叶适集》之《水心别集》卷一〇《始议二》。参见邓广铭《宋朝的家法和北宋的政治改革运动》，《中华文史论丛》1986年第三辑，第85—100页；邓小南《祖宗之法》，2006年三联书店，第9—10页。

3　陈亮《陈亮集》增订本附录李幼武《陈亮言行录》。

宗“更张法制”，强调君主“为与士大夫治天下”时，神宗即表示完全认同，并强调士大夫“亦自有以为当更张者”[1]。

宋代政治的特点之二是注重公议。公议即公众依天理评议，也是制约皇权的利器。按陈亮记载，仁宗云其施政“若自朕出，——不若付之公议”[2]。尤袤曾以“安可私用祖宗爵禄而加于公议不允之人”为由，反对光宗公权私用[3]。按密歇根大学包华石教授的研究，直至18世纪早期，英国尚无共议的概念，因而不能正确翻译这一词。

注重公议与强调共治，尊崇祖宗之法等共识的形成，是士大夫阶层，尤其是史官群体选择、叙述与诠释的结果。宋重馆阁，史官清要，掌著述史评，影响很大。尊重史官一方面促成宋代公私史学的盛行，另一方面则使其成为公议的重要主体，参与创建了上述皇帝与士大夫共治天下的共识。

宋代政治的特点之三是从公议、共治出发，强调天下治理的公共性，即“天下道理最大”[4]。真德秀指出，“天下有不可泯没之理，根本于人心。万世犹一日者，公议也”，“公议即天道也”[5]。道理即天道、天理。天理在人心，公议即天道。人心包括君心与民心。按民之所欲，天必从之的观点，人心以民心为主，顺民心即顺天理。所以朱熹认为“天下事有大根本。有小根本，正君心是大本”[6]，指出正君心以顺民心，方合天理。尧曰四海困穷，天禄永终。得民心者得天下。于私而言，为长保祖宗基业，皇帝亦须正己私心以顺民心与天理。公议即天道，公议的主导者是士大夫。皇帝与士大夫共

1 李焘《续资治通鉴长编》卷二二一“熙宁四年三月戊子”条。

2 陈亮《陈亮集》增订本卷二。

3 脱脱等《宋史》卷三八九《尤袤传》。

4 沈括《梦溪笔谈·续笔谈十一》。

5 真德秀《西山集》卷二《庚午六月十五日轮对奏札二》。

6 黎靖德《朱子语类》卷一〇八《论治道》。

治天下唯有顺从公议，方合乎天道。

天下道理最大即是公议、民心最大，这是宋代君臣共治天下的共识与思想基础。天下道理最大之说其实是将民心、公议置于君心之上，强调天下为公，公权大于君主之私权，并将其视为天下治道的核心与君臣上下的共同价值。

综上所述，祖宗之法、共治与公议均为凌驾于皇权之上的天理、天道的体现，如果说祖宗之法犹如宪法，共治与公议则为权力的架构与运作方式，三者共同构成了宋代政治的核心与重要特色。

宋代政治的特点之四是是推广科举，并使进士科成为科举制的主流，进士从此成为政治上的主导力量。自宋以降，科举出身、进士为主的士人代替世家大族与地方豪强，成为政治上的主导力量，和连接上自庙堂，下至江湖，国家与社会不可或缺的粘合剂。宋代政治与社会的上层与基层的共识与凝聚力因之大大增强。

宋代政治的特点之五是开明宽松，仁厚包容。吴渊云宋太祖“以道理最大一语开国，以用读书人一念厚苍生”[1]。宋“自祖宗以来，多尚宽仁”[2]。楼钥云“皇朝以忠厚为家法”[3]（《攻媿集》卷56《清芬堂记》）。时人多以为宋“以忠厚仁慈治天下”[4]“务宽厚”[5]，真德秀因而称“三代以下，治体纯粹莫如我朝，德泽深厚亦莫如我朝，——社稷长远赖此而已”[6]。

与大多数国家不同，中国历史上大多数皇朝是被民众起义推翻的，占有中原、江淮百年以上的朝代无一例外。唯有北宋、南宋不

1 魏了翁《鹤山先生大全文集·序》。

2 黎靖德《朱子语类》卷一三三《本朝七》“盗贼”；李焘《长编》卷四八〇“元祐八年正月丁亥”条。

3 楼钥《攻媿集》卷五六《清芬堂记》。

4 马永卿《元城语录》。

5 李焘《续资治通鉴长编》卷四二七“元祐四年五月丙戌”条。

6 真德秀《西山集》卷三《直前奏札一》。

在此列。国运久长的原因之一即在于精英与统治阶层空前绝后的团结一致，以及治理上的包容宽厚与德泽深厚。

宋代政治的特点之六是削地方之权，将地方的行政、司法、财政、军事诸权都收归中央。诚如朱熹所言，“兵也收了，财也收了，赏罚刑政一切收了，州郡遂日就困弱”[1]。其结果是既终结了以往地方长期割据的历史，又开创了地方无力抵御外敌的格局。

宋代政治的特点之七是任法用吏，互相制衡。宋尊崇祖宗之法，废人而用法。郑性之认为“祖宗以仁厚得民，以纪纲立国”[2]。仁意是纪纲之本，“无纪纲则仁意无所辅而行”[3]，以仁意执法，德治、法治并行不悖，两者相辅相成。

宋废人而用法，废官而用吏，使官与官、官与吏互相牵制。法之所在，上之人亦不能进退下之人。其弊在于法极繁，人不能变通。君子拘于法而不得为其事，小人为徇私敢越于法而不之顾。所以朱熹强调正心诚意，主张因祖宗之法而精择其人[4]。

就体制而言。在君权与相权关系上，宋代的相权虽受君主的裁抑，但与废除宰相的明清时期相比，仍可牵制君主，维持权力和制度的制衡。这是宋代开明宽松的政治氛围形成的制度保障。

二、宋代的经济

（一）农业

与前后历代相比，宋代堪称经济快速发展的时期。这主要表现

---

1 黎靖德《朱子语类》卷一二八《本朝二》“法制”。

2 陈均《九朝编年备要·序》。

3 吕中《宋大事记讲义·治体论》。

4 黎靖德《朱子语类》卷一〇八《论治道》。

在南方的深度开发，种植与复种面积的扩大，水利田的大规模开垦，肥料的大量使用，单产的提高，区域专业化生产的发展，棉花、茶叶、甘蔗等经济作物种植面积的扩大与进一步发展。伊懋可因此将其称作宋代的农业革命。

就全球而言，宋代农业所取得的成就远高于当时其他地区。

（二）手工业

宋代雕版印刷业发达，生产规模与数量取得了惊人的进展。铜版印刷术已发明并得到广泛的应用。活字印刷术和套色印刷技术也发明于宋代。建州的“版本书籍，行四方者”，已“无远不至”[1]，内蒙西部黑水城遗址即出土过建本书籍。

宋代的造船业与航海业亦有很大的进步。宋人在世界上首先发明采用了海船水密舱装置，率先使用指南针导航，宋船比阿拉伯等地的船只更加坚固可靠。

宋代已广泛运用火药。政府的专门生产军用物资的“广备攻城作”即设有“火药作”。宋人发明的突火枪，是历史上最早的管形火器，现代枪炮的鼻祖。随后不久，即出现了铜制火铳。

纺织业尤其是棉纺织业获得长足的进展，染色技术有很大进步。

棉纺织业逐步成为产棉区农村的主要副业，和日趋重要的经济部门。

（三）矿冶业

钢铁冶炼在相当长时期内都是举足轻重的核心经济部门。司马迁《史记·货殖列传》所列当时天下大豪富榜中，位居前四位的即

1　朱熹《朱文公文集》卷七八《建宁府建阳县学藏书记》。

均系用铁冶致富者。

在宋代，煤矿、铁矿已被大量开采，并得到广泛的使用。徐州东北的冶铁中心利国监，即有用煤炭冶铁的作坊36冶，各百余人，雇工人数4000人以上[1]。宋代铁的冶铸技术有较大进步，铁器与农具的质量亦随之有很大改进。

此外，铜矿、铅矿的规模也极其可观。如洪迈指出，仅信州铅山一地，矿工人数即达十余万，得铜铅数千万斤[2]。

（四）商业与城市

随着农业与手工业的发展，商业与城市亦开始发展繁荣。宋代出现不少拥有数十万人口的大城市。其中平江府北宋宣和年间户43万（按户5口计，人口多达两百多万）[3]，市区达50多万[4]。南宋末临安附廓2县民户18.6万余户（即九十多万口）[5]，城内外百十万口[6]。城市中分隔商业区与居民区的坊市制度被彻底打破，夜市随之出现并日趋繁荣。农村地区出现了众多市镇与定期的集市。

13世纪时，西方最大最繁华的城市威尼斯也只有10万人口，14世纪时，伦敦人口才4万，巴黎6万。宋代城市与市镇的发展水平不仅远高于以往各时期，而且居于当时世界领先地位。

随着宋代经济重心的南移与军力的削弱，中国历史上的对外贸易进入了从以陆路为主向以海路为主的转折时期。其原因即在于经济重心的南移及北方陆路的不安全。如大食使者入贡原走陆路，但

---

1 苏轼《东坡全集》卷五二《上皇帝书》。
2《宋会要辑稿·食货》三四之二七。
3 范成大《吴郡志》卷一。
4 徐大焯《烬余录》云，南宋初金军攻破平江城，城中居民达50万。
5 潜说友《咸淳临安志》卷五八《户口》。
6 吴自牧《梦粱录》卷一六《米铺》。

有钞略之患，天圣元年仁宗诏自今取海路由广州至京师[1]。

宋代是海上交通和贸易迅速发展和成熟的时期。北宋时，政府即很重视海上商贸。南渡后，经费困乏，一切倚办海舶。政府制定了严密的市舶政策和管理制度。

宋代在西太平洋和印度洋的海上贸易出现了突飞猛进的进展。当时宋船已抵达波斯湾和亚丁一带，外商来华贸易，多愿乘中国船转送致之（伊德里西《地志》）。周去非的《岭外代答》、赵汝适的《诸蕃志》一类有关航海与海外知识的著作亦随之涌现。

宋代进出口物品的结构也体现了其外贸与商业发展的水平。当时国内的进口以域外特产、原料、矿产为主，出口以附加值高的手工业制成品为主。与以往不同，随着外贸从陆路为主转向以海路为主，瓷器、铁器成为外销的大宗商品。到宋代，瓷器在外贸商品中的地位越来越重要。印度、波斯湾沿岸、埃及、索马里都有宋瓷、宋钱出土。2007 年 12 月 22 日，我国南宋商船“南海一号”在广东阳江海域打捞出水。船体残长 22.15 米，最大船体残宽 9.9 米，是目前世界上发现年代较早、船体较大，保存较为完整的宋代远洋贸易商船。“南海一号”船内出水文物近 10 万件，以瓷器、铁器为主，其中瓷器约 6 万件，钱币亦有相当数量。福建连江定海湾白礁 1 号宋代沉船、西沙华光礁 1 号宋代沉船（船长 22.14 米，宽 8.1 米，载重约 120 吨，出水文物 1800 余件）所载大部分也是日用瓷器。

（五）货币与金融

在人类历史上，纸币发明并最早使用于北宋，欧洲最早的纸币

---

1 脱脱等《宋史》卷四九〇《大食》。

则发行于1661年。1694年，英格兰银行始正式使用纸币。

宋代的纸币交子初行于四川，会子初行于两浙，后通行于淮、浙、湖北、京西。纸币之外，宋代东南岁铸钱约290万贯[1]。宋孝宗乾道时（1168年），会子三年立为一界，界以一千万贯为额。纸币即已代替铜钱成为主要的流通货币。宁宗庆元时（1195），诏会子界以三千万贯为额。嘉定时（1209），11界会子除已收换尚有1360万余贯，12界4700万余贯，13界5500万余贯。理宗绍定时（1232年）。两界会子已及22900余万（贯）。纸币发行量和市场货币流通量之大反映了宋代经济的繁荣和发达[2]。

值得注意的是，针对纸币发行和流通的金融管理理论称提之术，亦最早出现于宋代。

（六）区域经济

如果说宋以前北方地区是全国经济的重心，那么随着南方经济的迅速发展，宋代的经济重心最终转移到了南方。在南方，随着太湖流域水利田的大规模开垦，土地开发的完成和商业、手工业与城市的发展繁荣，以太湖流域为核心的长江三角洲地区随之成为南方与全国经济最发达的地区。宋代奠定的这一格局一直延续了近千年，可谓影响深远。

（七）能源与生产工具

在宋代，煤炭已被广泛使用于取暖、冶铁。南宋开始使用焦煤炼铁，冶铸技术亦随之改进，铁器与农具的质量亦有很大改进。而

1 脱脱等《宋史》卷一八〇《食货下二》。
2 脱脱等《宋史》卷一八一《食货下三》。

欧洲直至18世纪时才发明了焦煤炼铁。

从宋元时期的农书来看，宋人使用的农具与其他生产工具基本沿用到近现代，可谓影响深远。

（八）人口

在前工业化时代，人口是衡量经济发展的一项重要指标。人口的增减与治乱密切相关。在结束了五代乱局之后，宋代的人口从太宗时（997）户413.2576万，增至徽宗时（1107）时的户2088万，口1亿以上[1]。其人口远超汉唐极盛时5—6千万的水平，这一领先记录一直到清乾隆年间才被刷新。

英国经济学家安格斯·麦迪森《中国经济的长期表现：公元960—2030年》认为宋代经济出现加速增长，人口增加了1倍，人均收入提高了1/3，1300年人均GDP为600美元，达到公元元年至1952年中国历史上的最高水平，并高于欧洲的576美元（1990）[2]，是世界经济中领先的国家。

按科林麦克伊韦迪《世界人口历史图集》所载，1100年、1200年—1300年世界总人口分别为3.2亿和3.6亿[3]。1100年宋朝拥有一亿多人口，约占世界总人数的1/3，人均GDP位于世界前列。按此推断，其GDP应占世界总量的1/3以上，高于1820年的32.9%，堪称中国历史上的最高峰。

1 脱脱等《宋史》卷八五《地理一》。

2 安格斯·麦迪森《中国经济的长期表现：公元960—2030年》表1-3《中国及欧洲人均GDP水平》。

3 科林麦克伊韦迪《世界人口历史图集》图6-2《世界总人口》。

（九）产权、工商政策

与秦汉以来历代均着力限制土地兼并，抑制工商不同，宋代不抑兼并，不抑制工商业，默许官田的私有化与土地买卖，鼓励工商业的发展。在这种社会氛围下，宋元祐时天台县令郑至道提出士农工商皆百姓之本业的观念[1]。就目前所知，郑至道是中国历史上提出工商皆本观点的第一人。

当然，国家对私有产权并非无限放任，而是有所节制。如抛荒的田地政府可收回，在国家遇到重大危机时，政府亦曾强制性地回买公田，即购买私田归公。在某种意义上可以说国家仍拥有终极产权。

三、宋代的思想、文化与宗教

（一）宋学的兴起

宋代思想的成就主要表现在宋学的兴起上。

宋学是与汉代形成的汉学相对应的一个概念。其外延包括宋代的儒学（理学、道学等）、中国化的佛学、新道教的思想，即宋代的儒释道乃至更多。宋学的影响及于宋统治区之外的辽、西夏、金、蒙元和朝鲜、越南、日本等地。

汉学重训诂章句，宋学侧重义理。就思想与信仰而言，宋学（尤其是宋代新儒学）的兴起是为了回应从西方传入中国，以佛教、佛学为主的外来思想的挑战，同时又是在新的时代背景下对先秦儒学与诸子百家学术的回归与创新，标志着汉代以来中国对外来文化的引进与吸收消化已进入开花结果的阶段。

1 陈耆卿《嘉定赤城志》卷三七。

就政治与天下普世价值而言，宋学的兴起又是为了回应辽、金与蒙元军事、政治各方面的挑战，尤其是为了因应宋人所知之天下（宋、辽、金、西夏、蒙元与朝鲜、越南、日本等地）这一历史与地域共同体对于维系内部秩序的焦虑，以满足其生存、发展需求之产物。

从列国并立与竞争来说。与秦汉与隋唐相比，宋代武力与国力相对贫弱，辽、金与蒙元在军事、政治上均对两宋形成了重大威胁。在严重的外部威胁面前，尤其是在改革变法、富国强兵的努力收效不著之后，思想文化之软实力的竞争与领先就变得异常重要了。在上述历史与地域共同体内，普天之下莫非王土，率土之滨莫非王臣，大一统与华夷之辨的观念十分流行。中华天子乃天下共主，天命所归。孰为中华，天命在谁，孰为正统，就看王道何在。王道所在，即为中华。华夷之别，主要在文教。谁能明道以尊王，兴文教以攘夷，谁就具有正统与合法的地位，在强国竞争中具有政治与法理上的优势。宋学的兴起实乃宋代士大夫为应对周边列强环伺，以提升强化己身实力，处理好宋与天下，宋与周边各政权关系需求的产物。

又就整体而言，历史与地域共同体的存在必定有得到所有成员共同认同的价值观与文化，这是在其发展与延续过程中形成的。对当时人而言，共同体的这种广义文化的核心价值就是天下的普世价值。在其眼中，这是先贤创立，今人应继承并发扬光大，影响遍及天地，惠及天下生民，以天下太平为目标的思想、价值理念与信仰，即天理与天道。诚如张载所言，宋学是当时学者以“先天下之忧而忧，后天下之乐而乐”的担当，实现其“为天地立心，为生民立命，为往圣继绝学，为万世开太平”抱负的产物。其思想境界上极天道，与天地万物为一体，致广大而尽精微，极高明而道中庸，既着重于经典义理的充实、阐明与发挥，又极为注重经世致用，因而具有全天下即普世的价值。

正因为如此，其思想不仅成为宋代的主流意识形态，对社会各个方面产生了深远的影响，而且主导影响了元明清三代。其所达到的高度不仅远超隋唐，也是以后历代所不可企及的。

（二）史学、文学与绘画

宋代是史学发展繁荣的时期。出现了纪事本末体、纲目体、学案体、金石学等新的体裁与新的领域，地方志开始大量涌现，进入方志编撰的繁荣时期。

就文学而言，唐宋散文八大家中，宋人占了六家，远超唐代。

宋代是词发展的高峰。《全宋词》收录了流传至今的宋词 1330 多家近 20000 首。可见宋词的兴盛与经济的繁荣密切相关。

宋朝始设书画院，集中书画家和鉴赏名家，专事创作与研究。宋代出现了瘦金体新书体，山水画、花鸟画出现了繁荣的局面。书法逐渐从民间工艺中脱离出来，出现了文人画和文人书法。

（三）教育

宋代学校大兴。宋代始置武学、画学。徽宗崇宁三年，全国诸路三舍天下教养人为士 21 万余员，为屋 9 万余楹，费钱 340 万缗，米 55 万余石[1]。

科举制度完备于宋，每次取士人数超过隋唐与元明清各朝。

在学校与科举前所未有的发达，诗书传家风气十分流行，尤其是在印刷业空前繁荣的同时，宋代的公私藏书也急剧增加。宋代私

1　黄以周等辑《续资治通鉴长编拾补》卷二四“崇宁三年十一月丙申”条下注。

家藏书盛行，乌程叶梦得与贺氏，藏书皆超过10万卷，明清时期最大的藏书家也难以与之匹敌。

在上者的重文崇儒，科举的盛行，对教育的倡导，雕版印刷的繁荣，各类学校特别是乡塾村校的普及，使教育扩大到整个平民阶层，举业开始登上历史的舞台，成为四民生计与众多行业之首。赵宋一代，开“万般皆下品，惟有读书高”之风气，中国社会亦因之形成极其注重文教的传统。

（四）宗教

在宋代，佛教最终融入中国社会，完成了中国化的过程。佛教传入中国后，在北魏、北周、唐和后周时经历了三武一宗四次灭佛的劫难。自宋代开始，佛教再也没有出现过类似的劫难。其命运的转折意味着佛教已彻底融入中国社会，在政治上不再与中国历史上多元一体共同体的维系者朝廷发生冲突，政府对佛教的管理与控制相当有效并取得了成功，三教合一的思想运动在相当大程度上达到了其预定的目标。

在宽松的环境中，宋代的佛教与道教均获得了前所未有的发展。佛教的藏经始刊于宋代，宋元时前后所刊共有七、八种。道藏亦始刊于宋代。

与宋治下各宗教和平相处，彼此相安无事，没有爆发重大冲突和宗教战争不同，9—13世纪世界其他地区往往因宗教的极端排他性和政教合一的体制，宗教间的冲突不断，战争此起彼伏。例如在伊比利亚半岛有基督教国家针对伊斯兰教国家的收复失地运动，在中东有十字军东征，在中亚有伊斯兰教针对佛教国家的圣战。

即使在同一宗教内部，不同教派之间也是势不两立。如1209—1229年教皇诺森三世为铲除异端阿尔比派，对法国南部发动十字军讨伐。伊斯兰教内部则有逊尼派与什叶派的对立与冲突。

宗教上的包容与排他、不宽容，构成了宋与上述地区的重大区别。

四、宋代的军事、科技与赋税

（一）军事

宋孝宗曰“本朝家法，远过汉唐，唯用兵一事未及”[1]，“我宋立国大体，兵力虽不及汉唐，而家法实无愧于三代”[2]。宋代军事上不如汉唐的原因，客观上是因为社会、经济与赋役制度的改变，导致国家掌握的人力财力减少，主观或人为的原因则是为严防武人跋扈，发动兵变，以文抑武太过。

从制度来看。为防范武人，使皇帝与朝廷能牢牢控制军队，宋代创建了一套堪称成熟完备的军事制度，并为后人所沿袭，影响及于今日。这一套制约、压抑武人的制度一方面固然造成宋人用兵不及汉唐的结果，另一方面则结束了以往经常发生的武人擅权乱国的历史，中国从此再未发生军队废立皇帝或改朝换代的军事政变。

就军人而言。宋军职业化、专业化的水平甚高，远超以往各朝。宋军人数众多，少则数十万，多则达120多万，绝非同时代世界其他国家所可比拟。

试以海军为例。宋代拥有强大的海上武力。临安陷落后，不愿降元的宋臣民奉幼帝依忠于宋室的海军南下，辗转海上。崖山之役，宋军有巨舰1000余艘，兵败后浮尸出于海者10余万人[3]，海上

1 《中兴两朝圣政》卷五〇“乾道七年正月癸未”条。

2 林駉《古今源流至论》之《后集》卷九《齐家》。

3 脱脱等《宋史》卷四七《瀛国公本纪》。

武力的规模由此可见一斑。

不降的宋海军如此，降元的海军规模也不小。为消耗、削弱降军，元帝曾用降元的前宋海军东征日本，南征爪哇。

如1281年，南宋灭亡后，元军即出动海船3500余艘，东征日本，用兵达十万。从庆元出发的江南军，其主体即由前宋水军组成[1]。

1292年，元政府出动战舰千艘，军数万，从庆元、泉州出发，远征爪哇[2]。无论在中国还是在世界历史上，这次由前宋水军为主组成的征伐堪称明以前古代最大规模的跨海长途远征。

值得一提的是，宋凭借其强劲的经济实力，深厚的文化底蕴和广大军民同仇敌忾的精神，顽强抵抗了蒙元的进攻达45年之久。这也是当时遭到蒙古军主力进攻的其他国家所没有做到的。

（二）科技

宋代在科学与技术方面所取得的成就超过其前后各朝，在中国历史上具有突出的地位。诚如英国学者李约瑟所说，“宋代较着重科学技术方面……每当人们在中国的文献中查找一种具体的科技史料时，往往会发现它的焦点在宋代，不管在应用科学方面或纯粹科学方面都是如此”[3]。

就世界历史而言，宋代科技的发展水平不仅远超同时期的其他国家，而且对全球的发展作出了重大的贡献。这主要表现在火药、指南针和印刷术的发明与传播上。

宋代已广泛运用火药。宋人发明的突火枪，是历史上最早的管

1　宋濂等《元史》卷一一《世祖八》；柯劭忞《新元史》卷二五〇《日本传》。

2　宋濂等《元史》卷二一〇《爪哇传》。

3　李约瑟《中国科学技术史·导论》，北京科学出版社，1990年。

形火器，现代枪炮的鼻祖。随后不久，即出现了铜制火铳。

指南针发明于宋代，最早的记载见于1044年成书的《茔原总录》。最晚在北宋后期，指南针已用于航海[1]。

宋代的雕版印刷十分发达，铜版印刷术、活字印刷术和套色印刷技术已发明并得到广泛的应用。

宋代对世界文明进程的影响，主要表现在活字印刷术、火药、指南针“三大发明”的西传上。培根《新工具》指出，“这三种发明已经在世界范围内把事物的全部面貌和情况都改变了：第一种是在学术方面，第二种是在战事方面，第三种在航行方面；由此产生了无数的变化，这种变化是如此巨大，以至没有一个帝国，没有一个教派，没有一个赫赫有名的人物，能比得上这三种机械发明”。马克思《机械、自然力和科学应用》的评价则更高：“火药、指南针、印刷术——这是预告资产阶级到来的三大发明。火药把骑士阶层炸得粉碎，指南针打开了世界市场并建立了殖民地，而印刷术则变成了新教的工具和科学复兴的手段，变成对精神发展创造必要前提的强大杠杆。”

此外，值得一提的是，宋代医学也达到了当时世界的先进水平，宋慈《洗冤集录》是世界上第一部法医学专著。

（三）赋税

宋代是中国赋税制度演变的重要转折时期。唐代前期实行租（田）庸（力）调（户）制，赋役征收与历代相同，均从人户、田产入手。安史之乱后，均田制瓦解，朝廷改行夏秋两季征收的两税法，按丁、产、户等征税。宋货财之制，多因于唐，沿用两税法，

---

1 朱彧《萍州可谈》卷二；徐兢《宣和奉使高丽图经》卷三四《半洋焦》。

但身丁钱陆续被蠲除，户等逐渐弱化，赋役征收的对象开始从人户逐渐转向田产。这种转变虽经明代的一条鞭法，一直到清代的摊丁入地，地丁合一方最终完成，但发端肇始于宋代。

这种转变颇具两面性。一方面便于赋役的征收，有利于无田、少田的贫苦人民。另一方面则导致国家对人口控制的削弱，和力役资源的流失。

上述赋税制度的演变还表现在宋代商税加专卖收益超过了农业税的收入。如景德、皇祐间田赋岁入在 4900 万左右，景德、皇祐间茶之岁入在 320 万至 500 万之间，商税、酒课、盐课岁入 4400 万缗，和买绢岁入 300 万匹，不计其他专卖收入，仅以上 5 项岁入即超过田赋[1]。

除上述影响之外，宋代的赋税收制度亦多为后人所沿用。宋代的分税制即是一例。

就赋税绝对数量而言。在古代中国，史籍记载的数据不多，统计方法亦和今天不同。今人在研究历史时，又往往只有依据这些有限的，在今人眼中原本就不精确的数据，运用各种推算乃至推断的方法，才能得出今人所需的数据。基于上述认知，可知以下笔者引用和由推断而得到的数字并不精确，不过结论大致可信，仍可供读者参考。

唐天宝以来，天下岁入之物：租钱 200 余万缗，粟 1980 余万斛，庸调绢 740 万匹，绵 180 余万屯（2 屯＝1 匹），布 1035 万余端（2 端＝1 匹）[2]，总入 2528 万贯石匹（各单位价值大致相当）。

宋天禧末，天下总入 150850100 贯石匹两等（内田赋中含芻草

1　脱脱等《宋史》卷一七四《食货上二》、卷一八三《食货下五》、卷一八四《食货下六》；李心传《建炎以来朝野杂记》甲集卷一四。

2　杜佑《通典》卷六《食货六》。

茭薪炭等3530万围束等）。皇祐元年，入126251964贯石匹两等。治平二年，内外入116138405贯石匹两等[1]。

从货币收入来看。宋立国之初，天下岁入缗钱1600余万，两倍唐室。天禧末，所入增至2650余万缗。嘉祐间又增至3680余万缗。熙丰间，所入乃至6000余万。淳熙末，（东南岁入）遂增6530余万焉[2]，其中仅200万缗上供钱为祖宗正赋，其余6330余万缗则系南宋所增赋。熙丰间，天下垦田4616556余顷，田赋税额52011029贯石匹两等。内以后隶属南宋之地（京西按1/3，淮南按4/5计）垦田约300万顷，占总数一半多，田赋税额24059666贯石匹两等，占总数一半不到[3]。按此推算，其岁入亦应占总数一半不到。皇祐、治平间天下岁入1.1亿至1.2亿，一半不到即为5千万。如岁额5千万不变，加上南宋所增赋6530余万（东南以外四川等地所增赋尚不包括在内），淳熙末总岁入应与皇祐、熙丰间相当。

明洪武26年夏税米麦4717000余石，钱钞39000余锭，绢288000余匹，秋粮米24729000余石，钱钞5000余锭。弘治时，夏税米麦4625000余石，钱钞56300余锭，绢202000余匹，秋粮米22166000余石，钞21900余锭[4]。岁入总额不过3千万石匹。明末每年正赋外，三饷加派1630万两[5]。

清乾隆至嘉庆年间，天下岁入银4千万两左右，道光22年岁入银共3714余万两[6]。

以粮米为准，按1宋石约为2/3明清石，米1石值银1两或1

1 脱脱等《宋史》卷173《食货下一》、马端临《文献通考》卷4《田赋四》。
2 李心传《建炎以来朝野杂记》甲集卷14。
3 马端临《文献通考》卷4《田赋四》。
4 张廷玉等《明史》卷82《食货六》。
5 张廷玉等《明史》卷78《食货二》。
6 赵尔巽等《清史稿》卷125《食货六》。

两以上计算，宋代的岁入是唐至清鸦片战争前最高的。

又就岁入在GDP总量中所占比例而言。安格斯·麦迪森《中国经济的长期表现：公元960—2030年》一一推算了960年之后中国的GDP，按其推算方法推断，唐天宝年间人口近6千万时，其GDP应为360亿元（1990年国际货币单位，即G—K），岁入2千多万。宋、明人口1亿时，GDP应为600亿元G—K，岁入分别为1亿多与4千多万。清人口4亿时，GDP应为2400亿元G—K，岁入为4千多万。按1宋石约为2/3明清石，米1石值银1两或1两以上计算，宋代岁入在GDP总量中所占比例亦远高于唐中叶明代和清代鸦片战争前。宋代国家掌握的财力远超唐代与明清。

与当代相比，2017年，中国一般公共预算收入172567亿元，占全国GDP总量827121.94656亿元的20.9%。2003年财政收入20466.1亿元，占GDP总量117252亿元的17.5%。安格斯·麦迪森说1990年中国GDP总量为人民币14267.34亿元，即1990年国际货币单位G—K 21238.52元，按此推算，1元G—K约为1990年0.67元人民币。宋代GDP 600亿元G—K约为402元人民币。按宋代岁入1亿贯石匹两（各单位价值大致相当），1990年1市斤米四川省均价不低于0.6元人民币，1市斤米0.6元人民币，1宋石米120市斤计，宋代岁入1亿贯石匹两折合72亿元人民币，占GDP 402亿人民币的17.9%。岁入、GDP占比已与2003年的中国相当，远高于唐代与明清。财力是国力的重要体现，宋之国力远比今人所认为的要强大得多。

五、宋代的社会

中国在历史上曾经历过多次重大的社会变迁，宋代社会即是其中一次大变迁的产物。

春秋战国时期，中国从贵族社会转变为平民社会，这一重大的社会变迁深刻影响了以后两千年的历史。历史学家普遍认同的唐宋之际的社会变革，则是中国历史上又一次重大社会变迁。其结果是中国从士族社会转变为世俗的庶民社会，并深刻影响了其后一千年的历史。按日本学者宋代近世说的观点，宋代是近代的开端，元明清时代的一切现象均可追溯至宋代。其重要性可谓不言而喻。

宋代社会具有多元一体的特点。

在数千年的历史发展过程中，历朝历代均为多元一体的地域共同体。多元是指其族群、语言、政治、经济、思想、文化、宗教和社会（包括不同的社会发展阶段与互不相同的社会制度）均呈现多元多样性。

一体则是指上述多元多样的一致性。这种一致或共性在经济上表现为彼此不可或缺、有无互补、长期沿袭不变的贸易，饮食上都使用筷子，政治上均具有普天之下莫非王土，率土之滨莫非王臣的天下观与尊王意识，在文化上表现为使用汉字，均尊崇天地、山川、鬼神，在精神上强调人与天地万物为一体，以天下为一家，以中国为一人，将和而不同、中和包容，天地间秩序井然，人与万物均能生育繁衍视为整个共同体即天下的核心价值。

宋代及其周边国家构成的这种历史与地域共同体看似松散，实质颇具弹性，因包容而得到极大的认同，因注重生存、延续与变通，而具有极强的生命力，因追求秩序与和谐而始终能走向繁荣，虽屡次频临灭绝的境地，却总是能再度复兴，保持着地理、人口和文化上的统一，延续数千年而没有中断。

从中国历史的角度来看。宋代社会通过传承与创新，完成了前人开始的对外来文化的吸收与消化的过程。同时，北宋定都开封，全国政治、经济和文化重心从关东转移至关西，最终结束了历时长久的东部与西部的对立乃至对抗，东西差异因之弱化乃至消失。南宋定都位于连接中国南北之命脉即大运河南端的杭州，政治、经济和文化重心南移，开创了南北差异凸显，超过东西差异的全新格局。

就共同体的历史而言。如果说宋以前中原地区是维系上述共同体之一体、决定其命运的主导力量，那么，随着辽、金、元和清的兴起，共同体的主导力量前所未有地从中原转移至东北方，首都也因之固定于靠近东北方，位于连接中国南北之命脉即大运河北端的北京。

为适合新时代天下主导力量的变化，宋代社会为天下创立、提供了各国普遍认同的核心价值，以处理彼此关系，维系这一历史与地域共同体的内部秩序，使其得以生存、发展与延续近千年。

宋代社会的主要贡献就在于其所创立的以宋学为代表的核心价值观不仅成为自身的主导价值观，而且第一次为周边各国所普遍接受，从而成为全共同体的主流价值。

值得注意的是，宋代社会具有与历代不同的一些重要特点，即包容宽松与凝聚内敛。这表现在社会的各个方面。

宋代政治包容宽松，君主与官僚士大夫共天下，君权、相权、军权相互平衡。经济政策上因势利导，不抑兼并。自上而下各方面的包容宽松与随着来的相对自由，使宋代的政治、经济、思想、文化、制度、军事、科技、商业与城市因之发展繁荣，均取得超越前后各代的显著成就。

自由包容的同时，宋代社会又强调内在的自我约束，以及无所不在的礼主导下的法制等外在规范的制约，而不至于走向完全的放纵。

宋代被认为是士大夫政治上有理想、文化上有创新、道德上有追求、生活上有保障的社会。精英阶层注重自我约束，强调存天理灭人欲，主张先天下之忧而忧，后天下之乐而乐，提倡为天地立心，为生民立命，为往圣继绝学，为万世开太平，认为正君心是天下之大本。宋末朝廷能回买公田，明末朝廷不能从士大夫获得资助，不能说与精英阶层是否具有此种意识无关。

值得注意的是，乡绅是宋代首次出现的一重要社会阶层。在中国数千年的历史中，控制社会基层的势力先秦时当属贵族。秦汉至隋唐，政府先是与豪强，继而与世家大族争夺对地方和社会基层的控制。士族消亡后，随着科举的普及与文教的迅速发展，乡绅开始形成，并成为基层社会的主导力量。乡绅在价值观和整体利益上与士大夫阶层息息相关，宛若一体。宋代国家与社会的内部凝聚力因乡绅阶层的出现而大大加强。乡绅阶层在历史上存在了一千年，一直到现代才因土地改革而彻底消亡。

两宋尤精于内治，其所缔造的中央集权制度和文化认同感，使宋朝之后中华民族“大一统”的思想深入人心，历史上再也没有出现过严重的地方分裂割据局面。精忠报国，推崇民族气节和不屈的斗争精神得到从上层到下层的普遍认同，成为社会的主流价值观。

与前后各朝代相比，宋代社会的贫富两极分化始终未达到极端化的程度，阶级矛盾、社会矛盾相对比较缓和，占有中原、江淮百年以上的朝代，唯有两宋不是被民众起义所推翻的。

六、宋代在全球历史中的地位

从中国社会发展的历史来看，宋代是中华文化的核心价值传承、创新与重塑的关键时期，并取得了许多前无古人，后无来者，具有开创性、总结性的成就，在传承、创新与弘扬中华文化的过程中作出了重要的贡献。

正因为如此，北宋大臣李清臣夸耀说："朝廷文明，不愧三代、汉、唐。"[1]蒙古出使南宋的使者郝经把宋朝连同先前的汉朝、唐朝盛赞为"后三代""汉氏之治似乎夏，李唐之治似乎商，而贵朝享国之久则似夫周，可以为后三代"[2]。

严复在《学衡》第13期（1923年1月）中说："中国所以成为今日现象者，为善为恶，姑不俱论，而为宋人之所造就，什八九可断言也。"

陈寅恪指出，"华夏民族之文化，历数千载之演进，造极于赵宋之世。后渐衰微，终复必振"。而中国文化未来之发展必归于"宋代学术之复兴，或新宋学之建立"[3]。

刘子健认为，"此后中国近八百年来的文化，是以南宋文化为模式，以江浙一带为重点，形成了更加富有中国气派、中国风格的文化"[4]。

日本学者宫崎市定将宋代称为"东方的文艺复兴时代"(《史林》杂志第25卷第4号、第26卷第1号《东方的文艺复兴和西方的文艺复兴》)。和田清认为："唐代汉民族的发展并不像外表上显示得那样强大，相反地，宋代汉民族的发达，其健全的程度却超出一般人想象以上[5]。"

邓广铭先生则认为，"宋代是我国封建社会发展的最高阶段，两宋期内的物质文明和精神文明所达到的高度，在中国整个封建社

1　吕祖谦《皇朝文鉴》卷一三五李清臣《欧阳文忠谥议》。

2　郝经《陵川集》卷三九《使宋文移·上宋主陈请归国万言书》。

3　陈寅恪《金明馆丛稿第二编》，三联书店2001年版，第245页。

4　刘子健《代序——略论南宋的重要性》，载黄宽重主编《南宋史研究集》。

5　《东亚史论丛》中《中国史序说》，第30页。

会历史时期之内，可以说是空前绝后的”。[1]可见宋代对中国社会及其传统的形成影响之巨。

从全球的视角来看，宋人所创立的价值观及其意义体系首次为周边各国所接受，从而成为共同体的普世价值，并被用以处理彼此关系，维系这一历史与地域共同体的内部秩序，使这一共同体得以生存、发展与延续近千年。

又按上文所述，宋代在各方面所取得的成就远远超过当时世界其他国家。

宫崎市定指出，“中国的炼铁法在宋初就比欧洲先进约六百年。也并非炼铁法这一件事例外地进步，如果我们把印刷、造纸、罗盘针、火药、美术、政治思想等多方面的进步一起考虑在内，便能得出一个结论：宋代文化水平从总的方面看来是高过当时欧洲水平的”。他认为，“中国的文化，在开始时期比西亚落后得多，但是以后渐渐扭转了这种落后局面，追上了西亚，到了宋代便超过西亚而居于世界最前列”[2]。

邓广铭先生认为，“宋代文化发展所能达到的高度，在从10世纪后半期到13世纪中叶这一历史时期内，是居于全世界的领先地位的”(《国际宋史研讨会开幕词》，载《国际宋史研讨论文选集》)。

宋代文化对世界文明进程的影响，主要表现在活字印刷术、火药、指南针“三大发明”的西传上。按上文所述，培根指出，这三种发明已经在世界范围内把事物的全部面貌和情况都改变了。马克思则认为这是预告资产阶级到来的三大发明。两者均予其以极高的评价。

1　邓广铭《关于宋史研究的几个问题》，《社会科学战线》，1986年第2期。

2　宫崎市定《亚洲史论考》卷下《宋代的煤与铁》。

值得注意的是，与上述欧美、日本和中国学者对宋代的评价不同，国人对中华传统文化，尤其是对宋代大多持批判与否定的态度。多年来，人们可以对汉唐元明清津津乐道，却对宋朝抱有极深的成见，大肆批评宋朝的文化、政治制度和思想道德。人们一言及宋代，便会联想到岁币、割地、战败、称臣，杀忠臣栋梁和朝廷的腐败无能。

对宋朝的看法，改革开放前大致没有比“积贫积弱”所产生的影响更大的了。钱氏《国史大纲》第六编两宋之部第31章标题即为“贫弱的新中央”，其下细目则为“宋代对外之积弱不振”“宋室内部之积贫难疗”，其结论是“始终摆脱不掉贫弱的命运”。

这种批判可以上溯至南宋末。黄震已指出当时的四大弊政：“曰民穷、曰兵弱、曰财匮、曰士大夫无耻。”[1] 文天祥《御试策》中分析南宋国势时指出，“闻古今天下能免于弱者，必不能免于贫。能免于贫者，必不能免于弱。一利之兴，一害之伏，未有交受其害者。今之兵、财则交受其害矣”[2]。这是南宋灭亡前末日景象的写照。

这种情况一直到近年才有所转变。对宋代的主流评价之所以会发生上述变化，其原因即在于人们的社会存在决定人们的思想。生活在特定的时空中的人们，往往很难摆脱其所在时空的影响。如南宋亡国之际，黄震、文天祥很自然地会对呈现末日迹象的时局提出尖锐的批评。近代以来，中国屡屡割地赔款，国弱民贫，人们又对自己的文化与传统持批判与否定态度，面临亡国亡种危机的国人在极度不满和批评时局之余，很自然地会对相似的宋代产生共鸣，用

1　脱脱等《宋史》卷四三八《黄震传》。
2　文天祥《文山集》卷三《御试策》。

批判与否定的眼光看待宋代。而在中国呈现勃勃生机，进入高速发展，百废俱兴的复兴时期之后，人们对时局与传统文化的态度因之发生重大变化，国人对宋代的观感也就随之发生了相应的转变。

毋庸置疑，前人对宋代的批评与肯定均有其依据和道理，但若仅囿于历史片段和部分史实，只看到中国和宋代，而不具有全球与长时段的历史视角，不能从历史的整体全貌出发，比较分析相关的史料与论断，便很容易得出整体否定宋代的观点。反之，亦极易得出全盘肯定，过高评价宋代的结论。

人的理性是有限的。要避免上述认知上的局限，我们就应超越自己的专业、所在时代与地域，不受功利目的的限制，从全球与长时段的历史视角出发，运用新的理论、方法与材料，系统、整体看待问题。但知易行难，笔者也不例外。

七、结语

宋代历史给了我们许多重要启示：

其一，就天下与文化的复兴而言，核心价值观的传承、创新与重塑是极其重要的。

宋代思想与精神实力的先进和超乎今人想象的强大，士大夫对气节的注重，全社会具有自上而下强大的凝聚力，应是宋代能存续三百余年，中华文明能延续至今的原因所在。

其二，宋代形成的多元一体的历史共同体，在思想、心态、制度与氛围均呈现包容宽松的特点，在今天仍具有值得我们学习、参考、继承与发扬光大的重要价值。

在宋与其周边国家构成的多元一体的历史共同体中，多元是客观的存在，一体是多元存续的关键。

一体主要体现于文化。经宋代继承、创新与重塑的中华文化，首次使其核心价值获得到周边国家的认同，成为传统时代天下共同承认的价值观和意义体系，包括使其具体化的物质实体。

一体在思想上表现为道统，政治上表现为法统，即一个中国。

其三，在自由、包容的同时，宋人又注重对自由的制约与内在的自我约束，以及无所不在的礼主导下的法等外在规范对个人、利益集团、权力的制约。司马迁指出，凡编户之民，富相什则卑下之，伯则畏惮之，千则仆，万则役，物之理也。不抑兼并将加快社会的两极分化，权力的高度集中将导致专制独裁。宋人强调存天理灭人欲，诚意正心，尊崇祖宗之法，提倡共治、公议，任法用吏，其所作所为虽不能将政治、经济权力关到笼子里，但至少能予其以一定的制约。这种做法及其经验教训值得今人深思。

其四，两宋的灭亡告诉我们，在综合国力中，军事实力是所有实力与权力的内核，堪称终极实力。唯有拥有天下最强大的武力，才能保护自身，使宋代繁荣发达的文明得以生存、延续并获得进一步的发展。

其五，人们的观念因时空的限制而显得短视，生命短暂的个人如何超越时空的限制，也是值得我们深思的一个问题。

就主观而言，超越的途径在于拓展视野，开阔心胸，提高个人素养，通过内在的反省提升自身的精神境界。

就客观来说，人们的社会存在决定人们的意识，社会的变迁势必造成既有存在的变化，从而形成新的观念，并使人得以据此重新审视基础业已动摇的旧观念。社会的大变迁为人们提供了超越的契机。其结果将使人们有机会突破以往旧存在的限制，并因意识到这一限制，进而自觉突破新的存在对自己的限制。

其六，宋代的历史告诉人们，我们属于拥有辉煌的过去和伟大传统的中华民族，我们来自历史，并终将回归历史的长河之中。在中国的复兴与全球一体化的历史进程中，人们都将自觉或不自觉地履行历史所赋予的使命与责任。

本文原载于《西北工业大学学报（社会科学版）》2018年第3期。

第四编　杂论

关于辽、金、宋三史编撰的几个问题

《辽史》、《金史》和《宋史》是元代至正年间官方组织编修成书的三部纪传体正史。对这三史的编撰，前人论述颇多。这些论述大多偏重于史料来源、编纂方法、结构、内容、观点、版本和史学价值，而很少涉及编修的组织、分工和编修的地点，并在编纂人数和所费时间这两个问题上存在一些错讹。有鉴于此，本文准备就以上几方面作一探索，以求正于史学界同志。

一、编修的组织和分工

元至正三年三月十四日，顺帝应丞相脱脱等大臣所请，下诏选人纂修三史。三月二十八日，顺帝又下令将辽、金、宋三国的事迹，“遴选文臣，分史置局，纂修成书……交翰林国史院分局纂修，职专其事。集贤、秘书、崇文并内外诸衙门里，著文学博雅、才德修洁、堪充的人每斟酌区用。纂修其间，予夺议论，不无公私偏正，必须交总裁官质正是非，裁决可否。遴选位望老成，长于史才，为众所推服的人交做总裁官。这三国实录、野史、传记、碑文、行实，多散在四方，交行省及各处正官提调，多方购求，许诸人呈献，量给价直，咨达省部，送付史馆，以备采择。合用纸札、笔墨，一切供需物色，于江西、湖广、江浙、河南省所辖各学院并贡士庄钱粮，除祭祀、廪膳、科举、修理存留外，都交起解将来，以备史馆用度，如今省里脱脱右丞相监修国史做都总裁。交铁睦尔达世平章、太平（即贺惟一）右丞、张中丞、欧阳学士、吕侍御、揭学士做总裁官。提调官，省里交也先帖木儿平章、吴参政，枢密院里塔失帖木儿同知、姚副枢，台里狗儿侍御、张治书、买术丁参议、长仙参议、韩参议、右司王郎中、左司王郎中、老老员外郎、孔员外郎、观音奴都事、杜都事，六部各委正官并首领官提调。其余修史的凡例、合行事理，交总裁官、修史官集议举行呵”[1]。

从顺帝诏书可知，三史的纂修班底由都总裁、总裁、史官和提调官组成。丞相脱脱为都总裁，主持三史的修撰。

作为都总裁，脱脱所起的作用是十分重要的，首先，他确立了“三国各与正统，各系其年号”[2]的修史原则，平息了多年来的正统之争。正统问题的顺利解决，为三史的修撰扫除了一大障碍，并对纂修的分工，三史的结构和形式产生了极大的影响。

其次，修撰班子的人选在很大程度上是由脱脱决定的。三月十四日顺帝命脱脱诸人“选人”修史，同月二十八日顺帝正式任命总裁和提调官。这一事实说明，总裁和提调官大体是由脱脱选定的。《庚申外史》说，脱脱“奏臣使儒臣欧阳玄、揭傒斯等于国史院修撰辽、金、宋三史”，即为此说提供了一个证据。又按苏天爵所说，“至正癸未，敕宰臣选官分撰辽、宋、金史，翰林学士欧阳公玄应召北上”[3]。入都后，脱脱问以修史之要，欧阳玄回答说在于

1 见标点本《辽史》卷末所附《修三史诏》。

2 权衡《庚申外史》。

3 《滋溪文稿》卷二五《三史质疑》。

购书和遴选史官。“于是用公言，遣使购书，增设史官”[1]。这说明不仅是总裁和提调官，史官的人选亦多取决于脱脱。

最后，一些事务性的工作和各部门间的协调工作，如三国实录、野史等书籍的购求，江西、江浙、湖广和河南各学院并贡士庄钱粮的解送，也都是在脱脱的主持下进行的。如按上引危素所说，脱脱即曾采纳欧阳玄的建议，“遣使购书”。

在三史修撰的整个过程中，脱脱自始至终一直担任三史都总裁的职务。从至正三年三月二十八日起，脱脱以“右丞相监修国史做都总裁”。次年四月，《辽史》修成，脱脱以“中书右丞相领都总裁”表进之[2]。同年五月，脱脱罢相。十一月，《金史》告成。据《进金史表》所说，“臣阿鲁图以中书右丞相、臣别儿怯不花以中书左丞相领三史事，臣脱脱以前中书右丞相仍都总裁”[3]。又按《进宋史表》[4]，及《金史》、《宋史》卷末所附“修史官员”，可知《辽史》成书后，脱脱仍为都总裁官，阿鲁图和别儿怯不花仅以“领三史事”的名义总领修撰之事。《庚申外史》云，三史修成后，脱脱方挂名“总裁”。李宗邺说：“至正三年三月到四月，是右丞相脱脱为都总裁官，至正四年五月至五年十月。是右丞相阿鲁图、左丞相别儿怯不花为都总裁官。”[5]这些说法都是不符合事实的。

至正四年五月脱脱罢相，阿鲁图、别儿怯不花分别任右、左丞相，兼领史事。从此，在都总裁脱脱之上，另有“领三史事”二人。《宋史》成书后，阿鲁图上奏说：“臣素不读汉人文书，未解其

1　见危素《危太朴集·续集》卷七《欧阳玄行状》。

2　见标点本《辽史》卷末所附《进辽史表》。

3　见标点本《金史》卷末所附《进金史表》。

4　附于标点本《宋史》卷末。

5《中国历史要籍介绍》第284页。

义。”[1]又别儿怯不花虽领史事，但《元史》卷一四〇其本传却只字未及此事。这说明在修史过程中他俩起的实际作用不大，辽、金、宋三史编纂的实际主持人是脱脱而不是他俩。

都总裁之下为总裁，三史的纂修系由总裁具体负责。据三史修成后所进表文和各史卷末所附“修史官员”，可知各史均设总裁，其成员除吕思诚中途调出，揭傒斯因病去世，李好文、王沂、杨宗瑞系《辽史》成书后增补，仅参与金、宋二史的编修外，其余铁木儿塔识、太平（即贺惟一）、张起岩和欧阳玄四人都参加了每一史的编撰。这说明总裁并不是按史分工，而是对三部史书的编修都负有责任。如揭傒斯在《辽史》告成后，即因“有旨奖论史官、早成金、宋二史”[2]，辛勤撰述，而染疾身亡。

总裁的职责是相当明确的，顺帝《修三史诏》规定，修撰时遇有“予夺议论”，须由总裁“质正是非，裁决可否”。修史的“凡例”和“合行事理”，亦由总裁与史官讨论后决定。

按危素所说，欧阳玄曾“立三史凡例，又为便宜数十条，俾论撰者有所据依。史官中有悻悻露才，议论不公者，公不以口舌争，俟其呈稿，援笔窜正，其论自定。至于论赞表奏，皆公属笔”[3]。可见除体例和“予夺议论”，包括志、表的取舍、列传的分类、有关元朝的撰述是由总裁决定外，总裁还负有笔削、审定史官史稿，撰写论赞等一类文字的任务。

总裁之间是有分工的。

三史总裁系选自“位望老成，长于史才，为众所推服的人”。其中如欧阳玄“经史百家，靡不研究，伊、洛诸儒源委，尤为淹

1 《元史》卷一三九《阿鲁图传》。

2 欧阳玄《圭斋文集》卷一〇《揭傒斯墓志铭》（四库文渊阁本）。

3 《危太朴集·续集》卷七《欧阳玄行状》。

贯”[1]。揭傒斯“经史百氏，无不贯通”[2]，“素习律仪，又勤于考订”[3]。张起岩“博学有文”，“熟于金源典故，宋儒道学源委，尤多究心”[4]，铁木儿塔识“学术正大，伊、洛诸儒之书，深所研究”[5]。太平尝受业于赵孟頫和吕弼。杨宗瑞“素有历象地理记问度数之学”。李好文颇“有见闻”[6]。吕思诚著有《西汉通纪》若干卷[7]。他们在学术上都有相当的，或很深的造诣，均有能力独当一面，胜任某一方面的工作。

又据上引危素所说，三史的凡例、便宜系欧阳玄拟定。史官所呈史稿有议论不公之处，玄援笔窜正，其论自定。至于论赞表奏，亦皆由玄草就。可见除三史的体例和三史成后所上之表奏外，他还承担着三史中本纪和列传后论赞的撰述，以及纪、传部分的笔削裁定工作。三史志、表前序的撰写和志、表的裁削，应是另有人负责的。按黄溍、欧阳玄所说，揭傒斯“既领史事，每与僚属言，欲求作史之法，须求作史之意。古人作史，善虽小必录，恶虽小必记。不然，何以示劝戒乎？自是毅然以笔削自任，凡政事之得失，人才之贤否，一切律以是非之公。至于物论之不齐，必力与之辩，求归于至当而止”[8]。《辽史》既成，有旨早成金、宋二史。揭傒斯“奉命黾勉，朝夕匪懈，先代故事臧否，奋笔书之，身任劳责，不以委人”，终因疏于摄生，得疾不起。揭傒斯去世后，欧阳玄感慨地说，“昔玄与公共修《宪典》，公素习律仪，又勤于考订，书大半成

1 《元史》卷一八二《欧阳玄传》。
2 黄溍《黄文献集》卷一〇下《揭傒斯神道碑》。
3 《圭斋文集》卷一〇《揭傒斯墓志铭》。
4 《元史》卷一八二《张起岩传》。
5 《元史》卷一四〇《铁木儿塔识传》、《太平传》。
6 《元史》卷一八一《虞集传》。
7 《元史》卷一八五《吕思诚传》。
8 《黄文献集》卷一〇下《揭傒斯神道碑》。

于公。今又共史事，公之勤不减昔时，乃遽失援”[1]。据此可知，揭傒斯下有僚属，身任劳责，也担负着一部分辽、金、宋三史的编撰工作。他不仅具体分管先代故事臧否，即志、表及志、表前序的撰述，而且还分担记载政事得失和人才贤否的纪、传的笔削工作。此外，在三史修撰中，“史官有露才自是者，每立言未当”，张起岩“即据理窜定”[2]，这说明他也承担一部分史稿的审定工作。又据《元史》记载，在修撰时，太平曾“力赞其事”，铁木儿塔识则“多所协赞”[3]，他俩主要起着辅佐脱脱，协调组织的作用。

由此可知，三史是诸总裁集体编撰的成果，其中任何一史都不是出自某一个人之手。三史的编纂，欧阳玄出力颇多，但是否“出力最多”[4]，尚可讨论。至于说“真负责任从事笔削者实为欧阳玄”，这一论断显然是错误的[5]。

总裁之下是史官。当时“分史置局”，组织史官“分史纂修”。《元史·贾鲁传》说：“诏修辽、金、宋三史，召鲁为宋史局官”。杨维桢著《正统辩》，内有“三局”之语[6]。至正三年，干文传自吴江“召入，居宋史前局”[7]。可见当时共设有三个史局，即辽史局、金史局和宋史局，其中每一局很可能还分为前局以及另外一些机构。辽、金、宋三史的史官，彼此无一重复，均分隶某一史局，职专其事，专修某一史。如干文传即隶宋史局，“预修《宋史》”[8]，伯

1 《圭斋文集》卷一〇《揭傒斯墓志铭》。
2 《元史》卷一八二《张起岩传》。
3 见《元史》卷一四〇。
4 《中国历史要籍介绍》，第284页。
5 《史籍举要》，第123—124页。
6 见《南村辍耕录》卷三。
7 《金华黄先生文集》卷二七《干文传神道碑》；洪武《苏州府志》卷三六《干文传传》。
8 《金华黄先生文集》卷二七《干文传神道碑》；洪武《苏州府志》卷三六《干文传传》。

颜则“预修《金史》”隶属金史局[1]。史官的职责是撰写史稿，然后交呈总裁审定。史官的隶属分工和职责是十分明确的。如按《进宋史表》和《进辽史表》，泰不华为《宋史》史官，廉惠山海牙为《辽史》史官，前者只修《宋史》，后者只修《辽史》。但两人的本传则云前者“与修辽、宋、金三史”，后者“预修辽、金、宋三史”[2]。严格地说，这种说法是不妥的。

除以上所述各种官员和翰林国史院的行政人员外，为三史编纂服务的人中还包括提调官。按《修三史诏》所说，提调官系由中书省、枢密院、御史台的负责官员，和六部的正官和首领官组成。其职责在于购求书籍，起解河南等四行省学院和贡士庄的积余钱粮，充修史之用，以满足纸札、笔墨和一切供需物色之需。

二、三史纂修的地点及所费时日

三史的编修是在大都翰林国史院内进行的。顺帝《修三史诏》规定，三史应“交翰林国史院分局纂修”，从各地购求所得的书籍，亦皆“送付史馆，以备采择”。这一规定当时是确实实行的。如《庚申外史》指出，脱脱使“儒臣欧阳玄，揭傒斯等于国史院修撰辽、金、宋三史”。又据欧阳玄、黄溍说，《辽史》书成，有旨早成金、宋二史。揭傒斯“奉命黾勉，朝夕匪懈”，“辰入酉出，惫不敢休”[3]，会盛夏雨涝，“以总裁宿史馆，得寒疾，归寓舍”，七日而卒。时“车驾在上京，适遣使赐诸总裁及史官燕劳”[4]。这说明元大都翰

1 《元史》卷一九〇《儒学二》。
2 《元史》卷一四三、卷一四五。
3 《黄文献集》卷一〇下《揭傒斯神道碑》。
4 《圭斋文集》卷一〇《揭傒斯墓志铭》。

林国史院或史馆，即是三史编纂之处。

至正三年修史之诏既下，苏天爵即寄书欧阳玄，商讨修史事宜。其书云，司马光撰《资治通鉴》。十九年始成。欧阳修修《新唐书》，历时十七年。李焘撰《续通鉴长编》垂四十年。“今修三史，限以岁年，可乎？”[1]从苏氏的质问来看，当时似有一限期完成的计划。三史的迅速成书，在相当程度上应当与这一计划有关。按照三史修撰的起讫年月，可以推算出各史编修所费的时间。历来史家多认为三史的纂修始于至正三年三月。如赵翼指出，“元顺帝时，命脱脱等修辽、宋、金三史，自至正三年三月开局，至正五年十月告成”[2]。对此，后人多深信不疑。如柴德赓的《史籍举要》和李宗邺的《中国历史要籍介绍》即认为金、宋二史的编撰始于三月。当然也有持异议的，如陈智超认为三史均系“至正三年四月同时开修”[3]。严格地讲，三月开局的说法是不对的。四月开修说是正确的，只是缺少详细论证而已，现补充说明如下。

顺帝修三史之诏颁行于至正三年三月二十八日，这一诏书仅任命了都总裁、总裁和提调官，当时史官人选没有确定，各个史局亦尚未组成。从诏令下达之日起，到三月的最后一天，即二十九日，仅有二天。在二日内遴选抽调史官，组成三个史局，已属不易。何况要开局修史，还必须确立修撰体例，“俾论撰者所据依”[4]。三史的体例系欧阳玄所拟。顺帝下诏之时，欧阳玄正在家乡浏阳。顺帝“遣使赐上尊，召为总裁官，使者敦迫，力疾就道”[5]。诏书是三月二十八日颁布的，欧阳玄见到诏令应是四月份事，所以他说“夏

1 《滋溪文稿》卷二五《三史质疑》。

2 《廿二史札记》卷二三《宋辽金三史》。

3 见《中国古代史史料学》第292页。

4 《危太朴集·续集》卷七《欧阳玄行状》。

5 《蒙兀儿史记》卷一二〇《欧阳玄传》。

四月，诏修辽、金、宋三史”[1]。考虑到使者南下，欧阳玄北上和到达后拟定三史凡例，便宜所需的时日，三月份即开局修撰是绝对不可能的。又按《进辽史表》所说，《辽史》的修撰，“起至正三年四月，迄四年三月”。纂修官最少，工作量最小的辽史局三月份尚且来不及开局修史，金、宋二史局就更不必说了。由此可知，三史的开局和正式编撰，不会早于至正三年四月。

若将至正三年四月作为三史开修之始，那末到翌年三月《辽史》告成，《辽史》的编纂前后共历时十二个月。至于金、宋二史，前者成书于至正四年十一月，先后费时二十一个月。后者则成于至正五年十月，计时三十二个月，而不是通常所说的二年半[2]。至正四年有十三个月，考虑到闰月的因素，用年作单位来计算三史修纂所需时间是不精确的。

三、修史官员人数

据三史修成后所上表文和三史卷末所附《修史官员》，可知参与《辽史》修纂的官员为都总裁一人，总裁六人，史官即纂修官四人，提调官十四人，共计二十五人。参与《金史》撰修的官员有领三史事二人，都总裁一人，总裁八人（包括揭傒斯），史官六人，提调官二十人，共三十七人。加上至正四年调出的总裁吕思诚，应为三十八人。有人说揭傒斯在任总裁后不久，即至正三年已致仕[3]，这是不确切的。揭傒斯在至正三年三月以前曾致仕，但旋即召还，后又求去而未获准。他于三年三月奉诏修史，次年七月得病殉职，

1 《圭斋文集》卷一〇《揭傒斯墓志铭》。

2 《史籍举要》，第 122、123 页；《中国古代史史科学》，第 260 页。

3 《史籍举要》，第 123 页。

此事碑、志及《元史》本传记述甚详。他不仅参加了《辽史》的编修，而且为“早成金、宋二史”，作出了很大的贡献。

参加《宋史》编纂的官员为，领三史事：阿鲁图、别儿怯不花；都总裁：脱脱；总裁：铁木儿塔识、贺惟一、张起岩、欧阳玄、李好文、王沂、杨宗瑞；史官：斡玉伦徒、泰不华、杜秉彝、宋褧、王思诚、干文传、汪泽民、张瑾、麦文贵、贡师道、李齐、余阙、刘闻、贾鲁、冯福可、赵中、陈祖仁、王仪、余贞、谭慥、张翥、吴当、危素；提调官：纳麟等二十三人。共计五十六人，加上吕思诚和揭傒斯，计有五十八人。

有人说《宋史》纂修诸臣，“凡四十人”[1]。此说的根据是《进宋史表》。《进宋史表》所列修史官员，除领三史事二人外，计有都总裁一人、总裁七人、史官二十三人和“协恭董治”者九人，共计四十人。提调官二十三人中仅有纳麟等九人名列其上，将纳麟等九人归入纂修官之列，而将其余的十四人排斥在外，这种厚此薄彼的做法是不足取的。显然，这四十人并不包括全体纂修诸臣。

又有人认为，参与《宋史》修纂的有领三史事二人，都总裁一人，总裁吕思诚、揭傒斯等九人，史官于文传、张瑾宣、麦文贡、起中等二十三人，以及黄谱、李稷和王守臣三人，合计三十八人[2]。按于文传系干文传之误，张瑾宣、麦文贡和起中系张瑾、麦文贵和赵中之讹。黄、李、王三人姓名均不见于《修三史诏》、《进宋史表》和《宋史》卷末《修史官员》。李稷，《元史》卷一八五有传。传云稷于至正初出任江南行台监察御史，后迁都事，入为内台监察御史，又迁中书左司都事，回迁至户部尚书，而只字未及修史一事。王守

1 《史籍举要》，第 124 页。

2 《中国历史要籍介绍》，第 284 页。

臣，《元史》亦有传。传云守臣“拜礼部尚书，与修辽、金、宋三史”[1]。查《辽史》《修史官员》内有提调官“礼部尚书王守臣”，这说明他是作为提调官，而不是史官参与修撰的。这和董守简的情况大致相同。按董氏神道碑所说，他“以左丞知经筵事，仍总裁辽、金、宋三史”[2]，但实际上他只是金、宋二史编纂的提调官罢了。将王守臣这样的《辽史》提调官列为《宋史》的编撰者，同时又将董守简等二十三名《宋史》提调官排斥在外，这种做法是很没有道理的。又黄谱应系黄溍之讹。黄溍之名不见于《修三史诏》、三史《修史官员》和三史成书后所进表文。《元史》卷一八一《黄溍传》亦未说他曾与修三史。黄溍门人宋濂指出，“至正三年春，先生始六十有七，不俟引年，亟上纳禄侍亲之请，绝江径归。俄有旨命预修辽、金、宋三史，丁内忧，不赴。除服，以中顺大夫、秘书少监致仕。居四岁，……被上旨，落致仕，仍旧阶，除翰林直学士、知制诰、同修国史、同知经筵事”[3]。危素所撰《黄溍神道碑》、张雨的《送黄先生归乌伤序》和杨维桢的《送金华黄先生归里序》，所述与此基本相同[4]。其落致仕和复出的时间，在“至正六年冬”[5]。由此可知，黄溍因丁母忧和致仕的关系，自始至终都未曾参与三史的纂修。显然，上述四十人或三十八人之说都是不确切的。如除去提调官和领三史事二人外，当时真正参与《宋史》纂修官员应是三十三人。

本文原载于中国历史文献研究会编《历史文献研究（北京新一辑）》，燕山出版社，1990 年。

1 《元史》卷一八三《王守臣传》。
2 黄溍《金华黄先生文集》卷二六《董守简神道碑》。
3 《黄文献集》卷一二《黄溍行状》。
4 《黄文献集》，卷一二。
5 《黄文献集》卷九下《扈永言墓志铭》。

论宋代乐平的望族及其兴衰

望族，是指在社会上享有一定声望的家族。望族的声望主要来自其较高的社会地位，而其社会地位则在很大程度上取决于望族主要成员所从事并赖以获得其财富和权力的职业。在古代中国，管理国家，拥有官爵的贵族和官僚士大夫家族，即是集权力、财富和名望于一身的名门望族。

在中国历史上，家族是社会的重要组成部分，家族制度十分盛行，且历久不衰。对构成家族上层和社会主导力量的望族的研究不仅可令人了解中国的家族和家族制度，而且还有助于加深对中国社会的认识。此外，历来有关望族的记载又远较一般家族为多。因此，从其重要性和资料易于取得考虑，笔者拟以望族作为研究的主要对象。

唐宋之际是中国社会出现重大变革，文物制度新陈代谢的嬗变时期。在此期间，中国的家族制度亦大致完成了其新旧交替的转型过程。随着魏晋以来旧的世家大族式家族制度的消亡，在宋代形成了一种组织较为松散，历经元明清三代，延续近千年的新型家族制度。这一制度历时悠久，去今不远，就历史和现实而言均具有深远的影响，具有重要的研究价值。宋代是这一制度发轫和形成的时期，又是社会流动相当频繁，纵向流动渠道比较畅通的时代，因此，本文特以宋代为限，来探讨在变化了的社会条件下，原生的新型望族是如何兴衰和努力维系其地位的。

宋代的望族及其兴衰涉及面异常宽泛，绝非一篇短文所能一一阐明，很有在空间上加以限制的必要。宋代江东的饶州，是经济、文化均较发达之区。其“荐士德兴为最”[1]。乐平虽稍逊于德兴，但宋代登进士第和博学宏词科者多达 174 人[2]，曾形成洪氏、马氏和王氏等名门望族，望族发育良好。所以笔者决定以乐平的望族这一较典型的案例，作为研究、论述的对象。

宋代乐平望族的兴起

社会的变革所带来的政治、经济和文化等层面条件的变化，对宋代望族的形成产生了很大的影响。自北宋削平群雄，重建专制主义中央集权的统治以来，国内保持了长期的和平，经济、文化蓬勃发展，为望族的兴起奠定了良好的基础。在政治上，宋统治者实行重文轻武的政策，大力提倡读书，主要通过科举大量选拔官员。宋代入仕虽有“贡举、奏荫、摄署、流外、从军”、纳粟、纳赀、献书、献颂诸途[3]，但以“科举取士。得人为盛”[4]。科举中又以“进士得人为盛”[5]。在统治者的政策及其所造舆论的导向下，“金榜挂名时”和“下第举人心”便成为社会所公认的得意和失意，可喜与可悲两

1　祝穆《方舆胜览》(上海古籍出版社 1991 年 12 月版影印本) 卷一八《饶州》。

2　道光《乐平县志》卷七《选举》。

3　《宋史》(中华书局 1977 年 11 月版点校本) 卷一五八《选举四》。

4　叶梦得《石林燕语》(文渊阁四库全书影印本) 卷三。

5　《宋史》卷一五五《选举一》。

种对立社会心态的鲜明写照[1]。教育因此而获得了空前的发展，科举成为极富吸引力的事业，读书应试则成为入仕和取得功名，进入社会上层的主要途径。普通家族只要接连有人登第入仕，即可一举崛起，成为名门望族。反之，如若连续几代无人登第，望族也就会沦落而难以维持其地位。因此，有无以进士为主的登科者可以作为判断望族形成和盛衰与否的主要依据。

按此标准衡量，乐平咸平时始有登第者，其望族应兴起于咸平以后。据道光《乐平县志》卷七《选举》所载，景祐元年（1034）至元祐三年（1088），马遵、马康民、马修铺、马顺、马存等先后登第。皇祐五年（1053）至绍圣元年（1094），程博文、程中立、程翰、程完、程若稷、程致禄等相继登第。乐平在北宋中叶遂形成了马氏、程氏等望族。稍后，元丰五年（1082）至政和二年（1112），许循、许中、许天益、许亢宗、许尹等又连续登第。元丰八年至政和八年，洪彦升、洪勋、洪楫、洪禧、洪皓、洪纶和洪游等复接连登第（洪氏唐末自徽迁至乐平，后虽有人迁鄱阳，但仍以乐平为祖籍）。许氏、洪氏又于北宋后期相继兴起。大观三年（1109）至绍兴三十二年（1162）间，乐平又有王举、王必中、王刚中等先后登第，王袤、王度、王昌宗、王异和王序辰等解试中举，王氏遂于两宋之交兴起，成为乐平的名门望族。

上述诸望族的勃兴在相当大程度上得益于其优越的外部环境。宋代的饶州，“物产丰饶，家富户羡”，“其人喜儒”，“为父兄者，以其子弟不文为咎”[2]，深受政府右文政策和注重教育、科举的社会趋向的影响，堪称经济繁荣，文教发达之区。乐平介乎山区、平原

1　洪迈《容斋四笔》（文渊阁四库全书影印本）卷八《得意失意诗》。

2 《方舆胜览》卷一八《饶州》。

之间，地处由皖南、赣东北山区向鄱阳湖平原迁徙的要道上。乐平因其富饶而得以吸纳大批移民，成为移民滞留和定居落户之地。如洪皓之先即是“五季自歙徙饶州乐平”[1]。王刚中“其先信州弋阳县人，后徙饶州之乐平”[2]。移民所特有忧患意识和应变、开拓、积极进取的精神，因此而在乐平产生了较大的影响。所有这一切都为大批乐平士人积极投身于举业，不断有人登第入仕，诸多望族先后兴起奠定了物质基础，创造了有利的条件和良好的氛围。

优越的外在环境使乐平各家族都有可能成为望族，但作为望族所必须具备的内在素质则使只具有良好的生理、心理、社会活动和精神素质的家族方能取得成功。例如健康、强壮的体质，旺盛的生育力，足以使家族成员精力充沛，茁壮成长，全族人丁兴旺，蓬勃向上，从而产生优秀人才，成为名门望族。如马遵远祖自唐末迁至乐平。庆历间，其同宗同居者即达百口，内马遵之父即生有七子[3]。又王刚中之先迁饶后，“支派日益蕃”，其曾祖以下绍兴中已达数十房之多[4]。门户壮大后，方有马遵、马存和王刚中、王必中等人的先后登第。体质的强健则使王刚中足以经受暴病的袭击，最终高中进士第二名，并能跨马“夜驰二百里”，以建功立业，光大门楣[5]。他如洪氏一门亦十分兴旺。洪皓远使北廷十五年，虽“不堪其苦”，仍能全身以返，享年68[6]。皓有八男七女，内适、遵、迈等均仕至高位[7]。强健的体魄，旺盛的生育力亦是其能建功立业，后继有人的重

1　周必大《文忠集》(文渊阁四库全书影印本）卷六八《洪适神道碑》。
2　孙觌《鸿庆居士集》(文渊阁四库全书影印本）卷三八《王刚中墓志》。
3　余靖《武溪集》(文渊阁四库全书影印本）卷二〇《马处士墓表》。
4　道光《乐平县志》卷七《选举》。
5　道光《乐平县志》卷七《选举》;《宋史》卷三八六《王刚中传》。
6《宋史》卷三七三《洪皓传》。
7　洪适《盘洲文集》(文渊阁四库全书影印本）卷七七《慈茔石表》。

要保证。反之，多病、虚弱的体质，生殖力的衰退则使家族成员夭殇、乏嗣，缺乏活力，人口凋零，门户萧条。这样的家族连维持生存都难以做到，更不要说争取和保持望族的地位了。

其次，对读书的浓厚兴趣，超常的智力，如较强的观察力、记忆力、抽象概括能力和文字表述能力，以及良好的气质、性格，使家族成员易于顺应社会潮流，适宜于参加并通过科举考试，在仕途和学术上取得成就和名望。如程振因“有轶才”而“除官”[1]。洪皓“天性强记”[2]，“博学”；洪适“幼敏悟，日诵三千言”，晚“以著述吟咏自乐”；洪迈：“过目辄不忘，博极载籍，虽稗官虞初，释老旁行，靡不涉猎”[3]；洪遵“天分素高，加以笃学，文体蚤成，天生廊庙之文”[4]；故而能登第、中词科，“文名满天下”，“以文章取盛名，跻贵显”，“以文学闻望，遭时遇主”，“以博洽受知孝宗”[5]。他如王刚中“博览强记”，无他嗜好，唯以“读书著文为乐”[6]。洪芹因有文词之才，而屡蒙荐举，进至高位[7]。也都因此而名高位显，使洪氏、王氏成为名门望族。

复次，刚强的意志，顽强的毅力，百折不挠的精神，较高的社会化水平，较强的社会参与和组织管理能力，强烈的忧患意识，应变、开拓和奋发进取精神，以及高尚的道德，义之所在，有死无贰的操守，不仅使家族成员得以历经艰辛，博取功名，更重要的是足以使其在登第后能以立德、立功、立言为家族赢得更多的名望。如

1 《宋史》卷三五七《程振传》。
2 《盘洲文集》卷七四《先君述》。
3 《宋史》卷三七三《洪皓传》。
4 楼钥《攻媿集》(文渊阁四库全书影印本）卷五二《洪文安公〈小隐集〉序》。
5 《宋史》卷三七三《洪皓传》。
6 《宋史》卷三八六《王刚中传》。
7 《宋史》卷四二五《洪芹传》。

洪皓“刚直”，“有胆略，遇大事敢为”，“议论纵横”，“有专对之才”[1]，“少有奇节，慷慨有经略四方之志”，“性急义，当艰危中不少变”，“忠节尤著”，故能勇于使金，不辱君命，全节而归，彪炳史册[2]。洪适“忠鲠诚实”，自幼“能任家事”，“日夜率……遵、……迈种学绩文，至忘寝食”，“文华天赋，济以力学”，故能登第，其“才智有余”，高宗因其“温粹，文词有用，论事可观”，而委以重任[3]。洪遵“从师业文，不以岁时寒暑辍”，即“僧舍肄词业，夜枕不解衣”，“天分素高，加以笃学”[4]，故能中魁选，“虽以文进，政术自高”[5]。魏了翁则指出，洪氏之盛主要不在其“词章、记览、名位、科目”，而是在于其“忠孝”、“节义”之传[6]。如宋高宗即因皓“精忠，古今所无”，认为皓“三子其材皆可用”，而擢任三洪至翰苑宰执之地[7]。王刚中“为布衣时已魁然负公辅之器”，任官“检身以法，示人以礼，不立崖堑，驭吏恩威并行”，裁决“皆中机会”，“功成不居”，因而能官至执政[8]。马廷鸾“甘贫力学”，“鸡初鸣，琅琅诵书史”，“或夜参半，忘食已晡，燃薪欲旦”，因“奋身力学”，而得荐登第，因勇于弹奏权幸，而“名重天下”[9]。

最后，望族的兴起又和家族成员是否具有振兴家族的强烈愿望，对影响家族兴衰的内外因素有无清醒的认识，能否基于这一认识采取一定的措施以振兴门户有很大的关系。那些具有较强生存、

---

1 《盘洲文集》卷七四《先君述》。

2 《宋史》卷三七三《洪皓传》。

3 《盘洲文集·附录·洪适行状》；周必大《文忠集》卷六八《洪适神道碑》。

4 《宋史》卷三八六《洪皓传》；《攻媿集》卷五二《洪文安公〈小隐集〉序》。

5 周必大《文忠集》卷七〇《洪迈神道碑》。

6 魏了翁《鹤山集》（文渊阁四库全书影印本）卷五一《〈三洪制稿〉序》。

7 《盘洲文集·附录·洪适行状》；周必大《文忠集》卷六八《洪适神道碑》。

8 道光《乐平县志》卷七《选举》；《宋史》卷三八六《王刚中传》。

9 马廷鸾《碧梧玩芳集》（文渊阁四库全书影印本）卷二〇《祭先兄提干文》、《祭亡弟总干文》，卷一六《书二侄分关后》；《宋史》卷四一四《马廷鸾传》。

竞争、发展、应变、开拓能力和凝聚力的家族，只要具有上述愿望和认识，采取收族、重教等措施，努力推动其成员倾全力投身于科举考试，充分发挥迁徙、婚姻和家庭突变所能带来的积极影响，即可取得并保持名门望族的地位。如洪氏先祖士良，“志操不群，力教二孙，欲振起门户”；子亡，二孙幼，士良“慨然思所以成立计，即挈诸城中，访先生之贤，力教之”[1]。其孙彦升、曾孙皓因此得以读书登第。洪皓远使北方，其在拒绝势家之女后所娶之妻沈氏[2]，“衣服饮食取财足，至诸子买书或捐钱数万不蕲，训之曰：尔父以儒学起家，尔曹能一人趾美，我不恨。尝为之迎师千里外，虽隆寒盛暑不使辍”[3]。适等因其舅太学博士沈松年“勉以为宏博之学”，认为“甥若加鞭不休，词科不难取。乃同二弟闭门习为之，夜不安枕者余岁”[4]。幼年父远使不归，少年丧母，生存的压力，母亲的激励和舅父的指点，使三洪少时即能任事自立，苦读不懈，相继中词科，文名满天下，从而使洪氏门第大振，历久不衰。又如王刚中之父王宪，“英毅有大志，常曰：‘世间事多不如人意，惟教子起家可以大其门。’”[5]其子必中、刚中因此而得以读书登第。按王刚中所言，“自吾前人衣食兹土五叶矣……而支派日益蕃，产析赀分，有不能以自活。左亲戚而右坟墓，於吾心重恻恻焉”，故其为布衣时即“已有买田赈宗族之志”，然虽“计所以处之，而力患不足赡”[6]。及刚中帅蜀，子昭辰，序辰为宣干、内机，乃得以置田千亩以为

---

1 《盘洲文集》卷三三《盘洲老人传》，卷七四《先君述》。

2 《盘洲文集》卷七四《先君述》云，皓登第后，王黼“欲妻以女弟”，“朱勔复请婚”，均为皓所拒绝。

3 《盘洲文集》卷七七《慈茔石表》。

4 《盘洲文集·附录·洪适行状》。

5 《鸿庆居士集》卷三八《王刚中墓志》。

6 道光《乐平县志》卷七《选举》。

义庄，作为其曾祖以下数十房婚嫁丧葬教养之费，岁延硕儒，具粮糗，训其子弟，“自是贫者有养，不至离散，少者有教，不至颛蒙”，“凡族子之胜衣者皆进于学”[1]。移民所特有的强烈的家族意识，为宗族前途忧虑，力谋出路，置义田以教养族人的志向，应是推动其投身科举，登第入仕，奋发上进的精神动力，也是造成王氏崛起的动因。再加马廷鸾七岁父亡，“母抱群雏，家徒四壁”，其母段氏“画荻而教，采耜而食”，“守林庐，躬桑苎，奉烝尝，而尤策励其子于学，岁时从师，晨夜课读，拆棠帏以纫衿佩，燃绩火以续书檠，人所不堪者，夫人无戚容变志”[2]。生存的压力，母兄的激励、督率，是其力学而登第的原因，所以其自云“某起孤童，叨显仕，先夫人之教也”[3]。

诸望族门第的高下及其形成原因

在宋代乐平新兴的各望族中，又有地望高下和兴盛程度不同的差别。

有宋一代，乐平诸姓登进士第及词科者，程氏 29 人，许氏 19 人，洪氏 18 人，马氏 11 人，李氏 10 人，王氏 8 人，胡氏、徐氏、朱氏 7 人，余均在 6 人以下[4]。程、许二姓登科者虽多，李氏登科者虽多于王氏，却远不及洪氏、马氏、王氏显贵。程氏仅有程振仕至刑部侍郎[5]，许氏仅许尹官至权工部侍郎[6]，李氏仅有李睦位至潭州

1 《鸿庆居士集》卷三八《王刚中墓志》；道光《乐平县志》卷七《选举》。

2 《碧梧玩芳集》卷一九《段太夫人墓志》，卷二〇《祭亡弟总干文》。

3 《碧梧玩芳集》卷一九《段太夫人墓志》。

4 道光《乐平县志》卷七《选举》。

5 《宋史》卷三五七《程振传》。

6 李心传《建炎以来系年要录》（中华书局 1988 年 4 月据商务印书馆国学基本丛书本订正重印本）卷一九二“绍兴三十一年九月丙申”条。

通判[1]，余皆不足道。洪氏之洪适官拜丞相，洪遵位至执政，洪迈进至翰林学士，洪皓仕至徽猷阁直学士[2]，洪芹官至礼部侍郎[3]。马氏之马廷鸾亦官至丞相[4]。王氏之王刚中仕至执政[5]。宋代乐平仅有5人官至正三品及一、二品，其中洪氏3人，马氏、王氏各1人。宋代宰执、侍从恩荫颇重。按淳熙中已裁减1/3任子员数的规定，宰相得荫10人，执政8人，侍从6人，中散大夫至中大夫4人，带职朝奉郎至朝议大夫3人[6]。其致仕遗表恩泽，宰相8人，前宰相7人，执政6人，前执政5人，现任尚书3人，侍从2人[7]。至乾道中，洪彦升、彦先兄弟之后得官者达42人[8]。王刚中去世，一次即“官其孙七人”[9]。可见洪氏、马氏、王氏除门弟较程、许、李诸姓显赫外，其家族成员得官者亦为数众多，不会少于程、许、李诸姓。

有较多成员出任官职，占居高位，又有著述传世的洪氏、马氏和王氏，自然较其他望族拥有更高的声望。按上述诸姓成员之姓名、生平事迹见诸昌彼得、王德毅等所编《宋人传记资料索引》（中华书局1988年3月第1版）和李国玲所编《宋人传记资料索引补编》（四川大学出版社1994年8月第1版）著录的，洪氏共20人，马氏10人，程氏9人，王氏8人，许氏、李氏各5人，徐氏2人，胡氏、朱氏各1人。其中有著作传世者，洪氏6人，马氏5人，许氏4人，王氏、程氏各2人，李氏、徐氏各1人。就史籍的

---

1 《碧梧玩芳集》卷一九《李睦墓志》。
2 《宋史》卷三七三《洪皓传》。
3 《宋史》卷四二五《洪芹传》。
4 《宋史》卷四一四《马廷鸾传》。
5 《宋史》卷三八六《王刚中传》。
6 《宋史》卷一五九《选举五》。
7 李心传《建炎以来朝野杂记》（商务印书馆国学基本丛书本）乙集卷一四《乾道、淳熙裁损任子法》。
8 《盘洲文集》卷三三《盘洲老人传》。
9 《鸿庆居士集》卷三八《王刚中墓志》。

记载综合而言，洪氏、马氏和王氏的知名度和影响在乐平诸望族中亦位居前列。

洪氏、马氏和王氏登科人数虽较程氏、许氏为少，门第、声望和任官人数却能超过程氏、许氏的原因，即在于其优秀分子能充分运用自身的特长和因缘机遇，顺应科举、仕宦的主流，取其捷径，立致通显，最终跻入宰执之列。

宋廷实行崇文政策，尤重文辞、经学，并择词理优异者委以馆职、两制，以掌撰述、论议，备顾问。宋代“馆阁之选，皆天下英俊”，“学士之职地望清切，非名流不得处”，“一经此职，遂为名流”[1]。“北门、西掖之除，儒者之荣事也”[2]，而尤以内制“职清地近，极天下文章之选，非深厚尔雅不足以代王言，非直谅多闻不足以备顾问”[3]。元丰以前，“两府阙人，则必取於两制，两制阙人，则必取于馆阁”，“其间名臣贤相，出于馆阁者常八、九也”[4]。元丰以馆阁为秘书省后，秘省为储才之地，“内外制阙人多於此取之”[5]。“要路阙，必由此进”[6]。例如宋代宰执中共有25人系状元出身。其中除王嗣宗外，其余均曾任馆职；除留梦炎、王嗣宗、杨砺、苏易简、陈尧叟、郑侨、郑自诚、陈文龙外，余人均曾任两制[7]。可见两宋宰执多出身于两制、馆阁，两制又多出自馆阁，馆阁和两制是通往宰执的主要途径和要路。

两制、馆阁职掌撰述，备顾问，故多以行义、博洽、文学之士

1　洪迈《容斋随笔》（文渊阁四库全书影印本）卷一《三馆秘闻》，卷一六《馆职名存》。

2　费衮《梁溪漫志》（山西人民出版社1986年10月版标点本）卷二《北门、西掖不以科第进》。

3　綦崇礼《北海集》（文渊阁四库全书影印本）《附录》卷上《给事中可除翰林学士制》。

4　欧阳修《文忠集·奏议》（文渊阁四库全书影印本）卷一八《又论馆阁取士札子》。

5《梁溪漫志》卷二《秘书省官撰文字》。

6　周必大《文忠集·平园续稿》卷三〇《朱松神道碑》。

7　此据何忠礼《宋史选举志补正》（浙江古籍出版社1992年3月第1版）附录六《宋代进士第一人终官表》、《宋史》诸人本传及明朱希召《宋历科状元录》（明嘉靖四十年刊本）等统计。

任之。宋初以来，除少数“以才选者”外，“两制，二史必以进士登科人为之[1]。崇宁间有“翰林学士、两省官及馆阁，今合并除进士出身人”的明文规定[2]。其职位基本上由进士登第者所垄断。按前所述，两制多取自馆阁，馆阁则主要从进士高科、大臣荐举，献文以及制科、词科中格者内择优选拔。入馆之途虽多，但绍圣前，以“议论确正，词翰爽美”的进士高科[3]，以及“凡状元、制科一任还，即试诗、赋各一而人”的制科中格者为首选[4]。绍圣进士科罢试诗赋后，因诏、诰、章、表、檄、赦、敕、檄书、露布等“皆朝廷、官守日用而不可阙”者，又因“无以兼收文学博异之士”，特置宏辞科。加之制科因与进士科同试策、论而基本不再举行，绍圣以后，遂多以进士高科和词科之“文理超异者取旨除馆职”，或召试馆职[5]。词科试以章、表、露布等，后又增制、诏，“以觇记览之博”，“以观翰墨之华”[6]，“以为异日词臣之储”[7]。故南宋时人号宏词为“选定两制”[8]。

宋之宰执多出自两制、馆阁，两制、馆阁又多选自进士高科，制科和词科，进士高科，制科和词科实为士人入馆、荣任两制，跻身显贵的正途。两宋共有宰执 495 人[9]，正奏名进士 42479 人，状

---

1 《建炎以来朝野杂记》乙集卷一一《任子赐出身》。

2 《宋会要辑稿·职官》（中华书局 1957 年 11 月用北平图书馆影印本复制重印本）。

3 张孝祥《于湖居士文集》（上海古籍出版社 1980 年 6 月第 1 版）《附录·张安国传》。

4 《宋史》卷一六二《职官二》。

5 《宋会要辑稿·选举》一二之六、七、一一。

6 马端临《文献通考》（中华书局 1986 年 9 月据商务印书馆万有文库十通本影印本）卷三三《选举六》；王应麟《玉海》（江苏古籍出版社、上海书店 1987 年 12 月据清光绪九年浙江书局刊本影印本）卷二〇一《辞学指南》。

7 《宋会要辑稿·选举》一二之二五。

8 《玉海》卷二〇一《辞学指南》。

9 据《宋史》卷二一〇至卷二一四《宰辅表》统计。

元118人[1]，制科登科者40人[2]，词科登科者107人[3]。其中状元至宰执者25人，制科10人，词科13人[4]，分别占其总数的21%、25%和12%，均远高于进士出身的宰执在正奏名进士总数中所能占的比重。叶适云“自词科之兴”，“前后居卿相显人，祖父子孙相望於要地者，率词科之人也”[5]。《宋史·选举志》则云，词科“南渡以来所得之人多至卿相、翰苑”，其与召试馆职所得“忠鲠文学之士，……多至大用”，内入翰苑者即有25人[6]，嘉泰后又有4人入翰苑。词科如此，进士高科、制科亦复如此。如状元中除任宰执者外，即有25人官终节度使、尚书和侍郎。可见进士高科、制科和词科不仅是士人位至通显的正途，而且是一条捷径。

此外，东宫和潜邸旧人亦多至大用，其升迁之快亦远非一般官僚所能企及。宋代多以两制、馆阁官任东宫官[7]。其中东宫资善堂及王府教官绝大多数系选自“蕴藉儒雅，操守甚正”的两制、馆阁官，或出身两制、馆阁者[8]。其人多选自进士高科、制科和词科。如属进士高科者即有状元杨砺、王曾、王十朋、木待问、萧国梁、郑侨、邹应龙、徐应龙等，省元何澹、徐邦宪、蔡幼学、陈抃等，进士第二至第四人丁谓、蒋芾、赵汝愚、罗点、王介、滕强恕、杨

1　据张希清《中国科举考试制度》(新华出版社1993年12月第1版)附录二《北宋贡举登科表》、附录三《南宋贡举登科表》统计。

2　何忠礼《宋史选举志补正》附录七《宋代制举一览表》。

3　《玉海》卷二〇四《辞学题名》。

4　《建炎以来朝野杂记》甲集卷九《制科宰执数》、《词科宰执数》。

5　《叶适集·水心别集》(中华书局1961年12月版点校本)卷一三《宏词》。

6　《宋史》卷一五六《选举二》;《建炎以来朝野杂记》甲集卷九《词科宰执数》。

7　《宋会要辑稿·职官》七之二二至三四,四四至四六。

8　《宋会要辑稿·职官》七之三八至四四;《建炎以来朝野杂记》甲集卷一《吴兴郡王》、《信王》，乙集卷二《沂靖惠王》，乙集卷一三《东宫讲官》至《王府翊善》;《宋史》卷一六二《职官二》。

栋、邓驲、萧逵等[1]。属制科者有王曙、夏竦、邵亢等。属词科者则有慕容彦逢、葛胜仲、孙傅、王㬇、莫济、周必大、留元刚、莫叔光、真德秀、陈贵谊和王应麟诸人。从进士高科、制科、词科，到馆阁，两制和东宫、潜邸，再到六部尚书和宰执，这是一条捷径中的捷径。

乐平洪氏、马氏和王氏的精英分子就是通过上述捷径快速晋升，登上高位的。如按《宋史》卷三七三，洪适、洪遵、洪迈即运用其强记、敏悟、长于文学的优势，博览群籍，日诵数千言，以应尤重词藻、博览，升迁较快的博学宏词科。三人皆中词科，以词章、博洽取盛名，跻贵显，经由秘书省正字或校书郎、权直学士院或直学士院、中书舍人，以至翰林学士或宰执。其中适于绍兴十二年登科后三年入馆，又十九年（隆兴二年）入翰苑，再一年（乾道元年）执政。遵于绍兴十二年入馆，又十三年（绍兴二十五年）入翰苑，再八年（隆兴元年）执政。迈于绍兴十五年登科后十三年入馆（绍兴二十八年）[2]，又九年（乾道三年）至翰苑。其迁官不可谓滞缓。

马氏之马廷鸾则工文辞，甘贫力学，以公论不敢避私嫌，勇于议论，然少有过激之举。如试策仅“稍及（丁）大全”，任相仅“於边阃升辟，稍越（贾似道）拘挛，似道颇疑异己，黥堂吏以泄其愤”，廷鸾乃辞相归[3]。其因力学、工文辞，而以省元登淳祐七年（1247）进士第[4]；宝祐三年（1255）；召试馆职；因蕴藉儒雅，操守甚正，又系进士高科而于景定元年（1260）以馆职兼沂靖惠王府教

1 以上据各人《宋史》本传，参见《宋人传记资料索引》。下同。
2 《建炎以来系年要录》卷一七九“绍兴二十八年三月己卯”条。
3 《宋史》卷四一四《马廷鸾传》。
4 《文献通考》卷三二《宋登科记总目》。

授；景定三年，为东宫官；三年至咸淳元年（1265），经两制诸职进至执政；五年，拜相[1]。廷鸾于及第后八年入馆，后七年至翰苑，又三年执政，再四年拜相，升迁之速超过三洪。

王刚中因博览强记，唯以读书著文为乐，又负公辅之器，有振兴、赈济宗族之志，而于绍兴十五年（1145）以进士第二人及第[2]。绍兴二十六年，刚中入馆；次年，因其博学好文，能检身以法，示人以礼，不立崖堑，又系进士高科而兼孝宗潜邸普安郡王府教授；二十八年，试中书舍人[3]；隆兴二年（1164），除执政[4]。刚中于及第后十一年入馆，后两年为两制，又六年除执政，其升迁亦较三洪迅速。

洪氏、马氏和王氏的盛衰及其原因

在"君子之泽，五世而斩"，社会流动相当频繁的宋代，地望较高的洪氏、马氏和王氏在兴起后又都经历了鼎盛和衰落的时期。如洪氏勃兴于北宋后期，南宋高宗、孝宗时因洪皓父子名世而盛极一时，后相对衰落，理宗末洪芹出而稍复兴。马氏兴起于北宋中叶，后一度中衰，理宗时马廷鸾出而复振，南宋末因廷鸾位居宰执，马端临继起而达到兴盛的顶点。王氏则崛起于两宋之交，高宗、孝宋时王刚中出而臻于鼎盛，后稍衰。

乐平洪氏、马氏、王氏能在南宋高宗、孝宗以及南宋末分别达到其兴盛的顶点应和外部环境朝有利于其方向的发展有关。南渡

1 《宋史》卷四一四《马廷鸾传》。

2 《宋史》卷三八六《王刚中传》。

3 《建炎以来系年要录》卷一七三"绍兴二十六年六月丙戌"条，卷一七六"绍兴二十七年四月甲寅"条，卷一八〇"绍兴二十八年八月癸巳"条。

4 《宋史》卷二一三《宰辅四》。

后，政治、经济和文化中心的南移使整个南方，包括江东的饶州地区社会经济和文化都获得了迅速的发展。重心的南移，饶州的繁荣和地位的提高，为南宋乐平望族的发展奠定了远较北宋深厚的坚实基础，创造了更为良好的条件和更多的机遇。和以往相比，数量较多的饶州籍人士得以进入政府，身居高位。由于他们的荐举、荫庇和提挈，更多的饶州人士因此而入政府，晋升到较高的地位。如南宋人陆游记载说：“绍兴末，朝士多饶州人。时人语曰：‘诸公皆不是痴汉’。又有监司发荐京官，状以关节欲与饶州人。或规其当先孤寒。监司者愤然曰：‘得饶人处且饶人’。时传以为笑。”[1]当时饶籍人士在朝任要职者颇多。如绍兴二十六年，程克俊为参知政事；二十九年，张焘为吏部尚书；三十二年，汪澈、张焘分别除参知政事和同知枢密院事[2]。洪迈时任内外制、吏部侍郎和尚书[3]。王刚中则曾任外制[4]。按陆游所云，绍兴末在朝中占居要地的饶州人士对同乡十分关照，以地缘为中心的这一关系网的存在，为稍后乐平洪氏、王氏的兴盛创造了有利的条件。

又就内因而言。高宗时的乐平洪氏、王氏，理宗末的乐平马氏，均已是名门望族。其成员所拥有官位、声望、官场上的种种联系和入仕任官的经验教训，都为其进一步的向上发展并达到繁荣兴盛的顶点奠定了坚实的基础。作为移民的后裔，洪氏、王氏和马氏的主要精英依然保持着其先人的忧患意识和应变、开拓精神。所有这一切，都使这些优秀分子得以充分运用和发挥其本身的优势、特长和因缘机遇，顺应科举、仕宦的主流，选择并把握其中的捷径，

---

1 陆游《老学庵笔记》(上海书店 1990 年 9 月据涵芬楼旧版影印本）卷一。

2 《宋史》卷二一三《宰辅四》，卷三八二《张焘传》。

3 《宋史》卷三七三《洪皓传》。

4 《宋史》卷三八六《王刚中传》。

迅速脱颖而出，跻身于宰执等位极人臣的一、二品大员之列，并进而利用其所拥有的权力、财力和地位、影响，通过其榜样的作用和教养、提挈、荫庇、荐举家族成员，带动全族进入家族发展的顶峰时期。

洪氏、马氏和王氏的中衰则主要和各家族自身的种种因素有关。如洪氏自洪适、洪遵、洪迈贵显后，其子弟几均从门荫入仕，很少有人是从读书、应试、登第而得官的。如自乾道三年（1167）至绍定元年（1228）的六十余年间，乐平洪氏仅有洪友成一人登进士第[1]。优裕的物质条件，唾手可得的官职，使洪氏子弟难以保持其先人所具有的开拓、创新和积极进取的精神，从而产生骄奢之心，甚至流为纨袴。如叶绍翁即云宋孝宗廉知洪迈“其子弟不遵父兄之教”，并因“洪公子政饮娼楼”，而“请学士教子”[2]。另有一些洪氏子弟则因“介特，不肯与时俛仰”，而郁郁不能得志[3]。其结果是洪氏数十年中无人再能从词科、馆阁、两制等正途和捷径仕至高位，以致后继乏人，门户衰落。不过，由于洪氏后人仍保持着其先人“资禀英悟”的素质，“力学任家”的精神，和“市书籍教子，以清白传家”的传统[4]。所以在绍定以后，又有洪徽、洪芹、洪龙起、洪以忠等登进士第[5]。其中洪芹以文才和地望（适曾孙）为程元凤荐入翰林，官至礼部侍郎[6]。洪氏复振后，终因缺乏进取、开拓精神，未能牢牢把握仕宦的捷径，加之洪芹一支移居永嘉，族众分散，而未能重现高宗、孝宗时的盛况。王氏衰落的原因和洪氏大致相同。马

1　道光《乐平县志》卷七《选举》。
2　叶绍翁《四朝闻见录》(中华书局 1989 年 2 月点校本）甲集《洪景庐》。
3　《鹤山集》卷七一《洪秘墓志》。
4　周必大《文忠集》卷七七《洪规墓碣》;《鹤山集》卷七一《洪秘墓志》。
5　道光《乐平县志》卷七《选举》。
6　《宋史》卷四二五《洪芹传》。

氏自北宋末因很少有人登进士第，门户稍衰。但马遵、马存之后向以诗书传家，授徒为业，常忧门户之衰，奋身力学，以求显达，故至马廷鸾终能复振[1]。廷鸾子端临咸淳中漕试第一，后因“父去，侍疾，不复与计偕”[2]。至元代，因朝廷不复定期举行科举，主要不再通过考试选拔官吏，马氏遂门第衰落。

结 语

综上所述，宋代十分注重科举取士，重视文化教育，宋代的饶州社会经济相当繁荣，文教颇为发达，为移民之渊薮，宋室南渡则使中国的政治、经济和文化重心南移，所有这一切都为宋代，尤其是南宋乐平望族的勃兴提供了良好的外部条件和众多的机遇。而拥有良好的生理、心理、社会活动和精神素质的家族，只要能充分运用、发挥自身的特长，牢牢把握住时代和环境所提供的良好机遇，沿着读书、应试，通过科举入仕的正途，即可进入望族的行列。

值得注意的是，某些能充分利用家庭不幸所造成的巨大生存压力和强烈刺激，自觉或不自觉地取道由进士高科、词科、制科，而至馆阁、两制和东宫、潜邸僚属这一仕宦主流与捷径的家庭，则能迅速崛起，大幅度提高其门第和声望，从而远远超过其他望族，达到其家族发展、繁荣的顶峰。

不过，在门户兴盛之后，由于家庭成员往往难以保持以积极开拓和奋发进取为主的优秀传统和内在素质上的优势，又由于外

1 《碧梧玩芳集》卷一六《书二侄分关后》云，廷鸾二父“授馆”，藉束脯以养其亲；又云，其“兄假馆养母育我”，“吾兄弟三人幼孤，奋身力学”。卷二〇《祭先兄提干文》则云，家“以开门授徒为业”，兄“暮年课子亦如之”。廷鸾得危疾，即抱兄而泣曰：“脱不济，门户衰矣。”其兄乃肯入仕就泉幕。

2 道光《乐平县志》卷八《举人》。

部环境的变迁，族众的迁徙、分散等原因，一些家庭又会盛极而衰。但这些家庭只要能继续保持其内在素质上的优势，以耕读传家，诗书继世，发扬家族的优秀传统，即能衰而复振，继续维持其望族的地位。

本文原载于刘乃和主编《洪皓、马端临与传统文化》，中国青年出版社，1997 年。

论国家监察部与古代台、谏和行政机关内部监察系统的异同

近年来，人们往往认为当代中国的监察部系统渊源于古代的台、谏系统。这种看法是错误的。本文从机构的性质、领导体制、组织目标、监察对象、职责、任务和权力等方面入手，对监察部系统和古代的各监察系统一一进行比较、分析，发现监察部系统接近于古代行政机关内部的监察系统，而不是台、谏系统。因此，与其说今天的监察部系统渊源于台、谏系统，毋宁说它渊源于古代行政机关内部的监察系统。

为避免误解，有必要先对“监察”的概念作一界定。本文所说的“监察”系指监视、监督、审查、考察。这是一种广义的监察，和政治学中“监督”一词含义大致相当。

1986年12月国家监察部设立后，国家行政监察体系得到了很大的加强。几年来，这一机构在保证国家政策、法律、法则的贯彻实施，保证国家机关工作人员清正廉明的工作，改善和加强行政管理，提高行政效能，保障社会主义建设事业的健康发展等方面，作出了有目共睹的重大贡献。

就在取得这些成就的同时，人们也对这一机构形成了种种误解。例如有人认为，今天的监察部系统相当于古代的御史或谏官（简称台、谏）系统，这些看法和比拟都是错误的和不恰当的，应予澄清和纠正。

监察部与古代台、谏系统的异同

国家监察部系统和我国历史上的台、谏系统在机构的性质、领导体制、组织目标、监察对象、职责、任务和权力等方面都存在很大的差异。

就从事监察的主体而言，我国目前对国家机关及其工作人员的监察大致可分为：

- 国家机关的内部监察
  - 权力机关的监察
  - 司法机关的监察
  - 执行机关亦即行政机关的监察
- 国家机关的外部监察
  - 共产党的监察
  - 社会团体的监察
  - 群众监察

从性质和领导体制来说，按上所述，又根据中华人民共和国宪法和 1986 年 12 月 2 日全国人大常委会审议通过的《国务院关于提请设立中华人民共和国监察部的议案》的规定，国务院领导下的监察部系统是国家行政机关，也就是政府负责监察工作的专门机构。它是国家行政机关内部的自我监察系统，构成了国家机关内部监察中行政系统监察的主体。监察部在国务院的直接领导下工作，其地方机关则受本系统的上级机关和所在地人民政府的双重领导。与监察部系统不同，我国古代的台、谏系统均非执行机关（或行政机关）领导下的、负责监察的专门机构。其性质近于上述权力机关和司法机关的监察，而不是行政机关的监察，更不属于行政机关内部的自我监察系统。

古代的御史机构，如汉代的御史大夫寺，魏晋至宋元的御史台和明清的都察院，均独立于行政系统之外，基本上都是专门负负监察工作的中央机构。该部门直属集立法、司法、行政等大权干一身的皇帝的领导，向皇帝负责，而不受行政机关的领导。它一般实行垂直领导制，其派往地方的机构和人员，往往只受本系统上级机关领导，而不接受地方政府的领导。

古代的谏官，如唐代的谏议大夫，分隶门下、中书二省；给事中则隶属门下省。当时，凡除授臣僚，及兴革废置，先由中书省取旨发令，然后由门下省审察，最后交尚书省执行。明清的六科给事中，或独立，或隶都察院。他们都独立于执行机关以外，隶属直接受皇帝领导的最高发令机关或监察机关，亦不属于执行机关内部的自我监察系统。

从机构的组织目标、监察对象、任务和职责来说，古代的台、谏系统和今天的监察部系统也有很大区别。

唐宋时期，我国的台、谏系统已发展成熟，臻于完善。按《旧唐书》卷四四《职官三》和《新唐书》卷四八《百官三》所说，唐代御史台长官御史大夫和中丞，“掌持邦国刑宪典章以肃正朝廷”，“纠正百官之罪恶”。“凡天下之人有称冤而无告者”，与中书、门下诘之。“凡中外百寮之事应弹劾者，御史言于大夫，大事则方幅奏弹之，小事则署名而已。若有制使覆囚徒，则与刑部尚书参择之”。侍御史“掌纠举百寮，推鞫狱讼”。殿中侍御史“掌殿廷供奉之仪式”，纠察朝会、郊祀、巡幸之非违。监察御史“掌分察百寮，巡按州县，狱讼、军戎、祭祀、营作、太府出纳皆莅焉”，这包括察官吏户口、籍帐、赋役、农桑、仓库、妖猾盗贼、贤能之士和黠吏豪宗，审奏功赏真伪，纠察屯田、铸钱、岭南、黔府选补，监决囚徒，检校馆驿，监察尚书省（七品以上官）会议过谬，以及“监诸军，出使”[1]。另外，唐代御史台又掌理匭、赃赎、太仓出纳、巡察京城内外不法之事，并监搜狩[2]。

此外，汉代御史大夫“掌副丞相”。中丞“掌图籍秘书”，“受公卿奏事，举劾按章”。中丞所督部刺史，除省察地方官吏治状，断治冤狱外，又有“黜陟能否”，并有监察“二千石”子弟的责任[3]。东汉侍御史“受公卿郡吏奏事，有违失，举劾之”[4]。宋代御史除大事举劾，小事举正外，又可“廷辨”，议“论政事”[5]。明代都察院又有巡视京营，监临科举考试，提督学校，巡盐、茶、漕运等职责。巡按时，“大事奏裁，小事立断”[6]。

唐宋的谏官，分属中书、门下二省。中书负责取旨发令，门下负责审察。宋代门下省：“受天下成事。凡中书省、枢密院所被旨，尚书省所上有法式事，皆奏覆审驳之。若制诏宣诰下，与奏钞、断案上，则给事中读之，侍郎省之，侍郎（中）审之，进入被旨画闻，则授之尚书省、枢密院。即有舛误，应举驳者，大事则论列，小事则改正。凡进奏院章奏至，则受而通进。俟其颁降，则分送所隶官司。凡尚书省吏部所拟六品以下执事官，则给事中校其仕历、功状，侍郎、侍中引验审察非其人，则论奏而易之”[7]。“凡迁改

1 《通典》卷二四《职官六》。
2 《通典》卷二四《职官六》。
3 《汉书》卷一九上《百官公卿表》。
4 《后汉书》卷三六《百官三》。
5 《宋史》卷一六四《职官四》。
6 《明史》卷七三《职官二》。
7 《宋会要辑稿·职官》二之二。

爵秩，加叙勋封，四选拟注、奏钞之事，有舛误，退送尚书省。覆刑部、大理寺所断狱，审其轻重枉直，不当罪，则以法驳正之”[1]。

其散骑常侍、谏议大夫、司谏、正言等谏官则“同掌规谏讽谕。凡朝政阙失，大臣至百官任非其人，三省至百司事有违失，皆得谏正”。大事则廷议、廷诤，小事则上封论奏[2]。明代的六科给事中“掌侍从规谏，补阙拾遗，稽察六部百司之事”，驳正制敕章疏违误[3]。与此大同小异。其他各朝谏官和谏官机构的组织目标、监察对象、职责和任务，亦与此相仿。

监察部系统以保证行政机构贯彻实施国家的政策、法律、法规，保证行政机关工作人员清正廉明的工作，改善国家行政管理，保障社会主义建设事业的健康发展为主要目标。

唐代和我国古代御史机构的组织目标是，通过监督百官纠弹不法、扬善惩恶、肃正风纪、“典正法度”[4]，以控制整个国家机器，而不仅仅是行政机关的运转，维护君主专制、中央集权的封建统治。这和监察部系统有很大的不同。

宋代和我国古代谏官的组织目标为：通过审察、驳正各机关呈进的奏钞表状和根据皇帝旨意下达的制敕命令的违失，规讽谏正，拾遗补阙，以预防和改正皇帝及其决策、发令机构在立法和决策上的失误，维护和完善君主专制和中央集权的政治体制。这和监察部系统的组织目标相去不啻万里。

监察部系统的监察对象是：国务院各部门及其工作人员，地方各级政府的主要负责人和各行政部门、机关及其工作人员，以及中

1 《宋史》卷一六一《职官一》；《文献通考》卷五〇《职官四》。
2 《宋史》卷一六一《职官一》；《文献通考》卷五〇《职官四》。
3 《明史》卷七四《职官三》。
4 《汉书》卷八三《朱博传》。

央和地方各级政府所属企业、事业单位中由国家行政机关任命的领导干部。

唐代和我国古代御史机构的监察对象有各种国家机关和文武官吏。《隋书》卷二六《百官上》云，御史中丞“掌督司百寮。皇太子已下，其在宫门行马内违法者，皆纠弹之；虽在行马外，而监司不纠，亦得奏之”。按北宋崇宁二年都省所说，“台官职在绳愆纠谬。自宰臣至百官，三省至百司，不循法守，有罪当劾，皆得纠正”(《宋史》卷一六四《职官四》)。又按前所说，地方政府及其官吏，亦属御史的监察对象。由此可知，上述国家机关和文武官吏，当指从中央到地方的各种机关，以及皇太子以下的各级官吏。此外，御史系统的监察对象还有官吏子弟、地方豪强和所谓的“妖猾盗贼”，以及“学术不正，上书陈言变乱成宪，希进用者”[1]，而不仅仅限于国家行政机关及其工作人员。

宋代和我国古代谏官系统的监察对象包括最高统治者皇帝、中书省等中央决策、发令机构及其成员，以及尚书省等中央执行机构或其他中央机关及其成员。这和监察部系统几乎没有什么相同之处。

监察部系统的主要任务和职责是：① 检查监察对象贯彻实施国家政策、法律和法规的情况；② 监督处理监察对象违反国家政策、法律、法规和政纪的行为；③ 受理个人或单位对监察对象违反国家政策、法律、法规和政纪行为的检举、控告，受理监察对象不服从纪律处分的申诉；④ 按照行政序列分别审议经国务院和地方各级政府任命的人员的纪律处分事项。

唐代和我国古代御史系统的任务和职责为：

1 《明史》卷七三《职官二》。

① 作为皇帝的耳目风纪之司，以刑法典章监察监督对象。

② 举劾、奏弹违失、不法。

③ 受理天下称冤无告者的检举、控告和申诉，辨明冤枉。

④ 推鞫狱讼。

⑤ 断事、断案，纠正违失、不法。

此外，御史系统又具有考察贤能，受理批评、建议，掌管图书秘籍和廷辨、论政等职责和任务。

御史系统职责和任务的重点是举劾、纠正不法，即上述②、⑤两项。以上各项任务，除①、③两项中的一部分与监察部系统相同外，其余各项均为监察部系统所无。御史系统任务之重大，职责之广泛，显非今天的监察部系统所能比拟。

宋代和我国古代谏官系统和任务和职责是：

① 出纳百司进呈的奏钞表状和根据皇帝的旨意下达的制敕命令。

② 审察、稽查、签署奏钞和制敕命令。

③ 封驳违失。奏钞有舛误，则退送尚书省或论奏。制敕命令有失，则封还执奏。

④ 改正违失。

⑤ 受理天下称冤而无告者的检举、控告和申诉，辨明冤枉。

⑥ 推鞫狱讼。

⑦ 侍从献纳，顾问应对。

⑧ 议论谏诤，如朝政阙失，大臣至百官任非其人，三省至百司事有违失，皆得谏正。

此外，谏官还有课察弘文馆图书的缮写与校对[1]，受理批评、建议，纠正吏部、兵部引选不职之人，监光禄寺岁入金谷、甲字等十

1 《旧唐书》卷四三《职官二》。

库钱钞杂物，巡视节慎库，稽查宝源局，参与廷议、廷推，充任科举考试考官、受卷官，出使等任务[1]。

谏官系统的职责和任务的重点是驳正、谏正违失，即上述③、④、⑧三项。以上各项职责和任务，除第⑤项中的一部分与监察部系统的第③项相同外，其余各项均为监察部系统所无。谏官系统的职责和任务显然与监察部系统相去甚远。

再从权力来说。监察部系统除拥有众所周知的检查权、调查权、建议权和一定的行政处分权外，实际上还具有：监督权；受理检举、控告和申诉权；在建议不被采纳时，向上级监察机关或国务院申告的权力；案件公布权，包括允许新闻界对正在查处的重大案件进行“动态报道”的权力；以及对贪污、贿赂、挪用公款等案件，可采取追缴、没收、扣留、查核存款，通知银行暂停支付等措施的权力。

唐代和我国古代的御史系统拥有监督权、按察权、奏裁权、受理检举、控告、申诉、批评和建议权。这和监察部系统的检查权、调查权、建议权、监督权和受理检举、控告、审诉权大致相近，但其适用的范围要比监察部系统广泛。御史系统拥有的廷辨权和处分权，如黜陟能否和知赃赎，不仅比监察部系统具有的一定的行政处分权和申告权适用范围广，而且权大。此外，御史系统还具有弹劾、纠正、司法审判、议论大政、风闻奏事和掌管图书秘籍之权。这些都是监察部系统所没有的。其中弹劾、纠正二权是御史系统的主要权力，而其余的大部分权力也都是十分重要的。

宋代和我国古代的谏官系统具有监督、献纳建议、论奏、稽查以及受理检举、控告、申诉、批评和建议之权。这和监察部系统所

1 《明史》卷七四《职官三》。

具有的监督、检查、调查、建议以及受理检举、控告和申诉等权大致相近，但其适用范围要比监察部系统广泛。此外，谏官系统还拥有封驳、纠正、出纳、司法审判、谏诤和议论大政等权。这些都是监察部系统所没有的。其中封驳、谏诤二权是谏官系统的主要权力，而其余各项权力也是至关重要的。

由上所述，可知我国古代的台、谏机构与今天的监察部机构性质、领导体制截然不同，组织目标、监察对象、职责和任务迥然有别，权力小同大异。前者在整个国家机器中的地位较后者为高，其监察对象多于后者，监察目标、职责、任务和权力均大于后者，作用亦较后者为大。两者应属于不同的监察系统。

监察部与古代行政机关内部监察系统的异同

在中国古代，与监察部系统性质、领导体制、组织目标、监察对象、职责和任务相近，权力相同之处甚多，可以归入同一类的，并非台、谏系统，而是执行机构内部的监察系统。

在最高执行机关内，历代多设主管综合监察的机构或官员，以监察最高行政首长所统领的各级机关及其官吏。例如西汉时，丞相之下有司直，“掌佐丞相，举不法”；又有地位低于司直的长史[1]。长史为众史之长，“职无不监”[2]。为考察地方官，丞相有时还遣史分刺各地[3]。

东汉事归尚书台。台内令之下设左、右丞。左丞“主吏民章报及驺伯史”，“总典台中纲纪，无所不统”[4]。魏、晋左丞“主台内禁

1 《汉书》卷一九上《百官公卿表》。

2 《通典》卷二一《职官三》。

3 《汉书》卷一九上《百官公卿表》。

4 据《后汉书》卷三六《百官三》及其所引蔡质《汉仪》。

令”，“兼纠弹之事”。宋尚书令下设仆射，其“职为执法”，“又与尚书分领诸曹，兼掌弹举”[1]。齐尚书都丞“任在弹违”[2]。梁、陈以左丞“掌台内分职仪、禁令、报人章，督录近道文书章表奏事，纠诸不法”[3]。北齐录尚书事下有令、仆射之官，总理六尚书事，“谓之都省”。令掌“弹纠”，仆射“职为执法”，左仆射掌“纠弹”。其属官左丞“弹纠见事”，“主管辖台中有违失者，兼纠驳之”，并与右丞分掌诸曹[4]。

隋代实行三省制。尚书左仆射掌判吏、礼、兵三部事，“御史纠不当者，兼纠弹之”[5]。左、右丞分掌“尚书诸司，纠驳”[6]。唐以左、右丞“通判都省事”[7]。尚书都省“掌举诸司之纲纪，与其百僚之程式，以正邦理，以宣邦教”[8]。左右丞“掌管辖诸司，纠正省内”，分勾六部二十四司，劾御史举不当者[9]，辨六官之仪[10]。左、右司郎中，员外郎分掌副左、右丞所管诸司事，“省署钞目，勘稽失”，“举正稽违，省署符目”[11]。都事“受事发辰，察稽失，监印”。主事等“署覆文案，出符目”[12]。

宋尚书省内设都司机构。其长官左、右司郎中、员外郎“掌受、付六曹诸司出纳之事，而举正其稽失，分治省事”[13]。左、右司

---

1 《通典》卷二二《职官四》;《晋书》卷二四《职官志》。
2 《通典》卷二二《职官四》。
3 《隋书》卷二六《百官上》。
4 《隋书》卷二七《百官中》。
5 《隋书》卷二八《百官下》。
6 《通典》卷二二《职官四》。
7 《旧唐书》卷四三《职官二》。
8 《唐六典》卷一《尚书都省》。
9 《旧唐书》卷四三《职官二》。
10 《新唐书》卷四六《百官一》。
11 《旧唐书》卷四三《职官二》。
12 《新唐书》卷四六《百官一》。
13 《宋会要辑稿·职官》四之一九。

分治吏、户、礼、兵、刑诸房。其中班簿房“具员考察赏功罚罪，吏人功过迁补宿直”。催驱房主行钩考六曹稽失，“掌催驱在省文字，勾销已未结绝事目，点检诸房稽迟之事”。点检房“专一点检诸房差失之事”[1]。都司有较六官功过令文，“岁考六曹郎官治状，以功过对折分等……申省”之权[2]。左、右司官与尚书又有“具事举劾”违法之权[3]。金尚书省左、右丞、郎中、员外郎“总察”六部受事、付事，都事“掌本司受事、付事，检勾稽失，省署文牍”[4]。

元于中书省设检校官，“检校左、右司、六部公事程期，文牍稽失之事”[5]。

在其他中央执行机构内，也设有负责综合监察的机构和官员。如古代诸卿所领各寺监内，往往设丞、主簿等官，主持本部门的内部监察。东汉太常寺丞，即“总署曹事，举庙中非法”[6]。魏晋以来，太常丞亦“掌举陵庙非法”[7]。唐代九寺（太常、光禄、卫尉、宗正、太仆、大理、鸿胪、司农、太府）、五监（国子、少府、军器、将作、都水）均设主簿一职，以掌印、勾检稽失和省署钞目[8]。金尚书六部每部均设主事，“掌受事、付事，检勾稽失，省署文牍，兼知本部宿直，检校架阁”和各部行止[9]。明六部每部均设司务厅，“掌催督稽缓，勾销簿书”[10]。

---

1 《宋会要辑稿·职官》四之四、五。
2 《宋会要辑稿·职官》四之二二。
3 《宋史》卷一六一《职官一》。
4 《金史》卷五五《百官一》。
5 《元史》卷八五《百官一》。
6 《通典》卷二五《职官七》。
7 《唐六典》卷一四《太常寺》。
8 据《唐六典》和《旧唐书·职官志》。
9 《金史》卷五五《百官一》。
10 《明史》卷七二《职官一》。

同样，在地方政府内，亦存在类似的机构和官员。如东汉、宋诸州刺史属官“部郡国从事”，或“部郡国从事史”和“部从事史”，每郡国一人，掌“督促文书，察举非法”。诸郡佐官“五部督邮”或“都邮”，掌“部县”、“监属县”，分部督察部内各县。其机构为“五部督邮曹”。汉代县则有“廷掾”，负责“监乡部”[1]。

此外，从汉至唐宋，州、郡、县又有录事参军、主簿等官。“汉魏已来及江左，郡有督邮主簿，盖录事参军之任也”[2]。北魏、北齐、北周、隋州皆有录事参军，唐宋迭有兴废。此本公府官，以后才成州郡职，“掌总录众曹文簿，举弹善恶”。其官署称录事司。如唐代诸府、州录事参军即“掌付事，勾检省署钞目，纠弹部内非违，监印”[3]。宋代则“掌州院庶务，纠诸曹稽违”[4]。主簿多掌“录门下众事，省署文书”[5]。如唐代诸县主簿，即“掌付事勾稽，省署钞目，纠正非违，监印”[6]。

元诸行中书省属官有检校所检校，掌检校公事程期，文牍稽失[7]。明代各省布政使司以右参政、右参议巡视省内，分守各属府、州、县；又在布政使司内设照磨所，以其官照磨、检校“典勘理宗卷”[8]。清代以巡抚为一省长官，统领布政，按察二司和诸道，“掌考布、按、诸道及府、州、县官吏之称职不称职者，以举劾而黜陟之”[9]。按察使司主“掌振扬风纪，澄清吏治”，勘察刑名，检察系

---

1 《后汉书》卷三七《百官四》、卷三八《百官五》;《宋书》卷四〇《百官下》;《通典》卷三二《职官十四》。

2 《唐六典》卷三〇《三府》。

3 《通典》卷三三《职官十五》，又见注2。

4 《宋史》卷一六七《职官七》。

5 《通典》卷三二《职官十四》。

6 《唐六典》卷三〇《三府》。

7 《元史》卷八五《百官一》、卷九一《百官七》。

8 《清朝文献通考》卷八五《职官九》。

9 《清朝文献通考》卷八五《职官九》。

囚，充任大比监试官，大计考察官和秋审主稿官等。诸分守、分巡道“职司巡察”，除巡、守河、粮、屯田等事外，“并佐藩、臬核官吏，课农桑，兴贤能，励风俗，简军实，固封守，以帅所属而廉察其政治”[1]。

按上所述，以上诸机构和官员，虽分别隶属丞相府、尚书台、尚书省、中书省、内阁，或诸寺监、六部，以及州、郡、县和省，但无一不在行政系统之内，在上述各机关行政首长的领导下工作，应系行政机关内部的监察系统。这和监察部系统大致相同。

这一系统的组织目标是：在行政机关中推行贯彻法令、法式和规章、制度，以澄清吏治，廉洁政治，纠正稽失，端正“邦理”，改善管理，显示“邦教”，振扬风纪，维持封建统治。除阶级性不同外，这和监察部系统亦无大的区别。

其监察对象为最高行政首长管辖下的行政系统内的各级机关及其官吏。这和监察部系统可以说完全一致。

其职责和任务共计有：

① 辅佐行政首长，主掌庶务，分管若干部门或地区。

② 掌录吏民文书表奏章报众事。

③ 依照法令、法式和规章、制度，勾检、省覆、堪理、督署文牍，检校、稽察事务，监督、考察监察对象的治状、功过。

④ 点检、勘察、钩考监督对象在文牍和事务等方面的稽迟差失。

⑤ 催促文牍，举驳、弹劾、纠正监察对象在文牍和事务方面的稽违不法。

⑥ 考察官吏的赏功罚罪、功过迁补等事项，纠弹御史纠不当者。

⑦ 监印。

---

1 《清史稿》卷一一六《职官三》。

与谏官系统不同，古代行政机关内部监察系统的职责和任务不是监督立法和决策，而是监督执法。这和御史系统相同。但不同的是，御史系统偏重于“纠正百官之罪恶”，而它则偏重于监督行政法的执行，以确保行政效能。

以上各项任务中，①、⑦二项是监察部系统所不具备的。第②项实际上已包括受理吏民对监察对象的检举、控告，以及监察对象不服从处分的申诉，因而与监察部系统的③、④二项任务相近。③、④、⑤三项与监察部系统的①、②二项接近。第⑥项则类似于监察部系统的第⑤项。总的来说，古代行政机关内部监察系统的职责、任务与监察部系统大致相近，前者的职责范围略大于后者。

其权力有监督、审核、检查、考察、举驳、弹劾、纠正、监印、典录文牍章报和行政管理权。其中前四项和监察部系统的检查、调查、监督等权大致相当，运用范围相同。第九、第十项包含了监察部系统所具有的建议权、一定的行政处分权、受理检举、控告、申诉权，以及其他一些权力。第五至第八项为监察部系统所无。举驳、弹劾和纠正权是台、谏系统的主要权力。这里的举驳、弹劾和纠正权主要适用于行政系统内部，其性质和重要性均远不及台、谏系统。总的来说，监察部与古代行政机关内部监察系统在权力方面的相同处，显然大于和多于监察部与台、谏系统的共同之处。

综上所述，可知监察部与台、谏系统的相同处大大少于它和古代行政机关内部监察系统的共同点。因此，与其说监察部系统相当于古代的台、谏系统，倒还不如说它比较接近于古代行政机关内部的监察系统。

本文原载于《浙江大学学报》1990年第2期。

12 世纪 70 年代的宋金关系

1161 年和 1162 年，在金、宋两国的政治舞台上相继出现了两位新的君主——金世宗和宋孝宗。孝宗继位之初，即决心报仇雪耻，恢复祖宗故业。世宗则鉴于完颜亮之失，自觉无力灭宋，深知“天下厌苦兵革，思与百姓休息”[1]，“决意从和”[2]，“南北讲好”[3]。在这两种绝然不同的对外政策的指导下，经过三年多的武力冲突和折冲尊俎，两国于 1165 年签订了罢兵修好的“乾道之盟”。盟约是金人以武力为后盾，迫使宋人作出让步后达成的。从表面上看，双方在和平条件上都作了让步。但金人只是从原先的君臣关系退至叔侄关系，而宋人则在领土争执方面作了重大的退让。和约满足了世宗的主要和平条件——维持完颜亮败盟前的边界，而没有满足孝宗的主要条件——收复失地。显然，作为 70 年代宋金关系发展起点的和约主要符合金世宗而不是宋孝宗的意愿和利益。孝宗在 60 年代未能实现其收复失地的既定目标，于是，他又在 70 年代试图以外交手段来达到这一目的。虽然他的努力最终仍归于失败，但它却对南

---

1 《金史》卷八七《仆散忠义传》。

2 《中兴御侮录》卷下。

3 《金史》卷八《世宗下》。

宋和宋金关系的发展产生了深远的影响。

1165年以后宋金二国的对外政策

宋金两国的双边关系是由它们的外交活动所决定的，而这些外交活动又都取决于它们的对外政策。因此，要考察12世纪70年代宋金两国的关系，首先应分析这一时期两国的对外政策。

1165年以后至70年代宋金两国的对外政策基本上是前一时期各自既定的政策的延续和发展。

宋人胡铨指出，和约甫成，孝宗即深知金人“和虽在口，祸实藏心”，“见几于未奔沉之先，慨然有恢复之志”[1]，并未放弃其恢复祖宗故业的既定政策。

1165年农历四月，宋金缔和后第一批金国的使节抵达临安，金使完颜仲为受书礼仪与宋发生争执。仲遵从金世宗的指令，欲按绍兴讲和时旧礼，递交国书须“宋主亲起立接书，则授之”[2]。宋君臣则主张按敌国平等之礼，由閤门使受书发缄以进。双方相持多日，最终仍循旧例，由孝宗下榻起立受书[3]。但宋使至金，则系閤门使接书[4]。礼仪上的不对等反映了和约与双方地位的不平等。对此种含有轻侮意味的受书礼仪，“上常悔之”[5]。这就进一步加深了他对盟约的反感，加强了他报仇雪耻和恢复中原的决心。

1166—1167年，宋孝宗以魏杞为相。时“上锐意恢复，杞左

---

1 《历代名臣奏仪》卷三四九“胡铨奏”。

2 《金史》卷七二《完颜仲传》。

3 《金史》卷七二《完颜仲传》;《宋史全文》卷二五上“乾道六年闰五月”。

4 《金史》卷三八《礼十一・外国使入见仪》。

5 周必大《文忠集》卷六一《范成大神道碑》;《宋史全文》卷二五上“乾道六年闰五月”。

右其论”[1]，极力赞成。按《陈良翰传》所说，1170年，“上已深悟前日和议之失，思欲亟致富强，以为恢复之渐”[2]。当时，赵雄进见，“极论恢复，孝宗大喜曰：‘功名与卿共之。’”[3]此后，孝宗还勉励虞允文说：“丙午（指靖康元年）之耻，当与丞相共雪之。”[4]1177年，孝宗又对士大夫讳言恢复的风气提出批评，指示赵雄等人说：“卿等见士大夫，可与道朕此语。”[5]可见缔和之后，孝宗立国的基本政策是亟致富强，锐意恢复，而始终未改其以报仇和恢复为核心的对外政策。

在这一政策的指导下，孝宗势必要以种种手段，包括动用武力，来实现其目标。在推进其政策的过程中，盟约的修改和废弃对他来说乃是在所难免的。当时之人对此有很清楚的认识。如1168—1169年之交，世宗因海州人时旺聚众向宋请命一事，告诫宰相说：“宋之和好恐不能久。”下令以女真军取代原本驻守在宿泗一带汉军[6]。此后，世宗“每戒群臣积钱谷，谨边备，必曰：‘吾恐宋人之和，终不可恃。’”[7]而南宋大学者朱熹，也曾实事求是地指出，孝宗“再和之后，又败盟”[8]。

金世宗认为，“天下大器归于有德，海陵失道，朕乃得之，但务修德，余何足虑”[9]。所以在讲和后，他“躬节俭，崇孝弟，信赏罚，重农桑，慎守令之选，严廉察之责……孳孳为治，夜以继日”，

1 《宋史》卷三八五《魏杞传》。
2 《永乐大典》卷三一五〇《陈良翰传》。
3 《宋史》卷三九六《赵雄传》。
4 《宋史》卷三八三《虞允文传》。
5 《建炎以来朝野杂记》乙集卷三《孝宗论士大夫微有西晋风》。
6 《金史》卷八九《魏子平传》。
7 《宋史》卷三五《孝宗三》。
8 《朱子语类》卷一二七《孝宗朝》。
9 《金史》卷七《世宗中》。

仍以“天下安乐”、“期致太平”[1]为立国之本。从这一基本国策出发，他曾于1169年命“妄言边关兵马者，徒二年”[2]，以免破坏和约。此后，他虽知宋人之和不可恃，但仍无意主动改变其“南北讲好”的对外政策，对此，就连宋人亦知之颇详。如朱熹即指出，世宗“惩逆亮之败，一向以仁政自居”，因“专行仁政，中原之人呼他为小尧舜”，对宋则“要和亲”[3]。著名史学家李心传则谓其“为人仁厚，不用兵，北人谓之小尧舜”[4]。

由上所述，宋金缔和之后，金世宗的对宋政策是“南北讲好”，维持对己有利的盟约。宋孝宗的对金政策则是报仇雪耻，收复失地，修改乃至废弃和约。两国对外政策上的矛盾及其冲突，使双方围绕盟约演出了一幕又一幕的活剧。

1170—1176年宋金两国的外交斗争

1165年以后宋金两国对外政策上的冲突集中体现在1170—1176年间的外交斗争上。在此期间，双方就河南之地的归属和受书礼仪展开了三次外交上的交锋。

第一回合的斗争始于1170年。该年农历五月，宋孝宗置盟约的规定于不顾，决定遣使求金归还河南陵寝之地，请求更改受书之仪。消息传出后，宋“举朝以为非计”[5]。如吏部侍郎陈良祐即反对说：“向之得四郡（指海泗唐邓）亦勤，尚不能有，今又无故而求

1 《金史》卷八八《纥石烈良弼传》。
2 《金史》卷六《世宗上》。
3 《朱子语类》卷一三三《夷狄》。
4 《建炎以来朝野杂记》乙集卷一九《女真南徙》。
5 《水心别集》卷四《外论三》。

侵地，陛下度可以虚声下之乎？”[1]首相陈俊卿力主暂缓遣使，以求万全。但孝宗不顾朝议的反对，以不忠不孝的罪名贬黜陈良祐，听任陈俊卿去位，断然遣使赴金[2]。九月，宋使范成大一行至金。金人一面“签发两河人及生女真”[3]，以防宋人渝盟；一面拒绝了孝宗的要求；但同时又以退为进，允许奉迁北宋诸陵，归还钦宗梓宫，扬言将出动三十万骑，尽起河南陵寝以归宋[4]。孝宗随即命赵雄等使金，要求不迁陵寝，更正受书仪，又册立皇太子，命水军加强训练，复置淮东总领所，修筑襄阳城，点阅荆襄军马，准备迎战，并“移侍卫马军屯金陵，示将进取”[5]。次年三月，赵雄至金，世宗同意不迁陵寝，葬钦宗于巩原，但只字未及受书之仪。在这一回合中，斗争主要是围绕陵寝之地而展开的。

第二回合斗争的焦点集中在受书礼仪上。1172年农历四月，姚宪等使金，附请受书之事。七月，宪等无功而还。九月，孝宗决策亲征，命虞允文赴四川整军备战，由四川出兵入关陇，相约于某月某日与东路北伐军会师于河南。虞允文起程时，孝宗以很高的礼遇，大张旗鼓地为其送行[6]。所以金人对此亦并非毫无所知。如世宗就曾告诫唐括安礼说：“度宋人之意且起争端。”为加强边备，世宗将南方沿边诸路女真贫穷户“凡成丁者签入军籍，月给钱米，山东路沿边安置”[7]。十二月，孝宗因“传闻金欲败盟”[8]，一面命两淮荆襄

1 《宋史》卷三八八《陈良祐传》。
2 《宋史》卷三四《孝宗二》。
3 《建炎以来朝野杂记》乙集卷二《己酉传位录》。
4 《宋史》卷三四《孝宗二》；《宋史》卷三八三《虞允文传》。
5 周必大《文忠集》卷六一《范成大神道碑》；《宋史》卷三七三《洪遵传》。
6 《宋史》卷三四《孝宗二》，卷三八三《虞允文传》；《建炎以来朝野杂记》乙集卷八《张虞二丞相赐谥本末》。
7 《金史》卷八八《唐括安礼传》。
8 《宋史》卷四六五《郑兴裔传》。

文武官会议防御事宜[1]，一面命郑兴裔等使金“以觇之”。“使还，言无他。”孝宗于是决心单方面更改受书礼仪。1173年农历十月，金使完颜襄等抵宋。宋人屡与襄议改受书之礼，襄坚执不允。孝宗乃别函申议此事，同时密令虞允文，催其出师北伐[2]。十二月，金使完颜璋等到临安，宋人请以太子接书，璋不从。宋人乃至宾馆强取国书[3]。次年三月，金使梁肃等抵宋，严词责备孝宗不按沿用已达十年之久的礼仪行事[4]。孝宗内则迫于高宗之命[5]，外则因一贯支持自己，力主恢复的虞允文先云“军需未备”，难以用兵，继则又阖然长逝，无奈之下，只得按旧礼起立接受国书[6]。九月，孝宗命张子颜等使金，复求更改受书仪。世宗与臣下会议，认为盟约免宋称臣奉表，金让步已多，不能再退让。否则，“所请有大于此者，更欲从之乎”[7]。十二月，金使刘仲诲等至宋。馆伴王抃与其议改受书之仪，往返再三，要以必从，但均为仲诲所拒绝。最后仍由孝宗起立接书[8]。这是孝宗为正受书之仪所作的最后一次努力。在这一回合中，双方都作好了用兵的准备，两国的关系走到了战争与和平的边缘。不过，由于世宗不愿先诉诸武力，孝宗因内部原因也不能先发兵败盟，战争始终未爆发。最后孝宗在内外压力下被迫放弃了更改受书礼仪的要求。

第三个回合斗争的焦点又回到了河南陵寝之地。1175年农历八月，孝宗因对金交涉毫无成果，命力主恢复，“以身许国，志若

---

1 《宋会要辑稿·兵》二十九之二十五。
2 《宋史》卷三四《孝宗二》；《金史》卷九四《完颜襄传》。
3 《金史》卷六五《完颜璋传》、卷六一《交聘表中》、卷八九《梁肃传》。
4 《金史》卷八九《梁肃传》。
5 《宋史》卷四七〇《王抃传》。
6 《宋史》卷三八三《虞允文传》；《宋史全文》卷二五上“乾道八年九月”。
7 《金史》卷八八《纥石烈良弼传》。
8 《金史》卷七八《刘仲诲传》。

金石，协济大计，始终不移”的汤邦彦使金[1]，复求河南陵寝之地。次年三月，汤邦彦至燕京。金人先“拒不纳”。继则以“控弦露刃之士”慑之，使其“不能措一词而出”。最后又赂之，且复书斥责孝宗。四月，汤邦彦因奉使辱命被黜出。“自是，河南之议始息，不复遣泛使矣。”[2]第三回合的斗争又以宋失败而告终。

1177年农历四月，孝宗出参知政事龚茂良于外，说：“俟议恢复，卿当再来。”[3]从此，孝宗“益务内治”[4]，放弃了遣使求地和正受书之礼的努力。诚如朱熹所指出的，孝宗“后来欲安静，厌人唤起事端”。

由上可知，经过几度的运筹帷幄，剑拔弩张和使节的往返，孝宗未能赢得这场斗争的胜利。孝宗失败了，但他所引发的这场斗争却给我们提出了一个值得思考的问题：孝宗为什么将举朝上下的反对置之度外，置盟约的规定和遣使一再失败的事实于不顾，明知徒以外交上的口舌之争不能得到通过战争都未能取得的领土，却一再执意遣使？换言之，遣使是否是“项庄舞剑，意在沛公”？答案是肯定的。

宋孝宗一再遣使的真正目的

无可否认，孝宗在遣使时不免心怀一丝侥幸，也希望能通过外交途径收复河南之地，改变受书之仪。但从根本上说，他并不奢望单凭外交手段直接达到上述目的。1174年农历十一月，杨倓言：

---

1 《京口耆旧传》卷八《汤邦彦传》。

2 《宋史全文》卷二六上“淳熙三年四月”；《金史》卷六一《交聘表中》。

3 《宋史》卷三八五《龚茂良传》。

4 《攻媿集》卷八七《王淮行状》。

“近因奏事，论及时政，伏蒙宣谕：‘朕尝训戒士大夫曰：待敌当用诡道。’”[1]可知当时孝宗主张以“诡道”待敌。从这一点来看，孝宗明知无望，无视众人的反对和失败，一再遣使之举应是另有所谋的。

就孝宗和虞允文的言行而论，在范成大出使时，孝宗“有密旨，欲今岁大举，手诏廷臣议，或主和，或主恢复，（上）使（蒋）芾（1168年农历七月丁忧罢相）决之。芾奏‘天时人事未至’，拂上意”[2]。同年八月，虞允文上奏说：“今日圣志已定，将大有为于天下。”这说明遣使时孝宗已决定对金用兵，大举恢复。

在遣使前，陈良祐曾进谏说：“今遣使乃启衅之端，……凡此两端，皆是求衅。”孝宗不会不知道这一点。而当范成大受命出使，表示“无故遣泛使，近于求衅，不戮则执，臣已立后，仍区处家事，为不还计”时，孝宗并不否认此乃求衅。但又认为“朕不败盟发兵，何至害卿，啮雪餐毡或有之”。在范成大进入金境后，孝宗告诫虞允文说：“彼中签发两河人及生女真，必以为战用。在今日宜每事蚤定，先为不可胜以待之。”虞允文则回答说：“若一旦北人败盟，连兵两淮，六飞必须顺动。”可见孝宗虽已决定大举恢复，但并不会首先败盟出兵。在这种情况下，要想大举用兵，那就只能是等金人先出兵。显然，他的策略是遣使求衅、伺机而动，待金人先败盟，然后再迎战。遣使在他的计划中起着向金人求衅，以造成用兵北伐的事实与机会的作用。

再从其他参与机密者的言论来看，在虞允文建议遣使时，南宋首相为孝宗潜邸旧臣、亲信陈俊卿。他并不反对而只是主张暂缓

1 《宋史全文》卷二六上“淳熙元年十一月丙戌”。
2 《宋史》卷三八四《蒋芾传》。

一二年遣使。他认为既遣使，"彼必怒而以兵临我，然后徐起以应之，以逸待劳，此古人所谓应兵，其胜十可六七"[1]。按其所说，当时最高决策圈中业已达成如下共识：不先败盟发兵，以遣使"怒"敌，促其"以兵临我"，然后"徐起以应之"。

虞允文的门人、亲信和幕僚王质是一位值得注意的人物[2]。王质倍受虞允文的赏识，应了解和参与这一机密。他曾上书孝宗，说世宗"因歧亮之变，觉中原之心，故其谋欲静以安之。……（彼）明见此理，坚守此说，故十年而中原无变……我将坐待以至何时也！……彼务为销变，而吾当激之使变生。彼务为省衅，而吾当挠之使衅作。……移乘舆进幸建康……间遣一使者复请园陵，其势决不肯从。不从则备我益急。备我益急则中原益骚。……又间遣一使者求减岁币……如此一二年之间可以渐致中原之哄，坐成敌国之乱。……其初阴搅之而未明犯之，及其成败之未决，去住之未定，分道整军而前"[3]。中原自1161—1162年之交至12世纪末，一直未发生过大的动乱。由上述十年未变之说，可知奏疏作于1171年，即范成大出使失败之后。按质所说，他确实了解孝宗的恢复方略：不立即败盟发兵，而是以遣使求衅为手段，作出败盟的姿态，以促成金国的变衅和骚乱，造成北伐的机会。

1172—1173年间任右丞相的梁克家，亦应是了解遣使真正目的的一位知情人。孝宗主张以"诡道"待敌。王质将遣使激敌致乱，然后北伐称作"今日规恢之奇谋也"。梁克家则颇不以此为然，1173年农历十月，他因议使事不合而罢相。行前，犹"劝上无求

---

1 《永乐大典》卷三一五一《陈俊卿传》；《宋史全文》卷二五上"乾道六年五月"。

2 《雪山集》卷四《代虞丞相冬雪待罪表》，卷五《枢密宣抚相公乐府序》，卷八《与虞宣抚书》、《与虞相书》、《谢四川制干到任启》；《宋史》卷三九五《王质传》。

3 《雪山集》卷一《上皇帝书》；《历代名臣奏议》卷九五"王质奏"。

奇功"[1]。

对孝宗、虞允文密谋商定的这一恢复方略，局外人亦并非一无所知，如1176年，叶适上奏说："七年之前，始命使祈请于虏。……其后三年，又议进书事。……前年我复遣使。……此三者皆足以开隙于虏，然而虏终不敢自隙。……然陛下昨必为是，何也？岂非以为兵恶无名，思所以致之乎？……（兵）一日可用即用耳，何忧无名而必为是乎？"[2]可见叶适已猜到孝宗一再遣使的真正目的是有意"开隙"，以造成北伐用兵的机会和事实，同时又避免承担先败盟出兵的恶名。

宋孝宗一再遣使求衅的原因

孝宗一再遣使的真正目的既是如此，那末，接踵而至的一个问题便是：锐意恢复的孝宗为什么不主动和立即出兵北伐，却偏要以遣使求衅的方式来造成用兵的机会和事实呢？

这首先和宋高宗的态度有关。高宗在位时，一贯采取对金讲和的政策。完颜亮败盟后，二国关系一度破裂。但当金世宗遣使告即位的消息传来后，高宗即对宰执说："朕料此事终归于和。"[3]一意与金讲和。高宗退位后，宰相百官每月朝见太上皇四次[4]。"凡登进大臣，亦必奏禀上皇，而后出命。"[5]他对国家的大政方针仍拥有很大的影响。在他的坚持下，孝宗被迫遣使与金议和，签订了和约。此后，孝宗励精图治，锐意恢复，决心败盟北伐，但每为高宗所沮。

1 《宋史》卷三八四《梁克家传》。

2 《水心别集》卷四《外论三》。

3 《建炎以来系年要录》卷一九六"绍兴三十二年正月壬辰"。

4 《宋史》卷三三《孝宗一》。

5 《建炎以来朝野杂记》乙集卷三《宰执恭谢德寿、重华宫圣语》。

如1172年九月，孝宗决策亲征，命虞允文赴四川治兵。次年十月，复命虞加紧北伐准备。1174年三月，金遣梁肃责宋违盟，要孝宗起立接书。孝宗欲与金决裂，但终因“德寿宫（高宗退位后所居宫名，此处指高宗）之命”而屈服[1]。又按叶绍翁所载，“上（孝宗）每侍光尧（高宗），必力陈恢复大计以取旨。光尧至曰‘大哥，俟老者百岁后，尔却议之。’上自此不敢复言”[2]。高宗将话讲到这一地步，孝宗自然也就不敢在高宗活着的时候再主动谈出兵恢复之事了。

对孝宗因高宗主和而不敢出师北伐的苦衷，明眼人是看得很清楚的。如编撰《宋史》之元史臣，即云孝宗自“符离邂逅失利”后，“重违高宗之命，不轻出师”。

高宗的态度既是如此，其影响又是这样大，那末，对力主恢复者来说，明智的作法就应像朱熹指出的那样“不可徒从上言战，以拗太上”[3]，而应先了解高宗主和的原因，然后再相机行事。

高宗不许孝宗败盟发兵的原因主要有二：

一、自知宋之综合国力不如金。如周密即认为，高宗“察知东南地势财力与一时人物，未可与（金）争中原，意欲休养生聚，而后为万全之举”[4]。

二、有感于以往的教训，害怕重蹈覆辙。绍兴中、隆兴初，张浚两度主持北伐，均以失败而告终。隆兴北伐失败后，每当孝宗建议恢复，“光尧每以张浚误大计为辞”，不敢言战。诚如朱熹所说“太上以故两番不曾成了，所以怕主战者”。

---

1 《宋史》卷四七〇《王抃传》；《金史》卷八九《梁肃传》。《宋史》卷三四《孝宗二》将此事误系于乾道九年末。

2 《四朝闻见录》乙集《孝宗恢复》。

3 《朱子语类》卷一三一《中兴至今人物上》。

4 《齐东野语》卷三。

高宗主和的原因既是如此，那就只有在南宋综合国力大大加强，或金国力大大削弱，北伐万无一失，以及金人先败盟出兵的情况下，高宗才会允许对金用兵。正如朱熹所指出的，“须是做得模样在人眼前，教太上看得，自信其可以战，则自无说也”。

孝宗即位后，曾致力于提高南宋的国力。但按1175年虞允文的幕僚汤邦彦所说，“陛下忧勤万务，规恢事功，然而国势未强，兵威未振，民力未裕，财用未丰”[1]。加强国力的努力收效并不大。这就使得主战者唯有设法使敌国发生内乱，以大大削弱其实力，或使其先败盟，才能取得高宗的准许，用兵北伐。而遣使求衅便是达到上述种种目的的一种手段。

其次，这又和当时官僚士大夫集团的基本态度有关。按朱熹所说，“当时号为端人正士者，又以复仇为非，和亲为是”。士大夫多“讳言恢复”[2]，一时舆论多倾向于讲和。陈亮指出，“人情皆便于通和者，劝陛下积财养兵，以待时也”[3]。主和者多主张固本以待时。

这种说法在许多力言恢复的士大夫中亦颇为盛行。如1170年，主张“恢复之计不可一息忘”[4]的王师愈即认为，“今当亟为修德、惠民，搜罗俊杰，屯据要害之地，庶几异日机会复来，有以待之”[5]。他之所以采取这一态度，是因为“南北之势已定，民庶之志恋生”，“以今日兵力未必能制其死命”，不可“自弃信以始祸阶”。稍后，王质又指出，“今日事势，训兵、理财，先为富强，以待天下有变。敌国有衅，则乘机从事于中原，此今日恢复之定规也”。在这些士大夫眼中，固本待时乃是恢复大业的一定之规。

---

1 《宋史全文》卷二六上“淳熙二年六月”。

2 《建炎以来朝野杂记》乙集卷三《孝宗论士大夫微有西晋风》；《宋史》卷三九六《赵雄传》。

3 《宋史》卷四三六《陈亮传》。

4 《历代名臣奏议》卷二三四“王师愈奏”。

5 《朱文公文集》卷八九《王师愈神道碑》。

官僚士大夫的基本态度既是如此，孝宗也就很难不顾舆论的反对，公然背盟北伐。更何况按叶适所说：“陛下二十余年之间……闻待时之论，而行待时之说，熟矣。”[1]本身亦深受此说的影响。在这种情境下，孝宗唯有一面设法富国强兵，一面等待时机。但增强国力的努力收效甚微。另一方面，“十年而中原无变”，“金国平治。无衅可乘”。长此以往，诚如王质说：“我将坐待以至何时也！”于是就有人提出“天下未有变，吾能激之使变生；敌国未有衅，吾能挠之使衅作，使就吾之机，以行吾之志，此今日规恢之奇谋也”的建议；力主“时自我为之”，“机自我发之”。遣使求衅具有激敌致乱，削弱敌国实力的作用，又有激敌先败盟的效果，会造成“彼自欲送死，则我所以待之固有辞矣”的局面。所以它也就很自然地被孝宗用作创造恢复时机，造成用兵之事实的手段。

南宋著名思想家叶适指出，“夫复仇，天下之大义也。还故境土，天下之尊名也。以天下之大义而陛下未能行。以天下之尊名而陛下未能举。……陛下上则重违太上皇帝问安侍膳之意，下则牵于儒臣深根固本之说，徒与二三亲信密计而深筹之，然犹不欲诵言其事……此亦公卿大夫不能建明之罪也”[2]。按其所说，当时已有人深知孝宗欲北伐而不能，一再与虞允文等人密谋和再三遣使求衅的直接原因，即在于高宗和群臣的态度。

进一步而言，高宗主和与群臣主张固本待时的主要原因是宋金国力的对比始终对宋不利。这可以说是孝宗一再遣使求衅的根本原因。在宋弱金强，孝宗富国强兵的努力收效甚微的情况下，他只能以遣使求衅的手段来削弱敌国，或使其先败盟，造成恢复的时机和

1 《水心别集》卷一〇《息虚论二·待时》。
2 《水心别集》卷九《廷对》。

用兵的事实，取得高宗和群臣的赞同，实现其复仇和恢复祖宗故业的最终目标。

宋孝宗对金交涉失败原因之分析

在1170—1176年的宋金交涉中，孝宗遣使求衅的计划主要由于以下几方面的原因而遭到失败。

一、计划本身的问题。遣使求衅的建议出自虞允文。这一主张是建立在他的“虏势衰弱可图”的估计之上的[1]。一直到1172年赴川准备北伐，他仍持“今敌政衰矣，敌之亡证具矣”的看法[2]。而孝宗之所以采纳其建议，也和他认为“金国饥馑连年，盗贼四起”，可以设法促成其内乱有关。然而事实表明，孝宗和虞允文对金国国情的认识是错误的。元史臣认为，世宗“可谓得为君之道也。当此之时，群臣守职，上下相安，家给人足，仓廪有余，刑部岁断死罪，或十七人，或二十人，号称‘小尧舜’，此其效验也”。上述赞语虽不免有溢美之嫌，但毕竟与事实相去不远。所以当时“中原之人呼他为‘小尧舜’”，而朱熹也不得不承认他“恐只是天资高，偶合仁政耳”。显然，向这样的国家遣使求衅是很难收到造成其内乱，使其首先轻率对宋用兵的效果的。计划的失败是在所难免的。

二、金世宗的立国之策和政治才能。世宗的国策是南北讲好，与民休息。在这一政策的指导下，尽管孝宗一再遣使求衅，示以必战，金除进行局部动员外，既不会，事实上也没有大举签军，准备迎战，或集结大军，威胁南宋，更未先举兵败盟。诚如叶适所说，

1 《朱文公文集》卷八九《张栻神道碑》；《宋史》卷四二九《张栻传》。
2 《历代名臣奏议》卷三三六“虞允文奏”。

宋一再遣使“足以开隙于虏，然而虏终不敢自隙”，其原因即在于金人“苟欲无事”，“不肯先发，坐观吾变”。因此之故，遣使求衅未能取得预期的结果。

在处理宋方请求的问题上，世宗显示了他的政治才能。当孝宗以祀废和尽孝为由求取陵寝之地时，世宗便以退为进，允许其奉迁陵寝，并责备孝宗不请归钦宗灵柩。这不仅从道义上解除了宋人的武装，而且迫使对方不得不请求免其奉迁，从而使自己处于主动地位，使孝宗暂时无法再提求地之事。当孝宗请求更改受书之仪时，世宗又以信守盟约者自居，根据盟约中规定的叔侄关系和沿用已达十年之久的受书之仪，从道义上驳回了对方的要求。而当孝宗再次遣使求地时，世宗又设法慑服宋使，附书以“无礼”之辞斥责孝宗。其结果是使孝宗除先毁盟北伐外，难以遣使再提此事。

三、高宗和宋群臣的反对。宋金再和后，宋举朝上下弥漫着主和畏战，讳言恢复的气氛，固本待时说盛行一时。遣使在一开始便遭到群臣的反对，以致孝宗只能和虞允文等二三亲信“密计”“深筹”，而不敢“诵言其事”。1174 年，当事态演变到将动摇和议时，宋“举朝震骇”，高宗即出面命孝宗屈服。高宗和群臣的反对不仅使孝宗失去一次与金人抗争，迫使其大举签军或先背盟发兵的机会，而且使世宗看清了南宋的软弱，从而能有惊无险，做到既拒绝孝宗的请求，又不致引起战争。而当虞允文去世，汤邦彦被贬后，遣使求衅的计划也就在无人支持的情况下被束之高阁了。

四、孝宗未能改变金强宋弱的局面。在强权政治时代，武力或实力的强弱是决定国与国之间关系的基础，也是决定对外交涉成功与否的关键。1165 年宋金缔和后，孝宗即致力于富国强兵，用心于遣使求衅，力图改变长期以来金强宋弱格局。但是，由于他过于急功近利，只知从理财、强兵入手，而未能找出宋代积贫积弱的症结所在，进行深入全面的改革，其结果就只能如著名史学家李焘所说的，“陛下即位二十余年，志在富强，而兵弱、财匮，与教民七年可以即戎异矣”[1]。自强的努力收效甚微。遣使求衅的计划亦未取得预期的结果。宋弱金强的状况并未得到改变。因此，当宋金交涉发展到世宗坚决不让步，又不先毁盟用兵，而宋人不让步就要先背盟和诉诸武力时，孝宗就不得不顺从一贯主和的高宗的意旨，听取主和畏战的臣下的建议，再三考虑力主恢复，但主张不能立即开战的虞允文的意见，被迫作出让步，并最终放弃了遣使求衅的计划。孝宗对金交涉失败的根本原因即在于宋金双方实力的对比未能发生有利于南宋的变化。

交涉对南宋和宋金关系的影响

持续七年之久的宋金交涉给南宋带来了多层次多方面的影响。

一、军事方面。孝宗、虞允文在决定遣使时，即已认识到此举乃对金用兵的前奏。为配合、推进遣使求衅计划，应付计划实施后所产生的种种后果，孝宗不得不扩军备战，以刺激金人签军备战，促成其内乱，或使其先毁盟，并依靠强大的军队的支持，取得战争的胜利。从1169—1172年，孝宗先后复置淮东万弩手，增加步军司兵额1.4万人，拣选三衙官兵，复置神武中军，募江西、湖南灾民为兵，点阅荆襄军马，命虞允文赴四川整军备战。对金交涉失败后，孝宗为伺机恢复，又于1177—1180年间先后命内外诸军“岁一阅试”，沿江诸军“岁再习水战”，以两淮归正人为强勇军[2]，命关

1 《文忠集》卷六六；《全蜀艺文志》卷四七《李焘神道碑》。

2 《宋史》卷三四《孝宗二》；《建炎以来朝野杂记》甲集卷一八《乾道内外大军数》。

外诸州增募民兵为忠勇军，又命诸州每年招补军籍之缺。其结果诚如朱熹所说“今增添许多兵”，“财用不足，皆起于养兵”[1]，以致常备军人数大增，军费开支激增，财政日益窘迫。

二、财政方面。为实施遣使求衅计划，应付计划所带来的后果，就必须扩军备战；而要扩充军备，就必须整顿财政，增加收入。1170年，孝宗置左藏南上库。尔后，又创建“左藏封桩库”以备边[2]。从1170—1173年，孝宗先后下令将检括沙田、芦场所得租税60万缗送左藏南库，将诸路增收的无额钱物输左藏南上库，又二度遣官出卖江浙闽广湖南和四川的官田、营田、没官田。其结果是朝廷收入大大增加。如1170年以后，临安都税务茶盐岁额从绍兴间的1300万缗增至2400万缗[3]。到1183年，封桩库钱多达3000余万缗，内外积存钱多达4700余万缗[4]。1186年，左藏封桩库除籴米钱，度牒钱外，储积金80万两，银186万余两[5]。此举的另一结果是人民的负担随之大大加重。按朱熹所说：“今日民困，正缘沿江屯兵费重。”民困的原因就在于只有极力敛财，才能应付浩大的军费开支。

三、政治方面。孝宗继位之初，即“躬揽汉纲，不以责任臣下”[6]。遣使求衅计划的实施和它的失败，则进一步推动了南宋专制主义中央集权体制的发展。前已述及，遣使是在“举朝以为非计”的情况下进行的。在实施计划的过程中，孝宗只能和二三亲信密谋，依靠皇帝和朝廷的权威直接推动此事，暗中扩充军备，准备北

1 《朱子语类》卷一一〇《论兵》。
2 《宋史》卷三八六《李彦颖传》。
3 《宋史》卷三八五《葛邲传》。
4 《玉海》卷一八五《乾道会计录》。
5 《建炎以来朝野杂记》甲集卷一七《左藏封桩库》。
6 《宋史》卷三九四《林栗传》。

伐。按陈亮所说，当时孝宗一改以往军国大事三省议定，面奏获旨，中书拟诏，门下审读，尚书奉行，有未当者，舍人、给事中封缴、封驳，侍从、台、谏劾谏的旧制，“今朝廷有一政事，而多出于御批，有一委任，而多出于特旨”[1]，大大加强了皇帝的权力。当时将帅“除授更易一出内廷，报发承受名为机密，而大臣不闻，诸州禁兵零细纤弱，专使路钤教阅训练，而守臣不预”[2]。虞允文理财，将地方财政收入和容易征收的税收，归入唯有皇帝和宰相才有权支用的左藏封桩库和南库，而将“有名无实、积累挂欠、空载簿籍、不可催理者拨还版曹……将以备他日用兵进取不时之须”[3]。这就使封桩库和“南库之积日以厚，户部之入日以削”。其结果是使孝宗和朝廷在决策施政，人事任免，处理军务和财务方面的权力与影响与日俱增。

遣使求衅计划流产后，孝宗将失败的责任归之于虞允文等大臣。在他看来，正是由于虞允文在关键时刻表示不能对金用兵，才导致了计划的失败。对此，孝宗“甚衔之，凡宣抚使饰终之典，一切不用”。数年后，因其门人即宰相赵雄的再三请求，孝宗才勉强同意赠官赐谥。但他仍在赵雄所拟诏草上用笔涂去“久在相位，实著勋劳”数字，并易太师为太傅（位次太师、太尉）[4]。此外，孝宗对蒋芾、王炎等大臣亦十分不满。1175 年，汤邦彦云“其始皆言誓死效力以报君父，及得权位，怀奸失职，深负使令”，孝宗遂将二人落职责居外地[5]。1179 年，孝宗曰：“用人之弊，人君乏知人之哲，宰相不能择人。国朝以来，过于忠厚，宰相而误国，大将而败

1 《历代名臣奏议》卷九二“陈亮奏”。
2 《水心别集》卷一四《纪纲四》。
3 《宋史》卷四二九《朱熹传》。
4 《建炎以来朝野杂记》乙集卷八《张虞二丞相赐谥本末》。
5 《宋史》卷三四《孝宗二》;《宋史全文》卷二六上“淳熙二年六月”。

军，未尝诛戮。”[1]这说明事过数年之后，他仍对“宰相而误国”，自己“乏知人之哲”，“向前为人所误”之事耿耿于怀，悔恨不已。这恐怕也是他于1175—1178年间迟迟不任命宰相的原因。对宰执的不满使孝宗逐渐疏远大臣而信用近臣。如1179年朱熹即指出，今“陛下所与亲密谋议者不过一二近习之臣”。当时，曾觌、王抃招权纳赂，进荐人才，“皆以中批行之”，文武要职多出于曾、王和甘昪之门。按赵汝愚所说，孝宗即位初，宰相“皆惧陛下左右侵其权，日夜与之为敌”。至此，已无大臣再与孝宗左右角是非了。“人主疑大臣而信近习，至是益甚。”[2]由于大臣不受信任，宰执的影响日益低落，近臣日渐得势，孝宗在对金交涉败后不仅未改其一贯集权的做法，反而使本已强大的皇权得到了进一步的加强。

1170—1176年的宋金交涉又给二国的关系带来了深远的影响。对金人而言，交涉使其对宋人维持盟好的诚意产生了怀疑。其具体表现之一，便是对宋使产生了根深蒂固的不信任感。金人曾声称，宋使中唯独“吴琚言为可信”[3]。不过，世宗虽“恐宋人之和，终不可恃”，但仍不愿背弃盟约。其继承者章宗严守世宗“务要宁静内外”的政策[4]，“遵守遗法”[5]，主张“两国和好久矣，不宜争细故，伤大体”[6]，亦主张维持盟好。

对宋人来说，交涉的失败使孝宗深“怒金人无礼”，加深了他原先即有的耻辱感，大大加强了他伺机报仇雪耻的愤恨情绪。从

1 《宋史》卷三九六《史浩传》；《建炎以来朝野杂记》乙集卷三《孝宗论用人择相》。
2 《宋史》卷四七〇《曾觌传》、《王抃传》。
3 《宋史》卷四六五《吴琚传》。
4 《金史》卷九三《仆散揆传》。
5 《金史》卷一二《章宗四》。
6 《金史》卷一一《章宗三》。

1206年宋宁宗“北敌世仇，久稽报复，爰遵先志，决策讨除”[1]的批示来看，孝宗的这种情绪曾对宁宗父子产生很大的影响。另一方面，汤邦彦辱命而归后，孝宗采纳了王淮“惟当讲自治之策以待之”的建议，“益务内治”。交涉的失败使固本待时之说愈益盛行。

值得注意的是，交涉的失败既未消除宋金两国关系中的矛盾和问题，也没有能改变孝宗报仇恢复的既定政策。宋金关系中双方政策上的矛盾和冲突依然如故，危机仍然存在。固本待时说只是使危机处于看似平静的潜伏状态。一旦时来机临，隐藏着的危机就会爆发。嘉泰、开禧年间，金“西北用兵连年，公私困竭”[2]，辛弃疾等力言敌国必乱必亡，愿属元老大臣预先为应变之计。1205年，进士毛自知廷对，亦言：“当乘机以定中原。”[3]韩侂胄遂决意对金用兵，演成开禧北伐的局面。这场战争可以说是12世纪70年代以后宋金关系发展的必然结果。

本文原载于岳飞研究会编《岳飞研究》第三辑，中华书局，1992年。

1 《建炎以来朝野杂记》乙集卷一八《丙寅淮汉蜀口用兵事目》。

2 《金史》卷九八《完颜匡传》。

3 《宋史》卷四七四《韩侂胄传》；又见《建炎以来朝野杂记》乙集卷一八《丙寅淮汉蜀口用兵事目》。

虞允文晚年事迹述论

虞允文（1110—1174）是南宋高宗、孝宗两朝的中兴名臣。其采石之功，使南宋得以转危为安。对此，世人向来并无异议，皆予其以很高的评价。但对绍兴以后其晚年的事迹，人们却见仁见智，贬褒不一。例如朱熹即对其晚年行事持否定态度。他指出："孝宗即位，锐意雪耻，……而乘时喜功名轻薄巧言之士，……如王公明炎、虞斌父（即虞允文）之徒，百方劝用兵，孝宗尽被他说动。其实无能，用著辄败，只志在脱赚富贵而已。所以孝宗尽被这样底欺，做事不成，盖以此耳"[1]。另一方面，令人奇怪的是，由程朱学派朱熹一脉嫡传之弟子欧阳玄、揭傒斯诸人主编的《宋史》，其《虞允文传》则无视朱熹的抨击，竟认为虞允文"晚际时艰，出入将相垂二十年，孜孜忠勤无二"，"许国之忠，炳如丹青"，及其罢相镇蜀，受命兴复，克期而往，志虽未就，其能慷慨任重，岂易得哉？[2]其《赵雄传》传文虽转录了朱熹对虞允文的严厉批评，曰孝宗意向张栻，欲采纳其恢复方略，虞允文却沮抑之；但史臣所作之传

1 《朱子语类》卷一三三《夷狄》。

2 《宋史》卷三八三《虞允文传》。

论则曰虞允文、赵雄协谋用兵，亦主恢复，而以旧史谓二人沮抑张栻为诬[1]。因此，为解决这一桩历史遗留的公案，解开这一令人费解之谜，似有必要对虞允文晚年的事迹重加探讨，以求得出一公正、客观的评价。

又值得注意的是，虞允文是孝宗朝的重臣和国家大政方针的决策者之一。他协助孝宗制定的国策不仅支配了孝宗一朝，而且影响及于光、宁两朝和宋金两国的关系。[2]朱熹是影响深远的一代理学大师。《宋史》则是记述宋代历史的一部重要史书。因此，对虞允文晚年事迹的探讨不仅关系到其本人的历史地位，而且还事涉孝、光、宁三朝的政治史和外交史，涉及到朱熹评论人物的客观性和《宋史》的编撰问题。其意义远远超出对虞允文个人事迹的评价。

虞允文晚年恢复中原的方略及其措施

虞允文晚年的言论和行事主要是围绕恢复中原这一中心而展开的。人们也正是在这一问题上对其晚年的言行是欺君为己，还是忠君勤国，是轻薄无能，还是慷慨任重，不可易得，产生了绝然不同的看法。因此，对其晚年事迹的考察和评价也就不能不以其恢复中原的战略、策略及其实施作为主要对象。兹按时间顺序略举其言行如次。

采石之战后，虞允文认为金国内乱，新主初立，“天相我恢复也”，力主“和则海内气沮，战则海内气伸”，主张通过战争实现恢复中原的目标，并积极采取行动经略中原，一再反对弃地予金[3]。

---

1 《宋史》卷三九六《赵雄传》。

2　详见《岳飞研究》第三辑周生春《十二世纪七十年代的宋金关系》。

3 《宋史》卷三八三《虞允文传》。

乾道之盟既成，虞允文仍未改其力主恢复之初衷。乾道二年（1167），他受命宣抚四川。至则“开公正，绝请谒，缮营垒，修器械，明劝沮，甄窳良，拔智勇，绌奸贪，戢哀克，禁子本，杜役训技击，汰老癃，刊竄籍，核赝名”；军政、马政既修，又减军须，除逋负，禁两税之预索和盐、酒之预输，并减常赋之虚额，赈饥民；“以致蜀民顿苏，军政一新”[1]。

乾道五年，虞允文入为右相，至则上言：“臣尝泛观今日之事，其当辅进主德，搜选人材，生养百姓，涉于大体者条目固多，……而事之最大者世仇未复，舆图未归，南北生灵未底于休息”，“而事几之急，莫急于兵财”，“拣军一事诚是今日之急务”[2]。并建议遣使金国，以陵寝之地为请。但因左相陈俊卿以为“吾之事力未办”，且恐有失国体，而事得少缓[3]。

六年五月，在复置淮东万弩手，为岳飞立庙于鄂州，复成闵、李显忠之官职，着手拣选三衙官兵和复置都大发运使后[4]，虞允文再次建议遣使赴金以求陵寝之地。陈俊卿仍力主暂缓遣使，认为：“国家大事，每欲计其万全，不敢轻为尝试之举”。主张：“欲俟一、二年间彼之疑心稍息，吾之事力稍充，乃可遣使。往返之间，又一、二年。彼必怒而以兵临我，然后徐起而应之。以逸待劳，……其胜十可六、七”[5]。孝宗接受了虞允文的建议，断然遣范成大出使。并采纳其另一建议，立太子以定国本，以便一旦北伐，即以太子“监国抚军”[6]。七年，虞允文又徙侍卫马军司戍建康，准备一旦出

1 《诚斋集》卷一二〇《虞允文神道碑》。
2 《历代名臣奏议》卷二二四《虞允文奏》。
3 《朱文公文集》卷九六；《永乐大典》卷三一五一《陈俊卿行状》。
4 《宋史》卷三四《孝宗二》。
5 《朱文公文集》卷九六；《永乐大典》卷三一五一《陈俊卿行状》。
6 《建炎以来朝野杂记》乙集卷二《己酉传位录》。

兵，即可令其过江[1]。

八年，在范成大、赵雄、姚宪三度使金，祈请陵寝之地和更改受书礼仪无功而还后，虞允文上奏说："今敌政衰矣，敌之亡证具矣，而惟我之所谓未备不足者，非兵与财也。古之义师一起，附我者皆兵，应我用者皆财也。然非大有为之君，坚诚念，隆德本，上顺天意，下固人心，则无以为恢复之体。又非定规摹，一议论，严兵律，立主威，则无以为恢复之用。惟体用备而大统可集也。""愿陛下外示优容，内益自治而已，无令机会卒至，而我有未备不足之叹，则事可以万全。"[2]九月，虞允文由丞相宣抚四川，"自诡北伐"[3]。行前，孝宗御正衙，赐宴禁中，亲酌酒赋诗以饯行，赐其家庙祭器，且谕以决策亲征和进取之方，令其先赴蜀整军备战，俟命同时举兵，期于某日会师河南。虞允文至蜀，增军兵廪给，免养马者赋役，于是军士大悦，马数岁滋。又奏选良家子以备战，重新部署大军，使之首尾相应[4]。

九年十月，孝宗因金人坚决不同意更改受书礼仪，又无先败盟发兵迹象，决心单方面更改受书仪，并"锐意大举"，准备先对金用兵。同时因虞允文"使蜀一岁，无进兵期"，又"密诏趣迫"，促其出师北伐。虞允文以"军需未备"为由"不奉诏"。且上奏说："机不可为，但令机至勿失耳。植根本，国富强，待时而动可也。安敢趣师期为乱阶乎？"次年二月，虞允文因操劳过度，得病去世[5]。三月，金使至宋，严词责备孝宗强行改变受书之仪。孝宗内则迫于高宗之命，外则因力主恢复的虞允文阖然长逝，内外皆反对用

1 《宋史》卷三四《孝宗二》，卷三八三《虞允文传》；《诚斋集》卷一二〇《虞允文神道碑》。

2 《历代名臣奏议》卷三三六《虞允文奏》。

3 《周文忠公集》卷六六；《全蜀艺文志》卷四七；《永乐大典》卷一〇四二一《李焘神道碑》。

4 《宋史》卷三四《孝宗二》，卷三八三《虞允文传》；《诚斋集》卷一二〇《虞允文神道碑》。

5 《宋史》卷三四《孝宗二》，卷三八三《虞允文传》；《诚斋集》卷一二〇《虞允文神道碑》。

兵，不得不按旧礼接受金之国书[1]。

由上所述，可知虞允文在乾道五年入相后，即以恢复为己任，提出以报仇雪耻，恢复失地为中心的国策和施政大纲。实施这一国策的战略方针为：以坚诚念，隆德本，生养百姓，搜选人材，上顺天意，下固人心为恢复之体，以定规摹，一议论，严兵律，立主威，积财用为恢复之用，亦即植根本，致富强，待时而动。这一国策的实施势必导致用兵，但在孝宗所采纳的这一战略及其策略中，虞允文却并不准备让南宋先败盟出兵。例如范成大使金前，曾向孝宗表示，“无故遣泛使，近于求衅，不戮则执，臣已立后，仍区处家事，为不还计”。孝宗并未否定此举乃求衅，但又向他解释并保证“朕不败盟发兵，何至害卿，啮雪餐毡或有之”[2]。在范成大进入金境后，孝宗告诫虞允文说：“彼中签发两河人及生女真，必以为战用。在今日宜每事蚤定，先为不可胜以待之。”虞允文则认为“若一旦北人败盟，连兵两淮，六飞必须顺动”[3]。又如虞允文“自诡北伐”至蜀以后，当孝宗改变既定方针，真的催其出师时，他亦坚持不先发兵。恢复必至用兵，由虞允文力主遣使，明知此乃求衅，又不先发兵败盟，可知其计划只能是让金人先背盟举兵。遣使祈请陵寝之地和更改受书之仪仅仅是他用来求衅和激怒金人，待敌先出兵，尔后应战，以造成其内部骚乱和恢复中原之时机的策略而已[4]。

乾道六年虞允文入柄大政后，其植根本，致富强，待时而动的恢复战略，和遣使求衅，激敌先败盟出兵，以造成恢复中原之时机的策略即已成为南宋的国策。孝宗一向有志于复仇和恢复中原，他

1 《宋史》卷四七〇《王抃传》；《金史》卷八九《梁肃传》。

2 《周文忠公集》卷六一《范成大神道碑》；《宋史全文》卷二五上“乾道六年闰五月”。

3 《建炎以来朝野杂记》乙集卷二《己酉传位录》。

4 详见《岳飞研究》第三辑周生春《十二世纪七十年代的宋金关系》。

既任命虞允文为相，且眷礼极厚，大加信用，直至其去世[1]，也就意味着他已采纳虞允文的恢复方略。这一点可由朱熹、陈良翰和孝宗的言行加以证实。按朱熹所说，乾道六年正月，“时上已深悟前日和议之失，思欲亟致富强，以为恢复之渐”[2]。次年，陈良翰亦指出，孝宗“欲承天意”、“结民心”、“任贤能”、“退小人”、“择将帅”、“恤军情”、“择监司”和“吏久任”，以为“安养黎元，俾遂生业”，实现“德仁功利”目标之良策[3]。又孝宗曾对虞允文说：“丙午（即靖康元年）之耻，当与丞相共雪之。”[4]乾道六年，他不顾众臣的反对，接受虞允文的建议，一再遣使赴金以求衅；同时还一面颁下“欲今岁大举”的“密旨”[5]，一面又向范成大保证“朕不败盟发兵”。正是由于孝宗已采纳其说，虞允文才有“今日圣志已定，将大有为于天下”之语[6]。也正是由于这一点，当时才出现“允文主恢复，朝臣多迎合”的现象[7]。

必须指出的是，孝宗并未始终不渝，一成不变地按他和虞允文共同制定的恢复方略行事。乾、淳之交、孝宗因金人寸步不让，又无败盟举兵的迹象，一怒之下，曾决心单方面撕毁盟约，兴师北伐。但终因虞允文坚不奉诏，这一决定才未付诸实行。不久，他即回到原先的政策立场，继续按虞允文的建议行事，先后派遣张子颜和“虞允文深器之”的汤邦彦使金求衅[8]。淳熙四年（1177）以后，孝宗因遣使求衅并无成效，遂采纳王淮“惟当讲自治之策以待之”

1 《建炎以来朝野杂记》乙集卷一四《乾道正丞相官名本末》，卷八《张、虞二丞相赐谥本末》。
2 《朱文公文集》卷九七。
3 《永乐大典》卷三一五〇《陈良翰行状》。
4 《宋史》卷三八三《虞允文传》。
5 《宋史》卷三八四《蒋芾传》。
6 《建炎以来朝野杂记》乙集卷二《己酉传位录》。
7 《宋史》卷三八四《梁克家传》。
8 《宋史全文》卷二六上“淳熙三年四月”。

的建议，“益务内治”[1]，从而在坚持虞允文所建议的固本待时以恢复中原之国策的同时，最终放弃了通过求衅使敌先毁盟用兵，以创造恢复时机的策略。从此，固本待时以复仇的国策支配了南宋朝廷达二十余年，并最终在金人“西北连年用兵，公私困竭”之际[2]，促成了开禧北伐和两国再度交兵的局面。

朱熹贬抑虞允文的原因

按前所述，朱熹对虞允文晚年的行事采取了全盘否定的态度。在探讨和分析朱熹之所以采取这一态度的原因前，必须先解决这种抨击是否符合事实的问题。从虞允文的为人及其晚年的政见和行事来看，朱熹对他的批评纯属不实之词。

首先，虞允文绝非轻薄巧言之士。按“考史精审”的南宋著名史家李心传所载[3]，绍兴时，虞允文调官临安，同行者窃其所注《新唐书》以献时相。窃者疑其必怨己，遇人即诋之。虞允文得知后乃另以他书为贽，并不以诋毁为意，反盛称其长处，认为“渠所长甚多，但差好骂耳”。李心传因此而称虞允文为“长者”[4]。又乾道八年，萧之敏因劾虞允文而去官，虞允文不仅不以为忤，反“言之敏端方，请召归以辟言路”。孝宗也因此而“谓其言宽厚，命曾怀书之《时政记》”[5]。杨万里亦认为“公天资宽厚，每以德报怨”。正因为其为人宽厚，汪应辰才说“虞公所谓范尧夫佛地位中人也”。杨

1 《攻媿集》卷八七《王淮行状》。

2 《金史》卷九八《完颜匡传》;《建炎以来朝野杂记》乙集卷一八《丙寅淮汉蜀口用兵事目》;《宋史》卷四七四《韩侂胄传》。

3 见来可泓《李心传事迹著作编年》之徐规《序》。

4 《建炎以来朝野杂记》甲集卷八《虞并甫长者》。

5 《宋史》卷三八三《虞允文传》。

万里又指出，虞允文“慷慨磊落，……家居雍容，无疾言厉色，不訾饮食，不詈臧获”[1]。《宋史》亦指出，其“慷慨磊落……言动有则度，人望而知为任重之器”[2]。显而易见，就其为人而言，虞允文实为一举止庄重的宽厚长者。

其次，虞允文亦非乘时喜功名，志在脱赚富贵之徒。采石之役，虞允文因犒师而至其地。因见形势危急，他才挺身而出，组织宋军抵抗。从者皆劝其还建康，曰：“事势至此，皆他人坏之，且督府直委公犒师耳，非委督战也，……公奈何代人任责以速辜”。虞允文慷慨激昂地说：“使虏济江则国危，吾亦安避？今日之事，有进无退。不敌则死之，……死吾节也”[3]。可见他是以社稷和大局为重，抛却个人的利害得失，才毅然担此重任，成就其大功的。孝宗即位后，虞允文因极力主战，反对弃地而“忤时宰”[4]，先“徙知夔州”，继则“知太平州”[5]。但此后，他仍不惜触怒宰相，以至于“上印”，“乞致仕”，屡屡上疏力争，反对弃地、议和[6]。例如按《历代名臣奏议》所载，他曾上疏说，自己“非不知弃此二郡与时宰合，可以保位而希进。臣不此之为而区区然必进其自危之说者，后日之忧系宗庙社稷至大。臣今于此事若尚畏避时宰，缄黔不言，则臣负陛下。”并一再强调，朝廷若“弃地请和，臣即挂衣冠而去”，“乞别选官付以此事，臣决不敢卖国为苟容之计。”既入相，他又与陈俊卿一起反对召用孝宗宠幸的的潜邸旧人曾觌[7]，并拒绝了孝宗欲

---

1 《诚斋集》卷一二〇《虞允文神道碑》。
2 《宋史》卷三八三《虞允文传》。
3 《诚斋集》卷一二〇《虞允文神道碑》。
4 《诚斋集》卷一二〇《虞允文神道碑》。
5 《宋史》卷三八三《虞允文传》；《诚斋集》卷一二〇《虞允文神道碑》。
6 《宋史》卷三八三《虞允文传》。
7 《宋史》卷三四《孝宗二》，卷四七〇《曾觌传》。

以曹勋为枢密的手诏[1]。尔后，他又因反对任命曾觌所荐之人为谏议大夫，与孝宗争执不下，以致力求去朝，宣抚四川[2]。至蜀后，他又顶住孝宗催迫其出兵的密诏。孝宗为此“甚衔之”，致使虞允文去世后，“凡宣抚使饰终之典，一切不用”[3]。据此，可知虞允文并非追逐时尚，一意媚上，以求一己之富贵的小人，而是以国事为重，力主恢复，前后一贯，坚持原则的政治家。更何况早在隆兴间，虞允文即已力主恢复，且业已功成名就，官至执政。他为人又一贯“性廉介，虽君赐亦固辞”。初除签书枢密，上赐白金及缣匹两各一千，他力辞，得请乃可。乾道八年入蜀前，孝宗赐钱一万缗，虞允文至蜀则“以市国马”[4]。由此可见，朱熹对其乾道年间力主恢复言行的批评只能是无稽之谈。

最后，虞允文也不是百方劝孝宗用兵，其实无能，用著辄败之辈。诚如史籍所载，虞允文的确主张用兵以恢复中原，但他又坚持待时而动，主张只有等条件成熟方可对金用兵，而并未不顾一切，极力怂恿孝宗北伐。正因为如此，他才因时机未至而拒绝了孝宗促其出师的密旨。反过来说，这一抗旨的行为也正说明他没有百方劝上用兵。此外，历史的事实，例如采石之役，不仅未能证明他“其实无能，用著辄败”，反而证明他才能出众，用著辄胜。显然，按上所述，我们只能认为朱熹对虞允文的批评是不符合事实的。

历史的真相既是如此，那末，朱熹为何要不顾事实，批评攻击虞允文呢？要回答这一问题，就应从朱熹本人身上寻求答案。

朱熹是南宋著名的思想家和理学之集大成者。作为一代大思想

---

1 《宋史》卷三八三《虞允文传》；《诚斋集》卷一二〇《虞允文神道碑》。

2 《宋史》卷三八三《虞允文传》。

3 《建炎以来朝野杂记》乙集卷八《张、虞二丞相赐谥本末》。

4 《诚斋集》卷一二〇《虞允文神道碑》。

家和以孔、孟、周、张、二程以来道统继承者自居的朱熹，一贯重视的是思想，十分注意维护学统的纯正和道学的地位。因此，只有从他的这些特点出发，从道学家与虞允文在恢复一事上见解的异同和两者的关系人手，方能找出朱熹对虞允文晚年政见和行事大加贬抑的原因所在。

先考察朱熹的规恢之说。朱熹在孝宗即位后曾上言说："帝王之学，必先格物致知，……使义理所存，纤悉毕照，则自然意诚心正，而可以应天下之务"。他接着指出："金人于我有不共戴天之仇，则不可和也明矣"。主张："断以义理之公"，"罢黜和议，追还使人，……自是以往，闭关绝约，任贤使能，立纲纪，厉风俗，使吾修政事，攘夷狄之外，了然无一毫可恃，……数年之外，志定气饱，国富兵强，于是视吾力之强弱，观彼衅之浅深，徐起而图之"[1]。隆兴间入对，他又主张："君父之仇不与共戴天，今日所当为者，非战无以复仇，非守无以制胜"[2]。乾道五年至六年，朱熹在答张栻书信中主张以正人主之心术为"大根本"，强调："自治之心不可一日忘，而复仇之义不可一日缓"，建议"请罢祈请之行"，所遣使者应"追还而显绝之"(《朱文公文集》卷25第1、3书)。淳熙五年，他上疏指出："天下之务莫大于恤民，而恤民之本在人君正心术以立纪纲。……君心不能以自正，必亲贤臣，远小人，讲明义理之归，闭塞私邪之路，然后乃可得而正"。淳熙末，朱熹复上书言"天下之大本与今日之急务"，认为"大本者，陛下之心，急务则辅翼太子，选任大臣，振举纲纪，变化风俗，爱养民力，修明军

1 《宋史》卷四二九《朱熹传》；《朱文公文集》卷一一《壬午应诏封事》；《历代名臣奏议》卷五三"朱熹奏"。

2 《宋史》卷四二九《朱熹传》；《朱文公文集》卷一一《戊申封事》。

政……一心正，则六事无不正”[1]。同时，他又对其门人说：“恢复之计，须是自家吃得些辛苦，少做十年或二十年，多做三十年。岂有安坐无事，而大功自致之理哉！”他认为，“今朝廷之议，不是战，便是和；不和，便战。不知古人不战不和之间，亦有个且硬相守底道理，且一面自作措置，亦如何便侵轶得我！今五六十年间，只以和为可靠，兵又不曾练得，财又不曾蓄得，说恢复底，都是乱说耳”。他还指出，“某尝谓恢复之计不难，惟移浮靡不急之费以为养兵之资，则虏首可枭矣”。绍熙二年（1191），朱熹又指出，“恢复之事”之所以“多始勤终怠”，即在于人们“只以私意为之，不以复仇为念”。庆元四年（1198），朱熹因见恢复无期，又自知大限将至，遂喟然叹曰：“某要见复中原，今老矣，不及见矣。”[2] 足见其至死仍念念不忘恢复中原。按上可知，在乾道以前，朱熹主张格致诚正，从复仇大义出发，坚持战守，暂不与敌讲和，然后内修德政，待志定气饱，国富兵强后，再根据己方实力的强弱和敌方内部矛盾的深浅，徐起而报仇雪耻，恢复中原。乾道再盟后，朱熹主张以义理正君心术，从复仇大义出发，卧薪尝胆，内修德政，练兵蓄财，外则与敌不战不和，“且硬相守”，以图恢复。由上可知，在恢复一事上，朱熹和虞允文的见解是同中存异。其共同点在于两者都主张植根本、致富强，伺机以图恢复；其分歧在于朱熹极其重视以义理正君心。在乾道再盟后他则主张与敌不战，不和，“且硬相守”。而虞允文则强调通过遣使求衅以造成恢复和用兵的时机。

再探讨与朱熹齐名的另一位道学代表人物张栻的恢复之说。张栻是与朱熹思想十分接近，关系极其密切，且深为朱熹所佩服的一

1 《宋史》卷四二九《朱熹传》；《朱文公文集》卷一一《戊申封事》。

2 《朱子语类》卷一三三《夷狄》。

代理学大师。其恢复之说与朱熹大体相同。孝宗即位后，张栻曾上言说："陛下上念宗社之仇耻，下闵中原之涂炭……而思有以振之。臣谓此心之发，即天理之所存也。"他认为只要"益坚此志，誓不言和，专务自强，虽折不挠"，即可成就恢复中原之大业。乾道五年，张栻复上言指出，欲恢复中原，"当以明大义，正人心为本"。君主应克去其私意，对百姓"不尽其力，不伤其财"，方可得民心，才能复得中原之地。翌年，他又上疏说，陵寝隔绝在金，"今未能奉词以讨之，又不能正名以绝之，乃欲卑辞厚礼以求于彼，其于大义已为未尽。"他主张："今日但当下哀痛之诏，明复仇之意，显绝敌人，不与通使。然后修德立政，用贤养民，选将帅，练甲兵，通内修外攘、进战退守以为一事，且必治其实而不为虚文，则必胜之形隐然可见"。八年，张栻去国。此后，他"蚤夜孜孜，反身修德，爱民讨军，以俟国家扶义正名之举尤极恳至"[1]。按上可知，在恢复问题上，张栻和虞允文均主张植根本，致富强，报仇雪耻，恢复中原。两者的分歧主要在于张栻首重"明大义，正人心"。所以他坚决主张不与敌通使，强烈反对卑词厚礼祈求陵寝之地，和更改受书仪之举。

最后，就虞允文和道学家的关系而言，乾、淳之际，两者的关系开始从疏远走向日趋紧张。从学术思想和师门传授来说，虞允文不属于道学的任何门派。他和道学的关系本来就很疏远。乾道五年，虞允文以恢复自任，以为张栻"素论当与己合，数遣人致殷勤。"张栻因其"所以求者类非其道"[2]，对己只是"缪为恭敬，未必真有信用之实"，与之"不合"而退（《朱文公文集》卷二五第三

1 《朱文公文集》卷八九《张栻神道碑》;《宋史》卷四二九《张栻传》。

2 《朱文公文集》卷八九《张栻神道碑》;《宋史》卷四二九《张栻传》。

书）。故虞允文两度建议遣使赴金，均遭到张栻、陈俊卿、汪应辰等理学家的批评及反对。陈俊卿是胡安国同调叶廷珪的门人，程颐三传弟子林光朝的讲友[1]。江应辰则是二程门人杨时的再传弟子[2]。当时，汪应辰因“与允文议不合，求出。陈俊卿数奏应辰刚毅正直，可为执政，上初然之，后竟出应辰知平江。自是上意向允文”。其时，陈俊卿又曾因反对张说为其亲戚求官而与虞允文发生矛盾。乾道六年，他终因反对遣使而罢相[3]。七年，虞允文向孝宗盛赞朱熹不在程颐之下，遂召之。但朱熹则“以素论不同，力辞者四”，终不赴[4]。同年，孝宗以皇后之妹夫张说为签书枢密院事。张栻上疏极谏，且亲至朝堂“质责”虞允文。按朱熹所说，其“语甚切，宰相惭愤不堪”。朱熹又指出，明年，由于“宰相（即虞允文）实阴附（张）说”[5]，而孝宗又倾向于接受张栻的恢复之说，“虞允文、赵雄之徒不喜”[6]，“宰相益惮公，而近幸尤不悦，遂合中外之力以排之”[7]。赵雄是虞允文的门人，因虞允文的推荐而官至丞相。虞允文去世后，他曾在孝宗面前为其力争，以致虞允文得赠太傅，赠谥忠肃[8]。朱熹还指出，淳熙中，张栻知江陵府，“赵雄事事沮之”[9]，“上所以知公者愈深，而恶公者忌之亦愈力”[10]。可见在朱熹看来，乾道六年以后，虞允文、赵雄之辈和道学家的关系已达到势不两立，水火不

1 《宋元学案》卷三四《武夷学案》，卷四七《艾轩学案》。

2 《宋元学案》卷二五《龟山学案》。

3 《宋史》卷三八三《陈俊卿传》；《朱文公文集》卷九六；《永乐大典》卷三一五一《陈俊卿行状》。

4 《建炎以来朝野杂记》乙集卷八《晦庵先生非素隐》；《宋史》卷三八三《虞允文传》。

5 《朱文公文集》卷八九《张栻神道碑》；《宋史》卷四二九《张栻传》。

6 《朱子语类》卷一〇三《张敬夫》。

7 《朱文公文集》卷八九《张栻神道碑》。

8 《建炎以来朝野杂记》乙集卷八《张、虞二丞相赐谥本末》。

9 《朱子语类》卷一〇三《张敬夫》。

10 《朱文公文集》卷八九《张栻神道碑》。

能相容的地步了。

根据虞允文、朱熹等人见解的分歧及两者的关系分析，朱熹攻击虞允文的原因主要有三。

一、道不同不相为谋。朱熹极重以义理正人心。在他看来，虞允文虽主张恢复，但其说不讲明大义，正人心，竟主张向不共戴天之仇遣使有所祈请，“何其与《春秋》之义背驰之甚耶”。他认为，遣使请地“害义理，失几会”，乃“纰缪倒置，有损无益之举”。“今欲以讲和为名，而修自治之实，恐非夫子正名为先之意。……虽使幸而成功，亦儒者之所讳也。况先自处于背盟违命之地，而使彼得擅其直以责于我。内疑上下之心，外成仇敌之势，皆非计之得也”(《朱文公文集》卷二五第一、三、四书)。因此，从复仇大义来说，其心可诛，其说与已说实有本质上的区别。所以他认为虞允文与己“素论不同”，“所以求者类非其道”；并因此而对虞允文的言行大张挞伐，批评有加。

二、正邪之辨。朱熹认为，虞允文等人既不以复仇大义为念，其人又“尚有湖海之气”、“骄吝之私”和“锐于趋事”，“非廊庙所宜”，即是心术不正，“以私意为之”。其说无非“小利近功”和“小人邪说”(《朱文公文集》卷二五第一书)。其目的无非是为了猎取个人的功名富贵。为达到这一目标，他们甚至不惜“阴附（张）说”这一类“近幸”，合力排斥张栻等君子。正邪势不两立。因此，正人君子必须从义理出发，对虞允文等一班小人鸣鼓而攻之，予以有力的反击。

三、门户之见。朱熹认为，虞允文等人不仅与其学说不同，见解有异，而且还处处排斥、沮抑道学。因此，从道学的立场来看，为维护学统的纯正，保持和扩大道学的影响，以取得学术上的正统地位，也必须对虞允文等异端痛加鞭挞。

此外，个性的偏激也是朱熹大肆攻击虞允文的一个原因。与朱熹关系极密切，且深为其所佩服的张栻，对朱熹是十分了解的。他曾指出，朱熹“平时只是箴规它人，见它人不是，觉己是处多”[1]，认为“渠议论商榷间，终是有意思过处”[2]。他在给朱熹的书信中，曾不客气地批评道，朱熹所与广仲书，“言语未免有少和平处”。他指出“盖自它人谓为豪气底事，自学者论之，只是气禀病痛”。认为“元晦所讲要学颜子，却不于此等偏处下自克之功，岂不害事”。朱熹的另一密友，与其齐名的吕祖谦，亦云朱熹“犹有伤急不容耐处”[3]。不仅与朱熹同时代的好友如此看待他，明清时人也抱有相同的看法。例如一代大学者黄宗羲即说：“朱子缺却平日一段涵养工夫，至晚年而后悟也”[4]。全祖望亦指出，“晦翁遂日与人苦争，并诋及婺学，而《宋史》之陋，遂抑之于《儒林》。然后世之君子终不以为然也”[5]。著名学者钱大昕则认为，“朱文公意尊洛学，故于苏氏门人，有意贬抑。此门户之见，非是非之公也”[6]。按上所述，可知朱熹生性急躁、偏激，以致门户之见颇深。这种性格上的缺陷，实乃促使朱熹对虞允文大加贬抑的因素之一。

《宋史》史臣高度评价虞允文之原因

按前所述，《宋史·虞允文传》对虞允文晚年的事迹给予了很高的评价。《宋史》是元代史臣据旧史删削增改而编成的一部正史。

1 《南轩文集》卷二〇第十一书。
2 《南轩文集》卷二五第二书。
3 《南轩文集》卷二〇第十书，卷二二第十二书。
4 《宋元学案》卷五〇《南轩学案》。
5 《宋元学案》卷五一《东莱学案》。
6 《十驾斋养新录》卷七《宋儒议论之偏》。

我们只有从其史料的来源和编撰者本身出发，才有可能弄清《虞允文传》高度评价虞允文的原因所在。

就史料来源而言，《宋史》理宗朝以前的列传大部分来源于《中兴四朝志传》，但也有经修史者删削增改的。虞允文、赵雄系理宗朝以前人，《宋史·虞允文传》和《赵雄传》均言及嘉定中事。显然，以上二传应取材于《中兴四朝志传》。后者成书于理宗宝祐五年（1257）[1]。其时，朱熹已于宝庆三年（1227）特赠太师，追封信国公，并于淳祐元年（1241）从祀孔庙[2]。道学已取得统治集团的尊崇，其地位日高，影响日大。在此期间修成的《宋史》恐难避免势力日益增强的道学的影响。从《宋史·赵雄传》载录了朱熹对虞允文、赵雄的批评来看，《中兴四朝志传》中的《虞允文传》和《赵雄传》似均载有朱熹对上述二人的贬抑之语。诚如清代史家赵翼所说，在《宋史·赵雄传》中保留下来的这些批评，应系旧史所载，修史者不及改正，而尚存褒贬之公所造成的[3]。《宋史·虞允文传》中之所以没有这类贬抑之语，则很可能是因为修史者已将其删去的缘故。又按《宋史》总裁欧阳玄《圭斋文集》卷九《虞集神道碑》所云，海陵南侵，虞允文“以儒者一战而却之”，自此“南北势始定”。其“功烈不卑矣”，与唐之虞世南，元之虞集，“后先七百年，照映史册，呜呼盛哉”。其说与《宋史》的评论如出一辙，均对虞允文大加肯定。所以，《宋史》史臣高度赞扬虞允文的原因并不在于史料的来源，而是在于史料的处理和加工者，亦即编修者本身。

就编撰者而言，《宋史·虞允文传》和《赵雄传》后所附之传

---

1 《宋史》卷四四《理宗四》。

2 《宋史》卷四一《理宗一》，卷四二《理宗二》。

3 《廿二史札记》卷二三《宋史多国史原本》。

论表明，《宋史》史臣对虞允文予以了很高的评价。他们不顾朱熹的批评，高度赞扬虞允文的原因主要有以下三条：

一、修史者只知虞允文是采石之战的功臣，一向主张恢复，而对朱熹、张栻和虞允文在恢复问题上观点的分歧却不甚了了，对分歧的性质亦很不清楚。乾道年间虞允文以恢复自任的活动是秘密进行的。为此，他仅与孝宗“密计而深筹之，然犹不欲诵言其事”[1]。如乾道七年七月，身为侍讲和中书舍人的周必大亦云：“臣伏见陛下选将练兵，大修边备，深谋远略，固非外庭所能窥测。然臣私忧过计，以为诸路帅臣有其名而无其实。”（《周文忠公集》卷一三五《论诸路帅臣将副》）因此，对虞允文此举和朱熹对其的批评及这种批评的性质，当时即很少有人知情，时隔一百多年后，《宋史》的编修者对两者的分歧及其性质当然也就更不清楚了。从这种不了解出发，修史者才会认为两者既均主张恢复，目的相同，即是一致；才会以为即使两者有所见不同，主张不一之处，亦属无关紧要的策略上的差异。正是从这一认识出发。《宋史》史臣才会赞扬虞允文，而《赵雄传》的编撰者也才会对旧史谓虞允文、赵雄沮抑张栻一说感到不可理解。

二、对道学来说，元人已无必要再对虞允文持否定态度。在南宋时，虞允文即不是道学的大敌。朱熹批评虞允文只是为了排斥异己，极力替道学争地位，以扩大道学的影响。元修《宋史》之际，上距朱熹、虞允文已有一百多年。此时，道学早已取得统治地位，虞允文的观点、主张无论对道学和修史者都已不构成任何现实的威胁，朱熹对其的批评亦已失去现实的意义。史臣们因此也就得以多少摆脱利害关系的束缚，或多或少地避免极端的门户之见和正邪之

---

1 《水心别集》卷九《廷对》。

争框架的影响，从客观事实出发，予虞允文以较高的评价。

三、为尊者讳。南宋孝宗以后，随着道学的逐渐盛行，虞允文的后裔亦纷纷皈依道学门中。如其孙虞刚简即为张栻之私淑弟子[1]。刚简从子虞㽦，系朱熹、张栻私淑弟子和张栻再传弟子魏了翁的女婿兼门人[2]。刚简曾孙虞汲乃朱熹四传、黄幹三传、饶鲁再传、程若庸门人吴澄之讲友。汲子虞集则为吴澄门人。他们和《宋史》的编撰者关系十分密切。例如在《宋史》编修中具有举足轻重之影响的总裁欧阳玄即系虞汲的门人[3]。按欧阳玄《圭斋文集》卷九《虞集神道碑》所说，他又和汲子集"有奕世之契，最先受知参政公（虞汲）。博士之召，公实荐之朝。同朝十年，奖借非一"，关系非同一般。而《宋史》"纂修其间，予夺议论，不无公私偏正，必须交总裁官质正是非，裁决可否"[4]。此外，欧阳玄还曾"立三史凡例，又为便宜数十条，俾论撰者有所据依。史官中有悻悻露才，议论不公者，公不以口舌争，俟其呈稿，援笔窜正，其论自定。至于论、赞、表、奏，皆公属笔"[5]。他不仅起草了有关《宋史》列传分类和取舍的"凡例"及"便宜"等，对人物的"予夺议论"拥有"质正"、"裁决"和最后笔削、窜正及审定之权，而且还负有撰写评论人物之"论、赞"的任务。在《宋史》的编撰中也起过重要作用的总裁官揭傒斯，与欧阳玄同为朱熹再传、黄幹门人何基的再传弟子许谦的门人[6]。按欧阳玄《圭斋文集》卷一〇《揭傒斯墓志》所说，"玄与公三为同寅，相知为深。公死，为之哀痛逾月不能忘。故不

---

1 《宋元学案》卷七二《二江诸儒学案》。

2 《宋元学案》卷八〇《鹤山学案》。

3 《宋元学案》卷九二《草庐学案》。

4 中华书局标点本《辽史》卷末所附《修三史诏》。

5 《危太朴集·续集》卷七《欧阳玄行状》。

6 《宋元学案》卷八二《北山四先生学案》。

铭，有所不忍。铭，有所不忍”。虞集亦与揭傒斯相识，其《道园学古录》卷三〇即收有《送程以文兼柬揭曼硕》一诗。揭傒斯在修史时，“毅然以笔削自任，凡政事之得失，人才之贤否，一切委以是非之公。至于物论之不齐，必与之辩，求归于至当而止”[1]。在工作中，他于“先代故事臧否，奋笔书之，身任劳贵，不以委人”[2]。他亦对政事得失、人才贤否的“予夺议论”拥有“质正”、“裁决”和最后笔削、审定之权。另一总裁吕思诚则与孛术鲁翀同为朱熹续传萧𣂏的门人[3]。而孛术鲁翀又与欧阳玄、虞集同为虞汲的弟子[4]。当时，虞集在学术上造诣颇深，影响甚大。他曾荐举后任《宋史》总裁的杨宗瑞、李好文和史官宋褧编修《经世大典》(《元史》卷一八一《虞集传》)。修《宋史》时，宰相“欲用公总裁”，因其老病而止（《圭斋文集》卷九《虞集神道碑》）。此外，参与编修《宋史》的史官李齐为朱熹门人辅广的四传弟子[5]。泰不华是何基的四传弟子[6]。吴当系吴澄之孙，与虞集和另一名史官危素同拜在吴澄门下[7]。在《宋史》史局中，朱熹、黄榦、何基这一支派拥有很大势力和影响。这也就是《宋史》特立《道学传》，将朱熹、黄榦列入其中，又将何基列入《儒林传》，却将与朱熹齐名的吕祖谦、陆九渊和朱熹的大弟子，“领袖朱门”的蔡元定“抑之于”《儒林传》的原因之一[8]。南宋孝宗以后，虞允文的裔胄已归入道学门中。到元修《宋史》时，其后裔虞汲、虞集与道学中朱熹、黄榦一系已有极深

1 《黄文献集》卷一〇下《揭傒斯神道碑》。
2 《圭斋文集》卷一〇《揭傒斯墓志》。
3 《宋元学案》卷九五《萧同诸儒学案》。
4 《宋元学案》卷九二《草庐学案》。
5 《宋元学案》卷六四《潜庵学案》。
6 《宋元学案》卷八二《北山四先生学案》。
7 《宋元学案》卷九二《草庐学案》。
8 《宋元学案》卷六二《西山蔡氏学案》，卷五一《东莱学案》。

厚的渊源。尤其重要的是，在《宋史》的编修中起着十分重要作用的总裁欧阳玄即是虞汲的门人和虞集的契友。另外一些总裁官和史官也都和欧阳玄及虞汲、虞集有着密切的关系。在修史者对朱熹、虞允文在恢复问题上的分歧已不甚了解，认为两者并无多大分歧，朱熹对虞允文的批评又无关紧要的前提下，欧阳玄等人出于“尊尊、亲亲之义”和“为尊者讳”的传统观念[1]，在《宋史》《虞允文传》中删去对师门先人的批评之语，又在传论中对其大加赞扬，应该是可以理解的。

对虞允文晚年事迹应予肯定

既然朱熹对虞允文晚年的批评有失公允和客观，《宋史》史臣对其晚年事迹的赞扬又未免有溢美之嫌，那末，对这一历史人物的晚年事迹究竟应如何评价呢？众所周知，人们之所以会对一位人物作出不同的评价，是因为人们的评价标准不一样。这种标准的不同是各个不同时代不同地区不同个人价值观和价值取向的差异造成的。因此，欲解决对虞允文晚年事迹的评价问题，即应先确立一公认的客观评价的标准。在今天，如在实事求是的基础上，以虞允文晚年的行事是否符合人民大众的愿望和利益，是否有利于社会的进步和发展为评价标准，从其晚年行事的目的、手段，尤其是实际效果入手，是可以对虞允文晚年的事迹作出一比较能为大家所接受，较为全面和客观的评价的。

就虞允文晚年行事的目的来说，绍兴以后，他始终不懈，孜孜以求的是报仇雪耻，恢复中原，使南北生灵“底于休息”，而不是

---

1 《春秋穀梁传》卷一三“成公元年秋”。

个人的功名富贵。为实现这一目的，他不惜触怒宰相，甚至不怕得罪皇帝。从人民的愿望和利益，社会的进步和发展，民族大义和伦理，以及公正、正义的原则来看，其目的都是无可非议，值得肯定的。

必须指出的是，报仇、恢复和使人民“底于休息”并非自始至终绝对一致的。在金人南侵，大肆杀掠和压迫宋人时，两者是一致的。但在两国缔和后，人民正安居乐业，发展生产之际，再欲败盟发兵，报仇雪耻，那就势必将与后者发生冲突。所以恢复当待时而动。诚如朱熹所说，报仇雪耻“当权个时势义理轻重”。在“人心愤怒之日，以父兄不共戴天之仇，就此便打叠了他，方快人意”。如若“事已经隔，与吾敌者，非亲杀吾父祖之人，自是鼓作人心不上”，“非惟事有所不可，也自没气势，无意思了”[1]。虞允文之始终坚持待时而动，表明他是深知这一点的。这也正说明其目的是无可厚非的。

又就实现目的手段而言，虞允文主张植根本，致富强，待时而动，这是应予肯定的。但他又主张遣使求衅以制造恢复时机，这就不仅有乖于民族大义和伦理道德，而且不符合人民的愿望和利益，不利于社会的进步和发展。从上述义理、人民和社会进步的立场看，虞允文的这一策略显然不及建立在明大义，正人心，植根本，致富强，伺时以图恢复基础上的，与金绝和，“且硬相守”的策略。

再就虞允文晚年致力于恢复的实际效果来看，他的功绩是不容抹煞的。乾道年间，虞允文积极辅进主德，搜选人才，生养百姓以植根本。三年，他宣抚四川，至则损公钱100万缗代民补输，岁减军须钱谷900余万缗，减常赋之虚额，除四路逋欠343万缗，禁两

---

1 《朱子语类》卷一三三《夷狄》。

税之预索和盐酒之预输，又发帑廪，除年租，赈活饥民数十万，以致“蜀民顿苏”。入相后，他见贫民困于身丁钱而生子不举，即令有司籍势家、寺院私占之荻场，以其利钱137000余缗，绢163000余匹为浙民代输身丁钱。他又处处留心人才，闻善必记入“材馆录”，所荐人才甚多。其中汪应辰、赵雄、胡铨、吕祖谦、洪适、梁克家、留正、郑闻，周执羔、王希吕、韩元吉、林光朝、丘崇、晁公武、张震、王质、辛弃疾、汤邦彦、王之奇、尤袤、王佐、张栻、李垕等皆为一时知名之士[1]。在致富强方面，虞允文亦成绩斐然。乾道五年至八年，他以宰相兼枢密使和制国用使[2]，主持兵财二急务。乾道三年至五年，八年至淳熙元年，他又两度入蜀整顿军政。每次皆使“军政一新”、“马政修矣”，诸军“欢呼”、“大悦”[3]。乾道五年离蜀时，两边积粮近80万斛，宣抚司库存钱较前增35万缗，金较前增2800两，银较前增4万两。淳熙元年，宣抚司所储金8200两，银46000两，帛23400匹，钱743万缗，虽较乾道八年时无甚增减，但数量已相当可观。此外，他还拘籍到总领所积年岁用外金钱790余万缗，以备恢复之用，淳熙中，西边乃有积粮110万斛[4]。其时，“军籍视武安时（绍兴时）增三之一，岁用视武安时减三之一”[5]。当时，朝廷内帑和南库亦“所积尚伙”。淳熙六年（1179），封桩库“共管见钱五百三十万贯，年深有断烂之数。……是时江上之积亦多，而内府之金至于贯朽而不可校，然未闻四方有

---

1 《朱文公文集》卷八九《张栻神道碑》。

2 《宋史》卷三四《孝宗二》。

3 《朱文公文集》卷八九《张栻神道碑》。

4 《建炎以来朝野杂记》甲集卷一五《四川军粮数》，乙集卷一六《绍兴至淳熙四川宣抚司钱帛数》。

5 《建炎以来朝野杂记》甲集卷一七《四川总领所》。

横赋也”[1]。这其间也有虞允文的一份功劳。他主持的沙汰拣军，三军无怨言[2]，成效卓著。淳熙中，孝宗至白石阅军，见“十万之军，一一少壮”，不由感叹道：“前此虞相行拣汰之法，今方见行效。只如采石一事，亦自奇绝”[3]。又值得一提的是，其遣使求衅以制造恢复时机的策略虽不应肯定，但却并未对人民的利益和社会的进步与发展造成任何损害。恰恰相反，正是由于他的坚持和抗旨，才使二国人民避免了一场战争，避免了一场势必使社会生产遭到极大破坏，南北生灵涂炭的浩劫。

显然，按上述标准衡量，我们只能予虞允文晚年的事迹以充分肯定的评价。综观虞允文一生，特别是采石之战中的行事和功绩，考虑到他又具有廉介，宽厚，忠勤无二，不顾个人安危和功名富贵，以国事和大局为重，力主恢复，前后一贯，始终不懈的优秀道德品质，我们不仅应对其晚年的事迹加以肯定，而且还应对其毕生的事迹给予高度肯定的评价。

本文原载于岳飞研究会编《岳飞研究》第四辑《岳飞暨宋史国际学术研讨会论文集》，中华书局，1996年。

1 《建炎以来朝野杂记》乙集卷三《孝宗恭俭至贯朽》。
2 《宋史》卷三八三《虞允文传》。
3 《建炎以来朝野杂记》乙集卷八《张、虞二丞相赐谥本末》。

对唐宋之交兵制演变的探索与思考

——读张其凡著《五代禁军初探》

在中国封建社会中，唐宋时期是上承魏晋南北朝及隋代，下启元明清三朝，社会发生深刻变革的重要历史阶段。赵宋以降直至鸦片战争前夕的中国社会，可以说即是这一变革的产物。而历时约半个多世纪的五代十国时期，则又是上袭唐代之旧格局，下开北宋之新局面的关键。因此，对这一新旧交替的转折时期，必须予以足够的重视，而不能将介于唐宋之间的五代十国仅仅视为唐代的余绪，或宋代历史的序幕，更不能因其短暂和属于“乱世”而不屑一顾。

近年来，国内学者对五代十国的历史日见重视，研究领域不断扩大，并呈进一步向纵深发展的态势，以五代十国历史为对象的研究成果开始涌现。暨南大学出版社出版的张其凡著《五代禁军初探》一书，即是五代十国史研究的一部力作。

在中国封建社会中，军事制度从以征发为主的府兵制向以召募为主的雇佣兵制的转变，堪称一大变革。对府兵制和变革后的宋代兵制，谷霁光先生的《府兵制度考释》和王曾瑜先生的《宋朝兵制初探》作了精辟、详尽的论述。但对唐宋之际这一军事史上的大变革和五代兵制的演变，除张著外，迄今尚未有研究专著问世。

《五代禁军初探》一书共分五卷，约10万字。第一卷《军号篇》，第二卷《将帅篇》，第三卷《作用篇》，第四卷《宋初兵制改革初探》，第五卷《有关五代禁军一些史料的校勘》。作者溯源按流，探讨、辨析并描述了五代禁军制度的发展脉络和演变结果，揭示了造成这一变化的原因、历史作用及其影响。

在《军号篇》中，作者指出，后梁禁军由六军和侍卫亲军二部分组成。后梁以下，六军地位逐渐下降，侍卫亲军日见重要。自唐明宗创置侍卫马军后，侍卫马军、侍卫步军遂成禁军二大主力。在六军地位下降的同时，独立于侍卫亲军以外的控鹤、兴顺二军在唐明宗和后晋时一度曾拥有较重要的地位。北宋以降，学者多认为殿前军始自后周，起于周世宗。作者依据史实驳正了前人在此问题上的失误，指出后晋已有“殿前散员都指挥使”和“殿前散指挥都虞候”之职，后汉又有“殿前都部署”一职。周太祖时，殿前军地位不断上升，逐渐成为与侍卫马军、侍卫步军鼎足而立的一支重要力量。周世宋时，殿前军地位又有较大提高，最终成为与侍卫司分庭抗礼，实际势力凌驾于侍卫亲军之上的禁军核心。作者通过对禁军名号的钩沉抉微和精心考证，不仅纠正了前人之失，而且比较清晰地勾勒出一幅五代禁军的编制组织和结构的演变图。这对了解五代至宋初禁军演变的趋向及其实质，可说是大有裨益的。

在《将帅篇》中，作者以人为纲，逐一考索了禁军的重要将领，同时揭示了五代禁军领导体制的变化。按其所说，后梁六军和侍卫亲军各有其帅，互不相统，而以皇帝为最高统帅。后唐先后以蕃汉总管、判六军诸卫事为禁军统帅。后晋时，判六军诸卫事一职已不见除授，侍卫亲军马步军都指挥使实际上成为禁军的主要统帅。后周先后以殿前都指挥使、殿前都点检为殿前军统帅。两者和侍卫亲军马步军都指挥使分别构成禁军二大部分的统帅。其文对具体了解禁军编制组织的沿革和领导体制演变间的关系，对深入认识皇权与禁军的关系及两者间的斗争冲突，均具有不容忽视的价值。

《作用篇》是全书的重点。作者将五代政权的递嬗方式归结为父子传授、血战夺权、借少数民族兵力以自立、乘乱崛起和以禁军夺权五类，批驳了前人将上述五种递嬗方式混为一谈，一味夸大新旧政权交替过程中方镇之兵作用的错误，认为随着内外兵力对比的变化，禁军的地位与作用日趋重要，在政权更迭过程中已能起决定性的作用。周世宗是五代末年一位雄才大略的皇帝，对其整顿禁军之举措，历来评价甚高。作者本着实事求是的精神，一反前人之定说，明确指出周世宗师法前人，整顿禁军的结果仅大大增强了禁军的战斗力，而并未采取措施防治和改变禁军拥立废杀皇帝、方镇骄蹇难制的旧习。其说持之有故，言之成理，令人折服。

《宋初兵制改革初探》既是作者着眼用力之处，又是全书的精华所在。自募兵制取代府兵制后，中国的统治者经过二百年的反复摸索和实践，才找到足以有效驾驭职业军团，控制中央和地方军队，在新形势下维持专制主义中央集权体制的途径和方法。宋初的兵制改革即意味着这一认识和实践过程的完成。将宋初的兵制改革视为五代兵制演变的总结，是作者通识的具体体现。基于这一认识，作者指出，宋太祖的主要辅臣赵普是发起和推动这一改革的谋主。宋初的兵制改革并非仅局限于对将领控御驾驭的加强和完善，而且还表现在注意建立一个能长期发挥作用的制度。这一制度的特点是，遵循分而治之的制衡原则，将兵权分割成握兵权、调兵权和统兵权，按强干弱枝、内外相维的精神配置兵力，重视禁军的选拔、补充和校阅，以宽猛相济之道严阶级、劳其力，同时又予其以优厚的待遇。作者认为，改革消弭了统治者的腹心之患，保证了军队的长期稳定，造就了一支精锐可靠的军队，对社会的稳定和生产的发展都带来了有利的影响，应该予以肯定。其负面影响是形成了猜忌、压制武将和重用庸将的惯例。

毋庸讳言，该书也存在一些不足和值得商榷之处。必须指出的是，作者对五代禁军的编制、指挥系统、作用及其演变作了深入具体的探讨。但从横向综合和广泛联系的角度来看，禁军只是全体武装部队的一部分，其编制、指挥系统和作用只构成整个军事制度及其功能的一部分，兵制及其演变又是当时社会经济政治制度及其变革的一部分，并深受后者的影响。又从纵向的沿革和历史发展的角度来看，五代兵制的变革仅仅只是唐代中叶以降军事制度变革的延续和发展。因此，作者如能在全书开篇首先介绍唐代中后期的兵制，从唐代中叶以后兵制的变化着眼，由剖析当时社会经济政治制度及其变迁与军事制度及其演变的关系入手，全方位和总体地考察五代的军队、军事制度及其演变，必将拓宽并加深对五代禁军这一课题的研究。

从该书对五代禁军演变轨迹的描述来看，后汉是六军名实皆亡，控鹤军地位下降，殿前军正在崛起，但尚未取得重要地位，侍卫亲军一枝独秀，新旧交替的转折时期。对这一转折及其影响和意义，全书仅一笔带过，论述似过于简略。

以上所述如有不当，尚祈读者不吝赐正。

本文原载于《史学月刊》1997年第2期。

第五编　附录

老子“道论”与互补原理

——兼谈道家思想的一条复兴之路

1927年9月，尼尔斯·玻尔第一次提出了互补原理，这一思想后来发展成为互补哲学，他不仅强调科学意义上的互补性，而且强调民族之间、文化之间的互补性。玻尔的思想及思维方式在西方思想史中是找不到先例的，相反在东方哲学中，类似于互补性的思想倒是显然存在的。西方思想强调的是理性和逻辑上的一致性，不能容忍对事物的解释中出现的矛盾，经典科学就建立在这样的观念上；而东方的道家思想则善于把看似不相容东西融合在一个体系当中。没有证据表明道家思想与互补原理存在直接的亲缘关系，但如果对老子的著作进行本体论和认识论上的分析，我们会发现老子哲学与玻尔思想之间是可以互为印证的。玻尔的思想对经典科学的逻辑原则和完备标准形成了巨大的冲击，正是在科学信念的革命性变化中，出现了道家思想复兴的希望，以老子为代表的中国古代哲学思想作为对西方哲学思想的互补，完全可以进入现代科学的殿堂。

老子的学说中吸收了阴阳家的思想，当然《老子》中的阴阳说已彻底融尽道论之中。阴阳说与互补原理有互通之处，故而我们选择它和玻尔进行比较。不过，由于《老子》过于言简意赅，要精确理解阴阳说，必须首先理清《老子》的哲学脉络。老子在五千言

《道德经》中，其本体论与认识论主要涉及两个最基本的概念，即“道”与“名”。中国古代哲学中的本体概念一般有多重含义，且先哲们不乐于仔细辨析概念的转换；例如老子的“道”就是这样，它既是物质的起源，又是认识论中的本体，同时又是伦理的基础，这种词义重叠引发了学术上的多种争论，其中最重要的争论是关于“道”是否可道及“道”与“名”的关系。在本文中，如不澄清这两个问题，就无法知道老子的本体论与认识论到底说了些什么，也就无法实现老子与玻尔的比较。我们的讨论就由此开始。

一、铺垫一：“道，可道也，非恒道也。”

过去占统治地位的观点认为道是不可言说的。早在战国时就有人认为道是不可道的，如《韩非子》卷六《解老》云：“常者，……不可道也。……故曰：‘道之可道，非常道也’。”此后，人们多按此说注解《老子》的第一句，王弼《老子注》即以“可道之道，……非其常也，故不可道”，来解释“道，可道，非常道”。但是1973年在长沙马王堆汉墓出土的帛书《老子》却表明，道不可道这一点观点是片面的。帛书《老子》是迄今发现的最早的《老子》版本，我们有理由认为它最接近于老子的原意。

帛书《老子》首句为“道，可道也，非恒道也”，较通行本多出两个“也”，并以“常”为“恒”。“也”用在句末表示判断和肯定，所以帛书《老子》与通行本《老子》在道是否可道这个问题上显然有差别，按通行本《老子》及韩非子的解释，“道，可道，非常道”。是一句否定判断，而帛书文字应分成两部分解释。在先秦与秦汉时代，“恒”经常解释为“一般”、“普通”。如庄子卷九《盗跖》曰：“可规以利而谏以言者，皆愚陋恒民之谓耳。”《战国策》

卷四《甘茂亡秦且入齐章》有“甘茂，贤人，非恒士也”之语。《论衡》卷一九《恢国》篇则有“微病，恒医皆巧；笃剧，扁鹊乃良”之说。在以上几例中，恒均作一般解。所以，“道，可道也，非恒道也”。应译为：道是可以言说的，它不是一般的道，（可道之道不具有一般性。）

再就帛书通行本《老子》的内容而言，我们虽然可以找到许多关于道的难以描述的叙述，但老子的的确确对道作了许多论述，如果道果真是完全不能言说的，那么《老子》通篇就毫无意义。另外，《老子》说：“上士闻道，堇能行之。中士闻道，若存若亡。下士闻道，大笑之。”（参见通行本第四十一章）又说：“为学者日益，闻道者日损。”（通行本第四十八章）道既可闻，当然也就可以言。

我们极力论证道并非不可道，绝非节外生枝，要知道，如果道果真是完全的不可说出的，那么老子哲学就是完全的不可知论，它与现代科学研究中的认识论态度就毫无共同之处，比较也就无从谈起。但是，老子的“非恒道也”之说也不容视，它表明可道出的认知对象仅是道的一个小方面，远不是本体（即道）的全部，道的确不能全部为语言所表达。在《老子》全篇中，道都具有神秘的色彩，这实质上是一种相当清醒的认识论态度。道尽管可道，但通过语言不能反映道的全部，所以它又有不可道的一面，这表明人的认知能力是有界限的！那么可道之道与不可道之道关系如何呢？两者的哲学意义又分别是什么呢？我们认为，解决这些问题，恰恰可以给互补原理作一种认识论上的解释。要分析这种关系，必须从另一个重要概念“名”着手。

二、铺垫二：道与名的关系

前文指出过，中国古代先哲们采用的基本概念（尤其是本体概念）常常有多种含义，“道”可以看作是本体论中的自在物，也可以看作认识论中的认知对象，在《老子》中，这种微妙的转换是通过“名”这一概念实现的。“名”被称为“名称”及“形象”(即所谓“名相”)，两种解释均可取，且是相通的。没有形迹，人就不可能感知，当然也就没有相应的名称和概念，故“名”即使解释为“形象”，也能引申理解为概念。

对名与道关系的理解诸家有不同之说，多年来，一直有人认为“无名”或“无”就是道，但实际上，道并不等于无名。有名、无名应当是指道的两种状态。帛书《老子》说：“明道如费，进道如退、夷道如类，……大音希声。天象无刑。道褒无名。”末句道褒无名是对上面描述的总结，“无名”指的是道的“希声”、“无刑”，而不是道本身。“希声”、“无刑”就超出了人的理解范围，当然也就无法用语言来描述。类似的说法《老子》中还有许多，如通行本第十四章说：“(微、希、夷）三者…混而为一。一者，…不可名也，”不可名是因为“微、希、夷，”而不是说不可名就是一。再如,《老子》曰“道恒无名”。这些都表明，“有名”、“无名”都不是本体，而是指道的状态。“无名”指道不可知、不能描述、不能以概念把握的状态，“有名”则指道的可言说、可理解的状态。原文中“无名”虽可以引申理解为不可之道，“有名”可以理解为可道之道，唯一的本体仍是道。

《老子》认为，道是先于名的，“无名”和“有名”都源出于道。“无名，万物之始也；有名，万物之母也。……两者同出异名同谓。”有名（可道）之道与无名（不可道）之道都是道的表现形式。老子反复强调“道恒无名”，在这部极其简练的著作中，这是不同寻常的。这句话是说道的最一般的状态是无名（不可道）的状态。人的认识所能达到的相对于未知的东西是微不足道的。老子通过名划定了人对道的认识论边界，同是又指出名是一种认知的工具，可道之道是以名的形式体现的。

我们将“道”与“名”的关系总结如下：一、名不是本体，无名也不是本体，道才是本体，名是认知的工具：但“道恒无名”，名只能使人达到有限的认识。二、名与本体论意义上的道不可能有必然联系，因为本体论意义上的道是无名的，是独立于主体感知、思维之外的。名不是道所固有的，而是一个离不开认知者的概念，所谓“声”、“刑”、“希”、“夷”等均是相对于感官而言。三、无名、有名异名同出，所以无名之道尽管不能通过感官去认知，但主体可以通过对有名之道的追求来达到对本体的认识，老子从未说过“有名”不是道，他不是一个不可知论者。

在两千多年前，老子就依靠天才的猜测如此巧妙地摆正了名与道的关系。他不仅超出同时代的孔子等人[1]，而且超过了欧洲中世纪唯名论及唯实论甚至十八世纪机械唯物主义的认识论水平。老子哲学几乎从未进入自然科学之门，最终直接使老子思想与自然科学思想产生可比性的也不是前文所述的道与名，而是老子思想中的另一个闪光点——“阴阳说”，但上面的讨论对我们的研究仍然是不可缺少的，因为“阴阳说”可看作是“道论”的一个推论。

三、互补原理的“老子解”

本世纪前期，量子力学的诞生与发展带来了一个重要的认识论问题，就是对一个物理量的精确认识可能意味着对另一个物理量认识精确性的丧失，例如精确测定了动量，就无法精确测定粒子的位置。这对西方传统的理性主义产生了很大的冲击，因为在经典科学时代，科学家们已习惯于将某一个物质体系（甚至整个物质世界的行为）归结为几个物理量，这些物理量是共存的，在逻辑上没有矛盾，它们共同完成了对物理图象的描述。追究其思想根源，可发现经典科学遵循这样一条原则：描述物质系统的概念（名）的体系中不允许存在概念之间矛盾。概念是相辅相成而不是相反相成。而量子力学则破坏这个原则。

共轭物理量在测量中的不相容性毕竟是不容否定的。为了解决科学信念与科学事实之间的矛盾，1927 年 9 月，玻尔提出了互补原理。我们将它简单表述如下，设 A、B 代表两个概念，说 A 和 B 是“互补的”就意味着 A 和 B 满足下列条件：

（a）A 和 B 具有某些互相反对的性质或行为。

（b）A 和 B 不能按人们习惯了的逻辑法则来结合成一个的唯一的、统一的、无矛盾的图象或体系。

（c）为了得到所研究对象的完备描述，A 和 B 是同样不可缺少的；只能按当时的（或所选的）条件分别利用 A 和 B，而不能一劳永逸地抛掉 A 或抛掉 B[2]。

上述原理显然有悖于以往人们对自然科学的信念，但我们似乎可以在老子哲学中为玻尔找到共鸣。互补原理能否成立，关键在于：我们是否可以允许一个概念体系中存在矛盾、存在不相容之处。老子恰恰具有玻尔所需要的精神，《老子》原文中有“万物负阴而抱阳”（见通行本第三十八章）之句，在《老子》中“万物”是由道衍生出来的，它不是混沌不可知的道和一，而是可知可言的，是认知的对象，也是有名的（“有名，万物之母也”），这些可知的东西在人的认识中是一个统一体，但却包含截然不同的两个方面，即“阴”和“阳”；阴阳看似玄妙，但我们知道，与混沌不可知的道相比，万物最大的特点就是具可描述性，阴阳也只能体现在可描述的万物中，因此万物的阴阳矛盾的体现方式就是“名”。这就是说：在对“有名”进行描述时，允许存在某些似乎不相容的内容，这些不相容的东西，共同完成了对“有名”描述，这与玻尔的“互斥即互补”（contraria sunt complementa）的说法何其相似！

老子的“阴阳说”没有明显的逻辑线索，但我们认为“阴阳说”与前面的“道”、“名”之说是一脉相承的。道是可道的，作为更一般的道却是不可道的，道的这种层次差别表明，当人们研究自然时，将永远不能无视那个未知世界：人通过名来研究对象，但名不是道的天然附属物，道与名并非一对双子座星，名具有很强的主体性，它不具有本体的意义。我们不妨再以西方哲学的口吻作一个形而上学的假定：作为最终意义上的本体是和谐统一的（无需追问是哪种“统一”，反正这个本体符合一切意义上的要求），即无名之道是不包含矛盾的；即使这个假定成立，我们的“无名”是无矛盾的，但我们通过名去把握到的东西只是肢离破碎的枝节，且名本身的适用范围又是有限的，那么名的体系中可能存在矛盾就是理所当然的。由名的体系中出现矛盾就意味着“万物负阴而抱阳”。老子哲学为互补原理作了一个很好的注解与辩护。

《老子》中有与阴阳说相一致的一些方法论原则，如“曲则全，枉则正；洼则盈，弊则新”（通行本第二十三章），就是说你想要保留或得到某物，就必须容忍他的对立物，而不是一味地拒斥。这与互补原理中方法论的相似性是不言而喻的。

也许有人会辩驳说，名出现不相容是暂时和偶然的，总能找到新的“名”的体系或补救方法来消除矛盾。我们不打算武断地说这是不可能的，但的确谁也不能保证这样做一定能成功。仍就量子力学而言，诸如定域隐参量理论之类的研究依然是值得肯定的。因为任何一个名的体系都不可能永久，探索新的名的体系也就成了必然；但是迄今我们没有看见这类研究取得决定性的突破；况且，即使有一天某个理论取代了互补原理，我们仍可能再次遇到类似于量子力学的问题，那时我们采取什么样的认识论原则呢？看来，由互补原理发展起来的互补哲学将不会是昙花一现，但也不会一统天下。这也符合老子的说法，“故恒无欲也，以观其妙；恒有欲也，以观其所徼”。如果说在对量子力学的态度上，哥本哈根学派更像是“无欲”，那么爱因斯坦学派就是“有欲”，两者相反相成。在哲学态度上我们可以有所取舍，却不能完全否认对方的“有欲”的行为，有欲与无欲是互补的，互补原理也需要互补，多种思想的合力才能最有力地推进科学事业，这不正证明了互补哲学的生命力吗？

四、经典科学的误区与老子的生命力

前文提到过经典科学遵循的是寻找一个建立在基本概念基础上的无矛盾的逻辑体系，就是说必须把对现象的描述采取还原的方法归结到几个基本概念上。这种方法正确与否取决于基本概念是否具有“本质”的意义。在牛顿之后，科学家中盛行机械唯物主义的思想，这集中体现在拉普拉斯充满自信的话中：我们完全可以推知世界的过去和未来，只要给出足够的初始条件就行了。科学家们对自己手中的基本概念和逻辑原则过于信赖，他们不知不觉地将“名”与“道”捆在一起，将名看作与道具有同样的深度，这就是经典科学的误区所在。

爱因斯坦尽管指出“概念与物理实体没有什么逻辑联系”[3]，但他对传统因果律信之不疑，他始终认为量子力学由于未能给出确切的分析描述，不符合因果律，因而是不完备的，他更将玻尔的互补原理看作是“绥靖主义”。究其原因，是他依旧相信有一种毫无局限，能一统天下的概念（名）的体系。如果真存在这样的体系，那么名就可以在认识论中取代道，这与老子“道恒无名”的思想显然不一致。

玻尔在早年的科学研究中，就采用了类似于互补原理的做法。如在探讨核外电子跃迁问题时，他就大胆地采取了一个半经典的模型：虽然这个模型后来被量子模型所取代，但他对于名的体系中矛盾的处理方法已初见端倪，当然这与后来的互补原理存在本质的差别。互补原理的真知灼见之处在于，它实质上（不管玻尔本人是否意识到）否定了“名”可以与“道”并驾齐驱的思想，互补原理果断地放弃了经典物理学的思维方式，以看似不相容的概念共同完成对客体的完备描述，爱因斯坦强调“上帝不掷骰子”。而玻尔则回答“上帝掷不掷骰子，我们不知道”他在断定量子统计描述是完备的同时，并没有断定“上帝是掷骰子的”。而是清醒地将自己的观点与终极本体分开。由于主体和名的局限性，名的体系中的概念不可兼得的现象（如共轭物理量的测不准关系），就应当以某种准则加以宽容。“互补性是自然法则的需要，它不但不是个障碍，实际上还是必不可少的逻辑工具”[4]。从“道论”中，我们可以从认识角度为玻尔所说的“逻辑工具”找到根据。

玻尔没有明确道出概念与实体的分离，他提出互补原理的理由是主体可能会干扰被观测的对象，这与我们从老子那里引出的思路不一样，但也无需强求一致。无论如何，玻尔已指出，我们不能将概念看作是与主体无关的，这从另一个角度阻止了概念的神圣化。

物理学是一门相对比较成熟的科学，在成熟的科学中必定有很成功的概念体系，这样的概念体系被过分强化为本体的本质特征是可以理解的。也恰恰是在物理学中，概念的神圣性被否定了，这不是偶然，而是因为随着人类研究领域的拓宽与深入，概念的局限必然要表现出来。对经典物理学观念发起冲击的是互补原理而不是老子哲学，然而物理学的发展历程毕竟表明老子的“道”与“名”的理论是相当可取的。所以，在自然科学的发展中可能蕴育着老子哲学甚至中国古代哲学复兴的希望。

五、几点补充说明

本文不是一篇考据文章，我们无意考证老子曾直接影响了玻尔，事实上，老子对玻尔的影响大概及不上中国的太极图对玻尔的影响，玻尔的思想是他独创所得。我们只是想表明，中国哲学尽管在体系上、思维方式上与西方哲学相去甚远，但其核心思想依然可以应用在现代科学的哲学思索中。

我们也不打算通过老子与玻尔的比较来证明双方的正确性或证明双方的一致性，老子、玻尔这两位伟人在时空上都相差大远了，其中任何一位的思想都不能涵盖另一位的学说。例如老子的“阴阳”之说不可能道出概念之间的取舍原则，更不可能代替测不准关系。再如在思维方式上，作为物理学家的玻尔与作为道家始祖的老子也注定不可能一样。但只要能证明，两者确实在某些方面是可以比较（而不是可以互代的或可以找到“血缘关系”）的，我们就有理由将中国古代哲学汇入当代科学之潮中，在为科学推波助澜的同时，使中国古代哲学进入复兴时代。

也许有人会认为这种研究方式过于牵强。但是，恩格斯在评价古希腊哲学时说：“在希腊哲学的多种多样的形式中，差不多可以找到以后各种观点的胚胎、萌芽。”[5]既然希腊哲学包含了那么多胚胎、萌芽，我们为什么不能在中国哲学中发掘一颗种子呢？即然不能指责欧洲人“曲解”了古希腊哲学，我们又何必害怕稍稍“曲解”《老子》呢？

最后，我们想指出，在现代物理学中，许多领域已吸收东方哲学的营养，甚至在定域隐参量的研究中也有东方思维方式的“影子”[6]。中国哲学中能对科学发生作用的部分不限于老子和道家，能影响的领域也不限于物理学。合理的思想是不死的。

本文原载于《自然辩证法研究》1993年第1期。
为周生春先生与王诗宗合撰。

参考书目

[1] 葛晋荣：先秦“名实”概念的历史演变，《江淮论坛》，1990。

[2] 戈革：关于尼斯·玻尔思想的几点历史考察，《自然杂志》第八卷。

[3] A·爱因斯坦：《爱因斯坦文集》。

[4] R·穆耳：《尼尔斯·玻尔》，科学出版社，1982。

[5] 恩格斯：《自然辩证法》。

[6] 余正荣：卡普拉生态世界观析要，《自然辩证法研究》，1992。

整合是否可能

——老子与玻尔认识论思想异同析

近代以来，人类在科学精神的指导下，建立起一个工业文明的社会。近现代文明发展到今天，已进入一个充满危机的时代；且其每前进一步，几乎都使危机日趋深化，使人类乃至所有物种都面临日益增大的威胁，这是科学——工业文明的创造者们所始料不及的。正是在这种情况下，人们越来越多地从逻辑、心理、生态、伦理等角度对近现代科学技术体系进行批判。

值得注意的是，由于近现代科学思想体系存在着还原主义及将主、客体截然对立的局限，在批判、更新和重建科学思想体系的过程中，出现了一种整合科学主义和人文主义、贯通古今、契合东西的趋向。这股潮流不再只注重理性和逻辑，只强调人与自然的对立；而是重新肯定古代东方的整体思想，转而重视直觉及人与自然的和谐，试图将两者整合为一种既重整体直觉，又重理性分析的科学思想体系。

形成于两千多年前的《老子》一书，是道家和道教思想的理论基础，它以博大精深的本体论、认识论思想独步中国古代思想之林。玻尔则是在本世纪科学革命中作出卓越贡献的丹麦物理学家和思想家。老子与玻尔在时空上差距极大，在思想体系上却极具代表性。此外认识论思想今日又被视作科学思想的核心。因此，通过对两位东西方伟人认识论观点的比较和剖析，可以探讨现代西方和古代中国的哲学（科学）思想是否真的存在整合的基础，以及我们能否从中国古代的思想宝库中获取一些有益的启迪。

一

本文所说的老子是成书于先秦时的《老子》一书的作者，其思想主要保存在 1973 年湖南长沙马王堆三号汉墓出土的抄写于两千多年前的帛书《老子》一书中。

在正式论述老子的认识论思想前，必须先澄清长期以来人们对其思想的一种误解，即把老子看作是“知”和“学”的反对者。

老子指出：“知慧出，案有大伪”；“人多知，而奇物兹起”；“民之难治也，以其知也”。他认为：“绝圣弃知，而民利百倍”；“以不知知邦，邦之福也”；故主张“绝学无忧”。

然而老子又认为，“知者弗言，言者弗知”；“知者不博，博者弗知”；“使我介有知也，行于大道”；“恒知稽式，此谓玄德”。强调“人之所教，亦议而教人，……吾将以为学父”，“善人，善人之师，……不贵其师……虽知乎大迷”。可见老子并没有弃绝“知”和“学”，并未不要知识、智慧和反对认识自身及外在的种种事物，也从未否定从师受教和学习。

《老子》书中关于“学”和“知”的论述看似自相抵牾，其实并不矛盾。表面上的矛盾是由于古代汉语中许多词语在所指和能指之间存在着一定的分离度所造成的，以上两节引文中所说的“知”和“学”，文字虽同，所指却很不相同。老子说：“不出于户，以知天下；不规于牖，以知天道。其出也弥远，其知弥少。是以圣人不行而知，不见而名。”又说“不贵其师，……虽知乎大迷”；“使我介有知也，行于大道”。这说明老子所说的“知”有圣人之真“知”，以及背离圣人和道的糊涂虚假之“知”。

同样，从“为学者日益，闻道者日损，”“学不学，而复众人之所过”，可知“学”亦有以获取真“知”为目标的“学”，和以令人迷失方向之知识及智慧为对象的“学”。

老子对两种“知”和“学”采取了绝然相反的两种不同的态度。老子指出：“吾言甚易知也，甚易行也；而人莫知能知也，而莫知能行也。”究其原因，即在于“言有君事有宗”，其言行的宗旨即在于：“知不知，尚矣；不知不知，病矣。”上述“知不知”中的前一“知”是老子学说及其言行宗旨的真“知”，后一“知”乃是与大道相悖的“知”，即“智慧出，案有大伪”的“知”。显而易见，老子提倡的是前一种“知”，而另一种“知”则是老子对当时某些学派治学方法及观点的批评。

二

老子认为，道是宇宙的最高本体，万物的本原，事物的本质和行为准则。他指出，“孔德之容，唯道是从”。“道之物”，“中有请呵！其请甚真，其中有信”，“人法地，地法天，天法道”。因此，“执今之道，以御今之有，以知古始”，只要抓住道，即能洞悉万物的本质，认识和驾驭万物。

老子说：“天下有始，以为天下母。既得其母，以知其子，既知其子，复守其母，没身不殆。塞其垅，闭其门，终身不堇。启其垅，济其事，终身不棘。见小曰明，守柔曰强。用其光，复归其明，毋遗身殃，是谓袭常。”上述“始”和“母”指“无名万物之始，有名万物之母”的“无名”和“有名”，也就是“道生一、一生二、二生三、三生万物”的“道”；“小”亦指“道沨呵！……可名于小”，“道恒无名，朴虽小”的“道”；“守柔”即“守其母”和“复归其明”，亦即守道。老子在这里明确指出：

一、人们只要牢牢地把握道，即能通过道认识万物。

二、认识的程式是由道认识万物，然后再从万物返回到道，而不是相反。

三、由道认识万物后，只有无为、不言，返守大道，才是因袭和不偏离道。

四、认识道才是真正的“明”，牢牢地把握道才是真正的“强”。

显然，道构成了老子认识程式中最重要的一环。

老子认为道既“无名”，又“有名”，所以对于道的认识和把握应分别由“无名”和“有名”入手。所谓“无名”是道的常态，它既是万物生长、发展的起点，又是万物的最终归宿。“有名”是道的动态表现形式。万物的运动无不遵循着“大”、“逝”、“远”、“反”的规律，最后返回到“无名”。“无名”是感官所无法感觉、不可具体描述、无法指称的一种实际存在。在老子看来，人们唯有通过不同的途径，运用不同的方法，才能分别认识“无名”和“有名”。只有通过“无欲”方能把握“无名”。所谓“无欲”，指无任何有悖于道的私欲和物欲，即“无私”、“无身”、“无心”、“无争”和“无积”，亦即无我。老子认为，人们只有“抟气至柔”、“修除玄监”，达到“无欲”的状态，方能进入“虚”、“静”和“无名”的境界，从而领悟和把握“无名”。显然，这是一种不必依赖感官、不必借助于逻辑推理的内向直觉体悟的认识方法。

另一方面，人们只有通过“有欲”才能认识和把握“有名”。所谓“有欲”，系指有合乎自然之道和推行大道之欲，老子认为，人们只有持重守静，行不离其辎重，“无弃人，物无弃财”，“贵其师”，“爱其资”，即欲合乎道，有成为天下君长以推行大道之欲，方能做到“万物旁作，吾以观其复也”，认识到万物由“大”到“逝”、由“逝”及“远”、由“远”而“返”的动态规律。唯其如此，“有欲”者才能通过观其所“曒”认识具体的“知”，达到“明”之境界。

在老子眼中，认识把握“有名”的方法和常人的认知方法并无大的不同。只是“有名”与常人视野中锁碎具体的事物还是有差别的，“有名”要抽象、普遍得多。

老子认为，人们应通过观察来认识“有名”。主张“有欲”来“观其所曒”，即通过观察“有名”的运行来认识它。老子自己即是通过“万物旁作，吾以观其复也”的观察，认识到“天物云云，各复归于其根”，即“复命，常也”这一道理的。

老子还认为，人们可运用推理的方法认识“有名”。老子曰：“以正治邦，以畸用兵，以无事取天下。吾何以知其然也才？夫天下多忌讳，而民弥贫；民多利器，而邦家兹昏；……”这段话的含义，远非一个“观”字所涵盖，其中明显包含逻辑推理过程。类似的例子，《老子》中还有许多。

老子又指出，人们可运用比较、分析的方法来从事认知活动。老子在抨击天下盛行的不正之道后指出，“善建者不拔，善抱者不脱，……。以身观身，以家观家，以乡观乡，以邦观邦，以天下观天下。吾何以知天下之然兹？以此”。老子明白无遗地告诉我们，他是在对个人、家、乡、国和天下等每一层面是否具备德，以及所具之德进行比较、分析后，才得出结论的。

三

凭心而论，叙述老子认识论思想很难，准确表达玻尔的认识论思想则更难。至少从理性的角度看，玻尔的认识论思想要更精微具体。由于玻尔的哲学思辩立足于当代物理学的理论与事实（而人们对这些理论与事实的意义的理解是多种多样的），加之玻尔的思想混迹于本世纪的哲学及科学思想潮流中，人们在研究玻尔时，可能从多个角度产生歧义。

然而，我们如果不是望文生义，不是把哥本哈根学派其他人的观点强加于玻尔，那么要对玻尔认识论思想作一个粗线条的勾划，还是可以做到的。

从玻尔的全部言论和思想体系出发，我们不难发现，玻尔把外在世界当作不依赖于知觉主体而独立存在的一种客观实在。他告诉我们："在物理学中，我们的问题在于标示我们有关外在世界的经验"；"原子现象的描述具有完全客观的性质，其意义是：这里没有明白地涉及任何个别的观察者"。他明确地肯定了微观原子世界的实在性，并批评了马赫等人的实证论观点。另一方面，玻尔曾反复说明知识的客观来源。他指出，"不论不同实验条件下的原子表现得多么矛盾，……所有这些现象（现象应理解为客体本身的行动，参见［8］——作者注）的总体就包罗了有关客体一切可定义的知识"，"一切有关原子客体的无歧义的知识，都是依据遗留在确定着实验条件的那些物体上的永久性记号——例如由电子的撞击而在照相底片上造成的一个斑点——来推得的"。这样看来，玻尔认识论以客观实在为基础的基本态度就不言自明了。

在如何认识并描述客观实在方面，玻尔提出了独特而卓越的见解。首先他认为，在认识和描述过程中，主客体之间的区分是必不可少的，但这种区分在不同的领域是很不一样的。“在机械自然观中，主观——客观分界线是固定的；而一种更广阔描述的用武之地却通过这样一种认识而被提供出来：我们的概念的合乎逻辑的应用，要求着这种分界线的不同画法。”“原子现象的任何观察，都将涉及一种不可忽略的（原子现象）和观察仪器之间的相互作用。”这种相互作用“在普通经验中是可以忽略或单独考虑的，而在量子物理学领域中它却形成现象的一个不可分割的部分”。这就意味着“我们完全无法在现象和观察现象所用的仪器之间画一明确分界线”，“这种不可能性确实使我们所处的地位和在心理学中所处的如此熟悉的地位非常相似。在心理学中，我们不断地需要想到区别主体和客体的困难”。

因此，出于在认识和无歧义说明中必须明确区分主客体之需，玻尔在原子物理学这一领域中提出并采取了一种新的主客体界线“画法”。他从观察仪器已构成客体物理效应不可以忽略的原因这一事实出发，提出人们只有将观察仪器包括在客体和现象中，采用“互补描述的方式”，即“只有将实验条件的明白论述包括在现象的说明中，才能得到客观的描述”。

其次，玻尔又认为，对认知主体来说，作用量子、生命、有意识的个人和人类文化都具有不可分的整体性特点，只能从整体上加以把握。在原子现象方面，他认为只有从“不论不同实验条件下的原子表现得多么矛盾，……所有这些现象的总体就包罗了有关客体的一切可定义的知识”出发，将实验条件的明白叙述包括在现象的说明中，分别运用有关现象的不同描述方式，即“互补描述”方式，才能得到客观和全面完整的描述。“互补一词的意义是：一些经典概念任何确切的应用，将排除另一些经典概念的同时应用，而这另一些经典概念在另一种条件下却是阐述现象所同样不可缺少的。”同样，“生命本身的存在，不论就它的定义还是就它的观测来说，都应当看成生物学一个不能进一步加以分析的基本假设，就如同作用量子的存在和物质终极原子性一起形成原子物理学的基本根据一样”。“生命机体的不可分割性和有意识的个人以及文化的特征，都显示出一些整体性的特点，……蕴涵着一种典型的互补描述方式”，人们也只有以整体上运用“互补描述”的方式，才能全面地认识和描述它们。

最后，玻尔还认为，认知主体对微观世界这种人类感官所不能直接感知领域中的现象不能作形象化的描述，只能作符号化的描述。他说：“对于形象化的要求，确定了我们语言的性质，上述（即量子论）的形势强迫我们放弃这种要求。”“量子力学方法的物理内容，限于一些统计规律性的陈述。这些规律性存在于那样一些测量结果之间的关系中，各该结果表征着现象的各种可能进程。……这种方法的符号化的外貌，是和有关问题根本无法形象化这一特性密切相适应的。”

在认识发展的问题上，玻尔的看法是：随着人类实践的不断深入，人们的认识将经历一个不断深化的过程，旧的观念将不断得到修正。他指出，“当新的发现认识到一向认为不可缺少的那些概念也有其本质的局限性时，……我们得到了更全面的看法和更高的能力，可以把过去甚至可能显得互相矛盾的现象联系起来”。例如量子论对经典物理学正是这样，而非平衡态热力学也统一了进化论与热力学第二定律之间的矛盾；这些都说明了玻尔观点的深刻性。

四

比较老子与玻尔，总难免让人觉得牵强，但我们认为，出于未来目的比较研究还是必要的，况且两者认识论观点的主要方面确实具有可比性。只是，本文的比较分析绝不是为了考证老子对玻尔曾发生过什么影响。

老子和玻尔的认识论思想有很多契合之处。

首先，就认识的来源而言，两者均持一种实在和可知的观点。玻尔认为，外在世界是独立于人的意识之外的一种客观实在，认识是客观实在的反映，人们能通过实践，运用观察、实验、推理等手段认识客观实在。老子说："有物昆成，先天地生，……独立而不改，可以为天地母。……人法地，地法天，天法道，道法自然。"他认为道和天、地是独立于知觉主体人以外，为人所效法的客观实在，且客观实在是可以"知"和"学"的。老子又主张"从事而道者同于道"，实行道才能与道这一最高智慧同在。他亦认为实践是认识的基础，所以人们只有参与治国、取天下的实践，运用观察、分析、比较和推理的手段，才能认识"天下"和"以正治邦"等天之道和圣人之道。

从他们所说的认知对象的特点看，人均面对着人类感官所不能直接感知的领域。玻尔认为微观的原子世界就是无法直接感知的、但又可以认识的客观实在，"实验技术的奇妙发展已经使我们能够研究个体原子的效应了"。同时他还探讨了这类领域中的认识问题。老子则指出"无名"是无形、无声、无迹（即"微"、"希"、"夷"），感官所不能感知的，老子明确认为"无名"是可以认识的，不过他提倡的认识方法不是理性的。

其次，玻尔和老子在感官无法直接感知的领域中各自采取了一种新的区分主客体的方式。在机械自然观中，“客观”仅指被观测的客体，而在微观原子世界中，主客体的分界线只能画在独立的观测者和（由原子客体与测量仪器构成的）量子现象之间；在意识经验领域，玻尔主张引入新的主体来区分主客体。老子也通过对“观”的强调把知觉主体与认知对象置于对立的两面；然而“观”对“视之而弗见”、“听之而弗闻”、“揞之而弗得”的“一”是无能为力的，人们唯有通过“无欲”的途径，在泯灭主体，与“无名”融为一体后，才能认识“无名”。显然，在认识“无名”时不存在主客体的确定界限，如果一定要坚持“习见”的分界，“无名”就成了不可捉摸的“幽呵！冥呵！”的客体。可以说，为了描述“无名”客体，老子同样也引入了一个新的主体，尽管这个主体泯灭了自我（即通常意义上的主体），却也是认识客体所必需的。

再次，两者都对感官无法直接感知、不可分割的事物采取了一种整体和抽象的描述方式。玻尔对量子世界采取整体的互补描述方式，而且对生命、个人和文化也采取了互补哲学的态度；他把有关量子现象的问题看成是根本无法形象化的，所以量子力学的“符号化外貌”就是不可替代的了。在《老子》中“无名”虽然是“不可名”的，但他仍指出，“无名”是“不可至计”和不可进一步加以理性分析的混一之物，“道”亦是混然一体的“昆成”之物，两者均具有整体性。只有从整体出发，才能对不可言说和直接描述的“无名”进行间接而又全面的描述；当然由于“无名”不可名，对它的描述就不同于对“有名”的描述，只能是抽象的、非具体的，以致“未知其名”，只能“强为之名曰大”，只能借助于“一”、“朴”、“虚”、“静”等抽象词汇来描述“无名”，他还应用了无形、无声、无迹、无物、无象、无状和“望”、“惚”等词来否定“无名”的具体形象。

老子与玻尔的认识论思想的契合还不止于此，如果进一步研究还可以发现，双方在一些细节上的一致也是惊人的，如老子立足于“有名”、“无名”概念的阴阳说正好可以为玻尔的互补原理提供一个认识论注解。

五

必须指出的是，老子与玻尔的认识论思想是相通而不相等的，其不同之处与相似之处一样不容忽视。

一、在认识的对象上，老子和玻尔虽均涉足于感官无法直接感知的领域，但两者又各有所偏重。老子主要以“道”，尤其是以“无名”作为其认识对象，但这显然不是指事物的具体方面。玻尔则主要关注对微观原子世界的认识，尽管他也曾提及意识、经验和心理领域的认识问题。相比之下，老子的认知对象类似于西方哲学中的“本体”，实际上超出了一切经验所及。而玻尔则注重现实物质世界的特定领域，他的认识对象仍是经验所及，只是超出了经典物理学的经验。

二、在认识方法上，老子和玻尔的观点也各不相同。老子着重指出，在认识“无名”的过程中，不能运用观察、分析、比较和推理的方法，而只能通过“无欲”的途径，运用排除主体，消除主客体局限，进入“无名”，与其融为一体的方法来认识它。老子重视并强调运用了这种内向反求、直觉体认的方法来认识“无名”。玻尔则主张借助于观察仪器这一人类感官的延长，运用实验、观察、推理等方法，来研究认识微观世界。

三、在认识的发展问题上，老子和玻尔有着全然不同的看法。老子认为，在认识道之后，人们即应“塞其兑”，“闭其门”，不

“济其事”，“复守其母”，只能通过道认识万物，然后又“复归其明”，而不能另外旁求其他“知”。在他看来，认识道之后，认识即告完成，认识的过程亦随之结束，认识也就不可能有任何新的发展。玻尔则认为认识是需要深化和发展的，旧的认知和理论中的矛盾有待于新的认识去更新和统一它们。

老子和玻尔认识论思想的差异表明，两者代表着人类认识发展的两个不同阶段，分别属于不同的文化传统。我们在承认两者有许多共同点的同时，切莫忘记两者之间存在着一条鸿沟，切忌将两者等量齐观，将老子的思想现代化。也不能以玻尔否定老子。仍以认识对象问题为例，老子的观点固然很“形而上”，但现代科学思考中也的确常常出现类似于本体的形而上概念。孰是孰非，不是马上就可以作结论的。

综上所述，可知老子的认识论思想在一些关键问题上与玻尔的认识论思想有共同之处。他们之间的确有差异，这些差异是可以理解的。老子与玻尔的共同点表明，老子思想并非那么神秘，与西方科学思想格格不入，并非只能作为现代科学——工业文明的旁观者。事实上，在科学实践中，有许多认识论难点和科学理论本身难点可从老子理论中求得借鉴，如因果实在问题、宇宙创生问题、互补原理问题等。老子与玻尔的相通还表明，两位伟人各自代表的中西方哲学与科学思想也有可能进行某种整合。

整合的意义远不止于科学实践本身。东西方思想的融合还可以修正西方盛行的人类中心、自我中心倾向。由于人类以科学技术为手段进行无节制的扩张，已造成了严重的自然、社会后果，所以迫切需要对科学技术发展进行伦理的思考，进而达到合理的制约。在这一点上，西方思想存在先天不足；西方哲学从古希腊时代即充斥了主、客体对立，人、我对立，人类与自然的对立，现代西方思想家（即使是非理性的思想家）理论仍包含着这种对立观。东方思想的种子，恰恰可以在西方思想的抛荒地上生根发芽。

一旦这种整合得以实现，那么东方古代思想中与西方思想相近相同者固然可以继续发扬光大，其不同点更是弥足珍贵。例如消除主客体界线、泯灭主体的认识论观点，“守其雌”、“复守其母”的伦理观点，只要不从消极方面去理解它们，便可能恰当地吸收它们。

整合不是强求双方一致，也不是要修改前人的观点，而是要发展一种针对现实的科学技术（工业）文明弊端的新思想。故此，只要在“大节”上相通、相近，双方观点有差异倒是件有利于思想发展的好事。

本文原载于《自然辩证法通讯》1995年第6期。
为周生春先生与王诗宗合撰。

参考书目

[1] 马王堆汉墓帛书《老子》，文物出版社，1976年。参见通行本《老子》相应章节。

[2] 详见周生春“帛书《老子》道论试探”，《哲学研究》，1992年。

[3] N. 玻尔：《原子论和自然的描述》，商务印书馆，1964年。

[4] N. 玻尔：《原子物理学和人类知识论文续编》，商务印书馆，1978年。

[5] M.A. 马尔科夫：“目击者的见证”，苏联《自然杂志》，1990年。

[6] N. 玻尔：《原子物理学和人类知识》，商务印书馆，1964年。

[7] H. J. Folse：The Philosophy of Niels Bohr，North Holland，Amsterdam，1985年。

[8] 范岱年：“再谈尼尔斯·玻尔与实在论”，《自然辩证法研究》，1993年。

[9] 参见周生春、王诗宗“老子道论与互补原理”，《自然辩证法研究》，1993年。

试论文化、经济和旅游的关系

文化、经济和旅游是三个不同的概念，文化学、经济学和旅游学是三个不同的学科。文章试图对这三个概念和三个学科的关系进行梳理，从而得出两点结论。一、文化是经济和旅游发展的根本。二、只有在注重旅游经济学和经济旅游学的同时，又高度重视其文化独特性的传承和发展，注重文化经济学、文化旅游学，才能有效促进这一地区经济与旅游的发展。

文化、经济和旅游是三个不同的概念。围绕这三个概念，各自独立发展所形成的文化学、经济学和旅游学是三个不同的学科。从上述三个不同的概念和学科出发，经交叉、融合又可以形成若干不同的分支学科。对以上概念和学科间的关系，人们迄今仍存在一些认识上的误区。为澄清以往之错讹，文章拟对上述三概念和学科的关系作一学理上梳理。所言如有不当，尚祈各位专家不吝赐正。

一、文化与经济

文化这一概念历来即有种种不同的定义。从经济和旅游的角度出发，应取包含物质在内的广义的文化定义。这里所说的文化，是指为社会成员所共同承认的价值观和意义体系，及其具体化的物质实体，即在历史实践过程中人们所创造的物质财富和精神财富的总和。它包括符号、意义、价值观，规范准则和体现前二者意义的物质文化。就人而言，文化是社会成员内在和外在的行为规则。作为动词的文化则指以文化之，即文治、教化。

围绕文化这一概念，发展形成了文化学这一学科。文化学是从文化的角度研究人类，对各种文化和社会进行比较研究的一门学科。

经济这一概念亦有各种不同的定义。这里所说的经济是指社会的物质资料的生产、流通和其他非生产部门的总称，以及人们在其中结成的生产关系的总和。作为动词的经济则指经世济民。围绕经济这一概念，发展形成了经济学学科。经济学是研究各种经济关系和经济活动的规律，探讨社会如何管理自己的稀缺资源的一门学科。

经济构成了政治法律制度、机构和社会意识形态即上层建筑的基础。狭义的文化仅表现为制度和精神层面的文化，构成了建立在一定经济基础之上的上层建筑。它和经济是基础与上层建筑的关系，两者对立且界限清晰。但包括物质层面文化在内的广义的文化则不然，它和经济既有明显区别，又有重迭交叉之处。由于物质层面的文化与经济大致重合，所以经济可被视为文化的一部分。

文化与经济的交叉形成了文化经济与经济文化这两个不同的概念。文化经济这一概念以文化为主要内容，以经济为其本质和表现形态。从经济的视角出发，以经济学作为其理论基础和分析框架，来研究文化现象背后的经济本质和特点，可以发展形成文化经济学这一交叉学科。经济文化这一概念以经济为主要内容，以文化为其本质和表现形态。从文化的视角出发，以文化学作为其理论基础和分析框架，来研究经济现象背后的文化本质和特点，可以发展形成经济文化学这一交叉学科。

围绕文化经济与经济文化这两个不同的概念，发展形成的文化经济学与经济文化学是两门看起来十分相似，其实却绝然不同的两门学科。

二、旅游与经济

旅游这一概念亦有各种不同的定义。这里所说的旅游是指人们在外客居、游历，即通过空间的转移（暂离居住地），以获取身心的安乐、个人素质的提高和发展的一种活动。

旅游与经济的交叉形成了旅游经济与经济旅游这两个不同的概念。旅游经济这一概念以旅游为主要内容，以经济为其本质和表现形态。从经济的视角出发，运用经济学的理论和方法，来研究旅游现象背后的经济本质和特点，可以发展形成旅游经济学这一交叉学科。经济旅游这一概念以经济为主要内容，以旅游为其本质和表现形态。从旅游的视角出发，运用旅游学的理论和方法，来研究经济现象背后的旅游本质和特点，可以发展形成经济旅游学这一交叉学科。

围绕旅游经济与经济旅游这两个不同的概念，发展形成的旅游经济学与经济旅游学看似相同，其实却是绝然不同的两门学科。

三、旅游与文化

旅游与文化这两个概念彼此交叉将形成文化旅游与旅游文化这

两个不同的概念。文化旅游这一概念以（旅游地的）文化为主要内容，以旅游为其本质和表现形态。从旅游的视角出发，运用旅游学的理论和方法，来研究文化现象背后的旅游本质和特点，可以发展形成文化旅游经济学这一交叉学科。旅游文化这一概念以旅游为主要内容，以文化（不同文化背景的旅游者与旅游地环境、文化互动的产物）为其本质和表现形态。从文化的视角出发，运用文化学的理论和方法，来研究旅游现象背后的文化本质和特点，可以发展形成旅游文化学这一交叉学科。

围绕文化旅游与旅游文化这两个不同的概念，发展形成的文化旅游学与旅游文化学看似相同，其实也是绝然不同的两门学科。

四、文化与经济、旅游的关系

（一）从广义的文化概念来看，文化、经济与旅游并非完全并列，而是彼此颇多交叉、重叠之处的三个概念。

（二）三者的交叉、重叠形成了文化经济与经济文化，旅游经济与经济旅游、文化旅游与旅游文化这 6 个 3 对本不相同，但又极易混淆的概念。

（三）经济、旅游与文化彼此互动，关系复杂。旅游可以是一种经济活动，但又不全是经济活动。经济则构成了旅游的一部分，它可以是但很少是一种旅游活动。经济与旅游都是一种文化活动。文化足以涵盖经济与旅游，它是经济与旅游的精神和灵魂。

（四）就每一地区而言，经济、旅游与文化的互动造成了区域的独特性，每一地区的独特性构成了该地区经济、旅游与文化的同一性。这种同一性不仅是三者互动的结果，也是互动的基础。

就文化而言，它所注重的是区域文化的差异。每一地区的文化是在特定的历史发展的过程中形成的，具有长期性和较强的稳定性。每一地区的经济与旅游则相对易变，但也具有长期性和稳定性的一面。这主要表现在该地区经济与旅游的文化特点之中。区域差异的核心在于文化的独特性。既然区域差异的核心在于文化，地区间经济与旅游的差异即文化的差异，那么每一地区独一无二、不可模仿的文化上的独特性便构成了该地区经济与旅游发展的核心竞争力。

（五）从文化、经济与旅游三概念的交叉、重叠形成的文化经济与经济文化，旅游经济与经济旅游，文化旅游与旅游文化这六个概念出发，可以发展形成文化经济学与经济文化学、旅游经济学与经济旅游学，文化旅游学与旅游文化学这六个、三对本不相同，但又极易混淆的学科。

（六）从文化、经济与旅游等概念出发能否形成上述各交叉学科，形成的交叉学科又以何种形式出现（如文化经济还是经济文化学），则取决于社会和时代的需求，以及具体的条件。例如，在社会经济与旅游迅速发展，人们对经济的期望普遍高于旅游，经济学科强于旅游学科的时期，首先形成的是旅游经济学，而不是经济旅游学。

五、结语

综上所述，可知文化是经济和旅游发展的根本，我们切不可因经济和旅游发展的一时之需，而损害需长期积累方能形成，但又极易遭到损害的文化这一根本。

即使站在经济和旅游的立场，从长远来看，只有注重和维护文化的传承和良性发展，才能更好地促进经济和旅游的发展。

在市场竞争异常激烈的时代，从区域文化乃该地区经济与旅游发展的核心竞争力这一角度出发，只有在注重旅游经济学与经济旅游学的同时，又高度重视其文化独特性的传承与发展，注重文化经济学、文化旅游学，尤其是经济文化学与旅游文化学诸学科的建设和发展，才能有效促进这一地区经济与旅游的发展。

文化是社会的共同财富和社会资本，其生产、分配和消费需社会各界（包括企业界）的大力关注和共同参与。

本文原载于《经济师》2008年第4期。为周生春先生与祝亚合撰。

参考书目

［1］ 肖洪根：国内外旅游文化研究评述（J），华侨大学学报（哲学社会科学版），2004 年。
［2］ 罗伯特·麦金托什，沙西肯特·普特合著，顾峥译：《旅游的原理、体制和哲学》，杭州大学经济系，1983 年。
［3］ 梁月：试论旅游和文化的关系（J），《北方经贸》，2005 年。
［4］ 刘迎华等：海陵岛旅游的社会文化影响研究（J），《旅游学刊》，2006 年。
［5］ 叶志坚：试论文化与经济的辩证关系（J），《理论学习月刊》，1997 年。

家族与企业：论家族企业的双重性

家族企业是既具有家族属性，又具有企业属性的特殊组织。在面对家族企业这一研究对象时，由于知识结构和专业偏好等原因，经济学和管理学者往往会将其视为一种特殊的企业，专注于其企业属性，而忽视或低估其家族属性，人文学科的专家则往往会忽视或低估其企业的特性。就这种具有双重特性的家族企业而言，罔顾和脱离其企业性的研究很难称之为家族企业研究，忽视或低估其家族性亦会使研究出现偏差，令人诟病。就学界以往的研究成果而论，能做到两者兼顾的可以说为数极少。因此，欲进一步推进目前的研究，提升现有的研究水平，就不能不对家族企业的家族性和企业性作一番认真的梳理与探讨。

家族企业的定义是家族企业研究的起点，但又是众说纷纭的一大难题。家族企业的历史则是家族企业研究所无法回避，且亟待厘清的重要前提。因此，本文拟从家族企业的定义和历史出发，来探讨家族企业的家族性和企业性。

一、家族企业概念的讨论

在学术界，郑伯埙和黄光国首先用“家族企业”一词来称呼家族经营的企业、公司等。在企业界，西方和亚洲的家族公司大多自称家族企业（family business），并组织了家族企业协会（Family Business Network）及其分支家族企业协会（亚太中国）。

在学术研究中，概念和定义极其重要，这是任何研究的基础与出发点。人们对概念的理解和定义，往往会因其所用语言的不同，和其所在地域、时代的不同而呈现种种差异。因此，在讨论、界定英语世界中的家族企业（family business）与汉语中的“家族企业”这一对概念和定义时，必须注意语言和时空的差异。

家族企业（family business）是一个复合词。如上所述，我们一般将其译为“家族企业”。但如不考虑两者的契合，仅从语言出发，即可发现英语和汉语中的家族企业存在相当大的差别。在英语中，family 指家庭、家族、家人。与氏族（clan）相比，不那么强调血缘，外延也不宽泛。在汉语中，“家庭”是指居住在一所建筑物里，以特定婚姻形态为纽带结合起来，同籍、同居、共财、合欢的社会组织形式。“家族”则是指以家庭为基础，按一定规范，以血缘关系为纽带结合起来，别籍、别居、异财、各炊的社会组织形式。两者存在显而易见的区别。“家族”虽古今通用，但随着大家族的瓦解和家庭独立性的增强，现今已成为与“家庭”相对立的概念。

因此，在翻译时为避免失真，保持概念外延的一致，在将“家族”作为 family 的对译时，应从其本意出发，指出“家族企业”一词中的“家族”包括“家庭”。

英语中的business指生意、商务、事情；enterprise虽指企业、公司、商行、生意，但强调个人的努力与主动性；firm指公司、商号、商行，但意在组织的稳固与坚实；company亦指公司，但重点在团队与伙伴；corporation指股份公司、社团法人，其重点在于法人。与上述概念相比，business强调的是生意和商务，更重事而非人和组织。这是因为family已包含人和组织，两者的组合即体现了人、组织和生意事务的结合与平衡。

在汉语中，“企业”是近代从日本引进的外来语，具有很强的日本和近现代特点。日语中企业一词是在明治维新时期引进西方企业制度的过程中，从西文翻译而成。以英语为例，“enterprise”一词由“enter-”和“-prise”两部分构成，前者具有“获得、开始享有”的含义，可引申为“盈利、收益”；后者则有“撬起、撑起”的意思，引申为“杠杆、工具”。两个部分结合在一起，表示enterprise是“获取盈利的工具”。“企”有企求之意，“业”含产业、业务之意。“企业”一词表示的是商事主体企图从事某项事业，且有持续经营，以享其利的意思。其含义与enterprise相近，而与business相去甚远。因此，在将“企业”作为business的对译时，应从其本意出发，必须强调生意和商务，同时还应考虑古今通用的特点，注意其历史上存在的含义。

二、中国家族企业的历史

从上述“家族”和“企业”的本意出发，家族企业或家族生意的历史可以上溯至家族、商品与市场产生之际。私有、民营家族企业或家族生意的产生则稍晚，应出现在政治与经济组织、官与民、公家与私家分离之后，其有文献可据的历史则更短。国外现存最早的家族企业，有日本的金刚组、法国奥特古兰家族经营的城堡、意大利的阿涅内·马尼内利的铸钟家族、德国左斯特镇安德纳赫家族经营的皮尔格瑞霍斯宾馆、英国哈德斯菲尔德的约翰·布鲁克毛纺织公司等。

在中国，根据现有历史文献的记载，家族企业或家族生意至少有2000多年的历史。春秋战国之交的范蠡堪称中国私有、民营家族企业的鼻祖。《史记·货殖列传》《史记·越王句践世家》云："范蠡浮海出齐，耕于海畔，苦身戮力，父子治产。居无几何，致产数千万……父子耕畜，废居，候时转物，逐什一之利。"[1]范蠡到齐国后与子孙经营耕畜与贸易等业务。"后年衰老，而听子孙。子孙修业而息之，遂至巨万。"[2]由此可见父、子、孙传承至少三代。

稍后则有"巴蜀寡妇清，其先得丹穴，而擅其利数世，家亦不訾。清寡妇也，能守其业"[3]。又"宛孔氏之先，梁人也，用铁冶为业。秦伐魏，迁孔氏南阳。大鼓铸，规陂池，连车骑，因通商贾之利，有游闲公子之赐与名。然其赢得过当，愈于纤啬，家致富数千金，故南阳行贾尽法孔氏之雍容"[4]。

"东汉樊宏，父重，字君云。世善农稼，好货殖。重性温厚，有法度，三世共财。子孙朝夕礼敬，常若公家。其营理产业，物无所弃。课役童隶，各得其宜。故能上下勠力，财利岁倍。"[5]

唐宋之际，歙州以李氏父子四世五人墨闻名。"李超之子廷珪"，"廷珪弟廷宽，宽子承晏，晏子文用，皆能世其业"，"黄山张

1　司马迁:《史记》，中华书局，2006年。
2　司马迁:《史记》，中华书局，2006年。
3　司马迁:《史记》，中华书局，2006年。
4　司马迁:《史记》，中华书局，2006年。
5　范晔著，张道勤校点:《后汉书》，浙江古籍出版社，2000年。

处厚、高景修皆起灶，作煤制墨为世业”[1]，“外家新安祝氏世以赀力顺善闻於州乡。其邸肆生业有郡城之半，因号半州”，“比其晚岁，生理益落，而好施不少衰”[2]。

《明清晋商资料选编》云：“公讳治化，……姓张氏。先世自唐宋时居州东三十里条山下李店庄，以榨油世其业。……子孙族居，其所不易，世人称故家者必曰油张氏。……公殁时万历甲戌……年仅六十有一。”[3]

以上诸家所经营的或称“产”，或称“业”，或合称“产业”和“生业”“生理”“世业”。经营称“治产”“为业”“营理产业”。其生意均为家族世代相传，少则三代，多则数世，故称“世业”，继承不失谓之守业、修业。

具体而言，这些产业除上述邸、肆外，多称店、铺等，且通常在店铺前冠以家族姓氏和所从事行业的名称，如某家某某店、某家某某铺之类。如“扶风窦乂，造店二十间，当其要害，日收利数千，甚获其要。店今存焉，号为窦家店”[4]。南宋杭州则有“五间楼前……童家柏烛铺、张家生药铺。狮子巷口徐家纸札、凌家刷牙铺。保佑坊前孔家头巾铺、张卖食面店、张官人诸史子文籍铺、俞家七宝铺、张家圆子铺。瓦子前徐茂之家扇子铺，……钱家干果铺”[5]等。

经营除依靠“父子”“子孙”等家族直系成员外，还“课役童隶”[6]。而用铁冶富的蜀卓氏家族，则有僮上千人。

---

1 罗愿，杨国宜，萧建新：《〈新安志〉整理与研究》，黄山书社，2008年。

2 朱熹：《晦庵先生朱文公文集》。

3 张四维：《条麓堂集》卷一六。

4 李昉：《太平广记：治生》。

5 广东省立中山图书馆：《中国古籍珍本丛刊·广东省立中山图书馆卷》，国家图书馆出版社，2015年。

6 范晔著，张道勤校点：《后汉书》，浙江古籍出版社，2000年。

当时经商有亲族参与及合伙的现象。如“曲阿人姓弘，家甚富厚，乃共亲族，多赍财货，往湘州治生”[1]。南北朝时甄鸾的《张丘建算经》又有“五人合本治生”[2]，按本钱分利的记载。家族生意的经营也应如此。

宋代以后，文献记载更详尽。按《明清徽商资料选编》954条云：歙县沙园吴积寿，号南冈，“尝经营生理，时或往武林贸易……晚年颇殷裕，置田园，恢室庐，拓土开基，创兴家业。享年七十余，无疾而终”[3]。云清婺源程邦灿“兄弟五人，父常以不能婚教为忧，灿体亲志，克自树立。服贾粤东，获奇羡，悉归父母。诸弟授室后，各畀生业，协力持筹，家业日起。父见食指繁，命析著，灿请缓，率弟建家祠，始议分。弟欲拨公产以酌，坚不受，推让之谊无间人言”[4]。838条则云：“不要变，不要腆，纵有生意不长远。……收起心来重进店，安分守纪帮侬家，和气决不讨侬厌。朝早起，夜迟眠，忍心耐守做几年，嬉戏供鸟一切事，都要丢在那傍边。……莫道手艺不发财，几多兴家来创业。”[5]其所经营者或称“产”“业”，合称“生意”“家业”和“生业”“生理”。

其经营多为合伙，且有合同格式。如《明清徽商资料选编》858条云：“同本合约格式，立合约人窃见财从伴生，事在人为。是以两同商议，合本求利，凭中见，各出本银若干，同心揭胆，营谋生意。所得利钱，每年面算明白，量分家用，仍留资本，以为渊源不竭之计。至于私己用度，各人自备，不得支动店银，混乱帐目。故特歃血定盟，务宜苦乐均受，不得匿私肥己。如犯此议者，

1　李昉：《太平广记：弘氏》。
2　甄鸾：《张邱建算经》卷下。
3　张海鹏，王廷元：《明清徽商资料选编》，黄山书社，1985年。
4　张海鹏，王廷元：《明清徽商资料选编》，黄山书社，1985年。
5　张海鹏，王廷元：《明清徽商资料选编》，黄山书社，1985年。

神人共殛。今欲有凭，立此合约一样两纸，存后照用。"[1]其获利则按股分配。如《明清徽商资料选编》492条云："业此项绿茶生意者，系徽州婺源人居多，其茶亦俱由本山所出，且多属合股而做，即有亏蚀之处，照股均分，亦不觉其过累。"[2]

其经营除依靠家族成员外，也雇佣外人。如《明清徽商资料选编》277条云："（汪华）小学兴哥，祖居……徽州府绩溪县乐义乡居住。彼处富家甚多，……俱称朝奉。……父亲汪彦，是个世代老实百姓的子孙。十五六岁，跟了伙计，学习江湖贩卖生意。……做到十余年，刻苦艰辛，也就积攒了数千两本钱。到了五旬前后，把家资打点盘算，不觉有了二十余万，大小伙计，就有百十余人。"[3]

其所聘员工有店官、管事、经理之分。《明清徽商资料选编》837条云："公讳毓毙，字蔼三，谱讳广义。……有志于商，顾念慈闱健在，不肯远离。适戚中有渔镇盐业，距邑近，聘为经理，公遂往任焉。……为人谋无不忠，盐业中群钦敬之，因共推主持盐公堂事务。"[4]838条云："生意人，听我劝，每一学生不要变。最怕做得店官时，贪东恋西听人骗。争工食，要出店，痴心妄想无主儿，这山望见那山高，翻身硬把生意歇。……到不如，听我劝，从此收心不要变，……或是转变或另荐，又不痴，又不呆，放出功夫擂柜台，店官果然武艺好，老板自然看出来。看出来，将你招，超升管事掌钱财，吾纵无心求富贵，富贵自然逼人来。"[5]

1 谢国桢：《明代社会经济史料选编（下）》，福建人民出版社，1980年。
2 张海鹏，王廷元：《明清徽商资料选编》，黄山书社，1985年。
3 张海鹏，王廷元：《明清徽商资料选编》，黄山书社，1985年。
4 张海鹏，王廷元：《明清徽商资料选编》，黄山书社，1985年。
5 张海鹏，王廷元：《明清徽商资料选编》，黄山书社，1985年。

三、家族企业的定义与家族企业的双重性

基于上述认识，应明白“家族企业”是 family business 的对译。由于英语和汉语的词义存在相当大的差别，在使用“家族企业”一词时应进行明确的定义。

定义是对某一事物的本质特征和概念的内涵外延所作的简要说明。一般认为，企业是从事产品生产、流通或服务性活动的经济单位，是以赢利为目的的组织。但这种定义并未完全揭示企业这一组织的经济本质。科斯在《企业的本质》一文中指出，企业的显著特征就是作为价格机制的替代物。市场的运行是有成本的，通过形成一个组织，并允许某个权威（一个“企业家”）来支配资源，就能节约某些市场运行成本。按科斯所言，家族企业的本质特征是依靠家族和家庭这一血缘组织来节省市场运行成本。本文认为，科斯的定义抓住了企业这一经济组织的本质特征，所以采用其定义来定义家族企业。

就内涵而言，家族企业是指家族的生意、世业。就外延而言，家族企业包括古今中外的家族和家庭企业。按照被定义概念的邻近的属加种差这一常用的定义方法，所谓家族企业，就是依靠家族和家庭这一血缘组织来节省市场运行成本，从事产品生产、流通或服务性活动的经济单位。简而言之，家族企业就是以家族和家庭的血缘组织来节省市场运行成本的生意和世业。

按上述定义可知，家族企业既是家族，又是企业，兼具家族和企业双重的本质属性。这不仅表现在其名称和字义的复合性上，而且表现在历史和现实的家族企业之中。家族企业的现代性多体现出

其“企业性”的特点，而家族企业的历史发展则能展现出家族企业“家族性”的一面。

家族企业具有家族性与企业性双重特性。家族以血脉延续为最高价值，以家族伦理作为处理成员关系的准则，以家法族规来规范成员的行为。家族性是指其具有家族的本质特性，它表现为注重血缘和家族血脉的延续。企业性则是指其具有企业的本质特性，它表现为注重节省成本与赢利。

家族企业中家族性和企业性是对立统一的关系，两者既对立、冲突，又协调融合、相辅相成。企业因通过家族组织来节省市场运行成本而赢利，家族因节省市场成本使企业赢利而得以延续。家族企业的生存与发展都离不开这种统一，依赖两者的统一。家族以成员的生存与生命的延续为最高目的，企业则以赢利为最高目的，家族企业的家族性与企业性又是互相矛盾与对立的。

以中国最早的范蠡家族企业为例。范蠡离开越国浮海来到齐国，隐姓埋名在海边耕种，戮力辛劳，父子一起经营产业。没过多久，他就已经拥有了巨额资产。范蠡在齐国官至丞相后又将家产散与朋友和乡亲，来到陶地定居，并自称陶朱公。当时陶地经商的途径很通达，范蠡认为做生意能够致富，于是父子继续从事耕种和畜牧，贱买贵卖，从而获得利润。过了不久，他们就积聚了巨额的财富。有一年，陶朱公的次子杀了人，被囚禁在楚国。陶朱公认为杀人偿命是天经地义，但是为了保持次子死前的尊严，不希望在闹市行刑，于是嘱咐他的幼子携重金前往楚国探望。然而长子更为惜财，以自杀为要挟执意前往，连母亲都为他说情，认为即使幼子带重金去，也未必能救下次子。若不让长子去，长子立刻就会以命相抵。于是陶朱公不得不改派长子前往楚国，并叮嘱务必将千金送达楚国的庄生处，听取庄生安排。然而长子并未听取庄生安排，而是自作主张留在楚国并贿赂了一些达官贵人。听闻楚王要发布大赦令，长子取回了送与庄生的千金。庄生由此生恨，楚王也因此大怒，处死了陶朱公的次子。长子只能带着弟弟的尸首返回陶地。回到陶地后，母亲与众人都悲伤不已，唯有陶朱公说："吾固知必杀其弟也！彼非不爱其弟，顾有所不能忍者也。是少与我俱。见苦，为生难，故重弃财。至如少弟者，生而见我富，乘坚驱良逐狡兔，岂知财所从来，故轻弃之，非所惜吝。前日吾所当欲遣少子，固为其能弃财故也。而长者不能，故以杀其弟，事之理也，无足悲者。"[1] 在范蠡家族企业中，家族性与企业性的对立与冲突表现为其核心成员认为人与财何者为重的问题。范蠡不惜弃千金之财，能轻财而重救人。长子虽爱兄弟，但不能忍受钱财的损失，重钱财而杀兄弟。

四、家族性、企业性的对立统一与平衡

必须指出，家族企业中家族性和企业性的对立统一建立在两者互相制约，保持动态平衡的基础之上。当平衡被打破，动态平衡无法恢复和维持时，家族企业便会走向两种不同的发展道路。

结果之一，是部分家族企业的企业性增强，削弱淡化其家族性，最后使其成为公众公司。以香港利丰公司为例，冯邦彦在《百年利丰》中指出，利丰是冯柏燎于1906年创建的一家家族企业。利丰于1973年上市，主要股东为冯氏第二代家族成员。冯国经之父曾要求其子以原有的而非西方的体制与方式经营管理公司。[2]1988

1　司马迁：《史记》，中华书局，2006年。

2　冯邦彦：《百年利丰：从传统商号到现代跨国集团》，中信出版社，2007年。

年，在利丰面对挑战与机遇之际，原本对利丰不具有控制性股权的冯氏第三代冯国经、冯国纶兄弟以管理层收购的方式，实现了利丰的私有化。在此过程中，家族成员有不同意见，产生了尖锐的分歧。利丰在1992年重组上市后，抓住机遇，得到迅速的发展，但同时也付出家族成员关系恶化，形同路人的代价。并且，冯氏家族企业在跨代成长过程中发生了两次内部两权分离，而华人家族企业内部两权分离可能会导致企业分裂的结果。利丰在对所有权继承与控制权继任进行分离后，因缺乏相应的家族治理机制，内部两权分离是短暂和不稳定的，对企业的持续发展造成较大的威胁。[1]其结果是家族凝聚力下降，旧的家族企业利丰寿终正寝，新利丰则走上了家族性不断淡化的公众公司之路。

结果之二，是部分家族企业的家族性增强，削弱淡化其企业性，最后企业因缺乏人才、资本分散和失去竞争力而走向消亡。王安电脑公司就属于这一类家族企业。1951年，王安在美国波士顿创办王安实验室（Wang Laboratories），他的事业就在这里起步。王安和他的工作团队研制出了自动打字机、无线电打字印刷机、对数计算器等。对数计算器一经投产，整个公司当年的计算器销售额就达到上一年度的8倍，王安公司的股票上市后，王安家族成为了拥有账面财富达5000万美元的富豪。然而王安对公司却是独裁式管理，不接受意见。到20世纪80年代，在公司选择接班人时，王安执意选择能力平平的儿子王烈，而非深谙市场的职业经理人。从此公司经营效益每况愈下。王安实验室就像“一个传统的中国家庭”“他是父亲，他知道一切”。正是由于王安固守家长制管理模

1　李新春，檀宏斌：《家族企业内部两权分离：路径与治理——基于百年家族企业香港利丰的案例研究》，《中山大学学报（社会科学版）》，2010年。

式，刚愎自用，作出一系列致命的错误决策，导致了王安电脑公司在获尽了殊荣之后沦为“昙花一现”。[1]

当然，家族企业中家族性和企业性如能保持共生、共存与动态的平衡，而不至于一方消灭另一方，家族企业的身份和特色便能维持。长寿的家族企业大多能维持这种动态的平衡。显而易见，公众公司并非家族企业的必然归宿。

对于家族企业来说，其社会责任有内在逻辑基础和出发点：一是源自家族性的家国天下、民胞物与，仁者与天地万物为一体的精神。具有这种精神的家族企业就是儒商企业。二是源自企业性的以商品和赢利为本的功利原则。

应该指出的是，在不同的家族企业中，家族性和企业性虽对立共存，但又有强弱之别和主次之分。在一些家族企业中，企业性强于其家族性，居于主导地位。在另一些家族企业中，家族性强于其企业性，居于主导地位。

值得注意的是，家族性并非是家族企业的致命缺陷。能否破除富不过三代的咒语，实现基业长青的目标，与企业是否为家族企业无关。历史与现实都告诉我们，家族比企业更长寿。传承的历史达数百年，基业长青的企业大多为家族企业。

家族性可以成为家族企业的优势。要做到这一点，应认同家族企业，认同其价值，并看到在个人主义和理性经济盛行的今天，家族性比企业性更难维持，因而更值得重视。

从家族企业的立场和价值取向来说，企业是家族生存、延续的基础和手段，家族则是企业的灵魂和根本所在。从以人为本的价值观来说，家族的价值高于企业。家族性是家族企业有别于其他企业

---

1 杨晨，唐震：《关于家族企业若干问题的探讨》，《现代经济探讨》，2000 年。

的特性和本质属性，应居于主导地位。因此，在家族企业中，家族的生存、延续是最重要的，企业和企业的赢利是第二位的。

就家族企业的历史而言，一个家族在不同地区、不同时代乃至同一时期，可以有多个企业。只要家族尚在，即使企业破产，仍有复兴与再创、重建的可能。家族破灭，则皮之不存，毛将焉附？家族企业必无幸存之理。因此家族企业往往将家族置于企业之上。

就企业的生存来说，许多学者认为，赢利是企业生存的关键，企业以赢利为终极目的。但科斯在其《企业的本质》中指出，企业的显著特征就是作为价格机制的替代物。市场的运行是有成本的，通过形成一个组织，并允许某个权威（一个“企业家”）来支配资源，就能节约某些市场运行成本。他认为企业本质在于节省交易成本，而非赢利。科斯的定义更深刻、更全面。依靠家族组织以节省交易成本，是许多具有浓厚的家族特色的企业得以传承的不二法门。

就认识而言，若以赢利为终极目的，赢利将成为家族与企业关系的主导因素。对利润的追求将削弱和消解家族的凝聚力，增加企业成本。家族与企业的冲突将以家族的消解为代价，使其最终不再成为家族企业。反之，若认为企业本质在于节省交易成本，则家族被视为节省交易成本和赢利的关键，家族和企业易于保持动态的平衡，两者的冲突亦易于缓解和消融，家族企业也就得以延续和长久生存。

在历史和现实生活中，虽然有不少家族企业认为企业以赢利为终极目的，但更多的家族企业却将家族置于企业之上。何况前者虽以赢利为终极目的，但是大多不愿使家族和企业发生对抗性的冲突，以致破坏家族的凝聚力。而一旦出现上述结果，其企业往往也就不成其为家族企业了。

试以“胡开文”墨业为例，这是一家创始于1765年，结束于1956年，传承190年，并长期维持企业性与家族性平衡的家族企业。为维持家族的生存与发展，保持其家族的凝聚力，创始人胡天注及其次子胡余德提出，除经营者酬劳外，按“分产不分业”的原则，将家族的田地房产和店业资本均分给诸房，并拨出祭田以作家族祭祀之用。“胡开文”墨业的员工多半是胡家的亲属和亲戚。同时，为确保“胡开文”的竞争力，胡天注、胡余德又将制墨主营业务交予休城墨店，屯溪分店不得制墨。其后，“胡开文”墨业逐渐形成了“单传”执业的世袭制。[1]“胡开文”墨业的开创者首先在制度设计上强化其企业的竞争力，历代继承者则沿袭并创新了上述制度。这是在非常注重家族的时代，保持企业性与家族性动态平衡的成功案例。这在历史上并不罕见。

因此，为实现基业长青的目标，应在充分注重家族企业之企业性的同时，高度重视其家族性，不能只注重、强调其企业性的一面，忽略轻视其家族性的一面；更不能只看到其企业性的一面，忘却乃至未看到其家族性的一面。

综上所述，家族企业的现代性多体现出其“企业性”的特点，而家族企业的历史发展则更能展现出“家族性”的一面。家族企业或家族生意的历史可以上溯至家族、商品与市场产生之际。中国的家族企业至少有2500多年的历史。家族企业既具有家族属性，又具有企业属性，具有家族性与企业性双重特性。其家族性表现为注重血缘和家族血脉的延续。企业性则表现为注重节省成本与赢利。家族企业中家族性和企业性是对立统一的关系，两者既对立、

1　周生春，陈倩倩：《家族商号传承与治理制度的演变：以胡开文墨业“分产不分业”为例》，《浙江大学学报（人文社会科学版）》，2014年。

冲突，又协调融合、相辅相成。家族性与企业性的高度统一与良性互动构成了家族企业基业长青的基础。由于家族企业所在的行业性质、经营规模，以及在经营理念上企业性和家族性的侧重点不同，公众公司并非家族企业的必然归宿。

从历史上的长寿家族企业案例来看，家族企业中家族性和企业性如能保持共生、共存与动态的平衡，家族企业的身份和特色便能维持。如果片面追求家族企业的强调盈利的“企业性”一面，家族企业的发展很可能会失去“家族”色彩，从而向公众公司转变；如果片面追求企业“家族性”的一面，家族企业则很可能在规模上受到限制，甚至为过多的家族参与所累，从而不利于家族企业的长期发展。保持家族企业之企业性和家族性的动态平衡，是许多长寿家族企业得以长久传承的重要原因。因此，界定家族企业的家族性和企业性这双重属性，一方面对家族企业研究有着重要的理论价值，另一方面对现代家族企业的成长也有着重要的现实启示。

本文原载于《西北工业大学学报（社会科学版）》2022年第3期。

论文集出版捐助名单

硕士、博士（以入学先后为顺）：

张宏斌（2000年秋硕）、陈国营（2000年秋硕）、裴志军（2000年秋硕、2006年春博）、韩厚军（2001年春博）、李军（2001年春博）、明旭（2001年秋硕、2004年春博）、汪杰贵（2002年秋硕、2008年秋博）、戴治勇（2002年秋博）、黄尚国（2002年秋博）、祝亚（2003年秋博）、王明琳（2003年秋博）、余骁（2003年秋硕）、董希望（2004年春博）、徐焕阳（2004年秋博）、孔祥来（2004年秋硕、2007年秋博）、陈秋雨（2005年秋博）、徐萌娜（2005年秋博）、刘源（2005年秋硕）、乐君逸（2007年秋博）、吴永明（2007年秋博）、宋梅（2007年秋硕）、林贤统（2007年秋硕）、陈倩倩（2008年秋博）。

博士后：

王春霞（2008年秋，博士后）

学生：

姚烈

浙江大学儒商与东亚文明研究中心助理：

吴灵燕、郑武娟

浙江大学“晨兴文化中国人才计划”学生（排名不分先后）：

一期：盛夏、赵锐、栾梦娜、高梦沉、陈舒波、黄旭聪、原野、苏晓波、兰田、刘媛媛、傅辉、张燕飞、陶阳、于翔、李煦、唐晓婧、颜晓蓉

二期：刘天博、马兴耀、陈德锋、沈阳、沈玫、王嵩、张静、聂晶、康凯、张玉菲

三期：童凯士、吴斐、许娜、王格睿、夏修睿、尧圣云、周悟拿、伊宝麟、张畅、杨柳、胡涵

四期：潘晨、蒋佳卿、王涵、时光远、邵鸿章、宋嘉玮、王心怡、卢潇磊、张馨月、姚斯达、刘璐、高天齐、迟浩原

五期：王丽乔、陈加晋、李冠耀、杨涵洲、于天奇、周鹤婷、马骢、刘杨洋、傅婷婷、李烨、王舒、叶云舒、胡鉴、郑芙

六期：韩鹏翔、陈虞琦、刘振宇、胡一捷、李丹、单晓雨、梁观玉、蒋一帆、李佳宁、文越

七期：王鉴可、任弘毅、任璐、行鸣、马涵之、杨来仪、冯冰、高琳、田露、潘海涛、毛汪蕾、韩天啸、陈科贝、赵天

八期：朱酉鑫、张刚、王美佳、周伟、李哲、黄炳超、徐静、林堉育、王冰怡、谢怡萍、林宁宁、梁庭源、钟荧

九期：詹少炜、施姚希、周博雅、栗梓茜、王朝睿、张镨元、董瑞华、罗若澜、顾天舒、刘程浩、丁千容、王梅晔

十期：陈栩淦、黄怡璠、石丽颖、陈天宁、戴一双、崇婧、张凡星、杜林峰、宋文荟、王之韵、李静远、成雨杨、周耑砚

十一期：章晓涵、许筱婉、陈叶雨、张博维、田雄伟、肖茜元

十二期：戴元昊、李嘉轩、夏开、吕泽健、史清清、方泽铭、俞鸿杰、巫冰、陶梦婷、周佳旖、刘卿、孙怡雯、潘敏婕、侯睿哲、何怡君、厉欣怡、居朗、黄晨舟

十三期：付潇、何睿凝、何锋锋、陈云奇、黄天隆、李浦银、王淑琳、何羽希、周昕熠、林其欣、张贯乔、沈文豪、刘亚琛、余高毓

十四期：徐俣骞、何叶欣、王驰、王若昀、秦子铉、顾润哲、王泳茵

十五期：付玉洁、王圣泽、葛俊昕、张慧紫、王浩帆、徐嘉铭、熊思睿、常可馨

另外，浙江大学“晨兴文化中国人才计划”还有6名同学匿名捐赠。